Deux-Sèvres-Vienne

ENTRE DÉAMBULATIONS URBAINES ET RURALITÉS BRUTES !

Le Poitou, ancienne région naturelle aux deux départements, la Vienne (86) et les Deux-Sèvres (79), attire chaque année des milliers de voyageurs. Et pour cause ! En marge de son célébrissime parc d'attractions high-tech, le Futuroscope (50 millions de visiteurs depuis son inauguration en 1987), s'égrainent presque autant d'attraits. Un patrimoine architectural unique au monde, d'abord parce qu'il constitue l'un des grands bassins primitifs de l'art roman : églises, cathédrales et somptueuses abbayes vous embarqueront au Moyen Âge, de même que d'invincibles forteresses de pierre et autres cités médiévales pittoresques. Un patrimoine naturel renversant, ensuite, constellé d'itinéraires propices au *slow travel* et à la lézarde, des petites routes de campagne qui vous mèneront à son Grand Site de France, le Marais poitevin. Lieu de passage apprécié des touristes, la Venise Verte n'est ni plus ni moins qu'un enchantement ! Poitiers, Niort et leurs campagnes exalteront même les vacanciers les plus *underground*, tant les initiatives culturelles y sont bigarrées : théâtre, danse, musiques classique à très actuelles, ciné, on ne pourra citer ici toutes les propositions auxquelles vous serez confronté jusqu'au fin fond du bocage. Terre spirituelle foulée par les pèlerins de Compostelle, créative, sportive, météorologiquement clémente, sauvage, le Poitou est un *must*, ne serait-ce que pour ses terroirs, ses grands vins et ses tables étourdissantes.

W0466340

SOMMAIRE

Coulon. © PAULINE BELTRAN

Le Roc d'enfer. © MOMENTUM PRODUCTIONS MICKAËL PLANES

4 INSPIRER

Pour vous initier aux charmes du Poitou et vous donner l'envie de les découvrir. Entre Vienne (86) et Deux-Sèvres (79) que de surprises ravissent toute la famille.

4 : Quand y aller ?
6 : Les bonnes raisons d'y aller
9 : Les 12 mots-clés
11 : Interview audio / vidéo
15 : Idées de séjour

19 DÉCOUVRIR

Une histoire passionnante, une nature généreuse propice aux activités de loisir, un terroir gourmand, un panthéon de créatures légendaires : imprégnez-vous du Poitou.

20 : Mélusine et autres dragons du Poitou
23 : Géographie
25 : Nature
27 : Histoire
31 : Architecture
34 : Beaux-arts
35 : Musiques et scènes
36 : Littérature
38 : Que rapporter ?
40 : Sports et loisirs
43 : Gastronomie
46 : Agenda

51 DEUX-SÈVRES

Les Deux-Sèvres conduiront le visiteur vers l'un des plus beaux sites naturels de France : le Marais poitevin. Sans oublier Niort, Parthenay ou le bocage.

57 : Niort et ses environs
72 : Le Marais Poitevin
83 : Le Pays Mellois
95 : Le Haut Val de Sèvre
101 : La Gâtine
112 : Le Val de Gâtine
117 : La Vallée du Thouet
122 : Le Thouarsais
131 : Bocage Bressuirais

139 VIENNE

Autour de Poitiers et du Futuroscope, vous alternez châteaux, églises romanes, ensembles troglodytiques, dégustations de vins et de fromages. Que de patrimoine(s) !

144 : Poitiers et ses environs
188 : La Vallée du Clain
196 : Montmorillon et ses environs
217 : Civray et ses environs
230 : Grand Châtellerault
256 : Le Haut-Poitou
265 : Le Loudunais

277 ORGANISER SON SÉJOUR

Comment se rendre en Poitou, s'y déplacer ? Où séjourner ? Quels circuits suivre ? Toutes les informations pratiques pour s'y sentir comme un poisson dans l'eau.

278 : S'y rendre
279 : Se déplacer
280 : S'informer
283 : Index

LUSIGNAN ... 184
LUSSAC-LES-CHÂTEAUX ★★ ... 201

M

M TON SAC ... 127
MADRIGAL B ... 255
MAGASIN DE PORCELAINE APILCO DESHOULIÈRES. 179
MAGAZINE NIORT DEDANS/ DEHORS ... 280
MAGNÉ ... 76
MAISON-DIEU ... 197
MAISON BOURBON ... 234
MAISON DE L'ACADIE ... 275
MAISON DE L'ART ROMAN ... 265
MAISON DE PAYS DU LOUDUNAIS ... 268
MAISON DES JOURS D'ANGLES ET DU TOURISME ... 254
MAISON DU MARAIS POITEVIN ... 72
MAISON DU TOURISME DU CIVRAISIEN ... 217
MAISON DU TOURISME ET DU TERROIR ... 149, 161
MAISON MITTEAULT ... 263
MAISON NATALE DE THÉOPHANE VÉNARD ... 120
MAMAMIA ! ... 156
MANOIR DE LA BLONNERIE ... 246
MARÇAY ★ ... 190
MARCH'ÉQUITABLE ... 200
MARCHE DE NEUVILLE-DE-POITOU ... 258
MARCHÉ ... 195
MARCHÉS DE PAYS ... 250
MARIE BOUTIQUE ... 255
MAULÉON ... 137
MAUZÉ-SUR-LE-MIGNON ... 67
MAZIÈRES-EN-GÂTINE ... 115
MELLE ★ ... 83
MÉMORIAL HISTORIQUE CHAMP DE BATAILLE ... 192
MÉNIGOUTE ... 109
MIGNALOUX-BEAUVOIR ... 174
MINI-PORT BATEAUX ÉLECTRIQUES ... 240
MIREBEAU ★ ... 258
MODA'LINE ... 224
MOGETTES ET COMPAGNIE ... 65
MONCONTOUR ... 272
MONCOUTANT ... 134
MONGOLFIADE DE THOUARS ... 124
MONTGOLFIÈRE CENTRE ATLANTIQUE ... 235
MONTGOLFIÈRE DU BOCAGE ... 80
MONTMORILLON ★ ... 196
MONTS-SUR-GUESNES ... 275
MOULIN À VENT DU GUÉ SAINTE MARIE ... 271
MOULIN DE CHITRÉ ... 237
MOULIN DE LA DIVE ... 224
MOULIN DE LA NORÉE ... 156
MOULIN DE RAIMBAULT ... 68
MOULIN DU PUY D'ARDANNE ... 265
MOULIN ET FERME CULTURELLE DE CHERVES ... 263
MOUSSAC CANOE KAYAK ... 207
MUSÉE-ÉCOLE DE LA TOUR NIVELLE ... 133
MUSÉE ARCHÉOLOGIQUE D'ANTIGNY ... 214
MUSÉE ARCHÉOLOGIQUE ... 203
MUSÉE BERNARD D'AGESCI ... 59
MUSÉE CHARBONNEAU-LASSAY ... 265
MUSÉE CHARLES DE GAULLE ... 241
MUSÉE D'ART ET D'HISTOIRE DE MONTMORILLON ... 197
MUSÉE D'ART POPULAIRE - « CHEZ MANUEL » ... 148
MUSÉE DE BRESSUIRE ... 131
MUSÉE DE LA MACHINE À ÉCRIRE ET À CALCULER ... 197
MUSÉE DE PRÉHISTOIRE ... 201
MUSÉE DE RAURANUM ... 93
MUSÉE DES MOTOS ANCIENNES ... 92
MUSÉE DES TRADITIONS POPULAIRES ET D'ARCHÉOLOGIE ... 176
MUSÉE DES TUMULUS ★★ ... 98
MUSEE DU CHARRONNAGE ET DE LA TONNELLERIE ... 112
MUSÉE DU HAUT-POITOU ... 259
MUSÉE DU JARDINAGE ... 268
MUSÉE DU MACARON ... 197
MUSÉE DU POITOU PROTESTANT ... 92
MUSÉE DU SOUS-OFFICIER ... 95
MUSÉE DU VITRAIL ... 187
MUSÉE EXPO ... 221
MUSÉE HENRI-BARRÉ ... 124
MUSEE INTERNATIONAL DU JEU D'ECHECS ... 241
MUSÉE JACQUES GUIDEZ ... 117
MUSÉE L'ABBAYE MAULÉON ... 137
MUSÉE MUNICIPAL GEORGES-TURPIN ... 103
MUSÉE RENAUDOT ... 266
MUSÉE RURAL ET MUSÉE DU FEU DE LA VIEILLARDIÈRE. 246
MUSÉE SAINTE-CROIX ... 148

N

NAINTRÉ ★ ... 239
NÉCROPOLE MÉGALITHIQUE DE MONTPALAIS ... 130
NÉCROPOLE MÉROVINGIENNE ... 203
NEUVILLE-DE-POITOU ... 256
NIEUIL-L'ESPOIR ... 193
NIORT ★★ ... 57
NOTRE JARDIN SECRET ... 105
NOUAILLÉ-MAUPERTUIS ... 191
NOWAVE, LE SPOT ... 171
NUEIL-LES-AUBIERS ... 137

O

O'CHAT ROUX ... 229
O CITY'VEN ... 219
Ô DOMEN ... 215
O PLAISIRS GOURMANDS ... 234
O SOFA ... 238
ODYSÉE NATURE ... 138
ODYSSÉE PROD ... 164
OFFICE DE TOURISME AIRVAUDAIS-VAL DU THOUET ... 120
OFFICE DE TOURISME DE GRAND POITIERS ... 149
OFFICE DE TOURISME DE L'AIRVAUDAIS - VAL DU THOUET ... 118
OFFICE DE TOURISME DE PARTHENAY-GÂTINE ... 104
OFFICE DE TOURISME DU BOCAGE BRESSUIRAIS ... 131
OFFICE DE TOURISME DU GRAND CHÂTELLERAULT ... 231
OFFICE DE TOURISME DU HAUT POITOU ... 256
OFFICE DE TOURISME DU HAUT VAL DE SÈVRE ... 96
OFFICE DE TOURISME DU PAYS LOUDUNAIS ... 267
OFFICE DE TOURISME DU PAYS MELLOIS ... 84
OFFICE DE TOURISME NIORT-MARAIS POITEVIN ... 60
OFFICE DE TOURISME SUD VIENNE POITOU ... 198
OFFICE DE TOURISME ... 194
OFFICE DU TOURISME ET DU THERMALISME ... 248
ORIGINAL VÉLO TOUR ... 75
OXYGÈNE 40 SAUT À L'ÉLASTIQUE ... 207

P

PALAIS DES COMTES DE POITOU-DUCS D'AQUITAINE ... 148
PAMPROUX ... 97
PANORAMA DES DUNES ... 149
PARC AVENTURE 79 CHANTEMERLE ... 134
PARC DE BLOSSAC ... 149
PARC DE LA BELLE ... 222
PARC DE LOISIRS DE CREMAULT ... 239
PARC DE LOISIRS DE GUESNES ... 276
PARC DE SAINT-CYR ... 172
PARC DE VOUNANT ... 194
PARC DES CONFLUENCES ... 247
PARC MOUTON VILLAGE ... 109
PARC NATUREL RÉGIONAL DU MARAIS POITEVIN ... 14, 73
PARC ZOOLOGIQUE LES BOIS DE SAINT-PIERRE ... 182
PARTHENAY ★★ ... 101
PAVILLON DES SOURCES ... 250
PEAUX D'ANNE ... 132
PESCALIS ... 134
PETIT COURAULT - RESTAURANT ET CHAMBRES D'HÔTES ... 97
PICTAVINO ... 257
PIÈCE UNIQUE ... 181
PILES DU PONT (L'ÉTANG) ... 201
PIRATES DU CLAIN ... 183
PISCICULTURE DU TALBAT ... 179
PLACE DE LA LIBERTÉ ... 149
PLACE DES ARTS ... 133
PLAINE-ET-VALLÉES ... 129
PLAISIRS DES SENS ... 63
PLAISIRS FERMIERS ... 162
PLAN D'EAU DE BATTREAU ... 245
PLAN D'EAU DE CHERVEUX / SAINT-CHRISTOPHE ... 100
PLAN D'EAU DE SAINT-MACOUX ... 217
PLAN D'EAU DU MARAIS ... 93
PLAN D'EAU DU PRIEURÉ SAINT-MARTIN ... 115
PLEUMARTIN ... 251
POITIERS FILM FESTIVAL ... 5
POITIERS ★★★ ... 144
PONEY CLUB DES RETROUVAILLES ... 219
PONT HENRI-IV ... 231
PONT SUSPENDU ... 238
PORT BOINOT ... 59
PORTE, QUARTIER ET FAUBOURG SAINT-JACQUES ... 103
PORTE DU MARTRAY ... 266
POTERIE DE L'ERABLE ... 179
POUGNE-HÉRISSON ... 110
PRAHECQ ... 69
PRIEURÉ DE VILLESALEM ... 197
PRIEURÉ SAINT-JEAN ... 269
PROMENADES EN BARQUE - PORT MON REPOS ... 181

Q

QUARTIER DE LA CITADELLE ... 104

R

RADIO FG ... 280
RADIO PULSAR ... 282
RAID HANDI-VALIDE DEUX-SÈVRES ... 5, 82
RANDONNÉE MÉLUSINE AU BORD DE LA SÈVRE ... 71
RANDONNÉE PALISSES ET BOUTONNE ... 86
RANDONNÉES VTT DE PRÉE ENTRE SÈVRE ET GUIRANDE ... 69
RANNOU-MÉTIVIER ... 158

EDITION

Directeurs de collection et auteurs : Dominique AUZIAS et Jean-Paul LABOURDETTE

Auteurs : Mathilde WOJYLAC, Clarisse BORDONNEAU, Jean-Paul LABOURDETTE, Dominique AUZIAS et alter

Responsable d'Edition : Pauline BELTRAN

Directeur Editorial : Stéphan SZEREMETA

Rédaction France : Briséis CREAC'H-MENUT, Mélanie COTTARD, Audrey VEDOVOTTO, Nicolas WODARCZAK

Rédaction Monde : Laure CHATAIGNON, Morgane VESLIN, Pierre-Yves SOUCHET, Natalia COLLIER

FABRICATION

Maquette et Montage : Romain AUDREN, Julie BORDES, Delphine PAGANO

Iconographie et Cartographie : Anne DIOT, Julien DOUCET

WEB ET NUMERIQUE

Directeur Web : Louis GENEAU DE LAMARLIERE

Développeurs : Guillaume BARBET, Adeline CAUX et Roland SPOUTIL

Intégrateur Web : Mickael LATTES, Antoine DION

Webdesigner : Caroline LAFFAITEUR

Community Traffic Manager : Alice BARBIER, Mariana BURLAMAQUI et Noémie LE SAUX

DIRECTION COMMERCIALE

Directeur commercial : Guillaume VORBURGER

Coordinatrice des Régies commerciales : Manon GUERIN assistée de Jonas HESOL

Account Manager Marketplace : Leila ROUGEOT assistée de Lola FAVRE-MOT

Responsable Régies locales : Michel GRANSEIGNE

Responsables Développement régie inter : Jean-Marc FARAGUET et Guillaume LABOUREUR et Camille ESMIEU

Chefs de Publicité Régie nationale : Caroline AUBRY, François BRIANCON-MARJOLLET, Perrine DE CARNE MARCEIN, Jonathan TOUTOUX et Amélie NOEL

DIFFUSION ET PROMOTION

Directrice des Ventes : Bénédicte MOULET assistée d'Aissatou DIOP

Responsable des ventes : Jean-Pierre GHEZ assisté de Nelly BRION

Relations Presse-Partenariats : Jean-Mary MARCHAL

ADMINISTRATION

Président : Jean-Paul LABOURDETTE

Directrice des Ressources Humaines : Dina BOURDEAU assistée de Sandra DOS REIS et Eva BAELEN

Directrice Administrative et Financière : Valérie DECOTTIGNIES

Comptabilité : Guillaume PETIT, Aminata BAGAYOKO, Jeannine DEMIRDJIAN

Recouvrement : Fabien BONNAN assisté de Sandra BRIJLALL

Responsable informatique : Elie NZUZI-LEBA

PETIT FUTÉ DEUX-SÈVRES – VIENNE

LES NOUVELLES EDITIONS DE L'UNIVERSITE
18, rue des Volontaires - 75015 Paris.
✆ 01 53 69 70 00 - Fax 01 42 73 15 24
Internet : www.petitfute.com
SAS au capital de 1 000 000 € -
RC PARIS B 309 769 966
Couverture : Parc naturel régional du Marais poitevin
© Bernard GIRARDIN - stock.adobe.com.
Impression : IMPRIMERIE CHIRAT -
42540 Saint-Just-la-Pendue
Achevé d'imprimer : juin 2022
Dépôt légal : 07/08/2022
ISBN : 9782305074818

Pour nous contacter par email, indiquez le nom de famille en minuscule suivi de @petitfute.com
Pour le courrier des lecteurs : info@petitfute.com

IMPRIMÉ EN FRANCE

RELAI ÉQUESTRE DE VILLENON 224
RENCONTRES INTERNATIONALES FOLKLORIQUES ENFANTINES 96
REPUBLIC CORNER 164
RÉSERVE NATURELLE NATIONALE DU PINAIL 237
RÉSERVE NATURELLE NATIONALE DU TOARCIEN 124
RESERVE ORNITHOLOGIQUE DE SAINT-CYR 170
RESIDENCE DES PILOTES 207
RESTAURANT AUTOUR DES HALLES 242
RESTAURANT DE LA PLAGE 205
RESTAURANT DU CHÂTEAU DE MARCONNAY 187
RESTAURANT L'AUTHENTIQUE 71
RESTAURANT LE 12 119
RESTAURANT LE LAC 138
RESTAURANT LES GLYCINES 85
RESTAURANTS DES CANARDS ET CAMPING LE MOULIN 90
RMC INFO (103.1) 282
ROC AUX SORCIERS 254
ROCINANTE 162
ROMAGNE 221
ROM 93
ROOFTOP 156
RÔTISSERIE-TRAITEUR LA FAIM DE LOUP 121
RUINES DU CHÂTEAU MÉDIÉVAL 188

S

SAINT-BENOÎT 180
SAINT-GÉNÉROUX 128
SAINT-GEORGES-DE-REX 78
SAINT-GERVAIS-LES-TROIS-CLOCHERS 245
SAINT-HILAIRE-LA-PALUD 79
SAINT-HILAIRE DU MARTRAY 266
SAINT-LOUP-LAMAIRÉ 120
SAINT-MAIXENT-L'ECOLE ★ 95
SAINT-MARTIN-LA-PALLU 260
SAINT-PIERRE-DE-MAILLÉ 216
SAINT-PIERRE ET LE LOUP 178
SAINT-SAVIN ★★ 213
SAINT-SYMPHORIEN 66
SALLE DIFF'ART 107
SALON DE THÉ N°15 254
SANCTUAIRE GALLO-ROMAIN DE MAZAMAS 198
SANSAIS 82
SANXAY 187
SCORBÉ-CLAIRVAUX 240
SECONDIGNY 111
SECRET GARDEN 85
SERENITY BISCUITS 252
SERVICE VILLE D'ART ET D'HISTOIRE 126
SÈVRE AUTRUCHE 133
SITE CASTRAL DU HAUT CLAIRVAUX 241
SITE D'ESCALADE DE BEAUVOIR 163
SITE D'ESCALADE DE LA GUIGNOTERIE 216
SITE GALLO-ROMAIN DE SANXAY 187
SOIRÉES LYRIQUES DE SANXAY 4, 48
SOUFFLEUSE DE VERRE 264
SPA DU CHÂTEAU DE DISSAY 173
SPA SOURCE 251
SWEET TIME & COMPANY 158
SYNDICAT D'INITIATIVES - MOULIN L'ABBÉ 94

T

TANLIB, LE TRANSPORT DE L'AGGLO NIORTAISE 279
TÉLÉSKI NAUTIQUE MONCONTOUR 274
TERRA AVENTURA 150
TERRE DE DRAGONS 204
TERRES D'ENVOL 76
TERROIR GOURMAND 127
TETE DE MULE 75
TEX' ÉQUIPEMENTS 163
THE FOOTBRIDGE TAVERN 205
THE ORIGINALS BOUTIQUE - LA GRANGE HÔTEL 61
THE ROOF 155, 163
THÉATRE AUDITORIUM DE POITIERS 164
THÉATRE BLOSSAC 231
THÉATRE GALLO-ROMAIN DU VIEUX-POITIERS 240
THOUARS ★ 122
THUNDER ROADHOUSE 94
THURÉ 242
TOURTEAUX JAHAN 159
TOURTENAY 128
TRANSPORTS EN VIENNE 279
TRES MARIAS 174
TROGLODYTES DE LA TOURETTE 260
TROTT'IN POITOU 163

U

UN GÎTE AU PRÉ*** 105
UN VILLAGE TROGLODYTE, HAUT LIEU DE LA VITICULTURE 128
USSON-DU-POITOU 208

V

VALDIVIENNE 204
VALENCE-EN-POITOU 223
VALÉRIE BACQUET CRÉATIONS 255
VALLÉE DU PRESSOIR 124
VASLES 109
VELLÈCHES 245
VÉLORAIL 176
VERGER CONSERVATOIRE DES CROQUEURS DE POMMES 111
VERRUYES 115
VESTIGES DU CHÂTEAU DE LUSIGNAN 185
VICQ-SUR-GARTEMPE 252
VILLA PÉROCHON - CENTRE D'ART PHOTOGRAPHIQUE 60
VILLAGE FLOTTANT DE PRESSAC 13, 209
VISIT POITIERS 150
VISITE DE LA CENTRALE NUCLÉAIRE 204
VISITES GUIDEES 150
VIVONNE ★ 193
VOUILLÉ ★ 69, 261
VOUNEUIL-SUR-VIENNE 237

W

WALLABY'S PUB 165

X

XTRÊM LIMIT 97

Y

YAKANOË RAFTING 213

Z

ZEROGRAVITY 168
ZOODYSSÉE ★★ 87

Montmorillon.

QUAND Y ALLER

JANVIER

1° / 8°

FÉVRIER

1° / 10°

FESTIVAL DU POLAR REGARDS NOIRS
(NIORT)
A Niort, l'un des grands rendez-vous littéraires (mais pas que) du Poitou consacré au polar au sens large et sous toutes ses formes.

MARS

3° / 13°

FESTIVAL NOUVELLE(S) SCÈNE(S)
(NIORT)
Plusieurs scènes niortaises se coupent en quatre pour vous faire écouter les jeunes prodiges des musiques actuelles.

JUILLET

14° / 26°

FLIP (FESTIVAL LUDIQUE INTERNATIONAL DE PARTHENAY)
(PARTHENAY)
Mondialement célèbre, le FLIP réunit durant 2 semaines nouveautés et best-sellers du jeu. Il est aussi unique que gratuit.

AU FIL DU SON
(CIVRAY)
L'autre rendez-vous musical incontournable du Sud Vienne, avec ses invités reggae-dub-électro en plus. On s'éclate à la campagne !

AOÛT

13° / 26°

SOIRÉES LYRIQUES DE SANXAY
(SANXAY)
Le théâtre gallo-romain de Sanxay réanimé chaque été à force d'opéras du grand répertoire : les Poitevins s'en émerveillent depuis plus de 20 ans.

FESTIVAL LUMIÈRES DU BAROQUE
(CELLES-SUR-BELLE)
Vous profitez d'une programmation musicale baroque sans barrière ni contingence. Egalement de l'abbaye royale et de ses jardins, sublimes.

SEPTEMBRE

10° / 22°

LA FÊTE DES ROSIÈRES
(LA MOTHE-SAINT-HÉRAY)
Vous suivez pas à pas la très protocolaire noce de la Rosière à travers le vrai mariage de jeunes tourtereaux. Unique en France.

LES VACANCES DE MONSIEUR HAYDN
(LA ROCHE-POSAY)
De la musique de chambre à la cool. L'événement est réputé pour son festival off, ouvert aux jeunes prodiges et aux amateurs.

Le Poitou, fort d'un climat océanique, vous reçoit hiver comme été dans des conditions météo particulièrement clémentes. Poitiers, Niort et une kyrielle de cités médiévales brillent pour leur riche et incessante programmation culturelle. Sachez toutefois que le Marais poitevin et sa merveilleuse Venise Verte, bien qu'accessibles toute l'année, se réveillent beaucoup plus franchement d'avril à fin octobre, saison idéale pour les parcourir à la rame, à vélo ou vus du ciel...

AVRIL

5° / 16°

LA FRAPPADINGUE GÂTINE X'TREM
(PARTHENAY)
De l'eau, de la boue, des obstacles infranchissables, une ambiance de folie : participez vous aussi à ce raid urbain !

FESTIVAL À CORPS
(POITIERS)
Incontournable festival dansé de Poitiers consacré au corps et à sa force créative, jamais cloisonné, toujours déconcertant...

$ $

MAI

8° / 20°

RAID HANDI-VALIDE DEUX-SÈVRES
(SANSAIS)
Le grand rendez-vous handisport du Marais poitevin, étape de l'EDF ADN Tour. Constituez une équipe et challengez-vous !

$ $

JUIN

12° / 23°

LE RALLYE DU MARAIS
(COULON)
Un jeu de piste nocturne en kayak à l'intérieur des méandres de la Venise Verte, ça vous dit ? Embarquez vos déguisements !

JAZZELLERAULT
(CHÂTELLERAULT)
A l'écoute des pointures et des nouvelles venues du jazz international. Et aussi du blues, du swing, des musiques du monde...

$ $

OCTOBRE

8° / 18°

FESTIVAL INTERNATIONAL DU FILM ORNITHOLOGIQUE
(MÉNIGOUTE)
Amateurs d'ornithologie, ne passez pas à côté de l'unique festival international de film animalier consacré à votre passion.

LES EXPRESSIFS
(POITIERS)
Le plus célèbre, le plus festif des festivals de rue du Poitou, Les Expressifs secouent Poitiers à force de créations inattendues.

$

NOVEMBRE

4° / 12°

FESTIVAL RENÉ-CAILLÉ DE L'AVENTURE
(MAUZÉ-SUR-LE-MIGNON)
Un festival consacré aux récits-documentaires de voyage en pleine campagne : youpi ! A la rencontre des explorateurs contemporains.

POITIERS FILM FESTIVAL
(POITIERS)
A la découverte des courts-métrages des grands réalisateurs de demain. Une centaine de films en compétition à visionner.

$

DÉCEMBRE

2° / 9°

FESTIVAL JEUNESSE LE PETIT GIVRÉ
(NIORT)
Kyrielle de spectacles pour les petits et bien préparer Noël en famille. Bal, cabaret, et même initiation au cirque spéciale bébé.

$

LES BONNES RAISONS D'Y ALLER

© DOM - STOCK.ADOBE.COM

LE MARAIS POITEVIN

Lové entre plages et bocage, il dévoile une nature sauvage et hors du temps.

UN PATRIMOINE HORS DU COMMUN

Eglises romanes, forteresses médiévales, cités pittoresques, châteaux : que de splendeurs !

© PAULINE BELTRAN

© OFFICE DE TOURISME DE GRAND CHATELLERAULT

DE L'ÉVASION EN PLEINE NATURE

Vous explorez forêts anciennes, bocage, jardins foisonnants et ressourçants à pied ou à vélo.

© CYRIL AUCHER - ISTOCKPHOTO.COM

SES FOIRES ET MARCHÉS ANCIENS

Les marchés populaires de Lezay, Lencloître ou des Hérolles, vos rendez-vous bigarrés...

© OSCAR - STOCK.ADOBE.COM

SON TERROIR INSOUPÇONNÉ

A vous viande bovine parthenaise, fromages de chèvre, pâtisseries et même vins d'exception !

© ACI (JL AUDY-F JUILLE) / KUKA / BGBG / FUTUROSCOPE

LE FUTUROSCOPE

Fun, futuriste, féérique, fantastique, il marquera les esprits de toute la famille.

© GUITOU60 - STOCK.ADOBE.COM

SA RURALITÉ

Farniente, balades à la ferme, activités de plein air : vive les vacances à la campagne !

LES BONNES RAISONS D'Y ALLER

SON ÉBLOUISSANTE PROGRAMMATION

De l'abbaye de Celles-sur-Belle au confort moderne de Poitiers, l'agenda culturel est foisonnant.

© PAULINE BELTRAN

© DIMENSIONS - ISTOCKPHOTO.COM

SES EAUX POISSONNEUSES

Ses rivières et ses étangs raviront pêcheurs amateurs ou chevronnés.

© ALTITUDEDRONE - FOTOLIA

SUR LA ROUTE DES PLAGES

40 minutes suffisent pour rejoindre les plages atlantiques charentaises.

LES 12 MOTS-CLÉS

#BAUDET

Race endémique du Poitou, cet âne de haute taille (1,45 m) et au long pelage fut consacré à la production de mules. Menacé de disparition faute de débouchés, il jouit aujourd'hui de multiples opérations de sauvegarde. Vous le rencontrez dans les asineries de Vienne et Deux-Sèvres ou à l'occasion de manifestations locales. L'emblème de la région !

© SLOWMOTIONGLI - SHUTTERSTOCK.COM

#CHABICHOU

Son nom trouverait son origine au VIIIe siècle : les Arabes arrêtés à Poitiers auraient quitté la région sans leurs chèvres (*cheblis*) grâce auxquelles on confectionnera un fromage savoureux à pâte molle de forme tronconique. On sait désormais que le caprin est élevé en Poitou depuis quelque 5 000 ans... La star des plateaux poitevins, c'est lui !

#CHÂTEAUX

Ils furent les piliers d'un Poitou seigneurial et autonomiste, implantés après les raids vikings : les châteaux forts imprenables, toujours debout. Exoudun, Chauvigny, La Roche-Posay ont conservé les leurs, et il y en a d'autres ! Votre road trip vous mènera assurément vers une superbe demeure d'apparat du XVIIIe siècle où il fera bon passer la nuit...

#CLOCHARD

Comme la variété ancienne de pommes reinettes à couteau que vous dégustez en Deux-Sèvres, plus précisément à Secondigny. La Clochard, juteuse et sucrée, est réputée pour sa longue conservation : on la consomme crue jusqu'en février, avant qu'elle ne plisse et ne devienne pâteuse. On la reconnaît à sa peau rugueuse jaune tachetée de points bruns.

#COMPOSTELLE

Le Poitou est traversé par l'un des 4 chemins de Compostelle français, la via Turonensis (ou GR 655), qui relie la tour Saint-Jacques de Paris à Saint-Jean-Pied-de-Port. Vous découvrez les splendeurs de la Vienne et des Deux-Sèvres, l'église Saint-Hilaire de Melle (Unesco), la cité médiévale de Parthenay ou encore l'abbaye Saint-Martin de Ligugé.

#GUERRE DE CENT ANS

Le mariage d'Aliénor d'Aquitaine et d'Henri Plantagenêt, en 1152, plongera le Poitou dans un long conflit seigneurial, terreau géopolitique tourmenté qui mènera à la guerre de Cent Ans. L'un de ses reliquats : la prestigieuse université de Poitiers, fondée en 1431 alors que les grands intellectuels de l'époque s'étaient réfugiés en la province.

#JARDINS

Le Poitou regorge de somptueux jardins. Thouars et son parc Imbert jouissent de leur 4e fleur depuis 1998. Filez à l'abbaye royale de Celles-sur-Belle (79) admirer son jardin à la française, sinon au château de La Mothe, à Usseau (86). Ne ratez pas ces pépites : le parc de Blossac, à Poitiers, et les Jardins du Gué, à Lhoumois (79).

© VILLE DE POITIERS

#MÉLUSINE

Le souvenir de la fée bâtisseuse, mi-femme, mi-serpent, plane toujours en Poitou. Mélusine serait à l'origine de la construction d'une kyrielle d'églises et bâtiments civils, parmi lesquels le donjon double de Niort, vestiges de la forteresse inexpugnable de Henri II Plantagenêt et de Richard Cœur de Lion, et le château de Lusignan (86).

#PIGOUILLE

L'autre emblème du Poitou, plus précisément du marais Poitevin. Cette perche en bois d'environ 4 m de longueur, enfoncée dans la vase, permet au maraîchin (ou pigouilleur), debout à l'arrière, de manœuvrer son embarcation, la yole. Chaque année, des dizaines de guides bateliers s'initient à son maniement, prouesse d'équilibre et de souplesse.

#TOURTEAU-FROMAGÉ

La pâtisserie poitevine par excellence, confectionnée à base de fromage de chèvre frais et de vanille. Son goût insolite provient aussi de sa croûte noir suie volontairement brûlée. Le tourteau-fromagé a sa place dans l'Histoire de France puisque le terme servit de nom de code à radio Londres pour communiquer avec la Résistance deux-sévrienne.

© CORALIE SEMELLE - SHUTTERSTOCK.COM

#TROGLODYTES

Pays de calcaire et de tuffeau, le Poitou est constellé de sites troglodytiques. Baladez-vous ne serait-ce qu'à Poitiers, au bord du Clain, à flanc de falaise. Poussez jusqu'aux très pittoresques Saint-Rémy-sur-Creuse (Châtelleraudais) et Berrie (Loudunais). Il est unique en Deux-Sèvres, aussi pour son terroir viticole AOC Saumur : Tourtenay.

© THOUARS 79

#VÉLO

La Vienne et les Deux-Sèvres feront le bonheur des cyclotouristes et des amoureux de grand air. Les boucles vélos-VTT et autres voies vertes y sont innombrables. Ce mode de déplacement doux, devenu institution en Poitou, rejoint de grands itinéraires nationaux : par exemple la Vélo Francette (qui traverse le 79) et la Scandibérique (86).

VOUS ÊTES D'ICI, SI...

- Vous identifiez sans réfléchir Poitevin-la-Fidélité. Pour tous les autres, il s'agit du chef le plus étoilé de l'Histoire (32 au compteur), natif de Poitiers : Joël Robuchon (1945-2018), surnommé ainsi lorsqu'il fut Compagnon du Devoir.
- Vous connaissez le détail de cet acronyme : scofa. C'est-à-dire sucre, crème, œufs, farine, amandes, ingrédients de l'une des plus addictives pâtisseries poitevines.
- Vous faites spontanément la différence entre les Poitevins.nes et les Pictaviens.nes. En fait, il n'y en a pas, ils désignent à la fois les habitants de Poitiers et ceux du Poitou. On précise que les uns sont les gentilés des autres, mais lesquels ?
- Vous savez que Charles Martel n'a pas arrêté les Arabes à Poitiers. D'ailleurs vous ne savez ni s'il l'a vraiment fait, ni où précisément...
- Vous *sincez* (passez la serpillère), dites *tantôt* plutôt que plus tard, préférez *à la revoyure* à au revoir, quémandez une *poche* à votre commerçant (oubliez le *cornet*, ça n'existe pas par ici).

MON POITOU

avec Clarisse Bordonneau, auteure du guide

Interview

Elle n'y est pas née mais y a grandi, l'a quitté pour le retrouver à maintes reprises : Clarisse Bordonneau, éditrice et rédactrice, vous raconte le Poitou. Celui de ses grands-mères et de sa famille, celui d'aujourd'hui, qui brille par sa nature enchanteresse, son patrimoine architectural exceptionnel, sa programmation culturelle métissée ou encore ses tables addictives. Que de bons plans en perspective...

TOP 5

SE RESTAURER

La gastronomie du Poitou, pas si renommée, mérite pourtant qu'on s'y attarde, de même que l'on goûte à ses (quelques) vins, gamay et sauvignon. Bonnes tables, adresses insolites particulièrement racées, pullulent entre Poitiers, Niort et leurs belles campagnes. Voici un florilège d'immanquables !

LA BELLE ÉTOILE

Niort
L'un des plus beaux restaurants gastronomiques des Deux-Sèvres, intérieur déco, vue sur la Sèvre, chef-d'œuvre dans l'assiette.

© LA BELLE ÉTOILE

© LE CÉRASUS

LE CERASUS

Saint-Savin
Restaurant convivial à l'accueil attentionné où le chef réalise des assiettes authentiques aux produits de saison.

© PAULINE BELTRAN

LA CUISINE DE COMPTOIR

Poitiers
Des plats bistronomiques issus de délicieux produits locaux avec un excellent rapport qualité-prix à Poitiers.

L'OUVRIÈRE

Availles-en-Châtellerault
Une magnifique adresse pleine de délices et de bonne humeur à Availles-en-Châtellerault.

© PAULINE BELTRAN

© LE BOEUF EN ÉCAILLES

LE BOEUF EN ÉCAILLES

Magné
La perle bistronomique du Marais, où s'éclate une équipe jeune et dynamique. On chavire pour son plat signature, le cochon de 16h !

TOP 5

SE LOGER

On aura plaisir à se loger en Poitou, tant l'offre d'hébergements est éclectique, susceptible de satisfaire toutes les envies, petits et gros budgets. Cabanes éco-friendly à la campagne, nid d'amour citadin, nuitée féodale au château, ancienne ferme reconvertie en gîte et sa piscine renversante, tout est possible !

© LA KANÖPÉE

LA KANÖPÉE

Moncoutant
Un petit paradis éco-friendly de 3 ha au bord de son charmant étang, perdu dans la campagne. Hutte, cabane, tiny house, vous choisissez.

© L'ANGÉLY

CHAMBRES D'HÔTES L'ANGELY

Niort
Coup de cœur assuré à la découverte de ce nid d'amour de l'hyper centre, une belle bâtisse, 4 chambres feutrées, piscine où se relaxer.

© SIGNATUREJUNE

AU PETIT THOUARS

Thouars
Une maison d'hôtes aux allures de villa italienne, tout là-haut perchée. Vue, piscine, petites attentions et nids douillets exquis...

© OLIVIER BERTIN

HÔTEL MERCURE****

Poitiers
Hôtel chargé d'histoire abritant des chambres atypiques, lumineuses et décorées dont certaines en duplex.

VILLAGE FLOTTANT DE PRESSAC

Pressac
Déconnexion assurée dans ce village flottant. Cabanes sur l'eau et logements insolites à découvrir en couple ou en famille.

© VILLAGE FLOTTANT DE PRESSAC

TOP 5
ACTIVITÉS

En famille, en groupe, en solo, les vacances en Poitou se déclinent à l'infini. Une chose est sûre, vous prenez beaucoup de bon temps entre la campagne et la ville, qui toutes deux regorgent d'activités culturelles, sportives ou de loisir. Des vacances extrêmes ou super tranquilles, c'est par ici.

ABBAYE DE SAINT-SAVIN
Saint-Savin
L'abbaye de Saint-Savin est un trésor de l'Unesco à découvrir en famille grâce à des visites libres, guidées ou immersives.

© PAULINE BELTRAN
213

© FUTUROSCOPE
166

FUTUROSCOPE
Chasseneuil-du-Poitou
Au Futuroscope, les sensations fortes croisent la technologie dans plus de 40 attractions et spectacles à vivre en famille.

© LINDA CASTAGNIE
73

PARC NATUREL RÉGIONAL DU MARAIS POITEVIN
Coulon
Le temps s'est arrêté en la Venise Verte. Le Grand Site de France époustoufle par son éblouissante sauvagerie et son pittoresque.

CHÂTEAU D'OIRON
Plaine-et-Vallées
Ecrin de l'une des collections d'art contemporain les plus prestigieuses du pays, Oiron, château Renaissance, enchante aussi pour ses trésors d'époque.

© SEBASTIEN LAVAL
222

© CHÂTEAU D'OIRON
129

LA VALLÉE DES SINGES
Romagne
Une visite nature pour toute la famille dans un parc animalier situé à Romagne où les primates sont rois et évoluent en liberté.

IDÉES DE SÉJOUR

Dans le Poitou, terre particulièrement métissée, les possibilités de s'éclater en amoureux, entre amis ou avec ses enfants sont innombrables, pour ne pas dire infinies. Nature et activités *outdoor*, patrimoine architectural moyenâgeux, itinéraire 100 % vélo, *road trips* en van ou à moto aux quatre coins de la Vienne et des Deux-Sèvres, nuitées insolites à coquines, les expériences ne manquent pas. D'autant que les distances ne sont pas insurmontables, de même que la météo et les reliefs sont ici cléments. En marge des grands axes routiers, prenez la clé des champs, osez sortir des sentiers battus : ici et là, au gré d'un itinéraire bis, il y aura toujours quelque chose à voir, à faire et à déguster. Nous vous proposons ci-dessous deux idées de séjour : un premier parcours destiné aux familles et aux enfants ; un second dédié aux gourmands, entre architecture, terroirs caprins et grands vins du Poitou...

PARCOURS EN FAMILLE : DU FUTUROSCOPE AU MARAIS POITEVIN

Au départ du Futuroscope, vous traversez le Poitou direction le village de Saint-Hilaire-la-Palud, considéré comme la capitale du marais sauvage. Cet itinéraire de 170 km vous fait passer par sept sites incontournables via le sud de Poitiers. Les enfants adoreront, et vous aussi. Sensations fortes, parcs animaliers, patrimoine, balades rafraîchissantes, liberté exaltante, c'est parti !

› Jour 1 - Le Futuroscope, à Chasseneuil-du-Poitou

En marge d'Objectif Mars, d'Arthur l'aventure 4D ou de L'Extraordinaire voyage, découvrez la grande nouveauté 2022 : Chasseurs de tornades, écran LED à 360° et plateforme rotative allant jusqu'à 30 km/h. Autrement dit, ça décoiffe ! A la tombée de la nuit, profitez d'une halte poétique et du spectacle aquaféérique La Clé des Songes. Poursuivez au restaurant Space Loop (commande tactile, service insolite... à travers les rails et les loopings) puis à l'hôtel martien Station Cosmos, 2 établissements inaugurés en 2022.

› Jour 2 - La cité médiévale, à Chauvigny

A 28 km de Chasseneuil. Vous explorez la ville haute (et le Moyen Age) à travers ses édifices emblématiques (XI-XVes siècles) : les châteaux de Montléon, de Harcourt et de Gouzon, la tour de Flins, la collégiale Saint-Pierre. Clou du spectacle, la puissante forteresse des Evêques, résidence des seigneurs de **Chauvigny** ★★ (p.175), où se tiennent les Géants du ciel, gracieux ballet de fauconnerie associant aigles, cigognes, aras, et d'autres espèces aériennes.

© LAWRENCE BANAHAN - AUTHOR'S IMAGE

Coulon dans le marais poitevin.

La Vallée des Singes.

› Jour 3 - La Vallée des singes, à Romagne

A 47 km de Chauvigny. Une vallée luxuriante de 22 ha où s'entrecroisent 34 espèces de singes et beaucoup plus de visiteurs. Point de cage ni barrière, en cette planète, mais des espaces soignés, aménagés pour que les primates et lémuriens puissent vous observer en toute liberté. Comptez au moins une demi-journée de visite (snack, resto et aires de pique-nique). Sur la route, arrêtez-vous à Gençay admirer son château fort défensif du XIIIe siècle (parcours de géocaching médiéval facile, 1h, 2 km).

› Jour 4 - Le Rauranum, à Rom

A 17 km de Romagne. Archéologues en herbe, bienvenue à l'époque gallo-romaine ! Ce passionnant musée abrite les vestiges du vicus de Rauranum, cité gallo-romaine du Ier siècle apr. J.-C. En marge des collections, vos petits s'émerveilleront d'amusantes activités : jeux antiques, chantier de fouilles archéologiques reconstitué, ateliers (dessin, poterie, mosaïques), journées gallo-romaines.

› Jour 5 - Les mines d'argent des rois francs, à Melle

A 41 km de Rom, Melle, joyau d'architecture et de l'art roman (79). Démarrez par les mines d'argent des rois francs, les plus anciennes visitables au monde : vous pénétrez un filon de galène argentifère exploité à l'époque de Charlemagne jusqu'au Xe siècle. Parcourez le joli centre-ville pour redescendre vers la Béronne : la vue sur l'église Saint-Hilaire, classée Unesco, est époustouflante. Vous découvrez d'autres monuments pittoresques via l'arboretum du Chemin de la découverte (facile, 6 km). De Rom à Melle, vous passerez sans doute par Lezay : le mardi matin s'y tient le troisième marché aux bestiaux de France. Offrez-vous des pizzas maison Chez Paco, resto-grill situé à l'intérieur.

› Jour 6 - La forêt domaniale et Zoodyssée, à Chizé

A environ 25 km de **Melle** ★ (p.83). La forêt domaniale de Chizé, passage obligé. Outre son patrimoine naturel (faune et flore sauvages à tous les étages, dont le vénérable chêne de l'Empereur, 250 ans, 27 m) et la baignoire de Mélusine, elle abrite Zoodyssée, parc animalier consacré aux espèces endémiques européennes (le renard polaire y a fait son grand retour en 2022). Prévoyez 3h de visite et la possibilité de louer une calèche. Le soir, appréciez une nuit insolite dans les arbres aux Cabanes Mira, situées au bord de la Boutonne (pêche et canoë), à Villiers-sur-Chizé.

› Jour 7 - Le Marais poitevin, à Saint-Hilaire-la-Palud

A 40 km de Chizé. Vous voilà enfin arrivés à destination, dans l'un des plus pittoresques villages du marais mouillé. Après tous ces efforts, vous voici réconfortés par cet environnement sauvage, des heures de balades à fleur d'eau, sorties en barque, promenades à vélo, flâneries au gré des villages-rue. Cerise sur le gâteau, quoique peut-être hors budget, le survol de la Venise Verte en montgolfière.

ROADTRIP GOURMAND : ENTRE TERROIRS ET PATRIMOINE

Cet itinéraire vous mène à la découverte des terroirs poitevins : grands vins, fromages de chèvre, viande parthenaise et visites de monuments emblématiques. Pour aller plus loin, le site de La Route des fromages de chèvre de Nouvelle-Aquitaine répertorie des éleveurs caprins, artisans-fromagers et producteurs fermiers dans la Vienne et les Deux-Sèvres : www.routedesfromagesdechevre.fr.

› Jour 1 - Celles-sur-Belle

À une vingtaine de kilomètres de **Niort** ★★ (p.57). C'est à La Maison des fromages de chèvres de **Celles-sur-Belle** (p.90) que vous démarrez ce parcours bon vivant. À vous les secrets de fabrication du chabichou et du mothais sur feuille, trésors caprins les plus célèbres de la région. La Petite cité de caractère attire aussi pour son abbaye royale du XVIIe siècle, écrins de plusieurs festival de musique classique d'excellente qualité. **Melle** ★ (p.83), sa triade romane et sa fromagerie des Gors ne sont qu'à 10 min...

6H-8H30 | APOLLINE MATIN
APOLLINE
COMME
VOUS
RMC
INFO TALK SPORT
Photos @Jérôme Dominé - Abacapress
DeBonneville-Orlandini
APOLLINE DE MALHERBE
ÉCOUTEZ RMC PARTOUT TOUT LE TEMPS
EN TV CANAL 23
RMC
STORY

› Jour 2 - Saint-Maixent-l'École

À 20 km au nord de **Celles-sur-Belle** (p.90). Saint-Maixent-l'École mérite que l'on s'y arrête, ne serait-ce que pour ses halles Baltard et le restaurant L'Atelier, spécialiste des planches gourmandes. Les passionnés d'histoire militaire en profiteront pour visiter son musée du Sous-Officier, les amoureux d'architecture les charmants alentours de l'**abbatiale Saint-Maixent** (p.95). À 4 km, à Saint-Martin-de-Saint-Maixent, se trouve la célèbre laiterie Soignon, grande spécialiste du chèvre-boîte (mis au point en Poitou, en 1907) où vous faites le plein de **bonnes** (p.173) choses. Penchez sinon pour l'authenticité de la GAEC de Plaine de Foumard, exploitation-atelier bio d'Azay-le-Brûlé (4 km). Faites un crochet par Exoudun (16 km), cité médiévale où le temps semble s'être arrêté.

› Jour 3 - Parthenay

À 30 km au Nord de Saint-Maixent. Vous changez de terroir : bienvenue en Gâtine, berceau de la viande bovine parthenaise. Capitale bouchère, la ville accueille un étonnant marché au cadran (mardi après-midi et mercredi matin ; restaurant bon marché Le Pélican). Réservez à l'Enotéka, bistrot valeur sûre du grand connaisseur de la race, Jean-Philippe Bouet. Les attraits de **Parthenay** ★★ (p.101) sont nombreux. La halte jacquaire possède l'un des centres historiques les plus pittoresques du Poitou. La porte Saint-Jacques, le château, la rue Vau-Saint-Jacques, les rives du Thouet constituent le ravissant décor du FLIP, d'Ah dans la rue et de La Frappadingue, pour ne citer qu'eux. Offrez-vous une nuitée seigneuriale au château fort défensif d'**Airvault** (p.117) (Le Vieux Château d'Airvault, à 25 km de Parthenay). Tant qu'à faire, poursuivez jusqu'à la très mignonne Saint-Loup-Lamairé...

› Jour 4 - Thouars et Plaine-et-Vallée

À 40 km au nord de **Parthenay** ★★ (p.101). Vous pénétrez le terroir viticole du Haut Poitou, le Thouarsais, aux portes du Val-de-Loire. Une vingtaine de domaines y cultivent des cépages en AOC Anjou et AOC Saumur. **Thouars** ★ (p.122), bien que déclinante, émerveille par les abords de son château baroque et les berges bucoliques du Thouet. Le centre-ville se défend lui aussi, l'église romane Saint-Médard, les maisons à pans de bois du XVe siècle, les hôtels particuliers Renaissance. Carole Kohler (domaine de Fleury) vous convie à une dégustation chenin et cabernet franc avec vue sur le château. Poussez jusqu'aux Clos des Treilles (Sainte-Radegonde, environ 5 km) et Clos de Motèles (Sainte-Verge, +5 km), où vous attend une belle cuvée du Toarcien (anjou rouge). De là, le superbe ensemble troglodytique de **Tourtenay** (p.128) n'est plus qu'à 12 km, seul terroir deux-sévrien en AOC Saumur, de même que Plaine-et-Vallée. En marge des **Terres Blanches** (p.130) (vins atypiques en bio et biodynamie), s'y cachent des spots exceptionnels : Saint-Généroux, l'une des plus anciennes églises préromanes de France ; l'abbatiale de Saint-Jouin-de-Marnes ; Oiron, centre d'art contemporain mondialement célèbre.

› Jour 5 - La vallée viticole de Mirebeau

À 30 km d'Oiron via **Moncontour** (p.272), pour apercevoir son donjon du XIe siècle. Vous pénétrez la Vienne en passant par l'une de ses plus belles vallées, espace viticole de près de 400 ha répartis en AOC Saumur, IGP Val-de-Loire et AOC Haut-Poitou. Ses jolis reliefs sont constellés d'ensembles troglodytiques, labyrinthes de galeries, caves et logis à explorer (par exemple Les Cavernicoles, à Luché, à 4 km de **Mirebeau** ★ (p.258)). Vous êtes dans le coin le 1er lundi du mois ? Faites un saut à la foire de Lencloître, tenue depuis la nuit des temps. Découvrez à **Saint-Martin-la-Pallu** (p.260) le micro élevage Coudret (25 chèvres) et ses chabis artisanaux. Continuez jusqu'à **Jaunay-Marigny** (p.169), à deux coups de volant du **Futuroscope** (p.166), vous offrir une amusante expérience œnotouristique au manoir de Lavauguyot (domaine Ampelidae ; pinot noir, fié gris, cabernet franc, sauvignon) érigé au XIe siècle : visite de l'extraordinaire cave monolithique, dégustation, casse-croûte vigneron, balade en quad, chambre d'hôtes.

› Jour 6 - Jaunay-Marigny

À 8 km au sud de **Jaunay-Marigny** (p.169). Cette merveille de randonnée pédestre de 14 km (4h), le circuit des Troglodytes, vous aidera à éponger les agapes. Vous serpentez entre les vignes et passez de l'une à l'autre vision enchanteresse : carrières de tuffeau, cavités et habitats troglodytiques, châteaux de La Marre, des Roches, de Montfaucon. Vous vous retapez au spa-piscine-hammam, vous offrez une table gastronomique ainsi qu'une chambre de conte de fées au luxueux hôtel du château de **Dissay** (p.172) (à 6 km).

› Jour 7 - Availles-en-Châtellerault

Votre roadtrip s'achève à 15 km de Beaumont-saint-Cyr avec un peu de shopping. Vous faites razzia de souvenirs à l'huilerie Lépine, grand spécialiste de l'huile de noix ; aux Pots gourmands, ou l'art de l'authentique confiture ; à La fabric'd'Alice, maître de la pâte sèche. Evidemment, vous aurez réservé une table au restaurant gastronomique L'Ouvrière. Allez, tant que vous y êtes, faites durer le plaisir en passant la nuit au Pigeonnier du Perron, hôtel de charme logé dans une bâtisse du XVe siècle...

DÉCOUVRIR

Le Poitou se concentre aujourd'hui en deux départements, la Vienne (86) et les Deux-Sèvres (79), et autour de deux cités rayonnantes, la majestueuse Poitiers, ancien fief des ducs d'Aquitaine, et Niort la féérique, en partie bâtie par Mélusine. Singulière par bien des aspects, la région regorge de trésors, héritages d'un passé aussi fastueux que tourmenté. En préparant votre escapade, ne manquez pas de vous plonger dans la passionnante histoire de cette terre de passages et de convoitises, foulée par les pèlerins de Compostelle et indissociable de la fondation des dynasties franques. Explorez le bocage et sa nature luxuriante, propice à mille découvertes et activités, sa gastronomie méconnue et pourtant follement exotique. Sachez aussi que le Poitou vit au rythme d'une programmation culturelle époustouflante, entre scènes baroques prestigieuses, notamment en l'abbaye de Celles-sur-Belle, à électro de Poitiers à Parthenay.

MÉLUSINE ET AUTRES DRAGONS DU POITOU

Ils battaient jadis la campagne, terrifiant petits et grands. La Galipote, qui attaquait les langues de vipère après la veillée, prête désormais son nom à un biscuit « fantomatique », spécialité d'Ardin. Le dahu de Ligugé a délaissé sa forêt d'antan pour courir les orgies : le Bitard, devenu en 1922 ce joyeux luron d'étudiant membre de l'Ordre du vénéré Bitard (identifiable à son uniforme, cape, faluche et insignes), confrérie de la fac de droit de Poitiers célébrant l'héritage de François Rabelais. Rabelais qui fit entrer Gargantua au panthéon des êtres légendaires locaux en lui octroyant la paternité de la Venise Verte (un trop-plein de libations qui inonda le pays jusqu'à la mer). Sans parler de Cheval Mallet, démoniaque monture, ou de la Dame Blanche (goûtez cette aérienne île flottante, spécialité de Lusignan). Toutefois, allez savoir pourquoi, le Poitou conserve un souvenir fervent de ses dragons, Mélusine en tête de file...

Mélusine, à Lusignan

C'est l'histoire d'une malédiction, d'un serment brisé et d'un amour perdu, la *love story* de Mélusine et de Raymondin qui tourna bien tristement au vinaigre. En la forêt giboyeuse de Coulombiers leurs regards se sont croisés, instant magique auprès de la fontaine de la Soif (lieu-dit Font-de-Cé, à Lusignan). Son éblouissante beauté l'en fit tomber éperdument amoureux ; il l'épousa pratiquement sur-le-champ, jurant de la laisser se retirer chaque samedi et de ne jamais, ô grand jamais, chercher à la retrouver en ce jour. De leurs amours naquirent, outre beaucoup d'enfants, l'impérieuse forteresse de Lusignan (avérée comme l'une des plus vastes de France, démantelée en 1586), une puissante maison auréolée de gloire. Toutes ces années Mélusine tira profit de son bien dissimulé secret, lourde punition infligée par sa mère pour l'éternité. A l'insu de son époux, elle déployait ses ailes la nuit venue, survolait le Poitou pour s'activer à l'ouvrage, transporter tonnes de pierres dans sa dorne et bâtir cités, églises et forteresses grandioses en nom des Lusignan. Ainsi apparut la Pierre-Levée, blocs que la fée laissa échapper au-dessus de Poitiers (magnifique dolmen du néolithique, dissimulé dans le quartier de Montbernage). Jusqu'à ce qu'ardente jalousie conduise Raymondin à braver l'interdit, pousser la porte de sa bien-aimée et découvrir son diabolique appendice, une queue de serpent – c'est d'ailleurs pour la baigner que Mélusine fit jaillir de l'eau au creux de sept chênes en la forêt de Chizé (la baignoire de Mélusine, monument naturel à ne pas manquer). Le tragique trépas d'un de leurs illustres fils, brûlé vif par son aîné, les mena à leur perte : Raymondin, fou de chagrin, accusa Mélusine en public. Evanouie, l'infâme serpente revint à elle en annonçant l'inéluctable ruine des Lusignan, ouvrit ses ailes, s'éleva dans le ciel, vola trois fois autour de la citadelle en poussant des cris stridents puis disparut à jamais. On dit aujourd'hui en pays Mélusin que la fée réapparaît lorsque l'un de ses descendants se meurt... Si l'Histoire fait mention d'une légendaire créature féminine hybride en Poitou, Mélusine doit son extrême popularité au libraire-éditeur Jean d'Arras. En 1392, Jean de Berry, comte de Poitou, commande à l'homme de lettres une chronique généalogique épique consacrée aux Lusignan. Celle-ci, grâce à l'imprimerie, est à considérer comme l'un des grands best-sellers de son époque : ***Mélusine ou la noble histoire de Lusignan***. L'œuvre en prose, très largement diffusée, s'inscrit dans la lignée des romans dynastiques du bas Moyen Age faisant de la fée, outre le mythe fondateur de la maison, une héroïne mi-femme, mi-démon connue par monts et par vaux. Les Lusignan régneront du Xe au XIVe siècle, seigneurs de leurs fiefs, Lusignan et Couhé, parvenus à mettre la main sur les comtés de la Marche et d'Angoulême, par ailleurs illustres croisés devenus princes de Chypre et rois de Jérusalem. La roue tournera avec Hughes X de Lusignan, héritier de longues années de mécontentements (avec le mariage Aliénor-Plantagenêt, en 1152, les seigneurs du Poitou perdront beaucoup de leur autonomie et organiseront plusieurs coalitions contre leurs suzerains), allié aux Plantagenêt. Venu insulter Alphonse de Poitiers – comte de Poitou, prince de sang royal et frère de Louis IX (Saint Louis), en son palais, il subira l'année suivante une violente contre-offensive royale à Taillebourg, ou l'écrasante victoire du royaume capétien contre le blocus Lusignan-Plantagenêt. La ruine de la maison est enclenchée, dépossédée de près d'un tiers de ses biens... On précise que la bataille de Taillebourg compte

© ARCHIVIST - STOCK.ADOBE.COM

Raymondin et Mélusine.

DÉCOUVRIR

parmi les innombrables événements qui déclencheront la guerre de Cent Ans (1337-1453). Organisez-vous un circuit-découverte des plus beaux ouvrages de Mélusine, dispatchés entre Vienne et Deux-Sèvres : la ville de Lusignan, bien sûr, où vous admirez quelques restes de la noble forteresse, le Coudray-Salbart, innovant château fort érigé durant la guerre de Cent Ans (ne vous y aventurez jamais la nuit, sous peine d'y capter d'énigmatiques hurlements), les châteaux de Cherveux et de Parthenay, le donjon et la flèche de Notre-Dame de Niort inachevée (Mélusine, surprise en plein travail, aurait abandonné son chantier toute affaire cessante en oubliant d'y poser la dernière fenêtre, l'incident se répétera ailleurs, par exemple à Celles-sur-Belles, à Verruyes et à Ménigoute).

La Grand'Goule, à Poitiers

La pieuse et charitable Radegonde (519-587), épouse rebelle de Clotaire Ier et reine des Francs, fuit la cour de Soissons pour s'établir à Poitiers. Elle y fonde le monastère Notre-Dame autour de 550, devenu Sainte-Croix en 567 lorsqu'il accueille les reliques de la sainte Croix (bâtie à l'emplacement de l'actuel musée éponyme, l'abbaye fut transférée, avec ses trésors, en la commune de Saint-Benoît). Radegonde, sainte patronne de Poitiers, possède sa légende dorée : on dit qu'elle s'illustra contre la sanguinaire et invincible créature qui, sortie de sa tanière de la vallée du Clain, s'aventura à travers souterrains jusque dans les caves du monastère en quête de quelques religieuses à croquer. Ni les suppliques ni les prières ne purent mettre fin au carnage, la Bête continua de sévir. Si bien que Radegonde s'enquit de l'affronter, pourchassa le dragon, lui assenant salves de signes de croix et de malédictions. La créature mourut dans d'atroces souffrances. Cette Grand'Goule, personnification locale du combat du bien contre le mal, assura la protection de Poitiers jusqu'au XIXe siècle. Elle fut associée à la procession des Rogations (les trois jours précédant le jeudi de l'Ascension, inspirée des rituels païens en faveur des récoltes et des moissons), d'abord peinte sur une bannière puis, à partir de 1677, sous la forme d'une effigie articulée, œuvre en bois polychrome du maître-sculpteur Jean Gargot. À son passage, on jetait gâteaux, oublies, casse-museaux en criant la formule suivante : « Bonne sainte vermine, priez pour nous. » Le culte disparaît complètement avec la modernisation des pratiques agricoles ; quant au monstre de 57 cm de hauteur, il fut redécouvert par hasard dans les réserves du grand séminaire de Poitiers. Vous l'admirez au musée Sainte-Croix, gueule béante tous crocs dehors. Lointain souvenir, la Grand'Goule peine pourtant à quitter la mémoire collective des Poitevins. Elle prêtera son nom à une revue consacrée aux arts et au patrimoine éditée de 1929 à 1944 (en accès libre sur Gallica, site de la BNF ; https://gallica.bnf.fr), et, surtout, à la mythique boîte de nuit du centre-ville inaugurée en 1965 (un passage obligé ! www.lagoule.fr). Il suffira de marcher quelques pas pour découvrir, elle aussi nichée aux pieds de la cathédrale Saint-Pierre, l'église romane Sainte-Radegonde, largement remaniée au XIIIe siècle dans le plus pur style Plantagenêt. Ce chef-d'œuvre à nef unique abrite non seulement le sarcophage et les restes de la sainte, mais également une exceptionnelle suite de vitraux (dont une verrière datée de 1270). Vous verrez, l'atmosphère y est captivante. Dans l'escalier d'honneur de l'hôtel de ville de Poitiers, les passionnés jetteront un œil à ce tableau de Pierre Puvis de Chavanne, *Sainte Radegonde écoutant une lecture du poète Fortunat*.

© BRUNOCOELHO - SHUTTERSTOCK.COM

Un des quatre dragons en bronze de Niort, œuvres de l'architecte-plasticien Jacques Hondelatte.

Le(s) dragon(s) de Niort

Impossible de les ignorer, les quatre dragons en bronze de Niort, œuvres de l'architecte-plasticien Jacques Hondelatte, installés rue Aimable-Ricard en 1992, déboulonnés en 2011, puis réintégrés l'année suivante. Eux aussi emblématiques, ils encadrent le centre piétonnier de Niort racontant cette fameuse légende du soldat et du dragon, apparue au XVIIe siècle. Il était une fois un gigantesque serpent ailé qui sévissait autant dans les eaux saumâtres du Marais mouillé que sur la terre ferme, tenant repaire dans un souterrain de la rue Saint-Jean. Au jeune et déserteur soldat Allonneau, condamné à mort, l'on promit la grâce s'il parvenait à débarrasser le pays et son peuple, terrifié, de sa Bête sanguinaire. Paré de son armure et de son glaive, il s'acharna avec agilité à la tâche, jusqu'à transpercer la gorge du monstre. Le crédule malheureux, croyant sa cible terrassée, ôta le casque de verre qui l'en protégeait du venin : le dragon l'empoisonna dans un ultime souffle et l'entraîna dans sa perte. Cette légende fait écho aux dragonnades, persécutions menées à l'encontre des Huguenots afin de pousser les plus récalcitrants à se convertir. C'est l'intendant du Poitou, René de Marillac (1638-1719), qui les met au point en 1681, sommant les réformés à loger et à satisfaire chacune des rigoureuses exigences des dragons, soldats de l'armée régulière. Le procédé fut déployé partout dans le royaume jusqu'en 1686, et même réitéré au XVIIIe siècle (la dragonnade de Mayenne, en 1758, est l'une des plus répressives). La pluie de critiques émise par l'Europe entière poussa Colbert à les interdire et à destituer Marillac. La mort du contrôleur général des finances, en 1683, enterrera ces mesures. C'est un détail, mais il mérite que l'on s'y attarde : la légende du soldat et du dragon rappelle étrangement cette variante de l'histoire de la Grand'Goule, qui attribue le terrassement de la Bête non pas à Radegonde mais à un condamné à mort sorti du combat indemne pour les uns, empoisonné, pour les autres, après avoir ôté son heaume de verre et respiré l'haleine fétide de la créature... Et ce n'est pas tout ! Le dragon, personnification locale du mal, pourrait bien n'être ni plus ni moins qu'un crocodile. En effet, plusieurs spécimens empaillés avaient été introduits en Poitou, l'un, comme en témoigneront de très nombreux voyageurs, exposé dans la grande salle du palais ducal de Poitiers abandonnée aux marchands et aux curieux, l'autre, comme vous pourrez le voir, en la collégiale Saint-Maurice d'Oiron. Ce dernier reptile, concédé à un souvenir de voyage de l'amiral Gouffier de Bonnivet (XVIe siècle) est aussi communément associé à une très ancienne légende, le combat de saints Jouin et Hilaire, célèbres prédicateurs chrétiens du Poitou, contre le dragon des marais de la Dive...

GÉOGRAPHIE

Le Poitou, s'il conserve ses héritages vendéen et charentais, se cantonne aujourd'hui aux départements de la Vienne et des Deux-Sèvres. Entre plaines céréalières et bocage, ses 12 689 km² de faible altitude – le terrier de Saint-Martin-du-Fouilloux culmine à 272 mètres, offrant une jolie balade – ne manquent pas de reliefs. Attendez-vous à une belle collection de cartes postales, paysages champêtres aux pentes douces et sinueuses, plantées ici et là de joyaux d'architecture et de sites naturels grandioses. D'un point de vue géologique, le Poitou marque la jonction entre le Bassin aquitain et le Bassin parisien, caractéristique qui en fit, dès l'Antiquité, une terre de passage et de convoitises. Ouvert sur la façade atlantique, il jouit, vous verrez, d'un agréable climat océanique. Sa position centrale, entre le Parc naturel régional de la Brenne et la plage, en fait une destination aux incessantes variations à même de vous rassasier.

Le seuil du Poitou

Ce plateau calcaire du jurassique, sorte de détroit fossile ouvrant le passage entre le Nord et le Midi, fait également jonction entre deux très anciens massifs : l'Armoricain, qui démarre à Ménigoute, et le Central. La Vienne occupe la majorité de cette vaste plaine dominée par le horst de Champagné-Saint-Hilaire (195 mètres, au sud), que recouvraient il y a quelque 150 millions d'années environnements marins puis lagunaires. Ces mers protohistoriques nous ont laissé quantité de souvenirs, sites (protégés) piqués d'ammonites, de gastéropodes et autres fossiles marins : Faluns d'Amberre et falunières du Moulin-Rochas dans le 86 ; carrières de Ricou (Azay-le-Brûlé) et réserve nationale du Toarcien (Thouars) dans le 79. Avis aux géologues et paléontologues en herbe : participez l'été aux animations de l'Homme et la Pierre (www.lhommeetlapierre.com). Autre héritage issu de cette mer retirée il y a 25-35 millions d'années : d'importants cours d'eau ayant généreusement redessiné le territoire, formant falaises de calcaire et de tuffeau propices à l'habitat troglodytique. Rendez-vous autour de la vallée du Clain, à Saint-Remy-sur-Creuse (Grand Châtellerault) ou à Berrie (Loudunais), sinon à Tourtenay, unique spécimen deux-sévrien. Vous admirez les plus hautes falaises de la région à Angles-sur-l'Anglin, où se pratique l'escalade (site de la Guignoterie).

Le Marais poitevin

Il s'ouvre aux portes de Niort, à l'extrême ouest des Deux-Sèvres, pour se déployer vers les façades atlantiques vendéenne et charentaise. Ses 100 000 hectares en font la plus vaste zone humide de France après la Camargue. Le Parc naturel régional (PNR) du Marais poitevin n'est que l'ombre de son ancêtre, le golfe des Pictons, avancée océanique formée il y a environ 20 000 ans, progressivement résorbée au gré de phénomènes sédimentaires. A partir de l'an Mil, de prodigieux aménagements (engagés notamment par la coalition des abbayes de Saint-Michel, L'Absie, Saint-Maixent, Maillezais et Niel à l'origine du canal des Cinq-Abbés, achevé en 1217) accélèrent son assèchement. L'ensemble que vous admirez aujourd'hui, c'est-à-dire trois grands milieux, trouve sa forme à la fin du XVIIe siècle : le marais mouillé et son emblématique Venise Verte, ses méandres et ses nappes de lentilles vert acidulé ; le marais maritime et sa célèbre baie de l'Aiguillon (à l'embouchure de la Sèvre niortaise) ; le marais desséché. Ce melting-pot d'ambiances, ces visions enchanteresses d'une faune libre et d'une nature sauvage, vous vous en régalez à pied, à vélo, et bien sûr à bord d'une yole, embarcation traditionnelle.

Pour en savoir + : www.parc-marais-poitevin.fr

Le Marais poitevin.

© SHINEDAWN - SHUTTERSTOCK.COM

La vallée du Thouet à Thouars.

La vallée du Thouet

Terre généreusement arrosée, le Poitou, constellée de fleuves et de rivières issus du bassin de la Loire. Rien qu'en Deux-Sèvres, qui doit son nom aux Sèvre nantaise et niortaise (fleuve côtier se jetant dans l'Atlantique, en la baie de l'Aiguillon), on recense plus de 1 300 cours d'eau. Délicieusement sinueux, calmes et bucoliques, le Thouet et sa vallée comptent parmi les plus belles destinations poitevines. La rivière prend sa source en Gâtine pour se dérouler tranquillement vers Saumur et se jeter dans la Loire. Difficile d'imaginer, au regard des panoramas vierges et de cette faune grouillante, que le Thouet fut jadis lourdement chargé de marchandises, entre autres d'alcools et de charbon (en amont, bassins houillers de Faymoreau ; en aval, vignobles de la vallée de la Loire). Suivez son cours à la découverte de ses places fortes médiévales, Parthenay, Thouars, Airvault, Saint-Loup-sur-Thouet, des 350 kilomètres de balades, le tout accessible via la Vélo Francette (itinéraire cyclable Caen-La Rochelle) et le chemin de Compostelle (via Turonensis, GR 655 et 36). La vallée du Thouet, l'un des grands bassins fauniques du Poitou, dissimule plusieurs espaces naturels sensibles et zones Natura 2000, refuges de dizaines d'espèces menacées dont la loutre et l'outarde canepetière. Modes de déplacement doux, hébergements écoresponsables, patrimoine, pêche, activités nature, le site Internet du Syndicat mixte de la Vallée du Thouet vous dit tout : www.Valléeduthouet.fr ! Parmi les autres cours d'eau à découvrir : la Sèvre niortaise et ses méandres (Niort, Echiré, La Crèche et les îles Candé) ; la Gartempe, qui vous mènera de La Roche Posay à Montmorillon avant de se perdre en Limousin.

Chizé et Moulière, forêts légendaires

Le Poitou, pas si boisé (majorité de petites surfaces privées, très morcelées, et de taillis, relativement peu exploités), possède deux forêts légendaires à même d'éclipser la célèbre Brocéliande. Mélusine y fit halte à la recherche d'un point d'eau : des sept glands qu'elle disposa à terre, naquirent sept vigoureux chênes reliés entre eux, au centre desquels une eau fraîche et limpide jaillit. Cette baignoire de Mélusine, vous la découvrez au cœur de la forêt domaniale de Chizé, située à 20 minutes de Niort. Ses 3 435 hectares majoritairement feuillus (hêtres et nombreux spécimens de chênes remarquables) sont le reliquat de la sylve d'Argenson. De 1951 à 1967, près de la moitié de sa surface fut occupée par l'OTAN et une base militaire américaine, site désormais établi en réserve biologique intégrale (où se trouve le CEBC, laboratoire de recherche écologique associé au CNRS). Station de trail, GR 36, chemins de rando : en marge de votre bol d'air frais, vous rencontrez la faune sauvage européenne à Zoodyssée (www.zoodyssee.fr). Moulière et ses 6 800 hectares. Elle fut l'un des théâtres de la guerre de Cent Ans, témoin de la chevauchée dévastatrice du Prince Noir, Edward de Woodstock. Situé à quelques minutes de Poitiers, le massif forestier est très fréquenté des locaux, qui aiment s'y mettre au vert. Elle conserve jalousement ses étrangetés, nécropoles mérovingiennes (jamais fouillées mais toujours pillées), trou souffleur (jusqu'à 50 km/h) ou encore tombe à l'enfant. Un introuvable trésor continue d'attirer une poignée de passionnés, de même que ses créatures : gare au voyageur épuisé, tenté d'accepter l'invitation de cette superbe monture harnachée, le cheval Mallet... Un rapide road trip autour de Moulière vous conduira à de très jolies découvertes, Montamisé, La Chapelle-Moulière, Bonneuil-Matours et Dissay. De fin septembre à fin février, il sera peut-être l'occasion de croiser un équipage de chasse à courre.

NATURE

Il se glisse entre les bassins parisien et aquitain, loge entre les massifs Armoricain et Central : sa position le soumet à quantité d'influences et le gratifie d'une merveilleuse biodiversité. Le Poitou se caractérise par un climat océanique métissé aux accents méridionaux, nordiques et montagnards. Il cumule les milieux naturels, globalement fragilisés, grandes plaines agricoles, bocage, zones humides et tourbières, pelouses sèches, carrières, landes, forêts. Il ne défend pas un, mais beaucoup d'écosystèmes, terrains de jeux d'espèces communes à rarissimes. En marge du Marais poitevin, son Grand Site de France, vous découvrez une multitude de pépites telles que la réserve nationale du Pinail (Vouneuil-sur-Vienne), la Côte-Belet (Pamproux) et le lac du Cébron (Saint-Loup-Lamairé). Enfin, plusieurs attractions sont consacrées à ses espèces endémiques comme l'arboretum de Melle et le parc animalier Zoodyssée, niché dans la forêt de Chizé.

Des espèces animales emblématiques

Vous le croiserez au moins une fois en vous étonnant de son pelage laineux et de son gabarit, le baudet du Poitou, race d'âne introduite au Xe siècle. Elevée jadis pour l'hybridation mulassière, l'espèce manque de disparaître après 1945 : en 1977, on ne comptait plus que 44 individus ! Sauvé *in extremis* par les Haras nationaux et l'asinerie expérimentale de Dampierre-sur-Boutonne (17), le baudet est reconverti en animal de bât et d'attelage, voire de selle. Cet oiseau fréquentait assidûment les grandes plaines céréalières de l'Ouest avant que l'agriculture intensive ne détériore son environnement : l'outarde canepetière, quoique extrêmement difficile à observer, reconnaissable à son long cou noir et blanc. Le farouche râle des genêts, migrateur nichant au sol, fut mis en danger par la fauche précoce ; en Poitou, il a su trouver refuge auprès du bocage, véritable corridor biologique. On ne peut qu'admirer leur port de tête et leur vol flegmatique (de loin, car leur ouïe est très sensible) : six espèces de hérons se partagent ciels et berges du Marais poitevin, dont le héron pourpré, chasseur crépusculaire particulièrement hardi. Sa silhouette trapue, son bec et sa huppe orangés le distinguent de ses pairs : le héron garde-bœufs, oiseau des pâtures, s'épanouit auprès du bétail dont il raffole glaner les parasites. Un cortège d'autres bestioles emblématiques vous accueille en Marais poitevin, à commencer par l'anguille d'Europe, malheureusement considérée comme exposée au risque d'extinction. Le poisson se reproduit en mer des Sargasses, au large des Antilles, pour migrer vers le continent : les civelles, ses alevins – mets follement coûteux et soumis au braconnage, s'efforcent ensuite de remonter les cours d'eau.

DÉCOUVRIR

© MOIAN ADRIAN - SHUTTERSTOCK.COM

Rosalie des Alpes.

© IAN DRISCOLL - ISTOCKPHOTO.COM

Orchis à fleurs lâches.

On précise que le PNR du Marais poitevin, pionnier en matière de passes à civelles, contribue largement à la sauvegarde de l'espèce de même qu'à l'un de ses grands prédateurs : la loutre d'Europe, qui compte ici une centaine de très discrets spécimens – observer ce petit mammifère relèvera du miracle. Un lot de consolation vous attendra peut-être : ses épreintes rosées à l'odeur de miel et de coquillage... Ce coléoptère xylophage apprécie les milieux humides, la tendresse des bois de hêtre et de frêne dépérissant : la rosalie des Alpes, objet elle aussi d'une protection rapprochée. Impossible de se méprendre au regard de ses longues antennes tachetées et son inhabituelle robe bleu cendré. Sachez enfin que certaines rivières poitevines faiblement polluées ont conservé leur intégrité faunique. C'est le cas du Salleron, où s'épanouissent des colonies de cistudes d'Europe – tortue endémique noire tachetée de jaune et à la carapace vert olive. Idem du côté de la Boutonne, où vous contemplez lamproie de planer, écrevisse à pattes blanches, chabot, triton et salamandre tachetée au-dessus desquels planent cuivré des marais, papillon aux ailes orangées piquées de noir, et busard des roseaux.

Une flore remarquable

Le Poitou fera le bonheur des orchidophiles, qui se délecteront d'observer l'orchis à fleurs lâches, très répandue, à la jolie couleur violet-fuchsia et au labelle fortement plié, ainsi que sa cousine l'orchis des marais, beaucoup plus rare. Et ce n'est pas tout ! Une quarantaine d'espèces d'orchidées s'entrecroisent en effet dans la Vienne, sauvageonnes apparaissant au hasard d'un jardin public, sinon dans leur environnement naturel, la pelouse sèche (rendez-vous dans la vallée des Buis, à Buxerolles, près de Poitiers, sinon à Pamproux, dans les Deux-Sèvres) : orchis bouc (à l'odeur pestilentielle, aimant à pollinisateurs), ophrys abeille, sérapia à labelle allongé, épipactis rouge sombre et ophrys jaune évoluent auprès d'une flore d'affinité méditerranéenne, comme l'astragale de Montpellier (rose) et la sabline des chaumes (blanche). Pas si forestiers mais généreusement arrosés, les deux départements comptent de belles vallées alluviales richement boisées. Ecosystèmes majoritairement feuillus où vous rencontrez chêne (pédonculé, sessile, pubescent, vert, tauzin), châtaignier, peuplier blanc, aulne glutineux, charme commun. Ces sols humides accueillent plusieurs sortes de fougères, dont les très communes fougère aigle (la plus grande de son espèce, mesurant jusqu'à 2 mètres) et osmonde royale, prêle des champs, fossile vivant âgé de quelque 250 millions d'années, et lycopode officinal (deux espèces médicinales), ou encore isoète épineux, beaucoup plus rare, protégé à échelle nationale. Ces arbustes assez communs jouent pourtant un rôle écologique fondamental : genévrier, laurier-tin, chèvrefeuille commun, houx, aubépine, sureau noir maintiennent température et humidité du sol nécessaires à la survie d'autres espèces. Véritable monument depuis le Xe siècle, ses vertus médicinales vantées par l'archange Raphaël, l'angélique officinale, lorsque vous la croisez sauvage, surprend par sa taille (jusqu'à 2,5 mètres de haut), la largeur de ses ombelles vert pâle (si elles sont blanches, il s'agit de l'angélique sylvestris, moins aromatique). L'élégante reine des prés colonise elle aussi berges humides et tourbières, reconnaissable à ses fleurs blanc-jaunâtre très parfumées. Aromatisant naturel, elle possède de puissantes propriétés anti-inflammatoires, antalgiques, sudorifiques et diurétiques. Alors que vous randonnez au mois de mars, et que vous vous apprêtez à traverser une prairie humide, traquez la gracieuse (et toxique) fritillaire pintade, autrefois très répandue, chaque année très attendue par les randonneurs-botanistes deux-sévriens. Enfin, les cueilleurs de champignons trouveront ici de quoi s'occuper : au printemps, le Poitou s'enorgueillit d'excellents coins à morille, tandis qu'à l'automne vous ramassez coulemelle, amanite des césars, cèpe, trompette-des-morts et autre chanterelle. S'il n'est pas question de vous révéler l'emplacement des meilleurs spots, on ne vous laissera pas sans quelques indices : rendez-vous au pied de châtaigniers et des chênes de Gâtine, autour de Secondigny (79) ; dans le nord de la Vienne autour de Châtellerault et de Bonneuil-Matours.

HISTOIRE

Il a suscité convoitises et conquêtes dès l'Antiquité. Romanisé, christianisé, occupé par les Wisigoths, traversé par les Arabes, il concourt, avec la victoire de Charles Martel, à la fondation de la première dynastie carolingienne. Au IXe siècle, suivent les raids vikings et leurs considérables influences : les Normands inspireront la construction des imprenables forteresses que vous admirez aujourd'hui, ainsi qu'une société féodale organisée autour de l'inébranlable autorité de ses seigneurs. Le Poitou bascule avec Aliénor, qui le transmet par sa dot au royaume d'Angleterre faisant du Plantagenêt l'ennemi n° 1 durant près de 300 ans. Confisqué, amputé, négocié, perdu puis reconquis, il conclura son âge d'or avec la fondation de sa prestigieuse université de Poitiers, héritage de la guerre de Cent Ans. Relégué au rang de province, le Poitou décline pour finalement « disparaître » en 2016, la région Poitou-Charentes est engloutie par une grandiose Nouvelle-Aquitaine.

700 000 À -30

Préhistoire

Néolithique : d'importants monuments mégalithiques apparaissent. Les sites de Bougon et de Montpalais dévoilent quantité d'artefacts. Bronze : la cachette du fondeur de Notre-Dame-d'Or, découverte en 1843, avère travail du métal et affinités commerciales interrégionales. Ils questionnent depuis 1876 : les énigmatiques rochés gravés de Vaux (Saint-Aubin) sont-ils apparus à la fin du Bronze ou à La Tène (Fer) ?

-56 À 476

Romanisation

D'une Aquitaine alors peuplée de Pictons. La province impériale s'organise autour de *Limonum* (Poitiers), d'*Augustorium* (Limoges) et de *Mediolanum Santonum* (Saintes). Y gravitent quantité d'axes routiers, villas d'envergure et cités secondaires. D'exceptionnelles découvertes archéologiques ont été faites à Poitiers, qui possédait le 2e amphithéâtre de Gaulle (30 000 places, détruit au XIXe siècle). Trésors que vous admirez au musée Sainte-Croix. À Rom, vous visitez le passionnant *vicus* de Rauranum.

IIIE-IVE SIÈCLES

Christianisation

Le christianisme se diffuse avec l'apparition de grandes figures prédicatrices et la fondation d'importants centres religieux. 350 : Hilaire est nommé premier évêque de Poitiers. Ardent défenseur de l'orthodoxie nicéenne face à l'arianisme, écrivain prolixe, il est l'un des premiers théologiens du christianisme. 360 : Martin, futur saint Martin-de-Tours, fonde à Leucoteius la plus ancienne abbaye de Gaulle : Saint-Martin de Ligugé. Auparavant, Jouin et sa poignée de disciples s'établissent à Ensio, en lieu et place de Saint-Jouin-de-Marnes. 459 : l'abbé de Saint-Hilaire de Poitiers, Agapit, se réfugie en forêt de Vauclair, au bord de la Sèvre. Il y constitue la petite communauté de Saint-Saturnin. 480 : Adjudor le rejoint. Rebaptisé Maixent, il édifie la future abbaye de Saint-Maixent.

507

Bataille de Vouillé

Après au moins deux expéditions militaires contre le royaume wisigoth de Toulouse, le redoutable Clovis Ier, premier roi mérovingien chrétien, tue Alaric II. Les Wisigoths, autoproclamés souverains en 475, abandonnent un immense pan de leur territoire ; Clovis conquiert l'Aquitaine dans la foulée.

Bataille de Poitiers

732 Célébrissime victoire du Franc Charles Martel sur les Arabes d'Abd al-Rahman, aujourd'hui controversée. On sait de source sûre qu'elle n'a pas eu lieu à Poitiers, éventuellement à 25 km au nord, au hameau de Moussais (site en accès libre).

Erection du comté de Poitou

778 Charlemagne divise le royaume d'Aquitaine en 9 comtés, dont celui de Poitou (qui inclut la Vendée et d'autres territoires limitrophes). A partir du Xe siècle, les Ramnulfide obtiennent le titre comtal puis le duché d'Aquitaine.

Mariage d'Aliénor et d'Henri Plantagenêt

1152 Au lendemain de l'annulation de son mariage avec le roi Louis VII, l'ultime Ramnulfide Aliénor d'Aquitaine épouse Henri Plantagenêt, fringuant duc d'Anjou et de Normandie. 1154 : l'écrasant empire Plantagenêt naît lorsque Henri est sacré Henri II d'Angleterre. Alors que les maisons vassales poitevines comptent bien conserver leur autonomie, la dynastie capétienne s'inquiète de cette toute nouvelle superpuissance : une centaine d'années d'alliances opportunes (avec ou contre l'impudent), de conflits et de défaites mènera à la guerre de Cent Ans.

Confiscation du Poitou

1202 Jean sans Terre, héritier inopiné de Richard Cœur de Lion, perd un Poitou incorporé dès 1204 au domaine royal de Philippe-Auguste (qui reconquiert l'Aquitaine en 1212). A partir de 1226, le comté est donné en apanage aux fils des rois de France.

Guerre de Cent Ans

1337-1453 Entrecoupée de conflits et de trêves, la guerre de Cent Ans oppose les royaumes de France (Valois) et d'Angleterre (Plantagenêt). Le Poitou en est l'un des grands théâtres. 1356 : bataille de Nouaillé-Maupertuis. Jean le Bon tente d'intercepter la chevauchée dévastatrice du Prince Noir, Edouard de Woodstock. L'échec français est catastrophique : le monarque est emprisonné, plus de 8 000 hommes tombent. 1360 : traité de Brétigny ou première « grande défaite » anglaise. Jean le Bon est libéré moyennant rançon, l'Angleterre renonce à d'importants fiefs (dont la Normandie, l'Anjou et la Bretagne) moyennant d'autres : le Poitou est perdu, intégré à la nouvelle principauté anglaise d'Aquitaine. A partir de 1370 : le connétable de France Bertrand du Guesclin commande une innovante campagne d'expulsion fondée sur la guerre d'embuscade. 1373 : Niort est reprise par la ruse, son escouade libératrice travestie en troupe anglaise. 1375 : reconquête totale (et définitive) du Poitou. 1429 : une certaine Jeanne, poussée par ses voix, parvient à rencontrer le roi Charles VII (et ultime comte de Poitou) à Chinon. En février, la Pucelle est interrogée à Poitiers par les théologiens de l'université en devenir, fondée en 1431 par la bulle pontificale d'Eugène IV.

Réforme, guerres de Religion et persécutions

1534-1688 Calvin traverse Poitiers en 1534. Dans un Poitou dynamique, aux éminentes places commerciales, ses idées circuleront très rapidement. 1555 : les églises réformées de Poitiers, de Loudun et de Châtellerault sont fondées. Les Deux-Sèvres, dont le Pays Mellois et le Bocage bressuirais, abritent une très importante communauté huguenote. 1562-1598 : 8 guerres de Religion déchirent le royaume. Outre le pillage et la destruction de ses édifices religieux, le Poitou connaît des épisodes d'envergure. 1569 : Coligny tente d'assiéger Poitiers, fervente catholique. Il est finalement appelé à Châtellerault, aux mains de l'armée royale. 1577 : édit de Poitiers. Porté par la Ligue, il restreint les libertés accordées aux protestants après la Saint-Barthélemy. 1579 : grands jours de Poitiers, assises formant la Cour supérieure de justice (Poitiers sera choisie huit fois entre 1454 et 1688, un record). 1673 : René de Marillac, intendant du Poitou, instaure abattements et redressements fiscaux selon le profil religieux. 1681 : Marillac organise la première Dragonnade en sa province. Pour en savoir +, rendez-vous au musée du Poitou Protestant à Beaussais-Vitré.

1790 Création des départements de la Vienne, des Deux-Sèvres et de la Vendée.

Guerre de Vendée

1793-1796 La levée en masse de 1793 provoque d'intenses révoltes paysannes. Un territoire insurgé se dessine entre Bretagne, Anjou, Vendée et Deux-Sèvres où s'affrontent Bleus (républicains) et Blancs (royalistes). Le Bocage bressuirais est particulièrement touché, entre autres cités Mauléon lors des batailles de juillet et d'octobre 1793 en la colline de Château-Gaillard (accès libre).

Seconde Guerre mondiale

1939-1945 En 1940, la Bataille de France touche Poitiers, où le gouvernement belge vient de s'installer avec ses réserves d'or. Les convois de réfugiés et les régiments battant en retraite via la Vienne sont bombardés par l'aviation allemande. A l'armistice, la ligne de démarcation scinde le Poitou en deux (ainsi que 18 communes) : Poitiers, Châtellerault et les Deux-Sèvres sont en zone occupée, Montmorillon en zone libre. 1941 : la Confrérie Notre-Dame s'introduit en Deux-Sèvres et parachute à Tourtenay, village troglodytique du Thouarsais, matériels et opérateur radio. 1944 : la Vienne subit 32 bombardements alliés. Les gares de Niort, Parthenay et Thouars sont détruites. Vous découvrez l'ardente Résistance deux-sévrienne au Centre régional Résistance & Liberté (Thouars).

1956 Création de la région Poitou-Charentes. La Vendée est exclue, intégrée aux Pays-de-la-Loire.

1987 Inauguration du Futuroscope, initié par René Monory, natif de Loudun (1923-2009).

TOP 10

PERSONNAGES HISTORIQUES

Enfants du pays, figures historiques ineffaçables de la mémoire collective poitevine ou personnalités publiques contemporaines : tous ont permis au Poitou de se tailler une place de choix dans l'histoire de France, européenne voire mondiale.

THÉOPHRASTE RENAUDOT
Le fondateur de la presse française et du premier hebdomadaire, *La Gazette* (1631), est né à Loudun en 1586.

MADAME DE MONTESPAN
La Junon tonnante et triomphante, favorite de Louis XIV, naquit à Lussac-les-Châteaux (1640).

EDMOND PROUST
Figure indissociable de Niort, l'illustre instituteur et chef de la Résistance deux-sévrienne fonde la MAAIF en 1934.

GILBERT BÉCAUD
Monsieur 100 000 volts a trouvé refuge de 1975 à sa mort, en 2001, à La Bussière, commune rurale de la Vienne.

ÉDITH CRESSON
L'ancienne maire de Châtellerault (86) est la première femme à avoir été Première ministre (1991-1992).

MICHEL BRUNET
Le paléontologue poitevin et son équipe découvrent Toumaï en 2001, la plus ancienne espèce d'hominidé (7 millions d'années).

THÉOPHANE VÉNARD
Saint de l'Église catholique révéré en sa commune natale de Saint-Loup-sur-Thouet (79), exécuté à Hanoï en 1861.

CAMILLE GUÉRIN
Ce vétérinaire né à Poitiers a coformulé le vaccin Billié de Calmette et Guérin, célébrissime BCG antituberculeux.

ALIÉNOR D'AQUITAINE
Son coup de foudre pour Henri Plantagenêt fera basculer le Poitou dans près de trois cents ans de tourmente.

SAINTE RADEGONDE
Reine des Francs, sainte patronne de Poitiers vénérée pour ses guérisons miraculeuses, elle gît en l'église éponyme.

ARCHITECTURE

Le Poitou, ses innombrables richesses architecturales. Religieuses, d'abord, puisque l'art roman s'y épanouit dès le Xe siècle. Civiles et militaires, ensuite, qui essaiment à la fin des invasions et occupations vikings : d'inviolables châteaux de pierre constellent le comté pour défier les hommes et le temps. Forteresses que supplanteront à la Renaissance d'aériennes résidences d'apparat. Sublime par sa nature ensorcelante, le Marais poitevin l'est aussi pour ce dont il témoigne : un titanesque chantier d'urbanisme étalé sur près de 10 siècles, assemblage de canaux et de villages pittoresques. Les curiosités de l'Ouest – la croix hosannière, édicule funéraire où l'on pratiquait la bénédiction du buis (l'hosanne) le dimanche des Rameaux ; l'architecture balnéaire, visible dans toute sa splendeur à Poitiers (villa abandonnée du parc des Prés-Mignons) –, à découvrir au hasard de vos balades, achèveront de vous rendre amoureux fou de ce pays d'art et d'histoire.

De l'art roman au style Plantagenêt

Traversé par les grands prédicateurs chrétiens du haut Moyen Âge – Hilaire, Martin, Jouin, etc. –, qui y fondent de puissantes abbayes, le Poitou, berceau de l'architecture religieuse romane, abrite près d'un millier de constructions. A commencer par le baptistère Saint-Jean (Poitiers), érigé à partir du IVe siècle, et l'église de Saint-Généroux, fondée autour de 900, l'une des plus anciennes de France. L'art roman poitevin se distingue dès l'an mil pour ses solutions architecturales innovantes. Parmi elles, un système de nef centrale supportée par deux bas-côtés aux impressionnantes hauteurs ; un chœur-déambulatoire menant à des absidioles. Il connaît son âge d'or au XIIe siècle, souligné par un décor sculpté extrêmement riche, que l'on explique par la qualité du calcaire local et une école de taille minutieuse, parfaitement géométrique. Parmi les grands thèmes iconographiques reviennent végétation luxuriante, animaux fabuleux, combat des vices et des vertus, figure du cavalier et de sa monture. Ce dernier, dont on peine encore à comprendre la signification, vous l'observez dans toute sa splendeur à Saint-Hilaire de Melle, étape des chemins de Compostelle et inscrite à ce titre au patrimoine mondial de l'humanité. Estampillée elle aussi Unesco, l'abbatiale de Saint-Savin-sur-Gartempe justifie à elle seule votre voyage : non seulement s'y déploie le plus vaste ensemble de fresques d'Europe, mais également un programme architectural grandiose. Arrêtez-vous à Poitiers contempler la façade historiée de Notre-Dame-la-Grande (Péché originel, Visitation, Nativité et scène apocryphe du Bain de l'enfant), les vitraux de Sainte-Radegonde et les chapiteaux de Saint-Hilaire-le-Grand.

Détail de fresque dans l'abbaye de Saint-Savin-de-Gartempe.

© VILLE DE POITIERS

Cathédrale Saint-Pierre à Poitiers.

Avec le mariage d'Aliénor d'Aquitaine et de Henri Plantagenêt, en 1152, et jusqu'au XIVe siècle, se dessine une nouvelle spécificité : le style Plantagenêt (ou angevin, car largement diffusé en Anjou), variante gothique caractérisée par des voûtes bombées reposant sur huit nervures toriques rayonnantes, sensiblement inspirées du principe de la file de coupoles répandu alors en Aquitaine. Citons la cathédrale Saint-Pierre de Poitiers (ses voûtes, son chevet plat et l'absence d'arcs-boutants), l'église abbatiale de Saint-Jouin-de-Marnes (voûtes remaniées au XIIIe siècle dans la plus pure expression du style), la collégiale Saint-Pierre d'Airvault. Les Poitou-Aquitaine-Plantagenêt marqueront leur territoire d'autres constructions emblématiques : le palais ducal de Poitiers, dit le Palais, et sa salle des pas perdus aux arcatures aveugles et à la monumentale cheminée à trois foyers (spot « royal » où apprécier votre pique-nique, tables et chaises à disposition) ; le double donjon de Niort, bâti par Henri II Plantagenêt et Richard Cœur de Lion. Durement meurtrie par la guerre de Cent Ans (1337-1453) puis par les guerres de Religion (1562-1598), l'architecture religieuse poitevine retrouve un second souffle à la contre-réforme, en témoigne l'abbaye royale de Celles-sur-Belle fondée au XIIe siècle, détruite en 1568 puis reconstruite par François le Duc au XVIIe siècle.

Des forteresses médiévales aux châteaux d'apparat

Erigé en 778 par Charlemagne et organisé en un essaim de seigneuries, le comté de Poitou est dévasté par les invasions vikings au IXe siècle, peuples normands dont il subit l'influence, tout particulièrement en matière d'architecture défensive. Le château fort – entendez un abri fortifié répondant à trois fonctions, résidence, défense et symbolisme de pouvoir – y supplante la motte castrale dès l'an mil, par exemple à La-Tour-au-Cognon (Civaux). Ses incessantes améliorations en feront une arme redoutable, non pas contre d'éventuels envahisseurs barbares, mais partie prenante des révoltes seigneuriales entérinées avec le déploiement de l'empire Plantagenêt en Aquitaine (soldées par la bataille de Taillebourg, en 1242) et le conflit ayant opposé le Lys et le Lion jusqu'à l'achèvement de la guerre de Cent Ans (1453). Parmi le millier de châteaux recensés entre Vienne et Deux-Sèvres, comptez une cinquantaine de forteresses dont la colossale Bressuire (enceinte de 700 mètres flanquée de 38 tours, ruines du logis seigneurial du XVe siècle), la moindre Airvault, ou encore Cherveux (grandiose par ses contreforts triangulaires, son donjon de 5 étages, son chemin de ronde et sa charpente). Chef-d'œuvre d'ingénierie et de sophistication, unique en Europe au regard de son état de conservation, le château fort de Coudray-Salbart (Echiré) se distingue. Dans cette impressionnante machine de guerre, qui pourtant ne prendra jamais les armes, se déploie toute une toile d'innovations architecturales et militaires : tours en amande, voûtes Plantagenêt, rarissime gaine périphérique intérieure, etc. Côté Vienne, vous découvrez la spectaculaire forteresse d'Angles-sur-l'Anglin, perchée à 40 mètres, ainsi que l'invincible Gençay, entièrement modernisé après 1242 à la faveur de son soutien à la couronne de France. Il terminera sa course dans les années 1820, transformé en carrière de pierres (d'où les jolies maisons alentour). En 1367, l'ordonnance de Charles V réorganise le système défensif du royaume, obligeant petits et grands seigneurs à remettre leurs bastions en état de supporter un siège : la très photogénique forteresse de Saint-Mesmin (Saint-André-sur-Sèvres) en témoigne. De l'époque gothique, on retient également le château-maison forte d'Ebaupinay (Breuil-sous-Argenton), sauvé de la ruine en 2018 par une campagne internationale de *crowdfunding*. Obsolètes, ruineux, passés de mode, les châteaux forts rendent les armes à la Renaissance pour laisser à de graciles et lumineux palais le loisir de se manifester, par exemple à Coulonges-sur-l'Autize (cuisines voûtées uniques en France). A partir de 1515, un étonnant spécimen aux airs de château de la Loire fleurit à Chef-Boutonne : le château de Javarzay, où vous attend depuis mars 2022 une toute nouvelle scénographie. Le style se manifestera dans toute sa splendeur au château d'Oiron (en marge de l'expo permanente d'art contemporain, l'exceptionnelle galerie de l'Ecuyer, décorée en 1572) et à Dissay (aujourd'hui luxueux hôtel-restaurant-spa). Ce palais grandiose, relooké par Lemercier à partir de 1638, fit causer en son temps : le château de Thouars, sa façade de 110 mètres de long, sa cour d'honneur et sa galerie en portique. L'histoire des châteaux forts poitevins s'achève définitivement en 1626 avec la déclaration de Nantes : le cardinal de Richelieu exige en effet le démantèlement des fortifications et constructions non nécessaires à la sûreté de l'Etat...

De la hutte à la maison bourgeoise maraîchines

Le grand chantier d'assèchement de l'ancien golfe marin des Pictons démarre autour de l'an mil, donnant naissance, au fil des siècles, à variations d'environnements et à tout autant de modèles d'urbanisation. Arsenal de génie hydraulique et d'inventions qui permirent aux populations des terres hautes de conquérir les terres basses, sujettes aux caprices de l'eau. Au XVIIe siècle, avec l'apparition des premiers canaux, les huttiers conquièrent les zones inondables, leur hutte (cabane de bois et de roseaux) bordant les voies d'eau, posée à l'abri des crues sur une terrée (bande de terre étroite plantée de frênes et de saules) ou une motte (rehaussement artificiel consacré aux cultures). Ce modèle laissera place à la cabane, modeste habitation en moellons tout venant et pierre de taille, pensée pour accueillir une charpente à faible portée, généralement en peuplier. Ces fermes emblématiques à la jolie façade chaulée s'égrènent au fil des méandres du marais mouillé, parfois antérieures au XIXe siècle, intégrant sous le même toit logis, grenier-séchoir et balet, hangar partiellement ouvert reposant sur des piliers de pierre, fermé d'un bardage en peuplier. En 1808, Napoléon Bonaparte entérine un décret d'aménagement de la Sèvre, grands travaux qui donneront à la Venise Verte son aspect d'aujourd'hui, féerique cathédrale de verdure. Autour des conches et des canaux l'habitat groupé émerge, à l'instar du village de plaine non inondable, ramassé autour de son église (Arçais, Coulon), et du village-rue dit linéaire. Ici, les maisons, mitoyennes et en enfilade, plus hautes que larges, forment un front bâti face à l'eau et à la rue (Saint-Hilaire-la-Palud, Sansais-La Garette). Vous n'aurez de cesse d'en contempler les pittoresques détails, inscription lapidaire, œil de bœuf, queue de bac (évacuation de l'évier), fenestron (ancien accès au grenier). A l'intérieur, le couloir et l'escalier menant aux greniers transformés en chambres à coucher n'apparaissent qu'après 1850 avec la modernisation des pratiques agricoles. En retrait, recluse derrière son muret et sa grille d'entrée la laissant entrevoir, la maison bourgeoise en pierre de taille discrètement se pavane. Son imposant volume la distingue de même que sa façade ordonnancée, un toit à quatre pans de tuiles ou d'ardoise, ses corniches, bandeaux, chaînages et autres signes distinctifs du rang social de ses propriétaires. Vous découvrez en Marais poitevin d'autres environnements, d'autres paysages et d'autres formes d'habitat. Par exemple la maison rurale de pêcheur, typique des littoraux charentais et vendéens, sinon la cabane basse, semblable à la bourrine vendéenne, caractéristique du marais desséché et des anciennes îles calcaires, émergences inhérentes à la disparition de l'eau. Ce patrimoine maraîchin, à l'instar de la faune et de la flore, fait aujourd'hui l'objet d'une protection rapprochée. Il fut considérablement valorisé par les Grands Travaux (lancés en 1992 par François Mitterrand et Ségolène Royal), destinés à sauvegarder infrastructures hydrauliques (ponts, écluses, barrages), urbaines (canaux, ports et quais, villages) et architecture (habitations, lieux-sources, comme les lavoirs). Depuis, tout projet de construction ou de rénovation est extrêmement réglementé.

Château de Javarzay.

BEAUX-ARTS

Les beaux-arts en Poitou rayonnent sporadiquement dès la Préhistoire. Preuve en est, les énigmatiques mais très plastiques rochers gravés des Vaulx, uniques en Europe (Saint-Aubin-de-Baubigné). La peinture murale s'y épanouit à l'époque romaine, poursuivant son essor avec l'art roman, dont le chef-d'œuvre est acquis à l'église abbatiale de Saint-Savin et à ses éblouissantes fresques du XIIe siècle (Unesco). De cet âge d'or, on retient aussi la façade de Notre-Dame-la-Grande de Poitiers, son programme iconographique original et finement sculpté que vous pouvez imaginer enduit de couleurs chatoyantes comme il le fut en son temps. On sait que la région s'est illustrée dans les arts du feu à la Renaissance, en témoignent la faïence de Saint-Porchaire et sa poignée de pièces uniques. De là, point de Géricault ni de Soulages en Poitou, toutefois d'illustres places et rendez-vous artistiques dédiés à l'art contemporain ainsi qu'au cinéma.

Institutions muséales

Les amateurs de beaux-arts ne pourront ignorer l'appel du musée Sainte-Croix de Poitiers, construit en 1974 dans le plus pur style brutaliste à l'emplacement de l'abbaye éponyme. Ils seront inéluctablement aimantés par son exceptionnel fonds Camille Claudel, en partie constitué grâce au legs du collecteur parisien Henri Brisson (1953). Enfin, vous approchez les mythiques bronzes *La Valse* et *L'Abandon* ! Vous y croisez également Auguste Rodin, Aristide Maillol, Ingres, Odilon Redon, Gustave Moreau et même Mondrian, au détour d'un inattendu paysage. A moins d'1 km, jetez un œil à l'escalier d'honneur de l'hôtel de ville (Second Empire) pour y admirer, parmi sa suite d'œuvres académiques, 2 pastiches de fresques signées Pierre Puvis de Chavanne, peintre officiel de la IIIe République (1874). A Niort, le musée Bernard-d'Agesci, inauguré en 2006, se distingue pour sa scénographie très contemporaine et son fonds majoritairement régional (peinture, faïence de Parthenay, orfèvrerie, etc.). Les musées des collectionneurs Henri-Barré (Thouars) et Turpin (Parthenay) méritent que l'on s'y attarde.

Rendez-vous avec l'art contemporain

C'est incontestablement le plus prestigieux centre d'art contemporain du Poitou, Oiron, château Renaissance et sublime écrin, depuis 1993, de la collection polysensorielle *Curios & Mirabelia* (Plaine-et-Vallées). Au fil de cet ensemble imaginé en un cabinet de curiosités, défilent les œuvres et installations de Christian Boltanski, Daniel Spoerri ou Claude Rutault. Ces deux institutions d'intérêt national participent elles aussi au rayonnement culturel des Deux-Sèvres : à Niort, poussez la porte de l'excellente villa Pérochon, centre d'art contemporain photographique, organisatrice des Rencontres de la jeune photographie internationale en avril ; à Thouars, rendez-vous à la chapelle néogothique Jeanne-d'Arc. Dans la Vienne, atterrissez à Rouillé sur cette plateforme unique en France : Rurart, associé au lycée agricole Xavier Bernard-Poitiers Venours, créé en 1995 et sous tutelle du ministère de l'Agriculture. On s'y penche sur l'art numérique, l'électronique ludique et le DIY. Les passionnés de street-art et de cultures urbaines feront eux aussi halte à Poitiers, entre le centre d'art contemporain du Confort Moderne, mythique salle de concert de la Contre-Culture, et les graffitis de Montbernage, posés sous le pont de la voie Malraux. Faites également la tournée des galeries et des boutiques d'artisans-créateurs de la rue Grand-Rue ou de rue de la Cathédrale.

Terre du 7e art

Saviez-vous que le Poitou fut le fief de grands noms du cinéma ? Que de grands films y ont été tournés ? Parmi eux, Henri-Georges Clouzot (à Niort), Laurent Cantet (à Melle) et Anémone (décédée à Poitiers) ; entre autres toiles populaires, les mythiques *Diaboliques* (1955) et *Pleure pas la bouche pleine* (1973), *Van Gogh* (1991, à Saint-Remy-sur-Creuse), *Jeanne d'Arc* (1999, à Poitiers) et *Un long dimanche de fiançailles* (2004, à Montmorillon). En marge de vos pérégrinations cinématographiques, arrêtez-vous à Poitiers de fin novembre à début décembre au Poitiers Film Festival, créé par Henri Langlois, fondateur de la Cinémathèque française. On s'y régale d'environ 150 films et courts métrages sélectionnés auprès de la crème de la jeune réalisation internationale. Vous êtes passionné de cinéma et d'ornithologie ? Direction Ménigoute, au FIFO (Festival international du film ornithologique), incontournable rendez-vous du documentaire animalier. On précise que ce petit village de Gâtine (79) abrite aussi l'IFFCAM, unique centre de formation de son espèce en Europe, entièrement consacré au film de nature.

MUSIQUES ET SCÈNES

Si Poitiers et Niort constituent à elles seules deux « très grandes » scènes nationales, en ces terres rurales, la culture ne se cantonne pas à la ville. Le Poitou vous promet été comme hiver une programmation musicale, théâtrale, dansée, circassienne tous azimuts ni plus ni moins que spectaculaire, conçue pour se mettre aussi à la portée du jeune public, des personnes à mobilité réduite et des petits budgets. Avis à tous ceux qui s'intéressent à la folk et aux danses traditionnelles, sachez que la région possède ses pas et ses mélodies (rondes chantées, avant-deux, branle maraîchine, bourrée marchoise). Vous les découvrez à l'occasion des concerts et des bals donnés par quelques formations locales, parmi lesquelles le groupe Catalpa ainsi que les associations Tradéhop et La Rigourdaine. Ces deux magazines vous aideront à préparer vos sorties : *L'Affiche hebdo* (Poitiers ; www.affichehebdo.fr) et *Niort dedans/dehors* (www.niortdedansdehors.fr).

Le TAP (86) et le Moulin du Roc (79)

Ces deux plateformes culturelles sont incontournables pour qui se nourrit des arts de la scène au sens large, musiques actuelles et classique, opéra, danses classique et contemporaine, théâtre, cirque, arts numériques, etc. Leur éblouissante programmation résonne au-delà des frontières du Poitou puisqu'elles accueillent et coproduisent des convois d'artistes à la renommée internationale. Le TAP de Poitiers s'illustre notamment pour ses rendez-vous dansés – la Vienne, terre d'élection de la danse contemporaine, abrite une multitude de formations dont Les Clandestins, compagnie de la chorégraphe Odile Azagury, acolyte de Carolyn Carlson, parmi lesquels le bousculant et audacieux festival À Corps. Niort possède elle aussi sa scène nationale, le Moulin du Roc, chef de file de la saison culturelle niortaise et distingué pour ses choix dramaturgiques (www.lemoulinduroc.fr). Fouinez aussi du côté des 3T, à Châtellerault, trois scènes conventionnées théâtre, danse et musique (www.3t-chatellerault.fr).

Poids lourds des musiques actuelles

Punks, fans de reggae dance-hall ou clubbers berlinois squatteront cette scène-galerie-fanzinothèque-cantine activiste de la contre-culture, le Confort Moderne (Poitiers), immanquable plateforme alternative et expérimentale depuis sa création en 1988. Sonic Youth, Lee Scratch Perry ou NTM l'ont enflammé : c'est dire si la carte y est délicieusement éclectique (www.confort-moderne.fr) ! À Niort, direction le CAMJI, partie prenante de deux festivals racés : Rise & Fall, Hellfest local consacré au métal et au punk ; Nouvelle(s) Scène(s), tremplin des étoiles montantes de la musique indé internationale (www.camji.com). Les aventuriers du son s'offriront un crochet chez Diff'art, à Parthenay (https://sallediffart.com), ou chez Carré Bleu, à Poitiers (jazz mais pas que). Enfin, avis à tous ceux qui préfèrent le grand spectacle aux salles underground, foncez à l'Arena Futuroscope, inaugurée en avril 2022 (www.arena-futuroscope.com).

Constellation de festivals, toute l'année

Vos haltes citadines et champêtres seront forcément rythmées de festivals de tout bord, à consommer aussi en famille et souvent... gratuitement. On précise que beaucoup, malmenés par la pandémie de Covid-19, peinent encore à planifier leurs saisons à venir. Entre musiques classiques et monuments historiques, vous vous étourdissez en l'abbaye royale de Celles-sur-Belle (79), organisatrice des prestigieuses rencontres internationales Estivales d'ArtenetrA, festival du Souffle et Lumières du Baroque (www.abbaye-royale-celles.com), dans la Vienne, aux Soirées lyriques de Sanxay, ou la réanimation, depuis 1999, de ce théâtre gallo-romain à l'exceptionnelle acoustique (https://operasanxay.fr). Côté jazz, évadez-vous en Gâtine autour de Parthenay et du festival itinérant « Le Jazz bat la campagne », amusante suite de commandos musicaux envoyés aux quatre coins du bocage (www.lejazzbatlacampagne.com), également à Melle et à son métissé Boulevard du jazz. En marge des très célèbres Expressifs (Poitiers), vous butinez les rendez-vous théâtraux, circassiens, forains, poétiques deux-sévriens : le Festival Ah ?, à Parthenay, Le Nombril du Monde, à Pougne-Hérisson (tout un univers à explorer en famille, construit à force d'imagination ; www.nombril.com), le festival Au Village, à Brioux-sur-Boutonne (http://festivalauvillage.fr). Les cultures et musiques du monde sont elles aussi prévues au programme : vous vous dépaysez au Rêve de l'aborigène, à Airvault (www.lerevedelaborigene.org), ainsi qu'aux RIFE, à Saint-Maixent-l'École, les Rencontres internationales folkloriques enfantines (www.rife.asso.fr).

LITTÉRATURE

L'université de Poitiers fut fondée en 1431. Considérée comme la deuxième du royaume au XVIe siècle, elle attirera des étudiants tous azimuts, dont d'illustres hommes de lettres : Joachim du Bellay, Francis Bacon ou encore René Descartes. François Rabelais, qui séjournera épisodiquement en Poitou de 1519 à 1527, y fera son droit – c'est d'ailleurs autour de Maillezais, aux portes du marais Poitevin (actuelle Vendée), qu'il puisera la généalogie, le décor, le parler et les us de ses géants, les célèbres Pantagruel (1532) et Gargantua (1534). Ce foisonnement intellectuel, la proximité de Paris feront de Poitiers une seconde capitale culturelle propice à l'épanouissement de la poésie latine et de la langue française. Il faudra attendre le XXe siècle pour qu'un Poitou littéraire ne renaisse grâce à plusieurs enfants du pays. Parmi eux, le philosophe Michel Foucault et la romancière Régine Deforges, initiatrice de la Cité de l'Ecrit de Montmorillon.

Renaissance et baroque, l'âge d'or

Quoique tombé dans l'oubli, le Loudunais et humaniste Jean Salmon Macrin (1490-1557), valet de chambre de François Ier, fut considéré par ses contemporains comme le plus grand poète d'expression latine. Il fréquente Guillaume Budé, Erasme et le célèbre imprimeur-libraire Josse Bade, s'allie à de puissants mécènes tels que Joachim Du Bellay, qui reprendra ses idées. S'il se consacre à plusieurs reprises à la poésie de veine amoureuse, dont son épouse est la muse, Macrin doit sa renommée à ses œuvres religieuses. Loudun, important fief de l'imprimerie poitevine à partir du XVIIe siècle, vit la naissance d'un autre poète porté aux nues, l'emblématique Scévenole de Sainte-Marthe (1536-1623), par ailleurs maire puis trésorier de France de la généralité de Poitiers. Héritier d'une lignée d'aristocrates érudits, l'habile politicien et proche de Catherine de Médicis s'essaye aux genres poétiques en vogue. Il signe en 1580 et 1584 les traités de puériculture *Poedotrophia*, qui laissèrent Pierre de Ronsard sans voix. Dans le même temps, le protestant Agrippa d'Aubigné (1552-1630) fait montre d'un engagement indéfectible, quoique ponctué d'emportements et de brouilles, envers Henri de Navarre. Intransigeant chef de guerre, ennemi de la cour de France, fracassant orateur, farouche opposant de l'édit de Poitiers (1577), il percevra l'abjuration d'Henri IV (1593) comme une trahison. Il fut également administrateur au sein de l'Eglise réformée du Poitou. Poitou où il possède une attache, le château de Mursay, sa résidence de repos à Echiré (en ruine depuis les années 1920 et libre d'accès toute l'année) vers laquelle il s'éloigne pour écrire – entre autres chefs-d'œuvre –, *Les Tragiques* (1616), poème épique et satirique consacré aux guerres de Religion.

Poitiers, îlot féministe avant-gardiste

Il fut le cercle littéraire provincial le plus avant-gardiste de la même époque – les magistrats envoyés en Poitou rétablir l'ordre après le sac et le siège de Poitiers (1562 et 1569) y tenaient salon –, Les Dames des Roches, fondé en 1570 par le couple mère-fille Madeleine Neveu et Catherine Fradonnet. Admirées, écoutées, nimbées d'influence, les deux femmes de lettres rayonnent bien au-delà de leur port d'attache : elles écrivent et publient traductions latines, poèmes, dialogues prosaïques, pièces de théâtre, confondant œuvres érudites et réflexions mélancoliques inspirées de leur condition. Leurs *Missives de Mesdames des Roches* fut la première œuvre épistolaire féminine à être éditée en France. En 1577, alors que la cour de Henri III et de Catherine de Médicis fait halte à Poitiers, l'illustre duo compose quelque œuvre honorant le cortège royal. Vous retiendrez une œuvre majeure, féministe avant l'heure : le sonnet *A ma quenouille*, portrait d'une femme tiraillée entre obligations domestiques et activités de l'esprit... Le salon des Dames des Roches disparaîtra avec elles, emportées par la peste en 1587.

© NASTASIC - ISTOCKPHOTO.COM

Rabelais a fait ses études à Poitiers.

Personnalités littéraires du XXe siècle

En 1920, les Deux-Sévriens s'enorgueillirent de leur tout nouveau prix Goncourt : Ernest Pérochon (1885-1942), ancien instituteur devenu écrivain, primé dès son premier roman, *Nêne* (Plon, 1914). Alors que vous préparez votre escapade en Poitou, plongez-vous dans cette vue de la Petite Eglise, phénomène religieux dissident déployé entre Vendée et Deux-Sèvres à partir de 1801, aujourd'hui concentré dans la région de Courlay, village natal d'Ernest Pérochon où vous visitez la Tour Nivelle, musée-école qui lui est consacré. Les rues et autres institutions publiques Ernest Pérochon pullulent en Deux-Sèvres : à Niort, gardez un moment pour déambuler en la prestigieuse villa Pérochon, centre d'art contemporain photographique labellisé d'intérêt national. Le département 79, incubateur de Goncourt ? C'est en 2015 que le Niortais Mathias Enard (né en 1972) remporte le sien pour son roman *Boussole*, monologue amoureux à travers l'Europe et l'Orient. L'auteur, particulièrement primé, se distingue pour ses œuvres littéraires savamment construites et son érudition sans bornes. On rappelle qu'il est également traducteur d'arabe et de persan. Il naquit à Poitiers et fila peu après son bachot suivre les cours de Jean Hyppolite (auquel il succède au collège de France en 1969) au lycée Henri-IV de Paris, capitale où l'attend une éblouissante carrière : l'immense et sulfureux Michel Foucault (1926-1984), qui secoua la philosophie en y introduisant de nouveaux sujets de réflexions, la folie, la prison et la sexualité. Il repose au cimetière de Vendeuvre-du-Poitou (Hervé Guibert évoque sa mort et son enterrement dans la nouvelle intitulée *Les Secrets d'un homme*). Il sera possible de participer aux quelques manifestations culturelles qui lui sont dédiées dans la Vienne, entre autres les Rencontres Michel Foucault, organisées au TAP de Poitiers depuis 2011 (mi-novembre), et les événements proposés par l'association Le Jardin de Michel Foucault de Vendeuvre-du-Poitou, particulièrement durant la Journée européenne du patrimoine. La romancière Régine Deforges (1935-2014), née à Montmorillon, y planta un épisode de sa célébrissime trilogie *La Bicyclette bleue*, transformée en une saga conclue en 2007. Elle y évoque un épisode de la Deuxième Guerre mondiale, l'exode de milliers de réfugiés français vers le Sud auquel participent Léa et Camille, fuyant Paris et contraintes de s'arrêter à Montmorillon. Désireuse de réconcilier monde rural et littéraire, Régine Desforges crée la Cité de l'Ecrit de Montmorillon en 1990. Dans le très joli quartier médiéval du Brouard sont réunis professionnels du livre (bouquiniste-libraires, éditeurs...) ainsi que des artisans d'art (calligraphes, relieurs, potier...). Le site est ouvert toute l'année. Les amoureux de littérature y feront toutefois un tour à la mi-juin, à l'occasion du Salon du livre neuf, lui aussi lancé par Régine Deforges, et le reste de l'été pour participer à des ateliers-découvertes ou aux Nocturnes à la bougie (visite de la cité et découverte des artisans de la nuit tombée jusqu'à 23h). Vous découvrez enfin un intéressant musée de la Machine à écrire et à calculer.

QUE RAPPORTER ?

Que rapporte-t-on du Poitou ? Avant tout des produits du terroir, saveurs inédites, fromages de chèvre, fié gris (cépage endémique du Haut-Poitou), quantité de douceurs saisonnières : une bouchée de tourtisseau, beignet de carnaval poitevin, vous fera retomber en enfance ! Pourquoi pas quelque étrange coutume alimentaire, telle que le combo huîtres-grillons ? Sachez ensuite que la région ne s'arroge guère de savoir-faire emblématique : point de charentaises ni de verrerie d'art par ici, toutefois kyrielle d'artisans-créateurs tous azimuts. Explorez méticuleusement les recoins du territoire pour débusquer jolis colifichets en cuir, métal, laine ou céramique. Avis à tous ceux qui ont l'esprit pratique, voici deux adresses bien achalandées, présentant de beaux assortiments de gourmandises, de souvenirs, de créations locales : à Poitiers, la Maison du tourisme et du terroir ; à Niort, Mogettes & Cie.

Des produits d'ici

Ne quittez pas le Poitou sans avoir garni votre panier de bonnes choses, à commencer par un spécimen de truffe noire du Périgord, largement cultivée en Deux-Sèvres depuis la crise du Phylloxera survenue au XIXe siècle. Vous dénichez votre Précieuse aux marchés aux truffes de La Mothe-Saint-Héray et d'Availles, sinon un peu partout dans la Vienne de mi-décembre à mi-février (truffe-vienne.fr). Si vous traversez Neuville, prévoyez une étape à la boutique de l'huilerie éponyme. De luxueux condiments vous feront de l'œil, traditionnelles huiles vierges de noix et de noisettes locales ou créations maison : huile de pistache, vinaigre à la pulpe de passion, etc. Un autre souvenir d'ici toujours sympathique à offrir : un pâté de lièvre des marais, autrement dit de ragondin, dont l'exquise finesse a de quoi surprendre. Pensez également au chèvre-boîte, créé à Bougon en 1907 justement pour voyager, fromage fondant inspiré du camembert. Le Poitou défend un généreux patrimoine sucré. Montmorillon vous promet une merveille de biscuit à la poudre d'amande, son célèbre macaron. Rendez-vous « chez Rannou », alias le biscuitier Rannou-Métivier, la référence depuis 150 ans : les macarons, en versions traditionnelle et saveur (pistache, rose, etc.), y sont présentés à la douzaine sur feuille de papier cuisson. Le macaroné n'est ni plus ni moins qu'une variante grand format. A Niort, attrapez le M&M's local, héritage vendéen, l'addictive mojette au(x) chocolat(s) cœur nougatine : on vous prendra la main dans le sac ! Sinon du broyé, procurez-vous l'autre orgueil de la région : le tourteau-fromagé. Moult villages deux-sévriens se disputent la paternité de cette pâtisserie au chèvre frais, à la curieuse croûte noire et au goût insolite. Enfin, vous capturez la sauvage angélique sous diverses formes : confite, pour agrémenter vos desserts, en confiture ou en liqueur.

Des raretés artisanales

Pas d'école estampillée Poitou, toutefois une constellation de bassins artisanaux très localisés et tout autant d'artisans-créateurs. La céramiste d'origine japonaise Yuko Karamatsu vit et œuvre à Poitiers ; vous tombez sous le charme de l'exquis raffinement de ses créations – coupelles, bols, assiettes, fèves des Rois exposés à la Maison du tourisme et du terroir (@nerikomi.coupelle). Toujours à Poitiers, descendez la Grand-Rue jusqu'au n° 137, chez François frères, artisan-créateur de parapluies depuis 1882 (pépins en séries ou sur mesure). Les amateurs d'arts sacrés poursuivront jusqu'à l'abbaye Saint-Martin de Ligugé, célèbre pour ses émaux. Depuis l'immédiat après-guerre, les moines bénédictins travaillent plusieurs techniques proposant reproductions de vitraux, portraits de la Vierge à la grisaille d'or ou émaux sur cuivre (sujets religieux et profanes). Sachez que le scofa de l'abbaye, en vente à la boutique, est aussi fameux que réputé. Alors que vous vous apprêtez à filer vers les Deux-Sèvres, faites halte à la cité des Tanneurs de Boivre-la-Vallée (Lavausseau) : s'y cache la superbe peau de chevreau, de vache ou de mouton qui agrémentera votre intérieur. Nuée d'articles en peaux, cuirs et laines à prix raisonnable vous fera tourner la tête : chaussons de bébé, ceintures, vestes, porte-monnaie, pantoufles cocooning... Travail du cuir que vous retrouvez en Deux-Sèvres, particulièrement en Gâtine. Il faudra passer par Bressuire et la boutique-atelier Peaux d'Anne, créatrice de sacs, pochettes et accessoires colorés (vous pouvez y réserver un stage de maroquinerie et offrir le ceinturon que vous aurez appris à confectionner). Egalement à Parthenay, où s'est installée la bottière Fleur de souliers (escarpins couture en cuir et semelles bois façonnés à la main, à prix abordables). A Azay-le-Brûlé, vous rencontrez l'originale Estelle Bonnaud, artiste du métal et unique girouettière de France (girouettes sur

© TOANET - STOCK.ADOBE.COM

Angélique confite, en graines et en liqueur.

mesure, bougeoirs, enseignes et autres œuvres métalliques). A Niort, labellisée Ville et Métiers d'art, la galerie 36 quai des Arts vaut le détour. Y sont exposés les artistes-artisans les plus doués du département : abat-jouriste, tailleur de pierre, feutrière, bijoutiers...

Des cosmétiques

Le baudet, emblème du Poitou ? On ne s'étonnera pas de tomber sur quantité de savons, shampoings solides et autres cosmétiques artisanaux au lait d'ânesse local, bien connu pour ses vertus hydratantes et adoucissantes. Lors de votre escapade en marais Poitevin, faites d'une pierre deux coups en visitant l'écoparc Du Coq à l'âne (Saint-George-de-Rex) : ses propriétaires sont également à la tête de la savonnerie Cornet, créatrice de douceurs au lait frais et cru issu de leur asinerie. Dès le XVIe siècle, La Roche-Posay, par ailleurs très jolie cité médiévale, acquiert le statut de capitale (européenne) de la dermatologie thermale. En 1975 y est créée la célébrissime marque de cosmétiques dermatologiques éponyme, qui y possède encore un site de production. Bien que celui-ci ne soit pas ouvert au public, vous aurez la possibilité de faire le plein de produits et de conseils (beauté, bien-être et traitement des affections cutanées) à la boutique du superbe Spa Source, qui a rouvert en janvier 2022. Vous n'achèverez votre Poitou Beauty Tour qu'après avoir visité le site de production eco-friendly du laboratoire Body Nature, Odyssée Nature (y sont dispensés toute l'année de passionnants workshops), où vous effectuez razzia de produits biologiques et écologiques (beauté, bien-être, entretien de la maison).

Des souvenirs de vos visites

La boutique de souvenirs, kitschissime ? Rien n'est moins sûr ! Rendez-vous dans les innombrables shops du Futuroscope (86) qui regorgent de souvenirs high-tech à thématiques. Au château d'Oiron, où règne l'incroyable expo d'art contemporain Curios & Mirabilia, vous vous offrez quantité d'objets design et de curiosités racées : beaux-livres, arts de la table, art en kit, senteurs créées pour le lieu par l'artiste olfactive Julie C. Fortier... Ne sortez pas du musée Sainte-Croix (Poitiers) sans avoir fait l'acquisition de son best-seller – tout Pictavien qui se respecte en possède une quelque part –, la reproduction de l'œuvre de François Nautré, Le Siège de Poitiers en 1569. Enfin, la peluche gorille de la Vallée des Singes (Romagne), fera toujours plaisir aux enfants...

SPORTS ET LOISIRS

Le Poitou, cloche de verdure propice au *slow travel*. Le territoire est très bien desservi par de grands itinéraires nationaux dédiés à la mobilité douce, chemins de grande randonnée et véloroutes ; d'ailleurs, nombre de cyclistes et de marcheurs au long cours s'y arrêtent, souvent attirés par son éclectique patrimoine, bijoux d'architecture à rustiques hameaux de campagne. Vous prenez la clé des champs pour sillonner les petites routes à bicyclette, empruntez les chemins de traverse à pied, au gré de parcours bien balisés, d'une humble difficulté (reliefs de basse altitude). Vous paressez au bord de la rivière, piquez une tête à l'occasion, vous adonnez aux joies du canoë ou de la canne à pêche. Mais gare aux idées reçues ! Le Poitou possède aussi ses spots où prendre un shoot d'adrénaline : manifestations sportives d'enjeux nationaux, tours de piste au volant d'un bolide, tyroliennes géantes et autres parcours dans les arbres vous tendent les bras...

Randos à gogo

Le Poitou est jalonné de parcours pédestres, à l'intérieur desquels explorer joyaux de nature et d'architecture, et pourquoi pas rejoindre d'autres régions françaises. Il est en effet traversé par plusieurs itinéraires nationaux, à commencer par la via Turonensis, voie de Tours ou GR 655, l'un des quatre chemins de Compostelle français, reliant Paris et Saint-Jean-Pied-de-Port via Poitiers, Ligugé et Melle (célèbre pour sa triade d'églises romanes). Dans le Sud Vienne, vous attrapez la voie de Charroux, variante de celle de Vézelay (GR 48). D'autres routes à vocation spirituelle existent, vous menant aux plus anciennes (et parmi les plus belles) abbayes de France. C'est le cas des chemins de Saint-Martin : l'itinéraire de l'Evêque de Tours (Poitiers-Ligugé-Tours, 236 km) ; le chemin de Ligugé (direction la collégiale de Candes-Saint-Martin, en Indre-et-Loire, via Fontevraud, 170 km). Plusieurs chemins de grande randonnée desservent eux aussi la région : le GR 364 relie le Poitou à l'océan (La Roche Posay-Jard-sur-Mer) ; le GR 36 court de la Normandie aux Pyrénées (via quelques-unes des pépites deux-sévriennes, Thouars, Parthenay, Niort, forêt domaniale de Chizé). Le Poitou compte également huit grandes randonnées de pays - quatre pour chaque département. Citons la plus longue d'entre elles : le circuit GRP Vouillé-la-Bataille (lieu-dit de la victoire de Clovis Ier sur Alaric II, roi des Wisigoths en 507), certes de 129 km mais de difficulté moyenne. Essaiment quantité de petits itinéraires de balades, à raison de plusieurs centaines de kilomètres sur tout le territoire, accessibles aussi à cheval. Pour les découvrir, rendez-vous sur les deux sites rando départementaux, tous deux très bien documentés : www.randonnees-vienne.com ; www.randoendeuxsevres.fr.

A bicyclette

Les cyclistes itinérants sont nombreux à faire halte par ici, où les équipements dédiés à la mobilité douce ne manquent pas. Sachez d'ailleurs que beaucoup d'hébergeurs poitevins disposent du label Accueil Vélo et que les loueurs sont nombreux (VTT, VAE, classiques). Le Poitou est par exemple traversé par de grands itinéraires cyclables nationaux et européens, à l'instar de la Vélo Francette (Caen - La Rochelle). L'itinéraire serpente tranquillement en Deux-Sèvres, de la féerique vallée du Thouet au Marais poitevin – promesses de balades éblouissantes (velofrancette.fr), pour se connecter à la Vélodyssée, véloroute longeant l'Atlantique jusqu'au Pays Basque (EV1, www.lavelodyssee.com). La partie septentrionale de la Vienne abrite un important tronçon de la Scandibérique (Trondheim - Saint-Jacques-de-Compostelle), vous menant des friches industrielles de Châtellerault aux vallons champêtres d'Availles-Limouzine, via les abords sauvages de la lande du Pinail et la cité médiévale de Chauvigny (EV3, www.scandiberique.fr). Depuis 2021, la boucle Anjou - Touraine - Poitou, longue de 345 km, relie Futuroscope et châteaux de la Loire. Signalons enfin un parcours touristique assez peu fréquenté, car mis en sommeil durant de longues années (et pas très bien référencé) : les chemins du Poitou secret reliant Poitiers au Marais poitevin via la Gâtine (110 km). D'autres options vous sont offertes, telles que la véloroute 41 (pèlerinage de Compostelle à vélo, au départ de Châtellerault) et la véloroute 94, en cours d'aménagement et bien avancée en Deux-Sèvres. Chemins ruraux, anciennes voies de chemin de fer, routes à faible trafic, de surcroît souvent reliés entre eux et empruntés par les cavaliers, pullulent. Renseignez-vous auprès des deux sites Internet cités précédemment : www.randonnees-vienne.com ; www.randoendeuxsevres.fr.

© MOMENTUM PRODUCTIONS

Kayak au Roc d'Enfer.

Au bord de l'eau

Ses vallées alluviales riches, sauvages et contrastées, ses lacs naturels et artificiels, ses petits ruisseaux vous donneront tout le loisir de vous ébrouer dans l'eau, et les spots ne manquent pas ! Spots sauvages à très bien aménagés, parmi lesquels le lac de Saint-Cyr, labellisé Station sports de nature, où l'on pratique kyrielle d'activités : baignade, voile, paddle, pêche no-kill, trottinette électrique, observations ornithologiques. Amis golfeurs, vous remarquerez que le 18-trous du Haut-Poitou se trouve sur le site (www.lacdesaintcyr.fr ; www.golfduhautpoitou.fr). Kayakistes débutants à chevronnés se dégourdiront en eaux vives un peu partout dans le département, notamment à la base de Saint-Benoît (descentes, cours et location, www.ckcp86.fr), au centre de loisirs de Lathus-Saint-Rémy (d'autres activités nature auxquelles s'adonner en famille, type parcours dans les arbres, spéléo, escalade ; www.cpa-lathus.asso.fr) et à L'Isle-Jourdain, au lac de Chardes (dont ski nautique) ou sur la Vienne (saut à l'élastique et tyrolienne aux abords du viaduc de 47 mètres). Du côté des Deux-Sèvres, le tableau est sensiblement le même à un Grand Site de France près : le labyrinthique Marais poitevin qu'il est coutume d'explorer à la rame (diverses embarcations, en marge de la traditionnelle yole), sinon vu du ciel, à bord de la montgolfière de Terres d'Envol (www.terres-denvol.fr). Vous vous adonnez à quantité de divertissements aquatiques à l'étang du Lambon, au plan d'eau de Cherveux Saint-Christophe (wakeboard et téléski nautique) ou au lac du Cébron, réservoir d'eau potable et espace naturel sensible, beaucoup plus sauvage (activités écotouristiques et bivouac ; www.lacducebron.fr). Toujours dans les Deux-Sèvres, où que vous soyez, si tout près coule une rivière, il sera forcément possible de planter la tente au bord de l'eau, de piquer une tête ou de taquiner le goujon. Voyageurs passionnés de pêche en eau douce, emmenez votre matériel (bien qu'hébergeurs et réceptifs prêtent le leur à l'occasion), direction le superbe étang de Bois-Pouvreau, à Ménigoute, l'un des plus beaux sites poissonneux de Gâtine (chemins de promenade mais baignade interdite) et bien sûr Pescalis, centre nature et pêche de Moncoutant : la saison démarre dès le 1er mars avec la pêche aux carnassiers (www.pescalis.com).

Géocaching et autres activités outdoor

Vous profitez en famille du géocaching, ou comment découvrir autrement certains sites d'exception. Tèrra Aventura, le grand spécialiste du genre en Nouvelle-Aquitaine, vous a concocté 32 chasses au trésor insolites dans la Vienne et 40 dans les Deux-Sèvres. Vous choisissez votre parcours en fonction de l'endroit où vous êtes ou de la thématique (contes et légendes, Résistance, médiéval, etc.), par exemple au château fort de Coudray-Salbart ou dans les troglodytes de Saint-Remy-sur-Creuse. Il sera même possible d'en profiter sans smartphone, en vous rapprochant des offices de tourisme équipé de votre GPS (www.terra-aventura.fr). Terre de nature, le Poitou a d'autres ressources : les parcs accrobranche et d'aventures dans les arbres (via ferrata, escalade tous niveaux) font légion. Vous vous adonnez sans difficulté à l'observation de la faune, que vous croisez souvent au hasard des petites et des grandes routes (attention aux hardes de sangliers et de chevreuil autour de la forêt de Moulière, dans la Vienne) : brame du cerf, observations ornithologiques.

Une sortie dans la merveilleuse et vulnérable réserve nationale du Pinail vous permettra peut-être de combiner les deux, en vous offrant, a minima, une époustouflante balade à pied (pour qui aime la lande humide et sauvage ; animaux de compagnie interdits ; www.reserve-pinail.org). Avis aux runners, sachez enfin que le Marais poitevin possède depuis fin 2021 sa station de trail (14 parcours et 2 ateliers trail ; www.stationdetrail.com).

Evénements sportifs

Saviez-vous que Poitiers fut le berceau d'immenses athlètes internationaux ? Citons par exemple le champion du monde 2007 de patinage artistique Brian Joubert, le boxeur d'origine iranienne Mayhar Monshipour, sacré champion du monde des super-coqs au Futuroscope en 2003, et le basketteur Evan Fournier, drafté par la NBA en 2012 et depuis arrière-ailier des Knicks de New York. Amateurs de sport de passage dans l'ancienne capitale des ducs d'Aquitaine, ne manquez pas d'assister aux matchs du Stade Poitevin, club multisports d'envergure nationale (particulièrement ses équipes de volley-ball et de beach-volley), sinon de supporter le Poitiers Basket 86 (le PB, pour les intimes), anciennement pro A. Poitiers, qui vit au rythme du basket, organise chaque année à la fin juin le Festival du 3x3 et de la culture urbaine (compétitions de haut niveau, dont une étape de la Super League FFBB, affrontements amateurs et basket fauteuil, cultures urbaines ; www.3x3poitiers.com). Toujours dans la Vienne, à Neuville, vous vous initiez au moto-ball, variante du foot jouée à moto (matchs, stages dès 6 ans ; www.motoballneuvillois86.fr). Pour applaudir des pros du ballon rond, direction Niort et le stade René-Gaillard, fief des Chamois (ligue 2). Quantité d'événements sportifs urbains vous attendent aussi en Deux-Sèvres, dont : semi-marathon de la Coulée Verte et course en relais Ekiden 79 à Niort (fin octobre) ; Rallye du marais à Coulon, première manifestation de canoë-kayak française (course d'orientation nocturne, à la fin juin, à laquelle vous pouvez participer à condition d'être inscrit et déguisé). Enfin, les fans de sport automobile vibreront en Poitou, puisque s'y cachent quelques reliquats d'un passé glorieux. A La Mothe-Saint-Héray, vous assistez à la mythique course des côtes, créée en 1925 et organisée aujourd'hui par l'écurie de Chambrille en tant que Montées historiques de La Mothe-Saint-Héray, entre autres événements : Slaloms des écuries d'Augias, rallye Dame de Chambrille, course de navigation Ronde de Chambrille, bourse aux pièces détachées et salon Rétrolocomotion (www.ecuriechambrille.com). Pilotes en herbe et amateurs d'adrénaline, vous vous offrez un tour de piste sportif sur le circuit de vitesse du Val de Vienne, situé dans le village du Vigeant (baptême de piste et pilotage monoplace Formule Renault 2.0, 190 CV ; www.circuitvaldevienne.com). L'association caritative Sport & Collection y organise chaque année, début juin, l'extraordinaire meeting 500 Ferrari contre le cancer (démonstrations, courses, voitures de collection, rallye touristique, voltige aérienne suivie du grand show de la Patrouille de France ; www.sportetcollection.info).

Parc naturel régional du Marais poitevin.

GASTRONOMIE

Natif de Poitiers, Joël Robuchon (1945-2018) trouvera sa vocation dans les cuisines du Petit séminaire de Mauléon. Quoique secret, le chef du siècle a évoqué à maintes reprises ses souvenirs d'un Poitou familial et gourmand, ligne conductrice de son identité culinaire simple, rustique et follement riche. Sa légendaire purée de pommes de terre sera servie sur les plus belles tables du monde - retenez-en les secrets : patates de même calibre cuites avec leur peau dans une eau frémissante, quantité astronomique de beurre et surtout pas de mixeur. Voyager en Poitou vous fera découvrir une avalanche de saveurs exotiques, à l'instar de l'angélique, reine du bocage, des zones humides et des fossés, utilisée depuis le Moyen Age pour ses vertus stimulantes, digestives, anxiolytiques et désenvoûtantes... De l'apéritif au dessert, voici le menu de votre escapade gastronomique entre Vienne et Deux-Sèvres.

L'apéritif

Vous démarrez à Thouars autour d'un Duhomard, vin aromatisé créé en 1926 et depuis décliné en trois variantes : rouge (gentiane, écorces d'orange douces-amères), blanc (gentiane, quinquina, orange, cacao) et cerise. Le voyageur de commerce Emile Diacre met au point cet apéritif reconstituant en souvenir d'une farce : en 1922, alors qu'il fait bombance à la traditionnelle pêche-banquet de Massais, le susnommé s'endort pour découvrir à son réveil, planté à son hameçon, un superbe homard cuit rouge passion. L'incongru crustacé fera mouche, attirant à Massais des centaines de badauds les éditions suivantes... Initiez-vous à la liqueur d'angélique, confectionnée à Niort depuis le XVIIe siècle, obtenue par macération des graines et des tiges dans du Cognac : en cocktail, assortie de vin blanc et de tonic, ou plus soft, coupée de jus de pommes artisanal. Sa belle robe vert acidulé, son goût suave et piquant provoqueraient une réaction sans équivoque : l'on aime ou l'on déteste pour la vie ! Faites couler en avalant une belle part de farci poitevin, mets lui aussi racé. Mais qu'est-ce donc ? Une terrine de chou assaisonnée d'herbes du jardin (persil, ciboulette, cerfeuil...) et de légumes-feuilles saisonniers (épinards, blettes, oseille...). Ajoutez de beaux morceaux de porc dans l'échine et de lard avant d'amalgamer, faites cuire longuement au pot dans un bonnet d'étamine et le tour est joué. Sachez qu'il existe autant de recettes que de cuisinières, bien que cette spécialité du pays Civraisien soit moins couramment confectionnée maison : comptez une grosse journée de préparation, sinon dans toutes les charcuteries du Poitou et des Charentes. A déguster froid ou rapidement snacké (possiblement en entrée) sur une tranche de pain grillé généreusement tartinée de beurre d'Echiré AOP. Depuis 1894, les maîtres beurriers de la coopérative laitière deux-sévrienne veillent sans concession au respect du protocole de fabrication : savante maturation et barattage de la crème dans des tonneaux de teck, ceux-là mêmes qui lui confèrent cette onctuosité si appréciée des restaurateurs étoilés. Cette spécialité de La Mothe-Saint-Héray se déguste en réalité du petit déjeuner au goûter, traditionnellement en tranches : la fouace, sorte de pain brioché encensé par François Rabelais dans Gargantua. Apanage des fouaciers à partir de 1292, la plus renommée d'entre elles fut produite à Bagnault pour finalement tomber en désuétude après 1918.

© ARTSYSLIK - SHUTTERSTOCK.COM

La Vienne est premier producteur français de melons.

© UCKYO - STOCK.ADOBE.COM

Farci poitevin.

Aujourd'hui, et depuis 1902, un seul boulanger mothais détient la très secrète formule de l'authentique fouace rabelaisienne, jalousement promue par la confrérie éponyme : Daniel Favreau. Une part de fouace grillée accompagne admirablement un foie gras, du saumon fumé ou encore un chèvre chaud. Une version haut de gamme fera le bonheur des palais fins, agrémentée de copeaux de truffe noire... Vos drôles (enfants, en patois) s'en réjouiront nature, au beurre, à la confiture ou encore saupoudrée de fruits : « c'est viande céleste manger à desjeuner raisins avec fouace fraîche » (Gargantua, 1534).

Les entrées

Saviez-vous que la Vienne est le premier producteur français de melons ? Délice aussi frais que sucré du Haut-Poitou qu'il faudra apprendre à choisir – s'il est estampillé IGP, que son parfum est convaincant et que le pécou se décolle, vous êtes tombé sur un grand cru. Quant à la craquelure, elle vous indique le degré de maturation du fruit. A déguster par ici avec une pointe de sel. On le partage froid ou réchauffé accompagné d'une salade verte, souvent en entrée mais pas que : découvrez la star locale, addictive gourmandise salée, le pâté de Pâques poitevin. Plat de fête printanier, comme son nom l'indique, cette tourte à la viande doit sa saveur inédite à ses œufs durs entiers (souvent coupés en deux), aux quatre-épices, aux champignons et à son trio de viandes poulet-lapin-porc – les grandes maisons l'agrémentaient d'une viande fine, les ris de veau par exemple, et de salsifis. Voici un conseil de pro : trop de porc tue l'ambiance, si bien qu'il sera presque impossible de retrouver le vrai bon goût de celui de Mémé chez... le charcutier.

Les plats

Les amateurs de délices carnés partiront en road trip à travers les Deux-Sèvres en quête de la meilleure pièce de viande bovine parthenaise qui soit ! La filière se développe au XIXe siècle alors que le phylloxéra anéantit le terroir viticole, poussant les producteurs de Cognac à se reconvertir dans la vache laitière (d'où le beurre des Charentes) : on compte jusqu'à 1 million de têtes de bétail. Les années 1950, la mécanisation et le retour de la vigne sonnent le glas de la parthenaise qui ne reviendra pas sur le devant de la scène avant les années 1980, époque à laquelle cette race tout à faire convainc éleveurs et gourmets tant sa viande est fine, tendre et juteuse. N'importe quelle table deux-sévrienne vous servira assurément une pièce top qualité. Vous partez en Marais poitevin ? Faites-vous appâter par un gratin d'anguille coulonnaise, sinon préparée en bouillure. Autrefois typique de la cuisine de ménage, notamment en fricassée, l'anguille, aujourd'hui raréfiée, constitue un mets de grand raffinement. Sublimez l'expérience gastronomique en l'accompagnant d'un Sauvignon Haut-Poitou, vin blanc assez rond. Dans la Vienne, offrez-vous une pièce d'agneau IGP Poitou-Charentes, sinon de Diamandin-Label Rouge. Le chevreau (appelé également bicot ou cabri) égaye les tables, en pleine saison début mai. Vous serez étonné de découvrir une viande blanche et moelleuse, similaire à celle d'un gallinacé, traditionnellement rehaussée d'aillet et d'oseille. On vous le servira cuit au four (plus particulièrement l'arrière-train) ou sauté à la cocotte, déglacé au Sauvignon, voire mouillé au pineau des Charentes. La cuisine poitevine est très métissée, car empreinte d'influences saintongeaises et vendéennes : cagouilles, moules frites au pain ou mojettes pourraient bien compléter votre menu...

Les fromages

Des fouilles archéologiques menées à Pamplie ont révélé des ossements caprins vieux de plus de 5 000 ans. On rappelle aussi que la France doit sa place de premier producteur européen de lait de chèvre au cheptel néo-aquitain et, entre autres contributeurs, au Poitou : c'est dire si la bestiole est indissociable du terroir ! Tout un patrimoine culturel que vous découvrez à la Maison des fromages de chèvre de Celles-sur-Belle. Parmi les dizaines de spécialités fromagères, vous remarquez le Mothais sur feuille, apparu en Poitou méridional, nommé en référence à La Mothe-Saint-Héray. Ce chèvre à pâte molle, onctueux, est confectionné à base de lait frais, entier et cru mis lentement à égoutter sur une feuille de châtaigner exclusivement cueillie brune puis séchée (plus récemment sur une feuille de platane) : ce procédé, autrefois celui de la paysanne, lui confère sa douce texture. Vous connaissez sans aucun doute le chabichou du Poitou AOP, maître incontesté des plateaux de fromages, de forme tronconique (ou de bonde, pièce de bois qui obturait les tonneaux). Le caillé est moulé dans une faisselle dont le fond est estampillé CdP : cette marque, bien que difficile à discerner après affinage (au moins 10 jours), distingue le vrai chabichou d'une contrefaçon.

Les desserts et confiseries

Vous concluez les agapes avec la plus célèbre spécialité sucrée locale, le broyé du Poitou, galette dure obtenue d'un simple appareil de farine, d'œufs, de beurre et de sucre (le véritable tour de main réside dans la cuisson, pas si facile à rater, pas si facile à réussir) et décorée à la pointe d'un couteau. La pâtisserie se veut conviviale : elle est brisée d'un coup de poing avant d'être présentée en brisures sur un plateau. Elle faisait par ailleurs office de galette des Rois. Le broyé industriel ou artisanal, nature, aux noix, à l'angélique confite ou encore parfumé à la fleur d'oranger (version favorite de Robuchon) est un must : vous le trouvez absolument partout. Sa forme, sa croûte brûlée et son goût distingué en font l'autre monument de la pâtisserie poitevine : l'immanquable tourteau-fromagé, tourterie (gâteau, en patois) composée de chèvre frais et d'une pointe de vanille. Dans le temps, chaque famille possédait son moule en terre : on y étalait une pâte brisée, versait l'appareil puis enfournait jusqu'à gonflement optimal et brûlure volontaire de la croûte. Traditionnellement présentée durant les mariages ou à Pâques, cette curiosité, toujours très appréciée, se consomme désormais toute l'année certes en dessert, mais aussi au petit déjeuner ou au goûter. On précise que tourteau-fromagé fut le nom de code choisi par Radio Londres pour communiquer avec la Résistance deux-sévrienne. Avis à tous ceux qui apprécient la fraîcheur digestive d'un fruit : croquez dans une pomme reinette Clochard, variété ancienne de garde (5-6 mois à la cave) créée à Secondigny, en Gâtine. Enfin, vous le retrouvez un peu partout en France sous d'autres appellations, le mijet, soupe de vin agrémentée de pain sec. Il était courant de l'adoucir de fruits en conserve, cerises au sirop par exemple. A ne pas confondre avec chabrot (on fait chabrot), fin de soupe diluée au vin. A l'heure du café, on se laissera attendrir par cette petite merveille de rocher au cœur tendre : le macaron de Montmorillon. Le biscuit, mis à la mode au XVIe siècle par Catherine de Médicis, fera la renommée de la petite ville à partir de 1811 de même que sa recette traditionnelle – poudre d'amande, blanc d'œuf, sucre –, celle des sœurs Chartier et de leur apprentie Marie Métivier. Recette que cette dernière transmettra à sa fille Madeleine, épouse Rannou. L'anecdote compte car la biscuiterie familiale Rannou-Métier, détentrice d'une formule inchangée depuis 150 ans, est la plus ancienne gardienne de ce savoir-faire. Pour en savoir plus, rendez-vous toute l'année au musée du Macaron à Montmorillon (www.museedumacaron.com).

DÉCOUVRIR

AGENDA

Le calendrier poitevin regorge de manifestations bigarrées, en particulier durant la belle saison, propice à d'innombrables festivals. Evénements citadins et ruraux qui sauront rassasier toutes les fringales : musique, théâtre, danse, cinéma, littérature, beaux-arts, spectacle de rue, sport, jeunesse, concours en tout genre. Si la programmation a été quelque peu malmenée par la pandémie de Covid-19 – certaines associations peinent encore à se projeter dans l'avenir, sa richesse et son éclectisme demeurent. Certes, quantité de sites concentrent leurs efforts l'été, à l'instar du Marais poitevin, particulièrement touristique, l'hiver a lui aussi beaucoup à offrir. Ne serait-ce qu'autour de Poitiers et de Niort où rayonnent les excellentes scènes nationales TAP (86) et Moulin du Roc (79), cheffes de file de rendez-vous incontournables. On ne s'ennuie guère en Poitou, terre festive et culturelle !

FESTIVAL DU POLAR REGARDS NOIRS

NIORT
https://regardsnoirs.niort.fr
Tous les ans, autour de la mi-février. Projection 5 €.

Le festival littéraire de Niort (et alentour), créé à l'initiative de la municipalité en 2010 et consacré, comme son nom l'indique, au polar sous toutes ses formes. Vous rencontrez libraires, illustrateurs BD, romanciers venus dédicacer une nouvelle parution ou discuter… avec vous. L'événement s'ancre durant 3 jours un peu partout en ville, à l'Ilot sauvage, au Moulin du Roc, à la médiathèque. Au programme : apéros polars, conférences, projections, expos et même escape game.

GAMERS ASSEMBLY

11, rue Salvador Allende
POITIERS
✆ 05 49 45 00 89
https://www.gamers-assembly.net/
En avril.

Counter-strike, Hearthstone, TrackMania, League of Legends, Fortnite, ces noms ne vous disent peut-être rien mais ils sont bien connus des 2 000 joueurs de la Gamers Assembly et des plus de 25 000 visiteurs qui foulent le sol des halls du Parc des Expositions pour l'événement. Au programme des jeux à tester, des stands, un concours de cosplay et le plus impressionnant : des tournois dans lesquels les joueurs s'affrontent. Les visiteurs, eux, assistent à des retransmissions commentées par des *casters*. Ambiance assurée ! Fans de jeux vidéo, réservez votre week-end !

FESTIVAL À CORPS

6, rue de la Marne
POITIERS
✆ 05 49 39 29 29
festivalacorps.com
Début avril Au Tap, au Centre d'animation de Beaulieu, à la MDE, etc. De 3,50 à 27 €.

Créé en 1994, le festival de danse et d'expression corporelle « A Corps » organisé par le TAP, le centre d'animation de Beaulieu et l'université de Poitiers est un rendez-vous incontournable. Le temps d'une semaine, les artistes se produisent sur différentes scènes réparties dans toute la ville, en intérieur comme en extérieur. Des chorégraphes de renom partagent l'affiche avec les créations d'étudiants et d'amateurs dans tous les styles. Stages, ateliers et conférences rythment ces rencontres qui se clôturent en beauté par la légendaire A Corps Party (gratuit).

FLIP (FESTIVAL LUDIQUE INTERNATIONAL DE PARTHENAY)

PARTHENAY
✆ 05 49 94 24 20
www.jeux-festival.com
10 jours en juillet. Entrée gratuite.

Mondialement célèbre, le FLIP, qui métamorphose Parthenay, 2 semaines durant, en un immense terrain de jeux, organisé en plusieurs villages : jeux de société, créateurs & éditeurs, médiéval, enfants, numérique. Vous participez à des jeux de piste, (re) découvrez vos classiques ou les nouveautés autour des points jeux disséminés ici et là. Et aussi des matinées ciné, des compèt', des conférences, des expos et bien sûr la remise des Trophées en fin de partie. Absolument génial !

www.petitfute.com
1er site d'information touristique
GUIDES DE VOYAGE
ADRESSES ET AVIS
EXPÉRIENCES
IDÉES DE SÉJOURS
JEUX CONCOURS
BONS PLANS
PLUS D'INSPIRATION SUR
petit futé
© FREDERICK DOERSCHEM - SHUTTERSTOCK.COM / © SERATO - SHUTTERSTOCK.COM

AU FIL DU SON

8, place du Général de Gaulle
CIVRAY
www.aufilduson.com
Fin juillet. Billet 1 jour ou pass 2/3 jours. Camping.

Ce festival reggae-rock-dub-électro est un rendez-vous incontournable dans la ville du sud de la Vienne. Durant ces trois jours au bord de l'eau où l'atmosphère est des plus rurales et conviviales, une vingtaine de groupes se succèdent sur plusieurs scènes montées pour l'occasion. Côté programmation, il y a de belles têtes d'affiche (Jean-Louis Aubert, les Ogres de Barback, Dionysos, Tryo...), mais aussi des groupes moins connus qui méritent la découverte. Au fil des années, l'ambiance reste inchangée. On vient de loin pour l'exquise sélection d'artistes.

LA FÊTE DES ROSIÈRES

LA MOTHE-SAINT-HÉRAY
✆ 06 50 12 78 89
Tous les ans, le 1er week-end de septembre du vendredi au dimanche. Animations gratuites et payantes.

De 1821 à 2021, 376 Rosières ont reçu la fameuse dot de l'établissement des Rosières (2 000 €) : ce mariage traditionnel mothais continue d'être célébré dans son intégralité. Les fiancés de -40 ans et ayant des attaches melloises sont appelés chaque année à postuler pour constituer le point central de l'événement (Solène et Kévin en 2021). Au programme, 3 jours de festivités : feux d'artifice, cérémonie religieuse (Madame doit coiffer le caillon), parade des mariés, bal des Rosières, cavalcade de chars, etc. La course à pied des Rosières a lieu le dimanche.

SOIRÉES LYRIQUES DE SANXAY

4, route de Poitiers
SANXAY
✆ 05 49 44 95 38
www.operasanxay.fr
Mi-août. Entrée adulte : de 20 à 80 €. Tarifs jeune -25 ans : de 20 à 40 €. Restauration sur place.

C'est tous les ans un instant magique : un opéra dans les ruines du théâtre gallo-romain de Sanxay. Il faut dire que l'acoustique y est superbe et la programmation épatante. On se sent privilégié. Cette année, pour la première fois dans la programmation, ce sera un opéra-comique italien (ou *opera buffa*). *Le Barbier de Séville* de Gioachino Rossini est donc à l'affiche. Venez découvrir une production pétillante servie par des artistes de renommée internationale.

LES EXPRESSIFS

49, rue de la Cathédrale
POITIERS
✆ 05 49 50 73 49
www.poitiers-jeunes.com
En octobre. Gratuit.

Ce festival de rue, qui regroupe chaque année à la rentrée, durant quatre jours, des centaines de spectacles gratuits, est un événement culturel incontournable à Poitiers. Sur des espaces ouverts, l'idée est de créer un moment de partage, de provoquer une réaction. Ainsi, un crieur de rue peut vous interpeller, des artistes peuvent s'emparer de l'espace public, d'autres proposer une battle de hip-hop... Les Expressifs c'est décalé et ça surprend quand on ne s'y attend pas. Sortez, découvrez votre ville à l'heure fabuleuse du spectacle vivant !

LE NOMBRIL DU MONDE

Hérisson
POUGNE-HÉRISSON
www.nombril.com
Biennal, en août. Prochaines éditions : 2022 puis années paires. Pass 3 jours 65 €, réduit 60 €, 7-18 ans 45 €.

Le conteur Yannick Jaulin n'a pas seulement initié un festival, ici, à Pougne-Hérisson, il a créé une mythologie. Selon cette dernière, le petit village deux-sévrien serait l'épicentre de l'explosion du Verbe. Depuis ce big-bang, les histoires se seraient disséminées sur toute la planète. Et reviendraient tous les deux ans à leur source, pendant le festival du Nombril du Monde. Cette Genèse a donné suite bien sûr à d'autres extravagances de l'histoire. Ce festival n'a pas d'équivalent en France, il faut y aller pour y croire !

FESTIVAL INTERNATIONAL DU FILM ORNITHOLOGIQUE

16 bis, rue de Saint-Maixent
MÉNIGOUTE
✆ 05 49 69 90 09
www.menigoute-festival.org
Dernière semaine d'octobre. Séance 6 €, journée 25 €, semaine 110 €.

6 jours durant, Ménigoute vit au rythme de son FIFO, prestigieuse compétition internationale. Une quarantaine de films animaliers du monde entier y sont projetés en exclusivité, pour la plupart en présence de leur réalisateur. La semaine sera l'occasion de participer à divers événements, le Festival off, sorties et ateliers nature familiaux, rencontres-débats et, surtout, le Salon d'art animalier, qui expose les créations de photographes, peintres ou encore céramistes.

VERSION NUMÉRIQUE
OFFERTE
Obtenez votre guide numérique en scannant ce QR code
ou rendez-vous sur le site
www.ebookfute.com
avec le code avantage
CR22XA
petit futé
2022-2023
Deux-Sèvres-Vienne
VERSION NUMÉRIQUE OFFERTE
© ART ALEX - STOCK.ADOBE.COM
OFFRE VALABLE JUSQU'À L'ARRÊT DE COMMERCIALISATION DU TITRE EN FRANCE MÉTROPOLITAINE ET DANS LE MONDE ET SOUS RÉSERVE QUE LE NOMBRE DE TÉLÉCHARGEMENTS SOIT INFÉRIEUR OU ÉGAL AU NOMBRE D'EXEMPLAIRES DE GUIDES PAPIER IMPRIMÉS. FORMATS DISPONIBLES POUR SMARTPHONES, TABLETTES, LISEUSES ET ORDINATEURS PC OU MAC.

PASSPORT

DEUX-SÈVRES

Le département des Deux-Sèvres, environ 375 000 hab., tire son nom de la Sèvre Nantaise, dernier affluent de la Loire, et de la Sèvre Niortaise, fleuve menant à l'Atlantique. Océan qu'il avoisine puisqu'il côtoie Vendée au nord et Charente-Maritime : Niort, sa bucolique préfecture, se situe à moins d'1h de La Rochelle et à 1h30 des Sables-d'Olonne. C'est un environnement sauvage et hors du temps que l'on vient chercher ici par exemple au Marais poitevin, Venise Verte aquitaine, ou en la majestueuse forêt de Chizé, traversée par le GR36. Les amateurs de culture et de patrimoine y observeront d'impressionnants témoins de l'Histoire : tumulus et dolmens néolithiques, vestiges gallo-romains d'importance, abbayes fondées par les premiers chrétiens, parmi les plus anciennes de Gaule, Saint-Jouin-de-Marnes ou Saint-Maixent. Sans oublier les châteaux forts des seigneurs poitevins, dont Coudray-Salbart chef-d'œuvre de Mélusine...

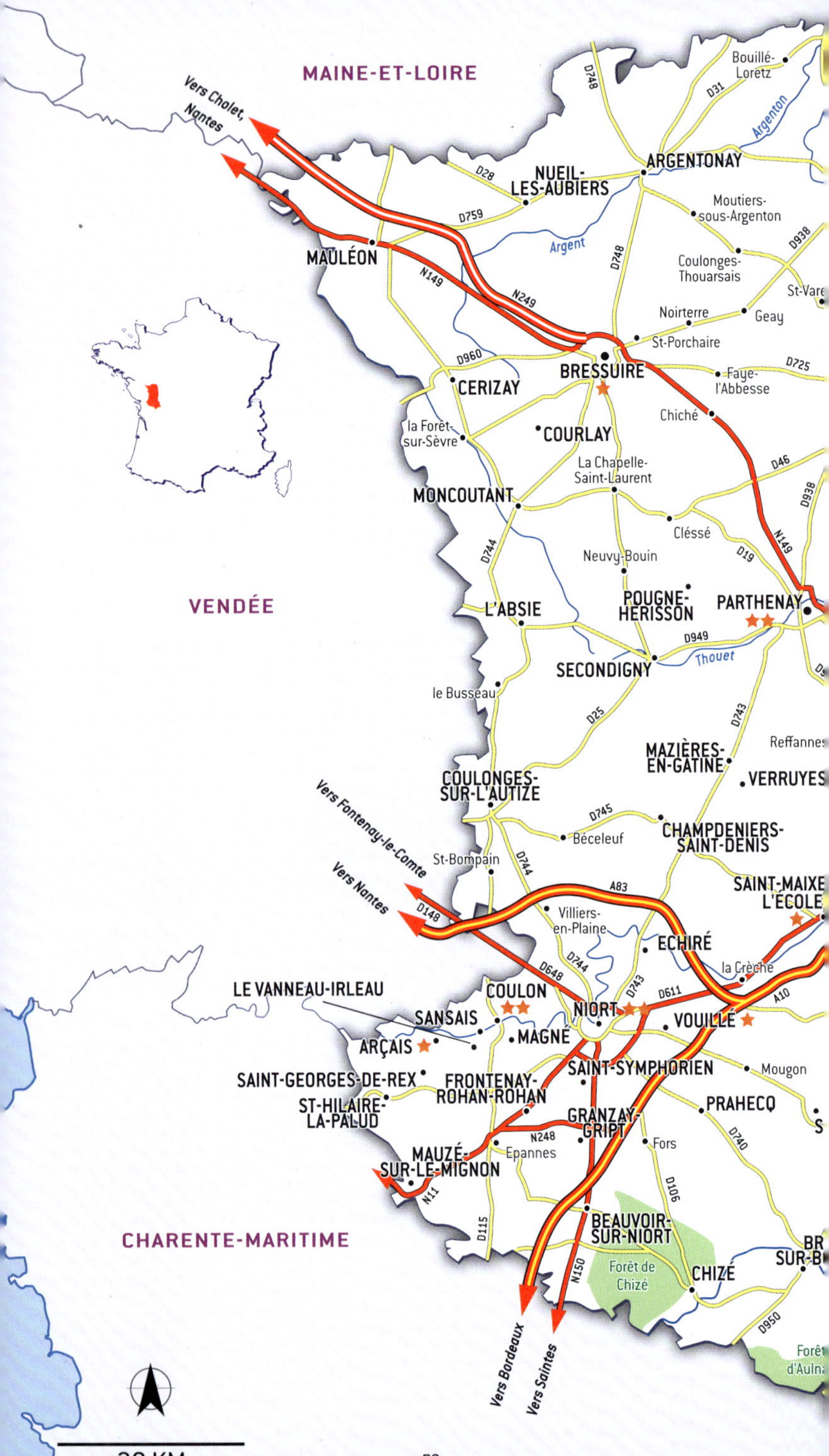
MAINE-ET-LOIRE
Vers Cholet, Nantes
VENDÉE
CHARENTE-MARITIME
Bouillé-Loretz
D748
D31
Argenton
ARGENTONAY
NUEIL-LES-AUBIERS
D28
Moutiers-sous-Argenton
D759
Argent
MAULÉON
D748
Coulonges-Thouarsais
D938
N149
N249
St-Varent
Noirterre
Geay
St-Porchaire
D960
BRESSUIRE
D725
CERIZAY
Faye-l'Abbesse
Chiché
la Forêt-sur-Sèvre
COURLAY
La Chapelle-Saint-Laurent
D46
MONCOUTANT
D938
Clessé
N149
D744
Neuvy-Bouin
D19
POUGNE-HERISSON
PARTHENAY
L'ABSIE
D949
SECONDIGNY
Thouet
le Busseau
D25
D743
Reffannes
MAZIÈRES-EN-GATINE
VERRUYES
COULONGES-SUR-L'AUTIZE
Vers Fontenay-le-Comte
D745
Béceleuf
CHAMPDENIERS-SAINT-DENIS
St-Bompain
D744
Vers Nantes
A83
SAINT-MAIXENT-L'ECOLE
D148
Villiers-en-Plaine
ECHIRÉ
D744
la Crèche
D648
D743
LE VANNEAU-IRLEAU
COULON
D611
A10
NIORT
VOUILLÉ
SANSAIS
MAGNÉ
ARÇAIS
SAINT-SYMPHORIEN
Mougon
SAINT-GEORGES-DE-REX
FRONTENAY-ROHAN-ROHAN
PRAHECQ
ST-HILAIRE-LA-PALUD
GRANZAY-GRIPT
D740
N248
Fors
Epannes
MAUZÉ-SUR-LE-MIGNON
D106
N11
BEAUVOIR-SUR-NIORT
D115
N150
Forêt de Chizé
CHIZÉ
D950
Vers Bordeaux
Vers Saintes
30 KM

Autoroute
Nationale 4 voies
Nationale
Départementale
Préfecture
Sous Préfecture
Ville/ village
Sortie d'autoroute
Aéroport
Forêt domaniale
Deux-Sèvres
INDRE-ET-LOIRE
VIENNE
CHARENTE
TOURTENAY
Canal de la Dive
OUARS
PLAINE-ET-VALLÉES
D938
D37
SAINT-GÉNÉROUX
Saint-Jouin-de-Marnes
Moncontour
Thouet
D46
AIRVAULT
Dive
SAINT-LOUP-LAMAIRE
OURGÉ
Thénezay
LA PEYRATTE
Vers Poitiers
N149
D738
VASLES
MÉNIGOUTE
Vers Poitiers
A10
D611
Vers Poitiers
LA MOTHE-SAINT-HERAY
Vers Poitiers
ROM
D14
D950
LEZAY
ES-ELLE
LE
D45
N10
D948
D737
NNE
Sauzé-Vaussais
CHEF-BOUTONNE
D110
D740
D737
Vers Angoulême
Forêt de ef-Boutonne

PAGES

57 ## NIORT ET SES ENVIRONS

57 **NIORT ★★**

Niort, Ville et métiers d'art, est un joyau. Ses monuments historiques, ses plate-formes culturelles, ses tables gastronomiques, les rives bucoliques de la Sèvre en font une cité où il fait bon vivre et s'arrêter. Un spectacle au Moulin du Roc, un concert de musiques actuelles au Camji ou encore le festival du polar Regards Noirs, incontournables de sa saison culturelle, achèveront de vous convaincre qu'en effet Niort est *the place to be* !

66 SAINT-SYMPHORIEN
66 FRONTENAY-ROHAN-ROHAN
67 MAUZÉ-SUR-LE-MIGNON
68 GRANZAY-GRIPT
68 BEAUVOIR-SUR-NIORT
69 PRAHECQ
69 VOUILLÉ ★
70 ECHIRÉ

72 ## LE MARAIS POITEVIN

Le parc naturel régional du Marais poitevin, merveille de nature, d'authenticité, d'art et d'histoire, s'étale autour des départements des Deux-Sèvres (à partir de Niort), de la Vendée et de la Charente-Maritime. A pied, à vélo, en barque et même en montgolfière, vous en explorez les étourdissants environnements s'égrenant du marais mouillé, autrement dit la Venise Verte, classée Grand Site de France, aux anciennes îles calcaires du marais desséché menant aux déserts littoraux. Le Marais poitevin, ce sont aussi des siècles de chantiers, de luttes acharnées de l'homme contre les caprices de l'ancien golfe des Pictons, de l'eau et de la Sèvre. Laissez-vous embarquer par cet univers accessible toute l'année, mais gardez en tête qu'une majorité des adresses vous ouvrent leurs portes d'avril à novembre.

72 COULON ★★
76 MAGNÉ
77 ARÇAIS ★
78 SAINT-GEORGES-DE-REX
79 SAINT-HILAIRE-LA-PALUD
81 LE VANNEAU-IRLEAU
82 SANSAIS

83 ## LE PAYS MELLOIS

83 **MELLE ★**

Située au sud de Niort (30 km) et de Saint-Maixent-l'Ecole (25 km), Melle a énormément d'atouts à revendre. Célèbre pour ses mines d'argent, les plus anciennes d'Europe ouvertes à la visite, elle l'est aussi pour sa programmation culturelle et son patrimoine architectural. Lieu de pèlerinage, elle compte parmi les haltes jacquaires du GR 655, chemin de Compostelle le moins fréquenté de France.

86 BRIOUX-SUR-BOUTONNE

DEUX-SÈVRES

PAGES

87 CHIZÉ
88 CHEF-BOUTONNE
90 CELLES-SUR-BELLE
92 LEZAY
93 ROM
94 LA MOTHE-SAINT-HÉRAY

95 ●● LE HAUT VAL DE SÈVRE

95 SAINT-MAIXENT-L'ECOLE ★
97 PAMPROUX
97 BOUGON
98 AZAY-LE-BRÛLÉ
100 CHERVEUX

101 ●● LA GÂTINE

101 PARTHENAY ★★

Parthenay, ou la Mecque des gamers ? 10 500 hab., située à quasi-équidistance de Niort et de Poitiers (40-50 km), Parthenay rayonne internationalement. Incongrue célébrité qu'elle doit à son FLIP, festival ludique unique en France (et gratuit) consacré aux jeux. Et celui-ci ne constituer qu'une petite partie de sa programmation culturelle, éblouissante, de même qu'alentour en Gâtine, tout au long de l'année. Joyau médiéval des Deux-Sèvres, capitale de la race bovine Parthenaise, elle attire bien des voyageurs...

107 LA PEYRATTE
108 GOURGÉ
109 VASLES
109 MÉNIGOUTE
110 POUGNE-HÉRISSON
111 SECONDIGNY

112 ●● LE VAL DE GÂTINE

112 COULONGES-SUR-L'AUTIZE
114 CHAMPDENIERS
115 VERRUYES
115 MAZIÈRES-EN-GÂTINE

117 ●● LA VALLÉE DU THOUET

117 AIRVAULT
120 SAINT-LOUP-LAMAIRÉ

PAGES

122 ●● LE THOUARSAIS

122 THOUARS ★

Immanquable du Nord Deux-Sèvres et de la plaine, Thouars récolte encore les lauriers de son faste passé. L'ancienne vicomté érigée en duché de La Trémoïlle est aujourd'hui labellisée Ville d'art et d'histoire : son patrimoine architectural, ses curiosités et son charme médiéval en font une halte déconcertante. Le château ducal du XVIIe siècle, l'église et le quartier Saint-Médard, comblent chaque année des milliers de visiteurs !

128 SAINT-GÉNÉROUX

128 TOURTENAY

Tourtenay, à une dizaine de km au nord-est de Thouars, est le seul terroir viticole deux-sévrien à posséder l'appellation AOC Saumur. La commune, façonnée à flanc d'une colline de tuffeau, constitue un ensemble troglodytique unique dans le département, par ailleurs théâtre de la Résistance...

129 PLAINE-ET-VALLÉES

131 ●● BOCAGE BRESSUIRAIS

131 BRESSUIRE ★

133 COURLAY

134 MONCOUTANT

135 L'ABSIE

136 CERIZAY

137 MAULÉON

137 NUEIL-LES-AUBIERS

138 ARGENTONAY

Argentonnay, à une petite vingtaine de km de Bressuire ou de Thouars. Fruit de la réunification de plusieurs communes, elle possède désormais un riche patrimoine. A l'instar du château fort de l'Ebaupinay, racheté et sauvé en 2019 grâce à une innovante campagne de crowdfunding. S'y tiennent l'été quantité d'animations. A visiter absolument !

NIORT ★★

Niort, Ville et métiers d'art sentinelle du Marais poitevin, se distingue aussi pour son charmant centre historique. Vous en connaissez peut-être l'emblématique donjon, chef-d'œuvre d'Henri Plantagenêt et de Richard Cœur de Lion, reliquat d'un système défensif plus vaste que celui de Carcassonne. Ses halles et ses tables gastro, la Brèche, poumon vert bordé de bonnes adresses, port Boinot, friche industrielle créative en font une halte affriolante. Evadez-vous auprès de la Sèvre, ses terrasses animées, ses microbrasseries, ses îlots bucoliques. Le tout faisable en 1 journée grâce aux vélos électriques Tanlib, disponibles partout en ville.

Histoire

Le grand fief deux-sévrien des Plantagenêt, libéré par Du Guesclin en 1373, bénéficia des largesses des seigneurs poitevins. La première lui fut octroyée par Aliénor d'Aquitaine, une charte de franchise attribuant juteux privilèges commerciaux et fiscaux. En 1285, Niort devenue port franc, défend de prestigieuses activités textiles et de tannage. Avec le percement du port, qui la relie à l'Atlantique, la cité engage de florissants échanges avec l'Espagne et les Flandres. Gagnée par la Réforme, elle sera profondément meurtrie par les guerres de Religion. Le certes raté mais éreintant siège du comte de Lude (1569), les sanglantes Dragonnades (1668-1685) contraignent son importante (et puissante) communauté huguenote à fuir. Imprimeurs-libraires, artisans d'art, négociants quittent définitivement le navire pour le Canada, le laissant à une richesse périclitante. Niort conservera quelque panache jusqu'au XIXe siècle : ses ateliers de chamoisage à l'huile de poisson et de foulage de la laine. Alors qu'elle abrite une trentaine de régiments de cavalerie, elle fournit aux armées napoléoniennes gants et culottes de peau. Bonaparte signera d'ailleurs un décret d'aménagement de la Sèvre (1807), celui-là même qui mènera à l'assèchement du Marais poitevin. Notez d'ailleurs, qu'en route vers l'exil de Sainte-Hélène, l'empereur des Français passa vraisemblablement sa dernière nuit continentale à Niort, au relais de la Boule d'Or (1er juillet 1815).

La ville aujourd'hui

Le désastre de la Première Guerre mondiale incite le gouvernement français à échafauder un plan de protection sociale. Le krach de 29 suit, engageant l'Europe dans une gravissime crise économique. En France, l'Etat se déleste de budgets de finance publique. C'est dans ce contexte que les instituteurs Edmond Proust et Fernand Braud imaginent une police d'assurance automobile dédiée à leur profession, également en réaction aux exorbitantes primes réclamées par les compagnies capitalistes – sommes colossales qu'ils considèrent être consacrées à l'anéantissement des principes de solidarités qu'ils défendent. En 1934, la Mutuelle d'assurance automobile des instituteurs de France voit le jour (MAAIF), l'assureur militant que vous connaissez aujourd'hui (siège transféré à Niort en 1935). Sa croissance spectaculaire convainc d'autres compagnies de s'établir à Niort, parmi elles MAAF, MACIF, Inter mutuelles assurances (N° 1 en France). Elevée au rang de capitale des métiers de l'assurance et du risque, Niort continue d'occuper la 4e place financière du pays.

Passage du commerce.

LA COULÉE VERTE

7, allée Clos-de-Ribray
www.semi-marathon-niort.com

Cheminement le long des berges de la Sèvre Niortaise, de Niort à Magné, la Coulée Verte est l'une des randos classiques des riverains, au départ des quais de la Regratterie, entre verdure et fil de l'eau. Pourquoi « regratterie ». C'est ici que l'on travaillait le cuir. Bornes d'amarrage (pour le lavage des peaux) et paliers en pente témoignent de ce passé des chamoiseurs. La Coulée Verte est aussi un semi-marathon de 7 km. Organisé en octobre en centre-ville, il réunit près de 5 500 joggeurs, 15 000 spectateurs et beaucoup d'orchestres.

LE DONJON ★

Rue du Guesclin
✆ 05 49 28 14 28
www.niortagglo.fr
Juin-sept, mar-ven 10-13h/14-18h. Jeudi 10-20h. WE 14-19h. Oct-mai, mar-ven 10-13h/14-17h. Jeudi 10-17h. WE 14-18h. 5 €.

Monument emblématique de la ville, un des derniers vestiges de la ville médiévale, le double donjon de Niort fut édifié entre 1160 et 1175 par Henri II Plantagenêt et Richard Cœur de Lion, son fils. Il constituait alors le centre d'une enceinte longue de 700 m flanquée d'une dizaine de tours, qui fut détruite en 1817. Les deux donjons sont appuyés de tourelles pleines et de contreforts hémicylindriques. Ils sont reliés par un corps de logis élevé au XIVe siècle. Le monument abrite aujourd'hui le musée du Donjon et son expo permanente *1000 ans d'histoire.*

EGLISE NOTRE-DAME ✝ ★

Parvis de Notre-Dame

L'un des chefs-d'œuvre de Mélusine, qui, surprise en plein ouvrage, en aurait oublié de poser la dernière pierre. Typique du gothique flamboyant, flanquée de sa flèche de 75 m de haut, Notre-Dame de Niort est le plus haut monument des Deux-Sèvres. Elle abrite plusieurs éléments d'intérêt : les tombeaux de marbre des Baudéan-Parabère (XVIIe), l'épitaphe en cuivre de Françoise Tiraqueau (XVIIe), 2 tableaux de Lattainville (XVIIIe) ainsi qu'une descente de croix de Bernard d'Agesci (1810). La chaire néogothique et le chemin de croix sont de remarquable facture.

FESTIVAL DU POLAR REGARDS NOIRS

https://regardsnoirs.niort.fr
Tous les ans, autour de la mi-février. Projection 5 €.

Le festival littéraire de Niort (et alentour), créé à l'initiative de la municipalité en 2010 et consacré, comme son nom l'indique, au polar sous toutes ses formes. Vous rencontrez libraires, illustrateurs BD, romanciers venus dédicacer une nouvelle parution ou discuter... avec vous. L'événement s'ancre durant 3 jours un peu partout en ville, à l'Ilot sauvage, au Moulin du Roc, à la médiathèque. Au programme : apéros polars, conférences, projections, expos et même escape game.

FESTIVAL NOUVELLE[S] SCÈNE[S]

7, rue du Maréchal-Leclerc
www.nouvelles-scenes.com
Chaque année après la mi-mars. Pass 3 jours : 30 €.

Le festival Nouvelle(s) Scène(s), c'est LA grande parenthèse musicale des Deux-Sèvres. Durant 3 jours (comptez en 1 supplémentaire pour la performance inaugurale), une quarantaine de concerts sont disséminés dans plusieurs grands lieux de la culture niortaise, Le Camji et le Moulin du Roc principalement. De la musique inclassable, actuelle et expérimentale : Colours in the street, Camille, ou encore Sean Lennon y sont venus. Vous traversez le Poitou autour de la mi-mars ? Allez-y !

La ville de Niort sur les bords de la Sèvre.

LES HALLES DE NIORT

place des Halles

www.halles-de-niort.fr

Mardi 5h-13h30, mercredi 6h-13h30, jeudi 5h-13h30, vendredi 6h-13h30, samedi 4h-13h30, dimanche 7h-13h.

L'incontournable marché central de Niort, une institution le week-end ! Le lieu, grouillant de monde, vous fera tourner la tête, de même que les produits y sont réputés d'excellente qualité. Les halles abritent par ailleurs d'excellents stands de restaurations, comme Au bon cru, débiteur de vins nature et de tapas italiennes renommées. La place des Halles, joyeuse et bigarrée, se prêtera aussi à un agréable apéro, sinon à une séance de flânerie : poussez la porte de la librairie des Halles, une mine d'or littéraire et d'excellents conseils.

LE PASSAGE DU COMMERCE

Boutique.

Le passage du Commerce, existant depuis belle lurette, aux dires de son association, a inauguré sa toute nouvelle verrière en janvier 2022. C'est donc un passage couvert joliment nimbé de lumière qui vous attend. Sa quinzaine de boutiques sympathiques vous propose maroquinerie et déstockage de bagages, confiseries et chocolats, vêtements en tout genre, arts de la table, parfums et cosmétiques. L'ambiance est aussi agréable que réjouissante puisque étés comme hivers sont ponctués d'événements festifs : vide-greniers, goûter de Noël, etc.

LE MOULIN DU ROC, SCÈNE NATIONALE À NIORT

9, boulevard Main

✆ 05 49 77 32 32

www.lemoulinduroc.fr

Spectacles à partir de 10 €, cinéma 7,50 € (-14 ans 4 €).

C'est dans cette scène nationale niortaise qu'il faudra réserver un spectacle, théâtre, danse, musique, opéra, cirque, œuvres jeune public d'excellente qualité. Le lieu travaille conjointement avec d'autres scènes deux-sévriennes, comme le Metullum de Melle. Le Moulin du roc, véritable institution, dispose également de 2 salles de cinéma classées Art et Essai (films en VOSTFR), labellisées Recherche et découverte. Venez en famille à l'occasion des ciné-goûters !

LE PILORI - ESPACES D'ARTS VISUELS

1, place du Pilori

✆ 05 49 28 51 73

www.vivre-a-niort.com

Du mercredi au vendredi 10h-12h et 14h-19h ; samedi 14h-19h. Entrée gratuite. Fermé les jours fériés.

Ouvrage que le maître-maçon Mathurin Berthomé érige entre 1530 et 1535 sur des fondations du XIVe siècle. La forteresse typique de la Renaissance logeait l'hôtel de ville de Niort jusqu'à la Révolution. Le maire disposait alors du droit de justice, donc de condamner les délinquants au pilori, 2 colliers de fer sont scellés à la façade du bâtiment. Musée Lapidaire et Numismatique de 1887 à 1987, il abrite aujourd'hui l'Espace d'arts visuels, galerie d'art contemporain.

MUSÉE BERNARD D'AGESCI ★

26, avenue de Limoges

✆ 05 49 78 72 00

Juin-sept mar-ven 10h-13h/14h-18h, jeu 10h-20h, WE 14h à 19h. Oct-mai jusqu'à 17h, WE 18h. 5 €.

Le musée Bernard d'Agesci réunit trois collections : beaux-arts (peintures, sculptures, arts décoratifs, etc.), histoire naturelle (collections ornithologiques, géologiques, régionales) et un conservatoire de l'éducation (objets et mobiliers scolaires, appareils scientifiques, cartes, ouvrages et films scolaires, retraçant un siècle et demi d'enseignement). Pendant les vacances, les enfants sont invités à visiter ce cabinet de curiosités : un atelier créatif suivi d'un goûter complètent l'animation (2h). Le musée est gratuit le 1er dimanche de chaque mois.

PORT BOINOT

rue de la Chamoiserie

www.vivre-a-niort.com

Avril-septembre 7j/7 10h-12h30 et 14h-18h30. Octobre-mars mar-sam 10h-12h30 et 14h-17h30. Entrée gratuite.

La friche industrielle de Niort, située en bord de Sèvres, s'est refait une beauté, ensemble paysager marquant l'entrée du PNR du marais Poitevin. Passerelles, jardins, bassins botaniques vous conduisent aux anciens hangars, fief de l'Îlot sauvage, café végétal et galerie d'art contemporain. L'office de tourisme Niort-Marais Poitevin loge dans l'ancien séchoir, de même qu'une expo permanente consacrée aux richesses patrimoniales de l'agglo. La cale du port, située à proximité, sera prochainement transformée en embarcadère, direction Marans.

LE TRÈS GRAND CONSEIL MONDIAL DES CLOWNS

12, rue Joseph-Cugnot
✆ 05 49 17 06 11
www.festival-mondial-clown.com
Fin mai à début juillet les années impaires.

Chaque année impaire, les clowns du monde entier se réunissent en terre niortaise durant un peu plus d'un mois. Vous leur rendez visite à demeure dans leur village de Duguesclin, puis guettez la programmation entre le festival de Niort et la caravane qui sillonnera le département. Vous attendent une cascade de pitreries, mais aussi des présentations de leur vision décalée, poétique, tendre et rieuse des problèmes qui nous turlupinent tous, pauvres humains. Prochain rendez-vous en 2023.

VILLA PÉROCHON - CENTRE D'ART PHOTOGRAPHIQUE

64, rue Paul-François-Proust
✆ 05 49 24 58 18
www.cacp-villaperochon.com
Du mardi au samedi de 13h30 à 18h30 (dernière entrée 18h). Gratuit.

Installé dans l'ancienne maison de l'écrivain Ernest Pérochon (Prix Goncourt 1920), Le Centre d'art contemporain photographique est né en 2013 du travail de l'association Pour l'Instant. Toute l'année, vous y découvrez la fine fleur créatrice locale, en général autour de 3 à 5 expositions temporaires par an. Elle organise chaque année les Rencontres de la jeune photographie internationale (avril et mai). Projections et conférences à l'auditorium.

OFFICE DE TOURISME NIORT-MARAIS POITEVIN

1, rue de la Chamoiserie
✆ 05 49 24 18 79
www.niortmaraispoitevin.com
Ouvert toute l'année du mardi au samedi 10h-12h30 et 14h-17h30. Fermé les jours fériés.

LE grand spécialiste du marais Poitevin, PNR labellisé Grand site de France. Situé à Port Boinot, l'office de tourisme vous donne toutes les clés pour découvrir incontournables et pépites cachées deux-sévriennes. Vous y réservez hébergements, sorties groupées et places de spectacles. Les bons plans – ce gîte seigneurial perdu dans le bocage, cette petite balade en barque à Coulon, cette rando inoubliable – pullulent dans le département et il serait dommage de passer à côté...

FRANCE HÔTEL** €

8, rue des Cordeliers
✆ 05 49 24 01 34
www.francehotelniort.com
Chambre double à partir de 69 €. Petit déjeuner 8,60 €. Parking de la Brèche : 2,50 € (19h30-9h).

En plein centre-ville de Niort. Cet hôtel a été récemment rénové et l'ensemble, tout en restant dans la simplicité, a belle allure. Une majorité des 22 chambres (jusqu'à 4 personnes) donne sur une cour intérieure ce qui, allié au fait que cet établissement se trouve dans la zone piétonne, assure un séjour au calme. Toutes les commodités du centre historique sont à portée de jambes, ses innombrables restaurants aussi évidemment. Motards et cyclistes seront heureux de mettre leurs coursiers de métal à l'abri dans un local fermé. Navette gratuite au départ de la gare.

BEST WESTERN HÔTEL DE LA BRÈCHE**** €€

9, avenue Jacques-Bujault
✆ 05 49 35 11 11
www.bestwestern.fr
Chambre double à partir de 112 € la nuit, petit déjeuner buffet 12,50 €.

On tombe assurément sous le charme de cet hôtel de grand standing et de ses chambres feutrées. Vous êtes logés en plein centre-ville, avec vue sur la verdoyante et très animée place de la Brèche. Son raffinement contemporain, son service étoilé, sa literie haut de gamme en font l'une des adresses les plus courues de la région. Son superbe petit déjeuner vous ouvre les portes des spécialités poitevines. En marge de nombreux goodies, on vous proposera la location d'un vélo.

CHAMBRES D'HÔTES L'ANGELY €€

26, avenue Saint-Jean d'Angély
✆ 06 59 96 96 65
www.langely.fr
Chambre double à partir de 75 €, petit déjeuner inclus.

Votre futur coup de coeur niche en plein centre de Niort. Vous serez assurément ensorcelé par cette ancienne bâtisse, sa cour intérieure et sa piscine, autour de laquelle il fera bon lézarder à la belle saison. Vous retrouvez ce charme fou dans l'une des 4 chambres ouvertes à la location, couleurs pastel, joli mobilier contemporain et ambiance cocooning. Toutes disposent du wifi et de sanitaires privatifs. Un salon-cuisine vous permettra de grignoter vos victuailles.

HÔTEL DU MOULIN*** €€

27, rue de l'Espingole
✆ 05 49 09 07 07
www.hotelniort.fr
Chambre double 80 €, petit déjeuner buffer inclus.

Cet établissement du centre historique jouit d'un emplacement idéal, en contrebas de la vieille ville et au bord de la Sèvres : quelques-unes de ses 36 chambres ont vue sur le fleuve niortais. Il est également le plus proche du donjon et du Moulin du Roc, scène nationale : nombre d'artistes en tournée y font une reposante halte. Fraîchement rénové, il offre des chambres douillettes, spacieuses et agréables à l'œil. Son petit déjeuner buffet vous permettra de faire le plein avant de partir en balade. Pas de restauration mais des adresses à proximité.

LA MAISON 19 €€

19, avenue de Limoges
✆ 06 75 06 65 65
www.lamaison19.fr
Chambre double à partir de 82 € la nuit, petit déjeuner inclus.

Encore une adresse pleine de charme ! Deux vastes et lumineuses chambres doubles sont à votre disposition dans cette exquise maison bourgeoise du centre-ville. L'attention portée à la déco et aux détails vous fera chavirer, de même que les salles de bains privatives et le très joli jardin. Les cyclotouristes et les motards feront ici une halte bienfaisante : un abri préservera leurs bécanes. Le petit déjeuner, confectionné maison, vous présente les produits du terroir local. Vous êtes à 5 min de la gare et des bords de Sèvres. Chanceux !

THE ORIGINALS BOUTIQUE - LA GRANGE HÔTEL €€

113, rue de l'aérodrome
✆ 05 49 79 10 76
www.lagrangehotel.fr
Chambre double à partir de 68 €.

C'est une agréable halte et d'ailleurs la seule située à 3 km de l'A10, sortie 32. Cette ancienne grange, comme son nom l'indique, vous propose de jolies et chaleureuses chambres pouvant accueillir jusqu'à 4 personnes. Les sanitaires sont parfaits ! Vous barbotez dans la piscine, profitez d'une superbe terrasse et vous relaxez au spa : vous y attendent sauna, massages et vélo elliptique. Petit déjeuner buffet sucré/salé à volonté, possibilité de réserver un plateau-dîner.

L'ARROSOIR €€

13, rue Brisson
✆ 05 49 35 87 55
www.larrosoir-bar-resto.fr
Du mardi au vendredi 9h-15h et 18h30-2h. Samedi 9h-15h. Plats à partir de 12 €.

Un amusant bistrot avec sa terrasse et sa salle ambiance rétro, ses toiles cirées et ses murs bigarrés, couvert de bric-à-brac. Cédric, le tôlier, sera d'une humeur joyeuse. Il vous abreuve d'une belle collection de kraft beer, de pinards et de cocktails. En marge de l'apéro ou de la soirée (festive), il vous sera possible de grignoter, histoire de garder la tête froide. De même qu'à midi, puisque l'adresse fait aussi resto, et l'un des plus sympathiques de Niort : burgers maison, plats bistrot, viande parthenaise, du fromage et des desserts. Profitez !

LE BISTROQUET €€

4-6, rue du Rabot
✆ 05 49 24 54 71
www.lebistroquetniort.com
Lundi 8h-15h, mardi-samedi 8h-19h. Plats à partir de 12 €.

© LE BISTROQUET

Le Bistroquet est l'une des adresses les plus appréciées des Niortais. Il est cosy, il est chaleureux, il est convivial à tel point qu'à l'heure du déjeuner, ses chaises et sa terrasse sont prises d'assaut. Tout de noir vêtu, l'établissement offre une ambiance moderne et soignée. A l'ardoise, vous retrouvez ses incontournables, le tartare, l'andouillette, le magret et tout un tas de suggestions mitonnées maison. L'après-midi, il se métamorphose en un joyeux salon de thé : arrêtez-vous avaler une crêpe ou une gaufre, car le patron excelle en la matière.

DEUX-SÈVRES

LE COMPTOIR DU SIAM €

5, rue du Faisan
✆ 09 83 30 52 22
Du mardi au samedi 12h-14h30 et 19h-22h30. Plat du jour 13 €.

Il est réputé vrai-bon-authentique restaurant thaï de Niort et on le confirme ! Vous y retrouvez toutes les saveurs que vous avez (ou auriez) découvertes en voyage : salade de papaye épicée, curry vert ou rouge, pad thaï et autres woks de légumes. Les plats du jour vous feront délaisser la carte : couteaux, émincés de poulet, jarret de porc sauté vous enverront au 7e ciel. La maison a pensé à tout : plats végétariens, curry extra forts bien indiqués et piments présentés à part. Une mangue fraîche et son riz gluant comme si vous y étiez rafraîchiront votre gosier...

L'ADRESS €€

1, rue des Iris
BESSINES
✆ 05 49 79 41 06
https://restaurant-ladress.fr
Du mardi midi au samedi soir 12h-14h et 19h30-21h. Menus de 22 à 79 €.

C'est l'une des belles adresses gastronomiques de Niort et alentour. Laurence et David Seguin vous invitent à découvrir leur sublime table, si lumineuse, si fraîche, posée dans la campagne au bord de l'eau. Leur bien agréable terrasse vous fera d'autant voyager. Au menu, kyrielle de petits et grandes compositions, viandes locales et poissons charentais d'excellente qualité accompagnés d'arrivages du marché délicatement travaillés. L'Adress se présente aussi comme le spécialiste de la truffe noire, que vous dégustez en déclinaisons de novembre à fin février.

LA MAISON DO GRELHADO €

13, rue Basse
✆ 06 33 14 61 39
Mardi au samedi 11h30-14h. Entrée, plat, dessert 13,80 €.

La maison ne paye pas de mine mais si vous appréciez la cuisine sud-américaine, il ne faudra pas l'ignorer. Petite cantine et grande cuisine made in Brazil ! Le buffet d'entrées est éblouissant, présage de la suite : tout est concocté maison, même le pain. Vous vous offrez les grands classiques de la cuisine brésilienne (pasteïs de boï, moqueda de peixe, xin xim de galinha), vous lancez dans une expérience végane et vous gavez de fruits de la passion. On recommande les poissons. Pas cher, goûteux, convivial et des patrons adorables.

L'AUBERGE DE LA ROUSSILLE €€€

30, impasse de La Roussille
✆ 05 49 06 98 38
www.laroussille.com
Du mardi au dimanche 12h15-13h45, du mercredi au samedi soir 19h15-21h15. Menus de 30 à 65 €.

Entre Bief et Sèvre, sur les bords de la coulée verte, Laetitia Rontet et Richard Morin vous accueillent dans cet ancien relais pour chevaux de trait (de gabares). C'est aujourd'hui une auberge gastronomique particulièrement réputée. Vous goûtez, ici avec vue sur le fleuve, à la fine fleur des produits locaux : du ris de veau, de la barbue, un plat végétarien signature. Gardez un peu de place pour le chariot de fromages, somptueux, ainsi que pour ces desserts affriolants...

LE QG €

3, place de la Comédie
✆ 05 17 40 45 15
Mardi, mercredi, jeudi, vendredi 12h-13h30 ; jeudi, vendredi et samedi soir 19h-21h30. Formule midi 16 €.

Ce convivial bistrot de quartier (cuisine traditionnelle créative) doit sa belle réputation à ses burgers signature, que tout le monde réclame. Il y en aura toujours un à l'ardoise le midi et le soir. Ce chef-d'œuvre a participé à la coupe de France du burger, de quoi vous appâter : pain curcuma, ketchup de datte, chou rouge, steak au poivre de Tasmanie, lard mariné façon coréenne, Irish cheddar et cornichons polonais. Vous apprécierez également les accompagnements, montés avec amour : frites maison, jolie salade et sa vinaigrette acidulée, pickles gourmands.

LA BELLE ÉTOILE €€€

115, quai Maurice-Métayer
✆ 05 49 73 31 29
www.la-belle-etoile.fr
Fermé samedi midi, dimanche soir et lundi. Services 12h-14h et 19h45-21h. Menus de 30 à 63 €.

Cette table a vu défiler de De Gaulle, Chirac, des ambassadeurs... venus déguster une cuisine gastronomique et bistronomique dans un cadre privilégié, le long de la Sèvres. La Belle Etoile se distingue aussi pour sa décoration enveloppante et délicatement soignée, aussi chaleureuse que contemporaine. Maxime Guignard et Jordane Vignes ont repris le flambeau familial avec brio. Sur le moment : truite en maki, lotte confite et bisque de langoustines-curry, ananas au jus de passion et sa ganache chocolat blanc. Terrasse et jardin botanique.

CUISINE COMPTOIR ET COMPAGNIE €€

3, place des Martyrs-de-la-Résistance
✆ 05 49 08 05 32
www.cuisine-comptoir-et-compagnie.fr
Du lundi au samedi 11h45-14h et 18h45-23h. Menu à partir de 14,50 € (2 plats).

A deux pas de la Brèche. Vous y buvez l'apéro ou un cocktail en picorant quelques fingers, y déjeunez, y dînez. Le lieu se déploie autour de plusieurs espaces, notamment sous une superbe verrière. On retiendra sa déco chic et dandy, son ambiance branchée mais décontractée, sa cuisine bistronomique 100 % maison. Poulet tikka massala, pluma de cochon ibérique, bœuf en croûte d'herbe, veggie bowls, tartelettes amandines aux pommes, cheese-cake new-yorkais : le chef vous fera voyager...

LE DOMAINE DE LA TUILERIE €€

98, route de La Rochelle
BESSINES
www.restaurant-la-tuilerie.com
Du mardi au samedi 12h-14h et 19h-20h45, dimanche midi. Menus à 29,50 € et 39,50 €.

Une auberge citadine bienfaisante sur la route de La Rochelle, par ailleurs tenue par 3 maîtres restaurateurs, chef, pâtissier et sommelier. Vous venez donc de dénicher une merveille, à la cuisine unique et métissée. Les noix de Saint-Jacques rôties andouille de Guémené émulsion au vin jaune, le pigeonneau scorsonères ou le bœuf tigre qui pleure, vous laisseront rêveur. A savourer dans une salle aménagée avec beaucoup de soin, sinon à la terrasse, renversante.

LE P'TIT ROUQUIN €€

92, rue de la Gare
✆ 05 49 24 05 34
www.leptitrouquin.com
Du lundi au jeudi 12h-14h et 19h-22h, le vendredi 12h-14h. Plats à partir de 19 €.

Vous abandonnerez tout pour sa cuisine fraîche et saisonnière, son foie gras de chez Morille céleri-kiwi, sa joue de bœuf au jus de fève de tonka, son cabillaud Skrei chou pak-choï-pâte de citron, son chocolat cœur coulant ganache coriandre-kumquat. Sans parler des accords mets-vins, affriolants, ou encore du cadre, bistronomique. Quant au jardin... Il y a de la longue soirée d'été en perspective ! Le P'tit rouquin est talentueux, convivial, original, addictif et surtout très prisé : il faudra absolument réserver pour en profiter.

PLAISIRS DES SENS €€

1 bis, avenue des Martyrs-de-la-Résistance
✆ 05 49 24 02 76
www.restaurant-plaisirs-des-sens.com
Du lundi au vendredi 12h-14h et 19h30-22h, samedi soir. Formule du jour à partir de 17,90 €.

Vous entrez dans le cabinet de curiosités de Christophe Parpaix, maître-restaurateur. Avec son look chic et distingué, la table a opté pour le parti pris des belles et des bonnes choses : montages raffinés, produits locaux, et pour la plupart bio, d'excellence. Vous serez surpris par les associations osées du chef. Le vin sera toujours conseillé avec justesse et le service attentionné. Offrez-vous l'expérience du menu Fais ce que tu veux, 6 services créatifs autour des plus beaux nobles produits... Terrasse panoramique surplombant les jardins de la Brèche.

L'ANGÉLIQUE DE PIERRE THONNARD

Avenue de Sevreau
✆ 05 49 73 47 42
www.angelique-niort.com
Du mardi au samedi 8h-12h15 et 14h-19h.

Chez Thonnard, on s'est spécialisé depuis des lustres dans la culture et la transformation de l'angélique. L'herbe à liqueur, véritable spécialité niortaise, se déguste en sirop, confiture, fruit confit ou encore en crème. Les chocolats maison à l'angélique sont très réputés. L'institution ouvre les portes de son site de production niortais (et sa boutique) aux individuels et aux groupes, visites suivies d'une séance de dégustation. On vous conseille d'y goûter au moins une fois !

L'EMPOTHÉ

5, avenue de Verdun
✆ 05 49 40 67 64
www.lempothe.eatbu.com
Du mercredi au samedi 12h15-18h30, dimanche 11h-14h30. Brunch 22 €.

Une adresse joyeusement colorée où vous brunchez le dimanche, déjeunez ou passez l'après-midi autour d'un thé et d'un (très) bon goûter. Les Niortais l'adorent, particulièrement ses pâtisseries maison et savants mélanges à thé. A midi, vous avalez tartes, plat du jour, scones salés et leur jetée de légumes de saison. Votre brunch du dimanche (sur réservation), certes pas donné, sera royal : pancakes, salade de fruits, bagels pastrami/saumon, pecan pie, entre autres propositions. Une halte réjouissante – avec terrasse, à deux pas de la Brèche.

L'ILÔT SAUVAGE

3, rue de la Chamoiserie
✆ 05 86 99 01 45
lilotsauvage.com
Mar-mer 12h-20h, jeu-sam 12h-0h, dim 12h-20h.

L'Îlot sauvage niche à Port Boinot, l'ancienne friche industrielle niortaise des bords de Sèvres. C'est avant tout un lieu culturel et underground, où se joue une programmation culture et musique sélective : sets électros, projections, expos d'art contemporain, bourse aux vinyles, rencontres d'auteurs renommés, dont Mathias Enard. Vous prenez votre temps au café végétal, sorte de halle luxuriante agrémentée de canapés, coins lecture, boissons (thés et vins choisis avec amour). Vous pouvez même y déjeuner et déguster des planches bien garnies en soirée.

79 TOURS VINYL SHOP

10, rue Brisson
Mardi 14h-19. Du mercredi au samedi 10h-13h et 14h-17h.

Dans le prolongement des halles et du 36 quai des Arts, 79 Tours Vinyle Shop vous fait profiter de sa sélection de musique, vinyles vintages ou fraîchement gravés, CD, K7. C'est aussi le lieu où trouver de bonnes occases pour renouveler votre matos son, platines, hi-fi et accessoires. Spécialité lavage de disques et expertise. Sachez que l'adresse, par ailleurs DJ, traîne dans tous les bons plans soirée de la ville, mixant à droite et à gauche (à La Bulle, au Vintage) : son conseil soirée sera des plus aboutis... Passez, fouillez, demandez !

LE VINTAGE

9, rue Baugier
✆ 05 49 32 01 56
Mercredi 17h-0h, du jeudi au samedi 17h-2h.

Un des bars à vins et à cocktails les plus fréquentés de Niort, le Vintage est un lieu de rencontre festif et culturel. Thibaud, maître des lieux, Thomas, maître des cocktails et J-B, maître ambianceur continuent de préserver l'esprit de ce lieu chaleureux et intimiste malgré le monde ! Sets enflammés, mojito parties, soirées swing avec un petit plus : la terrasse où respirer. Il sera possible de déguster jusque tard dans la nuit des amuse-bouche sucrés, salés, assiettes variées. Pour qui aime faire la fête et danser, c'est par ici !

L'ÉPICERIE

6, place du Temple
✆ 05 49 08 13 91
www.epicerie-niort.com
Du mardi au vendredi 10h-19h, le samedi dès 9h30.

Chez Vanessa Brard-Guignard, bien manger, c'est sacré ! Dans sa belle épicerie, on trouve tout un tas de bonnes choses pour cuisiner comme un grand chef. Et soyez-en sûr, Vanessa a la recette pour sélectionner des produits gourmands et raffinés. Elle vous fera découvrir sa bibliothèque à épices de chez Terre exotique, des sels, des poivres, des tartinables, des sirops, et tant de choses encore... comme ses 120 références de thé, dont ceux de la Compagnie Coloniale, implantée en Poitou (à Dissay, 86). Vous y attrapez vins et sandwichs signature.

36 QUAI DES ARTS

36, rue Brisson
✆ 05 49 73 01 88
www.36quaidesarts.com
Mardi, mercredi, vendredi 10h30-13h et 15h-19h. Jeudi et samedi 10h30-19h.

36 quai des Arts est la boutique des artistes et artisans estampillés Métiers d'Art. Vous y dénichez sélection de créations uniques : luminaires, sculpture, céramique, maroquinerie, bijoux, etc. C'est un espace associatif créateur d'événements : un samedi par mois ont lieu les petits déjeuners du 36, à l'occasion desquels vous rencontrez un artiste mis en lumière ; on vous propose aussi des ateliers DIY (1h30, 20 euros), comme la confection d'abat-jours. C'est un lieu excitant, situé à deux pas de la Sèvres et du musée du Donjon.

LIBRAIRIE-CAFÉ L'OMBRE DU VENT

28, rue Saint-Jean
✆ 06 49 28 07 01
Du mardi au vendredi 10h30-14h et 14h30-19h.

Une vraie bonne librairie de libraires, assortie d'un vrai bon café et de gourmandises (où l'on boit aussi de la vraie bière artisanale). Une terrasse, un bel espace, une sélection racée, un rayon jeunesse particulièrement bien achalandé de nouveautés créatives, produites par petits et grands éditeurs : L'Ombre du vent sera le repaire très convivial des bibliophiles. L'année littéraire y est ponctuée de rendez-vous : rencontres et signatures avec des auteurs, etc.

MOGETTES ET COMPAGNIE

19, rue Sainte-Marthe
✆ 09 82 38 67 65
www.mogettesetcie.com
Ouvert du mardi au samedi de 9h30 à 13h et de 14h30 à 19h.

Souvenirs, souvenirs ! Chez Mogettes et Cie, on trouve non seulement le meilleur de la gastronomie locale, de la fameuse angélique de Niort sous toutes ses formes, aux bières artisanales, en passant par les galettes du Poitou, les pâtés de ragondin, et bien sûr, les Mogettes du Marais poitevin, gourmandises de nougatines enrobées de chocolat blanc. Miam ! Côté artisanat, la boutique offre un joli choix de pièces uniques du coin : articles en cuir, petits objets en bois en carton, t-shirts... De quoi exporter la richesse du territoire deux-sévrien !

LE PETIT BOCAL

2 bis, rue du Rempart
✆ 05 17 18 24 49
https://le-petit-bocal.business.site
Lundi 13h-18h30 et du mardi au samedi 10h30-14h/15h-19h.

Aucun doute, vous serez ravis de farfouiller à l'intérieur de ce petit bocal créatif, la boutique de créateurs de Niort. D'abord attirés par les jolis sacs suspendus à l'extérieur, vous ne pourrez guère vous empêcher de vous offrir bijoux, objets de décoration, articles bébé couture, cosmétiques naturels, jolie vaisselle et bien sûr vêtements... Chaque pièce est unique, cousue, peinte ou assemblée à la main. Vous êtes en quête d'un cadeau ou d'un souvenir à rapporter du Poitou ? Nul doute que vous trouverez ici la perle rare !

FRESSIMOUSS

2, rue Vaumorin
✆ 09 82 39 03 84
www.fressimouss.com
Ouvert du mardi au samedi de 11h à 19h.

© PAULINE BELTRAN

Dans les Deux-Sèvres, les biquettes ont la cote. Si les fromages de chèvre nous régalent les papilles, sachez que leur lait a d'autres vertus comme celle d'offrir des savons d'une grande douceur. La savonnerie Fressimouss a été la première dans le 79 à se lancer dans leur fabrication. Avec leur 40 % de lait de chèvre, ces savons sont appréciés des peaux fragiles. Solides ou liquides, ils sont fabriqués sur place ! Cette belle boutique regorge de produits et propose bien d'autres artisans savonniers de qualité. Avis aux amateurs de local et de la slow cosmétiques !

LE CAMJI

3, rue de L'Ancien-Musée
✆ 05 49 17 50 45
www.camji.com
Billetterie : mardi 14h-17h, du mercredi au vendredi 11h-13h et 14h-17h.

Le CAMJI, c'est la plateforme musiques actuelles de Niort, partenaire de Scène(s) Actuelle(s) et organisatrice du festival Rise & Fall (novembre-décembre, dédié aux musiques très amplifiées ; https://riseandfallfestival.com). La programmation se distingue par son éclectisme, agenda qui comprend par ailleurs quantité de shows jeune public plusieurs après-midi par mois. Le CAMJI, c'est aussi une association de soutien aux jeunes artistes (accompagnement, résidence, etc.), deux studios de répèt' et d'enregistrement, des ateliers pour les petits et les grands.

LE HANGAR

21, rue Alexandre-de-Humboldt
✆ 05 49 73 90 09
www.hangar-resto.fr
Du lundi au samedi : 11h-2h.

C'est un bar, un resto, une salle de concert, bref, un lieu où l'on aura envie de se poser ou de faire la fête. Les Niortais adorent s'y relaxer en after work. Le Hangar met tout le monde d'accord : la nourriture y est bonne (cuisine de bistrot conviviale), les verres bien remplis et l'ambiance est au top. Côté concerts, la maison invite régulièrement des célébrités rock et des DJ : on s'ébrouera sur le dancefloor jusqu'au bout de la nuit. La maison accueille les voyageurs groupés sans sourciller : il suffira d'appeler pour réserver et privatiser un espace.

SAINT-SYMPHORIEN

Un petit bourg de 1 900 hab. dont on trouve les premières traces écrites dès 980. Il défend aujourd'hui quelques curiosités dignes d'intérêt. A l'instar de son joli château-mairie, très bien restauré, où l'on conserve précieusement un papier peint panoramique d'époque 1825 : à voir absolument ! Le site, classé aux Monuments historiques, est entouré d'un charmant parc arboré où découvrir des essences rares et pique-niquer. A voir également, la superbe orangerie, le four à pain et le musée de la Bujaïe (la grande lessive). Une balade de 3.2 km permet d'explorer le bief du Baril et ses lavoirs. Le domaine de Lens (XVIIIe) n'est pas ouvert au public.

FRONTENAY-ROHAN-ROHAN

Ses lavoirs et ses fontaines restaurés sont de véritables petits monuments publics. Petite ville de 3 000 hab., Frontenay-Rohan-Rohan, bordée par la Courance et la Guirande, se situe à environ 11 km de Niort, direction La Rochelle. A l'ombre de l'église Saint-Pierre, son histoire fut des plus tourmentées, comme vous le raconteront les habitants de la bourgade. C'est de la lignée du maréchal de France Pierre de Rohan que la commune tire son nom. Ce dernier épousa au XVIe siècle sa cousine Anne de Rohan. Le visiteur découvrira le peu de vestiges de son château et de sa double enceinte, mais il pourra toutefois flâner dans le parc communal du Grand Logis.

DEUX-SÈVRES

ÉGLISE DE SAINT-SYMPHORIEN

Place de l'Eglise

Ouvert toute l'année. Gratuit.

Une curiosité, cette église Saint-Symphorien : de style roman, elle fut restaurée une première fois au XVe siècle puis à nouveau au XVIIIe. Elle se distingue pour ses deux nefs, fait assez rare qui mérite d'être signalé, séparées par une colonnade. Quand l'une était réservée aux paroissiens, l'autre demeurait l'apanage du clergé. Le clocher date du XVIIIe siècle. Vous admirez sur le mur nord – plusieurs fois restauré – un crucifix de bois sculpté en 1613. Un édifice peu commun !

ÉGLISE SAINT-PIERRE

1, rue de la Poule

Supposément fondée par la vicomtesse Aldéarde de Thouars en 1099, l'église Saint-Pierre est citée pour la première fois en 1111. Ruinée durant la guerre de Cent Ans, elle est reconstruite au XVe siècle par les évêques Guy et Louis de Rochechouart, dont on aperçoit les armoiries sur le clocher, puis intégrée à la fortification du village (bretèche en façade). Elle subit des dommages durant les guerres de Religion. Vous admirez dans la nef sa cloche de 1537 ainsi que les vitraux XIXe du prêtre-verrier Constant-Auguste Boinot.

L'AUBERGE DE CRESPÉ €€

99, route d'Aiffres

✆ 05 49 32 97 61

www.auberge-de-crespe.fr

Chambre double 71 €. Petit déjeuner 6 €. Restaurant : mercredi-samedi midi et soir, le mardi à midi. Dès 13 € le plat.

Un lieu renversant. Une bâtisse du XVIIIe siècle, son parc, sa piscine et ses 5 chambres où il fait bon se réfugier. A table, auprès de la cheminée, vous goûtez une cuisine chaleureuse, à la fois traditionnelle et créative, agrémentée d'une intéressante sélection de vins. Sans doute craquerez-vous pour la terrine de foie gras au vin d'épine maison... Yasmine et Stéphane, les propriétaires de ce petit paradis abordable, organisent divers événements : stages de cuisine, soirées électro/DJ, Family Day, avec menu enfants et activités *outdoor*. Une merveille !

LE LOGIS DE FAUGERIT €€

14a, chemin du Marais

✆ 05 49 77 55 51

Chambres d'hôtes de mars à octobre, à partir de 70 € pour deux. Gîte toute l'année, dès 310 € la semaine. Pas d'animaux.

Une superbe bâtisse du XVe siècle, son jardin luxuriant où il fait bon prendre le soleil. Bienvenue chez Lucie et Frédéric ! Le logis comprend 5 chambres spacieuses et douillettes, agrémentées d'une télé et de sanitaires individuels. Vos hôtes peuvent fournir le lit de bébé. Le petit déjeuner est inclus : vous dévorez les spécialités locales, broyé poitevin, tourteau fromagé, fromage de chèvre... Le charme des vieilles pierres, le calme, la verdure et le confort : que demander de plus ? Possibilité de louer le gîte, labellisé gîtes de France.

LE FUSIONNEL €€

2, place de l'Eglise

05 49 04 64 63

Du lundi au vendredi le midi. Le vendredi 19h-22h. Le premier samedi du mois 19h-22h. Plat du jour 9 €.

Un restaurant traditionnel où règne une cuisine familiale maison servie à prix doux. La formule est renouvelée chaque jour : après un buffet de charcuteries, de crudités et de salades composées, vous découvrez des plats aussi appétissants que délicieux. Gratin de poissons, andouillette de Troyes, spaghettis bolo, rougaille saucisse : que des grands classiques qu'on adore ! Et par-dessus tout cela, boules de glace et pâtisseries, selon les envies du chef. Un décor sympa, une ambiance chaleureuse, une bonne adresse, tout simplement. Menu enfants.

MAUZÉ-SUR-LE-MIGNON

A 22 km de Niort et à 40 min de La Rochelle, Mauzé-sur-le-Mignon est l'une des portes Sud du Marais Poitevin. Avis aux voyageurs chevronnés, c'est ici que naquit l'explorateur français René Caillié, le découvreur de Tombouctou (1799-1838) : ne manquez pas la Fête René-Caillié, organisée le 4e week-end de juin autour de courses, retraite aux flambeaux, concerts, etc. On y décerne le prix René-Caillié des écrits de voyage, auquel vous pouvez participer. Grâce à l'impulsion de La Minoterie (gîte et plateforme culturelle), Mauzé, villégiature de plusieurs antiquaires, fera craquer les amateurs d'art et de brocante. Somme toute une halte charmante...

LA MINOTERIE

16, rue du Moulin

06 73 68 52 99

Location groupes : 1 600 €/WE. Chambre double : 150 €/nuit, petit déjeuner inclus. Table d'hôtes à partir de 25 €.

Un moulin du XIIIe siècle planté au bord du Mignon réhabilité en une halte chic, artistique et conviviale. Vous y dormez, chinez, partagez une superbe côte de bœuf parthenaise. Vous profitez d'un univers industriel garni de curiosités (vous achetez ce qu'il vous plaît, même votre lit), d'un atelier cuisine, d'un bar à perruques et d'une quinzaine de ravissantes chambres doubles avec salle de bain. Groupes (jusqu'à 15 pers.), individuels, séminaires et résidences d'artistes. Boutique éphémère de Noël, symposium d'art contemporain au mois de juillet.

CAMPING MUNICIPAL LE GUÉ DE LA RIVIÈRE** €

rue du port

05 49 26 30 35

www.ville-mauze-mignon.fr

Tarifs par jour : emplacement 3,20 €, adulte 3,20 €, -7 ans 1,70 €, électricité 4,20 €.

Situé au bord de la rivière le Mignon, le camping municipal de Mauzé propose 75 emplacements. Calme et ombragé, le lieu accueille également les camping-cars. Pêcheurs, promeneurs et touristes en quête de vacances tranquilles y trouveront leur bonheur, de même que les animaux de compagnie, sous réserve de présenter leur carnet de vaccination à jour. Parcours de santé et chemins de randonnée alentour, dont certains vous mènent à la découverte du Marais poitevin.

L'ATELIER €€

54, Grand-Rue

05 49 08 18 86

Du mardi au samedi 12h-14h et 18h30-22h. Le dimanche de 18h30 à 22h.

L'Atelier, l'adresse où il fait bon s'adonner à la junk-food... artisanale. Si l'établissement est spécialisé dans le burger tout frais, tout chaud, tout beau et de saison, vous partagez également salades, frites, poké bowl, croc'camembert, kebab local... L'Atelier organise aussi des mois thématiques pour vous faire voyager sans avion : fricadelle en Belgique, brochette de grizzli aux States, assiette tex-mex et son (vrai) guacamole à Cancún... Des produits frais et de saison, du pain maison, des tout petits prix et une super ambiance, même le dimanche soir !

A VOS PAPILLES

8, Chemin de Chalaize

06 84 60 30 93

www.a-vospapilles.com

Du lundi au samedi de 9h à 12h et de 14h à 18h.

Cave à vins et champagnes. A vos papilles a passé deux décennies en Languedoc-Roussillon pour finalement s'installer à Mauzé-sur-le-Mignon il y a peu. Vos cavistes vous font découvrir les domaines viticoles et terroirs ensoleillés du grand Sud montpelliérain, du bassin sétois aux terrasses du Larzac. Les amateurs des cépages de la Loire, du Rhône ou de la Champagne ne seront pas en reste... Côté épicerie fine, il est fort possible que vous craquiez pour une portion de ce superbe jambon ibérique Bellota cinco jotas. A vos papilles, comme son nom l'indique !

GRANZAY-GRIPT

Un village d'environ 900 âmes, situé à une dizaine de km de Niort, direction Saint-Jean-d'Angély. Granzay-Gript n'existe officiellement que depuis 1972, lorsque deux communes fusionnent. Granzay, mentionné pour la première fois en 1218, fut un site viticole jusqu'à l'arrivée du phylloxera au XIXe siècle. Gript, hameau de passage posé sur la Grand-Route, ne comptait que quelques auberges rustiques. On observe ici un étonnant cadran solaire polaire, imposant ouvrage bâti en 1982 de 170 t et de 5,25 m de haut ! Plusieurs sentiers vous attendent, à fouler à pied ou à vélo, dont la Granzéenne, boucle balisée (bleu) de 13 km.

BEAUVOIR-SUR-NIORT

Situé entre le massif forestier de Chizé et les plaines agricoles du Sud Deux-Sèvres, Beauvoir-sur-Niort, terre de randonnées, se situe sur le chemin de Compostelle, le long du GR 36. Le visiteur découvrira un patrimoine dense et notamment le moulin à vent de Rimbault, plusieurs fois restauré, l'un des deux exemplaires du département. On ne manquera pas de visiter l'église romane Saint-Eutrope-du-Cormenier ainsi que l'église Saint-Jacques. La commune a également conservé des bâtiments de la première laiterie coopérative des Deux-Sèvres et de la fabrique de chaussons Brillaud frères. Une belle escapade, à 20 min de Niort, direction Saint-Jean-d'Angély.

LE DOMAINE DU GRIFFIER*** €€

RD650 ✆ 05 49 75 58 03

www.chateau-griffier.com

Chambre double dès 85 €. Petit déj buffet 9,50 €. Restaurant : 12h-14h/19h30-21h30, sauf sam midi, dim et jrs fériés.

Un superbe bâtiment de caractère du XVIIIe siècle entouré d'un parc de 7 ha. Outre la vie de château, vous découvrez des chambres au style contemporain bien douillettes, agrémentées de mobilier ancien. Toutes sont équipées d'une TV satellite et d'un accès (gratuit) au Wifi. Ce cadre enchanteur mérite le détour, de même que la piscine intérieure (d'avril à octobre). Pour parfaire le séjour, réservez une table au restaurant La Table de Sébastien : la cuisine y est gastronomique...

DOMAINE DU GRIFFIER / TABLE DE SÉBASTIEN €€

Route Nationale 650 ✆ 05 49 04 90 35

www.chateau-griffier.com

Fermé le samedi midi et le dimanche. Services 12h-14h et 19h30-21h30. Menu de 15,50 € (midi, 2 plats) à 45 €.

La table de Sébastien est le restaurant gastronomique du domaine du Griffier. Dans un cadre authentique avec murs de pierre et poutres apparentes, vous dégusterez une cuisine à la fois régionale et inventive alliant avec brio produits de la mer et du terroir, dont voici un avant-goût : tournedos de suprême de pintade farcis de gambas, brochette de pommes grenailles lardées, bouillon crémé volaille-crustacés... Un service discret, attentionné et efficace. Très belle carte des vins.

MOULIN DE RAIMBAULT

Ce superbe moulin à vent du XVIIe siècle est le seul en état de fonctionner du Sud Deux-Sèvres. Son ultime meunier décédé en 1970, racheté par la commune, il bénéficie d'une importe opération de rénovation : il a donc retrouvé sa majesté d'antan, son toit amovible à lamelles de bois et un mécanisme minotier très surprenant. On y fête désormais le 14 Juillet, les journées du patrimoine et même les journées « Spéciales Moulins » au mois de juin ! Vous remarquerez ses chênes et son tilleul de 25 m pluriséculaires, labellisés Ensemble arboré remarquable.

BAR-AUBERGE DES VOYAGEURS €

41, place de L'Hôtel-de-Ville

✆ 05 49 32 68 14

Du mardi au jeudi 9h-18h, vendredi et samedi 9h-21h, dimanche 9h-18h. Menu du jour à partir de 11,90 €.

Sympathique bistro de centre-bourg où boire un pot, déjeuner et dîner (uniquement le week-end) après la rando ou sur la route des vacances. L'été, on profitera de sa bien agréable terrasse et l'on taillera peut-être une bavette avec un pèlerin de Compostelle... L'ambiance, par tous les temps chaleureuse, s'y prêtera ! Cuisine de bistro classique et bien réalisée : viandes grillées ou en sauce, poissons, desserts gourmands. Le menu enfant saura séduire les petits.

LA FOYE-MONJAULT

A environ 5 km à l'ouest de Beauvoir-sur-Niort.
Toute l'année.

Deux boucles de randonnée pédestre d'environ 3h et un circuit VTT de 27 à 33 km, tous trois balisés. Départs à la salle Monacalis. Vous explorez les vestiges des opulents vignobles d'antan, dévastés par le phylloxéra à la fin du XIXe siècle : parcelles subsistantes, anciennes cantines, là où les vignerons se sustentaient et stockaient leurs outils, moulin à vent. L'itinéraire « Sur les pas de la Négrette » vous mène à ce rare cépage, à une plantation de chênes truffiers et à un superbe panorama sur la vallée de la Courance, avec Niort en arrière-plan.

RANDONNÉES VTT DE PRÉE ENTRE SÈVRE ET GUIRANDE

Départ place du Champs-de-Foire.
http://cycloprahecquois.free.fr
2 boucles faciles de 20 (1h30) et 32 km (3h). Renseignements auprès du club cyclo prahecquois.

Ces deux itinéraires sans grande difficulté vous permettent de découvrir les adorables villages, hameaux et lieux-dits du sud prahecquois disséminés à travers le bocage. Les deux boucles vous font passer par Saint-Martin-de-Bernegoue, petit village dans son jus à la jolie église Sainte-Madeleine. La plus longue vous fait remonter par Saint-Médard, où vous admirez le prieuré des chanoines de saint Augustin, divers manoirs, fermes du XVIIe siècle et maisons de maître.

PRAHECQ

De Pratius, riche notable picton, ou du latin *pratium*, pré humide inondable – c'est à Prahecq que jaillit la source Fiée des Lois, fief de l'embouteilleur éponyme. 1241-1242 : le site subit les prémices de la guerre de Cent Ans. Hughes X de Lusignan, chef de file d'une coalition alliée des Plantagenêt, dénonce son allégeance aux Capétiens. L'offensive punitive royale détruit divers domaines, dont le château de Prahecq. Ici naquit André Nocquet (1914-1999), 1er maître français d'aïkido, formé au Japon par son créateur. A voir : la Butte au Peu (76 m), née de la dépatture de Gargantua, action de décrotter ses bottes, et la Fosse de paix, puits artésien.

BAR-RESTAURANT NULLE PART AILLEURS €

9, allée du Champ-de-Foire
✆ 05 49 34 57 10
Du mardi au jeudi 9h-20h, vendredi et samedi jusqu'à 23h. Menu du jour entrée, plat et dessert : 12 €.

Le rendez-vous incontournable de Prahecq, où se côtoient toutes les générations, pour boire un verre ou partager une cuisine traditionnelle appétissante. L'établissement fait également la vente à emporter. Du cabillaud aux petits légumes, une belle assiette de spaghettis bolognaise, des viandes grillées ainsi que des burgers (dont un végétarien), la grande spécialité de la maison : on se sustente sur le pouce ou en s'offrant la totale. Les desserts sont aussi délicieux.

EGLISE SAINT-MAIXENT

Place de l'Eglise

Saint-Maixent sort de terre dès le XIe siècle. L'église sera largement remaniée au fil des années, incendiée en 1568 puis encore une fois restaurée. A la Révolution, on s'en sert de magasin à bois et à fourrage puis de temple décadaire. S'y cachent encore aujourd'hui les trésors qui lui ont valu un classement aux Monuments historiques en 1911 : un transept du XIIe siècle associé à une construction de style gothique flamboyant, des chapiteaux romans, un retable du XIVe siècle ainsi qu'une étonnante figuration de la fée Mélusine.

VOUILLÉ ★

A 8 km à l'Est de Niort, Vouillé, 3300 hab., issue de la réunification de 5 bourgades. Cette petite ville à l'architecture rurale typiquement deux-sévrienne mérite un détour. Vous déambulez avec plaisir au hasard des venelles et découvrez autour de la place des Cinq-Villages (2009) l'église Notre-Dame (XII-XVe siècles), maisons de maîtres, pigeonniers. Vouillé tire ce patrimoine de la culture du chanvre, qui fit sa prospérité au XXe siècle. Parmi ses curiosités : les châteaux de la Barre (XIXe siècle, actuelle mairie) et de la Salmondière ; la Pierre qui vire (mégalithe de Champarnaud)... 6 circuits de randonnée sont à votre disposition dont un de 16 km.

BIBLIOTHÈQUE POPULAIRE ERNEST PÉROCHON

Visible toute l'anné librement de l'extérieur.

De la taille d'un abribus, elle fut la plus petite bibliothèque de France et contenait pas moins de 2 200 volumes, aujourd'hui intégrés à la médiathèque de Vouillé. Elle fut implantée au lieu-dit *La Rivière*, non loin de l'ancien temple protestant et de l'ex-école. Sa construction fut favorisée par Paul Bert, ministre de l'Instruction publique. Elle tire son nom du premier Prix Goncourt deux-sévrien (1920), ancien instituteur de Vouillé, qui fit don de nombreux ouvrages.

LE RANCH DU PIOT €€

3, rue des Piots
✆ 05 17 18 26 68
leranchdupiot.fr

Du mardi au samedi de 12h à 15h et le vendredi de 19h à 23h. Menu week-end 25 € (3 plats).

Le Ranch du Piot est bien connu dans la région, et notamment fréquenté par les membres de l'aéroclub de Niort, pour sa convivialité et aussi sa cuisine. Gérard, au piano, vous concocte de délicieux plats traditionnels maison au gré du marché et de ses envies : des escargots, des viandes braisées, des poissons rôtis. Notez que le chef travaille avec une majorité de producteurs locaux : pains, charcuteries, fromages et le reste... Attention, il est d'usage de se précipiter autour de cette table le vendredi et le samedi : réservez la vôtre !

LE BOIS DE RÉ €€

25, rue des Granges
✆ 05 49 75 85 03

Ouvert toute l'année. Chambre double 70 €/nuit, petit déjeuner inclus.

L'exquise chambre d'hôtes, logée dans une maison de maître du XIXe siècle, de Marie-Claude et Paul. Vous craquerez de prime abord pour ce parc enchanteur, fleuri et parfumé, et sa terrasse, appel au farniente. Vous découvrirez ensuite un sublime intérieur, rénové avec beaucoup de goût. Votre chambre, spacieuse, lumineuse, douillette, à l'image de votre salle de bain privative, vous donneront envie de rester... Le petit déjeuner achèvera de vous convaincre : confitures et pâtisseries maison, produits du terroir niortais. Lit et chaise de bébé à disposition.

ECHIRÉ

Un terroir aux doux pâturages qui ne compte pas pour du beurre ! Echiré représente l'excellence dans la conception du fruit de baratte depuis l'installation de sa laiterie en 1894, dans un vieux moulin. Le précieux laitage, mondialement célèbre, n'est pas le seul attrait de la petite ville, traversée par le GR 36. On explorera les rives de la Sèvre, les innombrables châteaux alentours, ruines bucoliques et autres églises romanes... L'été, il sera très amusant de participer aux Médiévales de quintilis et sextilis,
pour revivre la guerre de Cent ans. Echiré, environ 3500 hab., se trouve une dizaine de km au Nord de Niort, direction Parthenay.

CHÂTEAU DE MURSAY

hameau de Mursay
✆ 05 49 25 24 49
www.lesamisduchateaudemursay.fr

Ouvert toute l'année. Visite libre des extérieurs. Possibilité de réserver des visites guidées indiv. ou groupées.

Sans doute l'une des balades les plus romantiques des bords de Sèvre et de la région... Cette gentilhommière érigée à la fin du XVIe siècle, aujourd'hui jardin de ruines classé aux Monuments historiques, fut la propriété d'Agrippa d'Aubigné, écrivain controversiste et poète. Sa célèbre petite-fille, et ultime épouse de Louis XIV, la marquise de Maintenon, y passa son enfance. Le lieu, aussi photogénique que charmant, est jalonné de panneaux informatifs. Un bac à chaîne relie le site et la commune de Sciecq, située sur l'autre rive.

RANDONNÉE MÉLUSINE AU BORD DE LA SÈVRE

Toute l'année. Itinéraire balisé de 12 km, environ 3h.

Ce circuit pédestre vous conduit à la découverte du merveilleux patrimoine local, le bourg d'Echiré et sa coopérative laitière, les vieux hameaux ainsi que les logis des seigneurs d'antan. En 3 heures, vous admirez le château de la Taillée et son superbe pigeonnier, la vallée sèche de la Maie et la fontaine du Braye, Coudray-Salbart, les lavoirs de Salbart et du Moulin-Neuf, la ferme de Milan, le célèbre Château-Gaillard et bien sûr les bucoliques rives de la Sèvre.

CHÂTEAU FORT DU COUDRAY-SALBART

Chemin du Château-Salbart
✆ 05 49 25 71 07
www.coudraysalbart.fr
Fermé le mardi. Mi-juin/fin août 10h-12h30/14h30-18h30. Avril/mi-juin, sept, oct : voir site internet. Visite libre 5 €.

© CHÂTEAU DU COUDRAY SALBART

On raconte que la fée Mélusine aurait édifié « son château » en trois nuits en acheminant les pierres dans son tablier. Cette forteresse du XIIIe siècle, la mieux conservée d'Europe, est bâtie alors que la guerre de Cent Ans déchire Valois et Plantagenêt. 8 de ses 14 salles parfaitement conservées sont ouvertes au public. Son pont-levis à treuil, sa haute cour et sa gaine périphérique, ses tours en amande en font un must ! Ne ratez pas les animations estivales.

RESTAURANT L'AUTHENTIQUE €€

20, place de la Halle
✆ 05 49 10 61 60
www.lauthentique-echire.fr
Du mardi au samedi : 12h-14h ; du jeudi au samedi : 19h-21h. Menu à 25 € (soir et week-end). Formule du midi : 15,90 €.

© RESTAURANT L'AUTHENTIQUE

Carine et Olivier vous réservent un accueil chaleureux dans ce beau restaurant cosy. Une parenthèse gustative élaborée au féminin autour de produits frais du terroir provenant de producteurs locaux et même de leur jardin. Chez l'Authentique, on suit scrupuleusement les saisons. Le beurre d'Echiré est à l'honneur bien évidemment et sur la carte, le magret de canard et l'entrecôte de Parthenaise vous feront de l'œil. A noter : les soirées spéciales et à thèmes ainsi que les cocktails maison d'Olivier qui sont à tomber. Très bon rapport qualité-prix.

COOPÉRATIVE AGRICOLE D'ÉCHIRÉ

76, place de l'Eglise
www.echire.com

En limitant à un cercle de 50 km et 140 producteurs la collecte du lait nécessaire à la fabrication de l'or mou, la laiterie d'Echiré souhaite rester au plus proche de son terroir. Une appartenance à l'AOC Charentes Poitou « Beurre des Deux-Sèvres » amplement méritée, donc. Parmi les produits disponibles, on notera, outre les gammes doux et demi-sel, un beurre plus « sec », spécial cuisine et pâtisserie présentant la particularité de ne dévoiler que 14 % d'humidité.

COULON ★★

Coulon, 2 249 hab., élue capitale de la Venise Verte, la plus célèbre entrée du Marais. Située à moins de 10 km de Niort, la Petite cité de caractère, si pittoresque, est prise d'assaut par les citadins dès le mois d'avril. Vous paressez au gré des venelles en quête de l'église de la Trinité ou de la place de la Coutume, où s'alignent office de tourisme, maison du Marais poitevin et embarcadères. Parmi les incontournables, outre la balade en barque : visites guidées à vélo, canoë-kayak, petit train du Marais (1h, place de l'Eglise), chemins de halage, shopping de produits du terroir (rendez-vous à la Boutique d'Adé, dans l'ancienne conserverie).

MAISON DU MARAIS POITEVIN ★

5, place de la Coutume

✆ 05 49 35 81 04

www.maison-marais-poitevin.fr

1/05-09/07 et 30/08-26/09, tlj 10-13h/14-18h30. 10/07-29/08, jusqu'à 19h30. 27/09-1/11, jusqu'à 18h. 3,50-7 €.

Cet écomusée offre un tour d'horizon des diverses facettes du Marais poitevin. Grâce aux salles de l'exposition permanente, vous apprendrez tout sur la batellerie et la vie et la pêche de l'anguille n'auront plus aucun secret pour vous. Vous découvrirez même l'intérieur d'une maison maraîchine traditionnelle. A l'étage, une séance cinéma vous est proposée, au moyen d'une maquette de 15m² et de jeux d'éclairages, vous racontant l'histoire de façon ludique.

ÉGLISE DE LA SAINTE-TRINITÉ ✞

30, place de l'Eglise

Fondée en 830 par l'abbaye de Charroux, rattachée à celle de Nieul-sur-l'Autize en tant que Saint-Sauveur, l'église de Coulon est malmenée par les Normands. Reconstruite au XIe siècle, sacralisée Sainte-Trinité, elle est incendiée en 1569 par les Huguenots. Son clocher est reconstruit en 1671. Malgré de multiples remaniements, elle est inscrite aux Monuments historiques. Vous admirez son faux prêchoir extérieur ainsi que la litre funéraire de Gabriel Simon de Montbrun (XVIIIe).

EMBARCADÈRE LA TRIGALE ☛

6, rue de l'Eglise

✆ 05 49 35 14 14

www.lemaraispoitevin.fr

D'avril à novembre. Pass journée à partir de 23 €, enfant (5-12 ans) 15 €.

Adeptes du *slow travel*, pour explorer le Marais sous toutes ses coutures, passez à La Trigale. Plusieurs pass vous sont proposés : en plus de la barque, avec ou sans guide-pigouilleur, vous baladez en bicyclette (classique ou électrique), en petit train, en canoë ou en calèche. Toutes les formules, très clairement listées sur le site Internet, incluent une dégustation pineau des Charentes-spécialités locales. Le pass barque + panier gourmand approfondit votre découverte gastronomique du Poitou : à vous farci, galettes, fromages de chèvre (vaisselle fournie) !

DEUX-SÈVRES

Coulon, au coeur du Marais poitevin.

PARC NATUREL RÉGIONAL DU MARAIS POITEVIN ★★★★

www.parc-marais-poitevin.fr

Aménagé par l'homme dès le XIe siècle, le Marais poitevin a retrouvé son classement de Parc naturel régional en 2014 (pour 12 ans) marquant ainsi la reconnaissance comme patrimoine exceptionnel de la principale zone humide de la façade atlantique. Le Marais poitevin se caractérise par 3 types de paysages : les marais desséchés proches de l'océan présentent de vastes paysages ouverts protégés des crues et des marées grâce aux digues qui le ceinturent. A l'inverse, les marais mouillés correspondent aux zones d'épandage des crues des rivières et se composent de milliers de chemins d'eau souvent recouverts en été de lentilles vertes qui offrent une vision magnifique et lui attribuent l'appellation de Venise Verte. Tout au long de son histoire, le Marais poitevin a fait l'objet de constructions de fossés, d'élaboration de canaux, de plantations d'arbres destinés à fixer les berges. Cet environnement préservé favorise une faune d'une richesse incroyable notamment pour les espèces de poissons : carpes, tanches, sandres, brochets et anguilles, mais aussi en animaux à poils comme les loutres ou les ragondins. Ce marais mouillé est labellisé Grand Site de France depuis 2010. Enfin, la Baie de l'Aiguillon, ou le marais maritime, est une des principales haltes d'accueil et d'hivernage pour les oiseaux migrateurs. Elle est classée Réserve naturelle nationale. Vous visitez le Marais poitevin en bateau, sinon en profitant des dizaines d'itinéraires vélo-rando.

L'ATELIER GOURMAND €€

2, place de la Péchoire
✆ 05 49 79 68 02
www.ateliergourmandcoulon.com
Du jeudi au lundi de 12h à 14h et de 19h à 21h ; le mardi de 12h à 14h. Formule midi dès 16 €. Menu : 29 €.

© L'ATELIER GOURMAND

Au cœur du Marais poitevin, à deux pas de la belle église de Coulon, L'Atelier gourmand est un établissement bien connu des locaux. A la carte, qui évolue en fonction des saisons et des envies du chef, vous découvrez une cuisine bistronomique parsemée de bons produits locaux. Les spécialités de la maison ? Le confit de porcelet sauce au cidre et la viande de bœuf maturée. Les tarifs sont raisonnables et les assiettes copieuses. Une halte agréable en marge de vos explorations maraîchines. Vous vous réjouirez d'avoir réservé une table à l'ombre fleurie du patio.

CAMPING LA VENISE VERTE**** €€

178, route des Bords-de-Sèvre
✆ 05 49 35 90 36
www.camping-laveniseverte.fr
D'avril à octobre. Emplacement tente + véhicule : dès 22 €/nuit. Chalet 2 pers. dès 290 €/semaine.

Une superbe adresse aux 92 emplacements tentes et véhicules mais aussi : écolodges esprit safari, chalets prestige, tentes « ready to camp », idéales pour les randonneurs et les cyclistes de passage. Vous vous sustentez au restaurant-snack (possibilité de réserver en demi-pension ou pension complète), piquez une tête à la piscine extérieure (équipée PMR), partez en randonnée, louez vélos et canoës ou encore taquinez le goujon. Animations sportives et festives, ateliers yoga.

CHAMBRE D'HÔTES LES FUYES €€

50, route de Malécot
✆ 05 49 35 95 07
www.lesfuyes.fr
Chambre simple à partir de 80 € ; chambre double à partir de 89 € ; chambre triple à partir de 115 €.

Dans cette demeure raffinée, de plain-pied et entourée d'un parc arboré agréable et son ancien pigeonnier, quatre superbes chambres vastes et confortables vous attendent, chacune avec son univers et sa déco soignée. Chacune dispose d'une salle de bains avec vasque équipée de mitigeur et d'une douche avec un système thermostatique, d'un sèche-cheveux et d'un sèche-serviettes ainsi que de toilettes individuelles. Vous profiterez aussi de la terrasse en bois et de la piscine chauffée.

LE HAMEAU DE SAINTE-MÉGRINE*** €€

Sainte-Mégrine
✆ 05 49 06 16 37
www.sainte-megrine.fr

Chambre double à partir de 78 € la nuit (dégressif), petit déjeuner inclus. Gîte à partir de 390 €/semaine.

Un petit paradis *off-grid* que ce prieuré du XIe siècle, assorti d'un luxuriant jardin. Vous profitez de l'ombre rafraîchissante des vieilles pierres (chauffage en hiver), d'un décor soigné, chiné avec amour. 2 options s'offrent à vous : la location d'un gîte (jusqu'à 20-24 pers.) ou d'une chambre d'hôtes (petit déjeuner maison, bio et copieux inclus). Sainte-Mégrine, c'est aussi un refuge LPO de 5 ha où se ressourcer, observer les oiseaux, les grenouilles et les chauves-souris.

HÔTEL AU MARAIS*** €€

48, quai Louis-Tardy
✆ 05 49 35 90 43
www.hotel-marais-poitevin.com

Fermeture annuelle 15/12-1/03. Chambre double à partir de 92 €/nuit. Petit déjeuner 10 €.

Cet hôtel de charme situé en plein Coulon fera le bonheur des amateurs d'hôtellerie traditionnelle. Chambres vastes et lumineuses jusqu'à 4 pers. (lit de bébé à demander à la réception), dont certaines avec terrasse et vue sur la Sèvre, déco fraîche et contemporaine, écran plat, wifi de qualité. Le petit déjeuner buffet est spectaculaire, à même de vous faire sauter la pause déjeuner. Son garage à vélos rassurera les cyclistes. L'adresse brille aussi pour l'extrême gentillesse de ses propriétaires et son service soigné. Commodités à proximité.

HÔTEL-RESTAURANT LE CENTRAL €€

4, rue d'Autremont
✆ 05 49 35 90 20
www.hotel-lecentral-coulon.com

Chambre double à partir de 87 €/nuit, petit déjeuner 10 €. Formule déjeuner à partir de 19,50 €.

Le restaurant et hôtel 3 étoiles Le Central compte parmi les meilleures adresses de la région. Son décor élégant, son patio design et sa terrasse vous pousseront à vous adonner à cette cuisine régionale revisitée (dont un savoureux menu végétarien et son Bouddha bowl). Le confort et le décor douillet des chambres vous feront chavirer : spacieuses, lumineuses, impeccables, assorties de bois, de pierre et de détails design à rustiques. Petit déjeuner buffet royal !

AU MARAIS GIVRÉ

26, place de l'église
✆ 05 16 25 18 83

Basse saison : ouvert du vendredi au mercredi de 9h à 22h. Haute saison : tous les jours de 9h à 2h.

Sur la place de l'église de Coulon, voici une excellente adresse pour boire un verre, un thé, flâner, déguster une crêpe, une gaufre, et acheter quelques produits d'ici et là dans la cave et l'épicerie fine de la boutique. Vous êtes ici chez Jérémie. C'est cet amoureux du marais qui a eu l'idée pas si givrée que ça d'ouvrir ce chouette établissement, et cela, toute l'année. Vous y trouverez une déco moderne et un accueil hautement sympathique. Et comme son nom laisse à le supposer, n'oubliez pas de commander une bonne glace artisanale pour vous rafraîchir.

DEUX-SÈVRES

Balade dans le parc naturel régional du Marais poitevin.

BOUTIQUE SAVEURS RÉGIONALES

10, place de l'Eglise
✆ 05 49 35 99 96
www.saveurs-regionales79.com
Du lundi au samedi 9h30-19h30.

C'est l'institution coulonnaise, là où vous mettez au point un joli apéro ou faites le plein de bonnes choses à rapporter. En marge des grands best-sellers que sont le pâté de ragondin, la trouspinette et les mogettes nougatine-chocolat, gâtez-vous de quelque grand cru : Cognac XO et Napoléon, vinaigre et moutarde à l'angélique, terrine de bison du Poitou. Vous y trouvez également de jolies boîtes à sucre et à biscuits en métal, comme celles d'autrefois.

LA GRANGE DE CAMILLE

75, chemin de Halage
D'avril à septembre, tous les après-midi de 14h30 à 18h30.

Plantée sur la rive gauche de la Sèvre niortaise, cette belle grange a trouvé un second souffle grâce à ses propriétaires. Accueillant aujourd'hui artistes et plasticiens de la région, La Grange de Camille offre un panorama contemporain de l'activité artistique locale : pastel, peinture, aquarelle, sculpture, photo, etc. Fins connaisseurs et surtout amoureux des Arts, Camille et André ne se lasseront pas de vous conter ces œuvres et vous de les écouter... Une jolie galerie où l'on ne voit pas le temps filer, comme un peu partout en Marais poitevin.

TETE DE MULE

2, rue du port de Brouillac
✆ 05 49 24 35 94
www.brasseriedumarais.fr
Boutique : horaires variables. Visite : juillet-août lundi mercredi, vendredi, samedi 17h15. Reste de l'année sur résa.

© TÊTE DE MULE

C'est dans l'ancienne laiterie de Coulon qu'est brassée la fameuse Tête de mule, une délicieuse bière artisanale multimédaillée au Salon de l'Agriculture. La mule aux jolies étiquettes se décline avec humour. Il y a les têtes à claques et les fortes têtes. Ces bières-là ont du caractère ! Blonde, blanche, ambrée, IPA, triple, porter, pale ale, à chacun sa monture. Vente directe et possibilité de visiter la brasserie. L'été, n'hésitez pas à découvrir le vendredi soir, les marchés gourmands de la laiterie qui assurent une ambiance musicale et gourmande !

DEUX-SÈVRES

EMBARCADÈRE PRADA

Place de la Coutume
✆ 05 49 35 97 63
www.embarcadere-prada.fr
Du 1er avril au 31 octobre 9h-19h30. Barque 7 places sans guide : de 25 € (1h) à 70 € (5h).

Situé face à la Maison du Marais poitevin. L'embarcadère Prada loue depuis 1977 des barques traditionnelles privatives (7 passagers), avec ou sans batelier. Guide-pigouilleur qui vous dévoilera les charmes du Marais et notamment la magie du feu sur l'eau. Avis à tous ceux qui souhaitent d'avance se débrouiller : la carte de l'itinéraire que vous allez choisir vous sera fournie ! Il sera possible de louer des vélos, des kayaks et des canoës (3 pers. maxi), sinon de profiter d'une formule navigation avec restauration ou d'une sortie collective. Accueil de groupes.

ORIGINAL VÉLO TOUR

59, avenue de la repentie
✆ 06 67 96 97 88
www.originalvelotour.fr
Balades guidées du 1er avril au 31 octobre, à partir de 25 € (enfants 10 €). Location de vélos toute l'année.

Le concept de la maison est très sympa : vous faire découvrir le marais à vélo à travers des balades thématiques guidées menées par Damien, passionné d'histoire et grand connaisseur de sa terre natale. Les propositions (1/2 à 1 journée complète) sont toutes alléchantes : sur les traces du baudet, avec visite de l'asinerie Du Coq à l'âne ; presqu'île de La Faute-sur-Mer avec dégustation d'huîtres (Vendée), houblon sauvage, avec visite de la brasserie Cibulle, etc. Original Vélo Tour loue également des vélos toute l'année, classiques à électriques.

TERRES D'ENVOL

8, petite rue de la Douve
✆ 06 65 09 49 92
www.terres-denvol.fr
du 1er avril au 31 octobre. Vol découverte à partir de 210 €/pers.

Imaginez le Marais poitevin vu du ciel, quelle merveille ! Vous survolez les marais mouillés et desséchés entre terre et mer. L'on vous conduit au site de l'envol, vous initie au montage de la montgolfière (de fabrication française) ; de là, vous profitez d'une époustouflante balade aérienne d'1h, durant laquelle on vous dit tout sur le pilotage et les conditions météo. Les tarifs augmentent le week-end et, a contrario, sont dégressifs selon le nombre d'aéronautes en herbe (maxi 4 pers.). Possibilité de voler en nacelle privative (maxi 2 pers.).

ESPACE CULTUREL DU FOUR-PONTET

5, quai de la Sèvre
✆ 06 68 52 77 76
https://le-four-pontet.jimdosite.com
De mars à fin octobre.

Dans l'ancien four à pots de Magné, atelier local modeste créé au début du XIXe siècle, fermé en 1980. La poterie réhabilitée en galerie d'art accueille, autour de son tour et de son superbe four à deux étages, quantité d'expositions de peinture, de sculpture, de photographie, d'art numérique entre autres curiosités locales. Quelques ateliers créatifs vous y sont également proposés. 5 000 visiteurs s'y entrecroisent chaque année, de mars à fin octobre.

LE RALLYE DU MARAIS

www.ckniort.com/le-rallye-du-marais
Le dernier week-end de juin.

La plus importante manifestation de canoë-kayak de France, sans doute la plus amusante. Le dernier week-end de juin, le CKN (club de canoë-kayak niortais), organise un jeu de piste nocturne à l'intérieur des méandres de la Venise verte. Plus de 1 000 coureurs déguisés, embarcations grimées, y participent. Départ donné à la nuit tombée, après le grand défilé : vous avez jusqu'au petit matin pour déverrouiller les points de contrôle qui vous mèneront à l'arrivée. 3 prix équivalents sont décernés : meilleur score, meilleur déguisement et équipage tiré au sort.

FESTIVAL INTERNATIONAL DE PEINTURE DE MAGNÉ

✆ 06 33 02 02 40
www.festivalpeinturemagne.com
3e week-end de juillet. Entrée gratuite.

C'est une importante manifestation artistique, que ce festival de peinture et de dessin créé en 1989 et qui depuis réunit environ 300 artistes internationaux. Il s'agit d'un concours prestigieux (parrainé par le Salon Violet et le magazine *Univers des Arts*), le premier de France pour des œuvres réalisées sur le vif, en motif ambiant : le Marais poitevin, Magné et son territoire. Les œuvres sont exposées le dimanche à partir de 15h et soumises à l'appréciation du jury.

MAGNÉ

Commune la plus peuplée du Marais Poitevin deux-sévrien, Magné est une île bordée par la Sèvre Niortaise et son affluent le Sevreau. Cette insularité lui confère un charme particulier. Ses berges bordées de hauts peupliers sont un enchantement. On y accède par cinq ponts dont le plus original est le pont-levis métallique de la fin du XIXe siècle, à l'architecture remarquable et conçu pour permettre le passage de bateaux sur le trajet Niort-Marans. A l'époque le village exportait de la poterie, vieille industrie locale alimentée par le bri marin, argile du marais. Aujourd'hui, le Four Pontet situé sur le chemin de halage accueille des artistes.

EMBARCADÈRE CARDINAUD

53, avenue de la Repentie
✆ 05 49 35 90 47
www.embarcadere-cardinaud.fr
Toute l'année. Promenade avec guide à partir de 18 € (1h, 2 pers. minimum).

La plus grande flotte du Marais et une des plus anciennes, fondée en 1979. Seul ou en bande, avec ou sans guide-batelier, pour une petite heure de flânerie ou une journée entière d'aventure, tout est possible. Certaines barques sont équipées d'un gouvernail qui facilite les manœuvres. Vous profitez du jeu de piste spécial familles, des promenades d'exception guidées à l'aube ou au crépuscule (petit déjeuner ou dégustation de produits régionaux à bord) et même de séjours clé en main. Location de kayaks, de canoës et de vélos.

CAMPING LE MARTIN PÊCHEUR*** €€

155, avenue du Marais-Poitevin
✆ 05 49 35 71 81
www.camping-le-martin-pecheur.com
D'avril à début octobre. Emplacement tente + véhicule à partir de 11 €/ pers.

Le camping Le Martin Pêcheur est situé à moins de 300 mètres du centre-bourg de Magné. Vous louez des emplacements tentes, caravanes, camping-cars [espace vidange] et mobil-homes avec terrasse. Les équipements : bloc sanitaire neuf, aire de jeux enfants, salle communautaire avec baby-foot et table de ping-pong, épicerie. La piscine municipale se situe à 50 m ; les campeurs y accèdent gratuitement. Nombreuses activités : promenades à pied, à vélo, pêche sur les bords de Sèvre, etc.

LE BOEUF EN ÉCAILLES €€

24, avenue du Marais-Poitevin
✆ 05 16 25 77 52
www.leboeufenecailles.com
Du mardi au samedi midi et soir. Formule midi à partir de 12,90 € [1 plat].

C'est l'une des plus belles tables du Marais poitevin voire du Poitou ! Cette cuisine authentique, dans la plus pure expression du terme, règne dans un décor soigné surfant entre déco contemporaine et extérieurs champêtres : la terrasse, avec vue sur l'eau et les nymphéas est exquise. Vous savourez quelque assiette montée finement, où s'entrecroisent viandes locales [race parthenaise, cochon de 16h et sa purée soyeuse] et poissons atlantiques. Citron, pistache, pavlova : chefs-d'œuvre sucrés et graphiques achèveront de vous faire tourner la tête.

BRASSERIE DE LA REPENTIE €€

Avenue de la Repentie ✆ 05 49 35 92 05
www.la-repentie.fr
Du mercredi au vendredi 12h-15h, samedi et dimanche 12h-15h/19h-21h. Formule midi à partir de 19,50 €.

On apprécie la cuisine traditionnelle et typiquement maraîchine de cette adresse repère, connue depuis de longues années pour la qualité de ses produits : c'est ici qu'il faudra s'offrir anguille, farci revisité, cuisses de grenouilles, écrevisses, brochet [parmi les incontournables. La maison vous réjouit aussi de grands classiques de brasserie, dont une succulente tête de veau] suivis d'un dessert à l'angélique ou d'un gâteau poitevin. Vous êtes servi dans une salle aux pierres apparentes et, à la belle saison, à la terrasse [ombragée et luxuriante].

ARÇAIS ★

Le Grand-Port d'Arçais, dominé par le grand Logis [privé, XIXe siècle, son bâtisseur implanta le peuplier en Marais poitevin], ses 11 entrepôts et ses 2 grues en bois, fut jusqu'au début du XXe siècle une florissante place commerciale. La Petite cité de caractère de 650 hab. mêle étroits canaux et conches préservées où le vert des lentilles d'eau fait ressortir le bleu des barques. Méandres bordés d'une architecture vernaculaire, à l'instar des *balets*, ces granges dédiées aux tâches agricoles. Jetez un œil à l'église Saint-Cyr [XIXe] et à ses insolites crochets où les pompiers suspendaient les lances à incendie. Nombre de boutiques artisanales.

EMBARCADÈRE BARDET-HUTTIERS

Route de Damvix
✆ 05 49 35 39 18
www.marais-arcais.com
Du 1er juin au 30 septembre. A partir de 16 €/ personne [5-12 ans 9 €]. Canoë 15 € [3 places].

Cet embarcadère familial propose toute l'année 4 formules pour individuels et groupes, avec ou sans visite commentée par un batelier, d'1h à 3h. Alors que le circuit Tradition, le plus court, vous donne une jolie vue d'ensemble d'Arçais, son port, son château, son habitat maraîchin, le Complet, le plus long, vous mène vers les méandres sauvages de Saint-Hilaire-la-Palud. D'autres sorties vous sont proposées : apéro barque, sensibilisation à l'écosystème et balade botanique.

LA BICYCLETTE VERTE

36, route de Saint-Hilaire
✆ 05 49 64 59 58
www.maraispoitevin-bicyclette.com
Toute l'année. 20 juin-2 septembre 9h-18h. VTC : 1/2 journée 20 €. Enfant 7 €. Casque 1 €.

Agence de voyages, avec des circuits clé en main [hébergement, petit déjeuner, transports des bagages, infos touristiques], la Bicyclette verte loue également des vélos pour toute la famille depuis 1986 : vélo de voyage, classique, VTT, à assistance électrique, remorque. La livraison est également possible à votre gîte. La maison fournit cartes ou applications de guidage, matériels de sécurité. Vous choisissez l'autonomie, sinon un forfait balade-découverte : vélo/ bateau, sur les traces du baudet, houblon gourmand, chasse au trésor.

DEUX-SÈVRES

CAMPING DE LA TAILLÉE

5, route de Damvix
✆ 06 71 46 31 36
Du 1er avril au 1er octobre. Pleine saison : forfait 2 pers. avec véhicule 14,90 €.

Un très agréable camping familial et convivial, situé au bord de l'eau au cœur d'une végétation luxuriante. Les emplacements sont vastes, de même que les équipements et sanitaires sont bien entretenus. Particulièrement champêtre, le site vous offre la possibilité de louer une barque, de partir en rando (chemins à proximité), de pêcher dans le petit étang et bien sûr de profiter du spectacle d'une nature sauvage et grouillante. La halte, aussi calme que verdoyante, ne décevra pas les amateurs de tourisme vert. Tentes, caravanes, camping-cars et véhicules aménagés.

CHAMBRES D'HÔTES ET GÎTES DU CANAL €€

10, rue de l'Ouche
✆ 05 49 35 42 59
www.chambre-dhote.com
2 chambres. Chambre simple 55 € ; chambre double 60 €. Petit déjeuner inclus.

Dans un cadre bucolique au cœur du Marais poitevin, les propriétaires de ces ravissantes chambres d'hôtes feront tout pour vous rendre le séjour agréable. Entre le petit déjeuner fait de produits locaux et rassasiants, la piscine et son solarium, la barque et le canoë pour de douces balades au fil de l'eau, on se demande bien ce qu'il pourrait manquer ! Les chambres spacieuses et confortables sont en plus à des prix très corrects et très bien équipées.

LE DOMAINE DE FLORE €€

25, rue du Grand-Port
✆ 05 49 76 27 11
www.maisonflore.com
Fermé de mi-décembre à mi-mars. Chambre double à partir de 80 € (haute saison 91 €). Petit déjeuner 11 € (3-12 ans 7 €).

Aménagé dans deux anciennes maisons maraîchines, ce joli établissement vous réserve un séjour authentique. Chambres doubles, triples et familiales répondant aux doux noms d'Angélique, d'Iris, de Fritillaire, possèdent chacune leur univers, leur déco et leur charme. L'ancien hôtel, transformé en gîte en mars 2022, fut rénové dans une démarche écologique et respectueuse de l'habitat traditionnel et du cadre naturel. Petits déjeuners bio et faits maison. Barguinguette des Huttiers, au bord de l'eau. Embarcadère Bardet (barques et canoës à louer).

DOMAINE DU CANAL - CHAMBRES D'HÔTES ET GÎTE*** €€

10, rue de l'Ouche
✆ 06 29 05 81 72
www.gite-maraispoitevin.com
Gîte à partir de 35 €/ nuit, chambre double à partir de 60 €.

Au bord de l'eau, dans une belle bâtisse parfaitement rénovée par ailleurs éco-friendly. Possibilité de louer un gîte (avec cuisine équipée, TV et terrasse privative) ou une chambre double à familiale. Les propriétaires disposent d'un port privé, de barques et de canoës : vous baladez gratuitement sur l'eau. Il sera possible de piquer une tête d'avril à septembre dans la piscine couverte et chauffée. Parking, local à vélos et barbecue commun à disposition.

LE PATIO D'ARÇAIS €€

24, rue du Marais
✆ 05 49 24 65 85
Mardi-samedi 12h-14h/19h30-21h. Dimanche midi. Ardoise : plat à partir de 15 €.

Au cœur de cette petite cité de caractère et ses 40 kilomètres de canaux navigables, dans l'une de ses venelles pittoresques aux maisons de pierre, venez découvrir la cuisine de Philippe qui vaut tous les détours. Des mets du moment à base de produits frais du terroir, délicieusement concoctés. Parmi les incontournables : la blanquette de seiches à l'ancienne, le filet de bar et son risotto avec sa crème de langoustines. L'immanquable île flottante à l'angélique. A noter : l'accueil de Sophie. Une maison maraîchine traditionnelle incontournable. Que du bonheur !

SAINT-GEORGES-DE-REX

Saint-Georges-de-Rex (500 hab.), cité en 989, est l'une des plus anciennes localités du Marais. Autour du Coq à l'âne, asinerie, parc animalier et savonnerie artisanale, vous découvrez un admirable petit patrimoine : l'église Saint-Georges (tabernacle polychrome du XVIIe siècle), le port, sa cale pavée et ses quais, les maisons et dépendances des rues du Pigeonnier, du Port et du Moulin, les cabanes de vignes. Deux itinéraires pédestres vous y conduisent. Cette zone du Marais présente 2 milieux fragiles : des îlots boisés de frênes et des prairies humides, refuges de la renoncule d'ophioglosse, de la rosalie des Alpes et de la loutre d'Europe.

DEUX-SÈVRES

LE CIRCUIT DES LAVOIRS

Balade de 3 km, soit environ 1h. Plan disponible sur le site de la mairie.

Vous flânez à pied au fil des 4 lavoirs de Saint-Georges-de-Rex, à commencer par celui de la Panification (derrière l'église Saint-Georges, dans la rue éponyme), au bassin polygonal à ciel ouvert. Son trottoir des lavandières est surmonté d'un toit traditionnel maraîchin (chevrons en peuplier, couverture de roseaux et tuiles canal. Suivent le lavoir Révérend, de la Grande-Fontaine et enfin de Richebert. De forme rectangulaire et alimenté par un ruisseau, il s'accompagne d'une petite cale, aménagée pour permettre aux bestiaux de s'abreuver.

DU COQ À L'ÂNE

12, rue du Moulin

✆ 05 49 35 06 28

www.ducoqalane.fr

D'avril à fin octobre. En juillet-août, tous les jours de 10h à 19h. A partir de 6 € l'entrée (enfants 5 €).

Du Coq à l'âne est un parc animalier-élevage éco-friendly de 7 ha dédié au baudet du Poitou et à plusieurs espèces insolites, comme le lama. C'est aussi une savonnerie artisanale (la maison Cornet) spécialiste des cosmétiques au lait d'ânesse frais : les douceurs que vous allez vous offrir porteront d'ailleurs les noms de leurs contributrices… La visite des installations dure 2h et s'accompagne d'un carnet de l'aventurier pour les petits, ponctué d'énigmes (un carnet de la biodiversité pour les plus grands). Vous participez à quelques moments forts de la vie à la ferme : nourrissage des perroquets, des perruches, des alpagas et traite des ânesses.

En marge de la visite, Du Coq à l'âne organise pléthore d'activités de loisir. Vous vous adonnez à l'archery challenge, vous initiez au cage ball, explorez la Georgette, le chemin de randonnée (2h, avec roadbook gratuit), vous vous baladez à dos d'âne ou à vélo accompagné d'un guide. Grande nouveauté 2022 : vous avez la possibilité d'arpenter la Venise Verte en rosalie.

Ce petit paradis off-grid vous invite à passer la nuit sous un superbe ciel étoilé à l'intérieur de 2 dômes chaleureux et flambants neufs. Profitez aussi des tentes lodge esprit safari avec vue à 180° sur le parc et ses résidents, sinon de la tente canadienne esprit trappeur. Et ce n'est pas tout : 3 chambres d'hôtes réjouiront tous ceux qui affectionnent les hébergements classiques.

Vous vous sustentez au restaurant l'Ânarosé, grand spécialiste de l'anguille-frites maison et de la glace au lait d'ânesse.

LÂNAROSÉ - VOTRE RESTO D'ÉTÉ €€

12, rue du Moulin

✆ 05 49 35 06 28

Du 1er juillet au 31 août, tous les jours 12h-21h30.

Le restaurant-snack familial et (très) gourmand Du Coq à l'âne, grande nouveauté 2022. Aux commandes du piano de cuisine, Olivier, chef soigné amateur de produits locaux. Ses grandes spécialités ? L'anguille-frites maison et la glace au lait d'ânesse. Vous y déjeunez sur le pouce, dînez et y prenez un joli goûter en salle, ou à l'ombre de sa terrasse entoilée, ambiance berbère. L'adresse est ouverte à tous, visiteurs du parc et gourmands de passage.

SAINT-HILAIRE-LA-PALUD

Saint-Hilaire-la-Palud, 1 500 hab., ancienne plateforme commerciale ayant exploité l'argile locale, est désormais considérée comme la capitale du marais sauvage. Ses villages-rues de la Rivière et de Montfaucon comptent parmi les pépites du marais, leurs « cabanes » Second Empire, les hameaux de la Nivoire et le pont ferroviaire éponyme (XIXe siècle), reliquats d'activités de tuilerie et de briqueterie. La commune, située aux confins du département, conserve ce cachet sauvage absent des grandes villégiatures maraîchines de l'Est : ses peupleraies, ses méandres, sa réserve ornithologique, où le temps s'est véritablement arrêté, vous ensorcelleront.

CIRCUITS DE RANDONNÉE À SAINT-HILAIRE-LA-PALUD

www.st-hilaire-la-palud.fr/tourisme

Renseignements au point info tourisme. Carte disponible sur le site de la mairie.

Plusieurs circuits à effectuer à pied, à vélo ou à cheval d'au moins 10 km vous sont proposés entre les communes de Saint-Hilaire-la-Palud (départs place de la Mairie) et d'Arçais via Damvix (en Vendée). Vous découvrez le marais sauvage en explorant ses conches et son petit patrimoine, dont le charmant petit port de Montfaucon. Peupleraies et plantes sauvages (reine des prés, consoude officinale, valériane, iris faux-acores), agrémentent les promenades.

MONTGOLFIÈRE DU BOCAGE

✆ 05 49 80 10 45

www.la-montgolfiere.com

Toute l'année. A partir de 280 €/pers. Tarif dégressif suivant le nombre de passagers.

Plusieurs décollages en Vendée et Deux-Sèvres, dont à Saint-Hilaire-la-Palud. Damien et Thomas Merceron, vos pilotes aéronautes champions de France 2014, vous envoient en l'air à l'aube ou au crépuscule. Si le vol dure 1h – quel enchantement, prévoyez la demi-journée, qui vous fera découvrir, outre le 7e ciel, les grandes étapes du voyage en ballon, du gonflage au repliage de l'enveloppe. Les réservations obligatoires, possiblement auprès du bureau d'information touristique. Attention, les horaires sont soumis aux caprices de la météo.

EMBARCADÈRE DU PORT DE MONTFAUCON

Rue de la Venise-Verte

✆ 05 49 35 34 97

www.embarcadere-port-montfaucon.fr

Toute l'année, hors saison sur réservation. Circuit en barque avec batelier à partir de 15,50 € (1h).

La commune de Saint-Hilaire-la-Palud est établie en capitale du marais sauvage : une centaine de km de voies navigables sont à votre portée, par ailleurs particulièrement préservées. L'embarcadère lui-même a un charme fou, puisqu'il loge dans une ancienne ferme maraîchine. Avec ou sans batelier, explos en solo ou en groupe à bord d'un canoë ou d'un kayak, balades à vélo sur les chemins blancs : quoi que vous choisissiez, la carte postale sera époustouflante.

LES OISEAUX DU MARAIS POITEVIN ★

Le Petit Buisson

✆ 05 49 26 04 09

www.oiseauxmaraispoitevin.com

Haute saison ouvert tous les jours de 10h à 19h. Parc : 9 €. Parc + barque forfait 2 adultes : 25 €. Enfant : 13 €.

Ces huit hectares de nature ont été aménagés pour dévoiler la richesse de sa biodiversité. Ici, trois cent cinquante spécimens ornithologiques (avec soixante-quinze espèces au total, du canard siffleur au martin-pêcheur, en passant par la bernache du Canada, le passereau, l'eider à duvet ou encore le rouge-gorge) évoluent dans leur milieu naturel. Tout au long du parcours sont installés des modules interactifs et des panneaux d'information. Un film, *Le marais poitevin à tire d'ailes*, est projeté en permanence. Le parc présente aussi certains animaux domestiques du marais poitevin comme le baudet du Poitou, le cheval de trait mulassier, les poules et coqs de Marans, les oies grises du Marais Poitevin et les oies blanches du Poitou. Des aires ombragées invitent à picorer tranquillement son pique-nique. Des barques traditionnelles permettent d'accéder jusqu'aux zones les plus sauvages du marais mouillé. Des circuits de 1 heure, de 1 heure 30 ou de 2 heures vous sont proposés, avec ou sans batelier. Les plus téméraires pourront quant à eux louer un canoë, et ainsi parcourir le marais là où les embarcations ne peuvent pas aller. Sur place également, un espace restauration avec des plats typiquement maraîchins, confectionnés à base de légumes frais et de plantes sauvages du Marais ou en partie cultivés au sein du Parc, associés aux produits locaux. Mais aussi des tables pour pique-niquer à l'ombre des arbres. Une visite pittoresque qui plaira à toute la famille.

CAMPING-EMBARCADÈRE LE LIDON***

Lieu-dit Lidon

✆ 05 49 35 33 64

www.camping-le-lidon.com

Du 15 avril au 25 septembre. emplacements à partir de 10 €/nuit, tente lodge 28 €.

Le Lidon, c'est une institution. Ce superbe camping de 3 ha vous réserve 140 emplacements et plusieurs options locatives : lodges, bengalis toilés, chalets, mobil-homes et roulotte. Vous noterez l'intéressante palette de services, blocs sanitaires équipés PMR, piscine chauffée, étang, restaurant et/ou foodtruck, épicerie. A vous également la location de vélos, les balades en barque au départ de l'embarcadère du camping, canoë, jeux enfants, pêche, apéros-concerts…

LES LAVANDIÈRES €€

8, rue des Lavandières

✆ 05 49 76 16 72

Chambre double 79 €. Chambre familiale à 140 € la nuit. Petit déjeuner buffet inclus. Lit supplémentaire : 20 €.

Dans cette belle longère du XIXe siècle, typique du Marais poitevin, l'ancienne écurie a été aménagée en trois chambres d'hôtes. Il y a également une chambre familiale. Les vacanciers apprécieront particulièrement la terrasse dallée et la grande piscine. Le petit déjeuner (les confitures sont faites maison) se prend dans le grand salon. La décoration est soignée pour un ensemble qui ne manque pas d'élégance. En plus de l'espace barbecue, une cuisine commune est mise à disposition (gazinière avec four, frigo, micro-ondes, tiroir de congélateur, vaisselle…).

LE LOGIS DE LA VENISE VERTE €€

12, place de l'Eglise ✆ 06 98 57 30 32
www.lelogisdelaveniseverte.com
Chambre double à partir de 70 € ; Chambre familiale 2/3 pers : 90 € (4 pers : +15 €). Petit déjeuner inclus.

A l'étage de l'ancienne dépendance de la maison de maître, vous trouverez quatre chambres d'hôtes de grand confort et aussi un pavillon indépendant transformé en suite familiale, le tout pouvant accueillir 12 personnes. Chacune des chambres possède une salle d'eau ainsi que des w.c. privatifs & séparés, et elles sont très bien décorées. Le petit plus du séjour sera constitué de la piscine hors sol, dans le jardin, mais surtout, du bain bouillonnant dont vous pourrez profiter.

BASE NAUTIQUE DU LINDON - CANOË-KAYAK

8, route du Lindon ✆ 05 49 35 33 64
www.camping-le-lidon.com
6 semaines en été, de la mi-juillet à la mi-août, 14h-20h. Canoës à partir de 9 €, kayak 4 € (avec gilet).

Dédié à la pratique des scolaires, le Lindon s'ouvre au public 6 semaines à la belle saison. Les accès au bassin d'initiation et au marais sauvage sont libres et gratuits. Vous louez kayaks et canoës à prix modique jusqu'à 3 h, directement sur le site (tarifs en fonction du quotient familial). Vous bénéficiez également de parcours fléchés vous menant à la découverte de la faune et de la flore locales. Renseignements sur le site niortagglo.fr, base nautique du Lindon.

LE PETIT RESTOLOGIQUE €

Le Petit Buisson
✆ 05 49 26 04 09
www.oiseauxmaraispoitevin.com
D'avril à début novembre, le midi. Formules à partir 16,50 € et 19 €. Menu enfants 11,50 €.

La cantine où il fait bon s'arrêter : vous vous sustentez de produits bio et en circuit court (issus en majorité du parc) au milieu des oiseaux. Vous verrez, tout y est très simple, très bon, très convivial. L'on vous sert 2 formules au choix : l'égaille, comprenant crudités, salade, jambon de Vendée et chèvre de Saint-Hilaire-la-Palud ; la maraîchine, c'est-à-dire égaille avec cassolette de mogettes et farci du coin. En dessert, vous vous essayez à l'angélique. Bardane, consoude, houblon, ortie : la maison vous guide à travers les plantes comestibles du Marais.

LE VANNEAU-IRLEAU

S'y déroule le dernier samedi de juillet le marché sur l'eau, l'une des grandes attractions du Marais. De 9h à 13h, vous faites vos commissions en barque (produits locaux, livres, artisanat, etc.) tandis que les villageois, vêtus de vêtements d'époque, rejouent des scènes d'autrefois. L'après-midi, vous vous baladez (barque, vélo, calèche) en attendant le banquet maraîchin, ses feux d'artifice et son bal pop'. Le reste de l'année, le Vanneau-Irleau vit au rythme de sa fabrique de contreplaqués écolos. A voir : l'église Saint-Europe, les passerelles métalliques 1900, la rue de la Belette et ses fermes traditionnelles. Quelques chambres et tables d'hôtes.

LA FERME D'EMMA

38, rue de Pied-Blanc
✆ 06 83 16 50 33
www.lafermedemma.fr
Les mardis et vendredis de 17h à 19h.

350 chèvres élevées à la ferme familiale, nourries à l'herbe, au foin et aux céréales produites sur l'exploitation (100 % biologique). De là, mothais sur feuille, tricorne pigouille, faisselle sont confectionnés selon la méthode traditionnelle : ferment fermier, moulage à la louche, salage, démoulage et retournement à la main. Vous n'avez plus qu'à choisir votre affinage, textures aux goûts différents, de petits et grands caractères… La fromagerie possède sa boutique (visites et dégustations), son e-shop et vous donne rendez-vous sur les marchés deux-sévriens.

CAMPING CHEZ L'HABITANT - CHEZ ISA

16, route de Niort
✆ 06 81 33 51 50
1er juillet-31 août. 10 €/nuitée.

Isabelle met à votre disposition, nichés dans sa superbe propriété, 2 terrains de 3 000 m², soit 6 emplacements tentes. Il sera également possible de dormir sous les arbres, à la belle étoile, dans un hamac. Outre d'un jardin luxuriant et sa prairie ensoleillée, vous profitez d'une belle piscine, du barbecue et d'une cuisine extérieure équipée. Douche outdoor (avec eau chaude) et toilettes sèches. Jeux enfants et canoës à disposition. Atelier d'auto-réparation de vélos.

SANSAIS

Sansais-La Garette réunit 2 anciennes localités peuplées dès la Préhistoire : Sansais et son coteau bocager ; La Garette, à fleur de marais. Ce bourg classé, l'un des plus charmants villages-rue maraîchins, s'étale du port Jaguin à celui de la Vieille-Auberge, le Grand port, importante place de transit entre Bas-Poitou et Saintonge jusqu'en 1850. La Garette a largement bénéficié de l'opération de rénovation Grand Site, menée en 1995, et particulièrement la rue de la Gravée, au pavage-herbier où se pavanent quelques beaux pieds d'angélique... Une balade de 3 km mène à Coulon, via la passerelle, le platelage de La Garette et l'ancienne scierie.

BUSHCRAFT - MÉTHODES DE SURVIE EN PLEINE NATURE

✆ 06 44 15 73 08

www.team-naturall.com

Mercredi, jeudi, vendredi de 18h à 20h. Le Lindon. 15 €/pers. Dès 7 ans.

Natur'all, association locale spécialiste du trek, des expéditions dans le Grand Nord et de l'aventure au sens large, vous propose un stage de bushcraft, ou l'art de vivre dans les bois. Vous y apprenez trucs et astuces de survie avec un minimum de matériel : montage d'un tipi, taille de bois au couteau, allumage d'un feu à l'amadou, confection d'objets en bois. Julien saura vous initier à l'art d'utiliser les ressources naturelles environnantes. Repas et boissons non inclus.

RAID HANDI-VALIDE DEUX-SÈVRES

https://cdh79.jimdofree.com

Dernier week-end d'avril ou 1er week-end de mai. Par équipe, inscription obligatoire (30 €/pers.).

Organisé par le comité départemental handisport Deux-Sèvres dans le cadre de l'EDF ADN Tour, ce raid s'adresse aux athlètes en situation de handicap et valides. En équipe, vous participez à des épreuves conviviales à travers le Marais poitevin, course d'orientation cycliste (20 km), biathlon et laser run, clôturées par une soirée de gala. Le dimanche est consacré à des parcours multisports : canoë, équitation, accrobranche, tir à l'arc, paint sarbacane, etc. Motivez vos troupes !

EMBARCADÈRE VENISE VERTE ÉVASION

66, rue des Gravées ✆ 05 49 35 82 84

www.veniseverte.com

Du 1er avril au 1er novembre tous les jours. Juillet-août 10h-19h. Barque collective avec batelier : 12,50 € /pers.

Laissez-vous conduire par un guide-batelier expérimenté aux talents de conteur, pour naviguer en barque collective ou privatisée. A la carte également, la location de vélos et de canoës. Plusieurs formules vous attendent incluant la dégustation de produits locaux, et, en marge de l'escapade sur l'eau, la balade en calèche. Restaurant Le Chantilly avec terrasse, situé au port Jaguin et hébergement au gîte (de France) La Goulebenèze (6-7 pers., dès 450 euros/semaine).

LA VIEILLE AUBERGE** €€

2, place du Port

✆ 05 49 24 51 10

D'avril à octobre. Tous les jours, service midi et soir, sauf dimanche soir. Menus dès 23 €, chambre double 70 €.

Une institution, ce pittoresque et paisible hôtel-restaurant situé au bord de la Sèvres. Accueil chaleureux et familial, chambres avec vue, toutes rénovées, petit déjeuner continental, à prendre absolument en terrasse (8,50 euros) ! Vous apprécierez également sa cuisine régionale goûteuse (anguille, cuisses de grenouilles), agrémentée de quelques plats créatifs susceptibles de combler tous les palais. Seuls le chant des oiseaux et le coassement des grenouilles viendront briser cet agréable silence. Parking privé et petit embarcadère (location de barques et canoës).

LA MAISON DU CHEVAL

Marais Poitevin ✆ 05 49 35 35 35

www.maisonducheval.com

Ouvert toute l'année. Promenades calèche : 13,20 €/adulte. Equitation à cheval ou poney : 29,50 €. Tarifs enfants.

Ce centre équestre géré par l'association Equi'Sèvres est un spécialiste de l'attelage, et ce au niveau international. De quoi attirer les curieux qui pourront, s'ils le souhaitent, découvrir autrement le Marais poitevin, bercés par les pas des chevaux. Pour autant, la Maison du Cheval propose les services complets et professionnels de tout club hippique digne de ce nom. Du débourrage des jeunes poulains, aux leçons d'équitation en passant par le passage d'examens fédéraux, cet établissement très qualifié saura vous accueillir. Pension et hébergement cavaliers.

MELLE ★

Melle défend un patrimoine renversant, qu'elle doit non seulement à ses mines d'argent, exploitées du VIIe au XIe siècle, mais aussi à sa position sur le Chemin de Compostelle (la via Turonensis, aujourd'hui GR 655). Importante étape jacquaire, elle se distingue pour ses 3 églises des XIe-XIIe siècles : l'époustouflante Saint-Hilaire, au bord de la Béronne (Unesco), Saint-Pierre et Saint-Savinien, ceinturée d'anciennes fortifications. Trésors que complète le 3e arboretum de France depuis 1979. Enfin, située à 30 km de Niort, Melle est accessible en vélo via la Véloroute 93.

Histoire

Incontournables mines d'argent. Si des sépultures attestent de présence humaine durant l'Antiquité, Melle ne prend son ampleur qu'à l'époque mérovingienne : ses filons de galène, du plomb contenant de l'argent, exploités dès 602, en font une cité minière prospère puis un atelier monétaire royal (à partir de 768). Avec l'édit de Charles-le-Chauve, en 864, ce dernier devient le seul d'Aquitaine habilité à frapper, jusqu'en 1189, l'obole et le denier. Epuisement du filon, restructurations administratives, tremblement de terre ? On explique mal la désaffection du complexe survenue autour de 995. Visite : 1h30.

Tourisme

Une petite merveille inattendue, Melle. Bâtie sur un promontoire à l'intérieur de puissantes fortifications, dont quelques vestiges subsistent, la cité a conservé son charme d'antan. Une fois les halles de style Baltard (1903) et la place Bujault (marché le vendredi matin) passées, rendez-vous Grand-Rue. De là, perdez-vous au gré des ruelles, en quête de l'hôtel de Ménoc, aux tours gothique flamboyant du XVe siècle, du temple protestant (1836), des façades à pans de chêne découvertes fortuitement dans les années 1980.

La ville aujourd'hui

Melle vit au rythme de son éblouissante programmation culturelle. Une prestigieuse biennale d'art contemporain y est organisée depuis 2003, la dernière en 2018. Les associations La ronde des Jurons et les Arts en Boule proposent toute l'année quantité d'événements musicaux, spectacles vivants, festivals tels que Les Givrés (février) et Le Boulevard du Jazz (juillet). Melle possédant son site de protection des chauves-souris, les carrières de Loubeau (Natura 2000), elle participe aussi à la Nuit internationale des chauves-souris (dernier week-end d'août).

ARBORETUM DU CHEMIN DE LA DÉCOUVERTE

✆ 05 49 27 56 88

Ouvert toute l'année, visites libres gratuites.

Le long d'une ligne de fret abandonnée, Jean Bellot, ancien maire de Melle, a créé un chemin de randonnée habillé d'essences variées. De fil en aiguille, le projet s'est étoffé pour finalement faire le tour de la petite ville, sentier pédestre de 6.5 km (1h30). Vous y admirez, en marge des églises et lavoirs mellois, 9 collections végétales et 1 400 essences : chênes, érables, saules, sorbiers que parfument plus de 250 sortes de rosiers. Labellisé Jardin remarquable.

COLLECTION DE MOTOCYCLETTES MONET & GOYON

Place de La Poste ✆ 05 49 29 60 54

www.musee-monet-goyon.fr

Du 24 juin au 30 septembre. Jeudi et vendredi 14h-18h, samedi et dimanche 10h-12h et 14h-18h. 5 €, -18 ans gratuit.

Monet & Goyon démarrent leur aventure en 1916, se spécialisant dans la conception de véhicules dédiés aux malades, blessés et mutilés de guerre. Leur premier modèle déboule en 1917 : le Vélocimane. Leur incroyable créativité les mènera à imaginer des véhicules extraordinaires. Depuis 50 ans, père et fils Gagnaire chinent et retapent petits modèles à engins rarissimes Monet & Goyon. Vous les admirez ici, dans un ordre chronologique retraçant l'histoire de cette marque avant-gardiste.

ÉGLISE SAINT-HILAIRE ✝ ★

Rue du Pont-Saint-Hilaire

Ouvert toute l'année.

Cette église des XI-XIIe siècles est l'une des plus abouties du roman poitevin. Sa statuaire, dont la scène équestre de la porte latérale nord, ses 282 chapiteaux et sa position sur le chemin de Compostelle lui ont valu une inscription au Patrimoine mondial de l'Unesco. Prenez le temps d'arpenter la nef baignée de lumière jusqu'au tabernacle, où vous jouissez d'une extraordinaire mise en perspective du chœur contemporain en marbre blanc de l'écodesigner Mathieu Lehanneur (2011). Vous retrouvez le Chemin de la découverte juste au-dessus de l'édifice.

LAVOIR DE LOUBEAU

Chemin de Loubeau

Ouvert toute l'année. Gratuit.

Ce magnifique lavoir, bâti en 1793, fut le premier de Melle. Vous découvrez un superbe et vaste bassin en hémicycle (1814) agrémenté d'un toit et d'une cheminée ajoutés en 1937 pour agrémenter la tâche des lavandières. Le site et son méandre aquatique, où vous découvrez une prairie florale piquée ici et là de calendula et de bleuets, sont féeriques. Les Mellois y savourent leurs pique-niques ou apéros estivaux, à l'ombre de généreux pommiers. Vous y faites une halte romantique et rafraîchissante. Accessible via le Chemin de la découverte.

OFFICE DE TOURISME DU PAYS MELLOIS

2, place Bujault

✆ 05 49 29 15 10

https://decouvertes.paysmellois.org

Lun. 10h-12h30, 14h-17h30 ; mar.-ven. à partir de 9h30 ; sam. 10h-12h30, 14h-18h.

Des infos pratiques pour organiser les commodités du séjour, découvrir les bons plans et événements « capsule », acheter des entrées de spectacle, s'offrir un souvenir à la boutique ou profiter du Wifi... Vous faites le plein de quantité de fascicules et autres cartes touristiques du pays Mellois. L'office de tourisme vous accueille chaleureusement toute l'année, les jours fériés (14h-18h) d'avril à septembre uniquement. Beaucoup d'infos sont aussi disponibles en ligne.

LES MINES D'ARGENT DES ROIS FRANCS ★

Rue Pré-du-Gué ✆ 05 49 29 19 54

www.mines-argent.com

D'avril à fin octobre. Visite guidée uniquement (1h30 ; plusieurs départ/jour en été). Adulte 8,50 €, 6-18 ans 4,50 €.

Les plus anciennes mines d'argent visitables au monde, exploitées du VIIe au Xe siècle. Vous explorez les tréfonds du réseau minier (plus de 30 km de galeries ont été mis à jour) en quête d'un filon de galène, découvrez les techniques de métallurgie et de monnayage en vigueur à l'époque. Deux passionnants films 3D vous racontent tout ! Le musée possède son jardin médicinal carolingien ainsi qu'une plateforme archéologique expérimentale des arts du feu (convention CNRS).

ASSOCIATION ÉTOILES DE COMPOSTELLE

8, place René-Groussard

✆ 06 48 75 76 70

http://compostelle-79.mozello.fr

Credential 6 €.

Cette association entretien le balisage et anime la portion deux-sévrienne (de Chenay à Aulnay-de-Saintonge) de la via Turensis (ou GR 655), chemin historique vers Compostelle le moins fréquenté de France. Ses bénévoles dynamiques sont une mine d'informations : histoire, hébergements, restauration. Ils vous aident à préparer votre parcours. Ils organisent divers événements culturels toute l'année autour de la voie et des monuments qui la jalonnent. Remise de la credential.

L'église Saint-Hilaire de Melle.

HÔTEL-RESTAURANT LES GLYCINES** €€

5, place René-Groussard
✆ 05 49 27 01 11
Chambre double à partir de 72 €. Petit déjeuner continental 9,50 €. Fermeture les après-midi 15h-18h30.

Quel hôtel charmant ! A l'étage du restaurant gastronomique éponyme, vous découvrez 7 chambres délicieusement décorées et douillettes à souhait. Bleu canard, orange acidulé et poutres apparentes, gris anthracite : elles ont chacune leur style. Dont une accueillant jusqu'à 4 personnes. Le plus de l'adresse, outre son joli mobilier ? Une literie parfaite assortie de sa couette duveteuse et... des confitures maison. Vous êtes aux anges en plein centre-bourg.

RESTAURANT LES GLYCINES €€€

5, place René-Groussard
✆ 05 49 27 01 11
Du lundi au samedi 12h15-14h et 19h30-21h. Menu découverte gourmande à partir de 27 €.

C'est sans doute l'adresse la plus réputée du pays Mellois. Les Glycines, ou la table recherchée de deux chefs amoureux des produits qui désormais vous proposent deux ambiances : bistro/brasserie, pour profiter d'une délicieuse cuisine maison renouvelée chaque jour ; gastronomique, pour découvrir les merveilleux accords terre-mer des produits régionaux ou frontaliers autour de menus dégustation à tomber. Vous jouissez par ailleurs d'un cadre déco contemporain et d'une terrasse. Il s'agit du restaurant de l'hôtel éponyme, en plein centre-ville.

LA « NOUVELLE » CÔTE DE BOEUF €€

26, Grand-Rue ✆ 06 45 38 05 47
https://la-cote-de-boeuf.eatbu.com
Fermée le mercredi. Midi : 11h45-14h. Soir (mar, jeu, ven) : 18h-21h ; sam 21h30. Formule midi 13,50 € (en semaine).

En voilà un resto très sympa, conçu pour que vous partagiez une superbe pièce de bœuf parthenais et d'ailleurs en Nouvelle-Aquitaine. Une salle sans chichi, mais très agréable, de belles terrasses et de jolies assiettes aussi bien mises qu'appétissantes : vous faites bombance à prix raisonnable ! Les amateurs de poissons et de salades gourmandes seront eux aussi ravis. Wifi, animaux autorisés. C'est une adresse incontournable de Melle, située juste en face du marché.

LE CAFÉ DU BOULEVARD

2, place René-Groussard
✆ 05 49 27 01 28
www.lecafeduboulevard.com
Lun.-jeu. 8h-21h, ven. 8h-0h, sam. 9h-21h, dim. 9h-14h (18h en été).

Le café du Boulevard, c'est une institution. Depuis presque toujours, malgré les changements de proprio, on vient ici boire un coup, écouter un concert, voir un spectacle, débattre, se défouler pendant la soirée jeu, admirer une expo. On y mange, aussi, à toute heure une tarte salée maison, le midi un plat du jour concocté selon les arrivages du boucher et le potager Bio de l'établissement. Et aussi fromages locaux, yaourts et desserts maison, bières artisanales de la brasserie Pelboise. En gros, l'adresse à ne pas manquer de Melle.

SECRET GARDEN €€

28-30, Grand-Rue
✆ 06 03 76 76 21
https://secretgarden.eatbu.com
Du mercredi au dimanche 10h-14h30 et 18h-22h. Formule plat + dessert 18,90 €.

Le Secret Garden, avec sa sympathique terrasse, est le lieu de rendez-vous décontract du midi. Vous y croisez nombre d'habitués venus se détendre entre collègues à la pause déjeuner. La cuisine est sympa : quelques plats de bistro fusion, du burger en passant par la salade de papaye à l'asiatique. A l'occasion, testez les cocktails ! L'ambiance est plutôt conviviale, de même que l'équipe. On regrette cependant des prix assez élevés (autour de 20 €/ pers. minimum avec le café et... de l'eau) ainsi qu'une salle et des toilettes pas si soignées...

CINÉMA LE MÉLIÈS

Place Bujault
✆ 05 49 29 15 83
www.lemelies-melle.info
Plein tarif 6,50 €, tarif réduit 5,50 €, -14 ans 4,30 €. Le lundi après-midi, tarif réduit pour tous.

Le cinéma d'art et d'essai de Melle. Y sont données les dernières pépites du cinéma alternatif international en VOSTFR, les grands succès de box-office et des films jeunesse. Un festival jeune public est d'ailleurs organisé chaque année en octobre, suivi du Mois du documentaire en novembre. Une programmation aux petits oignons, donc, dont vous profitez bien calé dans les profonds fauteuils du Metullum, complexe culturel où sont organisés conférences et grands concerts... Il se peut qu'une tête d'affiche s'y représente lors de votre séjour : checkez on-line !

BRIOUX-SUR-BOUTONNE

Les pèlerins de Compostelle y entraient par la porte crénelée Saint-Jacques, toujours debout. Brioux-sur-Boutonne, 1 500 hab., positionné sur le célèbre GR 655, constitue toujours une halte jacquaire. Vous arpentez d'ailleurs les vestiges de la voie romaine *Turonensis*. Le bourg doit cependant sa renommée à un tout autre rassemblement : le Festival au village, créé en 1989 autour des arts de la rue. Amoureux d'architecture, sachez que l'événement est l'occasion rêvée d'accéder aux cours intérieures secrètes, insoupçonnables côté rue. Brioux est traversé par la voie verte-véloroute 93 vous menant à pied ou à vélo à Chef-Boutonne (15 km).

LA MAISON DES ARTS €

18, place du Champ-de-Foire ✆ 06 70 20 19 14
http://maisondesarts.canalblog.com
Toute l'année. 6 places, 15,30 € la nuit avec petit déjeuner. Location lige 2 €. Credential recommandée.

La Maison des arts est une halte jacquaire plutôt agréable et parfaitement tenue, d'une capacité de 6 couchages. Wifi, cuisine équipée, salon, salle à manger, lave-linge (et sanitaires) : on s'y sent comme à la maison. L'adresse est également une centralité culturelle active, lieu d'échange et de création artistique en milieu rural. Elle accueille l'université Populaire et Citoyenne, qui organise de nombreux événements toute l'année : lectures, spectacles, conférences, expos, rencontres et résidences d'artistes issus de compagnies théâtrales ou circassiennes.

FESTIVAL AU VILLAGE

www.festivalauvillage.fr
Chaque année en juillet. Réservations en ligne, à la Maison des arts ou à l'office de tourisme du Pays mellois.

Chaque été, durant une semaine, le Festival au village fait vibrer Brioux-sur-Boutonne et ses environs. Répertorié théâtral, il donne à voir une soixantaine de spectacles tous azimuts, dont une tête d'affiche traditionnellement circassienne : danse, lectures, concerts, arts de la rue, etc. Programmation aussi riche que qualitative à retrouver sous le chapiteau central, déployé place du Champ-de-Foire, mais aussi dans divers lieux culturels, église, Corderie... A boire, à manger bien sûr, mais aussi quantité d'animations écoresponsables à découvrir en famille.

AUBERGE DU CHEVAL BLANC €

23, place du Champ-de-Foire
✆ 05 49 07 52 08
www.auberge-cheval-blanc-brioux.fr
Du lundi au vendredi 11h30-14h et 19h-21h. Formule midi à partir de 13 €, pizzas 8,10 € à 10,30 €.

Une petite auberge de village/relais routier toute simple, mais délicieusement accueillante. Le couple Gaucher vous reçoit comme à la maison autour d'une cuisine traditionnelle française : buffet d'entrées, poissons et viandes mijotés, tout y est. Comptez aussi sur un large choix de pizzas maison et une soirée à thème chaque mois : choucroute, côte de bœuf au feu de bois, etc. Les formules comprennent 3 plats, le fromage et le vin. Terrasse en été. Deux appartements de 30 m² sont ouverts à la location moyennant 38 euros la nuit. Un bon plan !

RANDONNÉE PALISSES ET BOUTONNE

Parking du pont de la Boutonne
http://randoendeuxsevres.fr
Toute l'année. Boucle de 9,5 ; 10,5 ; 13,5 km. 3h30. Itinéraire disponible sur randoendeuxsevres.fr

Une agréable balade au gré de la vallée de la Boutonne, où l'on découvre ici et là, en marge des palisses (haies), moulins, lavoirs, bras et biefs délaissés. Vous marchez en quête de diverses curiosités : la Bassée aux chats, légendaire lieu de rencontre de ces matous à Mardi gras, l'abri de cantonnier (1840), le chemin des Romains, ancienne voie romaine qui reliait Saintes à Poitiers. Prenez garde à la traversée de la D950. Cette boucle rejoint le chemin de Compostelle GR 655.

A TABLE €

54, rue du Commerce
✆ 05 49 07 50 86
Du mardi au jeudi 12h-21h, les vendredi et samedi 10h-22h30. Formule midi à partir de 13,90 €.

Une salle vaste, lumineuse et bien décorée, un patron prévenant et accueillant à l'image de sa cuisine de bistro, bien chaleureuse : à table ! Au menu, une farandole de gourmandises : du foie gras, des pâtes, du magret, des burgers, des viandes grillées, des pizzas (base tomates ou crème) concoctés avec amour. Simplicité et chaleur, que pimente une pointe de sophistication, sont les maîtres mots de la maison. On regrette un peu l'addition, assez salée, et des menus qui montent à 29,90 euros. Une belle terrasse ombragée vous attend l'été.

CYNDIE LA FÉE BULLEUSE

9, place des Halles
✆ 06 58 36 86 18

Mardi, jeudi et vendredi 9h30-12h15 et 14h-18h30. Les mercredis et samedis 9h30-12h15.

La boutique-atelier de la pétillante Cyndie, qui vous propose mille et une jolies petites choses. Ses grandes spécialités : la couture et l'upcycling. Vous dénichez quantité de trousses, accessoires de maquillages ou de mode cousus main, qu'elle réalise au fil des saisons et de ses inspirations. Divers cosmétiques bio et artisanaux, tels que des savons au lait d'ânesse et du shampoing solide. Et aussi, tout un tas d'adorables babioles à offrir. Cyndie dispense depuis peu des soins de bien-être : réflexologie palmaire, massages énergétiques, bougie Hopi.

L'IMAGINARIUM

31, rue du Commerce
✆ 05 49 07 24 92

Lundi 8h-12h, du mardi au samedi 8h-12h et 14h-18h.

Une très sympathique librairie généraliste dotée d'un exceptionnel rayon jeunesse. BD, romans, mangas, albums tout-petits, jeux, jouets, carterie : vous y dénichez à tous les coups de quoi gâter et occuper vos kids. Pour vous (ou pour offrir), en marge des nouveautés et des polards de l'été, offrez-vous un kit de loisirs créatifs, un beau-livre photo consacré au Poitou dans toute sa splendeur ou un recueil de recettes deux-sévriennes. L'adresse est vivante, chaleureuse, de même que l'équipe de libraires prolixe en conseils...

CHIZÉ

Chizé, environ 850 hab., fut le théâtre de l'une des grandes batailles de la guerre de Cent Ans. En 1373, Guillaume Duguesclin s'empare de sa forteresse, aux mains des Anglais depuis le traité de Brétigny (1360). Château fort dont il reste des traces de fondations. Chizé, comme la forêt domaniale, dont le village est la principale porte d'entrée : vous y arpentez à pied ou à vélo nombre de sentiers, dont le GR 36. Chizé, une forêt magique ? Mélusine y aurait fait halte, en quête d'un point d'eau : la fée fit apparaître un chêne à 7 troncs au centre duquel une vasque naturelle se remplit d'eau, la baignoire de Mélusine que vous admirez aujourd'hui.

ZOODYSSÉE ★★

RD119 - VILLIERS-EN-BOIS
✆ 05 49 77 17 17 - www.zoodyssee.fr

De février à mi-novembre. Avril-sept : tous les jours de 10h à 19h. Compter 3h de visite. Adulte 14,50 €, 3-12 ans 9,50 €.

Zoodyssée, l'incontournable parc animalier du Poitou. Vous partez à la rencontre de 90 espèces fauniques européennes, mammifères, oiseaux et reptiles évoluant à l'état sauvage du cercle polaire à la Méditerranée. Parmi ses vedettes, l'ours brun, le loup, le lynx, la loutre et, réintroduit depuis 2022, le renard polaire. Comptez aussi sur quelques inattendus, comme le flamant rose... Tous évoluent dans un cadre naturel similaire à leur habitat naturel, parti pris favorisant leur reproduction : environ 170 petits naissent chaque année, entre autres le vison d'Europe, espèce carnivore menacée d'extinction.
Destination familiale, Zoodyssée organise quantité d'animations. Vous devenez par exemple soigneur d'un jour, en intégrant l'équipe du parc pour, non pas assister, mais participer à la préparation des repas, au nettoyage des enclos et au nourrissage des animaux (à partir de 8 ans ; 110 €/pers., sur réservation). Il sera également possible d'explorer le parc en calèche accompagné d'un soigneur animalier (45 min. Adultes 4,50 €, enfants 3 €). Les tout-petits prendront plaisir à découvrir la mini ferme et y caresser des espèces communes pas si célèbres comme vache jersiaise, la chèvre poitevine, la poule de Marans, la vache parthenaise ou encore le mouton d'Ouessant. En juillet-août, ne manquez par d'assister aux rencontres homme-animal (20 min. Gratuit), histoire de mieux connaître le vautour lors de la curée, les serpents au vivarium, le chevreuil – emblème de Chizé –, et l'outarde, oiseau endémique du Poitou menacé d'extinction. Les animateurs répondront à toutes ces questions qui vous taraudent : quelles proies le vautour est-il en mesure de soulever, pourquoi certains reptiles ont-ils la langue fourchue ?
Zoodyssée niche en la forêt domaniale de Chizé, vestige de la préhistorique sylve d'Argenson, qui séparait autrefois les territoires santons et pictons. Elle s'étale sur 3435 ha. Elle est traversée par plusieurs chemins de randonnée (dont GR 36 et GR de pays de la sylve d'Argenson) : bien des Poitevins s'y éclatent à pied ou à vélo. Majestueuse forêt feuillue, majoritairement composée de hêtres, elle abrite quelques majestueux monuments naturels : chênes de l'Empereur (250 ans, 27 m) et Papinot, baignoire de Mélusine (où la fée aurait baigné sa queue de serpent), sans parler des chevreuils, amphibiens, papillons à même de croiser votre chemin... Classée ZNIEF, Natura 2000 et RBI, Chizé abrite le laboratoire CEBC et l'Ifrée, deux institutions associées au CNRS (observations et éducation citoyenne à l'environnement).

DEUX-SÈVRES

FORÊT DOMANIALE DE CHIZÉ

Toute l'année.

4 775 ha majoritairement peuplés de hêtres et de magnifiques chênes, à l'instar de l'Empereur (250 ans, 27 m) et de Papinot. Classifiée Natura 2000 et ZNIEF de grand intérêt écologique, la forêt de Chizé intègre une réserve biologique intégrale de 2 600 ha en lieu et place de l'ancien camp militaire US fermé en 1967. Scientifique, donc, le site est aussi touristique, car traversé par le GR36 (Ouistreham-Bourg-Madame). Vous y parcourez plusieurs itinéraires à pied ou sur VTT, au départ de la maison forestière du Bécassy, menant à la célèbre baignoire de Mélusine...

CABANES MIRA €€

4, rue du Moulin-de-L'Isle

✆ 06 64 20 72 44

http://cabane-dans-les-arbres-79.fr

Pour 2 personnes : Lov'nid 130 €/nuit, cabane perchée 150 € avec draps, linge et petit déjeuner inclus.

Les vacances à la campagne dans toute leur splendeur. Au bord de la Boutonne, 2 cabanes perchées dans les cimes de chênes centenaires : laissez-vous bercer par ce chaud zéphyr et le chant des oiseaux ! Vous nichez également au creux du Lov'Nid, un adorable cocon au lit circulaire. Les installations tout de bois sont très confortables, connectées à l'eau et à l'électricité mais pas au wifi. Pour agrémenter vos journées, l'établissement vous prête des canoës ainsi que des vélos. Avis aux pêcheurs : n'oubliez pas vos cannes. Quelle tranquillité !

CHEF-BOUTONNE

La cité doit son nom à la Boutonne, qui prend sa source en centre-ville sous le lavoir de la rue de la Fontaine. L'art roman s'y dévoile avec l'église Saint-Chartier où plus de 110 reliques étaient conservées avant les guerres de Religion. Le château de Javarzay, bâti en 1515, est l'un des fleurons de la Renaissance poitevine. Sa nouvelle scénographie est consacrée aux coiffes et à la féminité, ainsi qu'au génial self-made-man Jean-François Cail, enfant du pays. Quelques curiosités, moulins, lavoirs, Grand'Maison du carrefour de la Tête-Noire à découvrir via le parcours Tèrra Aventura *Le Vent tourne*, ainsi qu'UPCM 79, fabricant officiel des boules de loto...

CHÂTEAU DE JAVARZAY ★

9, avenue des Fils-Fouquaud

✆ 05 49 29 86 31

www.chateau-javarzay.fr

De mars à début novembre tous les jours 10h-12h30/14h-18h30. Fermé le mardi en été. 8 €.

Ce monument classé fut bâti par un architecte tourangeau en 1515 sur les fondations d'une forteresse médiévale : vous lui concéderez un air de château de la Loire à l'accent féodal. Le site occupé dès l'Antiquité accède au rang de ferme royale au VIe siècle ; Clotaire Ier y séjourne en 559, de même que saint Junien y fut reçu. Le château que vous admirez aujourd'hui fut commandé par François de Rochechouart ; il passa ensuite entre les mains d'illustres propriétaires, dont Chrétien Guillaume de Lamoisgnon de Malesherbes, célèbre avocat de Louis XVI.

Le château de Javarzay a réouvert au public en mars 2022 après une longue campagne de restauration. Vous vous délectez d'une toute nouvelle muséographie, ponctuée de tablettes numériques, consacrée aux coiffes et à l'élégance féminine (avec film sur les métiers de la lingerie et atelier de restauration) ainsi qu'à la vie et l'œuvre du génial industriel Jean-François Cail, natif de Chef-Boutonne. Vous rapportez du coiffomaton une amusante carte postale numérique... Personnes à mobilité réduite, chaussez les lunettes 3D pour profiter vous aussi de ce passionnant site historique.

Le site comprend d'autres étapes, étang (pêche et pique-nique), maison des lavandières, arboretum, où dominent deux arbres remarquables, un ginko biloba flamboyant à l'automne et un érable sycomore, Grange aux souvenirs et ses scènes reconstituées (logis poitevin, hall de l'ancienne gare de Chef-Boutonne, artisans dans leur atelier), église Saint-Chartier, où gisent les Rochechouart.

GÎTES DU CHÂTEAU DE JAVARZAY €€

9, avenue des Fils-Fouquaud

✆ 05 49 29 86 31

www.chateau-javarzay.fr/gites.html

Toute l'année. 30 €/lit (individuels), tarif dégressif jusqu'à 9 € (groupe). Pas de petit déjeuner.

Vous logez dans l'ancien moulin à huile du château de Javarzay. La roue est aujourd'hui disparue : à son emplacement, des plaques vitrées vous permettent d'observer le cours de la Boutonne. Deux gîtes sont à disposition, louables ensemble ou séparément, d'une capacité totale de 36 couchages (lits superposés). Chacun dispose de sanitaires. La cuisine équipée se trouve dans le gîte des Fleurs, qui comprend également une salle à manger-pièce de vie avec téléviseur.

DEUX-SÈVRES

NOUVEAU
BIENVENUE
AUX DEUX OURSONNES
À 30 MIN
DE NIORT
ZOODYSSÉE
LE PARC
DE LA FAUNE
SAUVAGE
EUROPÉENNE
800 ANIMAUX | FORÊT DE CHIZÉ (79)
UN SITE DU DÉPARTEMENT DES DEUX-SÈVRES

Vue de Celles-sur-Belle.

LES CHALETS DE LA HÉRONNIÈRE €€

4, route de la Chagnée
✆ 05 49 29 57 01
www.heronniere.com

Chalets de 5 à 7 personnes. A partir de 40 € par personne, tarif variable selon les saisons.

Implanté au cœur d'un domaine boisé de 21 ha, ce parc résidentiel de loisirs insolite dispose de 20 chalets (dont un aménagé pour les personnes à mobilité réduite) bien répartis autour d'un étang où en plus pêcher. Tous sont dotés d'une kitchenette, d'une douche et de w.c. séparés, d'une terrasse et du wifi. Vous profitez également d'une piscine couverte et chauffée, d'un chalet Zen (sauna, massages...), d'un boulodrome, d'un mini-golf et de divers sentiers à arpenter à pied ou à vélo.

RESTAURANTS DES CANARDS ET CAMPING LE MOULIN €

1, route de Niort ✆ 05 49 29 73 46
www.campingchef.com

Mar-sam 19h-21h (22h en été), dim 12h-14h. Plats à partir de 10 €. Tente seule dès 3,70 €, mobil-home 180 €/semaine.

Dans un moulin du XVIIIe siècle entièrement restauré en 2018. L'établissement est tenu par un couple de Britanniques : chaque dimanche, vous êtes convié au traditionnel rosbif. En marge de ce must, truites entières, moules, steak frites, plats végétariens ou sans gluten à la demande et menu asiatique à emporter. En été, vous prenez place autour du barbecue. Emplacements tentes et véhicules, 6 mobil-homes équipés (linge non fourni). Piscine. Animaux en règle acceptés.

CELLES-SUR-BELLE

Celles-sur-Belles, environ 4 000 hab., assurément l'un des trésors des Deux-Sèvres. La Petite cité de caractère vit au rythme de son abbaye royale du XVIIe siècle, œuvre de François Le Duc. Le mastodonte fut bâti à l'emplacement d'un lieu de pèlerinage fréquenté dès 507 par Clovis Ier. La place des Epoux-Laurant, très joli cœur de ville, est dominée par l'élégante et lumineuse église-abbatiale gothique Notre-Dame-de-Celles. Alentour, admirez l'église romane Saint-Maixent de Verrines-sous-Celles (XIe siècle, à 4 km) et la Talle à Teurtous, vénérable châtaignier de 16 m de circonférence (à 2,5 km).

Tourisme

Arrêtez-vous, même pour un pique-nique éclair dans les jardins de l'abbaye royale ou un dîner dans son Hostellerie bistronomique. Depuis 2013, la Belle a obtenu le titre de Ville en poésie. Flânez le long du promenoir poétique pour agrémenter vos découvertes de littérature. Celles-sur-Belle attirera tout particulièrement les amateurs de musique classique : l'abbaye royale organise tout au long de sa saison culturelle (mai-octobre) concerts, spectacles, dont 3 rendez-vous au rayonnement international : Les Estivales ArtenetrA, le festival du Souffle et Lumières du Baroque. Aussi, des master class à l'excellente renommée accueillent les musiciens de niveau supérieur (clarinette, piano...). A l'instar de l'académie Corps et Voix, qui invite toute personne ayant une pratique vocale individuelle ou chorale à perfectionner sa technique.

ABBAYE ROYALE

12, rue des Halles ✆ 05 49 32 92 28
www.abbaye-royale-celles.fr
Du 4 mai au 16 octobre, tous les jours 10h30-12h30 et 14h30-17h30. A partir de 7 € (adultes) et 3 € (10-16 ans).

Cette exceptionnelle abbaye du XVIIe siècle recèle plus de 1 000 ans d'histoire. Tout commence en 1095, alors qu'un prieuré dépendant de l'abbaye de Lesterps, témoin de plusieurs miracles, devient un lieu de pèlerinage en marge du chemin de Compostelle. Une abbaye (ordre de saint Augustin) est bâtie en 1137 : il n'en reste aujourd'hui que quelques vestiges, dont le fameux portail à voussures polylobées de l'abbatiale Notre-Dame-de-Celles. La seigneurie ecclésiastique est pratiquement rasée en 1568 durant la guerre de Religion. Il faudra attendre le XVIIe siècle et l'élan spirituel de la Contre-Réforme pour qu'un immense chantier de reconstruction soit entrepris, dirigé par l'architecte François le Duc.

Vous arpentez l'immense réfectoire, où sont régulièrement organisées des expositions, le cloître, l'église Saint-Hilaire, les collections d'objets de cultes et vêtements ecclésiastiques. Le ticket groupé inclut la visite audioguidée de la majestueuse église-abbatiale, baignée d'une étonnante lumière céleste, et le musée des Motos anciennes Pierre-Certain (12 euros/adulte). L'accès aux jardins à la française est gratuit, de même que celui des insectes et des simples, qui donne sur le moulin. Vous flânez près des bassins, grignotez un pique-nique champêtre à l'ombre bienfaisante des bambous (sanitaires en accès libre).

Quantité d'événements touristiques et culturels sont organisés durant la saison estivale. La programmation est régulièrement mise à jour sur la page Facebook de l'abbaye royale.

CHASSE AU TRÉSOR TÈRRA AVENTURA

Difficulté 3/5. 1h30 environ. 3 km.

Depuis le XVe siècle, un monstre terrifiant vivrait à l'intérieur de l'abbaye royale. Ne vous fiez pas à son apparence repoussante, car derrière cette férocité se cacherait un prince charmant : aidez-le à regagner sa forme humaine. « La Bête cherche sa Belle » est le parcours de géocaching Tèrra Aventura de Celles-sur-Belle. Une série d'énigmes vous mèneront à la fameuse cache et à son mot mystère : pour jouer en famille, téléchargez l'application smartphone !

FESTIVAL LUMIÈRES DU BAROQUE

✆ 07 67 04 04 73
3e semaine d'août. Pass 1 jour à partir de 24 €.

Dirigé par Gabriel Grosbard, ce festival de musiques baroques, en place depuis 1999, fait résonner les pierres de l'abbaye. Un thème est choisi chaque année (en 2022, vous (re)découvrez Jean-Sébastien Bach) pour être exploré sans les barrières ni les contingences dans lesquelles peut parfois s'enfermer la musique classique. Au programme, spectacles adultes et enfants, expos, conférences, bar, restauration locale et bio, boutique où faire le plein de musique.

LA MAISON DES FROMAGES DE CHÈVRE

1, avenue de Niort
✆ 05 49 16 67 16
Toute l'année. Du mardi au vendredi 9h-12h30 et 14h-18h. Samedi 9h-12h30. Entrée libre et gratuite, sauf ateliers.

© ANICAP

Au programme de cet espace vivant et ludique, une exposition interactive consacrée à l'histoire et au développement de la production caprine en Poitou (élevage, fabrication, diversité des fromages), 1re région française en la matière. Vous voyagez groupés ? Réservez un atelier pédagogique, dégustation ou des saveurs pour décrypter goûts et textures. D'innombrables merveilles à dénicher à la boutique : fromages, terrines, cosmétiques, mohair, couteaux... Animaux acceptés.

DEUX-SÈVRES

LA FLEUR DE CELLES

Tous les ans, fin septembre. Accès libre et gratuit.

C'est la manifestation incontournable du mois de septembre : une journée entière dans les jardins de l'abbaye royale consacrée aux plantes potagères, simples, espèces oubliées ou florales rares. Auprès d'une quarantaine de stands et de professionnels, vous achetez, troquez, échangez graines, plans et arbustes décoratifs. La rencontre met généralement les abeilles à l'honneur, autour d'interventions d'apiculteurs, d'animations découverte de leurs savoir-faire et des produits de la ruche. Des spectacles ponctuent généralement cette amusante journée au grand air.

LE DÉPANNEUR €€

11, route du Lambon

✆ 05 49 16 83 02

Lundi 12h-14h, du mardi au jeudi 12h-14h et 18h30-21h, les vendredis et samedis jusqu'à 22h.

Un pub, un dîner et son ambiance US ? Le Dépanneur est assurément le lieu où manger un généreux (et excellent) morceau, boire un cocktail, se prélasser, avec bière et nachos, devant le match diffusé sur écran géant. Vous avalez quantité de burgers maison, copieux et créatifs à souhait, tous servis avec leur frite et leur coleslaw. Au menu également, poke bowl monstre, pièces du boucher et la spécialité dont tout le monde a déjà rêvé, le burger'piz. Car le Dépanneur a aussi son adresse pizza, à déguster sur place (rue des Acacias) ou à emporter...

MUSÉE DES MOTOS ANCIENNES

12, rue des Halles

✆ 05 49 32 14 99

www.musee-motos-cellessurbelle.fr

Ouvert du 15/04 au 15/10. Horaires d'été : tous les jours 10h30-12h30 et 14h30-18h30. Adulte 4 €, 16-10 ans 3 €.

Une petite partie de l'exceptionnelle collection de motocyclettes réunie par Pierre Certain, mécanicien de métier et passionné niortais. L'homme, amateur de rallye, a restauré des dizaines de spécimens tout en créant ses propres modèles de course et leurs pièces de rechange. Il a cédé son fabuleux trésor à la mairie de Celles-sur-Belles, 200 engins européens et américains restaurés, en état de fonctionner, manufacturés entre 1900 et les années 1960.

HOSTELLERIE DE L'ABBAYE €€

1, place des Epoux-Laurent ✆ 05 49 26 03 18

https://hostellerie-de-abbaye.fr

Chambre double dès 78 €. Petit déjeuner 10 €. Du lundi au samedi 12h-13h45 (sf samedi) et 19h30-21h. Plat du jour 11 €.

Juste en face de l'église-abbatiale. Vous découvrez un univers à tomber, tout aussi confortable que sophistiqué. L'établissement propose plusieurs formules (et divers budgets), hôtel, appart'hôtel, restaurant bistronomique, brasserie et cave de dégustation. Divers espaces, donc, tous délicieusement arrangés. Les chambres ont été imaginées modernes et cosy. Côtés restos, vous profitez d'une cuisine créative régionale, exclusivement pensée autour de produits locaux et poissons issus de la criée de La Rochelle. L'été, on prendra son temps à la bien jolie terrasse.

MUSÉE DU POITOU PROTESTANT ★

Place de la Mairie - **BEAUSSAIS**

✆ 05 49 32 83 16

www.museepoitouprotestant.com

Du 9 avril au 10 octobre et en été du mardi au dimanche. Adulte 5 €, 8-14 ans 1,50 €.

Vous avez rendez-vous dans une église romane réformée. La visite dure environ 1h : 60 min passionnantes, durant lesquelles vous écoutez le témoignage de Jean Migault, natif de Thorigné au XVIIe siècle et exilé en Hollande. L'histoire des protestants du Poitou, la réforme de Calvin, les guerres de Religion en Deux-Sèvres, les dragonnades : vous buvez ses paroles. A découvrir aussi, le sentier huguenot (6 km entre Beaussais et La Couarde). Nombreuses animations culturelles.

LEZAY

Entre Rom et Melle, la petite ville cossue, assez vivante, rayonne pour son marché aux bestiaux, le 3e de France, le 2e pour ses veaux. Pas moins de 80 000 bêtes y transitent chaque année : RDV le mardi matin dès 5h15 pour assister à ce spectacle 100 % local, en marge de l'importante foire hebdomadaire organisée en ville depuis le XIIe siècle. Vous dégustez Chez Paco (en lieu et place du très réputé Restaurant du marché) la tête de veau de votre vie (mardi midi). Durant les Journées du patrimoine, vous visitez le logis de Bouhas, maison-forte des XIVe-XVIe siècles. Le canton compte de très nombreux cimetières protestants disséminés ici et là.

PLAN D'EAU DU MARAIS

✆ 06 66 60 41 67

De mars à mi-novembre. 7 € la journée.

Un plan d'eau dédié à la pêche créé par l'association locale dans les années 1990. Il est aujourd'hui situé à proximité du centre aquatique de Lezay et du camping. Equipé d'une buvette. Achat des entrées (de la demi-journée à la saison entière) sur place ou au magasin de bricolage de la place du Champ-de-Foire. Les spots de pêche sont nombreux dans le canton. Avis aux amateurs de rivière : rendez-vous également sur La Dive. Pour en savoir plus sur l'activité en Deux-Sèvres, rendez-vous sur le site de la fédération départementale www.peche-en-deux-sevres.com

CHEZ PACO €€

Rue du Pré-de-l'Étang

✆ 05 49 29 45 01

Mardi-vendredi 12h-14h/19h-22h, samedi 19h-23h, dimanche soir. Tête de veau 16,50 €, pizzas à partir de 9,50 €.

Le mythique Restaurant du marché s'en est allé pour laisser place à Chez Paco, pizzeria-grill de haut vol. Aux commandes, l'enthousiasmant François, maître de la cuisson au feu de bois et des frites maison à la graisse de bœuf. Vous dégustez sans doute – mais cela est une affaire de palais –, la meilleure viande rouge des environs. Vous retrouvez la légendaire tête de veau le mardi, avec vue sur le marché aux bestiaux. Pizzas (livraison possible). Cocktails signature. Car Paco c'est aussi une bonne adresse où prendre l'apéro et, pourquoi pas, faire un peu la fête.

ROM

Tous les chemins mènent à Rom, mais prononcez *ron*. Située sur la voie impériale Poitiers-Saintes à quelques km du département de la Vienne, la cité gallo-romaine de Rauranum s'est développée à partir du Ier siècle de notre ère, jusqu'au Ve siècle. Depuis 1994, des fouilles archéologiques ont été entreprises sur les 40 ha du site pour mettre à jour thermes, temples, villas, échoppes d'artisans, quantité d'inscriptions lapidaires et d'artefacts. Une fabuleuse collection de trouvailles est exposée entre les murs de l'ancien presbytère autour d'un ludique parcours de visite. Passionnés d'Antiquité romaine, il s'agit là d'une étape incontournable !

MUSÉE DE RAURANUM ★★★

1, place de l'Eglise

✆ 05 49 27 26 98

D'avril à fin octobre. Juillet août mardi-vendredi 10h-12h/14h-18, le week-end l'après-midi. Entrée 5 €, ateliers 5 €.

Installé dans l'ancien presbytère, ce Musée a pour mission de présenter le site de l'antique cité de Rauranum. Rauranum est l'ancien nom de Rom, lorsque la cité était encore une agglomération gallo-romaine. A l'époque, elle s'étendait sur environ 40 ha au sud du village actuel. L'emplacement – important à l'époque – a été choisi à la fois pour sa rivière à proximité, mais aussi parce qu'il était au croisement de voies romaines – la voie impériale reliant Poitiers à Saintes. Occupée principalement du Ier au IVe siècle apr. J.-C., l'agglomération s'est déplacée ensuite vers le nord, pour se fixer au Ve siècle, à l'emplacement du village actuel.

Les vestiges ont été découverts à partir de 1840, mais c'est à la fin du siècle que sont lancées les campagnes de fouilles officielles. Vers 1995-1996, elles ont permis de mettre à jour un premier noyau urbain du Ier siècle ainsi qu'un second des IIe et IIIe siècles. Temples, thermes, villas et trois ateliers artisanaux (avec four, forges...), boutiques, écuries et leur kyrielle d'objets ont ainsi été découverts.

Grâce à une muséographie didactique, active et ludique, chacun pourra tout à la fois admirer et mieux comprendre ce fabuleux patrimoine. Dessins explicatifs mettant en scène les objets présentés, BD, jeux romains, atelier fouilles sur le chantier reconstitué : vous vous éclatez !

Le musée choisit chaque année une thématique autour de laquelle construire son (dynamique et amusant) programme d'animations. Celui de 2022 donne l'eau à la bouche : gastronomie et arts de la table dans l'Antiquité romaine (apéros, dégustations, conférences ; le programme est largement diffusé sur la page Facebook). Vous attendent également des journées d'époque. Ainsi, des bénévoles font revivre certaines scènes avec défilé des soldats dans les rues de Rom, saynètes de ventes d'esclaves ou encore le recrutement de futurs légionnaires.

Pendant la fête de la Science, le premier week-end d'octobre, de nombreux ateliers sont aussi proposés afin de permettre aux petits et grands passionnés de découvrir l'aspect scientifique de l'archéologie, et plus largement les sciences humaines. Si vous êtes dans les parages le week-end d'Halloween, ne manquez pas les expositions et animations organisées autour des origines de Samhain, la première des 4 grandes fêtes religieuses de l'année celtique protohistorique. Et à la belle saison, vous participez aux Jeudis de l'été (ateliers mosaïques, etc.). Bref, c'est un musée passionnant, à voir absolument, pour combler (ou susciter) les envies de toute la famille !

LA MOTHE-SAINT-HÉRAY

La Mothe-saint-Héray doit sa notoriété à sa superbe Orangerie du XVIIe siècle et à sa programmation culturelle. En été, vous participez à diverses activités, insolites visites guidées des cimetières protestants ou des jardins secrets alentour, festival d'art contemporain, etc. Les jeudis et vendredis, au marché, fondez pour les spécialités locales : la fouace, fameuse brioche de Gargantua ; le Mothais, fromage de chèvre sur feuille de châtaignier. Ancien haut lieu du sport auto, la Petite cité de caractère est le fief d'une foire aux pièces détachées (salon Rétro-locomotion, oct.) et de deux courses rétro : la Montée historique (démonstration, oct.) et la Ronde de Chambrille (navigation, août).

Histoire

La dame de Chambrille, héroïne d'une sanglante légende et prête-nom du célèbre rocher. Un sentier vous mène rencontrer l'amoureuse assassinée que le chagrin a changée en pierre. Le 1er week-end de septembre, arrêtez-vous à la fête des Rosières, perpétuée dans toute son intégrité depuis 1821. A sa mort en 1816, Me Chameau, avocat mothais, lègue sa fortune à la maison des Rosières et la charge de doter les jeunes filles vertueuses et d'organiser leurs noces (au XVIIIe siècle, le couronnement de la Rosière est une tradition répandue partout en France). L'établissement a fêté ses 200 ans en 2021, récompensant sa 376e Rosière, Solène, dont le mariage a été célébré dans le respect du protocole.

DEUX-SÈVRES

LA FÊTE DES ROSIÈRES

✆ 06 50 12 78 89

Tous les ans, le 1er week-end de septembre du vendredi au dimanche. Animations gratuites et payantes.

De 1821 à 2021, 376 Rosières ont reçu la fameuse dot de l'établissement des Rosières (2 000 €) : ce mariage traditionnel mothais continue d'être célébré dans son intégralité. Les fiancés de -40 ans et ayant des attaches melloises sont appelés chaque année à postuler pour constituer le point central de l'événement (Solène et Kévin en 2021). Au programme, 3 jours de festivités : feux d'artifice, cérémonie religieuse (Madame doit coiffer le caillon), parade des mariés, bal des Rosières, cavalcade de chars, etc. La course à pied des Rosières a lieu le dimanche.

L'ORANGERIE

Allée de l'Orangerie

✆ 05 49 05 19 19

Toute l'année. Jardins du 15 mai au 31 octobre. Accès libre.

L'Orangerie de La Mothe-Saint-Héray est ce qu'il reste du château de La Mothe, puissante forteresse moyenâgeuse remaniée au XVIIe siècle. Le bâtiment, œuvre de Nicolas Tillon, maître maçon de la ville de Richelieu, est inauguré en 1634. Il abrite aujourd'hui une galerie d'expositions couronnée d'une superbe charpente en coque de bateau renversée. Vous déambulez dans ses jardins à la française au fil de deux itinéraires. L'Orangerie accueille chaque année le festival d'art contemporain Les Nouvelles Métamorphoses (juin) et le Salon du livre ancien (octobre).

SYNDICAT D'INITIATIVES - MOULIN L'ABBÉ

16, rue du Pont-l'Abbé ✆ 05 49 05 19 19

www.moulin-labbe.fr

9/04-30/06 : 14h30-17h30, fermé mar-mer. 1/07-31/10 : mer-sam 10h30-12h30 et 14h30-18h30, dim-lun 14h30-18h30. 5 €.

Ce moulin à eau du XIe siècle a conservé son extraordinaire mécanisme de minoterie (1920, en état de marche et inscrit à l'inventaire des Monuments historiques). Outre le syndicat d'initiative, il abrite 2 collections permanentes, l'une consacrée aux Rosières, tradition vivace perpétuée depuis 1816, l'autre à la géologie. Chaque année, 2 expositions temporaires y sont organisées. Le cadre est charmant, à fleur d'une Sèvre cristalline qui prend sa source à Sepvret, à 10 km.

THUNDER ROADHOUSE €€

29, route de Pamproux ✆ 07 78 32 91 99

www.thunderroadhouse.fr

Chambre double 60 €. Petit déjeuner continental 7,50 €. Dîner et son verre de vin 15 € (sur réservation).

Avis aux bikers et aux cyclistes ! Katrin et Gert, motards passionnés et créateurs du groupe local Rencontrer des motards, ont imaginé ce gîte comme un routier à l'américaine : un endroit où dormir, se restaurer, rencontrer du monde autour d'une bière et bichonner tranquillement sa bécane. Vous profitez d'un lieu cosmopolite et convivial, d'installations douillettes, d'un breakfast à l'allemande, d'une chaleureuse cuisine française, d'un garage et de l'extrême gentillesse de vos hôtes (qui parlent le français). L'adresse est très appréciée : réservez en avance !

SAINT-MAIXENT-L'ECOLE ★

Saint-Maixent-l'Ecole, 11 500 hab., à 25 km à l'est de Niort. Elle est fondée par le moine oratorien Agapit en 459. En 480, Adjutor le rejoint, prenant le nom de Maixent. En 515, Maixent meurt en saint ; l'abbaye fondée à l'emplacement de sa cellule au VIIe siècle témoigne de cette vénération, que les rois mérovingiens entretiennent à force de richesses. Plusieurs siècles de prospérité mènent à l'érection d'une église (940) où l'on conserve (toujours) les reliques du patriarche. Désignée place forte militaire au XIIe siècle, Saint-Maixent-l'Ecole n'a rien perdu de sa vocation, indissociable de l'EMI, créée au XIXe siècle, devenue Ecole nationale des sous-officiers d'active en 1963 (Ensoa). 2 500 jeunes y sont formés chaque année.

Histoire

Tourmentée Saint-Maixent : les invasions normandes (IXe siècle), le tremblement de terre de 1059, une succession d'incendies jusqu'au XIIe siècle la ravagent. Prise durant la guerre de Cent Ans, libérée en 1372, elle souffre ensuite des guerres de Religion (XVIIe). Ses remparts du VIIe sont rasés en 1740 ; de là, le comte de Blossac engage une importante campagne de rénovation urbaine, la dotant des allées Vertes et de la place Denfert où s'intègre l'emblématique porte Chalon (1750). Malmenée elle aussi, la richissime abbaye bénédictine décline à la fin du XVIIIe siècle. La Convention (1793) lui confère une première affectation militaire, confirmée à partir de 1861. Plusieurs unités d'infanteries s'y succèdent. En 1886, le bâtiment devint la caserne Canclaux, définitivement fermée en 2010.

Tourisme

Derrière l'ensemble académique de la porte Chalon niche un pittoresque centre-ville où s'entrecroisent venelles, hôtels particuliers (Balizy, de Chauray, Pied-Foulard) et bâtisses médiévales à pans de bois (maison de l'Apothicaire). Passez voir ses irréductibles défenseurs, à l'instar de Manhattan Vinyle, le disquaire de la place du Marché. Arpentez le charmant quartier de l'abbatiale, jolie carte postale védutiste où gisent, en face de l'abbatiale, les ruines de l'église Saint-Léger, une chapelle gothique et la crypte du VIIe siècle. Changez de décor en flânant en bord de Sèvres, le long du quai des Tanneries. Mieux vaut visiter Saint-Maixent-l'Ecole le samedi, qui reprend vie autour de ses halles Baltard et du marché, sinon durant la foire-expo.

ABBATIALE SAINT-MAIXENT

rue de l'Abbaye

Accès libre.

Erigée au XIIe siècle à l'emplacement de deux édifices (VIIe et XIe siècles), dont il reste des vestiges : deux fenêtres dans le transept sud et des colonnettes dans la crypte. Partiellement détruite durant la guerre de Cent Ans puis au cours des guerres de Religion, l'église fut plusieurs fois remaniée, notamment par François Leduc. A la fois romane et gothique flamboyant, elle présente des éléments très intéressants, outre ses dimensions et sa lumière : un rare jubé du XVIIe siècle ainsi que les sarcophages des saints Maixent et Léger (VIe-VIIe siècles).

MUSÉE DU SOUS-OFFICIER

✆ 05 49 76 85 31

www.museedusousofficier.fr

Du lundi au jeudi 10h-12h et 14h-17h30. Visites guidées à 10h30 et 15h. Fermeture annuelle durant les fêtes. Gratuit.

Depuis 1986, le musée du Sous-Officier de Saint-Maixent s'est donné pour mission de faire à la fois rayonner l'histoire militaire de sa ville d'attache mais également de retracer celle du sous-officier français de l'Ancien régime à l'époque contemporaine. Y sont également conservés les objets de la salle d'honneur du 114e régiment d'infanterie, très engagé dans la libération de la France. Colloques et expositions thématiques temporaires y sont également organisés. Le site fait partie des 15 musées de tradition de l'armée française.

LE PUITS D'ENFER

Chemin du Puits-d'Enfer - Exireuil

Zone d'intérêt biologique hébergeant des espèces rares, célèbre pour sa légende : un paysan, ses bestiaux et sa charrette auraient glissé puis disparu dans la chute du Puits d'Enfer, accident nimbé de mystère puisqu'on n'en retrouva aucune trace. Plusieurs sentiers de randonnée pédestre escarpés ont été aménagés autour de la fameuse (et superbe) cascade, au gré desquels vous découvrez une nature contrastée, un magnifique panorama sur le fossé d'effondrement de Saint-Maixent ainsi qu'un chêne têtard classé. Un parcours Tèrra Aventura pimentera votre balade.

RENCONTRES INTERNATIONALES FOLKLORIQUES ENFANTINES

BP 30053

http://www.rife.asso.fr

5 jours en juillet. Gratuit.

Plus connu sous son acronyme, le RIFE, met chaque été les enfants du monde à l'honneur, invitant nombre de formations de jeunes danseurs, acrobates et musiciens. Direction les cultures, les arts et les traditions populaires d'ici (ensembles régionaux) et d'ailleurs (Mexique, Ukraine, etc.). En famille, vous admirez la prestance de ces artistes en herbe, de même que leurs costumes bigarrés. Un rendez-vous qui suscitera, on n'en doute pas, les vocations... Buvette, concerts.

OFFICE DE TOURISME DU HAUT VAL DE SÈVRE

1, rue Denfert-Rochereau

✆ 05 49 05 54 05

www.tourisme-hautvaldesevre.fr

Du lundi au vendredi 9h30-12h30 et 13h30-17h30, le samedi 9h30-13h.

Ce haut lieu d'information est ouvert toute l'année. C'est ici que l'on déniche itinéraires de randos à pied ou à vélo, dont la Véloroute 94 qui relie Echiré à Chenay (60 km), idées de spots au fil de la vallée de la Sèvre, adresses d'hébergements insolites, billets de spectacles, visites guidées, souvenirs divers. Le site internet est très bien fait : vous y téléchargez notamment le très complet magazine touristique local ainsi que la brochure consacrée à Saint-Maixent.

HORTENCIA - HÔTEL DU CHEVAL BLANC** €€

8, avenue Gambetta

✆ 05 49 05 50 06

www.hortenciahotel.com

Chambre double à partir de 59 €, petit déjeuner 7,50 €.

L'établissement se trouve juste en face du musée du Sous-Officier, en plein centre-ville. Les chambres, récemment rénovées, ont gagné en confort, particulièrement la literie. On salue la disponibilité du personnel, la propreté des lieux, les chambres adaptées aux voyageurs à mobilité réduite, notamment les vastes sanitaires. Pas de service de restauration, sachant que les commodités demeurent à deux pas. Le parking privé gratuit vous permet de déambuler à pied l'esprit tranquille.

L'ATELIER €€

place du Marché

✆ 05 49 25 14 06

Mardi-mercredi 12h-14h, jeudi-vendredi 12h-14h et 19h-23h, samedi 8h-15h et 19h-23h. Planche 17 €.

La maison d'Alexandre Laroche, maître restaurateur. Ce superbe et appétissant resto loge dans les halles : il faudra y réserver (sinon, aucune chance d'en profiter) une table le samedi, jour de marché. Vous dégustez d'appétissantes planches à partager : classique, festive, fondante, géante (1 mètre de bonheur en versions salée et sucrée). L'Amour en cage, le dessert signature, vous prendra au piège... Une formule midi, un burger, des pièces de viande et de poissons du marché ainsi qu'une très belle sélection de vins vous sont également proposés.

LA POTÉE OSE €€

21, rue de la Chapellerie

✆ 05 49 05 38 31

http://lapoteeose.fr

Ouvert le midi, du jeudi au dimanche et le soir, du jeudi au samedi.

Depuis 10 ans, Marie-Laure élabore une cuisine militante à base de produits frais et locaux de saison. Variétés locales ou anciennes, sont d'origine fermière, des environs et bio si possible. Son ambition : faire redécouvrir leurs saveurs oubliées à travers une carte resserrée changeant chaque semaine. Plats mijotés, potées en hiver et assiettes fraîcheur découverte en été sont au programme. Sa cuisine savoureuse s'adresse à tous, végans et végétariens inclus. Pour les régimes sans gluten, prévenir à l'avance. A découvrir pour s'alimenter sainement !

BEL'ART - BOUTIQUE DE CRÉATEURS

33, place du Marché

✆ 06 09 99 63 72

Du mardi au samedi 10h-19h.

Jolie boutique réunissant les créations de 33 artistes et artisans locaux, dont Estelle Bonnaud, l'unique girouettière de France paraît-il ! Vous dénichez tout un tas de jolis souvenirs faits main, tricots, layettes premier âge, savons naturels, plantes déco, confitures et autres accessoires zéro déchet. Quelques pièces d'arts plastiques. On repart forcément avec un petit quelque chose. Vous passez en la compagnie de sa propriétaire un très agréable moment.

DEUX-SÈVRES

DEUX SÈVRES
LE DÉPARTEMENT
79
Deux-Sèvres
2 fois plus
d'escapades
tourisme-deux-sevres.com
Département des Deux-Sèvres - Crédit photo : Le Cré Jaune / Virginie Pegoraro - Juin 2022

www.petitfute.com
1er site d'information touristique
GUIDES DE VOYAGE
ADRESSES ET AVIS
EXPÉRIENCES
IDÉES DE SÉJOURS
JEUX CONCOURS
BONS PLANS
PLUS D'INSPIRATION SUR
petit futé

XTRÊM LIMIT

1, rue Cavaillés
✆ 05 49 35 10 95
www.xtrem-limit.com
Du mardi au samedi 10h-12h et 15h-18h.

Le surplus militaire par excellence ! En marge des uniformes, écussons, Rangers de l'armée française et autres objets de collection, Xtrêm Limit fera le bonheur des aventuriers-baroudeurs. Une immense collection de gadgets high tech vous est proposée, équipements de bivouac, matériels d'orientation, vêtements *outdoor* aussi abordables que résistants. Visitez le site Internet, qui vous donnera une idée de la richesse et de la créativité du catalogue... Une boutique étonnante et pleine de ressources qui vous donnera beaucoup d'idées de voyages !

LE BFOR

12, avenue Gambetta
✆ 05 49 75 13 60
Mar. et mer. 11h30-14h30 et 17h-23h, jeu. jusqu'à minuit, ven. et sam. jusqu'à 1h30, dim. 18h-23h.

Le Bfor est l'adresse où sortir à Saint-Maixent. A la fois bar à bières et débit de burgers (maison), le lieu abrite également un vaste jardin où boire un verre en profitant des braseros et du set électro. La maison s'illustre pour ses soirées thématiques très très festives : retransmissions de matches de foot, 1-2-3 soleil géant, féria et taureau mécanique, salsa cubaine et ses mojitos. Rendez-vous pour la plupart pimentés de concerts ou de DJ. Vous y faites la fête, tout simplement, en attendant que l'Hacienda ne vous fasse du gringue...

COMPLEXE CLUB L'HACIENDA

A environ 8 km au sud de Saint-Maixent-l'Ecole.
Vendredi et samedi 23h45-7h, dimanche 01h-7h. Gratuit le vendredi pour les filles. Tarifs selon soirées.

C'est l'un des clubs les plus fréquentés des Deux-Sèvres, créé par l'équipe du Bfor (des navettes font le trajet). Vous faites la fête jusqu'au matin à l'intérieur et à l'extérieur, autour de la piscine. DJ, showcases : vous naviguez entre les invités. Toute l'année, des tonnes de surprises y sont organisées : soirées live tubes 100% français, mètre de shooter offert si c'est votre anniversaire, spéciale Percent (100 jours avant le bac). La page Facebook vous sert le programme à la minute et pouvez y acheter vos places en préventes.

PAMPROUX

Pamproux, 1700 hab. Situé à une quinzaine de km de Saint-Maixent-l'Ecole, le très joli village jouxte les tumulus de Bougon. Vous y faites un rapide passage, notamment pour embrasser la vue du centre-bourg et sa superbe halle du XVIIIe siècle attablé à au bar-restaurant éponyme (cuisine savoureuse). A 5 minutes, vous découvrez la Côte-Belet et ses pelouses sèches bocagères, environnement menacé piqué, au printemps, d'une vingtaine d'espèces d'orchidées sauvages. Les coteaux sont plantés de vignes, vestiges de l'activité viticole d'antan, à l'origine de la sympathique Fête des vendanges (début octobre) : rando, vendange et pressage, cortège musical...

PETIT COURAULT - RESTAURANT ET CHAMBRES D'HÔTES €€

✆ 05 49 04 29 32
www.petitcourault.com
Tous les midis sauf mardi. Le soir du mer. au sam. à partir de 19h30. Menu dès 25 €. Chambres d'hôtes dès 90 €/nuit.

La table est réputée excellente quoiqu'un peu chère. On salue une cuisine de bistro créative et ses plats signature conçus autour de produits de très belle qualité, dénichés dans le verger-potager du resto et chez les producteurs alentour. Vous salivez au regard de cette pièce de bœuf parthenaise, à apprécier dans son cadre féérique : un moulin du XVIe siècle posé au bord du Pamproux. 3 chambres d'hôtes champêtres et délicatement décorées, elles aussi à fleur d'eau.

BOUGON

Petite commune rurale de 177 hab., Bougon, du nom de la rivière qui la traverse, se situe à 5 km au sud de Pamproux et à 3 km de la superbe Exoudun (en pays Mellois). Son territoire est peuplé dès la Préhistoire : en témoignent divers monuments mégalithiques d'importance, tels que le dolmen des Sept-Chemins ou la Pierre levée. Bougon doit sa célébrité à sa nécropole néolithique particulièrement bien conservée (4700 av. J.-C.) parmi les plus anciennes d'Europe, ainsi qu'à son musée de la Préhistoire. Le site et son parcours découverte, ouverts à la visite d'avril à fin novembre, raviront les petits et les grands avides de revivre l'Âge de pierre !

DEUX-SÈVRES

MUSÉE DES TUMULUS ★★

Lieu dit La Chapelle ✆ 05 49 05 12 13
www.tumulus-de-bougon.fr
Ouvert du 1er avril à la fin des vacances de la Toussaint. Horaires variables selon les saisons. Adulte 6 €.

Il y a 6 000 ans, nos ancêtres déplaçaient des pierres énormes pour ériger les tumulus, monuments funéraires mégalithiques. Ici, six tumulus ont été mis au jour au XIXe. Le musée a pour but la conservation de ces tombeaux préhistoriques et la mise en valeur des diverses cultures néolithiques qui ont conduit les humains à construire ces monuments, et propose régulièrement des expositions temporaires. Le parc comprend aussi un parcours de découverte, un jardin botanique, des reconstitutions d'habitations...

LES LÉGENDES OUBLIÉES DU VAL DE SÈVRE

✆ 06 11 32 12 70
http://randoendeuxsevres.fr
Boucle à cheval de 28 km (5h). Balisage orange.

Une bien belle balade au gré du pas des chevaux et du patrimoine local, pigeonniers du XVIIIe, logis, cimetières familiaux. Au départ du pont romain au confluent du Chambon et de la Ligueure, vous traversez les villages typiques de Puy Belin ou de Chamiers, Paunay, Saivres, où vous apercevez les châteaux d'Isabeau de Verrières (son gisant se trouve dans l'église) et de l'Herbaudière (privés), Augé et ses maisons Renaissance. Vous passez également par l'arboretum d'Azay-le-Brûlé.

AZAY-LE-BRÛLÉ

Paisible commune aux 12 villages, Azay-le-Brûlé. S'y cachent quelques sites d'intérêt. Le pont romain, positionné sur le chemin gaulois Chevaleret (toujours visible), est le point de départ de randonnées à pied ou à cheval (équipements pour vans et chevaux). C'est aussi un lieu de pêche très apprécié des habitants. On remarque également l'église romane Saint-Barthélemy, rattachée à l'abbaye de Saint-Maixent au XIe siècle ; le prieuré bénédictin éponyme, érigé vers 1300, fortifié au XVe siècle puis doté d'un cloître. L'architecture vernaculaire est ravissante, hameaux paysans, lavoirs, cimetières, châteaux à découvrir au gré de vos flâneries.

LES DEMEURES DE VALETTE*** €€

A environ 6 km d'Azay-le-Brûlé.
✆ 05 16 25 10 32
www.lesdemeuresdevalette.fr
Chambre double à partir de 80 €. Petit déjeuner continental 10 €. Brunch 16 €.

Hôtel de charme à la campagne. Vous découvrez une bâtisse de caractère, ses deux gîtes (5 et 6 chambres), son cadre verdoyant exquis, son parc boisé propice à la détente. On tombera amoureux des chambres, toutes si jolies, rénovées avec beaucoup de goût. On aime le mobilier design, le linge de lit immaculé, la douce chaleur du parquet et des moulures. La piscine à débordement et sa terrasse achèveront de vous convaincre de rester encore un peu plus. Brunch sur réservation.

CARRIÈRE DE RICOU

www.lhommeetlapierre.com
Toute l'année.

La carrière de Ricou, exploitée jusque dans les années 1950, constitue désormais un Espace naturel sensible. Son front de taille illustre certaines périodes géologiques : ses ammonites attestent de la présence d'une mer. Les 7 habitats naturels qui la composent abritent plusieurs espèces protégées dont l'Azuré du Serpolet, papillon associé à l'origan des pelouses sèches (situées au-dessus du front de taille). Le site est équipé d'un sentier pédestre de 1 km. Une multitude d'animations gratuites y sont organisées l'été par l'association l'Homme et la pierre.

CHEZ STEFF €

41, rue de l'Hommeraie
✆ 07 78 26 71 20
Du mercredi au dimanche 10h-14h et 17h-00h. Le mardi 17h-14h. Burger-frites 13 €.

La pétillante Stéphanie a ouvert son bar-resto, déjà bien réputé, en mai 2021, imaginant un lieu généreux, convivial, éclectique. Le pari est réussi ! Bien connue dans sa région, votre hôtesse, par ailleurs spécialiste de la junk food maison, vous soigne : ses burgers et pommes frites à la graisse de bœuf ou de canard font l'unanimité ! Vous profitez également du barbecue et de la carte des bières : Madame est ambassadrice Paix-Dieu. Un cocktail, une assiette de charcuterie corse, un concert reggae, un dancefloor bondé : on n'est pas bien là ?

TUMULUS DE BOUGON
VIVEZ LA PRÉHISTOIRE !
© we-we.fr, V. Pegoraro CD79 - Réalisation : service com. Dép. 79
Site préhistorique · Musée · Animations
WWW.TUMULUS-DE-BOUGON.FR
UN SITE DU DÉPARTEMENT DES DEUX-SÈVRES
DEUX SÈVRES LE DÉPARTEMENT 79

GIROUETTES À TOUS VENTS - ESTELLE BONNAUD

Les Noues Fonvérines
✆ 05 49 05 43 83
www.girouettesatousvents.fr
De mars à décembre, sur rendez-vous.

Estelle Bonnaud est l'unique girouettière française, par ailleurs le seul artisan de sa catégorie à travailler l'acier à la cisaille à main. En marge de ses girouettes (modèles ou commandes sur mesure), elle crée clochettes d'entrée, enseignes, bougeoirs, porte-encens et porte-clefs. Visitez son atelier : vous découvrez ses outils et savoir-faire, qu'elle tient d'un maître autodidacte. Vous retrouvez ses créations partout en France, sinon à Saint-Maixent (boutique Bel'Art).

A FLEUR D'EAU

1, chemin de la logette ✆ 06 09 73 59 58
www.parc-deuxsevres.fr
Du 1er avril au 30 sept. Tlj de 14h à 19h. Adulte : 5 €. Enfant (de 4 à 10 ans) : 4 €. Visite libre ou guidée.

Un véritable havre de paix que cette propriété familiale de 5 hectares aménagée de prairies fleuries, de potager gourmand, de verger, de sous-bois et d'un ruisseau chantant. Une grande promenade au calme vous attend, guidée ou libre (avec ou sans audioguide), ponctuée non sans humour, de sculptures imaginées par votre hôte dans sa galerie à ciel ouvert. Les ambiances changent. Guidés par les jardiniers, bosquets et massifs s'épanouissent. La rivière chante, les insectes, les oiseaux et les loutres se plaisent, les visiteurs se ressourcent. Une belle pause.

CHERVEUX

Cherveux, 1934 hab., ravissante commune rurale, célèbre pour ses maisons de maître, ses logis seigneuriaux et son château-forteresse du XVe siècle. Celui-ci fut érigé à l'emplacement d'une motte féodale, bien qu'une légende lui confère une origine sorcière : il aurait surgi d'une dorne de pierre que la fée Mélusine aurait laissé tomber une nuit de noire lune en survolant la région. Promeneurs du dimanche, amateurs de vieilles pierres ou sportifs accomplis trouveront ici leur bonheur : de charmantes ruelles, l'église Saint-Pierre-aux-Liens et ses vitraux, le Run'Ature, course de 18 km (octobre), le plan d'eau et son amusant téléski nautique...

LES LOGIS DE CHERVEUX

Départ au parking de l'ancien temple.
Toute l'année. Itinéraire pédestre de 10.5 km (2h45). Balisage jaune.

Le château suzerain de Cherveux est entouré de demeures vassales de belle allure. Vous les découvrez tout au long de cette boucle : logis de Seneuil, château de la Carte, domaine de la Roche-Cantin, forteresse de Valière ou encore logis des Francs, érigés autour du XVe siècle. Le parcours est ponctué de bien d'autres curiosités, au-delà du panorama romantique, châtaigniers centenaires, chemin des Ramées (ancienne route des pèlerins de Compostelle), la pompe du Plan (1880) et le cadran solaire de Cherveux (1836). La balade est enchanteresse !

CHÂTEAU DE CHERVEUX ★

2, place de l'Eglise ✆ 06 43 46 98 23
http://www.chateau-de-cherveux.com
D'avril à octobre. Les samedi et dimanche à 16h, groupes en semaine sur réservation. Adulte 10 €, enfant 5 €.

Rebâti en 1464 par l'Ecossais Robert Cunningham, frère d'armes du seigneur de Parthenay contre les Anglais puis capitaine de la garde de Louis XI. Son exceptionnel cachet provient de l'agencement de divers corps de bâtiment que relient tours et tourelles à pan coupé. Le donjon en étoile, entouré de douves, est un chef-d'œuvre du genre. Il intègre un chemin de ronde sur mâchicoulis couvert d'une haute toiture dont on aperçoit les charpentes. A l'intérieur, 6 niveaux grandioses, des cheminées monumentales, une série de culs de lampe de très grande qualité.

PLAN D'EAU DE CHERVEUX / SAINT-CHRISTOPHE

A environ 3.5 km du centre-bourg.
✆ 06 31 55 11 06
http://woodwakepark79.com
Accès libre et gratuit, activités nautiques d'avril à octobre.

Sur un vaste terrain arboré de 6 ha. Autour du plan d'eau, vous vous adonnez à de nombreuses activités : baignade surveillée (de juin à septembre), toboggan aquatique, paddle (location sur place), mini-golf, tennis, pêche (carte obligatoire), pétanque, accrobranche. Surtout, le site abrite l'unique téléski nautique des Deux-Sèvres. Wakeboarders et skieurs nautiques s'en donneront à cœur joie. Restauration rapide et camping : 50 emplacements tentes et 4 chalets équipés.

PARTHENAY ★★

On dit qu'elle fut créée par Mélusine. Son histoire mouvementée démarre avec celle de ses seigneurs et l'érection du château (XIe siècle). Les Parthenay-l'Archevêque, vassaux des comtes de Poitiers, mais alliés du bloc Anjou-Plantagenêt, en feront jusqu'en 1425 une puissante centralité politique dotée d'ateliers prospères (cuirs et textiles). En outre une halte jacquaire grouillante d'un itinéraire secondaire de Compostelle relié à la via Turonensis (GR 36). La cité médiévale change de cap en 1882 : l'arrivée du chemin de fer attire les industriels, parmi lesquels un certain Jean Panzani, qui convertit une fabrique de chaussures en usine de pâtes sèches...

Tourisme

Relativement épargnée par les guerres de Religion, malgré les chantiers d'urbanisation lancés par les ducs de La Meilleraye au XVIIIe siècle, Parthenay, ville d'Art et d'Histoire, conserve son atmosphère médiévale. La porte Saint-Jacques, son châtelet-emblème, vous mène à un éblouissant cœur historique. A l'abri des vestiges des fortifications, vous naviguez d'un quartier à l'autre : Saint-Jacques, autrefois tisserand – les pèlerins de Compostelle y trouveront le gîte (8, rue de la Vau-Saint-Jacques, crédential obligatoire) ; de la citadelle, où l'on sera happé par la sublime façade de Notre-Dame-de-la-Couldre (XIIe) ou par les restes du château ; les faubourgs Saint-Jacques et Saint-Paul (dit des Tanneurs), posés près du Thouet. Sans oublier le quartier Saint-Laurent, très commerçant, où siègent les halles Baltard (marchés les mercredis et samedis).

Car Parthenay est aussi une cité bouchère. C'est au XIXe siècle qu'est baptisée la Parthenaise, race bovine à la robe rose-froment qui alors prospère dans l'Ouest. Depuis 1893 – c'est d'ailleurs l'une des 1res, elle est soumise à l'enregistrement au livre généalogique. En déclin durant le XXe siècle, son élevage est revalorisé à partir des années 1980. Jetez un œil aux amusants marchés aux bestiaux, dits au cadran. S'y cache le resto au meilleur rapport qualité-prix de la ville, le Pélican.

Spectaculaire Parthenay ! Son FLIP, ou festival ludique, lui confère depuis 1986 une renommée mondiale. Toute l'année, entre autres par l'association ah?, c'est une éblouissante programmation théâtre-danse-musique-arts du cirque et de la rue qui vous est proposée, kyrielle de festivals et d'inattendues curiosités (à l'instar de Mo, marionnette géante de l'Homme debout venue déambuler en 2021).

Quartier médiéval.

BAR-BRASSERIE LE COUPE GORGE

2, rue de la Vau-Saint-Jacques
✆ 07 04 30 28 41
www.lecoupegorge.fr
Du mardi au dimanche 11h-2h.

Le pub à concerts du centre-ville de Parthenay loge dans une bâtisse du XVe siècle. La bière artisanale et la musique live y sont à l'honneur. S'y produisent quantité d'artistes jazz, rock et autres chansonniers tous azimuts. Expos, bœufs improvisés, journées jeux, soirées cabaret animent ce lieu créé pour être convivial et festif, inspiré des boîtes à chansons québécoises. La bière, brassée maison et sur place, y est aussi fraîche que créative !

FESTIVAL « AH » DANS LA RUE

7, rue de la Citadelle
✆ 05 49 64 24 24
www.ahsaisonetfestival.com
Tous les ans, au mois de mai.

Chaque année le centre-ville de Parthenay est pris d'assaut par des artistes théâtreux, forains, circassiens, DJ et saltimbanques de tout poil. Les surprises s'accumulent à chaque coin de rue, voire dans les villages alentour : près de 50 spectacles sont donnés par des compagnies superstars à plus confidentielles. Les dates sont changeantes : renseignez-vous en ligne. A l'initiative de l'association Ah ?, ardent pilier culturel et à la programmation annuelle éblouissante.

DEUX-SÈVRES

FESTIVAL DE BOUCHE A OREILLE

1, Rue Vau-Saint-Jacques
✆ 05 49 94 90 70
www.metive.org
Fin juillet.

Initié par l'UPCP Métive, un mouvement d'éducation populaire à Parthenay, le festival BAO est consacré aux nouvelles musiques et danses traditionnelles. Très chaleureux, à la fois ancré et porté vers l'avenir, l'événement fait vraiment la synthèse. Ponctué de concerts, apéro-concerts, cours et ateliers, contes, bals, escapades et spectacles, il est un des temps forts de l'été en Gâtine. Vous vous désaltérez et vous restaurez sur place (snacks, gourmandises et repas complets).

FLIP (FESTIVAL LUDIQUE INTERNATIONAL DE PARTHENAY)

✆ 05 49 94 24 20
www.jeux-festival.com
10 jours en juillet. Entrée gratuite.

Mondialement célèbre, le FLIP, qui métamorphose Parthenay, 2 semaines durant, en un immense terrain de jeux, organisé en plusieurs villages : jeux de société, créateurs & éditeurs, médiéval, enfants, numérique. Vous participez à des jeux de piste, (re) découvrez vos classiques ou les nouveautés autour des points jeux disséminés ici et là. Et aussi des matinées ciné, des compèt', des conférences, des expos et bien sûr la remise des Trophées en fin de partie. Absolument génial !

LE MARCHÉ AUX BESTIAUX

17, rue du Président-Salvador-Allende
✆ 05 49 94 03 44
http://marche-bestiaux.fr
Vente au cadran le mardi 13h30-18h30 pour les bovins et le mercredi 8h-12h30 pour les ovins.

Il fut le 1er marché de France jusqu'en 1993. Le marché aux bestiaux de Parthenay a retrouvé un second souffle à partir de 2011 grâce à ses innovants marchés au cadran des ovins et des bovins. Késako ? Un système d'enchères numériques et anonymes a contrario des traditionnelles négociations à la baisse. D'autres événements y sont organisés, liés ou pas à la vocation du site : Concours national des animaux de boucherie, Festival de l'élevage (biennal), vide-greniers, cirque. Vous profitez du buffet à volonté du Pélican (lundi-vendredi midi, dès 10,40 euros).

LA BALADE DES FAUBOURGS

Départ du château de Parthenay.

Vous explorez les différents quartiers historiques de Parthenay au départ du château (XIIIe siècle), monument central du quartier dit de la Citadelle. Vous découvrez le chemin du Rosaire, et sa jolie chapelle éponyme, qui relie les faubourgs Saint-Paul, quartier des tanneurs, au bord du Thouet, et Saint-Jacques. La vue est renversante ! Vous traversez la Prée, admirez les vestiges des remparts dont la tour Trilobée, spécimen original tant pour ses dimensions considérables (27x28 m) que sa forme de trèfle. Vous terminez par la porte Saint-Jacques.

ÉGLISE SAINT-PIERRE DE PARTHENAY-LE-VIEUX ★

27, rue de l'Église
✆ 05 49 64 24 24
Ouvert toute l'année. De 8h à 20h. Gratuit.

Elevée à la fin du XIe siècle, classée aux Monuments historiques, l'église Saint-Pierre de Parthenay-le-Vieux compte parmi les édifices religieux majeurs du Poitou roman. Certes désacralisée, mais parfaitement conservée, elle se caractérise par son homogénéité architecturale et l'harmonie de ses proportions. Edifié sur un plan classique en croix latine, le vaisseau central se couvre d'une voûte en berceau brisé, le transept est doté de chapelles orientées et le chœur est à absides demi-circulaires voûtées en cul-de-four. Elément frappant de cette construction : son imposant clocher octogonal (que l'on retrouve également à Sainte-Eulalie de Secondigny, sa surprenante jumelle). L'ornementation sculptée intérieure demeure sobre comme souvent dans les églises romanes et se concentre sur les chapiteaux. On retrouve un vocabulaire de monstres et figures mythologiques locales ainsi qu'un foisonnant décor végétal. La façade est quant à elle riche : on note la grande baie dominant le portail, la corniche décorée de têtes de chats, de têtes humaines et de monstres. Les voussures accueillent un décor sculpté fait de femmes dans des baquets, des quadrupèdes, des griffons et la figure de la fée Mélusine, mi-femme, mi-serpent (ou poisson, la légende varie). Enfin, les tympans sont les points forts de l'ornementation avec à gauche un cavalier tenant sur son poing un faucon et foulant un personnage à terre et, à droite, la lutte opposant Samson au lion. La visite est charmante.

DEUX-SÈVRES

Porte Saint-Jacques et Pont sur le Thouet.

ÉGLISE SAINTE-CROIX ★

4, rue de la citadelle

Ouvert toute l'année. Gratuit.

Fondée par les seigneurs de Parthenay à la fin du XIe siècle, cette église au plan basilical est célèbre pour avoir accueilli des reliques de la Vraie Croix, rapportées de la première croisade. La tour-clocher fut ajoutée au XVe siècle. Sa grande particularité réside en ses deux gisants polychromes de Guillaume VII l'Archevêque et de son épouse Jeanne de Mathefelon, découverts avec la suppression du retable en 1853. Si la façade ornementée du XIIe fut détruite en 1781, l'ensemble conserve son admirable cachet roman typique de la région.

MUSÉE MUNICIPAL GEORGES-TURPIN ★

1, rue de la Vau-Saint-Jacques

✆ 05 49 94 90 27

Fermeture annuelle 18/12-4/01. Mer-ven : 10h-12h et 14h-18h, sam (de juin à septembre) et dim : 14h30-18h. Gratuit.

Le fabuleux héritage de Georges Turpin, collectionneur parthenaisien. Vous naviguez à travers les estampes, uniformes, objets ethnographiques locaux ou exotiques, mobilier liturgique, faïences et céramiques antiques, cartes postales anciennes issues de la donation Cordier. Le musée conserve un trésor : le somptueux reliquaire de Jouneau présenté à l'exposition universelle de Paris en 1889. Animations toute l'année, visites commentées, ateliers, expos temporaires. Boutique.

PORTE, QUARTIER ET FAUBOURG SAINT-JACQUES

C'est l'entrée Nord et emblème de Parthenay, érigée au XIIIe siècle, la porte Saint-Jacques. Son pont enjambe le Thouet et mène au quartier éponyme via un superbe passage voûté défendu par herse et assommoir, encadré de 2 tours en amande. A l'étage, une salle de garde à laquelle on accède, ainsi qu'au chemin de ronde, par un escalier à vis.

Vous arpentez la pittoresque rue de la Vau-Saint-Jacques, ancien fief des tisserands, jalonnée de superbes maisons à pans des bois. Partez en quête de celles des Antiquaires et de la Vierge-Noire (de par sa statuette qui accueille et guide les pèlerins, naguère noircie par le temps). Le quartier Saint-Jacques abrite également le jardin Férolle, d'inspiration médiévale mais connecté : les QR codes vous permettent de découvrir une multitude de variétés potagères et de simples, plantes médicinales. Ne manquez pas le jardin des roses anciennes, situé aux pieds de la citadelle. L'église des Cordeliers détonne quelque peu dans le paysage puisque de style gothique, elle est percée d'immenses verrières inondant la nef de lumière.

La porte Saint-Jacques s'ouvre aussi sur le chemin de Compostelle et le faubourg Saint-Jacques. S'y cache le prieuré de la Maison-Dieu, ancien site monastique dédié à l'accueil ainsi qu'aux soins des voyageurs, des pèlerins et des indigents. Sa restauration dans les années 1980 a révélé une partie des décors originels, dont les armes d'Arthur de Richemond, seigneur de Parthenay et duc de Bretagne.

QUARTIER DE LA CITADELLE

Erigée au XIIIe siècle, la porte de la Citadelle, ou tour de l'Horloge, s'ouvrait sur le quartier dit seigneurial, centralité de pouvoir. Sa cloche apparaît en 1454 bien que l'actuel clocheton soit postérieur. Bordée par la Prée, vaste étendue autrefois défensive, claquemurée dans ses remparts, la Citadelle conserve jalousement ses joyaux : le jardin des Prisons, où demeurent les cachots fermés en 1926 ; la façade de Notre-Dame-de-la-Couldre (XIIe siècle), et son portail historié figurant l'Annonciation ; l'église Sainte-Croix et bien sûr les ruines du château.

ATELIER CYCLO PARTH' RÉPARATION

1, rue Léon-Bourgeois
✆ 06 86 84 99 10
Du lundi au vendredi 9h-19h.

Le bon plan des cyclistes en vadrouille, ou amateurs de ballades à vélo. Cet atelier d'entretien, réparation et montage de vélo a ouvert en 2021 : vous y laissez vos Précieux à l'arrêt, Arnaud se fera un plaisir de les chouchouter, voire de leur refaire une beauté. Vous faites également le plein d'accessoires indispensables : éclairages, etc. L'établissement dispose d'un parc de vélos électriques VTC à la location, à la journée ou pour quelques jours. Tarifs sur demande.

CIAP PARTHENAY-GÂTINE

28, rue du Château
✆ 05 49 94 90 63
cc-parthenay-gatine.fr
1/07-31/08 : lun.-sam. 10h-13h et 14h-18h. 1/04-30/06 et 1/09-31/10 : mar.-jeu. 14h-18h ; ven.-sam. toute la journée.

La com-com de Parthenay-Gâtine s'est vue décerner le prestigieux label Pays d'art et d'histoire en 1993. C'est dans ce cadre que le Centre d'interprétation de l'architecture et du patrimoine intervient en proposant notamment des visites de la cité médiévale et des randonnées culturelles alentour animées par des guides-conférenciers. Le CIAP vous accueille dans une ancienne minoterie industrielle où sont organisés ateliers-découverte jeune public et expositions temporaires. Quantité de brochures touristiques sont téléchargeables sur le site Internet. Une mine !

OFFICE DE TOURISME DE PARTHENAY-GÂTINE

22, boulevard de la Meilleraye
✆ 05 49 64 24 24
www.osezlagatine.com
Du lundi au vendredi 10h-12h30 et 14h-18h. Fermeture : jours fériés et du 20/12 au 2/01.

Un office de tourisme dynamique, ouvert toute l'année (sauf vacances de Noël). Vous êtes guidé à travers la Gâtine, son patrimoine, ses spots nature (randos à pied, à vélo ou à cheval) et sa programmation culturelle spectaculaire : les rendez-vous ne manquent ni à Parthenay ni aux alentours ! On vous accompagne également dans la recherche d'un hébergement, d'un bon resto ou d'un ticket d'entrée (service de billetterie). Vous faites votre shopping de fins de vacances à la boutique.

LE PETIT CAMPING DE LA CHAGNÉE***

5, La Chagnée - **SAINT-AUBIN-LE-CLOUD**
✆ 05 49 95 31 44
www.lachagneevacances.fr
Toute l'année. Camping-caravaning par nuit : emplacement 5 €, adulte 4 €. Chalet bois : à partir de 55 €.

La Chagnée, domaine de 3,5 ha aux 2 étangs, vous propose plusieurs options. Le camping 3 étoiles jouit de 14 emplacements vastes et ombragés ; les 3 chalets bois équipés de 37 m² sont accessibles toute l'année. Envie de nuits insolites ? Choisissez le bungalow toile, la cabane ou le Nid'gloo (15/04-31/10). Aire de camping-car. Sur place : pêche, pétanque, billard, baby-foot, badminton, jeux de palets, ping-pong, randonnées, épicerie fermière et glaces.

LES 5 ESCALES €€

14, rue Saint-François
✆ 06 09 28 06 86
www.les5escales.com
A partir de 90 € la nuit pour 2. Petit déjeuner inclus.

Dans une maison bourgeoise 1900, amoureusement rénovée, en plein centre-ville. Le parking gratuit vous permettra d'oublier votre voiture (ou vos vélos) durant votre séjour. Cette charmante famille accueille sa clientèle depuis 2020, mettant à disposition 5 chambres spacieuses et cosy (dont une suite familiale) avec vue. Toutes possèdent leur ambiance douce et leurs sanitaires, où quelques goodies vous attendent. Cuisine, séjour et joli jardin à partager avec d'autres hôtes. Le soir, possibilité de réserver un plateau-repas. Equipements bébé.

CHÂTEAU DE TENNESSUS €€

1, Tennessus - **AMAILLOUX** ✆ 05 49 95 50 60
www.chateau-medieval.com

Chambre double à partir de 145 € la nuit, petit déjeuner continental inclus. Panier repas : 35 €/pers.

Un château fort perdu dans le bocage et entouré de douves, où vous passez un séjour royal ! Ses charmants propriétaires ont concocté moult formules : nuitée seigneuriale, séjour clé en main romantique, visite guidée (pour les groupes), sorties en barque ou pique-nique au jardin médiéval. Ses fabuleuses et vastes pièces ont été rénovées avec soin, étoffées de baldaquins, baignoires en cuivre et mobilier moyenâgeux. Les immenses cheminées, les charpentes, les murs en pierre, les éclairages raffinés, tout y est : la superbe piscine vous ramènera au temps présent...

CIT'HÔTEL SAINT-JACQUES*** €€

13, avenue du 114e-Régiment-d'Infanterie
✆ 05 49 64 33 33
www.logishotels.com/fr

Chambre double à partir de 80 € la nuit. Petit déjeuner 9,50 €.

L'un des deux hôtels du centre-ville de Parthenay, situé à moins de 5 min à pied de l'église Saint-Laurent, son plus grand atout ! Vous laissez la voiture au parking privé gratuit l'esprit léger. Vous profitez des standards hôteliers Logis : même si les chambres pourraient avoir besoin d'un coup de frais, elles demeurent parfaitement tenues et confortables. L'équipe de l'établissement est aux petits soins. Les hics : par de restaurant et un petit déjeuner un peu onéreux.

UN GÎTE AU PRÉ*** €€

La Grâce-Vachère
POMPAIRE
✆ 05 49 64 30 33

2 gîtes pour 2 à 7 personnes, à partir de 350 € la semaine.

Bienvenue chez Babette et Denis, éleveurs de chèvres et fromagers. Ils vous accueillent en leurs terres, dans 2 gîtes écoresponsables au confort 3 étoiles. Vous êtes également convié à découvrir les joies de la ferme, visite de l'exploitation bio, participation à la traite, atelier-découverte autour du fromage de chèvre à la Chevrochère. Les 2 gîtes sont bien chaleureux, enduits de chaux et comprennent TV, wifi, cuisine équipée, linge, accessoires bébé. Pour qui rêve de quiétude et de grand air, le lieu est tout indiqué, ouvert sur son infini vallon...

NOTRE JARDIN SECRET €€

route de pompaire ✆ 07 78 34 84 65
https://notrejardinsecret.fr

Pour 2 personnes exclusivement. A partir de 190 € la nuit, petit déjeuner inclus. Menu traiteur : 69 € pour 2.

Un gîte coquin et particulièrement discret (l'adresse est tenue secrète). Vous découvrez une vaste aire de jeux et ses accessoires : lit king size, barre de pole dance, sauna, bain à remous, table de massage et ses huiles lénifiantes. Une petite pièce, elle aussi secrète, agrémentera votre séjour de surprises. On le souligner : soumis à un strict règlement, l'établissement est immaculé. Vous profitez aussi d'une kitchenette équipée et d'une terrasse bien dissimulée. Possibilité de réserver vins, repas traiteur, séance photo et autres box appétissantes...

L'ÉNOTÉKA €€

47, rue Jean Jaurès
✆ 05 49 64 13 33

Du mardi au samedi : 12h15-15h et 19h-22h30. Carte : 14 € environ. Menu enfant : 7 €. Formule midi : 15 €. Terrasse.

Le verre sur l'enseigne annonce la couleur. Dans ce restaurant on prend soin de ce qui est dans votre assiette comme de ce qui est votre verre puisque l'établissement fait aussi bar à vins. Une décoration bistrot, un accueil sympathique, un service rapide et efficace font de ce restaurant le cadre idéal pour une pause déj ou une bonne soirée. Sur la carte, la viande est à l'honneur. Mention spéciale pour le tartare de bœuf et le carpaccio. Le poisson est proposé en fin de semaine. On vous suggère les pâtes fraîches de la maison ! Excellent rapport qualité-prix.

AUBERGE DE LA BOUCHOLIÈRE €€

Route de Poitiers ✆ 05 49 64 47 94
www.auberge-la-boucholiere.fr

Du mardi au samedi 12h-13h45 et 19h-20h30 (sam. 21h). Formule midi à partir de 12,50 €. Chambre double 68 €.

A l'orée de la campagne parthenaisienne se tient l'auberge de Claudie et Claude Chabouty. Le menu, assez bon marché, présente des produits locaux, poissons frais de l'Atlantique et desserts maison. Le vin est compris. L'été, vous en profitez à l'ombre de la belle terrasse. L'établissement vous ouvre toute l'année sa chambre d'hôte ainsi que ses 3 gîtes (2 à 3 pers., à partir de 55 euros la nuit). C'est une adresse confortable et pratique, située à quelques km du centre-ville.

LA CITADELLE €€

9, place Georges-Picard
05 49 64 12 25
Midi (12h-14h) : du lundi au jeudi. Le soir (19h-22h) : du mardi au samedi. Burger 15 €.

Une institution à Parthenay, La Citadelle, petit bistro spécialiste de la viande. Pièces parthenaises primées cuites à la perfection, canard et autres délices carnés du coin, belles salades, desserts maison, le tout copieusement servi et arrosé d'une originale sélection de vins : l'adresse jouit de la meilleure réputation. Depuis peu, le chef travaille le CBD : en exclu, vous découvrez l'un des rares burgers français aromatisés au chanvre (et non pas au cannabis). Vous voici dans les meilleures conditions pour profiter des vacances...

BAR ASSOCIATIF LE ROUGE-GORGE

4-6, rue Béranger
Programmation disponible sur la page Facebook.

Le Rouge-Gorge, nid autogéré d'idées solidaires, s'est posé en plein centre de Parthenay il y a quelques années, organisant quantité de rendez-vous dont Gratiferia, chaque 2e samedi du mois : un marché du gratuit, où vous pouvez prendre sans donner et inversement (vêtements, bibelots, livres, etc.). Fervent organisateur de concerts et de soirées jeux, ce lieu associatif participe activement au FLIP. Le repaire de la faune artistique et underground locale.

L'ESTAMINET €€

2, rue du Château
06 64 26 87 46
Fermé d´octobre à mars. Ouvert de 10h à 21h. Plat du jour : 10 €. Terrasse.

Ce petit café à deux pas de la porte Saint-Jacques cache bien son jeu. A L'Estaminet, vous rencontrerez la charmante Valérie, qui officie en cuisine comme au service. Un café le matin, un plat du jour le midi aux produits bien sélectionnés, souvenir de ses voyages hivernaux, une crêpe pour le goûter, des tartinables à toute heure, L'Estaminet varie les plaisirs et favorise les rencontres. Ici la pause s'impose. On aime la simplicité. On prend le temps de profiter du coin de rue ou de cet adorable jardin caché où Valérie a installé quelques tables.

LA GARGANTE

67-69, rue de la Vau Saint-Jacques
06 09 73 19 12
www.lagargante.fr
Ouvert du mercredi au samedi de 11h à 22h30 ; le dimanche de 11h à 19h. Terrasse.

Une belle adresse dans le quartier médiéval Saint-Jacques ! C'est dans cette maison à pans de bois que Céline et Alexandre, charmants taverniers, ont créé leur épicerie fine – cave à bières et à vins nature. Le choix est gargantuesque. Plus de 200 références de bières artisanales du monde s'exhibent joliment sur étagères. A la Gargante, chaque table promet son ambiance. On y déguste les breuvages, mais également de grandes planches et tout un tas de gourmandises et autres tartinables. Suivez l'escalier à vis jusqu'à l'étage pour une partie de billard. Convivial.

LE SENTIER DES SAVEURS €€

17, rue Louis-Aguillon
05 49 64 75 58
http://www.le-sentier-des-saveurs.fr
Du jeudi au lundi le midi ; du jeudi au samedi le soir (21h). Menu du jour : entrée + plat 18 € (en semaine).

L'une des meilleures adresses de Parthenay ? Les clients sont unanimes : tout y est exquis, de l'atmosphère à l'assiette, en passant par la vaisselle et le linge. Sans parler du service, évidemment impeccable. On apprécie cette cuisine créative et colorée, préparée autour de mets d'excellence, de même que les montages vous en mettent plein la vue : foie gras mi-cuit, filet de bar au jus corsé, pomme façon Tatin au sirop d'érable et brisures de cacahuètes. On en redemande, surtout l'été à la terrasse. Un sentier des saveurs, direction le bonheur !

LA PETITE GRAINE

5, place George-Picard
05 49 63 79 06
Du mardi au samedi 10h-14h et 16h30-20h.

Cette épicerie fine est située à deux pas de la tour de l'Horloge et de la Citadelle. C'est ici qu'il faudra faire une pause rapide et bienfaisante entre vos déambulations d'un quartier à l'autre, pour grignoter planches, salades, sandwichs maison, plats chauds délicieusement fumants et desserts. On boit un verre et on en achète, du vin, pour accompagner portions de charcuteries racées, paniers garnis de gourmandises, fromages et goodies à découvrir selon les arrivages. La petite cantine des bons vivants : attention, que de bons produits !

ATELIER FLEUR DE SOULIERS

12, route de Saint-Maixent
POMPAIRE
✆ 05 49 70 63 73
https://fleurdesouliers.fr
A partir de 160 € la paire. Visite de l'atelier sur rendez-vous.

L'atelier de Clémence Nerbusson, cordonnière-bottière et créatrice d'une ligne de souliers à la fois mode, artisanale et respectueuse de l'environnement. Elle met au point en 2017 les Sabales, sandales originales, 100 % artisanales, composées de semelles en bois de hêtre (fabriquées en Bretagne, hauteur de talon au choix) et brides en cuir végétal interchangeables. Ces petits bijoux sont montés quasi intégralement à l'atelier, ouvert au public uniquement sur rendez-vous.

BAR ASSOCIATIF LE ROUGE-GORGE

4-6, rue Béranger
Programmation disponible sur la page Facebook.

Le Rouge-Gorge, nid autogéré d'idées solidaires, s'est posé en plein centre de Parthenay il y a quelques années, organisant quantité de rendez-vous dont Gratiferia, chaque 2e samedi du mois : un marché du gratuit, où vous pouvez prendre sans donner et inversement (vêtements, bibelots, livres, etc.). Fervent organisateur de concerts et de soirées jeux, ce lieu associatif participe activement au FLIP. Le repaire de la faune artistique et underground locale.

SALLE DIFF'ART

15, rue Salvador-Allende
✆ 05 49 94 48 10
http://www.sallediffart.com
Programmation et billetterie en ligne.

Salle de concert de musiques actuelles à la programmation éclectique. Hip-hop, dub, rock, métal, mix, l'association offre une large palette de sonorités : un à deux concerts y sont organisés chaque mois. Diff'art se distingue aussi par sa volonté pédagogique. L'année est ponctuée de nombreux rendez-vous, soirées spéciales jeune public, ateliers MAO et d'écriture, rencontres avec des musiciens, etc. Il sera également possible de suivre un cours à la Rock School, ou de profiter du local de répétition. Le lieu accueille nombre d'artistes en résidence.

AUX PETITS BONHEURS

35, rue Jean Jaurès
✆ 07 84 96 81 67
Ouvert du mardi au samedi de 10h à 12h30 et de 14h à 19h.

La chance ! Quelle joie de tomber nez à nez avec pareille boutique ! Que vous soyez touristes ou locaux, vous trouverez ici une multitude d'objets de créateurs et de produits du coin pour vous ravir les yeux et les papilles. Après tout, la vie est faite de petits bonheurs et vous êtes au bon endroit pour craquer sur les vêtements, les accessoires, les bougies, les illustrations, les conserves et les gourmandises sucrées... La boutique fonctionne de manière associative et les créateurs vous accueillent, c'est alors l'occasion d'échanger avec eux sur leur travail.

LA PEYRATTE

La Peyratte, 1 200 hab., se situe à une dizaine de km de Parthenay. Si elle doit sa célébrité à sa ferme d'autruches, la commune attire aussi pour son patrimoine. Le château de la Roche-Faton (privé), par exemple, rebâti aux XVe-XVIe siècles, et où repose le célèbre Charles-Marie Auguste de Beaumont, généralissime des armées catholiques et royales d'Anjou et du Haut-Poitou. Vous admirez aussi le château-forteresse bas-moyenâgeux de Payré. Quant au domaine de la Bertrandière, il vous invite tout l'été à LaBel Guinguette (concerts, foodtrucks). Jetez un œil à l'église Notre-Dame (XIIe) ; parcourez les rives du Thouet à pied ou à vélo.

LES JARDINS DU GUÉ

Le Gué de Flais - **LHOUMOIS**
✆ 05 49 69 88 52
www.jardinsdugue.eu
Du 1er avril au 31 octobre, du mardi au dimanche 10h-18h. Visite libre 6 €. Gîte à partir de 290 €/semaine.

Un parc de 4 ha au bord du Thouet où ses propriétaires ont aménagé 7 jardins enchanteurs, extraordinaire réalisation récompensée du prestigieux label Jardin remarquable. A découvrir en solo, grâce à l'application smartphone/tablette, ou en compagnie de ses créateurs. S'y cache un gîte de France 3 épis/3 étoiles, charmante dépendance affublée d'un spa et très bien équipée (lave et sèche-linge, matériel de pêche à la grenouille, barbecue...). Notez que le site Internet, qui inclut une encyclopédie des plantes, regorge de conseils en jardinage.

LA BALADE DES AUTRUCHES

34, route de la Forge ✆ 06 72 22 29 43
labaladedesautruches.com
De mars à septembre, du mardi au dimanche. Visites : 14h et 16h, 6 €. Auberge sur réservation, 24 €.

Site d'élevage et ferme-auberge, la Balade des Autruches constitue une sortie en famille originale, ponctuée d'amusantes découvertes : l'oiseau terrestre (et coureur, jusqu'à 70 km/h) le plus atypique, du haut de ses 2,5 m et de 100 kg ; les œufs d'1,5 kg, ses autruchons et leurs us. Vous y déjeunez et dînez sur réservation et découvrez amuse-bouche et plats à base de cette viande racée. Visites guidées. A la boutique, vous faites le plein de charcuteries et de viandes d'autruche, pas si compliquées à présenter et à cuisine. Création et vente d'artisanat.

LE BELVÉDÈRE DES ROCHES

Le Pont
✆ 05 49 63 13 86
www.lhommeetlapierre.com
Toute l'année.

CMGO extrait 1,3 million de tonnes de granit par an de la carrière du Pont, située à 1,5 km du centre-bourg, matière première de ses granulats. Le site de production s'étend sur près de 80 ha, vaste paysage lunaire que vous pouvez visiter gratuitement l'été lors des animations de l'association l'Homme et la pierre. Le site inclut un belvédère ouvert toute l'année : allez-y, le panorama vaut le coup d'œil. Deux panneaux vous disent tout sur l'exploitation d'un gisement de ce type, les différents métiers qui en découlent et l'utilisation du produit fini.

GOURGÉ

Le ravissant Gourgé se situe à proximité de la base de loisirs du lac de Cébron (à Saint-Loup-Lamairé). Vous y admirez de beaux spécimens des architectures médiévales et Renaissance, l'église Saint-Hilaire des XIIe-XIIIe siècles, et sa belle suite de vitraux, la croix Hosannière où se tenait la fête des Rameaux, le logis de la Chaussée (XVe). Le chemin de Saint-Hilaire, voie romaine reliant Poitiers à Nantes, vous conduit au site archéologique où ont été découverts artefacts préhistoriques et gallo-romains. Une balade de 4 km, au départ du pont roman, vous mène à ces curiosités : l'occasion d'apercevoir l'ancienne forge et le souterrain de la cure.

CAMPING DU MOULIN DE FUMAILLES €

A 1 km du centre-bourg.
✆ 05 49 94 34 20
http://camping-fumailles.e-monsite.com
3,30 €/jour par personne + abri. Electricité 2,50 €. Enfant 1,50 €.

Petit coin de paradis perdu au bord du Thouet, le moulin-ferme de Fumailles, érigé au XIIe siècle, produit un délicieux fromage de chèvre, le Fumaillou, et du miel. Maryline vous accueille sur son sublime terrain : pas d'emplacements mais une capacité d'accueil limitée à 20 personnes (camping-cars autorisés). Vous plantez où vous voulez, le grand plus de l'établissement. Pêche autorisée, visite de la ferme (baudets, cochons...), vente de légumes du jardin. Sanitaires propres.

L'AUBERGE DE LA PETITE MARMITE €€

2, place Saint-Hilaire
✆ 05 49 94 19 54
Du mercredi au samedi 12h-14h/19h-21h. Dimanche midi. Bar à partir de 9h. Formule midi (entrée, plat, dessert) 15 €.

Val et Patou, anciens restaurateurs rochelais, vous accueillent chaleureusement dans cette bien agréable bâtisse du centre-bourg. Vous buvez un pot ou dégustez leur cuisine traditionnelle française, agrémentée, disent-ils, d'inspirations lyonnaises : les œufs meurette, le tournedos de canard juteux, la tarte Tatin maison vous font saliver. La salle, bien rénovée, vous offre un décor rustique et tamisé. L'été, vous profitez d'une superbe terrasse. Animaux autorisés.

LES VOLAILLES DU RENARD ROUGE

2, Les Douves
✆ 05 49 69 83 07
www.le-renard-rouge.fr
Lundi-jeudi 9h-12h et 14h-17h (sauf mercredi après-midi). Vendredi jusqu'à 16h.

Elevage, abattage, découpe et vente de volailles fines, cailles, faisans, oies, perdrix, pigeonneaux... Vous dégustez également œufs de caille, saucisses, conserves et rillettes raffinées, en vente à la boutique. Le couple Pierre, membre du réseau Bienvenue à la ferme, vous invite à l'exploitation pour découvrir installations et savoir-faire artisanaux. On vous dispense évidemment conseils de préparation et de cuisson. Plusieurs recettes alléchantes sur le site Internet.

VASLES

Vasles (1 700 hab.) est surtout connu pour son parc animalier de Mouton Village, créé à la fin des années 80 avec l'idée de relancer terroir ovin et économie locale. Il abrite depuis 2007 L'Ecole de la laine, centre de formation aux métiers de la filière (du tri au tissage en passant par la teinture). Il possède par ailleurs son petit patrimoine architectural, l'église Sainte-Radegonde, reconstruite en 1901 avec ses vitraux d'origine, le logis des abbesses de Sainte-Croix (rue du Soufflet, XVe siècle) ou encore le château de la Sayette et son original abreuvoir-pédiluve. Sachez enfin que Vasles possède son équipe de net-ball...

PARC MOUTON VILLAGE ★

21, rue du Bourg-Neuf ✆ 05 49 69 12 12
www.moutonvillage.fr
Fermé de novembre à mars. Haute saison ouvert tous les jours de 10h à 19h. Adulte : 10 €. Enfant de 4 à 12 ans : 6 €.

On les a comptées pour vous. Il y en a 22 ! 22 espèces de moutons originaires des 5 continents peuplent les allées de cet arboretum de 4 000 arbres, chacun évoluant dans son espace naturel. Dans cet écrin de verdure de 6 hectares, on se familiarise avec les animaux à poils laineux. Mouton de Somalie, de Rambouillet, à tête de lapin, à 4 cornes, mais aussi chèvre angora, alpaga, et étonnant cochon laineux. Découvrez la vie de mouton sous tous ses aspects de manière ludique. La tétée des agneaux et le nourrissage des animaux de la mini-ferme raviront les enfants.

BAR-RESTAURANT LE ZINC €€

34, place 25-Août
✆ 05 49 69 94 92
Tous les jours dès 7h30. Menu ouvrier à midi, brasserie le soir les vendredis, samedis et dimanches. Dès 10 € le plat.

Le Zinc, centralité de Vasles. Outre bar, presse, tabac, la maison fait aussi resto chaque midi et les soirs de week-end. Moules-frites à volonté, menu enfants et ses brochettes de bonbons, paella party, cassoulet, soirée raclette vous réchaufferont le cœur aussi parce que le chef travaille avec une majorité de produits locaux de belle qualité. Y sont également organisés tout un tas de rendez-vous conviviaux : après-midi jeux/gaufres et vin chaud, retransmissions de matchs, karaoké mobile et ses grillades d'agneau, Saint-Patrick. Une bien sympathique adresse.

LA P'TITE BOUTIK

Place du 25 août
Du mardi au vendredi 9h-12h30 et 14h-18h. Samedi matin.

Pas si petite que ça cette p'tite boutik associative de créateurs et de produits régionaux. On la traverse pour se rendre au bureau de poste et on en profite pour se ravitailler en terrines, en gourmandises (les gâtinettes au chocolat sont extra), en bières locales, en thé du Poitou... avant de craquer sur un bijou fantaisie, un savon au lait d'ânesse, une p'tite déco, de la carterie. Une dizaine de créateurs exposent leur production toute l'année aux côtés de la maison d'édition locale, Geste. Une mine de cadeaux que Florence, tout sourire, présente avec bonheur.

MÉNIGOUTE

Les amateurs de documentaire animalier devront faire escale à Ménigoute, fief depuis 1985 du Festival international du film ornithologique. C'est aussi pourquoi le village de quelque 850 âmes abrite l'IFFCAM, unique en Europe, institut de formation à la prise d'images et de sons nature. Niché dans un environnement bien préservé, Ménigoute possède quelques sites dignes d'intérêt : la chapelle Boucard, de style gothique, le château Boucard (XIVe-XVIe siècles) et son musée des arts et des traditions rurales Raoul-Royer, ou encore l'ancienne collégiale Saint-Jean-Baptiste (1322). Les ruines de l'abbaye cistercienne des Châtelliers ne se visitent pas.

FESTIVAL INTERNATIONAL DU FILM ORNITHOLOGIQUE

16 bis, rue de Saint-Maixent
✆ 05 49 69 90 09
www.menigoute-festival.org
Dernière semaine d'octobre. Séance 6 €, journée 25 €, semaine 110 €.

6 jours durant, Ménigoute vit au rythme de son FIFO, prestigieuse compétition internationale. Une quarantaine de films animaliers du monde entier y sont projetés en exclusivité, pour la plupart en présence de leur réalisateur. La semaine sera l'occasion de participer à divers événements, le Festival off, sorties et ateliers nature familiaux, rencontres-débats et, surtout, le Salon d'art animalier, qui expose les créations de photographes, peintres ou encore céramistes.

FOIE GRAS GAILLARD

La Bouronnière
✆ 05 49 69 06 25
www.foiegras-gaillard.com
Ouvert du lundi au vendredi de 9h à 17h. Ouverture les samedi et dimanche matin (9h-12h) en novembre et décembre.

Les Gaillard ont installé leur ferme à Ménigoute en 1979. C'est désormais leur fille Bérangère qui a repris l'exploitation et perpétue la tradition familiale en gavant les canards et en vendant les produits concoctés sur la base de recettes traditionnelles : foie gras, rillettes, pâtés, plats cuisinés, boudins, confits, cou farci, frittons, mousseline au foie gras, pâté de foie... ainsi que des produits frais tels que magret, foie frais... N'hésitez pas à venir visiter la ferme pour découvrir cette production, le lieu est labellisé « Bienvenue à la ferme » !

ETANG DU BOIS POUVREAU

A 3 km du centre-bourg.
✆ 05 49 69 13 18
Toute l'année.

L'étang de Bois Pouvreau (11 ha) est l'un des plus jolis sites naturels de Gâtine. Vous pénétrez un environnement bucolique, entre chaos granitiques, nénuphars, chênes centenaires et les vestiges d'une ancienne forteresse. Plusieurs équipements vous y attendent : mini-golf, jeux enfants, tables de pique-nique, chemins de randonnée. Les amateurs de pêche s'en donneront à cœur joie (possibilité d'acheter la carte sur place). Vous y plantez également la tente (33 emplacements, sanitaires, électricité) et vous sustentez au Donjon, restaurant sur pilotis.

CIRCUIT VTT ET RANDONNÉE PÉDESTRE

Place de la Mairie
✆ 05 49 69 00 17
Toute l'année. Départ à l'arrêt de bus de la mairie.

Ménigoute, niché dans un cadre naturel bien préservé, possède deux itinéraires *outdoor* : vous téléchargez les parcours sur le site de la ville, rubriques Découvrir/ Patrimoine touristique). La boucle VTT de 25,2 km vous fait découvrir Fomperron et ses fontaines, Bois-Pouvreau et le centre-bourg de Ménigoute. La randonnée pédestre, longue de 4,5 km (environ 2h, balisée en bleu), vous fera apprécier le calme, le décor, la faune et la flore de Gâtine.

LE DONJON DE BOIS POUVREAU €€

Etang de Bois-Pouvreau ✆ 05 49 63 21 41
www.canivet-traiteur.fr
Sam, dim et jours fériés, le midi. Sur réservation. Le reste du temps sur résa, min 10 pers. Menus de 31,50 € à 43,50 €.

Tony Canivet, Michael et Romain, traiteurs renommés à Vasles, vous invitent dans un cadre verdoyant. Dans leur restaurant perché au-dessus de l'eau, les papilles sont choyées de douce façon. L'originalité du lieu réside dans l'absence de menu : annoncez votre budget, le Donjon s'occupe du reste, vins et cafés compris. La prestation s'avère à la mesure de la renommée des traiteurs : dressage des assiettes somptueux et saveurs franches. Désormais loin du monde, on redécouvre son palais.

POUGNE-HÉRISSON

L'artiste-conteur Yannick Jaulin et les quelque 360 hab. en ont décidé ainsi en 1990 : Pougne-Hérisson est le Nombril du monde ! Le village, l'une des plus prestigieuses références françaises du conte, tient sa renommée de son extraordinaire festival éponyme et de ses installations artistiques permanentes. Tout un univers fantaisiste et délirant dont il ne faudrait pas priver les enfants... Pougne-Hérisson résulte du regroupement de deux bourgs (1801), haut lieu de commerce à l'époque médiévale. De ce passé florissant demeurent l'église Saint-Georges (XIIIe), un château (XIIe, rénové en partie) ou encore l'ancienne auberge Saint-Georges (XVe siècle).

LE NOMBRIL DU MONDE

7, rue des Merveilles
✆ 05 49 64 19 19
www.nombril.com
Festival : 3 jours mi-août les années paires. Pass : 28 €/1 jr. Animations Nombril : toute l'année, de 0 à 6 €/adulte...

C'est en 1990 que le conteur Yannick Jaulin et les habitants de Pougne-Hérisson démarrent cette aventure artistique hors du commun autour du Nombril, pierre située devant l'église et point de départ de la légende locale – et de toutes les autres d'ailleurs...

Le Nombril du Monde est un festival biennal (les années paires) cocasse, aussi spectaculaire que poétique, consacré à la mythologie de la pierre sacrée. Vous y croisez colonie de rêveurs, conteurs, artistes de rue, comédiens, plasticiens, poètes avides de vous raconter leurs histoires. L'occasion en or de changer d'air !

Le Nombril, c'est aussi une association prolixe, organisatrice d'une étonnante programmation culturelle. Notamment au sein du Cordon, le bar du Nombril : projections cinéma avec l'IFFCAM, situé à Ménigoute ; Labo des contes (dès 3 ans) ; visites patrimoniales contées (toute l'année, en marge du festival).

Ne manquez pas d'explorer le Jardin des histoires, parc sonore dans lequel les arbres, les pierres et même les reposoirs vous murmurent des secrets. Suivez les traces de Robert Jarry et de John Barney Ferguson, les découvreurs du Nombril et inventeurs de l'ombilicologie à travers une visite guidée un brin barrée : collection des machines à tarabuster, Marmitte à Esgourdes et sa Serre, Roseraie Tubulente... Enfin, téléchargez Le Tarot du Nombril sur votre Androïd et dénichez en famille les plaques dissimulées ici à là dans Pougne-Hérisson.

Possibilité d'acheter vos billets en ligne.

SECONDIGNY

Petit chef-lieu de canton (environ 1 800 hab.) des hauteurs de Gâtine. Secondigny jouit d'un sol favorable à l'arboriculture et à l'élevage qui en fait un terroir d'exception. Sa pomme « Reinette Clochard », du nom de l'une des deux rivières qui le traversent, et la race bovine dite « Parthenaise » feront le bonheur des amateurs de bonne chère. Sentiers pédestres et cyclables, plan d'eau des Effres, forêt domaniale sauvage à souhait : le village et son territoire offrent un cadre propice à la détente. L'église Sainte-Eulalie (à partir du XIe siècle) et ses fresques romanes à Renaissance méritent un arrêt. A une quinzaine de km au sud-ouest de Parthenay.

VERGER CONSERVATOIRE DES CROQUEURS DE POMMES

La Guichettière
✆ 05 49 05 93 43
www.croqueurs79.fr
Du 1er mai au 1er janvier. Visites seulement sur rendez vous. Gratuit.

La reinette de Parthenay est la spécialité du Pays de Gâtine, cette petite région des Deux-Sèvres où est implanté ce verger conservatoire. Depuis la seconde moitié des années 1990, des bénévoles travaillent dans cet espace à la préservation et à la promotion d'anciennes variétés d'essences fruitières. En vous promenant dans ses allées, vous découvrirez ainsi 45 variétés de pommes locales ou régionales, auxquelles s'ajoute une collection nationale de 75 variétés de pommes reinettes.

CAMPING LE MOULIN DES EFFRES**** €€

RD 748 ✆ 05 49 65 54 25
www.camping-lemoulindeseffres.com
Du 1er avril au 1er novembre. Emplacement à partir de 11 €/nuit. Mobil-home à partir de 140 € la semaine.

Petit paradis où il fera bon lézarder au soleil, profiter de la piscine et de son toboggan, pique-niquer autour du beau et sauvage lac des Effres (bateaux à pédales, pêche, balades à pied). Très bien entretenu, ce vaste camping propose des emplacements verdoyants, des mobil-homes climatisés en versions classique à luxe (jusqu'à 6 pers.), une série de lodges flambant neufs et tout confort. Le snack propose des plats chauds sur place ou à emporter (pizzas, burgers, tacos, etc.).

LES TERRASSES DU LAC €€

✆ 05 49 94 23 70
www.terrassedulac.fr
Du mardi au dimanche 12h-14h30, vendredi et samedi 19h-21h30. Menu du jour (entrée, plat, dessert, café) 14,50 €.

Au bord du plan d'eau des Effres. Vous dégustez la cuisine traditionnelle, mais créative de Dominique, charmeur de papilles. Sa carte haute en saveurs vous en met plein la vue : poissons frais de la Criée (selon arrivages), canard de chez Mitteault et race Parthenaise cuite à souhait. Le chef a également prévu un plat végétarien. Les entrées sont du même acabit, aussi appétissantes que succulentes (amateurs de foie gras, préparez-vous). Du côté des desserts, maison, on fond littéralement. De très belles assiettes, dont on profitera encore plus en terrasse !

DEUX-SÈVRES

COULONGES-SUR-L'AUTIZE

Coulonges-sur-l'Autize, 2 800 hab., joyau du val de Gâtine. Le visiteur sera charmé par son inattendu éclectisme. S'y côtoient les vestiges de plusieurs époques, témoins d'une histoire riche et prospère. La promenade Patrimoine d'exception vous conduit à ces trésors cachés ou célèbres, à l'instar de l'église Saint-Etienne (XIIe siècle), des venelles sinueuses médiévales, des halles de style Baltard ou de la grande cheminée de Pilorges. L'ouvrage (49 m de haut) est ce qu'il reste d'un four Hoffman bâti en 1870. De cet essor industriel ont essaimé ici et là maisons bourgeoises et villas de style balnéaire : la carte postale est dépaysante !

Histoire

Cité chaufournière. La révolution industrielle et la ligne ferroviaire Niort-Anger appuient considérablement l'activité chaulière locale, déjà en place au XVIIIe siècle, alimentée par les mines de charbon de Saint-Laurs et de Faymoreau (Vendée). Une vingtaine d'exploitations sont implantées autour de Coulonges-sur-l'Autize à partir de 1841, dont une dizaine par la société Houillères. Les fours à chaux Valois, du nom de leur propriétaire, sont construits en 1874 le long de la voie ferrée. Ils sont aujourd'hui dissimulés à l'arrière d'une propriété privée. Les amateurs de patrimoine industriel se rendront au lieu-dit Pilorges, admirer ce qu'il reste du complexe d'alors, la grande cheminée. Exploitation du charbon, production de la chaux et fret tombent en désuétude au début du XXe siècle. L'ultime four Valois est fermé en 1935.

CHÂTEAU RENAISSANCE

Place du Château

Du 1er avril au 31 octobre. Du mardi au samedi 9h30-12h30 et 14h-17h30. Visites guidées 10h30 (sauf mardi) et 15h. 4 €.

Bâti par les Madaillan d'Estissac au XVIe siècle à l'emplacement de la forteresse disparue avec le traité de la Ligue du bien public (1465). Les travaux s'achèvent en 1568, mis à l'honneur par la visite de Catherine de Médicis, de Charles IX et des futurs Henri III et reine Margot (1569). En 1849, une partie des décors est vendue à l'aquafortiste Octave de Rochebrune. Visites libres ou (audio) guidées de la chapelle, des caves et du joyau du château : sa vaste cuisine, à la voûte d'arrêtes losangée. L'édifice abrite la mairie ainsi que l'office de tourisme.

FERME-BRASSERIE LOUIS ET MARGUERITE

La Grande-Vaux

LA CHAPELLE-THIREUIL

www.brasserielouisetmarguerite.fr

Ateliers brassage de bière : à partir de 65 €/ pers.

L'une des plus célèbres brasseries artisanales des Deux-Sèvres, en activité depuis les années 1960. Bières blonde, blonde dorée, blanche, triple, 5 céréales et brune, toutes de caractère, sont brassées à partir des céréales cultivées à la ferme. La maison vous propose de participer à des ateliers de zythologie et de créer, puis de déguster, votre propre breuvage. Possibilité de prendre un repas paysan. Vous repartez avec des surprises et bien sûr votre production...

MUSEE DU CHARRONNAGE ET DE LA TONNELLERIE

© 05 49 06 10 72

Ouvert du 1er novembre au 31 mars. Uniquement visite guidée. Pas de visite le mardi matin. Adulte : 4 €.

Qu'est-ce qu'un charron ? C'est celui qui fabriquait et réparait les chariots, les charrettes et les roues de ces véhicules. C'était en quelque sorte le « mécano » d'autrefois. Le tonnelier, lui, était chargé de la fabrication et de la réparation des récipients en bois et des tonneaux. Un musée nostalgique qui rappellera des souvenirs aux plus anciens et qui agrandira les yeux des plus jeunes. Le rapport de ces métiers d'artisans à la matière, aux temps et aux gestes est passionnant.

LA MÉTAIRIE DES DAMES €€

14, rue de la Pérouse

© 05 49 06 16 36

www.lametairiedesdames.fr

A partir de 50 € la nuit pour 2 pers. Petit déjeuner inclus.

Logée dans une dépendance du domaine agricole de la Roussière, situé à environ 1 km. Autour de la bâtisse, la chaleureuse Marie-Françoise a aménagé un jardin luxuriant et sauvage. Tout à cette adresse vous fera du charme, l'escalier en pierre d'un autre âge, les objets de famille, les marques lapidaires du XVIIe siècle, le puits autour duquel gravitent les arbres et les écureuils. Les chambres, savamment rénovées, sont adorables (sanitaires privatifs) et la literie très bien choisie. Petit déjeuner copieux, garni de douceurs locales et maison.

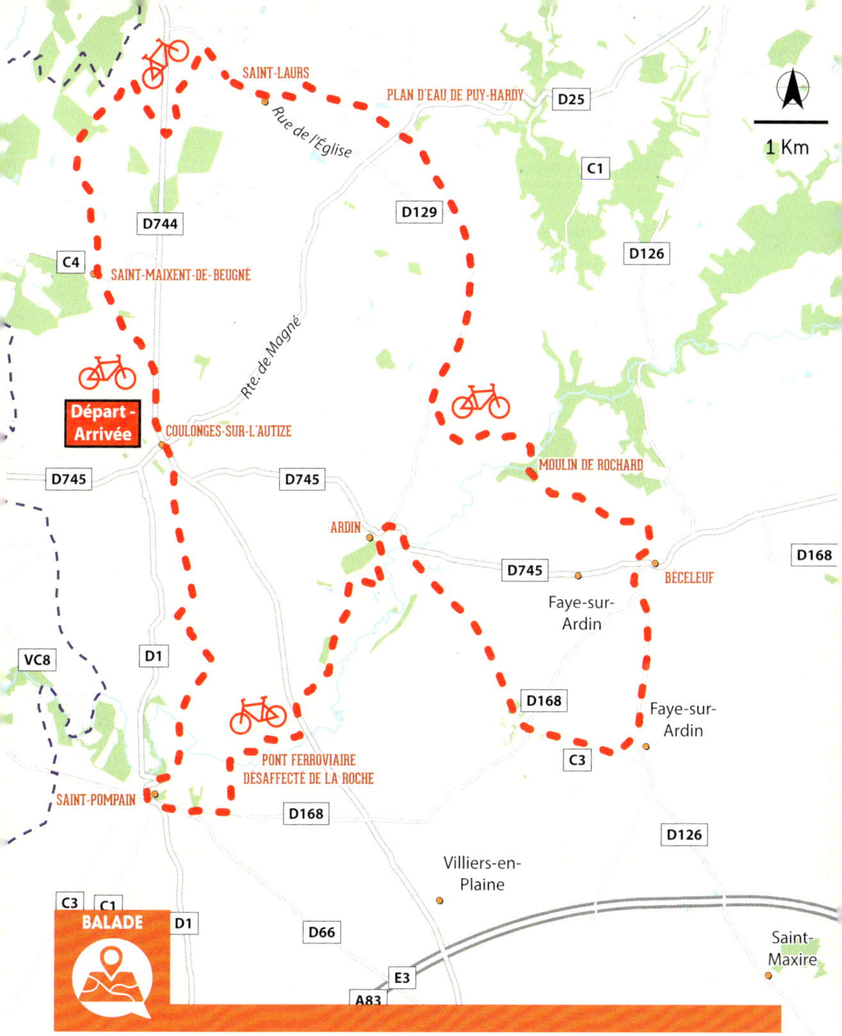

LA VALLÉE DE L'AUTIZE

Vous explorez tranquillement l'ancien bassin chaufournier et minier de l'Autize, limitrophe de la Vendée. Vous pédalez en pleine campagne, majoritairement sur des pistes agricoles : 42 km, difficulté moyenne, 4h. 1- Coulonges-sur-l'Autize. Son centre historique bigarré attire les visiteurs : noyau médiéval, château Renaissance, villas balnéaires, fours à chaux. 2- Saint-Maixent-de-Beugné, où vous admirez une belle église du XIIe siècle, ancien lieu de dévotion à la Vraie Croix, et son vitrail d'époque ; le lavoir polygonal de la Bazinière, à proximité du château de la Roussière (reconstruit en 1570, privé) ; la croix hosannière. 3- Saint-Laurs, où ont été exploitées plusieurs mines de charbon jusqu'en 1916. 4- Plan d'eau de Puy-Hardy. 5- Moulin de Rochard. 6- Béceleuf : son incontournable chêne de Pouzay, classé arbre remarquable, qui s'épanouit à l'intérieur d'un pigeonnier (2800 niches). 7- Ardin, où vous chassez la galipote (à la fois démon et biscuit sucré ; www.lesgalipotes.com). Rendez-vous à la Queue de Madame, trace d'un éphémère passage de Mélusine. 8- Pont ferroviaire désaffecté de La Roche (1867), sa belle vue sur la vallée. Un sentier vous mène la fontaine de Bignon, riche en cresson. 9- Saint-Pompain et les vestiges du four à chaux (XIXe), situés aux abords de la gare.

LA TERRASSE SUR L'AUTIZE €

3, place des Acadiens - **ARDIN**
✆ 05 49 16 49 54
www.la-terrasse-de-lautize.fr
Lundi-mardi 7h-15h ; mercredi-jeudi 7h-19h ; vendredi 7h-23h ; samedi-dimanche 9h-13h. Menu 4 plats 20 €.

Une salle coquette et lumineuse, avec vue sur le village et la campagne environnante. Vous dégustez une cuisine maison très appréciée, aussi goûteuse que bon marché. Les menus sont particulièrement fournis, avec une pointe d'originalité, les assiettes bien remplies. Viandes grillées, poissons du marché, plats aux consonances exotiques, à l'instar de l'émincé de poulet façon kebab, servi avec sauce blanche et frites. Un sabayon pistache-framboise pour finir ? Convivialité, accueil chaleureux, service aux petits oignons : vous êtes aux anges !

CHAMPDENIERS

Champdeniers (Champdeniers-Saint-Denis jusqu'en 2018), chef-lieu de canton, attirait marchands de France et d'Europe par ses foires, déjà connues au XVIIIe siècle. Particulièrement son marché aux baudets, à l'emplacement duquel siège depuis 1962 une coopérative laitière florissante. La petite ville, bâtie sur un promontoire entaillé par deux vallées – d'où son plan rectangulaire, possède ses atouts. Elle est traversée par deux itinéraires, le GR 36 et la Vélofrancette, l'occasion de rejoindre Parthenay à pied ou en cyclo. Y coule une fabuleuse rivière souterraine de 2 km (accessible uniquement aux spéléologues adhérents de la FFS).

© PH. WALL - DEPT 79

Crypte de l'église de Champdeniers.

ÉGLISE NOTRE-DAME ★

21, rue Notre-Dame
Ouvert toute l'année. Gratuit.

Erigée à la fin du XIe siècle, Notre-Dame-de-Champdeniers se distingue à bien des égards. On y admire une belle série de chapiteaux romans à gothiques délicatement travaillés, dont plusieurs rares spécimens historiés, vestiges de son décor d'origine (de même que la crypte). Vous apercevez, insérés dans la voûte de la croisée du transept, plusieurs pots acoustiques. L'église est par ailleurs flanquée d'une tour polygonale (XVIe siècle), probablement d'influence limousine. Au XIXe siècle, son clocher, frappé par la foudre, disparaît.

ITINÉRAIRE VÉLO - CIRCUIT DES POMMIERS

Boucle de 36 ou 30 km (4h). Balisage : jaune ; difficulté : bleu.

Vous arpentez le terroir de la pomme Clochard. Vous découvrez le bourg de Champdeniers, traversez la vallée de l'Egray, affluent de la Sèvre, puis pénétrez le bois d'Arpentérault (privé, à La Chapelle-Bâton). Vous faites halte à Verruyes (lézardez sur la jolie plage de son étang) pour terminer au golf de Mazières. D'autres itinéraires sont disponibles sur www.champdeniers.fr. Il sera également possible de rejoindre Parthenay via le GR 36, sinon le tronçon de la Vélofrancette.

LE BOEUF COURONNÉ €€

37, place du Champ de Foire
✆ 05 49 16 70 84
Du mardi au samedi 9h30-15h et 18h-22h. Assiette de foie gras 12,50 €, entrecôte 270 g à 17,50 €.

Bon accueil et excellent rapport qualité prix pour ce restaurant où la cheffe Sandra concocte une cuisine traditionnelle française privilégiant des produits de qualité du terroir. Vous pourrez prendre place en salle ou sur l'une des deux terrasses. Dans l'assiette : foie gras maison, bœuf de la région dans tous ses états, magrets… et il y a toujours deux poissons à la carte. En dessert, tarte aux pommes, nougat glacé et autres douceurs maison. A noter que les burgers sont plébiscités. Vins de petits producteurs locaux. Un établissement bien sympathique.

VERRUYES

Verruyes doit son essor à sa position sur le chemin des Chaussées, voie romaine, ainsi qu'à son granit bleu. Le site devient avant 1208 le siège de la riche commanderie de Saint-Remy, rattachée plus tard à l'ordre de Malte. Verruyes la mystérieuse jouit d'une certaine réputation. Son église Saint-Martin (1876) aurait été construite en lieu et place d'un ouvrage de Mélusine : alors que le chantier d'une église démarre au Nord du village, la fée s'emploie chaque nuit à déplacer les murs montés dans la journée jusqu'au centre-bourg. A l'exception d'une fenêtre du clocher qu'aucun ne parvint à adjoindre. D'autres histoires agrémenteront votre visite !

CLAVÉ - PLAN D'EAU DU SOLEIL LEVANT

CLAVÉ

http://randoendeuxsevres.fr

Toute l'année. 6,5 km (2h), balisage jaune.

Vous arpentez les alentours du plan d'eau du Soleil-Levant et du barrage de la Touche-Poupard au fil d'un chemin escarpé aménagé dans un lit de vieux schiste et de quartz laiteux. Faune et flore sont ici étonnantes : alors que vous atteignez le village disparu de La Folie, et suivez le GR 364, vous observez le grèbe huppé, tombez sur une végétation luxuriante au printemps, ancolies, stellaires et jacinthes des bois. Il sera possible de faire une pause à la halte randonneurs.

PLAN D'EAU DU PRIEURÉ SAINT-MARTIN

✆ 05 49 63 21 22

www.verruyes.fr

Du 1er juillet au 31 août, de 11h à 18h (18h30 le week-end). A partir de 8 ans : 2,50 €/jour.

Vous profitez d'un cadre verdoyant et d'aménagements : tables de pique-nique, aires de jeux, sentiers balisés où se promener. La baignade est surveillée tout l'été, de même qu'il est possible de profiter des animations (beach handball...) et de caboter : paddles, canoës et bateaux à pédales sont disponibles à la location. Vous plantez la tente au camping nature Côté Lac (3 étoiles). Le bar-snack-restaurant Côté Plage vous accueille toute l'année.

COMMANDERIE DES ANTONINS

1, rue des Antonins

SAINT-MARC-LA-LANDE

✆ 09 87 27 06 10

Avril : mer.-dim. 14h-18h. Mai-sept : 10h-18h. Oct : à partir du jeu. 14h-18h. Contribution libre, audioguide 5 €.

L'histoire du village est étroitement liée à celle des moines antonins, qui s'y installent autour de 1260. L'ordre est hospitalier, spécialisé dans le mal des Ardents (ou feu de Saint-Antoine), provoqué par l'ergot de seigle. Vous visitez la commanderie du XVIIe, la plus importante collégiale de style gothique flamboyant du département ainsi qu'un verger conservatoire et son jardin médicinal. Vous découvrez dans ces derniers plusieurs variétés de pommes et de poires oubliées, de même qu'une partie des 14 plantes nécessaires à la confection du remède antonin.

MAZIÈRES-EN-GÂTINE

Le village de Mazières-en-Gâtine, situé à proximité des A83 et A10, jouit d'un environnement naturel bien préservé. Sa configuration en 8 fait son originalité : l'église Saint-Barnabé, point central, voisine de quelque 50 m les bourgs de Saint-Pardoux (les amateurs de nature iront explorer son Val de Flore) et de Saint-Marc-la-Lande (où se cache la minuscule, mais fabuleuse, réserve naturelle du bocage des Antonins). Vous admirez le château de la Ménardière (XIXe), dont le lavoir possède un très rare bélier hydraulique Bollée, les ruines de la Meilleraye ou encore le Petit-Chêne, devenu le luxueux Alexandra Palace, paradis des golfeurs chevronnés...

LA FABRIK

15, rue des Quatre-Mares

SAINT-PARDOUX

✆ 05 49 70 62 74

http://Lesfabrigands.fr

Du lundi au jeudi 9h-17h, le vendredi 17h-20h30.

La FabriK, le lieu de tous les possibles, est le fief de l'association Les Fabrigants. C'est d'abord un espace intergénérationnel, social et culturel partagé, où sont menés quantité de joyeux projets : résidences et créations artistiques, Petit marché (le vendredi) et Vendredis stylés, Le Festival (en octobre), formations découvertes, soirées jeux, concerts et plus encore. Installée dans un ancien bâtiment industriel, La FabriK dispose aussi de quatre ateliers partagés équipés (couture, bois, métal et numérique) ouverts à la location.

JARDIN DU CHÂTEAU DE LA GUYONNIÈRE

BEAULIEU-SOUS-PARTHENAY
✆ 05 49 70 60 09
www.tourisme-deux-sevres.com
Du 01/06 au 13/07 et du 20/08 au 30/09 de 9h30 à 12h et de 14h30 à 19h. Visite libre, guidée sur réservation (3 €).

Créé en 1987 par le paysagiste Alain Richert, ce jardin posé sur une île est divisé en neuf clos reliés entre eux par deux tonnelles en bois tordu au feu, recouvertes de vignes et de rosiers. Chacun mêle plusieurs variétés de fruits, fleurs, plantes et herbes. Le clos des Abeilles est habillé de quatre ruches à l'ancienne construites d'après une enluminure du XVe siècle. Des plantes mellifères agrémentent la composition de manière à fournir aux abeilles leur apport en nectar et en pollen. Le clos des Paradis abrite un bassin et une banquette couverte d'aspérule, de violettes et de serpolet. Sur une estrade végétale, à l'ombre d'arbres anciens sur lesquels s'appuient des rosiers, musiciens et comédiens viennent animer les beaux jours et les soirées d'été. Plus loin, le clos des Choux se transforme, selon la saison, en clos des Poisons. Les aconits, les centaurées, la camomille, les ancolies ou encore les anthémis font la subtilité de son décor. Deux clos de plantes médiévales cachent des végétaux divers. Ceux des Véroniques laissent apercevoir tanaisies, pimprenelles, euphorbes et brizes, tandis que celui du Saule est parsemé de pivoines, d'acanthes, de muguets, de bourraches et d'iris. Enfin, se découvrent au gré de la balade un clos des Petits Fruits, deux clos d'Arbustes de collection et un clos des Papillons. En traversant le pont-levis, sous l'œil de la forteresse du XIVe siècle, entourée de douves et demeurée dans son jus, on a l'impression d'avoir remonté le temps.

LA CABANE DU VALLON D'ÉOLE €€

Le Vallon d'Eole - BEAULIEU-SOUS-PARTHENAY
✆ 06 12 62 32 62 - www.cabane-vallondeole.com
Ouvert toute l'année. La nuit : 180 €/2 personnes (+20 €/enfant). 4 Adultes : 260 €. 1 000 €/semaine. Piscine.

Entre Puy du Fou, Futuroscope et Marais Poitevin, cette grande cabane est perchée à 4 m de haut entre 5 épicéas. Construite par son propriétaire sur deux étages, elle est chauffée et dotée d'une terrasse de 90 m².

Vallonnée dans un terrain où coule un petit ruisseau, la propriété est entourée de prés sans vis-à-vis. Un domaine engagé dans une démarque éco-environnementale. Mettez-vous à l'affût des chevreuils, des écureuils et d'une multitude d'oiseaux qui ont y ont trouvé refuge.

LE LAVOIR €

6, rue de la Fontaine
✆ 05 49 64 31 13
Du lundi au vendredi 7h-15h, le jeudi soir 17h30-20h. Plat du jour 10,50 €.

Un routier-cafétéria comme on les apprécie, où l'on goûte une cuisine familiale bon marché. Vous démarrez par un superbe buffet d'entrées (crudités, salades, charcuteries, etc.), vous continuez avec un plat chaud servi à l'assiette, généralement un standard de la cuisine de brasserie : plat en sauce, pâtes, viande grillée... La farandole de desserts est aussi appétissante que bonne : tous sont préparés maison. L'établissement est connu pour son très satisfaisant rapport qualité-prix, son imbattable convivialité et son service rapide. Bar et terrasse.

LE DANIELS €€

Le Petit-Chêne
✆ 5 49 05 44 73
www.hotelalexandrapalace.com/
Tous les jours, le midi et le soir. Menu entrée, plat et dessert 24 €.

Le restaurant gastronomique de l'Alexandra Palace. Une salle princière avec vue sur le golf, une cheminée XVIIe, un mobilier luxueux, un service parfait : ne vous y trompez pas, la table demeure accessible (compter 42 euros pour 3 plats, sans le vin). Le menu, exquis assemblage des meilleurs produits locaux, est régulièrement recomposé. Les poissons et les vins fins y sont à l'honneur : l'établissement possède sa cave-cognacquerie de dégustation. En dehors des services, il sera toujours possible de grignoter des planches de fromages et de charcuterie.

GOLF BLUEGREEN MAZIÈRES-EN-GÂTINE

Le Petit Chêne
✆ 05 49 63 20 95
bluegreen.fr/mazieres
18 trous à partir de 39 €/pers. (basse saison). 9 trous 29 €.

D'une superficie de 60 ha, ce golf 18 trous possède un charme tout particulier avec ses superbes plans d'eau, ses vallons verdoyants et ses arbres centenaires. Le parcours est somme toute assez physique. Vous profitez d'un cadre exceptionnel : l'ancienne chapelle vous donnera l'impression d'être en Ecosse. Vous séjournez dans le château du XVIIe (5 étoiles), le luxueux Alexandra Palace, doté d'un spa, d'une cave souterraine/cognacquerie et d'un restaurant gastronomique, le Daniels.

AIRVAULT

Nichée au creux d'un vallon, Airvault saura charmer le voyageur médiéviste. Elle constitue d'ailleurs l'un des grands berceaux poitevins du style Plantagenêt. De pittoresques venelles menant au puissant vieux château, l'église Saint-Pierre et son exceptionnel ensemble de chapiteaux romans, les ponts de Soulièvres (XIVe) et de Vernay (XIIe) comptent parmi les merveilles à découvrir en empruntant les chemins d'Aldéarde, du nom de la vicomtesse de Thouars et fondatrice de l'abbaye (XIe). Fief de la famille Voltaire, la cité est aussi, depuis 1949, celui des Ciments Calcia : sa cimenterie accueille régulièrement le public. Sur le GR36 et la Vélo Francette.

LA FONTAINE SOUTERRAINE

www.airvault.fr

Visite libre. Gratuite. Clé à prendre au syndicat d'initiative, au musée ou à « lépicerie », place Saint-Pierre.

A quelques mètres de l'église Saint-Pierre, l'ancienne fontaine publique est accessible par un escalier. Alimentée par le ruisseau Saint-Pierre, elle coule, en-souterrain, sous la rue principale de la ville pour se déverser dans le Thouet. Seule source d'approvisionnement en eau jusqu'au XIXe siècle, elle n'était pas souterraine au Moyen Age. Aujourd'hui voûtée, elle a été protégée au cours des siècles en raison de l'élévation du sol. Sachez que sa longueur a été doublée au XIXe siècle et que la couleur bleue de l'eau du puits est due à une algue microscopique.

Abbatiale Saint-Pierre à Airvault.

L'ÉGLISE ABBATIALE SAINT-PIERRE D'AIRVAULT ★

✆ 05 49 64 69 51

www.airvault.fr

Ouvert toute l'année. Gratuit. Visite guidée (possible sur rendez-vous).

L'église abbatiale Saint-Pierre est un joyau de l'architecture romane. Les vieillards de l'Apocalypse vous surprendront sur le tympan de sa façade-écran. Vous apprécierez les nombreux décors de son narthex construit au début du XIIe siècle. La nef a été transformée au XIIIe siècle, laissant place à des voûtes de style gothique Plantagenêt. Quel plaisir de découvrir la multitude de chapiteaux historiés, l'orgue mécanique (Monument historique), le tombeau sculpté de son premier abbé.

DEUX-SÈVRES

FESTIVAL LE RÊVE DE L'ABORIGÈNE

http://www.lerevedelaborigene.org

3 jours en juillet. 1 jour 20 €/pers., 3 jours 45 €. -16 ans, gratuits. Tarifs accessibilité.

Un événement d'une incroyable richesse dédié aux peuples premiers, aux musiques du monde actuelles et traditionnelles : didgeridoo, beatbox, chants diphoniques, etc. Très familial, il est apprécié pour sa kyrielle d'activités : workshops, tipi des bébés, pôle relaxation, marché du rêve, conférences, pôle toutous (avec du conseil en éducation canine !). Engagé, écoresponsable, il se démarque pour ses démarches handicap et no-alcool. Restauration, camping gratuit.

MUSÉE JACQUES GUIDEZ

10, rue de la Gendarmerie

✆ 05 49 70 84 07

http://www.musee-airvault.fr

Du 15 avril au 30 septembre, tous les jours de 14h30 à 18h30. Entrée gratuite. Jardins toute l'année.

Fondée au Xe siècle, l'abbaye augustine abrite depuis 1975 le musée ethnographique Jacques-Guidez, consacré aux traditions populaires poitevines. Vous déambulez dans les recoins du logis abbatial en quête de reconstitutions et d'une très amusante collection : globes de mariées, jouets, vanneries... On visite le cuvier, aux voûtes Plantagenêt (XIIe siècle), l'ancienne prison, aménagée au départ des chanoines à la Révolution, ou encore le vaste garde-manger. Le jardin est très mignon, agrémenté d'un potager médiéval et ses plantes médicinales. Emmenez les kids !

Le musée Guidez est installé dans l'ancienne abbaye des Augustins.

LA PLACE SAINT-PIERRE

Le cœur médiéval d'Airvault, réaménagé en 2002. S'y côtoient les halles du XIXe (marché le samedi matin), une belle bâtisse à pans de bois, l'église Saint-Pierre, fondée au Xe siècle. Sa façade présente une figuration des 24 vieillards de l'Apocalypse ainsi qu'un vestige d'une statue équestre de l'empereur Constantin. L'intérieur est caractéristique du style Plantagenêt (fascicules à disposition). Enfin, faites un tour auprès de l'impressionnante fontaine souterraine voûtée (XIIe) : il suffira d'en quémander la clé à l'office de tourisme ou à l'abbaye.

CAMPING DE COURTE VALLÉE***

8, rue de courte vallée
✆ 05 49 64 70 65
www.caravanningfrance.com

Fermé de novembre à mars. 75 emplacements. Exposition : ombragé. Emplacement + véhicule + 2 personnes à partir de 25 €.

Agréable camping au pied de la ville historique d'Airvault et à proximité de la rivière du Thouet, tenu par un sympathique couple de propriétaires britanniques. La clientèle l'est souvent également. Dans ce camping 3 étoiles installé sur 4 hectares, vous trouverez de vastes emplacements ombragés. La piscine extérieure vous permettra de vous détendre. A noter que le camping propose une restauration de type snack. Parfait pour un arrêt sur la Vélo Francette.

OFFICE DE TOURISME DE L'AIRVAUDAIS - VAL DU THOUET

3, rue Porte-Caillon ✆ 05 49 70 84 03
www.avt-tourisme.fr

Du 16 juin au 18 septembre, du mardi au samedi : 9h30-12h30 et 14h30-18h (fermé mercredi après-midi).

A contacter absolument tant Airvault et ses environs regorgent de Monuments historiques, balades à pied, parcours de geocatching. Vous y trouvez les bons plans, les itinéraires vélo développés par le syndicat mixte de la vallée du Thouet (www.Valléeduthouet.fr, une mine d'infos). Vous dénichez LA chambre d'hôtes insolite, découvrez la programmation culturelle locale : les Mercredis de l'été, les marchés de producteurs, les visites guidées. Un second bureau à Saint-Loup-Lamairé.

CHAMBRES D'HÔTES DU VIEUX CHÂTEAU €€

6, rue de Brelucan ✆ 06 09 61 85 38
www.levieuxchateau-airvault.com

Visites : 01/05-30/09, mardi-dimanche 14h-18h, 2,50 €. Chambre double dès 79,90 €, dîner 19,90 €, massage dès 25 €.

L'un des rares spécimens restant de l'architecture militaire du XIe siècle. Elodie et Xavier, restaurateurs et passionnés d'histoire, ont acquis le site il y a 3 ans. Au menu, 5 chambres douillettes (dont une suite familiale de 50 m²), une excellente table d'hôtes dotée de sa terrasse ainsi qu'un salon de bien-être. Un parcours documenté vous permet d'explorer le site. Une adresse aussi exceptionnelle qu'accessible. Petit déjeuner inclus. En été, le château est ouvert à la visite.

HÔTEL RESTAURANT LE CYGNE** €€

10, rue de la Gare
✆ 05 49 63 30 58
www.airvault-hotelducygne.fr

Chambre double 79 €. Petit déjeuner : 8 €. Restaurant fermé du ven soir au dim. Menu du jour dès 13 €. Formule 18,50 €.

A deux pas du centre-ville, cet hôtel-restaurant familial vous accueille pour un séjour à Airvault. Il propose 9 chambres fonctionnelles entre 10 et 20 m². Simples et modernes, elles offrent tout le confort nécessaire pour passer une nuit reposante : salle de bains équipée de douche ou de baignoire, TV, wifi gratuit. Côté restauration, une bonne cuisine de terroir vous attend, à déguster en salle ou sur la terrasse. Sachez que le Cygne propose également une activité de traiteur.

LE BISTROT DU VIEUX RELAIS €

3, rue de la Porte-Caillon ✆ 05 17 43 33 01
www.lebistrotairvault.fr

Haute saison : du mardi au jeudi : 8h-21h. Vendredi, samedi : 8h-23h. Dimanche : 8h-18h. Formule midi 12 €.

Bienvenue chez Julie et Bertrand, dans l'ancien relais des Voyageurs d'Airvault, joliment rénové. Derrière l'imposante porte cochère, une très belle terrasse et son jardin d'agrément. En cuisine, du snack fait maison, et l'on doit dire que la recette fonctionne ! Le midi, à vous tartines, burgers, bokits et une formule bon marché, mais de belle qualité, ravira les amateurs de cuisine traditionnelle. Le soir, place aux tapas. La maison fait aussi bar : venez-y déguster un *ti-punch* !

RESTAURANT LE 12 €€

12, rue de la Gendarmerie
✆ 05 49 63 99 50

Du lundi au samedi : 12h-14h. Vendredi, samedi : 19h-21h. Menus de 18 € à 22 €. Formule du midi : 16,30 €. Terrasse.

La table de Christophe Leclère, détenteur du prestigieux titre de maître restaurateur (2016 et 2020). L'adresse est réputée (et très appréciée) pour sa cuisine 100 % maison, à la fois familiale et créative : aux antipodes du resto guindé, le 12 est le repaire des bons vivants, amateurs de terroir. La salle tout de bois et de vieilles pierres est pimpante, la terrasse est exquise et les assiettes se garnissent chaque jour de nouveautés : feuilletés de chèvre fondant, pièces de viande à tomber, chorizo à la plancha, pizzas toute l'année. Pensez à réserver.

BISCUITERIE LA CHENNETTE

Moulin de Salin
✆ 06 86 26 52 37

Sur place sur rdv et à l'épicerie à Airvault, St-Loup, St-Varent, Oiron, Office de tourisme Thouars. 3,50 € le paquet.

Voici une adresse pour Petits Futés gourmands. C'est chez elle, à quelques minutes du centre d'Airvault, dans son petit atelier, que Patricia Martin concocte les délicieux petits biscuits pur beurre La Chennette. Salés ou sucrés, sablés ou cookies, ils régalent grands et petits à l'heure du goûter ou de l'apéritif. Réalisés avec des produits vendéens, les petits biscuits de la Chennette sont à retrouver chez Patricia et dans différents points de vente locaux. A noter que les pâtisseries (sur commande) font aussi des ravages !

LEPICERIE

2, place Saint-Pierre
✆ 05 49 94 67 28
www.alepicerie.fr

Mardi, mercredi, vendredi : 8h30-12h30 et 15h30-19h30. Jeu : 8h30-12h30. Sam : 8h30-12h30 et 15h30-18h. Dim : 9h-12h30.

Il était une fois lépicerie d'Airvault, un commerce de proximité coopératif dans lequel on déniche le meilleurs des producteurs du coin, de quoi se faire une bonne tambouille et se rapporter quelques souvenirs gustatifs des Deux- Sèvres. 50 km à la ronde ! C'est le mot d'ordre pour les productions locales : fromages, miel, biscuits, chocolats, vin, bières, plus de cinquante producteurs sont représentés en rayon aux côtés de produits bio et de produits conventionnels. Un petit bijou de commerce qui remet de la vie dans le bourg !

L'ART ROMAN EN AIRVAUDAIS

Boucle à vélo de 35 km (3h). Toute l'année.

Les amateurs de cyclotourisme se réjouiront de cette proposition ! Vous vous évadez en Airvaudais en quête de son patrimoine architectural et de panoramas. La boucle comprend 9 haltes dont Borcq-sur-Airvault, Marnes, Saint-Jouin-de-Marnes et sa grandiose église abbatiale du XIe siècle, Saint-Généroux. Vous alternez les ambiances et les paysages : vallées du Thouet, de la Dive, de la Cendronne, plaines ou encore la fabuleuse prairie de Soulièvres, aux cèdres centenaires...

DÉTECTIVE GAME

3, rue de la porte Caillon
07 73 09 19 35
www.detectivegame.fr
Du mardi au dimanche. Réservation sur le site internet. De 22€ à 30€ en fonction du nombre de joueurs.

L'escape game est une activité amusante qui mettra votre logique à rude épreuve. Installé dans la cour du Vieux Relais, en plein centre d'Airvault, Détective Game propose une enquête à mener à deux et jusqu'à six joueurs dans une ambiance terrifiante (mais, rassurez-vous, amusante). Vous aurez une heure pour résoudre les énigmes inventée par Lætitia et trouver le nom du fantôme qui hante le Vieux Relais, sans quoi... qui sait ce qui vous arrivera ! Le jeu est accessible à partir de 12 ans et, si vous bloquez, Lætitia vous glissera quelques indices.

LE LAC DU CÉBRON

A environ 3 km au sud-ouest de Saint-Loup-Lamairé.
05 49 63 49 50
www.lacducebron.fr
Toute l'année. Camping et activités nautiques de mai à septembre. Pour en savoir +, contacter l'office de tourisme.

Le lac du Cébron, principale réserve d'eau potable des Deux-Sèvres (11,3 millions de m³) est aussi un milieu naturel riche. En été, les visiteurs s'y adonnent à la voile légère, à l'escalade (matériel non fourni) ou à la baignade, exclusivement dans le bassin prévu à cet effet (labellisé tourisme et handicap). On y pratique également la randonnée, le vélo, la pêche et l'observation ornithologique (en hiver). Un parcours découverte de 2 km passionnera toute la famille. Camping sur le site avec emplacements tentes et sanitaires.

SAINT-LOUP-LAMAIRÉ

Vous admirez ruelles étroites et fleuries jalonnées de très jolies bâtisses traditionnelles à pans de bois (XVe et XVIe siècles), de recoins, de murs en pierres sèches. Egalement les églises Notre-Dame-de-l'Assomption (son chemin de croix, sa verrière, son orgue Bernard Aubertin) et Saint-Léger (joyau roman) ; l'élégant château du XVIIe siècle (privé, possibilité d'y dormir). C'est d'ailleurs la caractéristique des alentours, quantité de gentilhommières où nichent chambres, tables d'hôtes et jardins princiers. Mieux vaudra séjourner ici en été pour découvrir le Thouet : vous y naviguez (location de canoës et bateaux à pédales), ou profitez de ses guinguettes.

MAISON NATALE DE THÉOPHANE VÉNARD

grand'rue Théophane-Vénard
05 49 64 82 45
Du 01/07 au 31/08. Visites tous les après-midi (sauf le lundi) de 15h à 18h. Renseignements à l'office de tourisme.

Né en 1829 à Saint-Loup-sur-Thouet, Théophane Vénard fut un missionnaire volontaire du Tonkin. Décapité à Hanoï en 1861, il est canonisé par le pape Jean-Paul II en 1988 parmi les 117 martyrs du Vietnam. On sera surpris par le caractère de cette maison ancienne demeurée dans son jus, ainsi que par les divers objets du culte et du quotidien ayant appartenus au saint. C'est sans doute l'une des rares occasions de découvrir de l'intérieur un logis typique du bourg.

JARDINS DU CHÂTEAU

05 49 64 81 73
De mai à octobre. Entrée 8 €. Visites guidées du château uniquement pour les groupes et sur réservation : 12 € / pers.

Créés au XVIIIe siècle, aujourd'hui labellisés Jardins remarquables. Le plan du parc de ce château XVIIe fut dessiné dans la pure tradition des jardins à la française de Versailles. Il s'ordonne autour de plusieurs espaces d'usage et d'ornement comprenant potager, boulingrin, quinconce, verger, cour de l'orangerie, jardin de fleurs et de buis, jardins d'eau, arboretum, parc forestier, disposés de part et d'autre du canal et le long de la rivière Thouet. Plusieurs constructions y sont disséminées : orangerie, ménagerie, glacière, colombier... Une vraie splendeur !

OFFICE DE TOURISME AIRVAUDAIS-VAL DU THOUET

3, rue Gauthier-Chabot 05 49 64 82 45
www.cc-avt.fr
Du 15 juin au 18 septembre du mardi au samedi : 9h30-12h30 et 14h30-18h (fermé le matin le mercredi et le samedi).

La vallée du Thouet et les environs de Saint-Loup-Lamairé regorgent de monuments historiques, sites naturels et d'activités à pratiquer en famille : une visite à l'office de tourisme s'impose ! Vous y découvrez entre autres bons plans les itinéraires vélo développés par le syndicat mixte de la vallée du Thouet, extrêmement bien faits (disponibles aussi sur www.Valléedu-thouet.fr), des hébergements insolites à plus classiques, l'agenda culturel local. Un second bureau à Airvault.

CHAMBRE D'HÔTES L'AUDITOIRE €€

1, Grand'Rue Théophane Vénard
✆ 06 82 99 05 47
Gîtes de France. Chambre double à partir de 75 €.

C'est dans cette jolie maison à pans de bois du XVe siècle, ancien auditoire situé en face de l'église, que Corinne et Laurent vous accueillent pour un séjour en lit à baldaquin. Classée aux Monuments historiques, elle ne manque pas de charme. La chambre se situe au premier étage. Vous y accèderez par l'escalier à vis. Poutres au plafond, salle de bains privée, belle cheminée, les propriétaires ont bon goût. Servi en salle ou en terrasse, le petit déjeuner est copieux.

RÔTISSERIE-TRAITEUR LA FAIM DE LOUP €

4, grand'rue Théophane-Vénard
✆ 05 49 63 55 64
Ouvert du mercredi au lundi de 9h à 19h30. Plat du jour : 12 €. Vente à emporter. Boutique.

Du pinard, du fromage, des conserves, des confitures et tout un tas de plats chauds et froids mitonnés maison à attraper pour le midi ou le soir. Si les viandes en sauce sont la spécialité de la maison (osso buco, blanquette, poulet à la provençale), les amateurs de quiche, de tortilla ou de snacking élaboré y trouveront leur compte : essayez le sandwich américain froid… Une kyrielle de desserts. Bref, de quoi remplir un joli petit panier de pique-nique !

CHÂTEAU DE SAINT-LOUP-SUR-THOUET €€€

1, rue Jacques de Boyer
✆ 05 49 64 81 73
www.chateaudesaint-loup.com
Ouvert toute l'année. 15 chambres. Chambre double 150 €. Petit déjeuner : 15 €. Terrasse.

C'est un conte de fées ! Ce soir on dort au château ! Et pas n'importe lequel, une référence en matière d'architecture classique française, un château du XVIIe siècle, construit par la famille Gouffier, portant le titre de Marquis de Carabas qui inspira Charles Pérrault et son *Chat Botté*. Plusieurs options s'offrent à vous : une ambiance médiévale dans le donjon, en meuble d'époque, ou une atmosphère classique dans la partie XVIIe siècle de l'édifice. Tarifs en adéquation avec le lieu.

LE RELAIS DU CHAPEAU ROUGE - HÔTEL-RESTAURANT €€

33, grand'rue Théophane-Vénard
✆ 05 49 64 68 08
lerelaisduchapeaurouge.hubside.fr
Menu à 29 €. Formule du midi : 17,50 €. Chambres à partir de 80 €. Petit déjeuner : 10,50 €. Terrasse.

L'unique hôtel du centre-ville, dans un ancien relais du XVIe siècle, classé Monument de France. Une salle assez classique, une terrasse sur jardin et une cuisine reconnue succulente qui fait la part belle aux produits locaux. L'établissement brille pour ses cuissons, ses assiettes soignées et son impeccable service. On ne regrettera pas d'avoir pris un dessert. Côté hôtel, l'établissement vient de se refaire une beauté. 7 chambres et un appartement pour 6 personnes sont disponibles.

LA MAISON AROUET**** €€€

41, Grand-Rue-Théophane-Venard
✆ 07 60 51 98 29
www.lamaisonarouet.com
Week-end à partir de 1 080 €.

Ce fabuleux havre de paix niche dans une bâtisse du XVIe siècle ayant appartenue aux aïeux de Voltaire. Le lieu, unique et racé, dispose de 4 ravissantes chambres (8 lits au total), d'une cuisine et ses robots, de canapés profonds autour de la cheminée, de 2 salles de bains princières et d'1 salle de projection. Vous vous prélassez au spa (hammam, sauna, bain à remous) ou au fitness tandis que les enfants jouent à la piscine ou explorent le parc de 3 000 m²… Magnifiez l'expérience en sollicitant le chef à domicile, l'esthéticienne ou le professeur de peinture.

LOCATION PÉDALOS CANOËS ROSALIES

3, rue Gauthier Chabot
✆ 05 49 64 82 45
1h : 10 € ; 2h : 18 € ; 1/2 journée : 25 €.

Le départ a lieu Place des Poulies à Saint-Loup-Lamairé. En bateau à pédales ou en canoë, c'est l'occasion de découvrir la gâtine autrement, voguant sur le Thouet. Une promenade pleine de charme et de fraîcheur pour profiter du patrimoine, et notamment, d'une jolie vue sur le château de Saint-Loup. La réservation se fait auprès de l'Office de tourisme. 6 canoës de 3 personnes, 4 bateaux à pédales de 5 personnes et 3 rosalies de 3 à 4 personnes sont disponibles.

THOUARS ★

Thouars, 13 800 hab., trône entre Poitiers (65 km) et Cholet (60 km). Son histoire passionnante et cousue de rebondissements ne démarre véritablement qu'au VIIIe siècle. Solide place-forte d'Aquitaine, elle est détruite par Pépin le Bref en 762. Elle sera du IXe au XIVe siècle le fief d'une puissante lignée de vicomtes, les Thouars, puis érigée en duché en faveur des La Trémoïlle en 1563. Théâtre des conflits opposant Capétiens et Plantagenêts puis de la guerre de Cent Ans, durement touchée par les guerres de religions et de Vendée, malmenée par une série de catastrophes naturelles au XVIIIe siècle, Thouars conserve pourtant un patrimoine extraordinaire.

Histoire

Les vicomtes de Thouars, richissimes propriétaires fonciers d'abord alliés des comtes de Poitou, se rapprochent des Anjou au XIe siècle. Mais le mariage Aliénor d'Aquitaine - Henri Plantagenêt les enclave à l'intérieur de l'Empire Plantagenêt : Geoffroy IV fait volte-face et s'allie au royaume de France. Les représailles viennent en 1158 : Thouars est assiégée, l'église Saint-Médard incendiée et le château détruit. Fortifications et voies de communication seront par la suite considérablement modernisées : subsistent le pont des Chouans, la Porte-au-Prévôt et la tour du Prince-de-Galles. Les Thouars ne cesseront de naviguer du Lys au Lion jusqu'à la reconquête de Du Guesclin en 1372. La ville capitule, est annexée au royaume de France ; quant aux vicomtes, ils disparaissent en 1397. La seigneurie passe entre les mains des Amboise, dépossédés au profit d'Anne de France. Louis IX la restitue finalement au légitime héritier de ces derniers : Louis II de la Trémoïlle. Gabrielle de Bourbon-Montpensier, son épouse, amorce le grand chantier de modernisation de Thouars en 1503 en érigeant la chapelle Notre-Dame, sublime composition alliant gothique flamboyant et influences de la Renaissance italienne. La métamorphose se poursuit en 1635 avec le fastueux château ducal que vous admirez aujourd'hui, en définitive délaissé, ainsi que la cité, à la fin du siècle.

Thouars retrouve un semblant de panache avec l'inauguration de la ligne Sables d'Olonne-Tours. Le viaduc Eiffel, initialement composé d'un seul tablier métallique (1873), en fait un nœud ferroviaire et un atelier de maintenance de grande importance jusque dans les années 1970.

Tourisme

Labellisée Ville d'Art et d'Histoire et Ville fleurie 4 Fleurs, Thouars accumule les trésors. Ne manquez pas d'arpenter son centre historique médiéval à vélo et VAE ou à Vélo Taxi. Notez que le service Patrimoine de la municipalité organise des visites guidées toute l'année. L'occasion, en marge des Journées européennes du patrimoine, de découvrir plusieurs curiosités habituellement fermées au public. Parmi celles-ci : Thouars cheminote et le quartier de la gare, les bains-douches (ouverts de 1928 à 1993), l'hôtel Tyndo (chef-d'œuvre du XVe siècle), le caveau-crypte des La Trémoïlle, situé en dessous de la chapelle Notre-Dame, le hangar des Ailes Anciennes thouarsaises (aérodrome). Amateurs de courses, sachez que la ville possède un hippodrome.

CENTRE D'ART LA CHAPELLE JEANNE-D'ARC

2, rue du Jeu-de-Paume

✆ 05 49 66 02 25

http://cac.thouars.fr

Tous les jours sauf le lundi : mars-mai 14h-18h, juin-octobre 14h30-18h30. Entrée gratuite.

Ce Centre d'art contemporain d'intérêt national loge dans l'ancienne chapelle néogothique Jeanne-d'Arc. Il fonctionne selon un concept tout particulier : chaque artiste invité s'approprie l'espace en y créant une œuvre originale, pensée, façonnée pour le lieu. Plusieurs personnalités y sont accueillies chaque été. Il s'évade également de ses murs via des expositions itinérantes présentées via un ingénieux jeu de boîtes-vitrines commandé à l'artiste Marie-Ange Guilleminot en 2014.

ÉGLISE SAINT-MÉDARD ★

Tous les jours de 10h à 18h.

L'édifice emblématique de Thouars. Bien qu'elle ait conversé sa façade de style roman poitevin et son portail Nord polylobé (XIIe), elle fut largement remaniée jusqu'au XVIe siècle. Parmi ses trésors, un retable XVIIIe attribué à l'abbaye de Chambon. Juste en face se trouve la maison à pans de bois des Artistes (XVe), sauvée in extremis en 1930. De là, descendez vers la chapelle-collégiale Notre-Dame via les rues Imbert et du Château, où se côtoient maisonnettes et hôtels particuliers grandioses. Le panorama sur le Thouet et le pont des Chouans est époustouflant.

CENTRE RÉGIONAL RÉSISTANCE & LIBERTÉ

Avenue des Martyrs de la Résistance
✆ 05 49 66 42 99 - www.crrl.fr
De 14h30 à 18h. Février / mars : du mardi au vendredi. D'avril à fin sept : du mardi au vendredi et dimanche. 4 €.

Installé dans les anciennes écuries du château, ce musée entend mettre en lumière les actes de résistance des Thouarsais en 1939-1945, ces derniers participant activement à la libération du département.

Le lieu. Non loin du château des Ducs de la Trémoïlle, ces anciennes écuries du château de Thouars font partie du patrimoine de la ville. C'est Robert de Cotte, en 1707, qui les fit construire. Depuis, le bâtiment a eu plusieurs fonctions. Il a été restauré en 1998 et depuis 2001, il abrite le Centre régional Résistance & Liberté au premier étage ainsi que l'école municipale d'arts plastiques au rez-de-chaussée. D'ailleurs, ne manquez pas la vue sur la vallée du Thouet et les jardins ouvriers du château depuis l'esplanade.

Le musée & les expositions. On y trouve des documentaires d'époque qui permettent de se replonger dans cette période trouble et aussi de conduire une réflexion sur le thème des idéologies. Vous serez aidés par des bornes interactives et des audio-guides. Vraiment intéressant. L'exposition permanente est articulée en trois temps : réagir, s'engager et construire. Originale et interactive, elle s'appuie sur des témoignages, des objets, des photographies, des documents d'archives ainsi que des outils multimédias pour offrir aux visiteurs un éclairage sur l'histoire de la Seconde Guerre mondiale et notamment la Résistance dans le Poitou et l'Anjou. On appréhende ainsi les réalités de la vie quotidienne en zone occupée, on suit les itinéraires individuels se transformant en une résistance organisée. Les questions sous-jacentes qui sont posées permettent d'offrir un regard nouveau sur l'histoire de ces résistants. En libre consultation, vous pouvez accéder à des documents sonores, à des vidéos, à de nombreuses bornes multimédias permettant de comprendre la chronologie des événements. Les enfants et les plus jeunes seront contents de pouvoir gérer eux-mêmes leur visite et d'être actifs ! Et pour terminer, le centre propose un espace contemporain dédié aux droits de l'Homme : les atteintes qui leur sont portées.

Tout au long de l'année, des expositions temporaires viennent également offrir un éclairage supplémentaire sur cette histoire.

Sur le site internet, de nombreuses ressources sont disponibles et facilement accessibles avec notamment des fiches thématiques sur les figures de la guerre froide, les figures de la résistance, sur l'occupation et la résistance, des lexiques, des archives, des témoignages ainsi que des cartes...

CHÂTEAU DES DUCS DE LA TRÉMOÏLLE ★

Rond-point du 19-Mars-1962
✆ 05 49 68 16 25 - www.ville-thouars.fr
Visites guidées uniquement. De mai à septembre, le dimanche à 15h. Adultes 5 €, gratuit pour les -12 ans.

Commandé par le duc Henry de La Trémoïlle et son épouse Marie de La Tour d'Auvergne, sœur de Turenne. Un premier pavillon sort de terre en 1635, qui conduira à la destruction totale de forteresse ducale. Le nouveau château, dans le plus pur style Louis XIII, est l'œuvre de Jacques Lemercier, architecte royal, célèbre pour ses travaux à Versailles, au Louvre ou encore à Richelieu. La façade de 110 m de long et la galerie à portique de la cour d'honneur en font l'une des demeures les plus importantes de l'époque. Dehors, de savants jardins en terrasse mènent à l'orangerie érigée 1695-1705 par deux maîtres en la matière, Jules-Hardouin Mansart et Jacques V Gabriel. En 1707, un somptueux projet d'écuries est lancé. Les La Trémoïlle délaissent leur fief lorsque la cour de Louis XIV prend quartiers à Versailles.

Le château abrite un collège public depuis les années 1930, c'est pourquoi n'est-il ouvert que les dimanches d'été. La visite, guidée, est menée par l'un des guides-conférenciers de la ville. Demeurent quelques vestiges du fastueux décor d'antan, dont le plafond du cabinet de Marie de la Tour d'Auvergne, divers éléments architectoniques peints en trompe-l'œil ou encore les cheminées de la cuisine.

Vous découvrez enfin la chapelle-collégiale Notre-Dame, construction antérieure (1503), propriété privée rattachée au Vatican depuis 1987 et en cours de restauration (depuis 2022). En sa chapelle basse gisent les sépultures des ducs de La Trémoïlle, visibles uniquement lors des JEP.

© SHINEDAWN - SHUTTERSTOCK.COM

DEUX-SÈVRES

MONGOLFIADE DE THOUARS

✆ 06 28 30 42 51

Le 1er week-end de septembre, gratuit. Vol-découverte en cloudhopper monoplace : 180 €.

L'événement familial par excellence, organisé par l'association Montgolfières en Thouarsais. Le show se déroule dans les airs, avec le décollage d'une quarantaine de ballons et autres mini montgolfières (avec possibilité de faire voler le doudou), des spectacles d'aéromodélisme, des feux d'artifice et la merveilleuse parade nocturne Night Glow. Il sera également possible de voler en cloudhopper, ballon monoplace. A terre, vous arpentez le vide-greniers, vous vous restaurez et même vous partez en randonnée (sur réservation, 3 euros). Jeux et animations enfants.

LE PARC IMBERT

Rue Jules-Ferry

✆ 05 49 66 00 62

L'été de 8h à 22h, l'hiver jusqu'à 22h. Accès libre. Visites guidées 3 € (réserver).

Ce superbe jardin floral de 3 ha agrémente les anciennes fortifications de Thouars jusqu'aux rives du Thouet. Vous déambulez dans ce dédale végétal, au gré des terrasses, murets et escaliers en jouissant de la vue. Véritable laboratoire d'horticulture, il offre à la ville sa 4e fleur dès 1998 : vous découvrez notamment des espèces atypiques, jardins thématiques, massifs de collection ainsi qu'un jardin expérimental (visites guidées et ateliers ludiques en été). Le parc Imbert abrite également l'écomusée du Moulin-de-Crevant, consacré à l'activité minotière.

MUSÉE HENRI-BARRÉ ★

7, rue Marie-de-La-Tour ✆ 06 22 66 43 45

www.thouars.fr

De mi-avril à fin mai : week-ends et jours fériés : 14h30-18h30. De juin à fin sept : tlj sauf lundi : 14h30-18h30.

Dans l'hôtel particulier néogothique (1862, récemment rénové) de l'illustre Henri Barré, médecin local, amateur d'art, voyageur et artiste. On admire un prestigieux ensemble de faïences françaises et étrangères, de beaux-arts (école flamande en particulier) et de mobilier. Plusieurs salles sont consacrées à l'histoire locale, réunissant portraits et objets ayant appartenu aux ducs de la Trémoïlles. Vous découvrez le fameux Duhomard, apéritif thouarsais conçu par Emile Diacre. Chaque année, 1/3 des collections est présenté sous la forme d'une expo thématique.

RÉSERVE NATURELLE NATIONALE DU TOARCIEN

rond-point du 19-Mars-1962

✆ 05 49 66 42 18

Visites libres ou guidées sur réservation au CIG du Thouarsais.

Il est difficile d'imaginer aujourd'hui ce qu'était le Thouarsais il y a 180 millions d'années, une mer tropicale grouillante d'espèces en tout genre : poissons, batraciens, algues et espèces invertébrées, crustacés dont vous admirez les fossiles. Préférez la visite guidée afin d'être accompagné d'un géologue qui vous dévoilera tous les secrets de ces carrières exploitées jusque dans les années 1960. En été, vous participez aux animations proposées par L'Homme et la Pierre.

LE PARC DE LA VALLÉE

MASSAIS ✆ 05 49 96 85 82

www.parcdelaVallée.com

D'avril à septembre. Avr-juin et sept : w-e et jrs fériés 11h-18h. Juil-août : tlj 9h-19h. 3-12 ans 15 €, adulte 17 €.

En pleine campagne, au bord de l'Argenton, ce parc d'attractions s'étend sur 12 ha. Une quarantaine d'animations, régulièrement renouvelées, ainsi qu'un parc aquatique (+2 €) raviront les enfants, les parents mais également les tout-petits : jeux d'eau, toboggans, trampolines, piscine à balles, mini manèges et spectacles à volonté. Les amateurs de sensations fortes se challengeront dans les grandes attractions, bobsleigh, Grand canyon ou le Rapido, toboggan de 18 m de hauteur (80 m de glisse). La grande nouveauté, les chaudrons : vous tourbillonnez en famille !

VALLÉE DU PRESSOIR

A 3 km du centre. Accessible à pied via le chemin de Pommiers.

Toute l'année. Gratuit.

La vallée du Pressoir, connue pour la diversité de sa faune et de sa flore (plus de 400 espèces, dont l'ophioglosse des Açores), est désormais classée espace naturel sensible. Un chemin de randonnée de 2,5 km équipé de tables de lecture vous mène à la féerique cascade de Pommiers, nichée aux pieds des falaises. S'y cache également le petit château médiéval du Pressoir (XIIe-XVe siècle), propriété privée en cours de restauration. Le site, qui comprend un pigeonnier fortifié et une intéressante cheminée à hotte courbe, est inscrit aux Monuments historiques.

© VIRGINIE PEGORARO - CD79

© MAISON DU THOUARSAIS

LA MAISON DU THOUARSAIS

32, place Saint-Médard
✆ 05 49 66 17 65
www.maisonduthouarsais.com
Mar, mer, sam : 10h-12h et 14h-18h. Jeu, ven : 14h-18h. Présence au marché de Thouars le vendredi matin de mars à nov.

Ville d'art et d'histoire et Plus beaux détours de France en 2022, Thouars regorge de surprises, circuits patrimoine, lieux de mémoire et de culture à découvrir dans la ville. Des itinéraires à pied et à vélo (Vélofrancette) longent la vallée du Thouet, rejoignent les espaces naturels protégés et traversent le vignoble (AOC Anjou et Saumur) à travers des paysages qui valent le détour. Venez dénicher des bons plans (visites guidées, hébergement, spectacles, parc d'attractions) et notre sélection de produits locaux et de souvenirs à la Maison du Thouarsais.

© VIRGINIE PEGORARO - CD79

SERVICE VILLE D'ART ET D'HISTOIRE

✆ 06 12 76 87 64

www.thouars.fr

Du lundi au vendredi de 8h30 à 18h. Programme sur le site internet. Réservation des visites au 06 12 76 87 64

Avec un tel patrimoine, la ville de Thouars est bien évidemment labellisée Ville d'Art et d'Histoire. Toute l'année, des visites guidées et des conférences sont proposées aux habitants, aux touristes et aux groupes pour découvrir les merveilles de la ville. Découverte des quartiers, du château, hôtels particuliers, on se promène de siècle en siècle grâce aux guides-conférenciers. L'été, des spectacles d'art de rue sont organisés, une manière originale de mettre en valeur le patrimoine.

AU PETIT THOUARS €€

6, rue Imbert

✆ 06 22 59 14 77

www.aupetitthouars.com

A partir de 100 € la nuit pour 2 personnes.

Tout là-haut perchée, une maison d'hôtes aux allures de villa italienne. Au-delà de la vue, de la piscine, du jardin et d'un intérieur exquis, vous profitez des attentions bienveillantes des propriétaires. Vous trouvez refuge dans l'une de ces 5 chambres au charme fou, délicatement décorées – détails contemporains, mobilier chiné et touches de couleur poudrée. Toutes sont équipées de sanitaires. Vous avez la possibilité de réserver un pique-nique à midi et l'excellente table d'hôtes le soir. Lits pour enfants disponibles. A deux pas de la place Saint-Médard.

BAR-RESTAURANT L'ENTRE POTES €€

Promenade de Pommiers

✆ 09 88 39 11 89

Tous les jours de 10h à 22h. Services 12h-14h et 19h-21h30 (horaires changeants). Plat du jour 9,50 €.

L'adresse, bien connue des usagers de la Vélofrancette, est réputée pour son cadre enchanteur et la possibilité d'y réparer les vélos. Vous y faites une halte apaisante à l'heure de l'apéro : imaginez siroter un délicieux cocktail au bord de l'eau à la tombée du jour… Vous y goûtez midi et soir une cuisine gourmande, couronnée de desserts maison. L'établissement loge dans le Moulin de Crevant, en activité jusqu'en 1989 : après déjeuner, visitez l'écomusée.

LE LOGIS DE POMPOIS €€

13, rue de la Gosselinière - **SAINTE-VERGE**

✆ 05 49 96 27 84

www.logis-de-pompois.com

Du mercredi au dimanche midi à partir de 12h puis de 19h30. Formule midi (en semaine) à partir de 20,90 €.

Légèrement en dehors de Thouars et bien coté, le charmant Logis de Pompois est situé dans un ancien domaine viticole des XVIIIe et XIXe siècles. Le restaurant gastronomique, récemment relooké, propose des mets exclusivement préparés à base de produits frais. Parmi les saveurs du moment : œuf bio parfait et sa crêpe vonnassienne, poisson rôti sur peau et son émulsion au chorizo ibérique (servi avec risotto arborio et légumes confits), la grosse pavlova aux fruits rouges. Belle carte des vins à dominante ligérienne et bordelaise. L'adresse huppée du Thouarsais.

LE SAINT-MÉDARD €€

1, place Saint-Médard

✆ 05 49 96 82 93

Du lundi au samedi. Fermé les lundi et mercredi soir. Formule du jour 14 €.

Bienvenue dans l'agréable restaurant-bar à vins d'Audrey et Cédric. Si l'établissement vous procure d'excellentes pizzas à emporter (dès 10 euros), vous y goûtez une bienfaisante cuisine de bistro. Ne manquez sous aucun prétexte les soirées « côte de bœuf », aussi généreuses que conviviales. On précise que les frites sont préparées maison, de même que les desserts. La carte est assez éclectique : tout un chacun fera bombance et même les enfants. Belle terrasse sur la place, idéale pour un apéro estival autour d'une planche à partager.

LE TRAIT D'UNION €€

8, place Saint-Médard

✆ 05 49 66 08 13

www.letraitdunion-restaurant.com

Ouverts tous les jours sauf le mercredi de 12h à 14h. Le soir (19h15-21h) : lundi et du jeudi au samedi.

Une très jolie adresse située dans le quartier Saint-Médard, aussi réconfortante que chaleureuse. Sa cuisine et son ambiance douillette aimantent tous les gastronomes des environs. Sachez d'ailleurs que sa formule midi est très abordable. A la carte, entre autres merveilles, on goûtera le cappuccino de céleri à la truite puis le filet mignon de sanglier au jus chocolaté. On finira en beauté par le craquant kiwi aux agrumes et ganache. Bien entendu, on découvrira de beaux produits travaillés maison, tout en finesse. Possibilité de commander à emporter.

L'ART'TISANE

2, rue de Villeneuve
SAINTE-VERGE
✆ 06 78 49 30 97
www.l-art-tisane79.fr
Ouvert le mercredi et le jeudi de 12h à 20h ; le vendredi et le samedi de 12h à 22h.

Un site décalé, alternatif, multiple et chaleureux à la décoration vintage ! Savourez une consommation du côté du bar et retrouvez toute une sélection de vins, sans oublier la bière locale La Thouarsaise. Régalez-vous d'un plat cuisiné maison par Christine. Découvrez une exposition d'art, des bijoux de créateur. Assistez à une conférence, une représentation théâtrale ou un concert... Dans ce lieu de rencontres, chacun est invité à échanger sur son savoir-faire. Faites un détour par Sainte-Verge pour découvrir ce café culturel associatif !

LE CAFÉ DES ARTS

53, rue Saint-Médard
✆ 05 49 66 09 13
Du mardi au jeudi 9h-20h, le vendredi 9h-1h, le samedi 16h-1h. Formule midi à partir de 13,90 €.

Installé en 1912, le Café des Arts conserve jalousement son allure d'époque. Ce décor rétro inspira Pascal Thomas qui y tourna une scène de son film *Pleure pas la bouche pleine* (1973). C'est une institution : vous y déjeunez (cuisine familiale de bistro) en salle ou au si agréable jardin, y sirotez une kraft beer ou un cocktail réussi. La maison donne régulièrement des concerts, en marge d'autres petits événements : expos, soirées moules-frites, retransmissions de matchs, sessions karaoké, vide-greniers, animations durant les Journées européennes du patrimoine...

AU PLAISIR DES METS

18bis, rue Porte-de-Paris
✆ 05 49 66 46 79
www.au-plaisir-des-mets.shop
Du mardi au samedi 9h-12h30 et 14h-19h30. Le dimanche 10h30-12h30.

Une très jolie boutique du centre-ville où s'offrir produits gourmands d'exception et caprices déco : sa devanture rétro, mais tellement appétissante, vous fera de l'œil ! Une belle sélection de thés, cafés, conserves en tout genre, épices en vrac, coffrets rigolos... Vous craquerez également pour l'un de ces adorables colifichets : vaisselle tendance, housses de coussin, linge de maison entre autres. L'établissement fait également salon de thé-pâtisserie. D'ailleurs, une adorable terrasse abritée, presque secrète, vous tend les bras.

M TON SAC

24, rue Porte-de-Paris
✆ 06 18 34 71 06
Ouvert le mardi et du jeudi au samedi de 9h30 à 12h30 et de 13h30 à 19h.

© M TON SAC

La boutique de créateurs de Thouars. On y déniche tout un tas de petites choses artisanales, vêtements, sacs et pochettes, cosmétiques, accessoires zéro déchet, bijoux, vaisselle charmante et multitude de cadeaux à offrir. L'univers bébé y est aussi très bien représenté avec d'adorables vêtements. Vous pourrez même personnaliser les accessoires. Le réassort, pratiquement continuel, se fait au gré des créations des un(e)s et des autres. Vous aurez la chance de discuter avec l'un des exposants, puisqu'ils effectuent la permanence à tour de rôle.

TERROIR GOURMAND

145, avenue Emile-Zola
SAINTE-VERGE
✆ 09 77 72 01 25
www.terroirgourmand79.fr
Du mardi au samedi 9h-19h.

Le rendez-vous des bons vivants et amateurs de bonne chère ! Véritable caverne d'Ali Baba, Terroir Gourmand est une épicerie fine on ne peut plus garnie. Huiles et condiments, épices, conserves en tout genre haut de gamme, caviar aquitain, terrines et pâtés sont assortis d'une farandole de douceurs (miels, chocolats, confitures, etc.) locales ou venues d'ailleurs, triées sur le volet. Les amateurs d'alcools fins ou rares et de kraft beer y trouveront leur bonheur, si ce n'est de quoi préparer ce soir un apéritif racé ! Vous y trouvez également de bons conseils.

SAINT-GÉNÉROUX

Moins de 400 hab., la commune de Saint-Généroux, située à une quinzaine de km de Thouars. On y fera tout de même un saut, car elle abrite l'une des églises les plus anciennes du Poitou, érigée au Xe siècle, ancien prieuré dépendant de l'abbaye de Saint-Jouin-de-Marnes (à 7 km). Vous observez à sa droite les ruines de l'ancien couvent. Le pont roman des XIIe-XIIIe siècles enjambant le Thouet est lui aussi digne d'intérêt : ses 5 arches en plein cintre, ses 2 abris piétonniers, sa chaussée pavée et le panorama champêtre lui confèrent un charme fou. Une étape rafraîchissante de la Vélo Francette et de la route touristique de la vallée du Thouet.

ÉGLISE SAINT-GÉNÉROUX

Clé disponible au restaurant Au bon accueil.

Vous la découvrez, flanquée de ses tilleuls. C'est l'une des grandes merveilles architecturales du Poitou, bâtie au Xe siècle dans le style préroman. L'impressionnante nef, étonnamment baignée de lumière, est scindée en deux par un mur à claire-voie unique en son genre, probablement d'origine berrichonne. On se laissera aller à la contemplation de ces hauteurs et au romantisme du lieu saint, quelque peu grignoté par l'humidité. L'église est entourée d'un paisible jardin bien entretenu où admirer le chevet, faire une pause ou pique-niquer.

HÔTEL-BAR-RESTAURANT AU BON ACCUEIL €€

2, rue de l'Eglise

✆ 05 49 67 55 35

Du lundi au vendredi 12h-14h et le dimanche midi. Menu : 22 €. Bar de 18h à 22h.

Ce sympathique hôtel-restaurant du village est situé juste en face de l'église, en bord de route. Dans cette belle bâtisse traditionnelle très joliment arrangée, vous faites une pause réconfortante et conviviale autour de 3 menus au choix. La cuisine, maison et bien réalisée, se veut plutôt classique. On souligne la qualité des viandes, grillées au feu de bois à l'entrée du bar, ainsi que l'excellent rapport qualité-prix du menu, incluant 3 plats et plateau de fromages.

TOURTENAY

Bâti à flanc d'une colline de tuffeau, Tourtenay aurait exploité la roche dès l'âge du bronze, façonnant un ensemble troglodytique unique en Deux-Sèvres. Cette étonnante cité souterraine, intégrant logis, étables, lavoirs, prémunissait contre le froid ou d'éventuelles invasions : la butte était d'ailleurs dotée d'un chemin de ronde quasi invisible. Certains sites, comme La Mazoire, ont été habités jusque dans les années 1960. Terre viticole, Tourtenay est le seul terroir du département à posséder l'appellation AOC Saumur. Essaiment plusieurs caves, dont le Clos du Bois-Ménard, où vous admirez un pigeonnier troglodyte unique en Poitou (1 875 boulins).

Histoire

Tourtenay, haut lieu de la Résistance deux-sévrienne. L'exploitation du tuffeau blanc est à l'origine du percement d'une centaine de caves souterraines (ou perrières) formant un réseau de galeries complexe. Durant la Seconde Guerre mondiale, cet environnement privilégié fut le théâtre d'opérations aériennes clandestines menées par la Résistance : en 1941, 16 émetteurs-radios sont parachutés sur le site dit du Moulin afin d'équiper le premier réseau de renseignements de la France Libre, la confrérie Notre-Dame. En 1943, plusieurs tonnes d'armes et de munitions sont réceptionnées à Tourtenay puis dissimulées dans les caches dans l'attente d'une éventuelle contre-offensive alliée. De là, les troupes allemandes occupent la zone de stockage secrète des Perrières une année durant, de l'été 1943 à l'été 1944.

UN VILLAGE TROGLODYTE, HAUT LIEU DE LA VITICULTURE

Itinéraire de 9 km (2h30). Balisage jaune.

Vous faites le tour de Tourtenay et ses alentours en quête de très jolis panoramas sur la vigne. Parmi les sites historiques que vous allez traverser : l'église de Tourtenay, fondée par le moine évangélisateur Fort, issu de Saint-Jouin-de-Marnes ; le hameau du Moulin, illustre pour ses actes résistants en 1941 – 16 radios-émetteurs y ont été parachutés ; le Petit-Puy et l'église Saint-Martin, bâtie au bord d'un ancien chemin de Compostelle à 110 m d'altitude.

DEUX-SÈVRES

PLAINE-ET-VALLÉES

Plaine-et-Vallées, nouvelle commune, réunit depuis 2019 les anciennes Brie, Saint-Jouin-de-Marnes, Oiron et Taizé-Maulais. On n'imagine guère vadrouiller en Thouarsais sans s'arrêter à l'église abbatiale Saint-Jouin et capter de cette sublime vue sur Moncontour (86), emmener les enfants auprès des dolmens de Montpalais, ou faire le plein d'art contemporain au célébrissime château d'Oiron. Quantité de belles demeures agrémenteront le road trip, à l'instar de l'élégant château Renaissance de Retournay (privé). Vous foulez du pied l'ancienne voie romaine de Saint-Hilaire, ou parcourez les caves de la très jolie vallée de la Dive, terroir viticole.

EGLISE SAINT-MARTIN-LES-BAILLARGEAUX ✝

✆ 05 49 66 17 65

www.maisonduthouarsais.com

Ouverte toute l'année.

Isolée dans la plaine, au milieu des champs, l'église de Noizé pourrait bien être antérieure au Xe siècle. On explique sa curieuse situation par un incendie allumé à la suite d'une épidémie de peste. Le village, entièrement détruit, aurait été reconstruit à son emplacement actuel. Interdite d'accès pour cause de vétusté pendant une quinzaine d'années, la petite église fut sauvée de la ruine par les habitants des alentours. Chaque année en novembre a lieu le pèlerinage à Saint-Martin.

LA COLLÉGIALE SAINT-MAURICE ★

Rue de l'Eglise

✆ 05 49 96 51 26

www.oiron.eu

Ouvert toute l'année.

La collégiale d'Oiron a été fondée en 1518 par Artus Gouffier, précepteur de François Ier. Pourvue d'un doyen, de 7 chanoines et d'enfants de chœur, elle servait de chapelle au château. L'édifice allie plusieurs styles : une nef gothique à 3 travées ornementées d'un fastueux décor Renaissance. On admire les gisants des Gouffier, œuvres de l'atelier des Justes, sculpteurs toscans établis à Tours. Vous serez surpris d'y apercevoir un véritable crocodile...

ÉGLISE ABBATIALE DE SAINT-JOUIN-DE-MARNES ✝

Route de Poitiers

Toute l'année.

Long navire ancré dans la campagne surplombant la vallée de la Dive... L'abbatiale de style roman et aux dimensions exceptionnelles fut fondée au IVe siècle puis reconstruite aux XIe-XIIe siècles. Elle constitue l'ultime témoin du grandiose ensemble que fut la plus importante abbaye du Poitou. Sa façade riche, ses voûtes Plantagenêt et son cloître gothique attirent d'innombrables visiteurs. Vous découvrez le jardin du presbytère et le contenu de son rare chapier lors des JEP.

CHÂTEAU D'OIRON ★★

✆ 05 49 96 51 25

www.chateau-oiron.fr

Fermé le 1er janvier, le 1er mai, 1er et 11 novembre, le 25 décembre. Ouvert 10h30-18h30 (octobre à mai 10h30-17h30).

© CHÂTEAU D'OIRON

Le singulier château d'Oiron, édifié aux XVIe et XVIIe siècles par les puissants Gouffier, abrite depuis les années 90 une exceptionnelle collection d'art contemporain, *Curios & Mirabilia*. Conçu tel un cabinet de curiosité, en mémoire du grand collectionneur que fut Claude Gouffier, ce fabuleux parcours sensitif est disséminé des intérieurs aux jardins, sollicitant la vue, le toucher, l'odorat, l'ouïe et le goût. Classé aux Monuments historiques, il conserve sa galerie Renaissance du grand écuyer ornée de 12 représentations de *L'Iliade* et de *L'Enéide* (1549).

DEUX-SÈVRES

Eglise Saint Jouin de Marne.

NÉCROPOLE MÉGALITHIQUE DE MONTPALAIS

Route de Praillon

Toute l'année.

L'un des plus importants sites mégalithiques des Deux-Sèvres, comprenant 6 dolmens et 1 tumulus inscrits aux Monuments historiques, restaurés en 1990. Les fouilles archéologiques ont permis d'y détecter plusieurs cultures néolithiques, dont les Chasséens (4350-3300 av. J.-C.) et les Peu-Richard (3400-2900 av. J.-C.). Des ossements ainsi qu'un bel ensemble d'artefacts y ont été mis à jour, pointes de flèches, fragments d'outils et de céramiques. Animations en été.

LA TABLE DE JÉRÉMY €€

22, place des Marroniers © 05 49 66 38 13

http://www.faitesunepauseencuisine.fr

Le midi du mardi au samedi, formule 3 plats à 19,90 €. Le soir, les vendredis et samedis. Menu unique à 38 €.

Le très talentueux Jérémy Dumay a notamment fait ses classes chez la triplement étoilée cheffe Anne-Sophie Pic avant de retrouver son Thouarsais natal. Chef à domicile, il vous reçoit également dans son très mignon établissement d'Oiron (en plein centre-bourg), vous proposant une carte aussi créative qu'abordable. Viandes cuites à basse température, poissons du marché et desserts maison seront l'occasion de savourer les crus locaux. Formules du midi renouvelées chaque semaine (2 entrées, plats, desserts au choix). Le soir, menu dégustation surprise...

LE RELAIS DU CHÂTEAU €€

17, place des Marronniers

© 05 49 96 54 96

www.relaischateauoiron.fr

Chambre double à partir de 52 € la nuit, petit déjeuner inclus. Table d'hôtes en juillet-août : 19 €.

En plein centre-bourg d'Oiron (commune intégrée Plaine-et-Vallées). Elisabeth et Yves vous reçoivent dans cette charmante maison de village, mettant à votre disposition plusieurs chambres : simple, double et familiale. La décoration demeure simple bien que l'ensemble soit confortable et équipé : télés, Wifi. Une vaste cuisine vous est accessible, de même qu'un agréable patio. Hors table d'hôtes, il sera possible de commander une assiette de charcuteries-crudités-fromages. L'adresse est très appréciée des professionnels en déplacement.

LES TERRES BLANCHES

Impasse de la Poste

© 06 10 55 51 05

Visite toute l'année sur réservation.

Céline et Benoît Blet, artisans vignerons, se sont installés sur cette terre travaillée à l'ancienne en 2004. Ils exploitent aujourd'hui une dizaine d'ha de vignes, entre autres cépages chenin, chardonnay et cabernet franc, en Bio et biodynamie (appellations Anjou et Vin de France). Ils vous ouvrent les portes de leur superbe cave et de l'atelier de mise en bouteille hiver comme été (si vous réservez). Ils organisent également régulièrement des portes ouvertes. Amateurs de vin, ne passez pas à côté des Terres Blanches, indissociables du patrimoine d'Oiron...

BRESSUIRE ★

Son histoire ne s'écrit qu'à partir du XIe siècle : Bressuire est le fief des Beaumont, qui domineront la baronnie de leur forteresse jusqu'au XVe siècle. Sous leur impulsion, la cité se développe autour du textile et du drap, essor endigué par les guerres (de Cent Ans, de Religion et de Vendée). Incendiée par la Colonne infernale de Grignon en 1794, très dépeuplée, elle renaît pourtant de ses cendres. L'arrivée du train (1886) en fait un éminent centre d'élevage et d'abattage, prospérité maintenue depuis lors malgré le délitement des activités ferroviaires : Bressuire, 20 000 hab., est le pôle d'attraction majeur du Nord Deux-Sèvres.

Tourisme

Bressuire se situe à l'ouest des Deux-Sèvres, à une quarantaine de km du parc vendéen. Les voyageurs sont donc nombreux à s'y arrêter, séduits par son dynamisme et son cadre reposant. Des dizaines d'itinéraires de randonnée jalonnent les alentours, dont la coulée verte, au bord du Dolo. Celle-ci vous mène aux ruines du château, des moulins de Roux et Javard, aux lacs de la Chaize et de Bellefeuille, ou encore au camp romain. Il sera possible de louer un vélo chez Vélo-Cité. L'office de tourisme de Bressuire organise des visites guidées et thématiques : de quoi mieux appréhender le joyau de Bressuire, la chapelle Saint-Cyprien (Xe-XIIIe siècles). Aussi, galerie d'art des Arcades, golf 18 trous, projection en présence de l'équipe du film au prestigieux cinéma Le Fauteuil Rouge vous tendent les bras !

Bressuire.

CHÂTEAU DE BRESSUIRE ★

Rue du Château
✆ 05 49 65 10 27
www.ville-bressuire.fr
Ouvert toute l'année. Visite libre.

Le château des Beaumont-Bressuire, érigé à la fin du XIe siècle, surplombe la ville et la vallée du Dolo. Incessamment remanié, il participe activement à la défense de Bressuire durant les conflits ayant opposé Capétiens et Plantagenêt durant 3 siècles. Ce bijou d'architecture militaire médiéval, en ruine mais largement restauré, a conservé son enceinte et ses 38 tours ainsi que des vestiges du logis seigneurial du XVe siècle. Le manoir néogothique (XIXe) abrite des événements culturels, expos, salons d'arts plastiques. Belle vue sur la chapelle Saint-Cyprien.

MUSÉE DE BRESSUIRE

2, place de l'Hôtel-de-Ville
✆ 05 49 74 32 24
www.agglo2b.fr/culture/musees
Jours et horaires d'ouverture à consulter sur le site Internet. Gratuit. Ateliers sur réservation.

Dans les anciens greniers à grain de Bressuire. Le musée présente l'histoire du bocage : découvertes archéologiques, peintures, sculptures, objets d'orfèvrerie ou encore céramiques de Saint-Porchaire, ancien quartier potier de Bressuire, production locale démarrée dès l'époque médiévale. Une exposition est également consacrée au travail du verrier-vitrailliste Max Ingrand (1908-1969), véritable maître de la lumière, autour de l'un de ses chefs-d'œuvre : l'ensemble *Scène de plage* (1936). Ateliers toute l'année (calligraphie, gravure, chasse au trésor…).

OFFICE DE TOURISME DU BOCAGE BRESSUIRAIS

6, place de l'Hôtel-de-Ville ✆ 05 49 65 10 27
www.tourisme-bocage.com
Ouvert toute l'année. Juillet-août : du lundi au vendredi 9h30-12h30 et 14h-18h, le samedi 9h30-12h30.

Vous y glanez idées de sorties, d'hébergement et de restauration, billets de spectacle, dont Bocapole, et réservations pour les grands parcs alentour : le Puy du Fou en Vendée (à 45 km) ou encore le Parc oriental de Maulévrier (Maine-et-Loire, 35 km). Vous découvrez le patrimoine naturel du bocage via des dizaines d'itinéraires de randonnée à parcourir à pied, à vélo ou à cheval. Quantité de visites guidées vous sont également proposées. Boutique de souvenirs et de produits locaux.

LA MAISON D'EVA €

✆ 06 82 75 87 13

www.lesgitesdelachouetteblanche.fr

Capacité 12 pers., jusqu'à 27 pers. avec le gîte de Caroline. A partir de 560 € pour 2 nuits.

L'un des 2 gîtes du domaine de la Chouette Blanche. Dans une superbe ferme 1910 particulièrement bien rénovée. La maison (de plain-pied) niche dans un cadre bucolique et rural, si calme ! Vous serez surpris par la majesté des vieilles pierres et des poutres apparentes, le tout divinement agrémenté d'enduits et d'un mobilier moderne. La vaste cuisine-séjour, le jardin clôturé, les 4 chambres spacieuses vous feront craquer ainsi que l'appétissante piscine intérieure (avril-septembre), aménagée sous la grange. Boulodrome et barbecue. Idéal pour un séjour en famille.

LA POPOTTE €

5, place de l'Hôtel-de-Ville

✆ 05 17 41 30 41

https://lapopotte.com

Du lundi au jeudi 11h-18h, vendredi 11h-19h30. Menu à partir de 9,90 €.

Une ravissante et confortable cantine du midi responsable et éco-friendly. L'adresse privilégie la cuisine maison issue de produits en circuit court. Plusieurs options vous sont proposées, du Pop'menu (tarte salée ou croque) à la formule entrée, plat, dessert. Vous pouvez même y prendre un petit déjeuner et un goûter. Vous appréciez une cuisine à la fois colorée, vitaminée et créative : crudités d'ici et de saison, soupes, petits plats en sauce ou gratinés (viandes, poissons, végétariens), douceurs enthousiasmantes… Coup de cœur ! A emporter et livraison.

LA BOULE D'OR €€

15, place Emile-Zola

✆ 05 49 65 02 18

www.hotel-la-bouledor.fr

Du mardi au jeudi 12h-13h30/19h-20h30. Vendredi et dimanche matin. Menu 26,50 €. Chambre double 60 €.

En plein centre-ville, voilà un hôtel-restaurant qui peut vous accueillir en toutes circonstances, dans ses deux salles de restaurant. Dans la salle à manger cossue tendue de rouge bordeaux, le service et irréprochable, les serveurs dans leur petit gilet vert sont tout à fait prévenants. Le chef saura vous préparer des menus qui flatteront vos palais. Cuisine de bon aloi qui fait la part belle à la fraîcheur du marché, aux produits du terroir, et aux recettes de tradition. Une vingtaine de chambres sont également proposées. Le petit déjeuner est vraiment copieux.

LE BULC

3, rue de la Vergne

✆ 06 50 40 67 48

Du lundi au samedi 18h-2h. Cocktail 5,80 €, nachos 3,80 €.

Le bar d'ambiance de Bressuire. C'est ici qu'on fait la fête au rythme des incessantes soirées thématiques : karaoké, beer pong, DJ, pyjama party, balance ta playlist, année 80-90, retransmissions de matchs, Chippendales… La carte ne vous démontrera pas le contraire : vous dégustez bières, cocktails, shots, verres de vins largement agrémentés de tapas, hot-dog et autres spécimens de junk food. Vous aimez voir du monde et festoyer mais préférez un semblant de calme ? Evitez le jeudi soir, car les étudiants déboulent ! Préparez-vous à danser sur les tables…

PEAUX D'ANNE

✆ 06 77 14 17 15

https://peauxdanne.fr

Pochettes et petits sacs à partir de 76 €. Stage ceinturon 75 € (3h30, matériel fourni).

Peaux d'Anne est l'atelier-boutique de maroquinerie d'Anne Rambaud, artisane-créatrice de sacs à main et accessoires en cuir. Formes simples et élégantes, qualité des matières, finitions : elle travaille avec autant de passion que de soins sous le signe des couleurs. Vous vous offrez des pièces uniques hommes et femmes, reconnues pour leur style et ces détails mode qui eux aussi vous feront craquer. Boutique, visites de l'atelier (à l'occasion, quelques jours par an) et stages de maroquinerie (ceintures, porte-monnaie et même sacs à main).

AU PETIT BRASSEUR

10, place Emile Zola

✆ 05 49 65 00 75

www.aupetitbrasseur.fr

Du lundi au vendredi le midi (petite restauration) et le vendredi soir jusqu'à 22h (tartes flambées). Couchage insolite.

Un concept convivial et réjouissant : brasser sa propre bière (avant de la consommer, puisqu'il faut bien le dire, avec modération). L'outillage peut ici être loué : malt, orges, houblons… sont également trouvables. Possibilité de louer des remorques frigorifiques (trois tailles disponibles). Plus de 250 références de bières. Et sachez que l'adage, « celui qui conduit est celui qui ne boit pas », est tout à fait valable ici et fera une excellente excuse pour dormir dans les couchettes du wagon-lit de la SNCF des années 1970. Une sorte de voyage dans le temps !

DEUX-SÈVRES

PLACE DES ARTS

10, Rue Gambetta
✆ 05 49 65 94 62
Du mardi au samedi 10h-13h et 14h-19h.

Place aux créateurs et à leurs idées lumineuses ! Dans cette boutique-galerie ou galerie-boutique, deux espaces se côtoient. Celui où l'on expose chaque mois les œuvres d'un artiste peintre ou d'un photographe, et celui où une vingtaine de créateurs offrent à voir leur production. Et ça fourmille d'idées ! Bijoux, accessoires, bibelots, maroquinerie... des petites pièces uniques, idéales pour un cadeau ou pour se faire plaisir. Chaque créateur tient une permanence à la boutique : l'occasion d'une belle rencontre et pourquoi pas, d'une création sur mesure.

LES VOIES VERTES

Animaux acceptés.

La commune de Bressuire est équipée de 3 voies vertes, accessibles à tous. Un 1er itinéraire Parthenay-Bressuire, long de 30 km, a été aménagé sur l'ancienne voie ferroviaire : bois du Theil, gare de Fénery, chaos granitiques, château de la Chenullière et viaduc de Chanteloup agrémentent la balade. Le 2nd vous fait passer par la Chapelle-Saint-Laurent. Enfin, le parcours Bressuire-Moutiers-sous-Chantemerle, 23 km, se poursuit désormais jusqu'en Vendée (+5 km). Il fait la jonction avec d'autres pistes cyclables, véloroute Vallée de l'Argenton et Vélo Francette.

COURLAY

Courlay, environ 2 500 hab., fait partie du canton de Cerizay. Y naquit l'écrivain français Ernest Pérochon (1885-1942), prix Goncourt 1920 pour son roman *Nêne,* également poète et auteur jeunesse. Ne manquez pas de visiter La Tour Nivelle, musée-école où il fut instruit puis enseignant. Courlay est aussi le fief, depuis le XIXe siècle, de la Petite Eglise des Deux-Sèvres, courant réunissant quelques centaines de fidèles, une communauté réputée discrète. Ces « dissidents » pratiquent un culte catholique inchangé depuis la Révolution, à contre-courant du concordat de Napoléon Bonaparte signé en 1801, dans la chapelle de la Plainelière.

MUSÉE-ÉCOLE DE LA TOUR NIVELLE

1, La Tour Nivelle
✆ 05 49 80 29 37
www.tournivelle.fr
De septembre à juin : lundi-vendredi 9h-17h. Juillet-août : mardi-dimanche 10h30-18h30. 6 ans et + : 5 €.

Vous retournez sur les bancs de l'école où l'écrivain Ernest Pérochon, prix Goncourt 1920, a usé ses fonds de culotte. Après avoir revêtu la tenue de l'écolier d'autrefois, asseyez-vous aux pupitres pour recopier à la plume et à l'encre violette la morale du jour. Gare aux punitions ! Vous découvrez la classe et ses objets tels qu'ils furent en 1900. Diverses animations sont proposées tout au long de l'année : balades littéraires, spectacles, ateliers et expositions.

SÈVRE AUTRUCHE

Route de Bressuire
✆ 06 62 81 23 63
https://sevre-autruche.fr
Haute saison ouvert tous les jours de 11h à 19h. Adulte : 10 €. Enfant de 5 à 12 ans : 8 €.

Installé depuis 2001 à Courlay, Sèvre Autruche déménage en 2014 pour La Laimière entre Bressuire et la forêt-sur-Sèvre. Vous y trouverez une cinquantaine d'autruches et leurs petits, ainsi que leurs cousins les nandous et émeus, ces grands oiseaux curieux et apprenez tout d'eux. Avec sa démarche cadencée et fière, l'autruche et tous ses cousins émeus et nandous règnent dans cette belle ferme. L'élevage se compose de 15 reproducteurs, 60 autruches à l'engraissement, deux émeus et six nandous. Alexis vous accueille et vous dira tout sur ce gros oiseau et ses petits. Concernant les visites guidées, il va chercher, devant vous, un œuf dans le nid, ensuite il attrape une autruche et vous présente par la poussinière, moment de tendresse assuré ! Venez aussi vous perdre dans un labyrinthe de haies en charme, qui réjouira aussi bien les enfants que les parents en voyageant dans l'univers des châteaux de France, tout en menant une enquête. Répondez aux énigmes et trouvez la sortie. Vente de conserves 100 % autruche, viandes sous vide, steaks marinés, terrines, rôti filet, tournedos filet, pavé filet, bourguignon, fondue, œufs, ainsi que des produits de producteurs locaux, saucissons, conserves, cosmétiques, épicerie, condiments, les bières Au P'tit Brasseur d'Argentonnay. Vous pourrez aussi visiter le parc lors des portes ouvertes, occasion aussi de découvrir les produits de la région, de déguster les gammes de vins proposées par chaque viticulteur, ou encore de commander vos huîtres pour Noël.

DEUX-SÈVRES

LA BRARDIÈRE*** €€

✆ 05 49 77 15 91

www.gites-de-france-deux-sevres.com

Gîte 6 personnes. A partir de 590 € la semaine.

Vous êtes logé dans une fermette indépendante de style régional rénovée, située dans un hameau à 1 km du village. Au rez-de-chaussée se trouvent la cuisine équipée (micro-ondes et congélateur), le séjour-salon (télé et lecteur DVD) et les toilettes. A l'étage, une chambre avec deux lits 90 et lit bébé, deux chambres avec un lit 140 chacune, salle de bains et w.c.. Vous disposerez d'un jardin clos de 700 m². Vous lézardez à la terrasse ou vous challengez autour de la table de ping-pong. Et aussi : boulodromes, salon de jardin, barbecue fixe et abri.

PESCALIS ★★

✆ 05 49 72 00 01

www.pescalis.com

Nombreuses activités et formules de séjour, tarifs en ligne.

Ce site unique en France vous propose une multitude d'activités dans un cadre de verdure : la pêche, mais aussi le tennis, le mini-golf, le vélo, et des animations équestres, etc. le temps d'une journée ou plus en séjournant sur place. Pas moins de 150 ha sont réservés aux amoureux de la pêche. Au cœur d'un bocage, on profite de la quiétude des lieux. Pour prolonger votre séjour vous avez le choix entre, un hôtel, un camping et des gîtes. Un lieu parfait pour des vacances familiales. Aquarium de poissons d'eau douce. Location de vélo. Sentier d'interprétation.

MONCOUTANT

La commune de Moncoutant, 3 000 hab., est bien connue des amateurs de pêche. Elle abrite la station de vacances Pescalis, développée autour de 100 ha d'eau et premier centre de pêche européen. Il ne reste plus beaucoup de témoignages des épisodes insurrectionnels des guerres de Vendée dans ce bourg ni de traces de son activité économique importante de la seconde moitié du XIXe siècle. C'est à cette époque aussi que sa fonction urbaine s'affirma avec l'élargissement des rues et la construction de demeures bourgeoises. L'église fut restaurée et agrandie, et un temple fut bâti à la Cournolière. De même, les deux châteaux de Genève et de Saint-Claude sont alors érigés.

HÔTEL-RESTAURANT LE SAINT-PIERRE €€

2T, rue de la Barillère

✆ 05 49 80 86 35

https://lesaintpierre79.fr

Chambre double à partir de 65 € la nuit, petit déjeuner inclus. Menu 2 plats à partir de 17,50 €.

Tout nouveau tout beau, le Saint-Pierre, récemment (et adorablement) rénové. Les chambres sont très agréables à l'œil, modernes et confortables (lits queen size), le petit déj sucré-salé est copieux, le cadre est charmant. Côté restauration, vous goûtez les produits d'ici au détour d'une carte contemporaine, plutôt stimulante. Soirées dégustation de vins et spiritueux. La meilleure adresse des environs ? Avis à ceux qui conduisent électrique : bornes de recharge sur le site.

PARC AVENTURE 79 CHANTEMERLE

A environ 7 km au sud de Moncoutant.

✆ 06 81 45 71 37

www.parc-aventure-79.fr

D'avril à fin novembre. Juillet et août : tous les jours 10h-19h. Pass demi-journée à partir de 23 € (-16 ans 19 €).

Le plus vaste parc d'aventure et d'accrobranche des Deux-Sèvres fête ses 20 ans en 2022. En marge des parcours dans les arbres culminant à 16 m, des planchers transparents, des tyroliennes (jusqu'à 210 m) ou des filets suspendus, vous profitez d'un laser game et de sentiers nature. Des nouveautés en 2022 : mini-golf et chasse au trésor numérique. Petite restauration ; pique-niques autorisés. Visitez le site Web pour en savoir + sur les horaires, les conditions d'accès et les tarifs.

LE DÎNER MYSTÈRE €€

✆ 07 69 04 64 60

www.dinermystere.com

Du vendredi soir au dimanche, 12h-16h30 et 19h-0h. Menu-spectacle à partir de 77 €/personne.

Sans doute l'adresse la plus intrigante des Deux-Sèvres ? L'établissement, dont l'adresse est tenue secrète, vous propose un repas-spectacle consacré à la magie, aussi élégant que bluffant. Vous serez accompagné d'une poignée de privilégiés : seule une dizaine d'entrées sont vendues par service... Le tarif inclut mises en bouche, menu 4 plats, cocktail, coupe de champagne (+10 euros avec le vin). L'expérience se clôture par un show de mentalisme. La maison vous invite à réserver, à vous parer d'une tenue de soirée et pourquoi pas d'un joli masque...

LA KANÖPÉE €€

Rue de la Vieille-Noue ✆ 06 79 05 39 28
www.lakanopee.com
De mi-mai à fin septembre. Huttes : 40 € la nuit. Bar-resto ouvert tous les jours en juillet-août (à partir de 17h30).

Les vacances éco-friendly au grand air ! Vous profitez d'un terrain de 3 ha agrémenté de huttes, *kabanes*, *tiny house* ou encore tente lodge, toutes, bien que raccordées à l'électricité, déconnectées (toilettes sèches et sanitaires communs). Le site est un petit paradis : vous profitez de l'étang (paddle à disposition, pêche possible si vous avez votre équipement), des animaux et du bruissement des arbres. La Kanöpée est aussi un bar-resto très apprécié des locaux : vous êtes abreuvés de cocktails, bières artisanales, planches à partager, concerts...

ÉGLISE ABBATIALE NOTRE-DAME

L'abbatiale est ce qu'il reste, avec le logis du prieur, de l'abbaye royale Notre-Dame, fondée en 1120 et la plus ancienne du Poitou. L'ensemble fut pratiquement détruit durant la guerre de Cent Ans ; l'église est reconstruite au XVe siècle par l'abbé Bernard d'Appelvoisin. Fait notoire : elle conserve des fresques du Bas Moyen Age figurant une crucifixion et une messe de saint Grégoire. Le clocher est supprimé au XIXe siècle puis rebâti autour de 1865.

L'ABSIE

L'Absie, 1052 hab. en 2019. La commune se situe à l'extrême Ouest du département, à quelque encablure de la Vendée, à une trentaine de km de Parthenay et juste à côté du Parc aventure de Chantemerle (Moncoutant), le plus important des Deux-Sèvres. Elle jouit d'un microclimat favorable à l'épanouissement des conifères et espèces acidophiles : découvrez environ 70 espèces au jardin des Abiès, unique en son genre. Pas particulièrement extraordinaire, L'Absie fera tout de même le bonheur des amoureux de nature : arrêtez-vous pique-niquer au jardin des Chirons / rocher Branlant (tables et sanitaires), chaos granitique féerique bien connu des habitants.

HÔTEL-RESTAURANT DU COQ À L'ÂNE €

17, rue de la République
✆ 05 49 95 80 57
https://hotelducoqalane.fr
Chambre à partir de 60 €. Restaurant ouvert du lundi au samedi midi et soir.

Au centre de village, le Coq à l'Ane est le mignon établissement de Sabrina et de Cyrille, qui reprennent l'affaire en 2020 et la transforment en une adresse charmante et confortable, prisée des professionnels (soirée étape). L'hôtel et ses 9 chambres doubles ont entièrement été refaits à neuf : pensez donc à cette agréable literie, pratiquement neuve, et à ces sanitaires immaculés ! En cuisine, vous goûtez une cuisine familiale de saison bien réconfortante.

CIRCUIT DES BOIS DES HAUTS DE GÂTINE

Départ place du 14-Juillet-1936, près du kiosque.
Circuit de 14 km (3h30). Balisage jaune.

L'itinéraire vous mène à plusieurs des points d'intérêt de L'Absie : l'église abbatiale Notre-Dame, bois des Gâts puis la chapelle Seguin, détruite à la Révolution et reconstruite en 1874. L'un de ses vitraux fait allusion aux guerres de Vendée, thème rarement évoqué en Deux-Sèvres. De là, un rapide détour vous conduit jusqu'au jardin des Chirons et le rocher Branlant, magnifique chaos granitique (1,5 km aller-retour). Vous terminez par le jardin des Abiès, aux 70 espèces résineuses.

LA PETITE NOISETTE €€

15, rue du Vieux-Logis - **VERNOUX-EN-GÂTINE**
✆ 05 49 64 45 53
www.lapetitenoisette.com
Mercredi et dimanche 12h-15h ; vendredi et samedi 12h-15h et 19h-22h. Menu à partir de 22,50 € (2 plats).

L'adresse est assez réputée alentour, à la fois pour la gentillesse de ses propriétaires, Hazel et Richard, son agréable décor et sa cuisine... racée. Vous découvrez un menu changeant au fil des saisons, assez fourni, quasi bistronomique : les plats, très bien dressés, associent saveurs françaises et touche britannique (beaucoup de poissons et de sauces). Les desserts graphiques (et maison) nous font chavirer ! La Petite Noisette fait la différence grâce à son atmosphère cosy : le bois, le poêle, les chaises confortables et l'ambiance, toujours au rendez-vous.

CERIZAY

Cerizay (4 700 hab.) apparaît à l'époque celtique (le sentier des Celtes retrace cette période). Au Moyen Age, le village niche aux pieds de sa forteresse, détruite au XIXe siècle pour laisser place à l'église Saint-Pierre. L'édifice néogothique se distingue pour ses 3 tympans ornés de céramiques (1966). Cerizay abrite l'abbaye Notre-Dame-de-Beauchêne et l'ordre des chanoines réguliers du très Saint-Sauveur-du-Latran où le président de la République, Chanoine d'honneur, dispose d'une stalle. Occupée par les Allemands, la ville est bombardée le 25 août 1944 : 5 citoyens périssent et 172 maisons sont détruites.

LES BULLES D'O €€

La Galardière
SAINT-ANDRÉ-SUR-SÈVRE
✆ 06 77 09 84 69
www.lesbullesdo79.jimdo.com

D'avril à fin octobre. A partir de 150 € pour 2, petit déjeuner inclus. Plateau-repas découverte 35 €.

Dans un cadre verdoyant, à l'écart de toute pollution lumineuse, vous dormez (presque) à la belle étoile, à l'intérieur de bulles semi-transparentes et vue imprenable sur le ciel. Vos hôtes n'ont pas lésiné sur le confort : vous profitez d'un *waterbed* haut de gamme, chauffé lorsque les nuits sont fraîches et de sanitaires. Il sera possible de réserver des plateaux-repas, une bouteille de champagne et une soirée Astro : vous observez les étoiles en compagnie de David, spécialiste de la vulgarisation scientifique. Une seconde bulle accueillera vos enfants.

BOUCLE DU PLESSIS

Départ au parking du château de La Roche.

Circuit pédestre de 12 km (3h). Balisage jaune.

Balade à travers l'histoire cerizéenne, qui commence au néolithique. Vous démarrez au château de La Roche (gîte 3 épis), son superbe parc et son étang. Vous découvrez ensuite le patrimoine architectural et naturel des environs : église Saint-Pierre et ses tympans ornés de céramiques (XIXe) ; lavoir Saint-Père ; Puy Genest et sentier de la Reine des prés, écosystème humide ; Le Plessis, ancien village fortifié (IXe), sentier pédagogique des Celtes, Les Bourrelières et plateforme d'observation. Vous terminez par le joli étang de la Vannelière (pêche autorisée).

HÔTEL-RESTAURANT LE CHEVAL BLANC** €€

33, avenue du 25-Août-1944
✆ 05 49 80 05 77
www.hotel-restaurant-cerizay.com

Chambre double à partir de 65 €. Petit déjeuner buffet 8,50 €. Menu à partir de 19 €.

L'établissement loge dans un ancien relais de poste et a été entièrement rénové. Ses 20 chambres spacieuses et confortables peuvent à accueillir jusqu'à 5 personnes (demi et pension complète possibles). Propreté et service y sont impeccables. C'est également le cas du côté du convivial restaurant, réputé pour sa cuisine traditionnelle, bien réconfortante après la balade : soirées raclette, burger, spéciale côte de bœuf parthenaise, etc. Le menu est assez classique.

CHÂTEAU DE SAINT-MESMIN

✆ 05 49 80 17 62
www.chateau-saintmesmin.com

De mi-avril à début novembre. Juillet-août 10h30-13h et 14h-19h, 8 €. Visite de 1h30 à 2h30 selon saison.

L'ancienne seigneurie de Pierre de Montfaucon, construite autour de 1370 et fortifiée à partir de XVe siècle. L'ensemble fut largement touché par les guerres de Vendée. Autrefois entouré de douves, le bâtiment conserve son châtelet d'entrée, accessible via un pont-levis restauré. Vous explorez logis, office, cuisine et donjon où demeurent quantité d'éléments d'époque, cheminées, coussièges, chemin de ronde et mâchicoulis. Escape games éphémères, bal et concerts, chasse au trésor spéciale familles, école de magie rythment la saison.

L'ATELIER VERRE ET FEU

3, place du chêne vert
✆ 06 24 88 11 10

Du mercredi au ven : 10h-12h30 et 14h30-19h. Samedi : 10h-18h. Possibilité de participer à un atelier découverte de 2h.

Il y a quelque chose de magique dans cet atelier. Une histoire de baguettes de verre Effetre de Murano, qui, chauffées à 800° se transforment en perles. Notre magicienne se prénomme Dominique et derrière son chalumeau, elle fait des merveilles de bijoux. Par magie la matière se transforme et les couleurs s'enlacent. Bagues, colliers et boucles colorées égaieront votre journée comme leur charmante créatrice. Le matin, assistez même à une démonstration gratuite. D'autres créateurs locaux exposent leurs univers variés en boutique. A découvrir.

MAULÉON

Mauléon surplombe la jolie vallée de l'Ouin de son éperon rocheux. Sa position stratégique et la richesse de son abbaye de la Trinité en font une prise de choix durant les guerres de Religion (XVIIe siècle) et de Vendée (1793-1796). Dès 1793, elle est le théâtre de sanglants affrontements, événements commémorés en la colline de Château-Gaillard, dont la bataille du 3 juillet 1793 : alors que les Lescure et Larochejaquelein échouent face aux Bleus, Westermann ordonne la destruction du château de la Durbellière (explorez ses ruines, à Saint-Aubin-de Baubigné). Au XIXe siècle, Mauléon prospère grâce à ses tanneries et usines de chaussures.

Tourisme

Au XIXe siècle, les ateliers artisanaux de cuir du XVIIe laissent place à un important tissu industriel dont vous admirez les vestiges : la tannerie Danelon (siège d'Emmaüs), la villa Bleue (1915), l'usine de chaussures Grilly. Explorez le quartier Saint-Jouin, son église romane (XIIe) sertie d'éléments gothiques tardifs, le prieuré bénédictin (XVIe). Grimpez jusqu'au château et son chemin de ronde (XIe), quasiment détruits par Henri de Navarre (1587) puis Richelieu. Au bord de l'Ouin, rêvassez à l'ombre des vénérables arbres de la Mignauderie, jetez un œil à son étonnant fruitier, où l'on stockait les fruits du verger. Mauléon, Petite cité de caractère, est également Ville Etape. La proximité des grands axes, l'éclectisme de son patrimoine, ses nombreuses boucles rando en font une halte bienfaisante : l'office de tourisme vous conseille toute l'année (place de l'Hôtel-de-Ville).

MUSÉE L'ABBAYE MAULÉON

Place de l'Hôtel-de-Ville
✆ 05 49 74 32 24
www.agglo2b.fr
Merc et ven 10h-12h/14h-18h, mar et jeu sur réservation. Week-end pairs et j. fériés 14h-18h. Gratuit.

En l'abbaye de la Trinité, bâtie à partir du XIIe siècle. Restauré au XVIIe, reconstruit au XVIIIe, le plus important centre religieux du bocage bressuirais sera ruiné à la Révolution puis durant les guerres de Vendée. Désormais communal, il abrite la mairie, l'office de tourisme et le musée. Des caves voûtées à la chapelle, une passionnante expérience vous attend : au fil de l'histoire du bocage, de la Préhistoire à l'ère industrielle, vous observez, manipulez des objets, accédez à quantité d'archives. Parcours enfants. Horaires complets sur le site de la mairie.

LES ROCHERS GRAVÉS DES VAULX

Toute l'année, accès libre.

Découvert en 1876 par un chasseur, le site n'a toujours pas révélé ses secrets. Unique en France, il comprend aujourd'hui 39 spécimens de rochers de granit gravés de figurations humaines, animales et géométriques. Si l'on ignore leur datation, on sait que ces inscriptions lapidaires ont été réalisées à l'aide d'outils en métal. Certains les attribuent à La Tène (450-100 av. J.-C.), d'autres à une colonie barbare moyen-orientale (300 apr. J.-C.). 9 spécimens sont exposés au musée L'Abbaye.

HÔTEL-RESTAURANT LA TERRASSE €€

7, place Joël-Robuchon
✆ 05 49 82 58 05
Du mardi au samedi 12h-13h30 et 19h-20h30. Dimanche midi. Menu midi 18 € (3 plats). Chambre double 60 €.

Sympathique hôtel-restaurant entièrement rénové : on souligne donc que la literie des 5 chambres actuellement ouvertes est neuve, de même que le décor, moderne et douillet, est agréable à l'œil. Côté restaurant, vous apprécierez un menu renouvelé chaque jour (3 choix par plat), assez varié, alternant pièces de viande et de poisson : carpaccio de veau, foie gras mariné, filets de poissons en sauce, bœuf en grillade. Vous y faites une agréable pause.

NUEIL-LES-AUBIERS

La commune, située sur un plateau granitique recouvert par endroits de couches d'argile, est divisée en deux territoires distincts séparés par les vallées de la Scie et de l'Argent. Elle a été créée en 2001 de la fusion entre les 2 communes limitrophes : Nueil-sur-Argent et Les Aubiers. Le patrimoine bâti apparaît comme remarquable avec de nombreux châteaux, manoirs ou simples gentilhommières ; le château de la Brunaire, le château des Dorides, dont l'origine remonte au XIVe-XVe siècle, le château de Cervaux ou Serveau dont les 28 tours et les 2 douves faisaient forteresse au Moyen Age... Certains sont inscrits au titre de Monuments historiques.

DEUX-SÈVRES

ODYSÉE NATURE

49, Route de St Clémentin
✆ 05 49 65 66 18
www.odyssee-nature.fr/
Vous pouvez réserver votre séjour sur le site Internet de l'entreprise.

Le tourisme industriel vous ouvre les coulisses des entreprises. Marque cosmétique du laboratoire Science et Nature, Body Nature imagine et fabrique des produits biologiques de bien-être, de beauté et d'entretien depuis 1972. Avec la visite Odyssée Nature vous découvrez la diversité des métiers de cette entreprise avec une guide, qui travaille au quotidien chez Body Nature. Vous découvrez les étapes de fabrication d'un produit, le savoir-faire et le cadre de travail bucolique de cette entreprise lors d'une odyssée qui met vos sens en éveil.

CHÂTEAU FORT DE L'EBAUPINAY

✆ 06 61 37 30 58
D'avril à novembre. Visite libre merc-dim 10h-18h (5 €), visite guidée vend-dim à 11h et 15h (9 €). Pass famille.

Seigneurie du XIVe siècle fortifiée dès 1458. Abandonné durant des siècles, L'Ebaupinay revit grâce à l'innovante initiative de la start-up Dartagnans : son rachat et sa restauration financés en crowdfunding par près de 15 000 co-châtelains ! Visite du château ponctuée de jeux et d'animations ainsi qu'une trépidante programmation culturelle : fête médiévale (juin), spectacle (samedi après-midi en juillet-août), festival (août), nuit des châteaux (octobre) et marché de Noël.

LE MOULIN DE LA SORINIÈRE*** €€

Moulin de la Sorinière ✆ 05 49 72 39 20
www.hotel-moulin-soriniere.com
Mar-sam : 12h-14h30/19h-20h30 et dim midi. Menu semaine dès 17 €, le week-end 30 €. Chambre double dès 82 €.

Installé dans un ancien moulin à eau, l'hôtel bénéficie du paysage enchanteur de la rivière et de ses îlots de verdure. La salle, vaste et lumineuse, possède un incontestable cachet, souligné par une vaisselle délicate. Vous profitez d'une cuisine maison, réputée pour ses feuilletés de Saint-Jacques et ses viandes locales (2 viandes et 1 poisson par menu). On aime prendre le temps à la terrasse ombragée ! Plusieurs chambres bénéficient d'une terrasse privative ou d'un accès au jardin.

GLAMPING LA PETITE FERME D'ALPAGAS €€

14, rue René-III-Comte-de-Sanzay
✆ 06 70 62 24 39
www.lapetitefermedalpagas.com
Glamping d'avril à septembre. A partir de 75 € pour 2. Chambre d'hôtes toute l'année. Fermeture annuelle à Noël.

Vous découvrez la petite exploitation de Sophie et Will, éleveurs d'alpagas. Vous dormez tout près des chèvres et du château de Sanzay dans une superbe tente lodge joliment aménagée (sanitaires, bains à remous, jeux enfants...), conçue pour accueillir jusqu'à 8 personnes. Un cottage est également à votre disposition depuis 2022. On vous propose plusieurs activités : promenade en ville avec votre alpaga (que vous pouvez même adopter) ; soins ; yoga et bien sûr visite de la ferme.

ARGENTONAY

Argentonnay, nichée dans le bocage, offre multitude de points d'intérêt. En marge du parc d'attractions des Vallées, vous découvrez un passionnant patrimoine architectural : l'église Saint-Georges (détruite par les Huguenots en 1569 et reconstruite en 1609), les châteaux forts d'Ebaupinay et de Sanzay (XIIIe et XIVe siècles). Ce dernier est occupé par La Colporteuse, association dynamique, organisatrice de divers événements. Il faudra piquer une tête au lac d'Hautibus, participer à une sortie kayak sur l'Argenton ou encore balader sur l'ancienne ligne de tramway (circuit de 1,6 km). L'office de tourisme vous accueille en été (9, place Leopold-Bergeon).

RESTAURANT LE LAC €€

Route d'Hautibus
✆ 05 49 65 93 67
www.lac-hautibus.fr
Midi du mardi au dimanche, soir du jeudi au dimanche. Menu à partir de 22,50 €.

L'institution de l'Argentonnais, célèbre pour son cadre enchanteur à fleur de lac et sa terrasse sur pilotis. Fameux, car le chef, Fabrice Nigot, est réputé pour la cuisson (parfaite) de ses viandes. Sa carte, classique, est agrémentée de touches d'originalité : goûtez le tataki de thon et son sorbet aux poivres du Sichouan... Les amateurs de cuisine traditionnelle y trouveront leur bonheur : foie gras, entrecôte, andouillette, bar grillé... Côté dessert, on craque pour la charlotte aux poires. Produits frais, de saison et régionaux ; cuisine maison.

VIENNE

Qui n'a jamais entendu parler de la Vienne et de son célèbre Futuroscope ? On remarque évidemment Poitiers, ancienne capitale d'Aliénor et du duché d'Aquitaine, où s'entrecroisent d'éblouissants spécimens de l'art roman : le baptistère Saint-Jean, l'un des plus anciens édifices chrétiens d'Europe, qu'avoisine la cathédrale Saint-Pierre, avec ses voûtes à file de coupoles dans le plus pur style Plantagenêt. Style ornemental que vous retrouvez en la salle des pas perdus de l'ancien palais ducal... Vous arpentez les villes et villages pittoresques, Loudun (Nord-Ouest) et Châtellerault (Nord-Est) constellées de hameaux troglodytiques – direction la Brenne, vous découvrez la charmante cité médiévale et thermale La Roche Posay ; Saint-Savin (Ouest) et ses fresques classées Unesco ; la jolie Montmorillon et sa Cité du livre. Battez également les campagnes méridionales direction la Vallée des singes, via le fief de Mélusine : Lusignan...

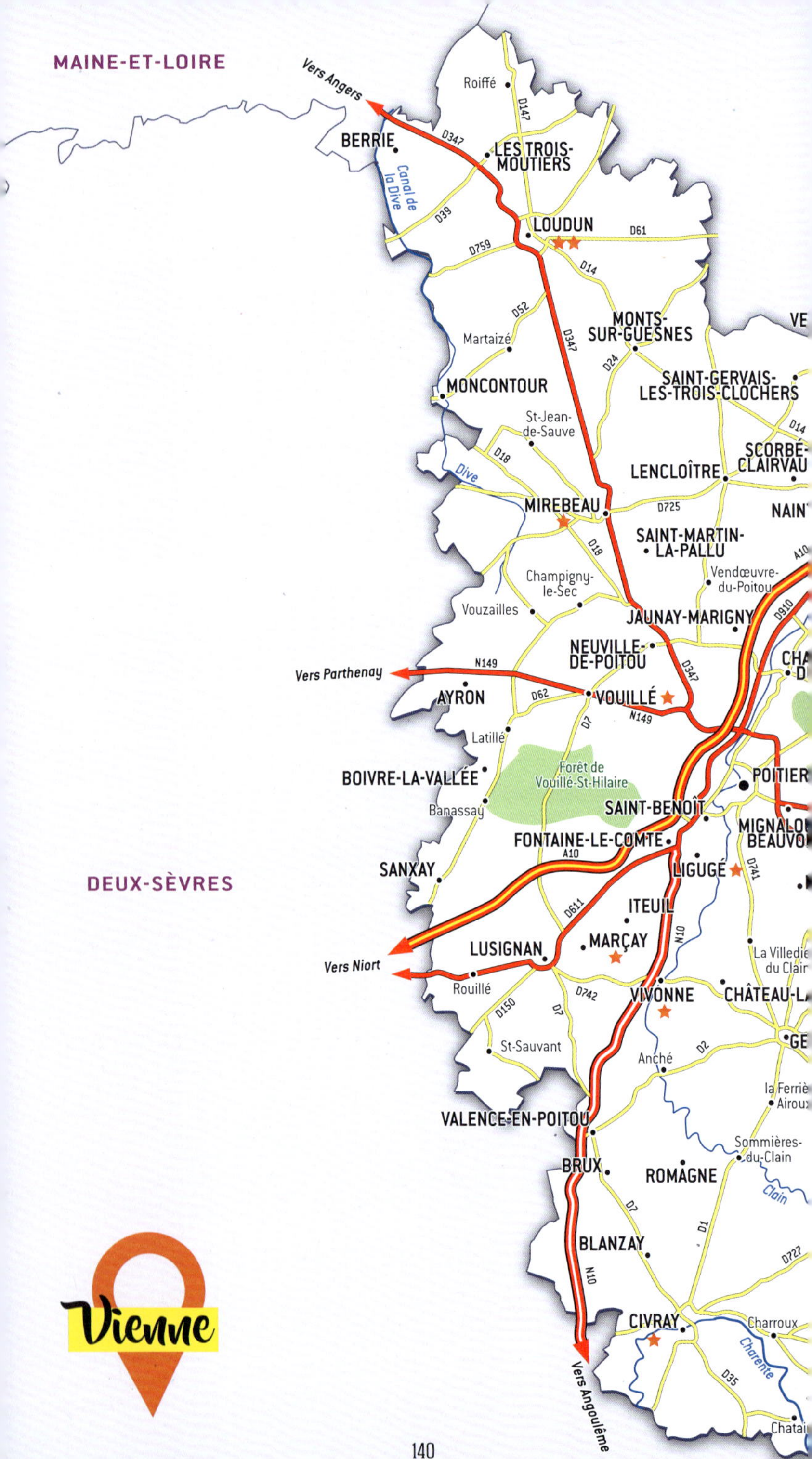
MAINE-ET-LOIRE
DEUX-SÈVRES
Vienne
Vers Angers
Vers Parthenay
Vers Niort
Vers Angoulême
Roiffé
D147
D347
BERRIE
LES TROIS-MOUTIERS
Canal de la Dive
D39
LOUDUN
D61
D759
D14
D52
Martaizé
D347
MONTS-SUR-GUESNES
D24
SAINT-GERVAIS-LES-TROIS-CLOCHERS
MONCONTOUR
St-Jean-de-Sauve
D18
Dive
LENCLOÎTRE
SCORBÉ-CLAIRVAU
MIREBEAU
D725
SAINT-MARTIN-LA-PALLU
D18
Champigny-le-Sec
Vendœuvre-du-Poitou
Vouzailles
JAUNAY-MARIGNY
D910
NEUVILLE-DE-POITOU
N149
D347
AYRON
D62
VOUILLÉ
N149
D7
Latillé
Forêt de Vouillé-St-Hilaire
BOIVRE-LA-VALLÉE
Banassay
SAINT-BENOÎT
FONTAINE-LE-COMTE
A10
SANXAY
LIGUGÉ
D741
D611
ITEUIL
MARÇAY
N10
LUSIGNAN
La Villedieu-du-Clain
Rouillé
D742
VIVONNE
D150
D7
St-Sauvant
Anché
D2
VALENCE-EN-POITOU
Sommières-du-Clain
BRUX
ROMAGNE
Clain
D7
D1
BLANZAY
D727
N10
CIVRAY
Charroux
Charente
D35

INDRE-ET-LOIRE
Autoroute
Nationale 4 voies
Nationale
Départementale
Préfecture
Sous Préfecture
Ville/ village
Sortie d'autoroute
Aéroport
Forêt domaniale
Vers Tours, Paris
Vers Tours
Vers Loches
LES ORMES
Dangé-Saint-Romain
D910
D749
Creuse
Oyré
Lésigny
CHÂTELLERAULT
D725
Coussay-les-Bois
LA ROCHE-POSAY
AVAILLES-EN-CHÂTELLERAULT
D14
VICQ-SUR-GARTEMPE
INDRE
VOUNEUIL-SUR-VIENNE
PLEUMARTIN
ANGLES-SUR-L'ANGLIN
D3
ARCHIGNY
BONNEUIL-MATOURS
SAINT-PIERRE-DE-MAILLÉ
D2
la Puye
Gartempe
D5
D749
BONNES
Vers le Blanc
CHAUVIGNY
D951
SAINT-SAVIN
Saint-Julien-l'Ars
D54
Leignes-sur-Fontaine
Vienne
Haims
VALDIVIENNE
NIEUIL-L'ESPOIR
D11
N147
La Trimouille
Journet
D727
CIVAUX
D121
DIENNÉ
D675
Verrières
LUSSAC-LES-CHÂTEAUX
MONTMORILLON
D117
D729
D727
D54
Saulgé
Bourg-Archambault
Moulismes
LATHUS-SAINT-REMY
D741
N147
D11
USSON-DU-POITOU
Adriers
Vers le Dorat
LE VIGEANT
L'ISLE-JOURDAIN
HAUTE-VIENNE
D10
Vers Limoges
Vienne
D741
D34
Pressac
AVAILLES-LIMOUZINE
CHARENTE
30 KM

PAGES

144 ●● POITIERS ET SES ENVIRONS

144 POITIERS ★★★
165 CHASSENEUIL-DU-POITOU
169 JAUNAY-MARIGNY
170 BEAUMONT SAINT-CYR
172 DISSAY
173 BONNES
174 MIGNALOUX-BEAUVOIR
175 CHAUVIGNY ★★
180 SAINT-BENOÎT
181 LIGUGÉ ★
183 FONTAINE-LE-COMTE
184 LUSIGNAN
187 SANXAY

188 ●● LA VALLÉE DU CLAIN

188 CHÂTEAU-LARCHER
189 DIENNÉ
190 ITEUIL
190 MARÇAY ★
191 NOUAILLÉ-MAUPERTUIS
193 NIEUIL-L'ESPOIR
193 VIVONNE ★

196 ●● MONTMORILLON ET SES ENVIRONS

196 MONTMORILLON ★
201 LUSSAC-LES-CHÂTEAUX ★★
203 CIVAUX ★
204 VALDIVIENNE
205 L'ISLE-JOURDAIN
207 LE VIGEANT
208 USSON-DU-POITOU
209 AVAILLES-LIMOUZINE
211 LATHUS-SAINT-REMY
213 SAINT-SAVIN ★★
216 SAINT-PIERRE-DE-MAILLÉ

217 ●● CIVRAY ET SES ENVIRONS

217 CIVRAY ★

PAGES

219 BLANZAY
220 BRUX
221 ROMAGNE
223 VALENCE-EN-POITOU
225 GENÇAY ★
228 CHARROUX

230 ●● GRAND CHÂTELLERAULT

230 CHÂTELLERAULT ★
235 AVAILLES-EN-CHÂTELLERAULT
237 VOUNEUIL-SUR-VIENNE
238 BONNEUIL-MATOURS
239 ARCHIGNY
239 NAINTRÉ ★
240 SCORBÉ-CLAIRVAUX
242 THURÉ
243 LENCLOÎTRE
245 SAINT-GERVAIS-LES-TROIS-CLOCHERS
245 VELLÈCHES
246 LES ORMES
247 LA ROCHE-POSAY ★
251 PLEUMARTIN
252 VICQ-SUR-GARTEMPE
252 ANGLES-SUR-L'ANGLIN ★★

256 ●● LE HAUT-POITOU

256 NEUVILLE-DE-POITOU
258 MIREBEAU ★
260 SAINT-MARTIN-LA-PALLU
261 VOUILLÉ ★
262 AYRON
263 BOIVRE-LA-VALLÉE

265 ●● LE LOUDUNAIS

265 LOUDUN ★★
268 BERRIE
270 LES TROIS-MOUTIERS
272 MONCONTOUR
275 MONTS-SUR-GUESNES

POITIERS ★★★

Poitiers, ville d'histoire et capitale romane, vous invite à partir à la découverte de l'Histoire de France à travers son patrimoine d'exception, de ses trésors médiévaux à ses joyaux contemporains. Poitiers, c'est la cathédrale Saint-Pierre et ses peintures murales du XIIIe siècle, l'église Notre-Dame et sa splendide façade sculptée. C'est encore le baptistère Saint-Jean, le plus ancien monument chrétien d'Europe. C'est aussi son célèbre et riche centre historique aux nombreuses églises (Saint-Germain, Saint-Hilaire-le-Grand, l'église protestante, Saint-Porchaire, Sainte-Radegonde...). Poitiers, ce sont 14 parcs et jardins, ainsi que 18 squares.

BAPTISTÈRE SAINT-JEAN

Rue Jean Jaurès
✆ 05 49 41 21 24

1er oct - 31 mars : 14h à 16h. 1er avril - 20 juin : 14h à 18h, 21 juin - 30 sept : 10h30 à 12h30 et 14h à 18h. 3 €.

Juste à côté du musée Sainte-Croix, le baptistère Saint-Jean arbore dignement ses ans et ses ocres. Le voici, l'un des plus anciens monuments paléochrétiens d'Europe, construit pour l'essentiel au Ve siècle, mais dont les parties les plus anciennes datent du IVe siècle, époque de Saint-Hilaire, premier évêque de Poitiers. Le lieu abrite une rarissime piscine baptismale utilisée pour le baptême par immersion jusqu'au VIIIe siècle, de magnifiques peintures murales romanes et gothiques ainsi qu'un ensemble de sarcophages mérovingiens provenant de la région.

CATHÉDRALE SAINT-PIERRE ✝ ★

1, rue Sainte-Croix

Ouvert tous les jours de 9h à 17h. Été : jusqu'à 20h. Gratuit.

La demoiselle de pierre écrase sa large façade à trois portails sur un coquet parvis. La rue dite « de la Cathédrale » par laquelle vous arriverez, était au Moyen Âge la voie majeure qui reliait le pouvoir royal au pouvoir ecclésiastique. Imaginez-vous les sabots des chevaux battre les pavés en escortant du palais à la cathédrale, certaines grandes figures de l'Histoire comme Henri II Plantagenêt ou Aliénor d'Aquitaine.

L'édifice ayant nécessité plus de deux siècles de construction (de 1155 à 1379) a reçu l'influence de deux courants architecturaux distincts. Le style gothique angevin d'abord, dont les caractéristiques s'affirment du chevet à la nef. Vous découvrirez à l'extérieur un surprenant chevet plat et à l'intérieur les sublimes voûtes bombées des trois vaisseaux de la nef. La façade occidentale quant à elle, s'inscrit dans le style gothique d'Ile-de-France, deux grandes tours carrées viennent encadrer trois portails élégamment sculptés, surplombés d'une rosace. Et non, vous ne rêvez pas, cette dernière ressemble fortement à l'une des rosaces de Notre-Dame de Paris !

Mais ce n'est pas tout, Saint-Pierre renferme en son sein d'autres joyaux méconnus. D'aucuns vous parleront, conquis, de son gigantesque orgue de tribune Clicquot, des très anciennes stalles du milieu du XIIIe siècle, de l'immense vitrail de la Crucifixion qui jette au chevet ses pimpantes couleurs ou des peintures murales récemment mises à jour dans le bras du transept sud. A 20 mètres de hauteur, leur magnificence et leur finesse sont remarquables.

LES CHEMINS DE LA BOIVRE

rue de la cassette
BIARD

Ouvert toute l'année. Aucune difficulté. Attention aux périodes d'inondation. Tables de pique-nique.

A pied, à vélo ou pour un footing, les bords de la Boivre sont désormais très fréquentés car l'endroit est très agréable. A partir du parking (rive gauche), empruntez la route qui mène aux Grottes de la Norée. Longez la rivière. Puis, empruntez le pont en bois qui traverse la Boivre et suivez le chemin en remontant la rivière. Une fois dans les bois, vous apercevrez le restaurant le Moulin de la Norée. Plus loin, sous le pont de l'autoroute, prenez la passerelle, continuez à droite et empruntez la route de l'Ermitage jusqu'au pont de la Cassette. Bonne balade !

ÉGLISE SAINT-HILAIRE-LE-GRAND ✝ ★★

26, rue Saint-Hilaire

Ouvert tous les jours de 9h à 17h. Été : jusqu'à 18h. Gratuit.

Saint-Hilaire détache sa singulière silhouette boursouflée d'absidioles dans l'enclavement citadin. Avec son allure de basilique paléochrétienne, elle est un exemple rare en Poitou roman. Consacrée en 1049 et inscrite en 1998 sur la liste du Patrimoine mondial au titre des Chemins de Saint-Jacques-de-Compostelle, elle est d'une beauté architecturale inouïe. Vous contemplerez l'indescriptible charme de ses perspectives savantes, la multiplication de ses colonnes de pierre...

©Thomas Jelinek/Agence Zebrelle

ÉGLISE NOTRE-DAME-LA-GRANDE ✝ ★★★

Place Charles de Gaulle

Ouvert tous les jours de 9h à 19h. Gratuit.

Que ce soit votre première rencontre avec elle ou que vous arpentiez son parvis depuis des années, vos yeux ne peuvent s'en détacher. Elle est sans conteste le plus beau fleuron du patrimoine de la ville. Notre-Dame-la-Grande, cette magnifique église romane, magistralement restaurée lors d'importants travaux exécutés de 1992 à 2004, est avant tout célèbre pour sa façade sculptée au début du XIIe siècle. Surpris par sa beauté, la qualité et la richesse de son ornementation, vous y découvrirez d'abord une frise représentant des épisodes de l'histoire sainte, de la tentation d'Adam et Eve jusqu'à la Nativité. Au-dessus, apôtres, évêques et pape sont répartis de part et d'autre de l'unique baie centrale. Au sommet, dans une mandorle, le Christ en gloire, entouré des symboles des quatre évangélistes, domine l'ensemble. Composée d'une nef centrale flanquée de deux collatéraux très élevés selon un schéma fréquent dans l'architecture romane poitevine, l'église se prolonge par une travée sans transept portant le clocher, et par un chœur à déambulatoire et chapelles rayonnantes construit sur une crypte. L'intérieur offre des décors muraux datant des années 1850. Seules les peintures de la voûte du chœur et celles de la crypte du XIe siècle sont authentiquement romanes. Les onze chapelles situées côté nord et dans le chevet de l'église datent des XVe et XVIe siècles. Ne manquez pas la superbe mise en lumière de la façade dès la tombée de la nuit de juin à septembre.

ÉGLISE SAINT-JEAN-DE-MONTIERNEUF ✝

27 bis, place Montierneuf

De novembre à fin avril de 9h-18h. De mai à fin octobre de 9h-19h. Gratuit.

Le « moutier neuf » – nouveau monastère – a été érigé dans la seconde moitié du XIe siècle sur la décision du duc d'Aquitaine Guillaume VIII et consacré en 1096 par le pape Urbain II. Passez la façade refaite au XVIIIe siècle et admirez la triple nef et son chœur gothique surélevé par de larges baies. Quelle luminosité ! Ne quittez pas les lieux sans avoir fait le tour de l'édifice pour admirer son chevet et ses arcs-boutants construits au XIVe siècle, de style gothique rayonnant.

ÉGLISE SAINT-PORCHAIRE ✝ ★

47, rue Gambetta

Ouvert tous les jours de 9h à 19h. Gratuit.

Même si cette église reste l'une des plus méconnues de la ville, ce clocher-porche roman, carré, est emblématique du pouvoir religieux et compte dans le patrimoine poitevin comme une exception. Il faut dire qu'il renferme la cloche de l'Université, Anne, qui fut installée en 1431 pour annoncer les assemblées de notre grande Université poitevine. On pénètre dans une église large, à double nef gothique (ce qui est rare !). Trois piliers cylindriques sans ornement les séparent tels des palmiers offrant à l'ensemble une belle légèreté.

VIENNE

L'église Notre-Dame-la-Grande.

Poitiers.

ÉGLISE SAINTE-RADEGONDE

17, rue du Pigeon Blanc

Ouvert tous les jours de 9h à 18h. Gratuit.

Si vos jambes vous amènent à fouler l'ancien parvis de justice de l'église sainte-Radegonde, sachez que Radegonde fut reine des Francs, fondatrice du premier monastère de moniales en Gaule et sainte patronne de la ville. Après être entré par le clocher-porche roman de l'église, vous découvrirez sa nef de style gothique angevin et poursuivrez par le chœur surélevé et rehaussé de décors peints datant du XIXe siècle avant de vous engouffrer dans la crypte, consacrée en 1099, où l'on découvre le sarcophage en marbre noir de la sainte.

LA GRAND'RUE

La Grand-rue suit le tracé romain du *decumanus* (axe est-ouest romain). Très commerçante dans sa partie haute, elle déploie également nombre de curiosités architecturales – et en cache autant. Observons au n° 96, l'Hôtel de Brieу, de style Renaissance, au n° 102, l'Hôtel de Rochefort. Au n° 118 siège la Maison des trois Clous (XVe siècle). Au n° 159 se dresse l'Hôtel du Grand Prieuré d'Aquitaine, au n° 190 l'Hôtel Barbarin. La liste des édifices remarquables qui fait de la Grand-rue une rue incontournable de la ville et un axe très passant est longue.

ESPACE MENDÈS FRANCE

1, place de la Cathédrale

✆ 05 49 50 33 08

emf.fr

Du mardi au vendredi de 9h à 18h30 ; samedi et dimanche de 14h à 18h30. Visite accompagnée sur réservation en ligne.

A l'Espace Mendès-France, la science est l'affaire de tous ! Tout est question d'approche pour rendre intéressant, voire captivant, un sujet qui de prime abord peut paraître opaque. Que sait-on des pyramides ? Quelles avancées en matière de connaissances sur la santé ? Des expositions et des conférences organisées tout au long de l'année, dans et hors les murs, participent à développer la culture scientifique de tous les publics. Il suffit juste d'être un peu curieux pour mieux comprendre le monde complexe et mouvant dans lequel nous évoluons.

LES GROTTES DE LA NORÉE

2, rue de l'Ermitage - **BIARD** ✆ 05 49 41 30 30

Ouvert juillet et août du mardi au dimanche : 14h-18h. Réservation conseillée. Adulte : 6 €. Tarif réduit 4 €.

Si Poitiers est plus connue pour la valeur de ses vestiges archéologiques médiévaux et antiques, il n'en reste pas moins qu'elle regorge de coins secrets moins connus du grand public. Les grottes de la Norée en sont l'exemple frappant. Situées à peine à cinq minutes du centre-ville de Biard, ce sont des grottes naturelles, les seules ouvertes au public dans le département de la Vienne. Parcourez les 150 mètres de galerie souterraine et admirez les diverses formes sculptées mises en valeur par des jeux de lumière. A découvrir en famille.

HÔTEL BERTHELOT

24, rue de la Chaîne

Gratuit.

Cet hôtel particulier de style Renaissance construit vers 1529 par René Berthelot, un des maires de Poitiers, abrite maintenant le Centre d'études supérieures de civilisation médiévale, laboratoire de recherche de l'université. A quelques mètres de la place de la Liberté, il s'agit d'un des nombreux trésors cachés de la ville, auquel on peut accéder en passant le porche donnant sur la rue de la Chaîne, très pentue. Parmi le décor sculpté style italien, vous pourrez apercevoir des portraits en médaillons du propriétaire et de son épouse, ainsi que leur blason.

HÔTEL DE VILLE

Place du Maréchal Leclerc

✆ 05 49 52 35 35

www.poitiers.fr

Ouvert toute l'année. Du lundi au vendredi de 8h30 à 12h30 et 13h30 à 17h30. Possibilité d'entrer dans le hall.

Il fut un temps où l'hôtel de ville faisait également office de musée. Les collections y étaient exposées dans les étages. Avec la construction du musée Sainte-Croix, l'exercice de la chose publique devint sa seule fonction. Sous le Second Empire – 1852-1870 –, le centre-ville de Poitiers connaît un grand chamboulement. La rénovation de la ville se fonde sur les effets de perspective et de symétrie. Ainsi, l'hôtel de ville et la préfecture sont édifiés de part et d'autre d'un axe constitué par l'avenue impériale – actuelle rue Victor-Hugo. Les deux bâtiments se font face : l'axe du pouvoir... La rénovation de la façade de l'hôtel de ville ainsi que le réaménagement de la place (même contestés par certains) ont redynamisé le lieu. Construit d'inspiration Renaissance entre 1869 et 1875 par Guérinot, cet édifice abrite un monumental escalier d'honneur décoré par des fresques de Puvis de Chavannes, représentant saint Fortunat lisant des poèmes à sainte Radegonde à l'abbaye Sainte-Croix et Charles Martel sauvant la chrétienté par sa victoire sur les Sarrasins près de Poitiers en 732, ainsi que des cariatides de Barrias. Au rez-de-chaussée : à droite la salle de la Minerve et à gauche la salle des Echevins qui accueille le conseil municipal et le public lors des séances. A l'étage, dans le salon d'honneur, un vitrail figure Aliénor d'Aquitaine authentifiant la charte de commune de la ville. D'autres artistes poitevins ont peint de nombreux décors : Léon Perrault, Alfred de Curzon... Un véritable livre d'images.

HÔTEL FUMÉ

8, rue René Descartes

Visite de la cour intérieure uniquement en semaine. Gratuit.

Ce castel urbain a appartenu en 1474 au maire maître Pierre Fumé qui occupait le fond de cour. Son fils François, en 1514, construisit sur rue (ancien *Cardo* romain) une façade de style gothique flamboyant terminée par d'admirables lucarnes afin de montrer son pouvoir. La communication entre les deux bâtiments est assurée par un balcon en encorbellement, une galerie aux colonnes torsadées et une tourelle d'escaliers. Cet hôtel particulier abrite à présent l'administration de la faculté de sciences humaines et arts dont l'entrée principale se trouve juste à côté.

ÎLOT TISON

Chemin de Tison

Animations estivales. Accès libre toute l'année. Tables de pique-nique.

Beaucoup d'anciens avaient appris à nager à Poitiers-plage à l'époque des guinguettes où le bal enflait les amourettes du dimanche. C'était un peu comme chez Laurette, c'était bien... Eh bien c'est fait, les lieux, dont la scierie était devenue une friche industrielle, ont été réaménagés pour offrir de jolies promenades dans une prairie toute fraîche ou en barque sur le Clain, des pique-niques sur l'herbe ou sous le préau en cas de pluie (structure de la scierie conservée) équipé de nombreuses tables, de la danse aussi. Aussi balades en canoë-kayak ou en paddle !

JARDIN DES PLANTES

1, rue du Jardin des Plantes

✆ 05 49 41 39 37

Ouvert tous les jours. De Nov à fin fév : 8h à 17h. De mars à fin oct : 7h55 à 20h30. Jeux pour enfants.

Situé à deux pas du centre-ville, le Jardin des Plantes avec ses 1,5 hectare est une engageante oasis plantée d'arbres centenaires d'exception, comme le séquoia géant ou le cèdre de l'Himalaya. Sa serre tropicale foisonne d'environ 150 variétés de plantes exotiques ainsi que son jardin botanique où croissent pléthore de plantes aromatiques, condimentaires et officinales, toutes étiquetées. Enfin, sa grotte et ses massifs en mosaïculture le classent au rang des incontournables lors de votre escapade poitevine ou au nom de quelques bécots sur les bancs... publics.

LE MIROIR

Place du Maréchal Leclerc
✆ 05 49 30 21 90
lemiroirdepoitiers.fr

Expositions temporaires à Poitiers. Entrées libres. Programmation sur le site et Facebook.

Arts décoratifs, mode, artisanat, design, graphisme, BD, photographie, vidéo… les expositions du Miroir dialoguent entre les arts et les formes. Artistes, créateurs, penseurs et historiens sont invités à venir nourrir les expositions programmées dans l'année sur Grand Poitiers. En juin 2022, le Miroir devrait intégrer ses nouveaux murs et ouvrir les portes de sa galerie flambant neuve. La nouvelle salle d'art visuel prendra place dans l'ancien théâtre de la ville et proposera alors une exposition sur la question du reflet… et du miroir.

MUSÉE D'ART POPULAIRE - « CHEZ MANUEL »

37, avenue de Châtellerault
MIGNE-AUXANCES
✆ 06 05 39 01 11

Tous les jours de 14h30-18h (matin sur rdv). Réservez de préférence. Adulte : 5 €. Enfant : 2 €.

Entre Poitiers et le Futuroscope, vous avez certainement déjà remarqué les voitures de collection devant le musée. Monsieur Ribeiro (fils) a hérité d'une passion que lui a transmise son père. C'est dans une chasse au trésor minutieuse, au gré des rencontres, que m. Ribeiro s'est lancé il y a maintenant des années. Une recherche insatiable d'objets autrefois ordinaires, véritables curiosités du quotidien. Si sa collection est avant tout personnelle, elle constitue un témoignage unique.

PALAIS DES COMTES DE POITOU-DUCS D'AQUITAINE

Place Alphonse Lepetit
✆ 06 75 32 16 64
www.poitiers.fr

Tlj de 8h à 22h. Gratuit. Visites guidées de la tour Maubergeon sur réservation.

Il est considéré comme un chef-d'œuvre de l'art médiéval. C'est dans ce palais reconstruit au XIIe siècle qu'Aliénor d'Aquitaine réunissait sa cour. La célèbre salle des pas perdus ou salle du Roi a été réédifiée par la famille Plantagenêt peu avant 1200. Devenu palais de justice après la Révolution française, le palais devient propriété de la ville courant 2019. Désormais, sa salle des pas perdus est accessible au public. Des expositions y sont organisées.

MUSÉE SAINTE-CROIX ★★

3 bis, rue Jean Jaurès ✆ 05 49 41 07 53
musees-poitiers.org

Mardi à vendredi : 10h-18h. Week-end : 13h-18h. Gratuit jusqu'à 18 ans. Adulte : 5 € (2,50 € dimanche). Réduit : 2,50 €.

A proximité du baptistère Saint-Jean et en face de l'Espace Mendès-France, le musée Sainte-Croix est le plus important de Poitiers et le premier de Poitou-Charentes de par ses fonds. Le bâtiment a été conçu en 1974 par l'architecte poitevin Jean Monge. De style brutaliste tout en respectant le quartier historique, cette structure de béton et de verre a été distinguée pour son architecture remarquable et singulière du label « Patrimoine du XXe siècle ».

Il occupe le site de l'ancienne abbaye Sainte-Croix. Ancien site de fouilles, le musée abrite les vestiges de murs des Ier et IIe siècles de l'antique Limomum. Ainsi, au sein des trois niveaux et sur une partie des 4 500 m² du musée, vous découvrirez ses collections d'archéologie régionale. Elles présentent de saisissants portraits gravés de l'époque magdalénienne (notamment les plaquettes gravées de la grotte de La Marche de Lussac-les-Châteaux) ainsi que de nombreux outils de pierres taillées au Néolithique. Plusieurs témoignages de l'âge du bronze voisinent avec des tombes à char de l'âge du fer ainsi que diverses collections issues de nécropoles poitevines témoignant que *Limonum*, cité des Pictons, ne cessa d'être occupée durant l'Antiquité. Quant aux sarcophages sculptés et au fameux décor de stuc de Vouneuil-sous-Biard, ils illustrent les productions de l'Antiquité tardive et du Haut Moyen Age. Une belle série de sculptures témoigne du rayonnement passé des ateliers romans du Poitou.

Le département des beaux-arts propose un parcours de la peinture ancienne, dès le XIVe siècle, avec de l'art vénitien puis des œuvres des écoles du Nord à l'époque de leur apogée, pour finir par des œuvres monumentales de la peinture italienne et française. C'est là que vous rencontrerez le fameux dragon de bois *La Grand'Goule*. Pour comprendre l'histoire de la ville, faites une pause devant l'œuvre de François Nautré qui en 1619, a réalisé « le Siège de Poitiers par l'Amiral de Coligny en 1569 ». Plus près de nous, le néoclassicisme, l'orientalisme romantique, l'ingrisme, l'académisme, le symbolisme sont représentés par quelques œuvres monumentales du XIXe siècle. Elles voisinent avec de magnifiques sculptures d'Auguste Rodin et surtout de Camille Claudel dont le fond détenu par ce musée représente la seconde collection publique de France et la troisième au monde. Quant à l'art moderne, du début du XXe siècle, il est représenté par des œuvres de Bonnard, Vuillard, Sisley, Marquet, entre autres. Le parcours réserve une place de choix à la figure féminine. Des expositions temporaires complètent la visite.

PANORAMA DES DUNES

24, boulevard du Colonel Barthal

L'immense statue de la Vierge surplombe le Clain. L'œuvre en bronze de Notre-Dame des Dunes bénissant la ville fut édifiée à l'initiative du Cardinal Pie en 1875-1876. Elle se situe dans le quartier des Dunes qui est accessible en bus, en voiture mais aussi, pour les plus courageux, en empruntant un escalier près du Pont Joubert. 217 marches à gravir ! La montée vaut le détour car à l'arrivée, vous aurez sous vos yeux, une des plus belles vues de la ville. On peut y admirer les différentes églises, les toits d'ardoise et de tuile rousse. Magnifique !

LA RUE DE LA CHAÎNE

Rue de la Chaîne

Très pentue et escarpée, cette rue pittoresque est bordée de vieilles demeures médiévales à pans de bois. Son nom lui vient de deux raisons supposées : au Moyen Age, les condamnés la montaient péniblement et à grand bruit avec leurs chaînes aux pieds ; autre version, toujours à la même époque, on étendait chaque soir une grande chaîne de part et d'autre de la rue, afin d'empêcher les assaillants d'accéder au cœur de ville. En descendant vers la première rue à droite, la rue Saint-Germain aligne de ravissants hôtels particuliers (XVe et XVIe siècles).

PARC DE BLOSSAC

Entrée place de l'Appel du 18 juin 1940, rue de la Tranchée et rue du Grand Chêne

✆ 05 49 52 35 35

De nov à fin fév : 7h-21h (jardin anglais : 8h-17h). De mars à fin oct : 7h15-22h30 (jardin anglais : 7h15-22h).

Entrez par l'élégante promenade à la française avec ses arbres taillés « en rideau » et humez ce modeste parfum de jardin du Luxembourg. Laissez-vous guider vers la fontaine au jet d'eau et ses cataractes assourdissantes, où il ne sera pas rare de voir des enfants faire voguer un radeau de fortune. Poussez vers les remparts et profitez de la vue panoramique sur la vallée du Clain. Revenez ensuite sur vos pas pour flâner dans le jardin à l'anglaise avec ses ponts, ses statues, sa ménagerie. Il vous restera encore le jardin de rocaille et le théâtre de verdure.

MAISON DU TOURISME ET DU TERROIR

33, place Charles de Gaulle

✆ 05 17 84 23 23

www.boutique-terroir.com

Lundi à vendredi : 9h-19h ; le samedi : 10h-13h et 14h-19h. Du 15 juillet à fin août : tous les jours 9h-21h.

C'est le lieu incontournable pour tout nouvel arrivant à Poitiers ou dans la Vienne. Pour savoir où aller et quoi faire, les hôtesses sauront vous conseiller pour vos visites afin de découvrir notre beau département. Des billets à des tarifs préférentiels pour certains sites touristiques sont proposés. Ici, c'est aussi la caverne d'Ali Baba des produits locaux *made in* Poitou. Et pour découvrir Poitiers en s'amusant, vous pourrez opter pour un jeu d'aventure et résoudre les énigmes.

PLACE DE LA LIBERTÉ

Place de la Liberté

Un terrain de pétanque idéal.

Nommée place du « Marché-Neuf » au début du XIIe siècle, la place était un poumon économique de la ville. En 1307, elle devient place du Pilori car c'est à cet endroit que les malfaiteurs sont exposés à la foule, dans ce quartier truffé d'hôtels particuliers de magistrats. Elle doit son nom actuel au général bonapartiste breton qui, le 5 octobre 1822, y meurt guillotiné en criant « Vive la Liberté ». C'est en sa mémoire que la place est rebaptisée et que la loge maçonnique y fait ériger en 1903 une statue de la Liberté, copie réduite de celle de New York.

OFFICE DE TOURISME DE GRAND POITIERS

45, place Charles de Gaulle

✆ 05 49 41 21 24

visitpoitiers.fr

Du lundi au samedi de 9h30 à 18h. En été, du lundi au samedi de 10h à 19h et le dimanche de 10h à 18h.

Etape indispensable à votre séjour, l'office peut être un bon point de départ pour vos différentes pérégrinations à travers la ville et l'agglomération. Vous pourrez vous renseigner sur les diverses activités culturelles et touristiques à faire, sur les monuments classés et les curiosités à ne pas manquer. Pour en apprendre davantage sur la ville, ses légendes, ses anecdotes, ses secrets, n'hésitez pas à participer aux différentes visites guidées.

3D POITIERS EVOLUTION

✆ 05 49 41 21 24

www.poitiers.fr

Application mobile gratuite à télécharger sur Apple Store, Google Play, Windows store.

De votre canapé ou en vous baladant dans les rues de la ville, plongez au cœur de l'histoire de Poitiers grâce à cette application. En préambule, visionnez un petit film qui retrace l'histoire urbaine de la ville de l'Antiquité à nos jours. Puis, sur la carte, sélectionnez un lieu à explorer et projetez-vous dans l'époque de votre choix pour profiter d'une visite panoramique en 3D. Des commentaires enrichiront vos connaissances. Un bel outil pour découvrir des restitutions inédites des monuments les plus emblématiques de Poitiers comme son amphithéâtre !

TERRA AVENTURA

www.terra-aventura.fr

Gratuit. Télécharger l'application Tèrra Aventura sur Google Play ou l'App Store. De 7 à 77 ans.

Vous êtes amateur de chasse au trésor ? Vous allez adorer Tèrra Aventura et la trentaine d'aventures à découvrir sur tout le département de la Vienne. Pour cela, il suffit de télécharger l'application, de choisir un parcours en fonction de votre localisation et c'est parti ! Marchez sur les traces des « Poï'z », suivez leur histoire, recueillez des indices sur le terrain, répondez aux énigmes et trouvez les cachettes. Une activité ludique pour toute la famille qui permet de découvrir de jolis villages, le patrimoine et ses secrets.

VISIT POITIERS

✆ 05 49 41 21 24

www.ot-poitiers.fr

Application mobile gratuite à télécharger sur Apple Store, Google Play, Windows store.

L'application pour connaître le patrimoine de Poitiers sur le bout des doigts ! Téléchargez l'application de visites guidées depuis votre store, puis, nul besoin d'internet, il n'y a qu'à suivre le tracé GPS. 5 parcours sont proposés, selon votre disponibilité et vos centres d'intérêt. Découvrez l'essentiel de la ville, ses légendes, ses histoires insolites, mais aussi un circuit pour les amoureux du patrimoine. A chaque étape, un commentaire donne l'essentiel des informations sur le lieu. Idéal pour visiter Poitiers à son rythme !

VISITES GUIDEES

Place Alphonse Lepetit

✆ 06 75 32 16 64

http://sortir.grandpoitiers.fr

Programme : sortir.grandpoitiers.fr. Adulte : 5,50 €. Gratuité sous certaines conditions. Visite guidée sur réservation.

Pour connaître Poitiers et son histoire sur le bout des doigts, suivez le guide ! Depuis 1985, Poitiers est labellisé « Ville et Pays d'art et d'histoire » et profite d'une politique de valorisation et d'animation du patrimoine particulièrement riche ! Chaque mois, le service Patrimoine de Grand Poitiers concocte un agenda de visites. Avec les guides-conférenciers agréés, partez à la découverte des monuments, des quartiers et de la vie des grands personnages qui ont marqué la ville. Les départs des visites se font depuis le Palais des ducs d'Aquitaine.

AUBERGE DE JEUNESSE €

1, allée Roger Tagault

✆ 05 49 30 09 70

www.hifrance.org

Tlj : 7h à 12h et 18h à 22h. 140 lits. Camping (max 16 places) en juil-août. Dortoir dès 17,60 €. Petit déjeuner 5,40 €.

L'unique auberge de jeunesse de la ville, nouvellement labellisée Clef Verte, au sud-ouest de Poitiers, fonctionne avec le réseau FUAJ et fonctionne avec une carte d'adhérent à 2 euros, achetable sur place. Elle accueille toute l'année des groupes, des familles (4 et 5 lits) et des individuels. Proche des commerces, à 20 minutes en voiture du Futuroscope, vous avez aussi une ligne directe de bus pour la gare ferroviaire et pour le centre-ville. Un coin cuisine est aussi disponible. Profitez de toutes ces prestations, vous reviendrez sans hésiter. Un bon plan !

KYOTEL**** €

26, avenue de la Fraternité

✆ 05 49 36 29 40

www.lyceekyoto.fr/hotel-dapplication/

Du lundi au jeudi : 8h-18h. Fermé pendant les vacances sco. 2 chambres doubles de 30 € à 40 €. Petit déjeuner : 5 €.

Voilà un véritable bon plan ! Profitez du confort d'une chambre d'hôtel 3 et 4 étoiles pour un prix imbattable. Aménagées dans l'esprit du groupe Accor, les deux chambres de l'hôtel d'application du lycée hôtelier Kyoto sont tenues par les étudiants de la classe de BTS Management en Hôtellerie et Restauration. Situé dans un quartier calme à 10 minutes en voiture du centre-ville, l'hôtel propose des petits déjeuners servis en chambre ou en salle. Les gourmands pourront, en réservant, se rendre pour le déjeuner ou le dîner dans le restaurant d'application du lycée.

HARLEY DAVIDSON - LOCATION

2, rue Bessie-Coleman
✆ 05 49 53 02 02
www.harley-davidson-poitiers.com
Mardi au samedi de 9h-12 et 14h-19h. De 169 à 249 € / la journée suivant le modèle choisi.

Harley-Davidson ! Ce nom est une légende et évoque même une chanson. Depuis 20 ans, le concessionnaire poitevin officiel Route 86 propose de nombreux services : des véhicules neufs ou d'occasion, essai, étude de financement, accessoires... Et pour vos vacances, une excursion sur les routes de Poitou-Charentes, l'envie de réaliser un rêve, bref, si vous souhaitez essayer un de ces modèles légendaires, vous pouvez louer une Harley-Davidson pour une journée, un week-end ou une semaine.

HÔTEL CENTRAL*** €€

35, place du Maréchal Leclerc
✆ 05 49 01 79 79
www.hotel-central-poitiers.com
Accueil jusqu'à 21h. Petit déjeuner en chambre : 9 € (enfant : 5 €). Chambre entre 58 € et 83 €. Soirée étape dès 85 €.

© HÔTEL CENTRAL

Dans son agréable hôtel situé en plein centre, la charmante Mélanie Dollin propose vingt chambres confortables réparties sur trois étages (avec ascenseur). De la chambre standard à la privilège en passant pas la familiale, elles sont modernes et offrent, pour beaucoup, une vue sur la place de l'Hôtel de Ville. Ici, le petit déjeuner est servi uniquement en chambre, et pour les chanceux qui ont opté pour celles climatisées du troisième étage, c'est avec vue sur les beaux bâtiments de la place que vous dégusterez votre café au balcon.

LES COURS DU CLAIN €€

117, chemin de la Grotte à Calvin
✆ 06 10 16 09 55
www.lescoursduclain-poitiers.com
D'avril à octobre. Autres dates sur demande. 22 lits sur 4 maisons d'hôtes. Studio 140 à 550 €. Petit déj inclus.

Un endroit de rêve ! A Poitiers, en pleine nature, Fabienne a ouvert des chambres d'hôtes d'exception. Dans une magnifique propriété de caractère, Fabienne a su décorer avec énormément de goût ses chambres et logis. Un environnement splendide pour toute la famille, ou en amoureux. On a eu le coup de foudre pour ce lieu pour plusieurs raisons : bien évidement le cadre verdoyant avec son cèdre spectaculaire, la gentilhommière de 1830 située au calme et rénovée comme jadis, la piscine et les dépendances mais aussi la propreté et les nombreuses prestations.

LE GITE 50'S*** €€

10, rue de la Martinique
✆ 05 49 61 33 74
gitepoitiers1950.hubside.fr
Clévacances (3 clés). Pour 9 pers (3 chambres). De 22 € à 30 €/pers/nuit. Min 3 pers. Jeux pour enfants. Lave-linge.

A 5 minutes du centre-ville en bus, fort de l'histoire de sa construction, le Gîte 50's accueille les voyageurs pour un paisible séjour, des rencontres et du partage. En 1950, l'Abbé Pierre Brosselette a souhaité permettre à des familles de devenir propriétaires de leur logement. Grâce à l'entraide de tous, 15 maisons ouvrières ont vu le jour en 1955. Votre séjour aura lieu dans l'une d'entre elles. Vous découvrirez une maison rénovée dont la décoration évoque les années 50'. Tout est prévu pour votre confort, même un agréable jardin pour vous prélasser.

HÔTEL DE L'EUROPE*** €€

39, rue Carnot
✆ 05 49 88 12 00
www.hotel-europe-poitiers.com
Cinq catégories de chambres de 64 € à 250 € pour une à six personnes. Petit déjeuner : 10,90 €. Parking. Jardin.

Situé en plein cœur de Poitiers, cet hôtel trois étoiles de 87 chambres est composé de plusieurs bâtiments dont le plus ancien est un relais de poste du XIXe siècle. Dans un style épuré mais gai, les chambres sont calmes et confortables. L'ambiance y est chaleureuse, avec un salon cosy. Il y a aussi une agréable salle pour le petit déjeuner avec vue sur le grand jardin. Aux beaux jours, pourquoi ne pas en profiter en jouant à la pétanque ou au ping-pong ? Pour le petit déjeuner ou au bar, l'hôtel met un point d'honneur à proposer des produits locaux.

INTER-HÔTEL CONTINENTAL** €€

2, boulevard Solférino ✆ 05 49 37 93 93
www.continental-poitiers.com
Accueil 24h/24. 40 chambres. Chambre simple 65 €, chambre double 75 €. Petit déjeuner buffet : 9 €. Terrasse.

Faisant face à la gare, l'hôtel est idéalement situé pour les voyageurs de passage, les touristes de quelques jours. Avec 40 chambres totalement insonorisées, vous trouverez tous les équipements et services nécessaires pour un agréable séjour. Des offres promotionnelles sont souvent pratiquées (prix doux). Un accueil chaleureux vous y attend. N'hésitez pas à demander des informations supplémentaires, on saura vous renseigner avec joie sur les sites touristiques qui valent le détour.

VIENNE

LA MAISON DE MARC €€

12, rue Bourbeau
✆ 06 18 54 68 99
www.lamaisondemarc.com
3 chambres dès 95 €/nuit. 1 appartement dès 125 €/nuit (2 nuits mini). Petit déjeuner et taxe inclus. Wifi, télévision.

A 10 minutes de la gare, en plein cœur du centre-ville, ce n'est pas Marc que vous trouverez dans cette grande maison, mais Emma, votre hôte à l'agréable accent british. Elle vous accueillera dans l'une de ses spacieuses chambres délicatement décorées et idéalement situées, au cœur du plateau poitevin. Vous vous sentirez comme chez vous grâce à ses petites attentions. Lors du petit déjeuner, vous apprécierez les produits locaux sélectionnés, et la touche anglaise des scones faits maison par la charmante hôtesse, à déguster en salle ou en terrasse.

HÔTEL MERCURE**** €€€

14, rue Édouard-Grimaux ✆ 05 49 50 50 60
www.mercure.com
Accueil 24h/24. 50 chambres. Chambre double : 135 € à 180 € ; Suite : 230 € à 26 (€. Petit déjeuner : 17 €.

L'établissement a ouvert ses portes en 2012 dans une ancienne chapelle de Jésuites, à 800 m de la gare. Un hôtel à la beauté singulière, chargé d'histoire, doté d'une âme attachante et rare. Les chambres sont atypiques, dormez juste sous le clocher de l'édifice et les croisées d'ogives. Si ce n'est pas le cas, les autres chambres vous envoûteront par leur cachet. Plusieurs types de chambres (certaines en duplex) sont à votre disposition. Toutes uniques, elles sont lumineuses, épurées, confortables et décorées dans des tons clairs et doux. Un bien joli écrin !

LA MAISON DE LA LIBERTÉ €€

12, place de la Liberté ✆ 06 61 24 20 83
www.maisondelaliberte.com
4 chambres (2 nuits min). Appartement de 48 € à 130 €. Pas de petit déjeuner. Appartement de 2 à 4 pers. Wifi gratuit.

Dans sa jolie demeure du XVIIIe siècle, en plein cœur du centre historique, Charlotte propose quatre appartements d'hôtes de charme et indépendants avec cuisine équipée. Que vous preniez lit pour deux nuits ou pour une semaine, un grand explorateur donnera thème à votre chambre. Le tout a été rénové avec grand goût, du parquet aux lits en alcôve, du mobilier aux dorures des boiseries. Dans votre logement, vous serez indépendants et Charlotte sera aux petits soins pour vous conseiller les bonnes adresses du centre-ville. Du cachet et du confort : on adore !

GARE AUX PAPILLES €

60, boulevard du Grand Cerf ✆ 06 88 67 62 15
www.gareauxpapilles.fr
Du lundi au vendredi : 7h30-15h. Formule midi : 14 €. Salades, sandwiches. Terrasse. Vente à emporter. Wifi.

Café pour des petits déjeuners vitaminés, cantine healthy pour les voyageurs et les salariés du quartier, bar à thé pour les gourmands, situé à deux pas des quais, Gare aux papilles est un lieu de passage et une tanière d'habitués ; un café-cantine où l'on vous accueille avec le sourire. On trouve ici, en plus d'une terrasse ensoleillée et couverte, une restauration rapide de qualité qui rime avec circuit court et saisonnalité. Service bagagerie, livraison de plats sur le lieu de travail, Séverine Ferjoux-Royer et son équipe se mettent en quatre pour vous servir !

GRAND OURS €

Halle du Marché Notre-Dame
✆ 09 81 78 04 30
Ouvert du mardi au vendredi de 8h à 19h. Samedi 8h à 15h. Service : 12h à 14h30. Plat du jour : 9 €.

Graou ! Attention vous n'êtes pas face à n'importe quel ours, ce spécimen est végétarien, voire végétalien (et parfois même gluten free). Il s'est installé sous les halles Notre-Dame, mitonne une cuisine 100 % bio, de saison et maison. Il s'est lancé un défi : prouver à tous ceux qui disent que manger sans viande est triste qu'ils ont tort. Et ça marche ! La cuisine est créative, inventive, colorée, les goûts surprenants et les trompe-l'œil déroutants comme ce burger betterave. Un régal ! Sur place ou à emporter. Le samedi, un brunch végan est même proposé.

LA PETITE ROQUETTE €

21, place Charles de Gaulle ✆ 05 49 55 00 73
www.lapetiteroquette-pizzeria.fr
Du dimanche au mer : 12h-14h et 19h-22h ; du jeudi au sam : 12h-15h et 19h-23h. Formule : 15 €. A emporter. UberEats.

Commande faite au comptoir, bipeur en main, on s'installe autour des tables en formica. A la Petite Roquette, c'est à la bonne franquette. L'ambiance est détendue et admirez la grande fresque murale réalisée par l'artiste graveur Spé. La cuisine est ouverte, les pizzas réalisées et cuites sous vos yeux, dans un grand four à sole rotative. A la carte, une vingtaine de recettes à base de produits frais, dont la pizza éponyme pour laquelle nous avons complètement craqué. Retrouvez aussi des bases blanches à l'huile d'olive et quelques *frenchies* à la crème fraîche.

LES ARCHIVES €€

14, rue Edouard-Grimaux
✆ 05 49 30 53 00
www.lesarchives.fr
Tous les jours de 12h à 14h et 19h à 22h ; vendredi et samedi jusqu'à 22h30. Menus : 30 € à 59 €. Formule midi 11,90 €.

En pénétrant dans Les Archives, vous n'en croirez pas vos yeux. Cette ancienne chapelle des jésuites, édifiée en 1852, devient, cent ans plus tard, le site des Archives de la Vienne. Après 50 ans de service, en 2012 le lieu retrouve sa splendeur. Le restaurant est un des plus atypiques, spacieux et beaux du centre-ville. Un cadre unique mêlant tradition et modernité, pour un service de qualité. Travaillant les produits du terroir et de saison, la carte est variée, savoureuse et les desserts gourmands. Un joli moment pour vos yeux et vos papilles !

BEYROUTH €€

41, rue Carnot
✆ 05 16 52 76 95
www.restaurant-beyrouth.fr
Du lundi au samedi : 12h-14h30 et 18h30-23h ; dimanche : 18h30-23h. Menus de 18,50 € à 22,50 €. Formule midi : 10,50 €.

Poussez la porte de ce restaurant libanais et vous voilà transporté en Orient. Du sol au plafond, en passant par le mobilier et la belle boiserie, le décor vous offre un dépaysement total en plein cœur du centre-ville de Poitiers. Une fois la carte en main, tout vous fait envie, pas de soucis, laissez-vous tenter par un des différents mezzés proposés par le chef. Ce plat traditionnel de la gastronomie libanaise offre un ensemble de plats vous permettant de découvrir un florilège de saveurs et de textures. On le déguste à l'aide de pain pita servi à volonté.

LE BIS €€

4, rue Saint Nicolas
✆ 05 49 50 77 91
menupleaz.com/bis
Du mardi au sam : 12h-14h ; du mardi au jeu : 19h-22h ; ven et sam jusqu'à 23h. Menu à 28 €. Formule midi 14 €.

Tous les prétextes sont bons pour aller manger au Bis. Le midi car le rapport qualité-prix est parfait, et le soir, car rien que de voir la carte de Laurent Touillet, on en a l'eau à la bouche. Le restaurant est lumineux et moderne. L'équipe est au top, souriante, attentionnée. Le chef prend soin de vos papilles avec une cuisine élaborée. Suprême de volaille, burger à l'effiloché de canard, épaule d'agneau, sans oublier les incontournables ris de veau que le chef décline en fonction des saisons, on se régale. Le soir, le resto se prolonge en bar. A bon entendeur !

LES BONS ENFANTS €€

11 bis, rue Cloche Perse
✆ 05 49 41 49 82
Du mardi au samedi : 12h-13h30 et 19h-21h30. Réservation impérative. Menus de 24 à 30 €. Formule du midi : 14,50 €.

Une valeur sûre du Poitou. Les fresques murales ornent naïvement les murs de cette salle minuscule et discrète derrière sa façade verte encombrée d'affiches. Pensez à réserver si vous voulez être certain de goûter le farci poitevin, la belle part de foie gras ou les ris de veau au cognac ! La cuisine, familiale et copieuse respecte les valeurs du terroir : produits frais et de saison du marché ou du jardin et pain fait sur place. Vous n'aurez plus d'appétit lorsque le plateau de fromages fera son entrée... Pourtant, il sera difficile d'y résister !

CARTEL €€

11, rue Victor Hugo
✆ 05 49 11 50 42
www.cartelpoitiers.fr
Du mardi au samedi soir de 17h à 23h. Carte : 15 € environ. Formule midi : 19 €.

Des goûts affirmés, parfois même franchement relevés. Nul doute, Chez Cartel, les saveurs sud-américaines seront dans votre assiette. Mi-bar, mi-restaurant, on vous fait ici la promesse d'une ambiance décontractée. A la carte, le soir des choses à piquer et des assiettes qui vous feront voyager. Une formule du midi : 2 plats, 2 entrées, 2 desserts, une carte réduite, de saison, des assiettes soignées, ce gang-là n'a qu'une drogue à vous offrir : l'épicurisme. Autres spécialités de la maison : les cocktails ! Pour chaque plat, on vous en suggérera un.

A CASA €€

14, place Charles VII
✆ 05 49 55 39 30
Du mar au sam : 12h-14h. Du mar au jeu : 19h30-22h ; ven, sam jusqu'à 22h30. Formule midi 17,90 €. Carte le soir 22 €.

Sur le mur, Napoléon veille à ce que les spécialités de l'Île de beauté soient dans votre assiette. Dans la salle, c'est Jean-Baptiste Genevois, jeune restaurateur à l'accent du pays qui est aux petits soins et qui vous séduira par son amour des produits importés de son île. A la carte, des saveurs souvenirs ou espoirs de vacances : un risotto au poulpe, des cannelloni, un cochon moelleux (coup de cœur) et le surprenant veau tigre, race endémique de la ferme de Jacques Abbatucci, le tout bercé par les chants corses. Belle adresse !

LA CUISINE DE COMPTOIR €€

92, avenue du plateau des Glières
✆ 05 49 30 06 76
Du mardi au samedi de 12h à 13h30 et de 19h à 21h30. Menus de 24,90 € à 28,90 €. Formule midi : 14,90 €. Terrasse.

Le chef Olivier Leclerc est un amoureux du produit et des producteurs. A sa table, il offre un service très aimable et des plats bistronomiques issus de délicieux produits locaux sélectionnés avec le cœur. Les propositions sont originales, les assiettes colorées, les viandes tendres et fondantes, les sauces fines, et les frites inégalables. Chaque produit, pour l'entrée comme pour le dessert, est sublimé et servi dans une ambiance bistrot où les habitués aiment se retrouver. Une des meilleures adresses de Poitiers pour un excellent rapport qualité-prix.

THE ROOF €

11, rue de la Demi Lune
✆ 05 49 31 34 60
poitiers.theroof.fr
Du mardi au samedi : 12h-14h. Menus de 9,40 € à 17,40 €. Planches le soir : 17h à 22h en semaine, 17h à 20h le week-end.

© ALEX AUTEXIER

Le concept est extra : associer une Maison de l'escalade à un restaurant de qualité. Voici un lieu atypique où l'on se régale dans une ambiance sympathique. Dans cet ancien hangar joliment rénové, la joyeuse équipe du Roof vous accueille. Aux fourneaux, Julien Morchoisne travaille des produits locaux, bio, et de saison. Plat végétarien, appétissante assiette du jour se partagent l'ardoise avec de bons burgers. Végé, poisson, bœuf, accompagnés de frites, il y en a pour tous les goûts. Conseil d'ami : gardez une place pour les copieux desserts.

VIENNE

LES FINES GUEULES €€

16, place Charles-de-Gaulle
✆ 05 49 41 01 14
Ouvert du lundi au samedi de 11h à 15h ; du mercredi au samedi de 19h à 1h. Formule du midi : 16,50 €. Terrasse.

C'est le repaire des bons vivants ! Aux Fines gueules, tout est fait pour que vous vous régaliez avec une cuisine classique réalisée à partir de produits locaux. Le pâté marmite et le pâté en croûte sont faits maison ; sans oublier la fameuse saucisse au mètre (à partager ou non) qui vous vaudra, si vous en êtes friand, une place sur le tableau des plus gros mangeurs. Parce qu'une bonne viande se déguste avec un bon vin, rendez-vous à la cave pour choisir vous-même votre cru. Convivialité, détente, et bonne ripaille vous attendent aux Fines Gueules.

L'ÎLE JOUTEAU €€

5, chemin de Tison
✆ 09 74 71 40 39
www.lilejouteau.fr
De mai à oct. Du mar au ven : 11h30-23h30 ; sam : 15h-0h ; dim : 11h30-19h. Carte environ 16 €. Formule midi : 14,50 €.

Aux beaux jours, c'est l'un des endroits les plus bucoliques de la ville. Ce jardin d'Eden offre un cadre qu'on ne saurait soupçonner. Chaque année, on guette sa date d'ouverture. Au début du XXe siècle, les bains Jouteau étaient un endroit très prisé des nageurs et des habitants qui venaient danser à la guinguette. Aujourd'hui, le nom est resté et le restaurant d'insertion professionnelle propose une bonne cuisine traditionnelle en vous accueillant sur ses terrasses en bois, au bord du Clain. Un joli moment à passer, le temps d'un repas ou d'un verre.

AUBERGE CHEZ CUL DE PAILLE €€

3, rue Théophraste-Renaudot
✆ 05 49 41 07 35
Du mardi au samedi : 12h15-13h30 et 19h30-21h15. Menus de 24 € à 34 €. Formule midi : 16 €. Retour du marché : 18,50 €.

© AU CUL DE PAILLE

Incontournable, cette auberge aux murs couverts de signatures d'artistes, une tradition depuis 1957 ! Et il s'en est assis du beau monde ici ! La cuisine est rustique, à l'image du lieu, généreuse, saisonnière et saine. Les multiples entrées et desserts à partager remplissent la salle de convivialité ! Ici, c'est à la bonne franquette ! Le chef vous mettra le gosier en goguette le samedi midi avec ses « retours du marché » cuisinés avec ses petites trouvailles de Notre-Dame.

LA MANGEOIRE €€

55, place Charles de Gaulle
✆ 05 49 38 77 91
lamangeoire-poitiers.com
Du lundi au samedi : 12h-14h et du mercredi au samedi : 19h-22h. Plat du jour : 9 €. Formule : 17,50 €. Terrasse.

Un bistrot à l'ancienne d'où on ne ressort pas la faim au ventre ! Nappes à carreaux, déco brocante, le bistrot est charmant. Dans sa mangeoire, Florent Dubois propose une cuisine gourmande. A chaque service, le chef navigue entre la salle et son piano. Ses clients, il les adore, et partage avec eux son amour des bons plats en toute simplicité et tout en générosité. La spécialité de la maison ? La tartine. Garnie et copieuse, italienne, parisienne ou bretonne, sur la carte, elle joue des coudes avec les plats à l'ancienne, les salades et les excellents risottos.

MOULIN DE LA NORÉE €€

5, rue de l'Ermitage - **BIARD**
✆ 05 49 46 76 57
http://moulindelanoree.fr
Du mardi au dim : 12h-14h ; vendredi : 19h-21h30 ; samedi : 19h-22h. Le jeudi soir de mai à sept. Carte : 18 € environ.

Au milieu des bois, roue dans la Boivre, le vieux moulin à farine de Biard, magnifiquement restauré, offre un cadre bucolique qui plaira à tous les amateurs de vieilles pierres et aux fins gourmets. Sur la belle terrasse du Moulin de la Norée, on apprécie le calme des lieux. A l'intérieur, on profite des pierres apparentes de la bâtisse tandis que l'ancienne roue se dévoile sous nos pas. Les assiettes sont colorées, les goûts maîtrisés et le service attentionné. Sur la carte, les produits nobles côtoient le végétal, tous bien travaillés. Bon rapport qualité-prix.

MAMAMIA ! €€

38-40, rue de Magenta
✆ 05 49 52 59 32
https://mamamiatrattoria.fr
Du mardi au samedi : 11h45-14h et 18h45-22h. Dim (vente à emporter) 18h30-22h. Plat du jour 9,90 €. Ubereats, Deliveroo.

Chez MamaMia, l'accueil est chaleureux et la bonne humeur contagieuse. Dans cette trattoria et pizzeria italienne à la décoration très soignée, on aime faire plaisir dans les assiettes et dans les verres. On s'applique à travailler des produits frais, de saison, sans oublier les spécialités importées d'Italie. Salades, bruschettas, pâtes fraîches *al dente*, risottis, poissons, viandes, sans oublier les fameuses pizzas de la maison, la carte est complète et l'addition peu salée. Pour prolonger le voyage, juste à côté, entrez dans la coquette épicerie-traiteur.

ROOFTOP €€

6, rue de la Marne
✆ 05 49 47 99 76
www.rooftop-poitiers.com
Lun au ven : 12h-14h. Soir : mar au jeu : 18h-22h. Ven, sam : 18h-0h. Lundi soir en été. Formule midi : 16 €. Menu 29 €.

Sur l'esplanade du Théâtre de la ville, dominant le coteau des Rocs avec ses grandes baies vitrées, le Rooftop est un incontournable pour les soirées branchées. Au skybar, profitez de sa grande terrasse ensoleillée pour siroter un cocktail accompagné de tapas maison. Dans la salle de restauration, il y a l'estrade pour admirer la vue, ou plus intime, derrière le bar, près du mur végétalisé. La carte est de saison, les produits bien travaillés et les assiettes élégantes. En fin de soirée, le DJ monte le son. A vous le dance-floor ou le bar pour un dernier verre.

VIENNE

LE ROY D'YS €€

51, rue de la Cathédrale
✆ 05 49 88 81 47

Ouvert du mardi au jeudi de 12h à 14h30 et de 19h à 23h ; le vendredi et le samedi de 12h à 15h et de 19h à 23h30.

Cap sur le Finistère ! Le Roy d'Ys est un pub breton, un vrai de vrai ! Que ce soit par la décoration, le mobilier ou encore la carte des crêpes, galettes et fish & chips, en fermant les yeux, on s'y croirait presque ! Manque juste l'océan. Qu'importe, puisqu'au coin de la cheminée ou sur la terrasse de la rue piétonne, on apprécie les suggestions gourmandes dans un cadre authentique. Le troisième mercredi du mois, profitez aussi de l'Irish Session pour déguster une Guinness sur fond de musique celtique. Les Bretons ne seront pas déçus, et les Poitevins non plus !

LA SERRURERIE €€

28, rue des Grandes-Ecoles
✆ 05 49 41 05 14
www.laserrurerie.com

Ouvert de 7h45 à 2h. Service toute la semaine de 12h à 14h30 et de 19h à 22h30. Plat du jour : 11 €.

C'est une des adresses les plus fréquentées de la ville. Il y a toujours du monde à la Serrurerie : étudiants, familles ou retraités qui lisent leur journal. On y aime la décoration industrielle, ses carreaux de ciment, sa verrière, son mobilier chiné et observer les mille et un objets de la bibliothèque. Pour un dîner en tête à tête préférez l'étage et sa salle aux graffitis. Dans l'assiette, cuisine traditionnelle française revisitée (poulet de Challans, boudin basque) et saveurs d'ailleurs (tataki de saumon, pad thaï ou fish & chips). Une valeur sûre !

LE TRAIT D'UNION €€

122, rue des Quatre-Roues
✆ 09 81 18 10 46

Du mardi au samedi : 11h45-14h et 19h-22h. Fermé le mardi soir en basse saison. Carte : 15 €. Formule du midi : 14,50 €.

Julien et Aurélien Letiers sont frères. Tous les deux cuisiniers. Sur leur piano, ils jouent des accords différents. Si le premier s'attache à une cuisine traditionnelle, l'autre mitonne à la mode végétarienne. Posé au bord du Clain, leur restaurant est le trait d'union entre deux univers culinaires et rassemble, autour de la table, tous les palais. La carte suit les variations des 4 saisons. Une cuisine généreuse, un accueil sympathique, une décoration moderne, le lieu a tout pour plaire en hiver comme en été, avec son cadre bucolique et son agréable terrasse.

CHEZ ALPHONSE

12, place Alphonse Lepetit
✆ 06 18 99 12 84

Ouvert du mardi au samedi de 16h à 1h. Le Petit Alphonse : mêmes horaires. Happy hours. Terrasse.

C'est un établissement sympathique, à la mode, où l'on aime se retrouver pour déguster une bière belge ou locale. Tenu par le fringuant Jean-Baptiste Dubreuil, ce bar ouvre ses portes à l'heure du goûter. Chez Alphonse met chaque semaine à l'honneur une nouvelle bière ou brasserie, rendant le choix facile aux indécis. On aime l'ambiance du lieu, l'équipe, et la caravane plantée dans le bar proposant des planches de charcuterie et de fromage. En plus, le petit frère du bar ouvre ses portes à deux pas sur la place pour les groupe et une terrasse sans véhicules.

LE BAFFALOU

12, rue de la Croix blanche
✆ 06 34 12 47 21

Mar.-mer : 17h-1h, jeu.-ven : 17h-2h, sam : 15h-2h, dim : 15h-23h. Jeux/jour/pers : 2 €. Pass à l'année : 20 €.

C'est un concept qui réjouira toute la famille. Avec sa façade bleu électrique et ses étagères débordant de jeux de société, le Baffalou est LE bar à jeux de la ville. En poussant la porte, vous tomberez sur la plus grande table française de Schuffleboard. 6,30 m de long ! Quesaco ? Un jeu de palet qui vous demandera adresse et entraînement. Vous êtes plus partie de cartes, dés, jeu de réflexion, de stratégie ? Plus de 500 références sont proposées, et cela dès le plus jeune âge. Un petit creux ? Les burgers de la maison sont excellents ! A vous de jouer !

CAFÉ DES ARTS

5, place Charles de Gaulle
✆ 05 49 41 14 61

Ouvert du lundi au samedi de 8h30 à 2h. Café-philo tous les mercredis de 19h à 21h (20 pers max).

C'est un lieu de rendez-vous on aime papoter. L'hiver, sur fond de musique jazzy, on y déguste un thé, un café, un sirop. C'est cosy. La discussion avec des inconnus y est facile. Les tables bistrot y sont serrées. L'été, la vitrine est ouverte. Devant elle, les habitués profitent de l'agitation de la place parfois avec un calepin ou un livre en main. De l'autre côté de la rue, au chevet de l'église Notre-Dame, sur la terrasse ombragée, qu'il fait bon y prendre un verre avec son sandwich ou après le marché. Un lieu qui reste fidèle à lui-même.

CLURICAUME

24, place Charles de Gaulle
✆ 09 86 19 19 89
http://cluricaumecafe.fr
Ouvert toute l'année. Du mardi au samedi de 12h à 2h. Terrasse. Animations. Concerts.

Bien plus qu'un simple bar, une institution ! Ce pub de tradition irlandaise, aux murs tapissés d'affiches de concerts, a une atmosphère très conviviale, familiale même. L'été, sa grande terrasse sous les platanes déborde d'amateurs de bières. Mark, le taulier irlandais, et son équipe de *beer geeks* aiment échanger et faire découvrir de nouvelles pépites. Le Clu est même devenu un *brew pub* avec une micro-brasserie « Beoir » (bière en gaélique) installée dans la cave ! Ici on déguste et on parle de bière... beaucoup et on écoute des concerts... de rock surtout !

JASMIN CITRONNELLE

32, rue Gambetta
✆ 05 49 41 37 26
https://jasmincitronnelle.eatbu.com
Ouvert toute l'année. Le lundi de 12h à 14h30 ; du mardi au vendredi de 12h à 18h30 ; le samedi de 12h à 19h.

En poussant le joli portail blanc en fer forgé, vous vous faufilerez jusqu'à la terrasse de cet antre des plaisirs sucrés où vous perdrez haleine devant la sélection de douceurs à boire et à manger. Vous êtes chez Sandrine Lebon, maîtresse des lieux à la voix aussi délicate que son accueil est chaleureux. Appréciez les thés, les cafés grands crus et les jus de fruits chauds. Le samedi, c'est le jour des scones ! Et si vous voulez rapporter le thé que vous avez adoré ou une belle tasse, passez faire un tour à la boutique L'Autre Jasmin au 7 rue des Grandes Ecoles.

L'ENVERS DU BOCAL

16 ter, impasse de la Regratterie
✆ 09 53 42 32 15
Mercredi, jeudi : 12h-22h ; vendredi, samedi : 12h-23h ; dimanche : juin à oct : 15h30-21h30, oct à juin : 14h30-20h.

L'Envers du Bocal se revendique comme un lieu pluriel. Et il l'est ! Noé, Aurélien et Hélène, musicien, plasticien et travailleur social, ont créé un bar-conserverie d'un genre nouveau pour offrir un espace de convivialité propice à l'échange et à la dégustation de produits locaux en conserve. Le lieu est agrémenté de mobilier récup' et d'objets détournés pour un rendu unique et original avec une salle d'exposition à l'étage pour les œuvres d'artistes locaux. De nombreuses soirées concert, débat, bœuf trad, lecture, slam ou match d'improvisation sont à l'affiche.

RANNOU-MÉTIVIER

30, rue des Cordeliers
✆ 05 49 30 30 10
www.rannou-metivier.com
Ouvert le lundi de 13h45 à 19h ; du mardi au samedi de 9h à 19h.

Les sœurs Chartier, en 1872 les fabriquaient déjà, aujourd'hui, les frères Bertrand (5e génération) perpétuent le macaron de Montmorillon, en gardant toujours sa recette secrète. Avec son délicieux goût amande, il ravit tous les fins palais et se décline selon les saisons, en de multiples parfums. Pour se régaler, il y a aussi les chardons, les tartelettes bonne mémé, le broyé du Poitou ou le macaroné, ainsi que 50 sortes de chocolats. Mmmmh ! C'est à savoir : la maison figure parmi les meilleurs chocolatiers de France ! Elle vend aussi du thé et du café moulu.

LA GUINGUETTE PICTAVE

6, chemin de Tison
✆ 06 01 03 03 81
www.laguinguettepictave.fr
Ouvert 7j/7 de Pâques à La Toussaint. Programme des concerts sur la page Facebook. Food trucks présents midi et soir.

A l'Ilot Tison, au bord du Clain, la Guinguette Pictave est *The place to be*. En famille, en couple, entre amis, chacun trouvera à la Guinguette une activité à toute heure de l'après-midi ou de la soirée. Les enfants se dégourdissent dans le parc tandis que les parents profitent d'un concert sous la grande halle, se détendent avec un verre, les pieds dans le sable, à l'espace plage ou font une pause avec un quiz musical. Côté restauration, des food trucks sont présents midi et soir, avec au total plus d'une centaine de propositions. Convivialité assurée !

SWEET TIME & COMPANY

84, rue de la Cathédrale
✆ 09 84 12 12 02
www.sweettimecie.fr
Ouvert du mardi au samedi de 10h à 18h45. Terrasse.

Installez-vous, c'est doux, cocooning, acidulé, enveloppant… Pour une pause douceur, vous pourrez déguster les gâteaux maison de Luce qu'elle confectionne selon ses envies : cheesecake, moelleux au chocolat, carrot cake, brownies, gâteau marbré, cake pomme-amande-épices… Il y a l'embarras du choix ! Pour les accompagner, prenez un thé de la Compagnie coloniale (que vous pouvez acheter sur place), une bière locale ou une boisson maison : matcha latte, sweet coffee, milkshake… Ici tout est « fait avec amour » ! Et à midi, les tartes sont tout aussi savoureuses.

VIENNE

TOURTEAUX JAHAN

1, rue Bessie Coleman
✆ 05 49 53 02 40
Ouvert du lundi au samedi de 9h à 12h et de 14h à 19h.

Le tourteau fromager est la spécialité locale par excellence. De petite taille et tout rond, il a hérité son nom du patois poitevin « tourterie » qui signifie « gâteau ». Composé de caillé de vache, d'œufs et de farine, il est très difficile de le réussir. Sa croûte noire peut sembler inquiétante, mais elle n'a absolument pas le goût de brûlé ! Au départ, c'est un gâteau raté, un oubli dans un four. Une fois découpé, une espèce de miracle a eu lieu et le hasard a donné une préparation savoureuse. Son moelleux, son goût frais en bouche sont appréciés.

AUTOUR DES PLANTES

63, rue de Longerolle
MIGNE-AUXANCES
✆ 09 83 36 01 32
www.autourdesplantes.fr
Boutique en ligne. Produits disponibles dans les magasins de producteurs.

Sylvain et Antoine sont les créateurs de la marque Autour des Plantes. Ensemble, ils cultivent 65 variétés de plantes aromatiques et médicinales. Et lorsqu'ils ne les produisent pas, ils les achètent à des producteurs locaux ou vont les chercher en forêt. Avec elles, ils créent des cosmétiques : savons, huiles végétales aux doux parfums, liniment, eau micellaire, huile anti-moustique... mais aussi des mélanges d'herbes aromatiques pour parfumer vos assiettes et des tisanes aux bons goûts de plantes et aux noms évocateurs. Une bonne adresse !

AU WC

4, place Charles De Gaulle ✆ 07 87 79 35 19
www.auwc-bar-tapas.fr
Dimanche, lundi : 15h-0h. Basse saison : du mardi au samedi : 16h-2h. Haute saison : du mardi au samedi : 10h-2h.

Qui aurait pu penser que les anciennes toilettes municipales deviendraient un jour un lieu de vie branché ? Ce petit bar, toujours très convivial, est l'endroit parfait pour une soirée entre amis. Au WC, comprenez « Wine and Coffee », on se sent comme à la maison. Autour, d'un verre de vin, d'une bière ou d'un cocktail agréablement servi, on s'enjaille. Oserez-vous la pinte de mojito ? Pour accompagner cela, de nombreuses tapas 100 % maison sont proposées. L'été, au chevet de l'église Notre-Dame, la terrasse est accueillante, mais les places sont prisées !

L'ARTICERIE

45, rue de Saumur
MIGNE-AUXANCES
✆ 06 72 72 12 68
Mercredi, vendredi, samedi : 10h-12h30 et 14h-19h. Jeudi : 14h-19h. Mardi : 14h-19h.

Dans cette épicerie d'art, on trouve de l'artisanat et des créations artistiques, des pièces uniques imaginées par une trentaine de créateurs pour donner une touche de fantaisie à sa demeure ou à sa tenue. Entrez dans la maison de la douce Carine Souriau et découvrez sa sélection d'objets poétiques, décalés et colorés. Installés sur des meubles chinés, bijoux, sacs, kits de toutes sortes, textiles, luminaires, objets de décorations et accessoires pour bébé fourmillent. Dans la partie salon de thé, n'hésitez pas à piocher parmi les produits de l'épicerie fine.

COLIBRI

2, rue Claveurier
✆ 05 16 34 87 65
Ouvert du lundi au vendredi de 10h30 à 14h et de 14h30 à 19h ; le samedi de 10h à 19h.

© COLIBRI

Colibri, la boutique qui fait mouche ! Vingt-cinq créateurs sortent de leur coquille et s'exposent en boutique pour vous dévoiler leurs univers dans une délicieuse harmonie. Inventifs et habiles, ces drôles d'oiseaux manient l'humour, la poésie et la coquetterie avec talent, et ce, pour les hommes, les dames et les petits. Déco, vêtements, bijoux, univers enfant, cosmétiques, graphisme, des idées cadeaux à gogo, originales et locales. A tour de rôle, les créateurs gardent la boutique. L'occasion d'échanger avec eux et de dégoter la pièce unique.

VIENNE

CENTRE COMMERCIAL PASSAGE CORDELIERS

4, rue Henri Oudin ✆ 05 49 41 74 35
www.cordeliers.com
Ouvert du lundi au samedi de 9h à 20h. Et le dimanche (uniquement pour Monoprix) de 9h à 13h.

Dans le centre-ville, l'Îlot des Cordeliers est un incontournable. Ce centre commercial inauguré en 2001, abrite une trentaine de boutiques de grandes et petites marques ainsi que divers services : vêtements pour femmes, hommes et enfants, coiffure, loisirs et culture, restauration, bijoux, déco... et un magasin d'alimentation au sous-sol. A voir : dans une boutique de vêtements au rez-de-chaussée, admirez les vestiges de l'ancienne chapelle du couvent des Cordeliers. Etonnant !

L'EFFET BOCAL

5, rue Léopold Sédar Senghor ✆ 09 67 44 02 07
www.leffetbocal.fr
Ouvert du mardi au vendredi de 10h à 13h et de 15h à 18h ; le samedi de 10h à 19h. Programme des ateliers sur le site.

Dans leur épicerie zéro déchet, Maryse et Mathilde transmettent avec joie une autre culture de la consommation. Ici, on remplit ses bocaux et ses sacs en tissu de bons produits de producteurs. Crèmerie, épicerie sèche, fruits et légumes de saison, petits gâteaux, fromages et charcuterie, pains... les produits locaux ont la part belle. Avec le sourire, elles défendent les circuits courts et la qualité. Même pour l'entretien et l'hygiène, emballage consigné ou shampoings secs sont disponibles. Il y a même quelques accessoires pour changer ses habitudes. Allez-y !

FABRIQUE DE PARAPLUIES

137, Grand-Rue
✆ 05 49 41 18 77
www.parapluie-artisanal.com
Ouvert du mardi au samedi de 10h à 12h30 et de 14h30 à 18h30. Livraison possible.

Chez les François, la plus ancienne boutique de Poitiers, depuis 1882 et cinq générations, on fabrique, on répare, on restaure à la main des parapluies dans l'atelier attenant au magasin. Couleur et forme au choix, poignée en érable pour le confort, structure en fibre de carbone pour la résistance, les parapluies sont créés sur mesure, uniques. On trouve aussi des parapluies pliants, des ombrelles ou des parapluies-cannes adaptés à la taille de chacun. Mais l'emblème de l'auguste maison reste le parapluie de berger avec son grand diamètre et ses baleines en rotin.

FANNY LAUGIER

151, Grand' rue
✆ 06 24 89 97 57
www.ateliersdart.com
L'atelier est ouvert sur rendez-vous. CB non acceptée.

Dans son atelier-boutique, Fanny Laugier compose des créations en porcelaine d'un style contemporain, très épuré, aux motifs graphiques ou avec des effets de matière. Réalisées à la plaque, elle étale la pâte qui est ensuite découpée, pliée, puis assemblée pour former un vase, une assiette, une bouteille... Enfin, tout est cuit dans un four à l'arrière de son atelier, à haute température. Les tasses ou mugs, effet carton ondulé, sont étonnants par leur côté brut et fragile. Ses créations se retrouvent aussi sur les tables de plusieurs restaurants gastronomiques.

LA FANZINOTHÈQUE

185, rue du Faubourg du Pont Neuf
✆ 05 16 34 53 44
www.fanzino.org
Ouvert du lundi au vendredi de 12h à 18h. Adhésion : 10 € par an.

Depuis 1989, c'est l'un des hauts lieux de la culture underground de la ville. Cet espace associatif, avec plus de 55 000 références, a pour mission la préservation et la diffusion des fanzines (contraction de fan et magazine). C'est la plus grande collection européenne. Cette petite revue de BD, science-fiction, musique, cinéma..., rédigée par des amateurs pour d'autres passionnés existe dans de nombreuses langues. La Fanzino héberge aussi un laboratoire de sérigraphie qui organise des ateliers, des formations et réalise des commandes pour des particuliers.

FINK

18, rue du marché Notre-Dame
✆ 05 49 88 74 75
www.fink-chocolatier.fr
Du mardi au samedi de 9h à 19h. Ouvert les dimanches et les lundis en décembre.

Depuis 1828, c'est l'une des meilleures chocolateries de la ville. Dans les très chics coffrets rouge et noir, vous composerez vous-même des assortiments de bonbons de chocolats fondants aux pralinés maison et aux ganaches originales. Un délice ! Fink a aussi imaginé une bibliothèque de tablettes pour parfaire notre connaissance du chocolat et appréhender les différents arômes de la fève. Le chocolatier pousse même le vice avec d'alléchantes pâtisseries. Pour les amateurs de thé, avancez jusqu'au fond de la boutique pour découvrir un magnifique salon de thé.

FROMAGERIE JÉRÉMIE CHOSSON

5, rue du marché Notre-Dame ✆ 05 49 45 12 77
www.fromageriejeremiechosson.fr
Mardi au vendredi : 9h30-19h30 ; samedi : 8h30-19h30. Restauration à emporter midi en semaine. Click and collect.

Les Poitevins vous le diront : « Pour les fromages, allez chez Jérémie Chosson ! » Pour vous, l'artisan crémier-fromager sélectionne la crème de la crème. Dans sa jolie boutique où tout est pensé avec élégance, chaque fromage, parfaitement affiné, vous sera décrit avec amour. Vous trouverez tous les classiques, mais aussi les excentriques. Des goûts qui feront un effet bœuf sur votre plateau. Testez aussi les préparations gourmandes : gougères, panna cotta salée, Box Raclette...

GOULIBEUR

10, rue Victor-Grignard
✆ 05 49 41 34 75
www.goulibeur.com
Entreprise du Patrimoine Vivant. Ouvert du lundi au vendredi de 9h à 18h.

Pour la déguster, la tradition veut que l'on casse d'un coup de poing cette fameuse galette poitevine pur beurre. Forte de plus de 40 ans d'existence, la maison Goulibeur fait perdurer avec panache la recette de son incontournable broyé du Poitou. Toujours à partir de ses 5 ingrédients naturels, Goulibeur innove et propose d'autres saveurs au citron, au cacao, à la noix, au cognac, mais aussi une gamme salée aux olives, au comté, aux oignons. La boutique vend, outre l'exquise galette, des produits régionaux comme le saucisson au bison ou les vins du Haut-Poitou.

INE

26, place Alphonse Lepetit
✆ 05 49 11 23 68
www.ine-ine.com
Ouvert du mardi au samedi de 10h à 19h.

Derrière cette grande vitrine se cache une boutique joyeuse ! Audrey et Elisa se sont lancé un défi : vous Inspirer de Nouvelles Expériences et illuminer votre journée avec de beaux petits objets, le tout dans un cadre magnifique et avec des thématiques éphémères. Tous les 3 mois, un nouveau mot fait son apparition en boutique et guide le choix des articles sélectionnés parmi de petites marques de qualité et aux valeurs prononcées. Déco, accessoires, produits d'épicerie, articles pour les petits, cosmétiques et jolie papeterie sont mis en valeur.

L'EAU À LA BOUCHE

57, avenue du Plateau des Glières
✆ 05 49 50 84 65
www.vergers-chezeau.fr
Ouvert du lundi au vendredi de 9h30 à 19h30 ; le samedi de 9h à 19h ; le dimanche de 9h30 à 12h30.

Leur grand-père a planté la première graine dans les années 1950. Aujourd'hui, Vincent et Simon Baille-Barrelle cultivent 10 hectares d'arbres fruitiers. Aux Roches-Prémarie, les deux frères continuent de développer le verger familial de Chezeau labellisé écoresponsable. Sur place, on peut cueillir soi-même fraises, haricots, pommes... Et à Poitiers, dans leur magasin, ils proposent leurs différentes variétés de pommes, mais aussi d'autres fruits de saison, des légumes, ainsi qu'un large choix de produits régionaux. Qualité, traçabilité et authenticité !

MAISON DU TOURISME ET DU TERROIR

33, place Charles de Gaulle
✆ 05 17 84 23 23
www.boutique-terroir.com
Du lundi au vendredi de 9h-19h et le samedi de 10h-13h et 14h-19h. Du 15 juillet à fin août : tous les jours de 9h-21h.

Ce lieu incontournable pour tout nouvel arrivant à Poitiers regorge de produits locaux *made in* Poitou. Dans des ateliers aux quatre coins de la Vienne, des passionnés façonnent ou cuisinent des produits de qualité. Bières, vins, pâtes, huiles, confitures, gâteaux, terrines, savons, thés, bijoux, sacs, livres... : vous repartirez avec le panier rempli de gourmandises ou d'objets de nos contrées. Pour garder un souvenir de votre visite, optez pour un cadeau original et local !

LA MANUFACTURE DE BIÈRES

146, avenue du 8 mai 1945
✆ 06 78 91 00 72
www.lamanufacturedebieres.fr
Ouvert le jeudi et le vendredi de 16h à 20h30 ; le samedi de 15h à 19h. Vente en ligne. Location de tireuses.

5 copains, 1 passion, 1 brasserie. Nico, Blaise et Pierre se sont connus au lycée. Rejoints par Benjamin et Shari, ils ont vu leur rêve de créer une brasserie se réaliser après avoir longtemps brassé en itinérants. Autant dire que malgré leur jeune âge, ils ont de la bouteille ! Leurs recettes sont le fruit d'une effervescence collective tout en restant fidèles à leur identité : des bières de caractère, fortement houblonnées. Allez donc rendre visite à ces militants de la bonne mousse. En plus, le lancement d'une nouvelle bière est fêté en musique à la brasserie.

AU MI-SAGABOU

74, avenue du 8 mai 1945

✆ 06 18 65 09 38

Ouvert du lundi au vendredi de 10h30 à 18h30. Le premier et le dernier samedi du mois : de 10h30 à 18h30.

SAlon de thé, GAlerie d'art, BOUtique de créateurs ? Qu'est-ce vraiment que le Mi-SaGaBou et finalement, est-ce si important de lui apposer une étiquette ? Pour Marie Rousseau, propriétaire des lieux, l'essentiel, c'est que l'on s'y sente bien. Ici, les arts se marient à la pause déjeuner et au *tea time*. Dans cette maison de ville réaménagée pour nous accueillir, les artistes et les créateurs, locaux ou non, viennent exposer leur production. Bijoux, bougies, cadres, vêtements pour tous : il y a de nombreuses idées cadeaux qui défilent en fonction des saisons.

BAIN DE FORET

✆ 06 52 66 79 76

www.sylvotherapie-vienne.fr

Agenda et inscription : voir site internet. Bain de forêt : 29 €. Famille : adulte, + de 12 ans : 16 €, 6/12 ans : 10 €.

Un Bain de forêt ça ne s'explique pas, ça se vit ! Alors, plongez avec Bellinda et François au milieu des arbres et profitez des pouvoirs de la forêt pour vous ressourcer. C'est au cœur des forêts domaniales de Moulière, de Vouillé, du Bois de St-Pierre ou du Domaine de Givray, qu'en petit groupe vous expérimentez la sylvothérapie. On s'accorde une pause en accueillant les bienfaits de la nature, on se déconnecte de son quotidien pour s'offrir une connexion verte. Certains ateliers se vivent en famille. Un moment à partager pour être pleinement ensemble.

PLAISIRS FERMIERS

1, rue Gustave Eiffel

✆ 05 49 52 41 78

www.plaisirs-fermiers.fr

Du mardi au jeudi de 10h à 13h et de 15h à 19h ; le vendredi et le samedi de 9h à 19h. Drive. Huîtres le samedi matin.

Derrière Auchan Sud, sur 300 m², le magasin Plaisirs Fermiers propose des produits issus de nos campagnes. Neuf maraîchers et éleveurs se sont associés pour amener leurs productions directement aux consommateurs. Ils ont aussi sélectionnés de nombreux produits locaux pour compléter l'offre. Du goût, de la qualité, du local, tout est rassemblé en un endroit pour se faciliter la vie : légumes, fruits, vins, pain, épicerie... La viande est découpée sur place et la charcuterie réalisée dans les ateliers. Et grâce au marché en ligne, ils sont aussi en version drive !

CENTRE AQUATIQUE DE LA PÉPINIÈRE

95, rue des Deux Communes - **BUXEROLLES**

✆ 05 49 30 20 45 - www.grandpoitiers.fr

L-M-J-V : 10h30-13h45/16h-19h30 (21h le mardi). Mer : 10h30-13h30/16h30-19h30. S-D : 10h-13h/15h-19h (hors vacances).

L'ambiance est tropicale dans ce grand centre aquatique ! On vient ici pour se détendre. Les lieux proposent un bassin sportif avec une boule à vague et une descente en pente douce, un bassin fitness avec sa rivière à contre-courant, ses jets d'eau et son bassin à bulles au centre, un grand toboggan de 76 mètres, une pataugeoire pour les bébés, un espace où se restaurer (avec son propre pique-nique). En plus, il y a un espace forme avec une salle de cardio-training, sauna et hammam.

ROCINANTE

176, Grand-Rue

✆ 06 58 07 98 27

www.cave-rocinante.fr

Mercredi-jeudi : 18h30-0h. Vendredi 10h-13h, 18h30-0h. Samedi : 10h-14h, 18h30-0h. Soirées dégustation.

« C'est à boire qu'il nous faut », mais attention, pas n'importe quel vin, Renée déniche des pépites avec passion. Sommelière diplômée, elle aime dans sa sympathique petite cave faire découvrir des vins bio, naturels, biodynamiques, œuvres de petits vignerons de France et de Navarre. Chaque bouteille est sélectionnée avec beaucoup d'attention et Renée aime partager ses connaissances. Cave à vin ET cave à manger, Rocinante vous régalera de tapas, charcuterie et fromages locaux ainsi que de petits plats maison. En selle pour de bonnes dégustations !

L'ORIENTAL HAMMAM

216, avenue du 8 mai 1945

✆ 05 49 50 12 38

www.lorientalhammam.com

Ouvert le lundi de 12h30 à 20h et du mardi au samedi de 10h à 20h. Pensez à réserver à l'avance surtout pour le samedi.

Pour oublier les tracas et le stress du quotidien, prendre un temps à soi, entrez à l'Oriental Hammam. Depuis 18 ans maintenant, dont cinq à Poitiers Sud, Brahim El Moudni vous ouvre les portes d'une destination 100 % détente. Spécialiste des soins orientaux, ici, l'équipe prend soin de vous, de votre corps pour un temps de relaxation et de bien-être. Pour vous évader, il y a bien sûr le hammam, à compléter par un gommage ou un modelage. Ce moment agréable peut aussi se partager à deux avec les formules duos très appréciées.

SITE D'ESCALADE DE BEAUVOIR

Chemin du Petit Beauvoir
VOUNEUIL-SOUS-BIARD
Accès libre toute l'année.

Une fois arrivé sur le parking, au niveau du château d'eau, descendez à pied dans la vallée, entre la rivière l'Auxance et les falaises d'une vingtaine de mètres. L'endroit est parfait pour randonner, pêcher, faire du VTT et... grimper ! Une centaine de voies entièrement équipées s'offrent à vous, du 3b au 8a. N'hésitez pas à aller explorer les différents secteurs pour trouver votre bonheur. L'accès à pied est sans encombres et conviendra à toute la famille, même aux plus jeunes.

TEX' ÉQUIPEMENTS

11, rue du pont Maria Pia
✆ 06 11 31 45 12
www.canoe-poitiers.fr
Weekends et jours fériés d'avril à fin octobre. Tous les jours en juillet et août.

Il fait beau, il fait chaud, pourquoi ne pas profiter du Clain ! Descendre la rivière en canoë, c'est l'occasion de découvrir une autre facette des environs et de Poitiers, prendre le temps d'admirer la nature. Au départ de Ligugé, de l'Ilot Tison ou de Jaunay-Marigny, entre amis, en famille, avec ou sans enfant, parez-vous de votre gilet de sauvetage, brandissez votre pagaie, montez dans votre embarcation et c'est parti ! Qu'il fait bon sur l'eau ! D'autres esquifs sont disponibles : paddle, bateau à pédales licorne ou flamant rose. Prêts pour l'aventure ?

ESCAPE LEAGUE

8, place Alphone Lepetit
✆ 07 68 05 07 06
www.escape-league.fr
Vacances scolaires : du mar au ven : 15h-23h. Week-end, jrs fériés : 11h-23h. Dès 22 €/pers. Réservation : site et tel.

© ESCAPE LEAGUE

A Poitiers, les femmes ont marqué l'histoire de la ville et l'Escape League a fait de l'une d'entre elles la protagoniste d'une énigme. Situé à deux pas du Palais des Comtes du Poitou, l'escape game met à l'honneur Aliénor d'Aquitaine. Tic-tac, Tic-tac, arriverez-vous à percer le secret de la Reine aux deux couronnes en partant à la recherche de son trésor ? L'accueil est au top, la mise en situation bonne et le décor super chouette. Et si vous y prenez goût, testez aussi les autres énigmes : « Braquage à la française » ou « Il était une fois ou presque ».

VIENNE

THE ROOF

11, rue de la Demi Lune
✆ 05 49 31 34 60
poitiers.theroof.fr
Lundi : 17h à 22h. Mar-ven : 12h-22h (10h vac). Sam et dim : 10h-20h. Tarifs : 12 €, 8 € (6-18 ans), 4 € (-6 ans).

Le concept est extra : associer une Maison de l'escalade à un restaurant de qualité. Dans cet ancien hangar très joliment rénové, on pratique le bloc (maximum 4,5 m de hauteur), à partir de 2 ans. Pas besoin d'être expert. Après les explications, il faut grimper ! 100 parcours et sept niveaux de difficulté s'offrent à vous sur plus de 70 m linéaires. Des cours pour tous les âges sont dispensés et un espace est réservé aux petits. Après l'effort, trouvez le réconfort au restaurant : une formule chaque midi, des douceurs l'après-midi et des planches en soirée. Top !

TROTT'IN POITOU

37, rue du Moulin - **VOUNEUIL-SOUS-BIARD**
✆ 05 32 74 10 00
www.trottinpoitou.com
D'avril à novembre. En autonomie dès 25 €. Avec itinéraire ou en groupe à partir de 30 €. En famille à partir de 60 €.

Accessible à tous à partir de 12 ans, les trottinettes électriques tout-terrain de Trott'in Poitou sont à retrouver dans deux cadres naturels privilégiés : les bois de Vouneuil-sous-Biard et le lac de Saint-Cyr. Louez votre trottinette pour une ou plusieurs heures, enfilez le sac à dos contenant la batterie et partez à l'aventure, expérimenter de nouvelles sensations. En autonomie ou en suivant les itinéraires conseillés par l'équipe (6 circuits et 3 niveaux de difficulté), vous empruntez chemins et côtes avec aisance grâce aux pneus *fat* en 20 ou 24 pouces.

LE CONFORT MODERNE

185, rue du Faubourg du Pont-Neuf
✆ 05 49 46 08 08
www.confort-moderne.fr
Ouvert du lundi au vendredi de 12h à 18h, les soirs de concerts et les WE d'expositions. Tarifs selon la programmation.

Le Confort Moderne est un lieu bouillonnant de la scène culturelle poitevine. Cet ensemble de salles est un laboratoire de création de musiques actuelles et d'art. Sur 8 500 m² de béton et de poutres métalliques, vestiges de l'ancien magasin d'électroménager d'il y a 30 ans, le Confort Moderne offre une grande salle d'exposition, une salle de concert de 800 places, un club de 200 places, une librairie, un restaurant, un disquaire... Concerts, résidences, expériences... il y a toujours quelque chose à voir. Soyez curieux, vous ne serez pas déçu !

LES PLANCHES

24, rue du Bois d'Amour
✆ 09 86 70 67 07
www.lesplanchespoitiers.fr
Spectacles généralement en fin de semaine. Programmation et réservation : voir site internet.

Dans ce café-théâtre, niché dans la salle du Air Jump, humoristes, chanteurs, danseurs, musiciens et magiciens arpentent les planches. Une salle intimiste de 97 places pour profiter en fin de semaine, d'un moment de détente en toute convivialité. Vous prendrez plaisir à découvrir des artistes du cru ou d'ailleurs, de belles découvertes qui vous feront beaucoup rire. Des spectacles pour enfants complètent le programme et, une fois par mois, place au Before Comedy Club, une scène ouverte pour découvrir les artistes qui se lancent et, peut-être, les stars de demain ?

GAME PARC

15, avenue de Châtellerault - **MIGNE-AUXANCES**
✆ 05 49 88 39 90
www.gameparc86.fr
Du lundi au samedi : 10h-0h, le dimanche : 14h-23h. Ile des Pirates fermeture à 22h, 19h le dimanche. Tarifs en ligne.

En famille, entre amis, avec les collègues, le temps d'un après-midi ou d'une soirée, il y a tout pour se défouler et s'amuser. Pour se dépenser physiquement, à vous de choisir : Laser Game, Squash, foot en salle, bubble foot, Battle Archery, pour les plus grands ou bien mini-golf et l'île aux pirates pour les plus jeunes. Et désormais avec la Quiz Room, entraînez également votre cerveau ! Vous pourrez aussi vous détendre autour d'un verre, tout en regardant l'événement sportif du moment. Du sport, du fun, des loisirs, de la détente, c'est carton plein !

REPUBLIC CORNER

19, rue de la République
✆ 05 49 41 50 20
www.republic-corner.fr
Ouvert tous les jours de 12h à 2h. Paiement par carte Cashless. Terrasse. Animations. Concerts.

C'est le nouveau lieu à la mode à Poitiers. Installé dans un grand hangar sur la Zone de la République, le Food Court poitevin a le vent en poupe et rassemble tous les âges, tous les publics. Sous un ciel de guirlandes, on vient grignoter un morceau en commandant dans l'un des six stands de street food, se servir une bière sur la tireuse géante aux 10 becs, s'amuser, danser. Chaque soir, une thématique est proposée : diffusion d'événements sportifs, cours de salsa, karaoké, concerts de tous styles, concours de Chi Fu Mi... Le Republic Corner est *the place to be* !

ODYSSÉE PROD

7, rue Carnot
✆ 06 47 14 42 50
www.odysseeprodpoitiers.fr
Ouvert du mardi au dimanche. Sur réservation uniquement. Entrée : 23 € (réduit : 15 €). Chèque Vacances.

Envie de vous glisser dans la peau d'un détective ? Rendez-vous à l'Agence secrète, rue Carnot, pour revêtir tout l'attirail d'un fin limier afin de découvrir la ville sous prétexte d'enquête policière. Un trésor templier est à retrouver dans *Sanguine Christi*. Exercez votre esprit de déduction pour résoudre un meurtre dans *Paul n'a pas de bol* ou coincez un voleur avec *Coup de chaud pour la momie*. Des jeux d'aventure familiaux sont aussi disponibles à l'Agence touristique. D'autres encore sévissent à Charroux ou à Ligugé, entre autres.

THÉÂTRE AUDITORIUM DE POITIERS

6, rue de la Marne ✆ 05 49 39 29 29
www.tap-poitiers.com
Fermeture annuelle en juillet et août. Tarifs réduits -16 ans, demandeurs d'emploi, carte Culture. Tarifs abonnements.

Avec sa façade de verre, ses lignes simples et pures, ce bâtiment contemporain abrite l'un des meilleurs auditoriums d'Europe. Quelle que soit votre place, les notes de musique et le chant viennent vous envelopper et captiver vos oreilles. Classique, contemporaine, musique du monde, jazz ou chanson : l'acoustique est irréprochable. De son côté, la salle de théâtre accueille pièces, cirque, concerts, danse... Le TAP offre de multiples accès à la culture, parfois même gratuits.

LA TOMATE BLANCHE

5, chemin de Tison
✆ 05 49 41 20 24
www.latomateblanche.fr
25 ans minimum. Discothèque ouverte du jeudi au samedi : 23h à 6h30. 10 € avec conso. Restaurant : du jeudi au samedi.

La boîte de nuit, La Tomate, c'est le repaire des plus de 25 ans. Ici, on danse jusqu'au bout de la nuit. Deux salles sont à disposition : l'une réservée aux fans des années 80'-90' et l'autre, aux amateurs de musiques actuelles et électro. A partir de 19h30, vous pouvez profiter de la partie restauration. Le gros plus de l'établissement : une grande terrasse en partie couverte qui favorise discussions et rencontres. Côté animations : le samedi karaoké pour tester vos talents de chanteur, *afterwork* le jeudi soir et régulièrement, des soirées à thème. A la fête !

WALLABY'S PUB

3, rue du Plat d'Étain
✆ 05 49 55 17 58
www.wallabys.fr
Du lun au mer : 18h-2h ; jeu, ven : 18h-3h ; sam : 15h-3h Karaoke, beer pong, billard, soirées étudiantes, matchs.

Tout près de la place Leclerc, il est un lieu incontournable de la vie étudiante poitevine. Réparti sur différents niveaux, ce grand pub australien de 600 m² accueille une clientèle jeune et festive. Il y a de l'ambiance ! Tandis que les aimables barmans s'affairent pour préparer de bons cocktails, les danseurs envahissent la grande piste. Ici, il y en a pour tous les goûts : tournois de beer-pong, soirée karaoké le mardi avec 29 000 titres au choix, retransmission de matchs de football ou de rugby, billards, soirées latines ou DJ pour briller sur le dancefloor !

CHASSENEUIL-DU-POITOU

Certes, Chasseneuil-du-Poitou est surtout connu pour le Futuroscope, mais c'est oublier la richesse de son patrimoine qui se découvre en flânant au gré des rues qui mettent en lumière son histoire : l'église Saint-Clément avec la chapelle seigneuriale de Guignefolle du XVe siècle, les ponts Neuf et Romain qui rejoint le moulin d'Anguitard, la Vicane (édifice du XVe siècle), la mairie. Ne manquez pas non plus un passage par le musée La Maison d'Autrefois, un lieu qui retrace la vie de nos grands-parents. La Promenade des Marais, le parc de la Ribaudière et l'Ile Verte sont également des endroits agréables où l'on peut se détendre dans un cadre naturel.

LA MAISON D'AUTREFOIS

3, rue de l'ancienne Poste
✆ 06 86 76 63 09
Juillet-Août : tous les jours 15h-19h sauf le mardi. Juin-septembre : week-ends. Basse saison sur réservation.

Ancien bistrot acheté par la commune de Chasseneuil-du-Poitou, ce musée d'art et de traditions populaires ouvert en 1987 regroupe 9 salles thématiques dans lesquelles sont exposés des objets, des vêtements, des meubles de la fin du XIXe siècle aux années 1950. Une vraie reconstruction de ces années-là : présentation d'une salle de classe, de la boissellerie, de la buanderie et d'une forge. Une nouvelle salle d'exposition temporaire aux thèmes variés est désormais ouverte au public depuis 2021. Venez vous plonger dans les souvenirs d'un autre temps !

CAMPING LE FUTURISTE**** €€

Rue du Château - **SAINT-GEORGES-LÈS-BAILLARGEAUX**
✆ 05 49 52 47 52
www.camping-le-futuriste.fr
Ouvert toute l'année. Réception de 8h-12h, 13h-21h. Jeux pour enfants. Restauration. Vente. Animations. Deux piscines.

C'est LE camping du parc du Futuroscope : une vue panoramique sur les pavillons futuristes du Futuroscope, 107 emplacements délimités par des haies d'arbustes, deux piscines chauffées, un étang pour la pêche, une aire de jeux pour les enfants, 4 mobil-homes familiaux, 6 mobil-homes de luxe, 6 chalets en bois, des emplacements pour camping-cars, un bar-restaurant de cuisine traditionnelle, un snack avec plats à emporter, sans oublier les nombreuses animations. Tous les jeudis à la belle saison, un marché de producteurs régionaux s'installe en plus dans le camping.

HÔTEL ALTÉORA*** €€

1, avenue du Futuroscope
✆ 05 49 49 09 10
Chambre double de 75 € à 94 €. Petit déjeuner : 11 € (enfant : 7 € de 5 à 12 ans). Parking gratuit. Restauration.

Derrière cette façade pyramidale se cache un hôtel de 294 chambres engagé dans une démarche écoresponsable. Idéalement situé, à 500 m du Futuroscope, l'Altéora invite chacun à faire « sa part » : ne pas gaspiller l'eau, utiliser les poubelles de tri installées dans les chambres, réduire sa consommation d'énergie. Ici, l'eau courante est chauffée grâce à des panneaux solaires et le chauffage est assuré par des pompes à chaleur. Piscine extérieure chauffée, salle de jeux, mini-golf, lounge-bar, restaurant Le Bistro, l'hôtel satisfera familles et professionnels.

VIENNE

HÔTEL DU PARC PIRATES* €€

Boulevard René Descartes
✆ 05 49 49 08 08
www.hotelduparc-sitedufuturoscope.fr

Accueil de 8h à 23h. Chambre jusqu'à 5 personnes à partir de 55 €. Restauration. Animations pendant les vacances.

Cet hôtel aménagé à la mode des pirates, à 800 mètres du Futuroscope a une vocation familiale car il est composé de chambres quadruples et quintuples. Les familles nombreuses et les groupes scolaires font donc partie de la clientèle habituelle. Le petit déjeuner est servi au restaurant Les Pirates, au sein même de l'hôtel. Vous pourrez aussi vous y restaurer le midi ou le soir autour d'un buffet à volonté. Durant les vacances, des animations sont organisées pour les plus jeunes. En résumé : idéal pour un séjour en famille, bon rapport qualité-prix.

HÔTEL STATION COSMOS €€

Avenue René Monory
✆ 05 49 49 53 20

Fermé en janvier. 76 chambres pour 4 personnes, à partir de 188 € (petit déjeuner pour 1 adulte). Restaurant Space Loop.

Bienvenue en 2190 sur la première base d'exploration spatiale : la Station Cosmos ! A l'extérieur, le sol de la planète Kepler-442 b est constitué de sable rouge. A l'intérieur, l'atmosphère est bleue. Ceci est dû à la Big Blue, plante extra-terrestre qui alimente le site en électricité. Le personnel de bord vous délivrera votre carnet de bord et votre pass. Votre cabine est dotée d'un grand lit double pour les parents et d'un lit superposé pour les enfants. Pour le petit déjeuner, rendez-vous au restaurant Space Loop et pour un moment détente, au Bar des Pilotes.

FUTUROSCOPE ★★★

Avenue René-Monory ✆ 05 49 49 11 12
www.futuroscope.com

Calendrier et horaires : futuroscope.com. Adulte : 48 €, enfant : 39 €, - de 5 ans : gratuit.

Plus de 40 attractions différentes vous attendent dans ce parc à la trentaine rayonnante. Sous l'eau, sur terre ou dans le ciel, c'est parti pour un séjour dynamique au cœur des nouvelles technologies de l'image. Les grandes nouveautés promettent de fortes émotions comme la première attraction au monde en 5D. Rendez-vous dans l'aventure spatiale de Thomas Pesquet, le plus jeune astronaute de l'Agence spatiale européenne : un voyage hautement immersif à 400 km au-dessus de la Terre. Mais avant cela, il vous faudra vous entraîner un minimum. La solution ? Objectif Mars ! Dans ce centre d'entraînement spatial, vous êtes dans la peau d'un astronaute et votre mission est de passer (avec succès) les tests dans le but de mesurer votre aptitude à aller dans l'espace. Enfilez ensuite votre casque de réalité virtuelle et asseyez-vous dans la voiture de Sébastien Loeb, 9 fois champion du monde des Rallyes. Le Futuroscope, c'est aussi une expérience en 4D avec l'Age de glace et Arthur et les Minimoys, des voyages, l'un extraordinaire, sur une plateforme basculée à 90° auprès de Jules Verne, et l'autre dans le temps, avec les Lapins Crétins. Incontournable également, la Vienne dynamique du Pavillon de la Vienne, qui vous fera vivre une course folle dans une formule1 parmi les ruelles étroites de plusieurs communes du département... Place aux spectacles avec le magicien Bertran Lotth et le soir pour découvrir la féerie du spectacle nocturne. On ne peut pas non plus tout vous raconter, alors, à vous d'aller tester !

CHÂTEAU DU CLOS DE LA RIBAUDIÈRE**** €€€

10, rue du Champ de Foire ✆ 05 49 52 86 66
www.ribaudiere.com

Accueil 24h/24. 41 chambres de 2 à 6 personnes. A partir de 110 €. Séminaires. Restaurant La Table du Clos. Spa du Clos.

Offrez-vous une escapade authentique et rafraîchissante. Dormez dans l'une des chambres spacieuses, confortablement équipées ou suites divinement restaurées et meublées pour que votre séjour au château soit sans pareil. Vous pourrez aussi vous baigner dans la piscine extérieure chauffée avant d'aller profiter au spa des massages et soins ayurvédique ou thaï. Vous serez charmés par cette ravissante demeure ainsi que par son environnement, idéale pour une escale d'exception.

HÔTEL PLAZA - SITE DU FUTUROSCOPE**** €€€

Avenue du Futuroscope
✆ 05 49 49 07 07

Ouvert toute l'année. 274 chambres. A partir de 95 €. Séminaires. Restaurant, terrasse. Bar. Piscine, hammam, sauna.

Près du Parc du Futuroscope, l'hôtel Plaza compte 274 chambres. Dans un style design et d'une élégance rare, ces chambres climatisées disposent de tout le confort souhaité (TV LED, wifi, ligne téléphonique, mini bar, coffre). L'hôtel possède également un espace détente : piscine chauffée, centre de fitness... Le soir venu, vous dégusterez les plats du prestigieux restaurant. Cuisine gastronomique et originale garantie. Embarquez pour un séjour exceptionnel avec l'hôtel Plaza.

VIENNE

HYOGO €€

54, allée du Haut Poitou ✆ 05 49 46 44 01
www.hyogo.fr

Du lun. au jeu : 11h45-14h30 et 18h30-22h ; ven. et sam : jusqu'à 22h30. Formule du midi : 11,90 €. Vente à emporter.

Dans la zone commerciale de Chasseneuil, ce restaurant japonais est une belle surprise. Une décoration épurée, un accueil sympathique, ici, pas de buffet, mais bien un véritable service à table. Sushis, makis et sashimis se partagent la carte aux côtés des onigiri, des ramens (bols de nouilles avec bouillon maison) ou encore des poke bowl. Le midi, le restaurant propose un assortiment de mets sélectionnés dans des bentos, mais la spécialité de la maison est sans aucun doute le volcan roll. Servis par dix, ils arrivent sur la table dans une farandole de couleurs !

LA JAVETTE €€

10, avenue de Shenzhen ✆ 05 49 92 20 85
www.lajavette.fr

Ouvert du lundi au mercredi de 12h à minuit. Du jeudi au samedi de 12h à 2h. Carte : 15 € environ. Plat du jour : 10 €.

La Javette : c'est l'établissement branché de la Technopôle. Musique d'ambiance, déco tendance, la Javette est élégante et décontractée. A midi, l'équipe s'active pour que votre pause déjeuner soit rapide et agréable. Des cuisines ouvertes arrivent des plats 100 % faits maison, type brasserie (salade, burger, onglet de bœuf...) ou bistronomique avec une pointe d'originalité. A l'afterwork, le grand bar central propose des cocktails à déguster sur la terrasse. Une pointe de java et un soupçon de buvette, voilà la bonne recette à deux pas du Futuroscope.

LE VILLAGGIO €€

26, Allée du Haut-Poitou
✆ 05 49 61 47 40
www.levillaggio.fr

Du mardi au samedi : 12h-14h et 19h-22h. Jusqu'à 22h30 vendredi et samedi. Formule midi : 12,90 €. Terrasse. A emporter.

Faites donc une halte au Villagio, un grand restaurant italien qui propose des carpaccios, risottos, des plats italiens cuisinés ainsi qu'une vingtaine de pizzas différentes. La pâte est faite maison, fine, légère et croustillante, les produits frais. Une bonne table depuis 14 ans, orchestrée par le chef Christophe et sa femme Béatrice. Et s'il vous reste une petite place, n'hésitez pas à aller voir du côté des desserts et coupes glacées. Le tiramisu maison à l'Amaretto réjouira les plus traditionnels d'entre vous, sans oublier un bon petit verre de vin italien...

LA TABLE DU CLOS €€€

10, rue du Champ de Foire
✆ 05 49 52 86 66
www.ribaudiere.com

Tlj : 12h15 à 13h30 et 19h15 à 21h30. Bar : 10h à minuit. Menus de 41 € à 75 €. Formule du midi : 25 €.

Près du Futuroscope, le rendez-vous est pris pour aller déjeuner ou dîner au château de la Ribaudière. Ici, le charme opère dès le passage des grilles en fer forgé. Prenez place dans une grande salle lumineuse aux tables nappées, s'ouvrant sur le parc, ou sur la terrasse extérieure. Labellisée « Table remarquable » d'Alain Ducasse, elle vous propose de déguster une cuisine qui allie tradition et créativité. Des produits nobles, de saison, sont travaillés pour satisfaire votre palais. Un délicieux moment à partager à deux, en famille ou lors d'un repas d'affaires.

CHEZ MOE'S

5, avenue Gustave Eiffel
✆ 05 49 88 59 64

Lundi : 16h30-21h ; mardi, mercredi : 11h-14h30 et 16h30-21h ; jeudi, vendredi : 11h-22h. Terrasse. Concerts.

Les amateurs de bières, de rock et des Simpson vont adorer cet endroit. Installé dans un hangar de la Technopôle, Chez Moe's vous promet rock, alcool, fish and chips et... fricadelle. Et à en juger par le portrait de la mamie qui a délivré la recette à Tony et May, les patrons, c'est rock'n'roll ! 180 bières, dont neuf pressions, se partagent la carte. Vous pourrez même goûter celles de la maison, brassées sur place, à droite. A gauche, la cave offre plus de 200 références du breuvage, de vins et de spiritueux. Avis aux amateurs, nous, on valide ! D'OH !

ZEROGRAVITY

2 bis, avenue du Futuroscope
✆ 05 49 13 13 13
zero-gravity.fr

Vendredis : 14h-20h. Week-ends et vacances scolaires : 10h-20h. Entrée : 60 € (les 2 vols).

Faites le grand saut avec ZérOGravity ! Aux portes du Futuroscope, vivez l'expérience de la chute libre indoor grâce à cette grande soufflerie. Pris en charge par un moniteur diplômé, après s'être équipé pour le vol et écouté le *brief* indispensable, on s'engouffre dans le grand tunnel vitré. On découvre de nouvelles sensations. L'expérience, intense, ne dure que quelques minutes. Une seule envie : recommencer ! Après l'effort, le réconfort au bar avec une vue imprenable sur le ballet aérien. Un moment inoubliable pour réaliser le plus vieux rêve de l'homme !

JAUNAY-MARIGNY

Depuis 2017, une nouvelle commune est née de la fusion entre Jaunay-Clan et Marigny-Brizay. Elle allie à la fois la tradition viticole puisqu'elle possède une grande partie du vignoble de l'AOC Haut Poitou, mais aussi la modernité comme commune d'accueil du Futuroscope. Un joli patrimoine se niche à Marigny : château de Monfaucon (datant des XIVe-XVe siècles), manoir de la Mailleterie et tour de Signy (XVIe siècle), mais aussi à Jaunay : église Saint-Denis (XIe-XIIIe siècles). La commune est aussi riche en sites troglodytiques, dont la plupart servirent de carrières de tuffeau. A découvrir aussi : le plan d'eau de Clan et le parc du Château Couvert.

ECOLE DE MATHUNA €€

7, rue Auguste Poulin
✆ 06 14 99 35 70
www.ecoledemathuna.com

Cinq chambres et suites de 99 € à 142 €. Petit déjeuner inclus. Terrasse et jardin.

Tenues par Nathalie et Pascal, dans cette ancienne école catholique de filles se cachent cinq chambres d'hôtes aux noms de chansons enfantines : « Au clair de la lune », « Sur le pont d'Avignon », « Une souris verte »... rappelant l'ancienne vocation du lieu. Décorée avec goût, chaque chambre, bien équipée, possède une salle de bain privée. La maison est entourée d'un charmant jardin arboré et fleuri dans lequel vous pourrez vous détendre et d'un parking gratuit fermé. Petit plus : un délicieux petit déjeuner fait maison est inclus dans le prix.

CHATEAU DES ROCHES - AMPELIDAE

Lieu dit Les Roches
✆ 06 52 23 19 36
www.visitlesroches.com

Visites et dégustations sur réservation. Maison (8 personnes) ou appartement (4 personnes) disponibles à la location.

Pionnier de la viticulture biologique en Val de Loire, Ampelidæ produit 14 000 hectolitres de vin bio par an, issus de plusieurs cépages. Parmi leurs pépites, il y a le Blanc d'hiver ou encore la gamme Alias, sans sulfites ajoutés. Pour les découvrir, n'hésitez pas à réserver une visite au château des Roches, là où le chai principal a été aménagé. Depuis 2004, la vinification a lieu sur place. Kate et Benji Meuli, les propriétaires ont su conserver le charme et l'authenticité du site.

CRYSTAL-GOURMET

Rue Auguste-Sutter
✆ 05 49 47 96 18
crystal-gourmet.fr

Ouvert du lundi au vendredi de 9h à 16h. Livraison possible (vente en ligne).

L'intérieur est spacieux et épuré dans cette épicerie fine dédiée aux fins gourmets. Sur les étagères en bois, les pots de caramel au beurre salé et à la fleur de sel à tartiner sont déclinés en de multiples saveurs... Toutes ces recettes sont concoctées dans l'atelier qui jouxte la boutique. Laissez-vous intriguer par l'autre spécialité de la maison : des confitures au thé, réalisées à partir de fruits cuits et infusés. Goûtez également les thés glacés Koori T ! Une gamme bio a vu le jour, promettant aussi de nombreux instants gourmands.

DOMAINE DE LA RÔTISSERIE

2, bis rue de la Croix l'Abbé
✆ 05 49 52 09 02
www.domainerotisserie.com

Ouvert du lundi au vendredi de 8h30 à 12h et de 14h à 18h ; le samedi de 9h à 12h. Visite sur rdv.

Drôle de nom pour un domaine viticole ! Sachez qu'au XIXe siècle, les gens du village cuisaient leur repas dans les fours creusés dans le tuffeau qui se trouvent sur la propriété. Aujourd'hui, c'est Mickaël Baudon qui gère l'exploitation familiale. Sur ses 23 hectares de vignes, il cultive 10 cépages : Gamay, Chenin, Pinot noir, Chardonnay, Cabernet franc, Sauvignon... et désormais Vieux Viognier. Contactez-le pour une visite guidée et terminez le parcours par une dégustation des vins à la cave. Un domaine de référence en Haut Poitou !

FUTUR' ÉCO

70, avenue de Bordeaux ✆ 05 49 55 40 53
www.futureco-materiaux.fr

Ouvert du lundi au mercredi et le vendredi de 9h15 à 12h30 et de 15h30 à 18h30 ; le samedi de 9h30 à 12h30.

L'enseigne Nature et Développement fête son dixième anniversaire. Son établissement Futur'Eco matériaux de Jaunay propose aux professionnels, ainsi qu'aux particuliers, des matériaux écologiques et des énergies renouvelables, pour construire et rénover un habitat et se penche sur la question des nouveaux modes de construction : maison bioclimatique, HQE (haute qualité environnementale). L'entreprise est engagée dans une démarche environnementale basée sur la mutualisation des volumes autour de dix produits phares de très haute qualité et pour la plupart naturels.

BEAUMONT SAINT-CYR

Née de la fusion en janvier 2017 des communes de Beaumont et de Saint-Cyr, la nouvelle entité située aux portes du Futuroscope présente de grands atouts tant touristiques que vinicoles. Niché sur une colline, le bourg de Beaumont surplombe la vallée du Clain et ses plaines vallonnées. L'église Notre-Dame a été inscrite aux Monuments historiques en 1986. De style roman, elle présente des chapiteaux historiés. On découvre aussi les ruines du château de Beaumont qui, aux Xe-XIIe siècles était un excellent poste d'observation. Aujourd'hui, les vignes l'entourent et l'AOC Haut-Poitou qui en est issu se déguste à la cave du domaine de la Tour Beaumont.

RESERVE ORNITHOLOGIQUE DE SAINT-CYR

Parc de Saint-Cyr
✆ 05 49 88 55 22
https://poitou-charentes.lpo.fr
Gratuit. Permanence un dimanche par mois : 14h30-17h. Prêt de jumelles. Visite guidée mardi matin en juillet, août.

Sur les 40 hectares autour du lac, deux sentiers ponctués d'observatoires et de panneaux informatifs s'offrent à vous au départ du parking. Pour vous balader à votre rythme, empruntez le sentier balisé en rose. Pour pénétrer au cœur de la réserve et profiter d'une visite guidée par un animateur de la LPO, ce sera le sentier orange. A chaque saison ses espèces : grèbes huppés et petits gravelots au printemps, sternes pierregarin en été, limicoles en automne et canards en hiver.

LES BUCOLIQUES €€

5, rue de la Ballonnière
✆ 06 87 08 07 01
www.lesbucoliques.com
Chambre double de 57 € à 77 €. Petit déjeuner inclus.

Chambre des mariés, roulotte gitane, yourte mongole (vous cuisinerez sur le poêle) ou encore chalet montagnard... Choisissez le toit sous lequel vous passerez la nuit ! Les amateurs de bêtes à plumes seront enchantés : les poules et les paons se frotteront à vous. Depuis 2017, Les Bucoliques ont reçu le label « Chambres à dormir », un label indépendant qui récompense les chambres insolites et les lieux de cœur. Profitez de la visite du jardin, qui s'organise suivant les quatre éléments de vie, pour aller de découverte en découverte de la nature à la mythologie...

CAMPING DU LAC DE SAINT-CYR**** €€

Parc de loisirs de Saint-Cyr ✆ 05 49 62 57 22
www.campinglacdesaintcyr.fr
Avril, mai, juin, septembre : 9h-12h et 14h-18h. Juillet-août : 8h-21h. Emplacements dès 16 € ; Mmbil-homes 105 €.

Proche du Futuroscope et de Poitiers, le Camping du Lac de Saint-Cyr, très boisé, jouxtant le lac, offre 189 emplacements dont des locatifs (mobil-homes, eco'lodge, yourtes et tentes aménagées), une piscine chauffée et un espace détente et loisirs. Ecolabellisé et bénéficiant d'un environnement privilégié (plage surveillée, base de voile, réserve ornithologique avec des observatoires en bois, 2 courts de tennis, terrains de pétanque et de volley), c'est un lieu qui a notre faveur.

ALLO PIZZ' €

47, avenue de Paris
✆ 05 49 21 78 99
www.allopizz.fr
Du lundi au vendredi : 11h-13h30, 17h-21h. (22h le vendredi). Samedi : 17h-22h. Dimanche : 17h-21h.

Voici une excellente adresse à mi-chemin entre Poitiers et Châtellerault. Habitués des soirées pizz' entre frangins, Mickaël et Gregory ont décidé de se former et de lancer une petite enseigne de pizzas à emporter à Naintré. Face aux succès, c'est à Beaumont qu'un second établissement a vu le jour. Ici, pas de prise de tête, c'est à la bonne franquette et dans la bonne humeur. Chez Allo Pizz' les pizzas sont cuites au feu de bois. En 26 cm ou en 33 cm, elles sont gourmandes, à pâte épaisse et bien garnies. Extra, et même si vous avez besoin de les réchauffer !

LA TABLE DU GOLF €€

35, route du Golf
✆ 05 49 62 66 70
www.tabledugolf.fr
Ouvert 7j/7 de 12h à 15h (sauf le mardi de novembre à février). Ouvert le vendredi et le samedi soir de 19h à 22h.

Cette halte bucolique environnée de doux greens n'est pas réservée aux golfeurs. Chacun peut s'y restaurer ou simplement y boire un verre dans la salle panoramique ou sur l'immense terrasse qui offre une vue imprenable sur le lac et les vallons du terrain de golf. Confectionnés avec finesse par le chef Etienne Primault, les jolis plats saisonniers feront ballet de vos yeux envieux à vos papilles en émoi. Et si, au déclin du jour, vous patientez sous les auvents, vous vivrez un moment enchanteur quand l'astre orange descendra dans l'eau. Non romantiques s'abstenir.

FROMAGERIE TAILLEFER

2, rue de la garenne
✆ 09 83 81 85 83
Du lundi au samedi : 8h-12h et 16h-19h ; dimanche : 8h-12h. CB non acceptée.

Enrobés d'ail et de fines herbes, d'épices mexicaines, de paprika ou de fleurs séchées, les fromages frais de Madame et Monsieur Taillefer font l'unanimité à l'heure de l'apéritif. Les biquettes ont quitté la ferme Taillefer depuis quelques années, mais le savoir-faire est toujours là. Des litres de lait du Gaec des Trois Villages à Leigne-les-Bois, une pincée de sel de l'île de Ré, une recette affinée avec le temps et voilà chabis, bûches nature et cendrées, crottins et pyramides pour garnir nos plateaux. Des fromages à retrouver à la ferme ou sur les marchés.

GOLF DU HAUT-POITOU

35 route du Golf ✆ 05 49 62 53 62
www.golfduhautpoitou.fr
De janvier à mars et octobre, 9h-18h. D'avril à juin et septembre : 9h-19h. Été : 8h-20h. Novembre et décembre : 9h-17h.

C'est un magnifique parcours qui s'offre à vous, tant pour son paysage que pour ses qualités sportives. Les golfeurs aguerris y trouveront certainement leur compte avec le parcours 18 trous sur 6 549 m de long sur 73 m de large ou celui de neuf trous long de 1 800 m et large de 31 m, comportant des greens d'approche, des putting greens ainsi qu'un practice récemment réaménagé. Ces parcours sont aussi bien composés de lieux plats avec des obstacles d'eau que de passages boisés. Après la partie, profitez donc du bar pour vous remémorer les jolis coups.

NOWAVE, LE SPOT

Lac de Saint-Cyr ✆ 06 52 76 26 46
www.nowavelespot.com
Juillet-août : 7/7 de 11h à 18h. Mai-juin-septembre : week-ends et jours fériés de 11h à 18h. Réservation obligatoire.

Si vous avez toujours rêvé d'être un oiseau volant au-dessus de l'eau, venez découvrir l'efoil, une planche à propulsion électrique qui fait décoller jusqu'à un mètre au-dessus du lac de Saint-Cyr. De fabrication française, avec des pointes de 20 km/heure, laissez-vous griser par une sensation de liberté et de légèreté. Vous pouvez réserver jusqu'à 2 personnes en même temps à partir de 14 ans. Après avoir été équipé et briefé, vous partez sur le lac avec un dispositif audio pour être accompagné durant cette expérience rare et une télécommande. Un vol unique !

DOMAINE LA TOUR BEAUMONT

2, avenue de Bordeaux
✆ 05 49 85 50 37
www.domainelatourbeaumont.fr
Du lundi au vendredi : 9h30-12h et 14h30-19h (18h en hiver). Le samedi : 9h30-12h et 14h30-18h. Fermé les jours fériés.

C'est un vin de terroir, fin et fruité, un vin à taille humaine que Pierre Morgeau, 5e génération de viticulteurs à la tête du domaine de la Tour Beaumont, continue de façonner. Formé en Bourgogne, Pierre n'a de cesse de mettre en avant la qualité des appellations Haut-Poitou en préservant ses terres certifiées Haute valeur environnementale. Rendez-vous au domaine pour déguster l'un des derniers nés : un vin nature, un Cabernet franc sans sulfites. Et pour découvrir les vignes, le cépage et ses paysages, le Domaine propose une balade en trottinette électrique !

© LA TOUR BEAUMONT

© NICOLAS MAHU

VIENNE

PARC DE SAINT-CYR

© 05 49 62 57 22
www.parcdesaintcyr.fr
Ouvert toute l'année : 6h à 22h30. Accès gratuit de septembre à mai. Accès payant l'été (3 €, enfant 5-12 ans : 1 €).

A 10 minutes du Futuroscope, c'est le plus grand lac du département ! C'est l'endroit idéal où passer l'été au frais, à barboter ! La baignade y est agréable et l'Aquazone, un parcours gonflable sur l'eau, vous fera passer d'agréables moments de fraîcheur, de détente et de rigolades. Les toboggans et les structures de jeux feront le bonheur des enfants. Et pourquoi pas faire le tour du lac à pied, à vélo ou en bateau à pédales ? Vous pourrez vous restaurer au snack-bar Le Lagon, déguster un sandwich sur le pouce à midi ou une glace après l'effort.

DISSAY

La petite commune de Dissay bénéficie de sa situation sur l'axe Châtellerault-Poitiers dont elle est distante d'une douzaine de kilomètres seulement, ce qui explique l'accroissement rapide de sa population et l'implantation sur le territoire de deux zones d'activité. Cette commune ne se trouve qu'à huit kilomètres du Parc du Futuroscope, de la forêt de Moulière (l'une des plus grandes forêts du nord de la région) et du domaine de Saint-Cyr avec son lac de 85 hectares. Dissay est surtout connue pour son magnifique château du XVe siècle, aujourd'hui restauré faisant place à un restaurant gastronomique avec hôtellerie de charme et spa.

GÎTE DE LA FONTAINE D'AILLÉ €€

382, route de la Fontaine d'Aille
© 06 41 60 92 82
gitesfontaineaille.fr
Trois gîtes disponibles à l'année. De 35 €/nuit à 2 à 100 €/nuit pour 8 personnes. Terrasse. Jardin.

Le Domaine de la Fontaine d'Aillé, tenu par m et Mme Plaisir, propose trois gîtes à des familles, des groupes ou simplement à deux. Le gîte des Hirondelles pour 8 personnes est une ancienne maison de hameau entièrement refaite en 2020, sur deux niveaux avec un bel espace de vie. L'ancienne maison poitevine est devenue le gîte des Lilas pour 4 ou 6 personnes. Enfin, le 3e, le gîte des Tomettes pour 2 personnes est une ancienne dépendance réaménagée au sein d'un ancien corps de ferme.

CHÂTEAU DE DISSAY***** €€€

111, place Pierre d'Amboise © 05 49 11 11 11
www.chateaudedissay.com
Un séjour au château ! De 120 € à 400 € la nuitée pour 2 personnes. Petit déjeuner : 25 €. Restauration. Hammam.

Le château de Dissay, une merveille patrimoniale pour un séjour de rêve. Ses dix chambres se situent dans le corps même de l'édifice construit au XVe siècle par Pierre d'Amboise, évêque de Poitiers. L'établissement est haut de gamme. Chaque chambre est exceptionnelle ! Les volumes sont démesurés. La décoration réalisée avec le mobilier d'époque associé à une pointe de modernisme et tout le confort nécessaire pour passer une nuit de châtelain. Le petit déjeuner est servi dans la belle salle dédiée, sur la terrasse de la cour ou dans l'intimité de votre chambre.

LE BINJAMIN €€

1004, Les Longèves
© 05 49 21 38 99
www.lebinjamin.fr
Tlj : 11h45-14h30, du mardi au jeudi : 18h45-21h30 ; ven et sam : 18h45-22h. Menus de 33,50 € à 37,90 €. A emporter.

Le Binjamin offre à sa clientèle une décoration épurée et contemporaine. La cuisine servie est vivante et riche de traditions. Il n'y a qu'à se laisser tenter en prenant les cannellonis de chlorophylle et ricotta, gratinés au parmesan, présents depuis l'ouverture sur la carte, le samoussa d'épaule d'agneau fermier confite aux herbes et pignons de pin ou l'aiguillette de filet de Saint-Pierre rôti aux saveurs de citronnelle. Pour finir, vous pourrez choisir parmi une carte des desserts des plus fournie et appétissante. Un régal ! Un restaurant qu'on recommande.

L'Ô DISSAY €€€

111, place Pierre d'Amboise © 05 49 11 11 11
www.chateaudedissay.com
Ouvert TLJ 12h-13h30 et 19h-21h (fermé le lundi et mardi en basse saison). Formule midi 26 €. Soir : 3 menus dès 60 €.

Le restaurant gastronomique de ce splendide château du XVe siècle est une des très bonnes tables de la Vienne. Derrière leur piano, Stanislas Simonet et Henri Dupont unissent leur talent pour proposer une cuisine colorée et graphique. Profitez d'un cadre patrimonial hors du commun et surtout, d'une cuisine composée au fil des saisons à partir de produits locaux. Aux beaux jours, installez vous en terrasse, dans la cour d'honneur du château. Un cadre unique, des assiettes élégantes, une cuisine classique et moderne, ne passez pas à côté du château de Dissay.

COMPAGNIE COLONIALE

717, rue de la gare
✆ 05 49 62 82 10
www.compagnie-coloniale.com
Visite de l'atelier sur rendez-vous. Minimum 10 personnes.

Soyons fiers ! C'est dans la Vienne que s'est implantée une des dernières maisons de thé françaises. Fondée à Paris en 1848, Compagnie coloniale a posé ses valises à Dissay en 1995. C'est ici qu'il est désormais possible de visiter, en groupe, les ateliers de la maison. On y découvre comment Compagnie coloniale importe en France des thés d'origine, crée ses propres mélanges et fait naître de délicats parfums grâce à un procédé unique d'aromatisation à la vapeur. Parmi ses best-sellers, le Chine Extra, créé en 1936 et le célèbre thé de Noël lancé par la marque.

SPA DU CHÂTEAU DE DISSAY

111, place Pierre d'Amboise
✆ 05 49 11 11 11
www.chateaudedissay.com
Ouvert du lundi au samedi de 10h à 20h ; le dimanche de 10h à 18h. Accès au spa : 30 €.

Près des douves du château, où voguent nonchalamment deux cygnes blancs, ce spa occupe un ancien chai dont les tonneaux en bois ont été reconvertis en transats où on peut se prélasser devant un jus de fruits dans la salle de repos. Espace d'eau luxueux, le spa met à votre disposition une piscine chauffée à 33 °C, un sauna mixte, un hammam avec son ciel étoilé, ainsi que quatre cabines pour les soins du corps et du visage. Et si vous en profitiez pour goûter l'excellente cuisine du restaurant du château ? D'exquis moments vous y attendent.

BONNES

Bonnes vaut un arrêt pour aller voir l'église romane Saint-André dotée d'une chapelle seigneuriale accolée au XVe siècle, mais aussi pour la proximité de deux châteaux d'exception : le château de Touffou composé de 3 magnifiques jardins et le château de Loubressay. La commune compte aussi trois arbres remarquables. Depuis le village, profitez-en pour vous balader vers le coteau du Trait et dans la vallée du Teil, deux zones d'intérêt écologique. Plusieurs circuits de randonnée sont également proposés à travers différents bois (Talmont, Touffou, Gaume) ainsi qu'un camping, une piscine au bord de la Vienne et des courts de tennis. Une jolie étape !

CHÂTEAU DE TOUFFOU

Château de Touffou
✆ 05 49 56 40 08
www.touffou.com
Ouvert tous les jours du 1er juillet au 20 août 2022 de 10h à 12h et de 14h à 18h. Entrée : 7 € ; 6 € (12-18 ans).

Ce magnifique petit château, édifié au XIIe siècle et agrandi à la Renaissance, surplombe la Vienne. On peut y visiter la tour François Ier, la tour de la chapelle et la tour de l'Hôtellerie ainsi que ses jardins, classés Jardin remarquable en 2004, qui prirent forme en 1966 à l'initiative de David Ogilvy et de son épouse. Déambulons dans les quatre espaces clos d'ifs, dont une merveilleuse roseraie, et prolongeons la visite jusqu'aux jardin de l'Aumônerie et de la terrasse des Tournois, de style italien, d'où nous pouvons admirer la vallée de la Vienne.

FÔRET DE MOULIÈRE

Forêt de Moulière - **LA CHAPELLE-MOULIÈRE**
✆ 05 49 58 96 00
www.onf.fr
Maison de la Forêt : du lundi au vendredi 14h-17h. Samedi-dimanche : 14h45-17h30 de janvier à mars et novembre-décembre.

La forêt de Moulière représente une des plus grandes étendues vertes et préservées de la région. 7 000 hectares de bois, de quoi faire de jolies promenades à pied, vélo ou cheval. Vous croiserez d'ailleurs quelques équidés le long de votre chemin. La forêt regorge de chevreuils, de sangliers et d'oiseaux que l'on entend mais qu'il est difficile d'apercevoir. Des balades sont organisées afin de partager cette passion pour la faune, la flore et le bon air. Des sentiers de randonnée partent depuis la Maison de la Forêt située en bordure de cet immense poumon vert.

LES JARDINS DE LA FROLLE

Lieu dit La Frolle
✆ 05 49 56 42 78
www.lesjardinsdelafrolle.com
Ouvert du lundi au samedi de 9h à 12h et de 14h à 18h.

Au printemps, on guette les annonces de la ferme pour aller cueillir fraises et framboises. Cultivées sous abris, à hauteur d'homme, sans traitement chimique, elles ont fait la réputation de La Frolle. A la tête de l'exploitation, François et Simon Beneteau ont choisi une agriculture raisonnée et accueillent toute l'année du public pour de la vente directe et en cueillette de multiples fruits, issus de leur 12 hectares de verger. Sur place, dans la pépinière, on retrouve également différents plants de fleurs, d'arbustes et de potagers à replanter dans son jardin.

VIENNE

CLUB HIPPIQUE FORÊT DE MOULIÈRE

La Chaise - **LINIERS** ✆ 05 49 56 60 09
www.mouliere.com
Lundi à samedi de 9h à 17h. Pratique à la demi-journée (47 €), week-end, stages. Bébés cavaliers à partir de 12 mois.

Depuis 1977, la famille Rabouan fait partager sa passion de l'équitation à tous et aux tout-petits même, dès un an. Les infrastructures sont bluffantes (deux manèges couverts, trois carrières, deux ronds d'initiation, un terrain naturel de cross) et les activités variées (promenades au cœur de la forêt, dressage, obstacles, pony-games). La part belle est faite à l'équitation naturelle. Deux gîtes et des chambres-dortoirs sont à disposition avec des repas bios et locaux faits maison.

MIGNALOUX-BEAUVOIR

C'est en 1798 que les deux anciennes paroisses de Migaloux et Beauvoir sont réunies pour ne former qu'une. Elle perd une partie de son territoire pour voir se construire le CHU et le campus universitaire, mais se trouve désormais aux portes de Poitiers. Le jardin botanique universitaire est d'ailleurs un charmant lieu où se promener. Sur le site des Magnals, un atelier de production de fer gaulois a été découvert. Pour en savoir plus, empruntez le sentier d'interprétation. Passez voir l'église avec son magnifique portail, le château de la Cigogne et profiterez du château de Beauvoir, de style victorien, transformé en hôtel-restaurant avec son golf.

GARRIGAE MANOIR DE BEAUVOIR*** €€

635, route de Beauvoir ✆ 05 49 55 47 47
www.garrigae.fr
Ouvert toute l'année. 45 chambres dès 69 €. Restaurant Le Cèdre. Golf. Espace bien-être (piscine, sauna, hammam...).

Vous serez conquis par ce charmant manoir de style victorien lové dans un parc boisé de 92 hectares. Pour un séjour au calme, relaxant et apaisant, profitez du confort des chambres et des appartements au style soigné. Le site dispose de salles pour un séminaire ou un mariage. Pour encore plus de détente, profitez de l'Espace bien-être. Au restaurant Le Cèdre, vous pourrez vous délecter d'une cuisine traditionnelle poitevine, conviviale et inventive. Un lieu enchanteur !

TRES MARIAS €€

2, place Paul Dezanneau
SÈVRES-ANXAUMONT
✆ 05 49 44 64 78
Du mardi à vendredi de 12h à 15h30 ; vendredi et samedi de 20h à 0h. Menus de 18 € à 30 €. Formule du midi : 14 €.

Si vous avez une envie de Portugal, rendez-vous à Sèvres-Anxaumont. Le drapeau rouge et vert flotte au vent et les Tres Marias vous accueillent pour un voyage au pays de la morue et du porto. C'est un petit bout de Portugal qui s'offre à vous. Photos de Porto sur les murs, échanges en langue portugaise en cuisine et dans la salle, vous voilà transporté au pays du fado. Soupe, *bacalhau* (morue) déclinée de toutes sortes, excellent cochon de lait et chips maison, les plats (à partager) sont généreux et si la morue est parfois salée, l'addition ne le sera pas.

LA BAIE DES CHAMPS

27, route d'Anxaumont
SÈVRES-ANXAUMONT
✆ 06 21 53 37 15
Mercredi et vendredi : 14h-17h30 ; samedi : 9h à 12h30. Porc frais sur commande une semaine à l'avance.

Voilà un magasin de producteurs où les amateurs de cochonnaille se réjouiront de dénicher les bonnes viandes, charcuteries et conserves de la Baie de Champs. Depuis cinq générations, la famille Debien élève des porcs en agriculture raisonnée (démarches qualité le porc bien-être et sans antibiotique). Nés sur site, les porcelets sont nourris avec les céréales de la ferme. En boutique, il y a donc les viandes de porc fraîches en IGP Porc du Sud Ouest (filet mignon, sauté, rôti, grillades...), ainsi que les produits de salaison et la charcuterie.

LE COMPTOIR DES SAVEURS

1, place des alisiers
✆ 06 24 89 41 84
www.latourneedessaveurs.net
Mar, jeu, ven : 9h30-12h et 15h-19h, mer : 9h30-12h et 15h-18h, sam : 9h30-12h30. Tournée à l'ancienne : voir site.

Très attachée à consommer local, Cindy a ouvert sa boutique de produits locaux en novembre 2020, pour que tous aient accès à des aliments de qualité, cultivés ou produits à trois pas de chez soi. Ainsi, elle est allée à la rencontre des producteurs, des maraîchers, des fournisseurs et a sélectionné légumes et fruits, fromages, viandes, poissons, épicerie sucrée et salée, farines, savons, boissons. Le tout local, bio ou raisonné… Avec son camion de la Tournée des saveurs, épicière itinérante, elle livre également chez vous, au travail et sur les marchés.

CHAUVIGNY ★★

La pierre calcaire de Chauvigny, au grain fin et régulier, est plébiscitée depuis longtemps, et ce, bien au-delà des limites de la région. Cette petite Ville d'Art et d'Histoire a vu pas moins de cinq châteaux forts s'élever sur son promontoire rocheux et dominer la Vienne. Certains ayant subi les outrages de diverses batailles, ce sont surtout des pans de forteresse d'un autre âge que vous apercevrez de loin. Allez au donjon de Goujon et prenez le temps de flâner autour des trésors romans des environs, comme la collégiale Saint-Pierre du XIIe siècle, l'église Notre-Dame ou l'église Saint-Pierre-les-Églises, aux magnifiques peintures carolingiennes, à quelques kilomètres de la cité.

LE CHÂTEAU D'HARCOURT ★

Rue Saint-Pierre

✆ 05 49 46 35 45

www.chauvigny-patrimoine.fr

Visite libre de la cour du 01/06 au 30/09 : 14h-18h et juillet-août : 10h-18h. Visites guidées. Escape Game. Animations.

Le château d'Harcourt a d'abord appartenu à la famille Lusignan puis, au XIIIe siècle, est passé, par mariage, à la famille Harcourt avant d'être cédé en 1447 aux évêques de Poitiers, barons de Chauvigny. Reconstruit au XIIIe siècle, il est le mieux conservé des châteaux chauvinois. Son enceinte, presque rectangulaire, se compose de hautes courtines, flanquées de tourelles cylindriques pleines. Deux bâtiments juxtaposés forment l'ensemble, mais seul le corps méridional reste bien conservé. Remanié, le logis attenant au donjon abrite des salles d'expositions.

COLLÉGIALE SAINT-PIERRE ✞ ★★★

Plan Saint-Pierre

✆ 05 49 46 35 45

www.chauvigny-patrimoine.fr

Tous les jours : 9h-18h. Gratuit. Visite guidée 1h. RDV : Office de tourisme, 5 rue Saint-Pierre.

Au cœur de la cité médiévale, la collégiale Saint-Pierre, édifiée aux XIIe-XIIIe siècles, est un joyau d'art roman. Construite selon un plan en croix latine, à l'extérieur, sur son chevet aux volumes harmonieusement étagés, on peut admirer nombre de modillons sculptés empruntant au bestiaire médiéval. En entrant, vous serez frappés par les jeux de lumière grâce à l'élévation des voûtes. Dirigez-vous vers le chœur, vous serez éblouis par la beauté des chapiteaux sculptés sur les colonnes. Ils font la renommée de l'église. L'un d'eux porte même la signature de son sculpteur ou donneur : Gofridus. Des scènes religieuses sont ainsi représentées : des épisodes de la vie de Marie et de Jésus, ainsi que l'histoire de Babylone ou encore la pesée des âmes. De très nombreux animaux [griffons, oiseaux, lions], monstres et autres figures grimaçantes sont également visibles. Ces sculptures, de style naïf, sont là pour rappeler aux croyants de ne pas céder aux vices, aux désirs, à la luxure s'ils veulent voir leur âme monter au ciel. Elles évoquent la faute et la rédemption, la lutte du bien et du mal, un thème fréquemment illustré à l'époque romane. Amusez-vous à retrouver et à admirer une sirène, les Rois Mages ou encore l'archange Gabriel, mais aussi le diable. Les sculptures comme tout l'intérieur de l'église ont été peints au XIXe siècle, à l'occasion d'une importante restauration menée sur l'édifice. Ce récent décor à au moins le mérite de rappeler que les églises romanes étaient souvent peintes.

VIENNE

La cité médiévale de Chauvigny.

ESPACE D'ARCHÉOLOGIE INDUSTRIELLE

3, rue Saint-Pierre
✆ 05 49 46 35 45
www.chauvigny-patrimoine.fr
Horaires variables. Voir site internet. Adulte : 5 €. Tarif réduit : 3,50 €.

Installé dans le donjon de Gouzon (XIIe et XIIIe siècles), l'espace d'archéologie vous propose de découvrir le patrimoine bâti et industriel de Chauvigny. Pour le visiter, vous emprunterez l'ascenseur, œuvre de l'architecte designer Sylvain Dubuisson. Lors de la visite de l'espace, on vous donne à voir à travers l'œil de l'archéologue, les industries du pays Chauvinois, du néolithique à nos jours, dont la porcelaine et la pierre qui ont rendu la ville célèbre.

MUSÉE DES TRADITIONS POPULAIRES ET D'ARCHÉOLOGIE

3, rue Saint-Pierre ✆ 05 49 46 35 45
www.chauvigny-patrimoine.fr
Adulte : 5 €. 3,50 € pour les demandeurs d'emploi, les étudiants et les groupes de plus de 15 personnes.

Le musée est installé dans une maison du XVIIe siècle. Le rez-de-chaussée est consacré aux traditions populaires. Au premier étage, les collections archéologiques proviennent notamment de sites gallo-romains, de Saint-Pierre-les-Eglises à Chauvigny et de Gué-de-Sciaux à Antigny pour la période médiévale, Gouzon et du château baronnial de Chauvigny. Au 2e étage, découvrez la salle des métiers qui regroupe tout l'outillage du sabotier, de l'étameur, du tonnelier, du scieur de long.

LES GÉANTS DU CIEL

23, rue des Puys
✆ 05 49 46 47 48
www.geantsduciel.com
Fermé d'octobre à mars. Juillet-août : tlj 10h30-12h30 et 14h-19h. Adulte : 13,50 €. Enfant (4-12 ans) : 9,50 €.

Au cœur du château des Evêques, surplombant Chauvigny de sa splendeur, l'amphithéâtre à ciel ouvert est le lieu d'étranges ballets aériens. Vous admirez le merveilleux travail de Vol en Scène qui a concocté un incroyable spectacle de vols d'oiseaux. Admirez le ballet léger des cigognes, le vol précis et rapide des aigles ou le décollage lourd et fastidieux des vautours. Les chouettes et hiboux, magnifiques oiseaux de nuit, prennent aussi part au spectacle. Alors que vous êtes assis tranquillement, voilà qu'un rapace plonge soudain vers vous !

VÉLORAIL

10, rue de la Folie
✆ 05 49 88 93 63
velorail-chauvigny.fr
D'avril à mi-novembre. Fermé lundi et mardi sauf vac. sco. et jours fériés. Réservation obligatoire. A partir de 7 €.

Le Vélorail ? Une façon originale et un peu sportive de découvrir Chauvigny. Vous embarquez à bord d'une voiturette et remontez l'ancienne ligne de chemin de fer qui servait à transporter les voyageurs et les célèbres pierres de Chauvigny. Vous surplombez la Vienne et un magnifique panorama sur la cité médiévale. Vous vous enfoncez ensuite dans les sous-bois et les vallées avec vue sur les champs. N'oubliez pas de jeter un coup d'œil aux ponts et passerelles. A l'aller, réservez les pédales aux plus musclés ! Une activité familiale qui réjouit petits et grands.

JARDIN PUBLIC

Ouvert toute l'année. Gratuit.

Les jours sans école ça grouille de têtes blondes. Les enfants galopent de toboggan en toile d'araignée dans le petit parc entouré de bordures et aménagé avec des structures adaptées à chaque âge. Un peu plus loin, des appareils de fitness sont prisés des ados. Leurs exercices sont rythmés par les chants des oiseaux de la volière voisine. Ce spectacle n'est pas pour déplaire au chien en promenade, accompagné de sa maîtresse. On flâne autour du plan d'eau, on fait une pause sur un banc pour admirer la cité médiévale... Une parenthèse de verdure pour chacun.

BUREAU D'INFORMATION TOUTISTIQUE DE CHAUVIGNY

5, rue Saint-Pierre
✆ 05 49 46 39 01
www.tourisme-chauvigny.com
Ouvert du mardi au dimanche de 9h30 à 12h30 et de 14h à 18h.

Ici, il y a toutes les informations pour savoir quoi voir, quoi faire, où manger, les visites guidées à venir... sur la commune et ses alentours. Appartenant à la centaine de villes du prestigieux réseau « les plus beaux détours de France », avec ses musées, ses cinq châteaux, son vélorail... Chauvigny a su mettre en valeur son patrimoine et offre aux visiteurs un grand nombre d'activités. Un deuxième point d'information ouvre en ville basse au 12 rue Geisenheim, début juillet.

LE BEAUSÉJOUR** €

18-22, rue Vassalour ✆ 05 49 46 31 30
www.hotelbeausejourchauvigny.com
Ouvert toute l'année. Chambre à partir de 66 €. Bar et restaurant. Menus de 15 à 26 €. Terrasse et jardin.

Simple café en 1956, l'établissement Beauséjour devient hôtel-restaurant trois ans plus tard. Monsieur et Madame Nibeaudeau vous accueillent dans cette ancienne maison bourgeoise de 1883, dans la ville basse de Chauvigny. Les chambres sont confortables et dotées d'une télévision et d'un téléphone. Vous y serez au calme. Vous pourrez profiter du charmant jardin où des bancs sont disposés le long d'agréables allées fleuries. Vous pourrez également venir prendre des forces au restaurant en attendant de partir à l'assaut de la cité médiévale ! Un joli havre de paix.

CAMPING LA FONTAINE €

Rue de la Fontaine
✆ 05 49 46 31 94
www.chauvigny.fr
Ouvert du 9 avril au 2 octobre 2022. Exposition : ombragé. Forfait famille (2 adultes + 2 enfants) : à partir de 16 €.

A 600 mètres du centre de Chauvigny, voici un terrain ombragé, gardé jour et nuit et attenant à un jardin public. Si vous levez la tête en sortant de votre tente (et pour peu qu'elle soit bien orientée) vous verrez directement les magnifiques ruines du château de Chauvigny, et peut-être même les aigles en exercice. L'accueil au camping est chaleureux. Sur un terrain de 3 hectare vous trouverez 100 emplacements, sur du plat, un sol herbeux. Le camping est fermé du mois d'octobre au mois d'avril. Pensez à réserver, c'est recommandé même !

LE LION D'OR €€

8, rue du Marché
✆ 05 49 46 30 28
www.hotel-restaurant-le-lion-dor.fr
Ouvert toute l'année. Chambres de 68 € à 83 €. Restauration. Connexion Wifi. Parking gratuit. Animaux acceptés.

C'est une jolie escale située dans la ville basse de Chauvigny. Michèle Robin et sa fille, arrivée en 2019, perpétuent la tradition de l'hôtel familial. La façade élégante et classique de la bâtisse abrite 25 chambres confortables et bien équipées (connexion Wifi, écran plat avec chaînes satellites, salles de bains avec douche ou baignoire et w.c. privatifs), dont une destinée aux personnes à mobilité réduite. Le restaurant du Logis hôtel propose une cuisine traditionnelle gastronomique avec 6 menus dont un menu du jour et un menu enfant. A découvrir !

LA MAISON ROUGE €€

19, rue Maison Rouge
✆ 06 21 99 58 51
www.chauvigny.net
Chambre simple à partir de 50 €, double à partir de 60 €, triple à partir de 70 €. 10 € par enfant.

Voici deux chambres d'hôtes pour une capacité totale de huit personnes, dans une annexe rénovée dans le respect des traditions et de l'environnement avec la pierre de Chauvigny jointe à la chaux, le bois, le chanvre et le liège comme isolant. Avec une situation idéale, vous aurez tous les avantages de la ville basse avec vue sur la ville haute, mais le calme de la campagne. L' accueil est sympathique et les propriétaires feront selon les besoins de leurs hôtes. Rénovation écologique, petit déjeuner bio et copieux pour les plus gourmands !

LE GASTON €€

8, Rue Geisenheim ✆ 05 49 46 32 34
www.le-gaston-bistrot.fr
Du mardi au samedi de 12h à 14h et 19h à 22h30 ; le dimanche en saison : 10h à 16h. Formule midi : 14,90 €.

© LE GASTON

Chez Gaston, bonne humeur et convivialité sont assurément au rendez-vous. Marine et Vincent vous accueillent dans leur beau restaurant à l'esprit guinguette, sous véranda ou dans la salle aux tables de bois et de bleu parée. Un look rétro et un nom qui l'est encore plus en hommage au prénom du grand-père des deux propriétaires. Derrière son piano, Vincent nous concocte de bons petits plats de bistrot. On vient ici pour les belles assiettes, les fameux burgers, la joue de bœuf à la chauvinoise du chef, le brunch du week-end. Chez Gaston, c'est frais et c'est bon.

LA BIGORNE €

25, rue des Puys
✆ 05 49 56 05 40
Haute saison : ouvert tlj midi et soir (sauf mardi soir). Basse saison : du vendredi au dimanche. Carte : 10 € environ.

On a plein de bonnes raisons de venir à La Bigorne : son cadre magique en plein cœur de la ville haute, sa grande terrasse ombragée par un majestueux catalpa, son accueil chaleureux, sa décoration authentique et rustique rappelant une taverne avec ses tables en bois massif, ses larges poutres et ses murs en pierre. La carte des crêpes et galettes, garnies généreusement le plus souvent possible avec des produits locaux : truite du Talbat, fromage de chèvre de Bellevue, andouille de Sommière du Clain, farci poitevin de Sommière, s'étoffe d'année en année.

SAINT-PIERRE ET LE LOUP €

15, rue Saint-Pierre
✆ 06 48 67 45 12
www.facebook.com/saintpierreetleloup
Ouvert de mi-avril à fin octobre : toute la semaine sauf le mercredi soir et le jeudi, de 12h à 21h30. Terrasse.

A ne pas rater si vous visitez la cité médiévale de Chauvigny. Blottie entre la collégiale Saint-Pierre et le théâtre de la Grange aux loups, la terrasse de ce sympathique petit restaurant (et seulement sa terrasse) ouvre pour la saison touristique. La carte réduite convient à tous et permet d'assurer la fraîcheur et une cuisine 100 % maison réalisée à partir de produits locaux. Les burgers sont à tomber, les frites maison... à déguster. Le personnel est souriant et le rapport qualité-prix excellent. Une adresse futée que l'on recommande, pensez à réserver !

LE LION D'OR €€

8, rue du Marché
✆ 05 49 46 30 28
www.hotel-restaurant-le-lion-dor.fr
Tlj : 12h-14h et 19h-20h30. Menus de 25 à 35 €. Formule du midi : 14 € (lundi au samedi). Menu régional : 28 €.

C'est une institution à Chauvigny. Ancien relais de poste installé dans une demeure bourgeoise en basse ville, l'hôtel-restaurant le Lion d'Or est l'un de ces établissements traditionnels où l'on aime se rendre pour son authenticité. Le chef, Yohann Laglaine, concocte des spécialités de la région qu'il met à l'honneur dans le menu régional (farci poitevin, agneau, broyé, grimolle...). Les assiettes sont gourmandes, le service soigné et le restaurant tient ses promesses pour un bon rapport qualité-prix. L'été, profitez de la jolie terrasse.

LA MOUSTACHE

2, rue de Saint Savin
✆ 09 54 48 54 24
www.la-moustache.fr
Ouvert du mardi au samedi de 17h à 2h. Terrasse. Restauration. Animations. Concerts.

Vous savez la moustache… Celle qui apparaît quand on déguste une bonne bière artisanale. Dans le bar, vous en trouverez à la pression et une large gamme en bouteilles : 200 références ! Si vous n'êtes pas fan de bières, il y a du rhum, du gin et du whisky. Peu importe le liquide, on l'accompagne des fameux burgers maison ou bien des délicieux tapas. A La Moustache, il y a aussi des soirées dégustation mais aussi des concerts ! Convivialité oblige, tant dans la petite salle que sur la terrasse, chauffée l'hiver. Alors, n'hésitez pas à devenir moustachu !

LE BON COIN PAYSAN

48, rue de Saint Savin
✆ 05 49 52 81 69
Jeudi de 16h30 à 19h30 et vendredi de 10h30 à 19h30.

Depuis 2015, les producteurs locaux ont leur magasin associatif joliment intitulé *Le bon coin paysan* dans une boutique de 110 m². Et on peut en effet y faire de bonnes affaires car le meilleur des produits de la commune s'y trouve réuni : fromages, yaourts, viandes, volailles, fruits et légumes, vins, confitures, soupes. On peut trouver de quoi se mitonner un bon repas de l'entrée au dessert ! Produits de saison et régionaux de rigueur. Il y a de quoi se régaler ! Chaque jour d'ouverture, un producteur est présent pour accueillir la clientèle.

LA FERME DU MARAS

Le Maras
✆ 05 49 46 41 79
Du mercredi au ven : 10h-12h/17h-18h30. Samedi : 17h-18h30. Traite : 17h15. Marchés Notre-Dame à Poitiers, Chauvigny.

Cette exploitation de 85 hectares est gérée par Emmanuelle et son cousin Arnaud qui y élèvent 160 chèvres laitières. Ces animaux, affectueux, curieux et fragiles, vivent à la chèvrerie toute l'année, dans un espace lumineux, aéré et spacieux. Il est possible d'assister à leur traite chaque soir à 17h30. Nourries exclusivement avec le fourrage cultivé à la ferme (foin, luzerne, trèfle), les chèvres donnent un bon lait qui fait de bons fromages, vendus à tous les stades de maturation : fromages frais à la faisselle, bûches, chabichous, crottins, tomme...

HUILERIE LIDON

32, rue des Petits Clos

✆ 05 49 46 45 27

Vente à la ferme le vendredi 14h-16h. Sur rdv du lundi au samedi. Dans les magasins de producteurs du département.

Près de Chauvigny, Jean-François et Roselyne cultivent des céréales. A partir de cette activité, ils ont voulu se diversifier. Ils s'équipent et depuis 2005, transforment colza et tournesol en ce précieux nectar doré. Extraite par première pression à froid, ce sont 10 000 litres qui sont embouteillés chaque année. La méthode traditionnelle permet de conserver les éléments nutritifs, l'idéal pour donner du relief et des saveurs à vos plats ! Les huiles Lidon ont du caractère ! Et pour se faire une idée et comprendre leur fabrication, il est possible de visiter.

INDISCRÈTE

20, rue des entrepreneurs

✆ 05 49 47 87 60

www.lingerie-indiscrete.fr

Du lundi au vendredi : 10h-12h et 14h-18h30 ; samedi : 10h-12h30 et 14h-17h30. Visite de la manufacture sur rdv.

Saviez-vous qu'un soutien-gorge se compose de 42 pièces et nécessite 1 heure de travail ? Reconnue dans le monde pour sa qualité, la lingerie française fait rêver et la manufacture Indiscrète (100 % made in France) l'incarne à merveille avec ses produits haut de gamme aussi confortables que raffinés, à retrouver via le réseau de Demoiselles de la marque (VDI), sur le site internet Indiscrète, mais aussi en boutique, à la manufacture. On vous y conseillera parfaitement. Sur rendez-vous, n'hésitez pas à demander une visite de l'atelier.

MAGASIN DE PORCELAINE APILCO DESHOULIÈRES

14-16, Le Planty

✆ 05 49 47 18 93

https://eshop-deshoulieres.fr/

Ouvert du mardi au samedi de 9h30 à 12h30 et de 14h à 18h.

Sous les marques Deshoulières et Aplico, le site de Chauvigny fabrique plusieurs dizaines de milliers de pièces de porcelaine par an. Ayant su préserver un véritable savoir-faire, l'entreprise est labellisée Entreprise du patrimoine vivant, sa qualité lui a également permis d'obtenir la certification Origine France Garantie. Les assiettes, tasses, plats et autres contenants se retrouvent sur les tables des familles comme des professionnels de l'hôtellerie et de la restauration.

LES P'TITS PAPIERS

23, rue des Puys

✆ 06 66 26 19 85

www.lesptitspapiers.fr

Basse saison : ouvert du jeudi au samedi de 14h à 18h30. Haute saison : tous les jours de 14h à 19h.

Fabienne Froidevaux s'est mise au défi de réaliser à la main des perles en bandelettes de papier. Elle sélectionne ses papiers avec soin, fait varier les couleurs et les motifs. Son geste habile et délicat (comme elle), lui permet d'obtenir de quoi enjoliver vos oreilles, votre cou et vos poignets. Bijoux d'inspiration ethnique pour certains, aux couleurs dégradées, ce sont des petites merveilles qui vous pareront. Et pour les chambres d'enfant, on y découvre des guirlandes lumineuses en origami et de très beaux mobiles poétiques, en papier toujours.

PISCICULTURE DU TALBAT

La Fontaine du Talbat

✆ 05 49 46 13 16

www.piscicultureduta lbat.fr

Ouvert du lundi au vendredi de 10h à 12h et de 14h30 à 17h30. CB non acceptée.

C'est au bout de la route que dans les grands bassins de la pisciculture, s'agitent des salmonidés de toutes tailles. La réputation de la truite fumée du Talbat n'est plus à faire. Médaillée d'argent en 2015 au Concours général agricole, son goût fleuri vient de son salage au sel de Guérande, de sa fumaison au bois de hêtre et d'un secret de fabrication bien gardé. Ici, les produits sont transformés sur place : des truites marinées, des rillettes de truite… Pour ceux qui l'aiment nature, les éleveurs iront directement les pêcher dans les bassins.

POTERIE DE L'ERABLE

12, plan Saint Pierre

✆ 06 15 46 37 64

Tous les jours de 10h30 à 19h de mai à mi-octobre. A retrouver sur les marchés de Noël du département.

C'est là, juste à côté de l'église Saint-Pierre, derrière le portail, que les oiseaux viennent se nicher et grignoter dans les très belles poteries colorées d'Angélique. Suspendus dans le jardin, à côté de l'érable japonais qui donne son nom à l'atelier, nichoirs et mangeoires vous feront à coup sûr de l'œil. Sur chacun d'eux, elle a tissé des motifs, joué tantôt sur le mat, tantôt le brillant. Validés par la LPO, résistants au gel, ils trouveront une place de choix dans votre jardin. Des pièces uniques à prix sympas à rapporter en souvenir de Chauvigny.

CHAUVIGNY VALDIVIENNE CANOË KAYAK

rue Jean Jaurès ✆ 05 49 47 34 95
www.chauvigny.wixsite.com/cvck
Du mardi au dimanche en été : 10h-18h. De 12 à 20 € par personne. Plusieurs parcours. Descentes nocturnes, initiation...

Créé en 2001, le club Chauvigny Valdivienne Canoë Kayak propose aussi bien l'initiation, le perfectionnement, des compétitions que des sorties loisirs. Venez découvrir la Vienne selon différentes formules proposées (de 2 heures à la journée) depuis Saint-Martin-la-Rivière, Cubord ou bien le circuit Civaux-Chauvigny. En haute saison, profitez des stages pour découvrir canoë, kayak et paddle mais aussi de quelques descentes nocturnes. Des moments inoubliables dans un cadre enchanteur !

ANCIENNE ABBAYE DE SAINT-BENOÎT

11, rue Paul Gauvin
Ouvert toute l'année. Entrée libre.

De l'ancienne abbaye romane de Saint-Benoît, il reste aujourd'hui l'église Saint-André, ainsi que son aile orientale. Fondée au VIIe siècle par Saint Achard, elle accueillit les reliques de saint Benoît pendant la fuite de moines de Normandie devant les avancées vikings. Détruite au IXe siècle, reconstruite au XIe siècle, aujourd'hui, il est possible de voir les chapiteaux sculptés de la salle capitulaire et l'ancien dortoir des moines avec sa charpente en coque de bateau renversée.

LA GRANGE AUX LOUPS

13, plan Saint-Pierre ✆ 06 60 66 30 78
www.leloupquizozote.org
Ouvert toute l'année. Entrée : 8 €. Enfant : 5 €. Festival Quand on parle du loup : 3 semaines de fin juillet à mi-août.

La Grange aux Loups, gérée par la compagnie « Le loup qui zozote », est un théâtre en plein centre de la cité médiévale de Chauvigny, installé dans une grange du XVe siècle aménagée en salle pour spectacles vivants. Avec une capacité d'une cinquantaine de personnes, les animations qui s'y tiennent sont toujours intimistes. La programmation est riche, variée et s'adresse à tous les publics, dont les enfants : du théâtre et de la musique, des marionnettes, des contes, des lectures publiques et des ateliers. Alors, n'ayez pas peur de venir rendre visite aux loups !

LA VALLÉE DES LEGENDES

Route de Passelourdain
Ouvert toute l'année. Gratuit. Téléchargez l'appli mobile « La vallée des légendes ».

Gare aux trolls et autres farfadets ! Dans la Vallée des légendes, sentier thématique qui relie la commune de Saint-Benoît à celle de Ligugé, ils sont venus se réfugier. Grâce à votre smartphone, téléchargez l'application pour tenir en haleine les petits avec des énigmes ! A partir de la base de canoë-kayak de Saint-Benoît, vous entrez dans la Vallée des légendes, une très belle balade en forêt avec une attraction phare : la faravelle ! Un bac à chaîne pour traverser le Clain et poursuivre votre promenade en direction du Domaine de Givray !

SAINT-BENOÎT

Un détour par Saint-Benoît vous ravira par ses monuments : les Arcs de Parigny, vestiges de l'ancien aqueduc romain, l'abbaye romane du XIIe siècle édifiée par des moines de l'abbaye de Noirmoutier et le viaduc sur le Clain. Le parc de Strunga est le point de départ de balades le long du Clain que ce soit à pied, à vélo, en canoë, en barque ou en paddle. A deux pas du cours d'eau du Miosson, en contrebas de l'abbaye, découvrez le Jardin d'images. Une nouvelle aire d'exposition en extérieur où les formes des plantes et les couleurs des fleurs se mélangent et mettent en valeur les photos de grand format d'artistes photographes (entrée libre).

BUREAU D'INFORMATION TOURISTIQUE

11, rue Paul Gauvin
✆ 05 49 47 44 53
visitpoitiers.fr
Lundi 14h-18h, mardi au vendredi 9h-12h30 et 13h30-18h, samedi 9h-13h. Location de VTT, vélos électriques et barques.

Ici, au charmant bureau aménagé dans l'ancienne abbaye, vous aurez accès à tous les renseignements qui concernent les visites et activités à faire dans le village ou pour vos excursions sur Grand Poitiers. Ne manquez pas les expositions qui partagent les murs du bureau avec la salle capitulaire et le Dortoir des moines. Des billets pour la Hune et pour les sites touristiques de la Vienne y sont en vente. Accueil souriant et informations judicieuses !

CAMPING VAL DE CLAIN** €

2, route de Passelourdain ✆ 05 49 88 48 55
www.ville-saint-benoit.fr

Ouverture du 1er juillet au 30 septembre, de 8h à 20h30 en juillet et août, de 10h-12h et 15h-17h en septembre.

Dans un cadre verdoyant, au bord de la rivière le Clain et du parc de Strunga, ce camping 2 étoiles, ouvert de juillet à septembre, offre 47 emplacements ombragés, dont 2 destinés aux personnes à la mobilité réduite. Tous les emplacements ont un accès à une prise électrique et à une alimentation en eau et les campeurs peuvent profiter aussi de la Wifi gratuite, d'une aire de jeux pour les enfants, d'un mini-golf et de tennis. Les camping-cars sont également les bienvenus. A l'office de tourisme de Saint-Benoît, des vélos électriques et des VTT peuvent être loués.

LE BISTRÔ DE SAINT-BENOÎT €€

6, rue du Square
✆ 05 49 31 92 70
www.bistro-saintbenoit.com

Ouvert du mardi au samedi, de 12h à 14h et de 18h à 22h. Formule midi à partir de 17,90 €.

Sa terrasse borde le Miosson. Dans ce bistro (chic), on profite d'un cadre naturel propice à la détente. Près de Saint-Benoît, l'établissement est moderne et lumineux. Un espace-bar nous accueille pour un verre, une planche ou même quelques huîtres. Bar à vin et bar à fromages, le plus dur sera de choisir. En plus de la formule déjeuner, l'ardoise offre de belles propositions (magret de canard, agneau, pigeon...) et fait aussi la part belle aux pièces du boucher. Bienvenue au Bistrô !

BISCUITERIE AUGEREAU

165, avenue des Hauts de la Chaume
✆ 05 49 57 01 20
www.biscuiterie-augereau.fr

Ouvert du lundi au vendredi de 8h à 12h30 et de 14h à 17h.

Le broyé du Poitou, c'est le gâteau emblématique de la région. Il est composé d'œufs, de farine, de sucre, de sel, mais surtout de beurre de qualité qui fait toute son identité. La biscuiterie Augereau en fabrique depuis 1973. Il se décline sous tous les formats : en version mini à emporter partout ou maxi à casser entre amis. Outre les quatre biscuits traditionnels (broyés, benoîtines, macarons et sabletines), la biscuiterie se diversifie et sort chaque année des nouveautés : galettes aux éclats de caramel au beurre salé, les Poitookies... A croquer !

PIÈCE UNIQUE

6 bis, rue Paul Gauvin
✆ 05 49 37 26 11

Ouvert du mardi au samedi de 10h à 19h. Le dimanche de 14h à 18h.

Voilà une boutique qui nous ravit chaque fois qu'on y entre. Cette galerie associative d'artisans expose à la vente des objets de créateurs. Tout est beau et merveilleusement assemblé, cousu, peint à la main pour que chaque pièce soit... unique. Les tissus et les cuirs sont travaillés, tout autant que des matières comme le verre et le fer. Difficile de ne pas repartir avec un petit quelque chose à offrir en cadeau ou pour soi. Les créateurs restent chacun trois mois et assurent des permanences dans la boutique, l'occasion de les rencontrer. Parlez-en à vos copines !

PROMENADES EN BARQUE - PORT MON REPOS

Port Mon Repos
✆ 05 49 47 44 53
www.ville-saint-benoit.fr

Ouvert juillet/août les samedi, dimanche et jours fériés (14h-20h). Groupe max de 5 personnes dans une barque. 10 €/h.

Le Clain coule paisiblement à Saint-Benoît, une commune où il fait bon vivre. La balade en barque sur la rivière est une des activités incontournables de la période estivale. Que ce soit en duo, en famille ou encore entre amis, cette promenade au cœur de cet écrin de verdure saura apporter à tous un sentiment de sérénité. Détente et tranquillité sont au programme. Le port Mon Repos propose à la location cinq barques pouvant accueillir cinq personnes.

LIGUGÉ ★

De Ligugé, on connaît l'abbaye fondée en 361 par saint Martin. A côté, l'église et la crypte cachent des trésors. Depuis que les sœurs carmélites de Niort ont partagé leur délicieuse recette secrète de scofa avec les moines de l'abbaye, il est possible d'en acheter à leur boutique. Côté balade, le parc de Givray offre 150 hectares de verdure, avec plusieurs arbres remarquables. On y découvre des sentiers de promenade et un parcours de santé, ainsi qu'un parc accrobranches. A voir aussi : le plan d'eau de la Filature et les îles du Pont protégées par le conservatoire d'espaces naturels. Et prenez le temps d'une pause au Divan (la rivière) !

ABBAYE SAINT-MARTIN DE LIGUGÉ ★

2, place du Révérend Père Lambert
✆ 05 49 55 89 00
www.abbaye-liguge.fr
Visite libre 9h-11h et 14h30-17h30. Gratuit. Visite guidée à 15h, 15h45 samedi et dimanche. Boutique. Retraite possible.

C'est en 361 que l'évêque de Poitiers, saint Hilaire, offre à Martin un site cultuel gallo-romain à Ligugé où il fondera la plus ancienne abbaye connue de la Gaule. Vingt-cinq moines y vivent selon la Règle édictée au VIe siècle par saint Benoît. Vous découvrirez l'église paroissiale, le cloître, une librairie religieuse et le musée des émaux. Ce dernier rassemble des pièces uniques réalisées à partir de toiles d'artistes tels que Rouault, Braque, Manessier…

DOMAINE DE GIVRAY

✆ 05 49 55 97 19
www.liguge.fr
Ouvert toute l'année. Parking, aire de jeux pour enfants, tables de pique-nique, toilettes publiques.

Le Domaine de Givray est un vaste parc permettant d'accéder aux 180 hectares de la forêt communale de Ligugé. Dès l'entrée, vous pourrez remarquer les grands cèdres. A leur pied, les enfants pourront jouer. Le lieu vous invite à parcourir doucement les sentiers balisés. Les sportifs viendront courir, pédaler ou tester les différents jeux du parcours de santé… La salle municipale, nichée dans le domaine, est accessible à la location. Déambulez le long de l'allée du chevreuil et ouvrez l'œil, il n'est pas rare de croiser quelque animal sauvage au gré des balades !

ÎLE ET PLAN D'EAU DE LA FILATURE

Avenue de la Plage
✆ 05 49 55 97 19
www.liguge.fr
Accessible toute l'année. Entrée gratuite. Parcours sans difficulté.

Dans les bras du Clain, autour de l'étang et le long du sentier de promenade qui passe sous les murs de l'usine et sur l'île, des panneaux renseignent sur la faune, la flore et l'histoire de la filature créée en 1856. Cette usine a rythmé durant des décennies le quotidien de Smarves et Ligugé. Depuis 2011, le site est peu à peu réhabilité, faisant de La Filature un tiers-lieu où cohabitent ateliers d'artistes et brasserie artisanale. Profitez également de la plage au bord de l'étang.

PARC ZOOLOGIQUE LES BOIS DE SAINT-PIERRE

Bois de Saint-Pierre - **SMARVES**
✆ 05 49 41 64 70
Basse saison mercredi, week-end de 10h à 12h15 et de 14h à 16h45. Haute saison tous les jours de 10h à 18h45. Gratuit.

Cette base de loisirs d'environ 248 hectares propose de nombreuses activités. Poney club, piscine, étang de pêche, parcours d'orientation, sentiers nature, plaines et terrains de jeux, jardin de rocaille. Elle comprend également un parc animalier de cinq hectares, où vivent environ 200 animaux européens et exotiques. Vous pourrez assister aux soins et nourrissage. Chaque semaine, des visites commentées et des ateliers pédagogiques sont assurés par une animatrice. Aires de pique-nique.

BUREAU MUNICIPAL DU TOURISME

Place Pannonhalma
✆ 05 49 55 97 19
www.liguge.fr
Le bureau est ouvert du 1er juin au 30 septembre.

A Ligugé, il n'y a pas que l'abbaye qui se visite dans ce joli petit village ! Découvrez le vaste domaine de Givray, les îles de Pont au bord du Clain, le parc de Sonning et son kiosque, les lavoirs et le Divan, les Usines et le plan d'eau de l'ancienne filature. Si vous aimez la verdure, vous emprunterez l'un des sentiers de randonnée, dont les Chemins de Saint-Martin ou de Compostelle. Plus ludique, demandez le jeu d'énigmes Le Secret du manuscrit ou parcourez la Vallée des Légendes.

LES LODGES DU VERGER INSOLITE €€

Domaine de Givray ✆ 05 49 55 97 19
www.liguge.fr
Fermé du 31 octobre au 31 mars. Lodge 6 places dès 143 € / nuit. Lodge 8 places dès 167 € / nuit. Voir site internet.

Un hébergement insolite en pleine nature à proximité de Poitiers ! Au cœur du domaine de Givray, à l'orée du bois, du parcours ludique de la Vallée des légendes et du parc d'accrobranche, les trois lodges de la commune, dont l'un pouvant accueillir huit personnes, vous attendent. Confortable et de bois vêtu, chacun abrite une kitchenette équipée. Les enfants seront ravis de profiter des jeux installés tout près, tandis que les parents s'installeront au calme de la terrasse couverte.

VIENNE

BISTRO DES SAVEURS €

2, Grand Rue

✆ 05 49 11 39 10

Du lundi au vendredi : 9h à 14h, vendredi soir : 19h à 21h30. Samedi : groupe uniquement. Formule du midi : 13,90 €.

Sympa ce petit bistro près de l'abbaye de Ligugé ! Bar le matin, restaurant le midi, cet établissement est ouvert le vendredi soir pour des plats à la carte et des planches à partager. On y retrouve les grands classiques pour le plaisir de nos papilles. Pains artisanaux, viande du boucher, produits en circuit court, les burgers et leurs frites maison font l'unanimité, le tout à prix raisonnable. Derrière, comme sur une place de village, on profite de la terrasse. Il y flotte comme un petit air de vacances... Oh, mais après tout, la plage de Ligugé n'est pas loin…

LE SCOFA

Tous les jours sauf le lundi, à la boutique de l'abbaye 2 place Lambert à Ligugé. Et dans des boulangeries de Poitiers.

Les moines de Ligugé partagent avec les sœurs Carmélites de Niort une recette dont les ingrédients (sucre, crème, œufs, farine et amandes) ont formé le nom de cette spécialité : le SCOFA. Il s'agit d'un mille-feuille aux feuilles de pâte meringuée, sur lesquelles sont disposées une crème et des amandes hachées. Un délice. Fabriqué sous forme carrée et dans de nombreux formats, sa composition paraît riche, mais il ne contient que 300 calories pour 100 grammes. On le retrouve dans la boutique de l'abbaye de Ligugé, au Carmel de Niort, ainsi que sur certains marchés.

PIRATES DU CLAIN

Avenue de la Plage

✆ 07 82 17 11 58

www.piratesduclain.org

Vente directe pendant le marché des Usines les vendredis de 17h à 19h.

Prêts à embarquer pour un surprenant voyage ? Bienvenue Avenue de la Plage, dans ce décor de cinéma où une vieille embarcation s'est échouée. C'est ici que trois drôles de pirates ont décidé de faire escale pour brasser des bières aux noms évocateurs : Diabolito, Jolly Roger, Bourre-pif… Les acolytes ne plaisantent pas lorsqu'il s'agit de sélectionner les ingrédients et ils débordent d'imagination pour créer des recettes originales. Pour pleinement apprécier la saveur de ces bières, il faut rencontrer l'équipage et visiter la brasserie. Alors, à l'abordage !

LES SAVONS DE JOHANN ET VIRGINIE

74, grande rue

✆ 06 60 61 71 60

www.johannetvirginie.fr

Du mardi au vendredi de 16h à 19h ; le samedi de 10h à 12h et de 16h à 19h. Vente en ligne.

Depuis 2018, Johann et Virginie fabriquent des savons surgras selon la méthode de la saponification à froid. Du mélange au façonnage, tout est fait à la main. Dans leurs recettes, ils cherchent avant tout les bénéfices pour la peau, en sélectionnant des matières premières de qualité et si possible bio. Fruit d'un délicat équilibre des ingrédients, pour les bébés, le rasage, les peaux grasses ou sèches, ils sauront vous aiguiller vers le savon le plus adapté à vos besoins.

LE PARC AVENTURE DE LA VALLÉE DES LÉGENDES

✆ 06 52 75 34 79

www.gravite-86.com

Juin., août : tlj, 10h-13h, 14h-19h. Avril à juin, sept, oct : vacances, WE, jours fériés, 14h-18h. 17 €. Enfant : 13 €.

C'est dans le Bois de Givray, au cœur de la Vallée des légendes reliant Ligugé à Saint-Benoît, que ce parcours d'accrobranche a élu domicile. Une centaine de jeux répartis sur sept parcours plus ou moins difficiles (du jaune au noir) ont été imaginés pour tester votre agilité et votre goût de l'aventure à près de 15 mètres de haut. Les fanas de tyroliennes s'élanceront sur 2 parcours dédiés et les plus téméraires tenteront l'aventure de nuit, à la frontale. Parcours bambins dès 3 ans.

FONTAINE-LE-COMTE

A Fontaine-Le-Comte, vous découvrirez un paysage vallonné, boisé et traversé par le charmant ruisseau la Feuillante. Ne manquez pas d'aller voir son abbaye du XIIe siècle avant de vous laisser tenter par les multiples chemins de randonnée vous conduisant au cœur de la biodiversité de territoires naturels. La via Turonensis du pèlerinage de Saint-Jacques-de-Compostelle, passe notamment par le centre-ville. La commune s'est également développée ces dernières années autour des activités de loisirs : cinéma, Fun Forest, laser game enchantent les familles désireuses de passer des moments ludiques.

VIENNE

ABBAYE DE FONTAINE-LE-COMTE ✝

17, rue de l'Abbaye

Ouvert du lundi au samedi de 9h30 à 19h ; le dimanche de 12h à 19h. Visite libre. Le cloître ne se visite pas.

L'abbaye de Fontaine-le-Comte est, au XIIe siècle, la dernière-née des fondations religieuses qui entourent la capitale poitevine d'une véritable couronne monastique. De la route entre Lusignan et Poitiers, on remarque ses proportions imposantes. C'est Guillaume, 8e Comte de Poitou et 10e Duc d'Aquitaine, qui fit don de ses terres à Geoffrey de Loriol pour qu'il fonde l'abbaye cistercienne. En entrant, on est frappé par la longueur de la nef : 55 mètres et par sa sobriété.

BEST WESTERN LE BOIS DE LA MARCHE*** €€

1, allée des Cerfs

✆ 05 49 53 10 10

www.leboisdelamarche.fr

Ouvert toute l'année. Chambre simple à partir de 64 € ; chambre double à partir de 74 €. Petit déjeuner buffet : 12 €.

Une nuit au plus proche de la ville, mais en pleine campagne, c'est possible ! Rénovées avec goût, les chambres de l'hôtel se suivent, mais ne se ressemblent pas. Pour vous ressourcer, l'établissement met à votre disposition un sauna, un court de tennis, une piscine extérieure chauffée ouverte de mai à septembre, un bar à la réception, un autre dans le restaurant et le must : un parc boisé de 13 hectares pour vous dégourdir les jambes… Un endroit luxueux et convivial.

LA TABLE DU BOIS €€

1, allée des cerfs ✆ 05 49 53 10 10

www.leboisdelamarche.fr

Du lundi au samedi de 12h à 14h et de 19h à 21h30. Menus de 32 € à 42 €. Formule du midi : 18 € (entrée, plat, dessert).

Le cadre est magnifique ! Situé dans un parc de 13 hectares, l'hôtel-restaurant est idéal pour une pause déjeuner reposante, un dîner en tête à tête ou un mariage. Des baies vitrées courent sur une grande partie des murs de la salle, donnant l'impression de manger dehors. Le mobilier est élégant, de style scandinave. La piscine est accolée à la terrasse. En cuisine, le chef travaille les produits frais et régionaux. C'est bon et bien réalisé. Les gourmands opteront pour le menu. Mention spéciale pour les afterworks : ambiance guinguette et mobilier en palettes.

FUN FOREST

Rue René Cassin

✆ 06 27 03 28 33

www.funforest.fr

Ouvert : 14h-19h en juillet/août ; printemps-automne : 14h-18h les we, jrs fériés et vacances scolaires. Adulte 20 €.

Un peu difficile d'accès, le bois des Feuillants se mérite. Et lorsque vous serez enfin arrivé sur place, il ne vous restera plus qu'à chausser votre baudrier pour que l'aventure commence. Le parcours démarre par une petite initiation au système d'accroche via des mousquetons. Et c'est parti pour le saut de Tarzan, le filet hawaïen, le hamac géant, un peu de funambulisme et de mise à l'épreuve de votre équilibre ! Vous pourrez tester au total sept parcours (dont deux pour les enfants) et le pack Adrénaline avec une session de paintball en plus de l'acrobranche.

LUSIGNAN

Son château est représenté sur le livre *Les Très Riches Heures du duc de Berry*. Dans le ciel, on découvre le dragon Mélusine, personnage emblématique de Lusignan. Terre de légendes, la ville est aussi un célèbre lieu de passage pour les pèlerins de Saint-Jacques-de-Compostelle. Ce n'est pas tout ! La ville a également largement mis en valeur son patrimoine : aménagement des alentours de l'église Notre-Dame et Saint-Junien, restauration de la porte d'entrée de la ville fortifiée aux ruelles médiévales de la promenade aménagée par le comte de Blossac au XVIIIe siècle où sont les vestiges du château. En juillet, la fête médiévale est toujours un succès.

ÉGLISE NOTRE-DAME ET SAINT-JUNIEN ✝ ★

11, rue Notre-Dame

visitpoitiers.fr

Ouvert toute l'année. Tous les jours de 8h à 18h. Ferme à 17h l'hiver. Gratuit. Visite guidée (sur réservation).

Située sur l'itinéraire des chemins de Saint-Jacques-de-Compostelle, dans un agréable quartier de Lusignan, l'église est caractéristique de l'architecture romane poitevine avec son clocher carré massif et ses nombreux modillons sculptés. Le seigneur de Lusignan, Hugues IV le Brun est à l'origine de sa construction en 1025. Terminée en 1110 sous Hugues VI, elle sera remaniée au XIVe siècle et au XVIe siècle. A l'extérieur, une sculpture de Mélusine orne le chevet.

ÉGLISE SAINT-JEAN-BAPTISTE ★

1, place du Prieuré
JAZENEUIL
Ouvert toute l'année.

Encore un chef-d'œuvre né de l'art roman ! Cet édifice dont la construction a débuté au milieu du XIIe siècle est remarquable par la qualité de ses sculptures et de son ornementation. Bien avant cette église, au IVe siècle, trois chapelles consacrées à la Vierge, sainte Geneviève et saint Macou faisaient déjà l'objet de dévotion. Il est probable que le nom de l'église provienne de la présence de la source, rappelant le baptême, débouchant dans la fontaine de saint Macou.

LES HALLES

Rue Saint Louis
www.lusignan.fr
Visible toute l'année.

Quelle beauté ces halles de Lusignan ! On les doit aux architectes L'Héritier et Rose qui, en 1853, à l'emplacement des halles médiévales, ont conçu une charpente à cabochons de bois absolument magnifique, soutenue par deux rangées de huit poteaux de bois partageant l'espace en trois travées dallées (une halle centrale et 2 appentis latéraux). Des piliers, précédés de colonnes à chapiteaux sculptés, marquent les coins des halles. Classées aux Monuments historiques, ces halles couvertes ont été édifiées à une époque où les charpentes métalliques faisaient fureur.

VESTIGES DU CHÂTEAU DE LUSIGNAN

www.leslusignanetmelusine.fr
Site ouvert. Gratuit.

Ce château était entouré d'une triple muraille et appartenait aux seigneurs de Lusignan. Construit fin Xe siècle avant de subir des transformations au XIIe siècle, puis au XVe siècle, le château fut dévasté en 1575 pendant les guerres de Religion puis rasé au XVIIe siècle. L'intendant Blossac, au XVIIIe siècle, aménagea le site castral en promenade. De beaux vestiges demeurent visibles, telles la tour Mélusine ou encore la poterne, tourelle comprise dans le mur d'enceinte.

BUREAU D'INFORMATION TOURISTIQUE

Place du Bail ✆ 05 49 41 33 93
visitpoitiers.fr
4 mai au 30 juin et 1er au 28 septembre : mardi à samedi 14h-18h. Juillet-août : mardi à samedi 10h-12h, 14h-18h.

Lusignan vous accueille sur les terres historiques de la célèbre fée Mélusine. La légende prend vie ici : le chevalier Raymondin y rencontre la fée. Pour lui, Mélusine construit le château de Lusignan. Bâtisseuse, elle édifia des cités et forteresses dans le Poitou. C'est aussi le fief des Lusignan, famille féodale du Xe siècle. Ainsi, pour mieux connaître cette histoire, n'hésitez pas à aller voir les expositions permanentes au 1er étage de la maison ou effectuez une visite guidée.

CAMPING MUNICIPAL DE VAUCHIRON €€

Chemin de la plage ✆ 05 49 43 30 08
www.lusignan.fr
Ouvert du 1er mai au 18 septembre. Accueil de 8h30 à 20h. Base de loisirs. Location de vélos. Mini-golf.

Classé 2 étoiles, ce camping propose une centaine d'emplacements sur 4 hectares de terrain verdoyant. Il dispose de 6 mobil-homes et de deux cabanes en bois. Il est idéalement situé entre la Vonne, la rivière au bord de laquelle une plage a été aménagée, et en lisière de forêt. Il est équipé d'un boulodrome, de jeux pour les enfants et d'un mini-golf. Vous pourrez découvrir les sentiers pédestres et cyclistes alentour ou profiter des activités nautiques (canoë-kayak…).

CHATEAU DE LA LIVRAIE €€

CELLE-LÉVESCAULT
✆ 05 49 43 52 59
Trois chambres. Petit déjeuner compris. 55 à 70 €/nuit pour une chambre simple.

Les fondations de ce château datent du XVIIe siècle, mais la demeure actuelle fut construite durant le XVIIIe siècle. L'ancienne conciergerie accueille des chambres d'hôtes. Trois chambres (pour 3 ou 4 personnes) sont ainsi disponibles pour une nuit ou plus. Tapisserie à fleurs, mobilier ancien, les chambres sont charmantes et authentiques. Elles donnent sur le grand parc avec ses arbres remarquables ou sur la rivière la Longève. C'est un magnifique cadre où trouver repos et quiétude. Les enfants pourront même aller voir les moutons et les poules de la propriété.

AUBERGE DU CENTRE-POITOU €€

39, rue Nationale - **COULOMBIERS**
✆ 05 49 60 90 15
www.centre-poitou.com
Du mardi au samedi : 12h-14h et 19h30-21h. Menus de 34 € à 95 €. Formule bistro le midi.

C'est dans cet ancien relais de poste de 1870, transmis depuis cinq générations, que le très talentueux chef Mathias Martin nous régale de ses plats délicats, authentiques et inventifs. En terrasse ou près de la cheminée, à cette table raffinée, tout est fait maison et avec des produits du terroir. Ici, la nature guide la carte. Les menus Clothilde, Diane ou Aliénor séduisent les papilles tout autant que les pupilles. De mi-décembre à mi-février, venez vous délecter des plats cuisinés à la truffe fraîche du Poitou. Un coup de cœur !

LE BISTROQUET €€

34, avenue de Poitiers
✆ 05 49 53 45 83
Lundi au samedi : 12h-14h, 19h-21h. Formule du midi : 15,20 €. Petit déjeuner, traiteur, hôtel, bar, cave à vin.

Le chef Tony Sinople et sa femme, Sandrine sont à la tête de cet hôtel** de 10 chambres et du restaurant. La salle est claire, moderne et peut accueillir une centaine de couverts. Tout est fait maison et présenté pour les entrées et les desserts sous forme de buffets. Produits frais et locaux, viande française, le chef, maître-restaurateur depuis 2017, porte une attention particulière à la provenance de ses ingrédients. Le menu et les plats changent chaque semaine. Du choix, du goût, une présentation soignée, du local, de la qualité, un bistrot qui nous ravit !

LE CHAPEAU ROUGE €€

1, rue de Chypre ✆ 05 49 39 27 92
www.lechapeaurouge.fr
Logis. Restaurant fermé mercredi midi et dimanche soir. Menu carte à 40 €, menu déjeuner à 22 €. Terrasse.

Cet ancien relais de poste du XVIIe siècle mérite d'y faire une halte gourmande et même de séjourner dans l'une des chambres de l'hôtel. Le chef Stéphane Fumaz y concocte une cuisine raffinée et soignée privilégiant les produits frais régionaux de qualité et le fait-maison, qui se dégustent dans une belle salle avec une monumentale cheminée d'époque ou encore en terrasse. Pavé végétal de quinoa, noix de Saint-Jacques poêlées, magret de canette au nougat... que de plaisirs gustatifs ! Les 8 chambres sont au diapason, belles, spacieuses, cosy et joliment décorées.

AUX SAVEURS MELUSINES

23, rue de Chypre
✆ 05 49 43 31 33
www.macarons-de-lusignan.com
Mardi à samedi 6h30-13h, 15h30-19h. Dimanche : 6h30-13h.

Gourmands, on a pensé à vous ! Depuis plus de 20 ans, Stéphane Thévenon est spécialiste dans la création de chocolats et de macarons. Il vous accueille avec son équipe dans sa boulangerie-pâtisserie-chocolaterie pour charmer vos papilles que ce soit grâce à ses baguettes Tradition à base de farine Bagatelle certifiée Label rouge, ou ses spécialités : macarons de Lusignan, macaroné (grand gâteau rond à base d'amandes brutes, de blancs d'œufs et de sucre) et raymondins, du nom de l'époux de la fée Mélusine (dragées d'amandes et de chocolat). Régalez-vous !

LE DOMANIAL

Le Parc - **CELLE-LÉVESCAULT**
✆ 05 49 59 70 89
ledomaineduparc86.com
Marchés le Mer : Smarves, J : Poitiers (Clos-Gaultier), V : Rouillé/St-Sauvant, S : Vivonne, D : Poitiers (ZUP).

A Celle-Lévescault, à la ferme du Domaine du Parc, grâce à son cheptel de 300 chèvres, Jean-Frédéric Granger produit des fromages, en agriculture biologique. Il y a bien sûr le célèbre chabichou, les bûches, le rond plus ou moins crémeux, mais aussi la pyramide cendrée, les tommes fraîches et les fromages aux épices (paprika, persil-tomates-ciboulette...). Il transforme la viande en terrines, rillettes, saucisson ou chorizo, et produit même quelques savons au lait de chèvre. Il vend ses fromages à la ferme et sur les marchés du mercredi au dimanche.

BASE DE LOISIRS DE VAUCHIRON

Chemin de la Plage
✆ 05 49 43 31 48
www.lusignan.fr
Entrée libre. Baignade surveillée : juillet et août. Mar au jeu : 13h30-18h30. Ven, sam, dim : 11h-12h30 et 13h30-18h30.

C'est un lieu parfait pour une journée en famille ou entre amis l'été. Imaginez ! Vous êtes au pied de la cité médiévale, à la lisière de la forêt du Grand Parc, mais également en bordure de la Vonne : la base de loisirs de Vauchiron offre un cadre naturel exceptionnel propice à la détente et aux activités ludiques telles que la baignade, la pêche, le mini-golf, la pétanque, le volley-ball, des jeux pour enfants et de la location de canoë-kayak. En plus, le camping est adjacent.

VIENNE

LA BELLE ÂNÉE

Puy Godet - **JAZENEUIL**
✆ 06 83 56 06 76
www.bellanee.fr
A l'année. Accompagnée : 55 € la 1/2 journée. Autonomie : 38 € la 1/2 journée, 55 €/journée, 107 €/2 jrs, 211 €/4 jrs.

Qu'ils sont câlins les ânes de la Belle Anée ! Après vous avoir montré comment placer le bât sur le dos de l'animal pour porter la fameuse ânée (votre barda, votre pique-nique et les petites jambes fatiguées), Estelle vous indiquera le parcours à suivre pour randonner avec votre âne sur les chemins des alentours, pour un après-midi, une journée ou quelques jours. Le soir, choisissez entre les campings et gîtes sélectionnés par Estelle. Votre compagnon, lui, dormira à la belle étoile dans un enclos préparé. Un moment privilégié à partager en famille.

SANXAY

Le village, localisé à une trentaine de kilomètres au sud-ouest de Poitiers, s'est développé à partir du domaine de Sancius, un riche propriétaire terrien de l'époque gallo-romaine. Avec le temps, Sanciacum est devenu Sanxay (à prononcer « Sansé »). Du Ier au IVe siècle, le site fut un lieu important de pèlerinage et de cures. Vestiges de cette histoire, le temple, le théâtre-amphithéâtre (pouvant accueillir jusqu'à 6 500 spectateurs lors des Soirées Lyriques qui se déroulent en été) et les thermes sont encore là pour témoigner du passé. Il y a aussi un pont roman, des maisons de la fin du Moyen-Age, des moulins habités et le château de Marconnay.

SITE GALLO-ROMAIN DE SANXAY

Route de Ménigoute
✆ 05 49 53 61 48
www.site-galloromain-de-sanxay.fr
Du 15 mai au 15 sept 7j/7 de 10h à 18h. Du 16 sept au 14 mai, du mer au dim, 10h-12h30 et 13h30-17h. Adulte : 6 €.

© B.-N. CHAGNY, CMN, 2016

Dans la vallée de la Vonne, le site gallo-romain de Sanxay, occupé du Ier au IVe siècle, était une importante agglomération de l'antique territoire picton dont le prestige est révélé par les vestiges découverts par le père Camille de La Croix de 1881 à 1883 : un important complexe thermal, un sanctuaire de 6 000 m² et un théâtre pouvant accueillir jusqu'à 6 500 spectateurs. En août, ne manquez pas les incroyables Soirées Lyriques organisées dans les ruines du théâtre gallo-romain !

MUSÉE DU VITRAIL

6, route de Sanxay - **CURZAY-SUR-VONNE**
✆ 05 49 01 19 65
www.musee-du-vitrail.com
Fermé de nov à avril. Juillet-août : tlj sauf mardi 10h-12h et 14h-18h. Adulte 7 €. Tarif réduit 4 €. Gratuit -11 ans.

C'est dans une partie de l'église du village que se niche le musée du vitrail. Au rez-de-chaussée, la collection permanente retrace l'histoire de la pratique et ses techniques. On y découvre, grâce à une visite guidée ou un audioguide, des œuvres religieuses et civiles, du XVe siècle à nos jours, dont les trois bijoux du musée : trois vitraux Art nouveau du début du XXe siècle. A l'étage, une exposition temporaire présente le travail de maîtres verriers contemporains. Prolongez la visite avec un atelier de pratique artistique ou tentez l'escape game du lieu.

RESTAURANT DU CHÂTEAU DE MARCONNAY €€

✆ 05 49 43 96 23
www.restaurantduchateaudemarconnay.com
Du mardi au dimanche, midi et soir uniquement sur réservation. Menus de 20 à 32 €. Château, jardin et musée à visiter.

Thierry Forestier est un maître et sa cuisine nous le prouve. Suffisamment simple pour garder une ambiance familiale et conviviale et pourtant suffisamment sophistiquée pour vous surprendre et faire découvrir à votre palais des saveurs subtiles et raffinées. Le cadre médiéval est féerique. Un accueil remarquable, une nourriture excellente, un cadre agréable, vous l'aurez compris, tout ici est réuni pour mériter un passage au restaurant prolongé par une visite (guidée) du château.

CHÂTEAU-LARCHER

Construit sur un éperon rocheux qui domine la vallée de la Clouère, le village de Château-Larcher est doté d'un important patrimoine médiéval : l'église Notre-Dame et Saint-Cyprien et son remarquable site castral, l'église carolingienne de Baptresse et les ruines du château fort situées dans la rue principale. Classée Monument historique, l'énigmatique et très rare Lanterne des Morts se dresse dans le cimetière. La commune est d'ailleurs classée Petite Cité de Caractère. De jolis sentiers permettent d'explorer les environs et de se rendre à la Grotte aux fées ou aux dolmens d'Arlait. Côté événement, une foire médiévale est organisée en septembre.

© PAULINE BELTRAN

L'Eglise Notre Dame et St Cyprien.

ÉGLISE NOTRE-DAME ET SAINT-CYPRIEN

2, impasse du Vieux Château
✆ 05 49 43 40 56
chateau-larcher86.fr
Accessible toute l'année. Visite libre.

Ancienne chapelle du château fort datant du XIIe siècle, l'église prieurale Notre-Dame est classée aux Monuments historiques depuis 1910. Incorporée aux fortifications du château, l'église conserve les murs de celui-ci. Son portail romain en arc brisé est richement décoré. A l'intérieur, les visiteurs peuvent y découvrir une chaire, fruit d'un travail exceptionnel d'ébénisterie, elle aussi classée aux Monuments historiques ainsi que différents objets liturgiques exposés.

LA LANTERNE DES MORTS

Impasse du Souvenir Français
chateau-larcher86.fr
Visite libre.

Au milieu du cimetière, elle se dresse, du haut de ses 8,5 mètres. Elle date du début du XIIIe siècle. Seulement 31 sont encore debout en France, ce qui en fait un patrimoine rare aujourd'hui. Au sommet, les quatre baies sont orientées aux quatre points cardinaux. Participant au culte des morts, ces lanternes pourraient être destinées à transporter au cimetière la lumière et ainsi, telles des bougies de pierres, entretenir une flamme auprès des tombes. Elle est classée Monument historique depuis 1840. Il y a aussi l'ancienne église paroissiale (XIe siècle).

RUINES DU CHÂTEAU MÉDIÉVAL

Impasse du Vieux Château
chateau-larcher86.fr
Visite libre.

Au IXe siècle, une première forteresse fut construite. Au XIIIe siècle, les Lusignan font ériger un château, dont les ruines sont visibles aujourd'hui. Rasé puis reconstruit, il subit des dommages pendant la guerre de Cent Ans, fut dévasté pendant les guerres de Religion. Rebâti au XVIe siècle par les Rochechouart, il fut abandonné environ un siècle plus tard. Démantelé, il reste le castelet d'entrée avec sa porte encadrée de deux grosses tours, la terrasse, le donjon, une tour.

BUREAU D'INFORMATION TOURISTIQUE

Impasse du Vieux-Château
✆ 05 49 43 64 94
Juillet-août : lundi de 15h30 à 18h30, du mardi au samedi de 10h à 12h et de 15h30 à 18h30.

Les locaux sont situés à quelques mètres du donjon du château. Petite Cité de caractère, informez-vous sur les monuments à voir et à visiter. Ce petit point d'information sera d'une très grande aide pour découvrir les alentours ou connaître les nouveautés des environs. Fournissez-vous en cartes, ce joli village étant le point de départ de nombreux sentiers de randonnées. Vous pourrez ainsi partir sur les traces de la Grotte aux fées, des dolmens d'Arlait ou sur les bords de la Clouère.

VIENNE

AUBERGE DE LA CLOUÈRE €€

2, place des Tilleuls ✆ 05 49 42 69 22
aubergedelaclouere.eatbu.com
Mardi au dimanche : 7h30-14h30 et 17h-22h, sauf mercredi soir. Menu du jour : 13,50 €. Menu à 24 €.

© AUBERGE DE LA CLOUÈRE

Cette auberge de village, authentique dans ses plats traditionnels, vaut bien le détour ! Une table avec des produits frais, un accueil chaleureux. Que demander de plus ? En terrasse avec vue panoramique sur le château ou à l'intérieur, les assiettes sont généreuses, le tout avec un excellent rapport qualité-prix. Choix de salades gourmandes, entrées à partager, la cuisson des poissons comme des viandes est juste comme les saveurs. Une omelette garnie, le gratin de langoustines et crevettes, la souris d'agneau rôtie et s'il reste de la place, un dessert maison...

FOIRE MÉDIÉVALE

www.ecla-asso.fr
Le 17 et 18 septembre 2022. Le samedi à partir de 14h et le dimanche toute la journée.

Le troisième week-end de septembre, la foire médiévale bat son plein à Château-Larcher. De très nombreux stands d'artisanat d'art et de commerces de bouche sont présents pour montrer leurs créations ou déguster leurs gourmandises. Des démonstrations de vieux métiers ont lieu. Au niveau du théâtre de verdure, des spectacles de fauconnerie et équestres sont donnés. Les serpents sont aussi de sortie. Chants, danses, musiques médiévales, jongleries, contes... il y a de la vie dans les rues. Et rendez-vous pour la parade des gueux qui fait toujours sensation !

DIENNÉ

Cette petite commune de 570 habitants est avant tout connue pour abriter DéfiPlanet', un village de vacances proposant des hébergements insolites. Cabanes dans les arbres, yourtes, roulottes, maisons animaux, c'est un point de chute original pour profiter des richesses de la Vienne. D'ailleurs, le lieu est également un parc de loisirs où en famille, on prend du temps pour se détendre et rire ! Parc à thème sensibilisant à la sauvegarde de la planète, parc accrobranche, tir à l'arc, centre équestre, mini-golf, piscine... il y a de quoi faire sur place, mais aussi en suivant les jolis sentiers autour du domaine pour profiter de la campagne environnante.

DÉFIPLANET' - LE PARC

La Bocquerie
✆ 05 49 45 87 63
www.defiplanet.com
Fermé en janvier. Tlj 9h-19h. Dernières entrées à 15h d'oct à mars et à 16h d'avril à sept. Adulte 14 €. Enfant 8 €.

Voici un parc naturel singulier ! En famille et avec votre guide « Petit Sabot », vous explorez différents villages du monde, leurs habitats, leurs coutumes, leurs animaux. Puis, vous pénétrez dans une forêt magique où lutins et farfadets vous font prendre conscience de votre empreinte carbone et vous apprennent moult choses sur la faune et la flore, de quoi tenir en haleine les plus jeunes. Vous saurez ainsi comment mieux préserver notre planète. D'autres activités sont ouvertes sur place : accrobranche, équitation, tir à l'arc, VTT, chasse au trésor…

DÉFIPLANET' €€

Lieu-dit la Bocquerie
✆ 05 49 45 87 63
www.defiplanet.com
Ouvert toute l'année sauf janvier. A partir de 70 € la nuit. Nombreux services sur place.

Premier village d'hébergements insolites de France, DéfiPlanet' s'étend sur 50 ha et offre 17 formes d'habitats uniques. En famille ou entre amis, à deux ou à dix, vous pouvez dormir perché dans les arbres dans une cabane ou mener la vie de château à 8 mètres du sol. Rigolo, venez vivre dans une maison de lutin ou en forme de poule, d'escargot ou de lapin. Ou alors, choisissez une yourte, une roulotte, un chalet... En tout cas, venez passer une nuit au milieu de la nature. Vous pourrez aussi vous restaurer et profiter des activités (pétanque, piscine, jeux...).

BRASSERIE LES DEUX PALAIS €

2, route de Poitiers - **FLEURÉ**
✆ 05 49 42 60 23
Service en continu lundi à vendredi : 10h30-15h. Formule du midi : 12,90 €. Petit-déjeuner : 6,50 €. Vente à emporter.

Derrière la jolie façade jaune soleil, c'est Annie qui vous accueillera dans cette brasserie familiale. Le feu crépite dans la cheminée, au mur des plaques émaillées, sur les étagères de la vaisselle et des jouets anciens. Une bonne ambiance règne. Chaque jour, Pierrot en cuisine travaille les produits frais pour proposer des entrées (salades, cakes, charcuterie...), plats (grillade, steak, brandade...) et desserts de qualité (mousse au chocolat, tarte, tiramisu...), simples et bons.

ITEUIL

Sur la rive gauche du Clain, Iteuil abrite de nombreux châteaux. Le château d'Aigne (du nom du cours d'eau) est un château fort de 1442 construit à la place d'une villa romaine. Son portail du XVIIe siècle est inscrit aux Monuments historiques. Il y a le château de Bernay du XVe siècle et sa chapelle, le château de la Gruzalière date du milieu du XVIe siècle, le château de Troussay, le manoir des Genèbres sont eux du XIXe siècle. Plusieurs lavoirs sont à voir, dont celui de Mougon datant de l'époque romaine. Côté loisirs, une piscine extérieure est ouverte en été. Le plan d'eau communal est idéal pour la détente avec pêche et tables de pique-nique.

LES JARDINS DU PRIEURÉ DE LAVERRÉ

15, route du Prieuré - **ASLONNES**
✆ 05 49 42 59 40
De Pâques à octobre. Tous les jours 14h30-19h sauf le mardi. Durée de visite : 1h30-2h. Adulte : 7 €, -12 ans gratuit.

Dépendance de l'abbaye de Nouaillé, le prieuré remonte au XIIe siècle. En 1964, le couple Bernard fait acquisition de ce bâtiment en ruine. Il rend le logis habitable et s'emploie à façonner un « Jardin remarquable ». Vous pouvez visiter la chapelle, déambuler dans la partie à la française, admirer les variétés anciennes de la roseraie, serpenter entre le ruisseau et les douves, marcher sur le sentier bordé de vignes centenaires... Et Jeanne aura toujours une histoire à vous conter.

GÎTES DE LA PRAIRIE DE LA BOURGEOISIE €€

Prairie de la Bourgeoisie
✆ 05 49 89 02 89
Huit gîtes allant jusqu'à 48 personnes. Un gîte équipé PMR. A partir de 120 €/nuit. Salle d'animation de 130 pers.

Au cœur du bourg d'Iteuil, se trouvent les gîtes de la Prairie de la Bourgeoisie. Idéalement situés à proximité de tous les commerces et du marché, les huit gîtes permettent d'accueillir les familles ou les groupes. Un total de 48 personnes peuvent être logées avec tout l'équipement nécessaire pour un séjour confortable, dans un cadre reposant. Il est aussi possible de profiter de la salle d'animation (130 personnes) pour les événements familiaux ou professionnels.

LES VERGERS DE CHEZEAU

Lieu-dit Chézeau - **ROCHES-PREMARIE-ANDILLE**
✆ 05 49 88 33 14
www.vergers-chezeau.fr
Du lundi au vendredi : 9h30-12h30 et 15h-19h. Samedi : 9h-13h et 15h-18h. Cueillette : voir site internet.

Vincent et Simon Baille-Barrelle sont frères. Ensemble, ils continuent de développer le verger familial labellisés « vergers écoresponsables » avec pour ligne de conduite : qualité, traçabilité et authenticité. A Poitiers, on retrouve leurs produits dans leur magasin L'eau à la Bouche mais vous pouvez tout aussi bien vous rendre directement à la ferme. Dans leur boutique, vous trouverez pommes, fraises, abricots, nectarines, mais aussi des légumes et tout un tas de produits sélectionnés par leur soin (viandes, soupes, pâtes à tartiner, vins...).

MARÇAY ★

Marçay est une jolie commune de 1 300 habitants, traversée par La Rune. L'attention des visiteurs est captée par la basilique Saint-Benoît Joseph Labre, édifice de la fin du XIXe siècle de style néogothique. Son architecture est riche, avec notamment de sublimes vitraux réalisés dans l'atelier du peintre Claudius Lavergne à Paris. Le monument accueille aujourd'hui le musée du Livre, avec notamment la présence de documents anciens. L'église paroissiale abrite deux cloches dont une datant de 1584. Deux sites sont inscrits aux Monuments historiques : l'abbaye de Bonnevaux et le château de Bierson. Marçay possède aussi un pont de l'époque romaine.

BASILIQUE - MUSÉE DU LIVRE

5, chemin de la Ragondilière
✆ 06 32 02 31 51
basiliquedemarcay.com
Ouvert sur rdv. Visite guidée : 5 € (environ 1h). Gratuit -12 ans. Visite libre des galeries et de la chapelle.

A Marçay, avant le bois, en remontant une allée bordée d'arbres, se dévoile un édifice étonnant. Située sur la via Turonensis, qui relie Saint-Martin-de-Tours à Saint-Jacques-de-Compostelle, elle interpelle. La basilique de Marçay est une œuvre de combat. Celui d'un curé, l'abbé Jouanneau, qui a déplacé des montagnes pour pouvoir célébrer la mémoire et le culte de Saint Benoît-Joseph Labre. Eglise privée, elle fut édifiée dans le style néogothique entre 1884 et 1899 par Alcide Boutaud, également architecte de la maison de Huysmans à Ligugé. Désacralisée dans les années soixante-dix, vendue, elle a été sauvée de la ruine et inscrite aux Monuments historiques grâce à l'intervention de son nouveau propriétaire en 2012, le libraire parisien Jean-Denis Touzeau. Entièrement restaurée, elle offre des perspectives architecturales intéressantes, des vitraux de très belle facture, ainsi que des chapiteaux sculptés aux motifs végétaux variés. Souhaitant associer à cet étonnant monument un musée du livre, le passionnant propriétaire présente sous vitrine (et avec moult explications) des collections de documents des XIVe, XVe, et XVIe siècles afin de replacer la basilique dans son époque, son contexte historique local, sans en négliger ses intérêts culturels et intellectuels. Les écrivains catholiques de l'époque y sont cités, Huysmans en tête. En libre accès, la galerie du cloître fait office de librairie et mène à la chapelle Saint-Joseph où il est possible de se recueillir.

DOMAINE DE LA CADOUE €

Lieu-dit la Cadoue
✆ 05 49 60 96 46
www.lacadoue.fr
Deux chambres : de 58 à 72 €/nuit selon saison. Petit déjeuner. Gîte 6 pers : 570 à 700 €/semaine. Gîtes de France.

Entre Coulombiers et Vivonne, La Cadoue est un véritable havre de paix labellisé Gîte de France. Christiane et Gabriel attendent leurs hôtes dans leur ferme traditionnelle poitevine, un domaine acquis par leur famille en 1967. Sur place, vos hôtes vous raconteront tout ce qu'ils savent sur le passé de ce lieu. Rêve Bleu ou Rêve Nature, libre à vous de choisir la chambre qui vous recevra pour la nuit. Le gîte, quant à lui, prend place dans l'ancienne chèvrerie. Autour, vous pourrez randonner dans les bois, à travers les champs, entre vallées et prairies.

AU PETIT BONHEUR LA YOURTE €€

Les Tuileries
✆ 06 41 00 54 49
www.aupetitbonheurlayourte.fr
80 € pour deux personnes, petit déjeuner inclus. Panier repas : 20 € par personne.

Ceux qui aiment les hébergements insolites seront ravis de venir séjourner dans la jolie yourte construite en Anjou et aménagée par Marie-Emilie et Luc pour se ressourcer au plus près de la nature. Cette chambre d'hôtes atypique ne fait pas l'impasse sur le confort avec son poêle à bois et son lit douillet, on y trouve même une vraie baignoire ! Le jardin de 600 m² qui entoure la yourte et sa terrasse est planté d'arbres fruitiers et d'un potager bio dont les hôtes pourront profiter.

FERME DU CHANT DU BOIS

7, route de Marigny
✆ 06 17 09 40 92
Vente directe à la ferme le mardi de 17h à 19h. Possibilité de visiter l'exploitation sur rendez-vous.

Cachée dans les bois de Marçay, la ferme s'étend sur 17 hectares. Depuis 2007, Stéphane Moreau élève plus d'une soixantaine de chèvres de race poitevine. Il transforme leur lait en délicieux fromages : mothais-sur-feuille, chabichou, chabis plus ou moins frais selon la saison, pyramides... Il propose également des terrines, du saucisson et des saucisses de chèvre. Les produits, qu'il vend sur place ou via des amap, sont labellisés agriculture biologique. Vous pourrez échanger sur ses pratiques : les chèvres bien sûr, mais aussi la biodynamie, l'écoconstruction...

NOUAILLÉ-MAUPERTUIS

La petite commune du sud de Poitiers s'est fait voler la vedette par son imposante voisine. Car si l'histoire a retenu qu'en 1356, la guerre de Cent Ans a pris une mauvaise tournure pour la France avec la capture du roi Jean le Bon par le Prince de Galles lors de la bataille de Poitiers, c'est en réalité de la bataille de Nouaillé-Maupertuis qu'il serait plus juste de parler ! D'ailleurs, une reconstitution de l'affrontement a lieu ici chaque année en mai, sous forme d'un superbe spectacle nocturne. On complétera cette immersion médiévale par la visite de l'abbaye et son jardin, ou à l'occasion de la fête en juin ! Marché tous les vendredis soir.

ABBAYE SAINT-JUNIEN ★

34, rue de l'Abbaye
✆ 05 49 55 35 69

Visite libre. L'église est ouverte du lundi au vendredi : 9h-17h et samedi-dimanche : 10h-18h. Animations gratuites.

Au bord du Miosson, l'abbaye bénédictine fondée au VIIe siècle est à la fois massive et émouvante. A l'extérieur, vous pourrez profiter des remparts, des tours et des douves. L'église, bâtie en 830 pour accueillir les reliques de saint Junien et reconstruite au XIe siècle, est dotée d'un beau mobilier : stalles, statues en terre cuite, autel et jubé monumental du XVIIe siècle. Au logis abbatial (aujourd'hui les locaux de la mairie), vous remarquerez l'ornementation de la porte et les fenêtres à meneaux. Promenez-vous aussi dans le jardin d'inspiration médiévale.

MÉMORIAL HISTORIQUE CHAMP DE BATAILLE

7, rue de la Garenne

Visite libre.

19 septembre 1356 : la guerre de Cent Ans prend une mauvaise tournure pour la France lorsque son roi Jean II le Bon décide dans les environs de Poitiers de stopper l'avancée de l'armée anglaise du Prince Noir Edouard de Woodstock. Le roi, son fils Philippe et de nombreux chevaliers sont faits prisonniers et le royaume des Valois s'en trouvera considérablement affaibli. Le mémorial de Nouaillé vient commémorer la Bataille de Poitiers à l'aide de plaques et d'une carte au sol.

GÎTE DE L'ATELIER CÉRAMIQUE LE GARAGE RICHET €€

6, rue du Querreux

Logement de 35 m² avec entrée indépendante pour 3 pers. Deux nuits min. 60 €/nuit, réduction à la semaine. Résa. Airbnb.

Le rosier grimpant et les roses trémières encadrent la petite porte d'entrée bleu ciel de ce joli gîte de 35 m² aménagé dans une bâtisse du XVe siècle à deux pas de l'abbaye de Nouaillé-Maupertuis. L'intérieur est chaleureux et joliment décoré. Un petit nid douillet parfait pour un couple en vadrouille. La propriétaire vous montrera volontiers son atelier de céramique. Vous pourrez vous reposer sur la terrasse privative attenante au gîte et profiter du cadre champêtre de la propriété.

L'AUBERGE DE L'ABBAYE €€

2, rue de l'Abbaye
✆ 05 17 84 41 06
www.auberge-abbaye-nouaille.fr

Du mardi au sam : 9h-15h ; ven et sam : 18h30-2h. Menus le week-end de 15,90 € à 26,90 €. Formule midi 14,5 €. Terrasse.

Voilà une bonne adresse à 20 minutes de Poitiers, à quelques pas de la magnifique abbaye fortifiée de Nouaillé-Maupertuis. Dans l'auberge de Kevin Laporte, les saveurs du sud et d'Asie sont à l'honneur dans les assiettes. L'établissement est chaleureux et la décoration moderne. L'ardoise est courte, bon marché et se renouvelle très souvent suivant l'inspiration du moment. Notre coup de cœur : la terrasse. Un espace cosy où un coin salon de jardin promet des instants conviviaux. L'été, le chef sort de sa cuisine pour préparer des plats devant vous.

LE REFUGE

10, place de la poste
ROCHES-PREMARIE-ANDILLE

Ouvert du mardi au vendredi de 10h à 13h et de 15h à 19h ; le samedi de 10h à 13h et de 15h à 18h.

Quelle joie de trouver une adresse comme celle-ci aux Roches-Premarie ! Il est bien douillet ce petit Refuge. Coffee-shop, on vient y prendre un thé (de la Compagnie coloniale), un café, un latte, accompagné d'un muffin ou d'un carrot cake. Sachez que les donuts ont la cote et qu'il faut les commander à l'avance et en box. Chaque jour des plats salés sont proposés, à déguster sur place ou à emporter. Egalement épicerie fine, vous trouverez au Refuge tout un tas de bonnes trouvailles françaises à déguster : tartinables, confitures, miels, sirops, biscuits…

LA FOLIE BERGÈRE

La Lézinière
✆ 06 72 72 18 09
www.lafoliebergere.fr

Ouvert le mercredi et le vendredi de 16h à 19h. Samedi de 10h à 12h30 (de juillet à décembre).

Laurence, bergère, a installé ici sa ferme bio. Une belle folie locavore qui a rapidement séduit son conjoint Benoît, maraîcher, et Amélie, qui s'occupe du verger. Chez eux, les moutons pâturent dans les prés, les agneaux sont élevés sous la mère, les poules gambadent en plein air, les légumes et fruits sont cultivés avec amour. Dans la boutique, on retrouve volailles, œufs, bons légumes et fruits rouges, conserves et soupes de la ferme. Viande d'agneau en saison, rayon laine (celle des moutons !) et possibilité de commander des couettes, oreillers et matelas !

NIEUIL-L'ESPOIR

Nieuil-l'Espoir offre un cadre agréable à seulement 15 km au sud-est de Poitiers. La commune était surtout connue pour sa fabrique d'épées dont les forges étaient installées sur les berges du Miosson. Le long de la rivière, la zone humide a été aménagée, avec notamment un étang de 7 000 m² réservé à la pêche. Le site comprend également une aire pour camping-cars, des jeux pour enfants et un parcours pédagogique autour de la faune et de la flore locale avec un joli kiosque. A proximité, se trouvent la piscine communautaire, ainsi que la médiathèque et sa salle d'expositions. La place, bordée de platanes, fait le charme du centre-bourg.

LA BAUDO €

La Baudonnière - **GIZAY** ✆ 06 64 12 40 96
www.labaudo.com
Pour 8 personnes (115 m², 3 chambres). De 105 à 138 € / nuit selon la saison. Bar à jeux avec animations. Ludothèque.

En transformant cette ancienne métairie en gîte, Marine et François Mahieu ont voulu également transmettre leur passion pour le jeu. Il y en a partout ! Enigmes, quêtes, jeux de plateau, du monde, d'ambiance, chacun y trouvera son compte. Six à huit personnes pourront profiter de l'ancienne habitation du XVIIIe s., entièrement rénovée et disposant de trois chambres. Il est aussi possible de dormir dans un dôme géodésique pour 2 à 4 personnes. L'ancienne grange réhabilitée sert de ludothèque (1 500 jeux !) où des soirées ludiques (parfois à thème) sont organisées.

LA BERGERIE €€€

1, rue du Rocher
✆ 05 49 60 10 10
www.la-bergerie-86.fr
Ouvert du mardi au dimanche 12h-14h et du jeudi au samedi 18h30-21h30. Midi 20 €. Menus à 33 ou 47 €. Menu enfant 16 €.

Dans le village de Nieuil-l'Espoir, à dix minutes de Poitiers, dans une ancienne bergerie transformée, la gérante Natacha accueille chaque client avec son sourire, sa bonne humeur et son petit accent du Sud. Les menus changent à chaque saison. Les produits sont frais et mis en valeur dans une cuisine élaborée, créative, élégante, le tout avec une présentation soignée. En salle, au coin du feu de la cheminée en hiver ou sur la terrasse pour profiter du soleil en été, avec une vue sur l'étang en contrebas, le personnel est aux petits soins !

BASE AQUATIQUE

9, route de Nouaillé
✆ 05 49 42 26 80
www.Valléesduclain.fr/sport/
Ouvert de fin mai à fin août. Entrée : 2,60 €, réduit : 2 €. Leçon de natation, aquagym, nocturnes.

Pour se rafraîchir, on peut se balader à proximité des eaux paisibles de la rivière le Miosson, on peut surtout aller nager dans l'un des deux bassins du centre aquatique intercommunal inauguré en 2000. Les piscines en plein air sont chauffées en permanence à 29 °C et la plus grande accueille un toboggan aquatique qui fait la joie des plus jeunes. Pour les plus petits, une pataugeoire est idéale pour barboter sous l'œil vigilant des maîtres-nageurs. Pour compléter le tout, il y a une partie détente avec verdure, jeux et une terrasse avec un kiosque.

VIVONNE ★

Labellisée Village étape, Vivonne se caractérise par un paysage de plaines vallonnées plus ou moins boisées. La commune est traversée par trois rivières : le Clain rejoint par la Vonne et le Palais. C'est un cadre idéal pour la flânerie et la détente notamment au Parc de Vounant. Classée Station Verte depuis 2019, Vivonne propose un panel de services grâce à ses commerces et ses multiples activités de loisirs autour de l'eau : le Gliss-Up Water Jump Parc, sa piscine avec un toboggan géant, une base de location de canoës-kayaks, une balade jusqu'à la source Marot et un parcours à destination des pêcheurs, contribuant à son label Station pêche.

ÉGLISE SAINT-GEORGES

14, Grande Rue
Ouvert toute l'année.

Selon la légende, l'église fut érigée à l'endroit même où le cheval blanc de Saint-Georges atterrit après un bond prodigieux, par-delà le Clain. Légende encore, c'est là que François Ravaillac aurait eu une vision lui inspirant l'assassinat d'Henri IV. Pour sûr, l'église a été reconstruite à la fin du XIIe s. selon le style gothique angevin avec la nef et le portail du début du XIIIe et le clocher au XIVe. La Grande Croix aurait été placée en 1796 pour se prémunir des destructions. Début 2000, une restauration a mis au jour des décors peints d'une grande beauté.

VIENNE

Coucher de soleil sur la Vonne à Vivonne.

CAMPING DES TROIS RIVIÈRES

Chemin des Praires
✆ 05 49 43 25 95

Fermé du 1 nov au 19 avril. Emplacement + véhicule + 2 personnes à partir de 17 €. Restauration (midi et soir 7j/7).

Le Clain, la Vonne et le Palais, 3 rivières qui donnent leur nom à ce camping installé au bord de l'eau et à quelques pas du bourg. Tentes et petites caravanes s'installent sur des emplacements mi-ombragés, en toute simplicité. Vivonne est une halte nature. Les amateurs de pêche seront ravis d'avoir les pieds dans l'eau. Les randonneurs et VTTistes trouveront des balades à proximité. Les autres, iront à la guinguette. Chaque samedi, le restaurant propose des animations en soirée.

PARC DE VOUNANT ★★★

✆ 05 49 43 41 05
www.vivonne.fr

Aire de pique-nique, aire de jeux pour enfants.

Voici un site qui plaira à toute la famille ! A l'endroit où se rencontrent le Clain et la Vonne, un parc verdoyant s'étend. Le château de Vounant veille en hauteur. Ici, vous trouverez des jeux pour enfants (toboggan, araignée, tyrolienne...), un terrain de pétanque, un city park, des tables de pique-nique... N'hésitez pas à vous prélasser sur les pelouses ou à emprunter les sentiers avec leurs panneaux d'information. Des canards et des oies ont élu domicile non loin du joli pont des Carmes. Le parc abrite aussi la base de canoë et des coins pour pêcher.

LE SAINT-GEORGES €€

12, Grand-Rue
✆ 05 49 89 01 89
www.hotel-st-georges.com

30 chambres (1 à 4 personnes) de 61 à 110 €. Restaurant ouvert 7j/7 en été. Menu du jour 15,50 €. Menus de 28 à 35 €.

Dans une bâtisse rénovée du XVIIIe siècle, l'hôtel-restaurant Le Saint-Georges est doté de 30 chambres confortables. Deux restaurants proposent soit une cuisine traditionnelle aux notes régionales, soit une cuisine de type brasserie avec une carte changeant tous les trois mois. Le tout fait maison, à base de produits frais, de saison, pour des plats très bien exécutés et savoureux. Et quand le soleil est là, profitez de la jolie terrasse au pied de l'église avec son brasero ou pour une pause détente avec glaces et boissons fraîches.

OFFICE DE TOURISME

Place du Champ de Foire ✆ 05 49 43 47 88
www.Valléesduclain.fr

Basse saison : samedi 9h30-12h. Juin à septembre : lundi 14h15-18h, mardi au samedi 9h30-12h et 14h15-18h.

Pour tous les heureux qui feront escale dans ce village étape, récupérez à l'office les informations pratiques concernant les activités locales, les services et l'agenda des manifestations. Des visites guidées de Vivonne sont proposées, des cartes pour des randonnées ou des informations sur le parcours Terra Aventura. Vous obtiendrez aussi de bonnes adresses où résider, où manger, ainsi que des billets à prix réduits pour les grands sites. La Place du Champ de Foire compte une aire réservée aux camping-cars et accueille le marché hebdomadaire du samedi matin.

BRIN DE PIERRE

24, grand rue
✆ 06 69 19 77 55
brindepierre.wordpress.com

Mardi, jeudi et samedi de 9h30 à 12h30 et de 15h à 19h ; mercredi et vendredi de 15h à 19h. Ateliers en boutique.

Marie était tailleuse de pierre. Lorsqu'elle a décidé de troquer ses ciseaux pour l'étude des plantes, il était tout naturel d'allier ses deux passions dans le nom de sa charmante herberie située en plein cœur de Vivonne. Herbes pour infusion, pour décoction, prenez-en quelques brins pour vous sentir bien. Marie confectionne aussi des bougies fleuries et organise des ateliers. Une offre de bien-être, mais aussi des produits d'épicerie sélectionnés chez les producteurs du coin. De quoi se régaler avec des produits *made in* Poitou.

L'INCONTOURNABLE BROCANTERIE

8, place des tilleuls
✆ 09 72 94 61 07
Ouvert du mardi au dimanche de 10h à 12h30 et de 14h à 19h.

Patrick Vincendeau est un collectionneur chevronné. Depuis 30 ans, il chine des soldats de plomb, des figurines Star Wars, Goldorak, des robots. Dans ce grand hangar, il a rassemblé ses trouvailles que les amoureux du vintage et de broc adoreront. Vaisselle, déco, mobilier ancien et moderne, pour tous une caractéristique : des petits prix pour leur donner une seconde vie. La brocanterie propose aussi un service de location de box pour qui veut entreposer et vendre de petits objets.

MARCHÉ

Place du Champ de Foire
Samedi matin.

Tous les samedis matin, la circulation est déviée pour accueillir les différents marchands. L'ambiance est détendue, les gens souriants. Chacun prend le temps d'échanger autour des étals ou d'un verre en terrasse. Plusieurs fermes viennent vendre leurs fruits et légumes. Il y a aussi des producteurs de fromages, de volailles... D'autres proposent du miel, du vin, de la charcuterie, des fleurs, du café, du thé, des plats préparés, des olives, des huiles, du poisson... Les stands sont colorés, les produits bons, de quoi concocter un délicieux repas !

LA SICILIA €€

47, Grand Rue
✆ 05 49 59 93 70
www.restaurant-vivonne.com
Lun, mar, jeu : 12h-13h45 et 19h-20h45. Ven, sam : 12h-13h45 et 19h- 21h15. Juillet - août : du jeudi au lundi soir.

© LA SICILIA

Une pâte fine et bien garnie, des ingrédients goûtus, voilà les qualités des pizzas de la Sicilia ! Aux beaux jours, le restaurant offre une belle terrasse dans une cour. Et l'établissement à la façade noire possède un atout pour les familles : un véritable coin jeux pour les enfants. Dans l'assiette concoctée par Nicolas, de bonnes pizzas donc, mais aussi des galettes, salades, pâtes, bruschettas, quelques plats de viande et le midi, hors été, une formule du jour. Et avec cela ? Un accueil charmant, efficace et attentionné par Déborah. Une parfaite étape !

GLISS UP

1, rue de Chanteloup
✆ 05 49 36 83 13
www.gliss-up.fr
Horaires : vite internet. Entrée : 28 € (pour 2h). Enfant : 24 €.

Prêt à faire le grand saut au Water jump parc ? A vous de choisir : bouée, skis, snow-surf, bodyboard... ou rien (votre maillot de bain quand même !). Comme sur les pistes de ski, on vous proposera de débuter par une verte, une bleue, une rouge et... une noire. Oserez-vous la tenter ? Allez, on s'élance sur le tremplin et on s'envoie en l'air ! L'adrénaline est garantie. A vous de jouer. Vous avez deux heures pour vous rafraîchir et vous entraîner à retomber avec élégance (ou non) dans le bassin. Certes impressionnant, mais bien sécurisé.

LES PAGAYOUS

Parc du Vounant
✆ 06 81 94 87 05
vivonne.canoe86.org
Juillet-août : tlj 10h-19h. Avril à juin et septembre à octobre : à la demande. +12 ans : 14 à 20 €. CB non acceptée.

Au confluent de la Vonne et du Clain, l'association de canoë-kayak de Vivonne vous promet de bons moments sur l'eau ! Pour cela, louez, en juillet et en août, ou à la demande hors saison, des canoës, des kayaks ou des stand-up paddles au club Les Pagayous. Tout le matériel vous sera fourni. Trois itinéraires sont proposés (4, 7 ou 13 km au choix). On vous transporte en amont de la base et vous n'avez plus qu'à profiter de la balade en pleine nature, à votre rythme. Quel bonheur quand il fait chaud ! Des sorties nocturnes sont aussi organisées en saison.

VIENNE

MONTMORILLON ★

Au XIe siècle, le comte du Poitou (également duc d'Aquitaine), craignant de nouvelles invasions, décida de protéger ses frontières en érigeant une forteresse. C'est ainsi que la ville prit forme, à flanc de rocher sur la rive gauche de la Gartempe. Aujourd'hui, la cité n'a plus grand-chose d'une place forte, mais elle n'en reste pas moins un lieu agréable de villégiature conjuguant avec bonheur nature, culture, richesse du patrimoine (Maison-Dieu, chapelle, palais...) et gourmandises ! Le centre historique est facile à visiter à partir du Vieux Pont (XVe-XIXe siècle). De ce dernier, on profite d'une excellente vue sur l'église Notre-Dame (XIe siècle).

ÉGLISE NOTRE-DAME ✝ ★

Place Régine Déforges
✆ 05 49 91 07 53
www.sudviennepoitou.com
Fermée pour travaux.

Dominant la Gartempe, l'église Notre-Dame a été construite en plusieurs étapes, entre le XIe et le XIVe siècle. Cette église romane fortifiée abrite un joyau. Dans la crypte, des peintures murales probablement des années 1200 représentent des épisodes de la vie légendaire de sainte Catherine d'Alexandrie. De très grande qualité, elles témoignent de l'importance de cette église et illustrent la période de transition entre l'art roman et gothique. Une des chapelles abrite une statue de la Vierge considérée comme miraculeuse, son vitrail illustre cet événement.

ECOMUSÉE DU MONTMORILLONNAIS

Lieu dit Juillé - **SAULGE** ✆ 05 49 91 02 32
www.ecomusee86.fr
22/05-30/06 et 19/09-02/10 : mer et dim 14h30-17h30. 01/07-19/09 : mer à dim 14h30-18h30. 5 €. -12 ans gratuit.

Le centre d'interprétation permet de découvrir l'histoire rurale du Montmorillonnais, comment ont vécu et vivent les hommes et les femmes de ce territoire. Au fil des 10 salles, sont abordés l'agriculture, les paysages, l'évolution de l'alimentation... L'exposition temporaire est sur les Femmes de la terre avec des parcours d'agricultrices. Des activités sont proposées : sentier d'interprétation, jeu d'enquête, balades à vélo, circuits commentés, ateliers, safaris-photos papillons...

JARDIN DE LA SÉNÉCHAUSSÉE

7, rue Saint-Christophe
✆ 06 07 16 90 51
Visite libre.

Le long de la Gartempe, ce joli jardin offre une splendide vue sur l'église Notre-Dame. Sur 5 000 m², le jardin appartenant au Vieux Palais, lieu où le sénéchal exerçait la justice du roi, a été rénové en 2013. Au XIe siècle déjà, les moines y cultivaient des vignes. Sous une verrière au fond du jardin, il est possible d'admirer une fresque mystérieuse datant du XVe siècle. Pensé comme un jardin à la française, les dessins ont été respectés et de beaux rosiers ont été plantés.

VIENNE

© JIMJAG - STOCK.ADOBE.COM

Vue sur la ville de Montmormillon.

MAISON-DIEU ★

Rue des Augustins
✆ 05 49 91 11 96
Propriété privée aux accès limités.

Fondée par le seigneur de Montmorillon, Robert du Puy au XIe siècle pour pouvoir accueillir les voyageurs, elle rassemble la chapelle Saint-Laurent, une tour et un chauffoir. Sur une des étapes du pèlerinage de Jérusalem, la Maison-Dieu était destinée aux pèlerins et eut son heure de gloire au Moyen Âge, avant de devenir un séminaire au XIXe siècle, puis une maison de retraite jusqu'en 2009. Convoitée par Joël Robuchon pour en faire un institut international de gastronomie et hôtellerie, elle devrait bientôt faire de Montmorillon : la Cité de l'Ecrit et du Goût !

MUSÉE D'ART ET D'HISTOIRE DE MONTMORILLON

9, avenue Pasteur
✆ 05 49 91 13 99
www.alienor.org/musees
Mardi et vendredi : 13h-18h. Mercredi et samedi : 10h-12h/14h-18h. Visite libre et gratuite. Visite guidée sur résa.

L'artiste enfant du pays, Raoul Carré, fait don à sa mort de la totalité de ses œuvres. En 1936, son décès entraîne la création d'un musée. Inspirés par ce don, d'autres artistes locaux feront de même. Après une restructuration des collections, le musée rouvre ses portes en 2018. Le site propose donc des peintures et dessins (notamment d'Henri Plisson) du XVIIIe au XXe siècle, sur des sujets variés : la ruralité, la campagne montmorillonnaise, la ville, des portraits...

MUSÉE DE LA MACHINE À ÉCRIRE ET À CALCULER

3, rue Bernard Harent ✆ 05 49 83 03 03
www.citedelecrit.fr
21/06 au 21/09, vacs printemps et automne en zone A : tlj 10h-12h/14h-18h. Sinon fermé les lundis et à 17h30. Gratuit.

Cet espace est dédié à l'écriture, au calcul et à l'histoire de ces inventions et de leurs inventeurs. Remplaçant la plume, mais avant nos ordinateurs, venez découvrir plus de 200 machines à écrire et instruments à calculer, datant de 1833 à 1980. Il y a une telle diversité ! Et certaines de ces étonnantes machines fonctionnent encore, comme la Triumph de 1910 (marque allemande). Vous pourrez d'ailleurs tester certaines machines. Un atelier du mécanographe a été aménagé.

MUSÉE DU MACARON ★

32, boulevard de Strasbourg
✆ 05 49 83 03 38
www.museedumacaron.com
Lun.-sam : 9h30-12h et 14h-18h. Dim. et jrs fériés : 10h-12h et 15h30-18h. Juil.-août : dès 14h30. Adulte : 3,50 €.

Dans le musée de la Maison Rannou-Métivier, plus ancienne fabrique de macarons de Montmorillon, vous retrouverez l'histoire de l'amande et du macaron montmorillonnais depuis sa naissance, il y a 100 ans, à travers de nombreuses thématiques : culture de l'amande, confection, bienfaits du fruit. Grâce aux supports visuels et sonores, vous saurez tout sur ces délices du patrimoine culinaire poitevin. A visiter et à apprécier sans plus tarder. Au rez-de-chaussée, la boutique vous attend pour faire le plein de gourmandises macaronnées et chocolatées.

LA PRÉFACE ★★

3, rue Bernard Harent
✆ 05 49 83 03 03
www.citedelecrit.fr
Du 21 juin au 21 sept : 7j/7 10h-12h et 14h-18h. Du 22 sept au 20 juin : du mardi au dimanche 10h-12h et 14h-17h30.

A l'image de celle d'un livre, la Préface sera votre point de départ au cœur de la Cité de l'Ecrit. C'est là que vous dégotterez les infos pratiques pour parfaire votre visite. Inauguré en 2000 par Régine Deforges, c'est le seul site du genre en Nouvelle-Aquitaine. Au fil de ses rues se sont installées des échoppes consacrées à l'artisanat et aux métiers du livre. La Cité de l'Ecrit réunit libraires et bouquinistes passionnés, de tous les univers. Beaux livres ou patrimoine, tout le monde y trouvera des merveilles. L'été, les artisans montrent leur savoir-faire.

PRIEURÉ DE VILLESALEM

2, rue de l'abbaye
JOURNET
✆ 05 49 91 11 96
Ouvert du 4 juillet au 31 août – du lundi au dimanche de 14h30 à 18h30 – fermé le mardi. Visite guidée.

Du XIIe siècle jusqu'à la Révolution, ce petit prieuré faisait partie de l'abbaye royale de Fontevraud. Aujourd'hui, on peut le visiter l'été pour admirer les volumes et sculptures de cet art roman. C'est un véritable trésor poitevin méconnu dans la région alors qu'il vaut vraiment une visite. La façade occidentale et le portail nord dit des Rois sculptés de l'église Notre-Dame de la Paix vous émerveillera sans aucun doute par son foisonnement de végétaux et d'animaux réels ou fantastiques qui s'entremêlent, ainsi que les représentations humaines.

VIENNE

SANCTUAIRE GALLO-ROMAIN DE MAZAMAS

Les Grandes Brandes
SAINT-LÉOMER
✆ 05 49 91 52 37
Visite libre.

Ce site archéologique gallo-romain est un des rares sanctuaires installés au Ier siècle av. J.-C. sur un précédent site celtique. Il n'en reste qu'un mur d'enceinte et ce qui devait être un habitat. Il est découvert en 1945 par l'abbé Florentin Reix, curé de Saint-Léomer, alors que des paysans en dégageaient les pierres pour réparer un chemin. A partir de 1964 et pendant plus de 30 ans, Emile de Lavergne le fouille. Poteries, monnaies et autres pièces sont au musée de Montmorillon.

CAMPING DE L'ALLOCHON*** €€

31, avenue Fernand-Tribot ✆ 06 14 88 43 99
www.montmorillon.fr
Ouvert de mars à octobre. Campeur : 2,35 € + 0,55 € taxe de séjour. Emplacement : 1,36 €. Moto ou auto : 1,36 €.

Ce camping municipal situé en bordure du ruisseau de l'Allochon et sur les rives de la Gartempe, offre de beaux emplacements, agréables et ombragés. A 500 mètres du centre-ville, il est facile d'y accéder. Il dispose de nombreux services (sanitaires, lave-linge, wifi...) et de plusieurs aires de jeux (toboggan, ping-pong, pétanque...). Les amateurs de pêche pourront s'exercer. Des tables et des barbecues sont également à disposition pour vos grillades et pique-niques. L'été, le camping organise des soirées et des animations pour égayer votre séjour.

OFFICE DE TOURISME SUD VIENNE POITOU

2, place du Maréchal Leclerc ✆ 05 49 91 11 96
www.sudviennepoitou.com
De mai à septembre : lundi à samedi 10h-18h et dimanche 13h-18h. Basse saison : lundi à samedi 10h-12h30 et 13h30-17h.

Devenue Cité de l'Ecrit et des Métiers du Livre en 2000, Montmorillon est une ville d'Art et d'Histoire... Découvrez la ville haute et ses nombreux monuments classés. Le quartier médiéval regroupe des bouquinistes, des libraires et des artisans d'art. L'Office de tourisme vous en apprendra davantage sur ces boutiques à découvrir, les visites et les événements à ne pas manquer. Et demandez conseil sur les bonnes tables de la ville ! Des produits locaux sont également en vente sur place.

LE LUCULLUS** €€

4, boulevard de Strasbourg
✆ 05 49 84 09 09
www.hoteldefrance-lelucullus.fr
Ouvert toute l'année. 36 chambres. Chambre double dès 75 €.

Face à la sous-préfecture, à deux pas du centre, le seul hôtel de Montmorillon ne manque ni de charme ni d'atouts. Outre son restaurant gastronomique prisé – excellent rapport qualité-prix pour les formules bistrot –, il propose 36 chambres, toutes fraîchement remises à neuf, élégantes et sobres. Les chambres triple ou familiale sont idéales pour les couples avec enfants. Les salles d'eau sont spacieuses. On appréciera les vastes espaces de détente et son personnel aux petits soins. Un hôtel qui mêle confort, découverte gastronomique et culturelle.

LES CHAMBRES DE LA LOGE €

13, La Loge Monteil
✆ 06 06 56 06 18
www.chambres-hotes-la-loge.com
2 nuits min. Chambres de 1 à 3 personnes, de 50 € à 85 €. Tiny House (2 pers.) : été 1 sem min de 465 à 535 €.

A 30 minutes à pied du centre-ville de Montmorillon, Nathalie et Daniel vous accueillent dans leurs coquettes chambres d'hôtes. Retrouvez le charme de la campagne et son calme dans l'une des trois chambres : Gartempe (dotée d'une kitchenette), Océane (vue sur le jardin), et Charmoise (douche à l'italienne et terrasse en bois). Vous pourrez aussi dormir dans la cabane en bois qui, avec sa grande terrasse équipée de rocking-chairs, vous plonge dans une ambiance presque québécoise. Dans le jardin, orné de roses et d'iris, vous pourrez manger sur place.

LE VIEUX-PALAIS €€

Ruelle Saint-Christophe
Jusqu'à 12 personnes (7 chambres). A partir de 320 € la nuit par Airbnb.

Au cœur de Montmorillon, cette maison médiévale plonge ses murs dans la Gartempe. Son nom fait référence au XVIIe siècle, quand la Sénéchaussée (pouvoir de justice) était installée en ces lieux. L'ensemble a été entièrement rénové par le propriétaire actuel, Arnoult Gauthier. L'escalier est le seul élément datant encore du XVIIe. Si les volumes ont été conservés, une décoration moderne a été choisie. Calmes et confortables, les sept chambres sont agréables et spacieuses. La vue magnifique sur le jardin ou la rivière rend l'endroit charmant.

COCOTTE AND CO €

52, boulevard de Strasbourg

✆ 05 49 48 99 56

Du mardi au samedi : 19h-20h30 ; du mardi au vendredi : 9h-14h30 et 17h30-21h. 12,50 € sur place, 11 € à emporter.

Postée devant le cinéma, cette entreprise familiale est l'endroit où se restaurer avant ou après un bon film. Derrière le comptoir, Caroline Matos. La volaille est sa spécialité. Elle concocte des burgers au poulet (ou au bœuf), des seaux de nuggets et des plats cuisinés comme le poulet sauce mangue et crevettes... Il y a aussi des *fish & chips*, des paninis et des plats du jour. On a du mal à croire que toutes ces bonnes choses puissent tenir sur les étagères de la vitrine. Attention ! Pas de lieux d'aisances ici. Rendez-vous aux w.c. municipaux plus haut.

LE ROMAN DES SAVEURS €

2, rue Montebello

✆ 05 49 91 52 06

Du mardi au samedi : 12h-14h et 19h30-22h ; dimanche midi : 12h-14h. Formule midi : 15 €. Menus de 18,50 € à 30 €.

La vue vous régalera autant que ce qui vous sera servi dans l'assiette. Ce restaurant rustique ne dispose pas de terrasse. Mais, les quatre salles ouvrent sur des baies vitrées qui donnent à voir le vieux pont et la Gartempe. Après l'apéritif du chef, le Saulgé, les bons mangeurs choisiront le menu découverte : six assiettes surprises choisies par le chef. La cuisine est généreuse. Chaque jour, de nouvelles suggestions vous seront contées tel un roman. On adore : dans l'entrée, des frigos de l'époque de l'ancienne boucherie ouverte en 1927 fonctionnent encore !

LE LUCULLUS €€

4, boulevard de Strasbourg

✆ 05 49 84 09 09

www.hoteldefrance-lelucullus.fr

Du merc au dim midi. Bistrot du dim soir au ven midi. Formule midi : 13,90 €. Menus restaurant : de 34 € à 70 €.

On mange toute la semaine au Lucullus. A vous de choisir entre le restaurant gastronomique ou le côté bistrot. La salle du restaurant est apaisante et lumineuse. On se love dans des fauteuils de velours de couleur mauve, entouré de photos de plats en noir et blanc qui nous mettent déjà l'eau à la bouche. Les produits locaux sont à l'honneur dans les menus du chef Alban Galpin. Il les sublime dans un juste équilibre entre le traditionnel et le contemporain. Les textures et les couleurs font de l'assiette un objet d'art. Une belle adresse dans la région !

LA TERRASSE

8, rue du Vieux-Pont

✆ 05 49 48 28 43

Ouvert toute l'année. Le mercredi et le jeudi de 16h à 19h ; du vendredi au dimanche de 16h à 20h. Terrasse.

C'est l'heure du thé à Montmorillon et on se rend à La Terrasse. Kim Stupple saura combler vos envies de thé et de gourmandises anglaises. Ici, tout est fait maison et oui, on vous l'assure, vous êtes toujours à Montmorillon. Mais de ce côté-là du pont, il flotte dans l'air un accent so british. La décoration de la salle est dans le ton, très... verte et fleurie – lovely –, mais ce qui nous a le plus plu c'est la fameuse terrasse avec vue sur le pont qui enjambe la Gartempe et la Cité médiévale. Et avec cela, vous prendrez bien une tasse de thé ?

L'ARTELIER DE LA GARTEMPE

1, rue Bernard Harent

✆ 06 42 57 14 59

www.artelierdelagartempe.wordpress.com

Ouvert l'après-midi pendant les vacances scolaires. D'avril à octobre : du merc au sam de 14h à 18h. Stage : voir site.

Que la plume danse ! Tel est le mot d'ordre dans l'atelier de Sylvie Edeline. Installé tout en haut de la ville médiévale, L'ARTelier de la Gartempe est à la fois un lieu de création et d'exposition. On y découvre le travail de l'artiste formée à l'école nationale d'Arts décoratifs de Limoges. Sur ses céramiques et ses peintures, le trait prime. L'écriture se libère. On voyage du Japon, sur les vagues d'Hokusai, aux incantations magiques des runes scandinaves.

BIÈRES DE MONTMORILLON

23 bis, rue des Métiers

✆ 09 82 33 47 37

www.bieresdemontmorillon.fr

Boutique sur place. Vente en ligne.

Saviez-vous que la brasserie de Montmorillon date de 1843 ? Elle était implantée à Saulgé et sa bière était la plus vendue de la France libre pendant l'occupation allemande avant de fermer dans les années 60. En 2015, c'est l'entrepreneur François Guillon qui décide de redonner aux Montmorillonnais leur bière en brassant sur place. Il n'a pas réussi à remettre la main sur la recette d'origine, mais il espère lui rendre ses lettres de noblesse. Désormais, la brasserie produit de la bière artisanale, bio, ainsi que de la limonade.

L'EPHÉMÈRE PERPÉTUEL

5, boulevard de Strasbourg
✆ 06 33 74 49 21
Ouvert du mardi au samedi de 10h à 19h.

Comme son nom l'indique, ne vous attendez jamais à trouver la même chose dans cette charmante boutique. Véritable mine d'or pour dénicher des idées cadeaux, L'éphémère perpétuel accueille une vingtaine de créateurs. Ils y exposent leurs productions, souvent locale, et figurez-vous qu'elles sont variées ! Vêtements, maroquinerie, peluches, objets de déco, des bijoux, savons, les idées fusent et les matières se transforment. Chaque créateur expose pendant trois mois. A tour de rôle ils tiennent des permanences pendant lesquelles ils vous parleront de leur passion.

L'ATELIER DU POTIER

17, rue Champien
✆ 05 49 84 10 54
www.atelier-blasons.net
Ouvert du mardi au vendredi de 15h à 18h, samedi et dimanche de 15h à 17h30. Stage de 2h.

Issue d'une famille de céramistes, Delphine Richard a repris le flambeau et s'est installée à Montmorillon pour proposer ses créations en céramique. Elle tourne la matière, la sculpte, puis met de la couleur. Toutes les étapes sont réalisées à la main, dont l'émaillage. Ainsi, elle confectionne de la vaisselle (plat, bol, saladier, mug, tasse, vase, dessous de plat...), mais également des objets de décoration. Elle réalise de nombreux animaux, ainsi que des plaques numérotées sur mesure pour votre maison, avec votre numéro de rue et le dessin de votre choix.

LA FERME DU LÉCHÉ

Le léché - **SAULGE**
✆ 06 71 11 36 33
www.fermeduleche.com
Ouvert le mercredi et le samedi de 9h à 12h. En septembre et octobre cueillette dans le verger le samedi matin.

Venu de la Marne, Victor Eglantier a eu un coup de cœur pour la ferme du Léché, où il s'est installé en 2013. Depuis, il cultive des céréales, élève près de 600 brebis et produit fruits et légumes en agriculture raisonnée. Sur l'exploitation, dans un bâtiment en bois, il a mis en place un magasin où il vend sa production : pommes, poires, abricots, pêches, asperges et viande d'agneau, mais aussi jus de pomme. Il propose également des produits d'agriculteurs du coin (yaourts, pâtes, farine...) et de la ferme familiale dans la Marne (pomineau, champagne...).

MARCH'ÉQUITABLE

2, boulevard Gambetta
✆ 05 49 48 53 08
www.march-equitable.com
Ouvert le mercredi et le samedi de 9h à 13h ; le jeudi et le vendredi de 15h30 à 19h.

Voilà une échoppe pleine de couleurs et de bons produits ! La philosophie est simple : mettre à la vente des aliments issus de l'agriculture locale, soucieuse des enjeux sociétaux et environnementaux, avec pour but de rapprocher producteurs et consommateurs. Dans cette ancienne pharmacie, une quarantaine de producteurs sont représentés, principalement du Sud Vienne. De la viande de qualité, des confitures, des fruits et légumes de saison, voici quelques exemples pour remplir votre panier. Du goût, de la qualité, de la fraîcheur et un bon accueil !

AUX GRANDES Z'OREILLES

6, rue des vieilles vignes - **PINDRAY**
✆ 06 99 85 50 03
www.auxgrandeszoreilles.fr
Mercredi, samedi, dimanche de 14h à 19h. Boutique en ligne et à retrouver dans de nombreuses boutiques de producteurs.

En quête de cosmétiques ultra-doux et zéro déchet ? Rectangles quand ils sont savons, ronds quand ils sont shampoings, les cosmétiques au lait d'ânesse frais d'Alice et Nicolas sont issus d'une saponification à froid et d'une sélection étroite de produits naturels. L'amour qu'ils portaient à leurs ânes les a conduits à les associer à leur vie professionnelle. Avec le lait aux vertus hydratantes et tonifiantes de leurs douces bêtes poilues, ils fabriquent savon, dentifrice solide, baume, déodorant, savon de rasage, crème pour corps et visage. A bon entendeur !

ECURIE DE LA FRISSONNIÈRE

Le petit La Rue
✆ 06 27 15 85 41
Ouvert toute l'année. Activités sur réservation.

Sur leur domaine de 90 hectares, Laurène et David proposent aux débutants (adultes et enfants à partir de 4 ans) des après-midi cheval. L'idée est vraiment de se familiariser avec l'animal, d'apprendre à le manipuler, à avoir confiance puis d'effectuer une petite balade. Pour des personnes plus aguerries, des cavaliers confirmés, des sorties d'1h30 aux alentours sont proposées. Des stages à thème, des randonnées... sont aussi organisés. Laurène, monitrice donne également des cours.

LUSSAC-LES-CHÂTEAUX ★★

La commune devrait son nom à Lucius, son ancien propriétaire romain. C'est une terre d'archéologie renommée puisque pas moins de douze sites fouillés depuis 1836 témoignent de l'occupation du territoire depuis la Préhistoire. Les principaux sites sont la grotte de La Marche, découverte en 1937, et la grotte des Fadets, découverte en 1865. Le musée de la Préhistoire, installé dans La Sabline, y organise régulièrement des visites. Quant aux châteaux… il n'y en eut qu'un ici, construit au XIIe siècle, et dont il reste aujourd'hui très peu de vestiges. On ne quitte pas Lussac-les-Châteaux sans avoir fait le tour du lac où plongent les vestiges du château.

L'étang de Lussac-les-Châteaux.

GROTTES PRÉHISTORIQUES

21, route de Montmorillon
✆ 05 49 83 39 83
www.lasabline.fr

Ouvert toute l'année. Jours et horaires à consulter sur le site. Adulte : 5 €. Tarif réduit : 2,50 €. Gratuit -4 ans.

Une douzaine de grottes préhistoriques ont été découvertes autour de Lussac-les-Châteaux. Elles servaient d'abri il y a 14 000 ans. Dans les grottes des Fadets et de la Marche (découverte en 1937), des milliers d'objets sculptés ont été mis au jour. Sur des propriétés privées, on ne peut voir l'intérieur que lors des visites commentées par le musée de Préhistoire. Après une découverte des collections et des gravures sur pierre, vous vous rendrez dans les grottes situées à 10 minutes à pied. Idéal pour imaginer les Homo sapiens dans leur habitat naturel !

MUSÉE DE PRÉHISTOIRE

21, route de Montmorillon ✆ 05 49 83 39 80
www.lasabline.fr

Mer, ven, sam : 10h-12h, 14h-17h (petites vac : mar au sam) Haute saison : tlj sauf lun : 10h-12h et 14h-18h. Tarif 3 €.

Situé dans le bâtiment contemporain La Sabline, ce musée de la préhistoire possède des trésors. Non loin de là, près de l'étang, il y a 14 000 ans, une douzaine de grottes, dont celle de la Marche, étaient habitées. Un nombre important de matériels, dont des milliers de pierres gravées, y ont été trouvés lors de fouilles archéologiques. Ce sont quelques exemples de cet ensemble que l'on peut découvrir ici à travers une scénographie moderne, ludique et didactique. Les portraits gravés nous surprennent par l'expressivité des visages, parfois presque caricaturaux.

PILES DU PONT (L'ÉTANG)

rue de l'étang

Accessible toute l'année. Visite libre. Aire de pique-nique.

Lors de votre promenade à Lussac-les-Châteaux, nous vous conseillons d'aller vous promener ou même pique-niquer au bord de l'étang. L'eau du ruisseau qui l'alimente servait à faire fonctionner les moulins et les tanneries comme le rappellent les cornes fichées dans les murs des maisons alentour. Autre curiosité, de grosses piles carrées sont plantées dans l'eau. Datant du XVe siècle, elles soutenaient le pont qui permettait d'atteindre le château, celui-là même qui, édifié vers 1065, appartenu au père de Madame de Montespan, illustre maîtresse de Louis XIV.

BUREAU D'INFORMATION TOURISTIQUE

Place du 11 novembre 1918 ✆ 05 49 91 11 96
www.sudviennepoitou.com

Basse saison : mar à sam 9h30-12h30/14h-17h. Haute saison : lun à sam jusqu'à 18h. Vac scol : lun à sam, dim 9h30-12h30.

Au bureau d'information touristique, il y a bien sûr des brochures et des dépliants, mais aussi des idées de sorties, les contacts pour les activités à faire, où dormir, manger... Il y a aussi en vente des produits locaux. Des visites, des dégustations dans les fermes ainsi que des ateliers cuisine sont organisés pendant les vacances, alors n'hésitez pas à vous renseigner sur le programme des animations. C'est aussi le point de départ du circuit Terra Aventura « Stage de paléo-déco ».

CAMPING DU RENARD**

Route de Moussac - **QUEAUX**
✆ 06 70 04 30 87
www.queauxcampingdurenard.net

22 emplacements pour tentes, caravanes, camping-cars + 3 lodges. A l'année, 3 chalets, 4 mobil-homes dès 40 €/nuit.

En bordure de la Vienne, le camping est calme et ombragé. Il propose 22 emplacements nus pour tentes, caravanes ou camping-cars. Trois tentes lodges pour 5 personnes sont aussi disponibles. Côté logements insolites, il y a trois chalets en bois de 30 m² (5-6 personnes) avec une terrasse et quatre mobil-homes de 23 m² (5-6 personnes), ouverts toute l'année pour une nuit ou une semaine. L'aire de loisirs offre de nombreuses activités à commencer par la baignade. En été, tous les vendredis des concerts gratuits ont lieu et le mardi, c'est scène ouverte.

CHÂTEAU DE FOUGERET €€

Fougeret - **QUEAUX**
www.fougeret.com

Trois forfaits : 75 €, 95 € (dîner), 115 € (dîner, médium, ateliers). Petit déjeuner inclus. Pas de TV, ni wifi.

Le château le plus hanté de France domine la vallée de la Vienne. Il est connu pour être le théâtre de phénomènes inexpliqués. Construit sur le XIVe siècle, largement rénové au XIXe siècle, il a conservé certains éléments médiévaux. Véronique Geoffroy a eu un coup de cœur pour ce lieu et malgré cette zone d'ombre mystérieuse, n'a pu se résoudre à en partir. Ici, le temps ne compte pas, il est figé. Sans TV ni wifi, immergez-vous dans un autre temps avec un confort rudimentaire. Des soirées avec un médium et des ateliers sont organisées pour les plus réceptifs.

HÔTEL-RESTAURANT LES ORANGERIES*** €€

12, avenue du Docteur Dupont ✆ 07 85 34 19 91
www.lesorangeries.fr

Chambre dès 85 €. Petit déj 14,50 €. Restauration : clients de l'hôtel 7j/7. Extérieurs sur résa. Formule midi 19,50 €.

Les Orangeries ont été bâties dans une vieille demeure du XVIIIe siècle. Idéalement situé, bordé par un magnifique parc de près d'un hectare, vous allez littéralement tomber sous le charme de ce lieu labellisé « Hôtel Ecolabel ». Amoureux du calme, des belles choses, des vieilles bâtisses, du bois ciré et des meubles de style, c'est ici le lieu idéal pour votre séjour à Lussac-les-Châteaux. L'établissement se fait également remarquer par sa cuisine, une succulente table locavore.

DOMAINE LE CASTEL €€€

4, route de Saint-Savin
www.domainelecastel.fr

Ouvert toute l'année. Réservation en ligne. 5 chambres de 65 à 185 €/nuit selon la saison. 3 nuits minimum.

Venez tester la vie de château entre luxe et tradition au cœur d'un parc d'arbres centenaires. Pendant votre séjour, profitez de ce joyau d'architecture bâti à la fin du XIXe siècle et appartenant à la même famille depuis quatre générations. La bâtisse dispose de cinq chambres réparties sur deux étages, chacune rénovée et décorée avec soin pour une capacité de deux à quatre personnes et bénéficiant d'une vue splendide. Au Castel, modernité et mémoire se rencontrent pour un séjour tout en charme et confort. N'oubliez pas le petit déjeuner !

LE TEMPS DES CERISES €€

10, place de Saint Sornin
✆ 09 81 35 94 83

Tous les jours midi et soir en été. A l'année, fermé mardi soir, mercredi soir et dimanche. Formule midi : 16 €.

Ouvert en 2011, ce petit restaurant ne cesse de se renouveler. La cuisine est ouverte sur la salle, l'accueil est chaleureux. Myriam assure le service et la cheffe Fatiha Drouche est aux fourneaux. Tous les plats sont faits maison à partir de produits locaux et/ou bio. Suivant les arrivages, elle concocte un plat du jour plein de saveurs. Par ses origines kabyles, elle aime saupoudrer sa cuisine de notes orientales, d'épices : tajine, curry, couscous... Un plat végétarien est toujours à la carte. Attention : petite capacité, alors pensez à réserver !

FERME DE LA FAYAUDRIE

lieu-dit Faillodrie
✆ 05 49 48 43 56
www.ferme-de-la-fayaudrie.com

Boutique ouverte mardi 18h-19h, vendredi 9h-12h et 16h-19h, samedi 9h-12h.

Depuis 1907, la ferme s'est transmise de génération en génération. En 1981, François et Bénédicte Clerc reprennent cette belle entreprise familiale et s'associent avec leur fils Pierre-Jean et sa femme Marie en 2007. Ils élèvent 180 brebis, 25 vaches et des volailles. Respectueux de la terre et des animaux, ils obtiennent, en 2000, le label agriculture biologique. Aujourd'hui, ils produisent du lait, des yaourts, de la crème fraîche, des fromages, des œufs et proposent de la viande : volailles (poulet, pintade, canette), veau, agneau.

AIRE DE LOISIRS

rue du gué
QUEAUX
Libre accès toute l'année. Aire pique-nique. Baignade surveillée juillet-août 14h30-18h30. Buvette et guinguette en été.

Envie de se prélasser au soleil ou de se rafraîchir dans l'eau ? En bord de Vienne, la plage de Queaux est un véritable lieu de détente. Sur place, les activités sont nombreuses : jeux pour enfants, pêche, terrain de boules, minigolf, volley, ping-pong, pataugeoire... La baignade est surveillée en juillet et en août, les après-midi. Outre l'aire de pique-nique, côté restauration, il y a aussi la Guinguette du Renard, ouverte tous les jours en été (14h30-20h30). La plage s'anime avec son festival en été, tous les vendredis soir avec un concert gratuit.

EN PLEIN VIRAGE

3 ter, rue du stade
QUEAUX
✆ 05 49 91 15 18
Horaires variables en fonction des saisons et des événements. Rendez-vous sur Facebook.

En plein virage c'est un lieu multiple où l'on boit un verre à l'intérieur ou en terrasse, où l'on assiste à des concerts en tous genres, des expositions. En plein virage est un lieu où l'on vient bouquiner, discuter, se rencontrer et où l'on trouve une multitude de produits locaux. En plein virage c'est un lieu plein de vie, un lieu qui foisonne d'idées et d'envies, un lieu qui fait la part belle aux circuits courts, un lieu où l'on se démène pour que culture, arts et terroir fassent bon ménage. Rendez-vous... en plein Virage !

CIVAUX ★

Cette commune de 1 200 habitants est connue pour ses sites archéologiques antiques et mérovingiens. Son emplacement sur la voie romaine reliant Poitiers à Limoges en fait une importante localité déjà à l'époque gallo-romaine. Une communauté chrétienne y vécut dès le IVe siècle. En témoigne la piscine baptismale du Ve siècle qui jouxtait la nécropole mérovingienne où plusieurs milliers de tombes sont alignées à ciel ouvert. Mais Civaux, c'est aussi la centrale nucléaire qui, en 2000, est devenue une véritable unité de production. Créatrice de développement économique, en valorisant ses eaux tièdes sont nés le complexe Abysséa et Terre de dragons.

ÉGLISE SAINT-GERVAIS-ET-SAINT-PROTAIS

Place Gomelange
✆ 05 49 48 34 61
www.musee-civaux.fr
Accès libre. Visites guidées au départ du Musée archéologique en été ou visite avec audioguide (1 €).

C'est l'une des plus anciennes églises de France. Il s'agirait d'un mausolée chrétien d'époque romaine (autour de 400) dont les vestiges sont visibles dans les murs du chœur. A l'époque mérovingienne (VI-VIIe s.), le sanctuaire vouait un culte aux saints Gervais et Protais, en atteste le chevet et les vestiges d'une piscine baptismale. La nef, la partie basse du clocher et la partie haute du chevet sont édifiées aux XIe et XIIe s. Un régal pour les amateurs de vieilles pierres.

MUSÉE ARCHÉOLOGIQUE ★

30, place de Gomelange ✆ 05 49 48 34 61
www.musee-civaux.fr
Gratuit jusqu'à 12 ans. Adulte : 4 €. Groupe : 3 €. Demi-tarif : 2 €. Audioguide : 1 €. Horaires : voir site internet.

Pour découvrir le patrimoine de Civaux, direction le musée. L'audioguide vous éclairera sur l'église, la nécropole, le baptistère mérovingien et sur les collections du musée. Plus de 200 objets de la préhistoire au Moyen Age, découverts à et autour de Civaux, y sont conservés. La salle consacrée à l'époque romaine est une des plus riches avec de nombreuses céramiques, une magnifique tête de statuette, ainsi qu'une tombe bien mystérieuse. Dans la salle dédiée à l'époque mérovingienne, ne loupez pas la fameuse fibule hippomorphe devenue emblème du lieu.

NÉCROPOLE MÉROVINGIENNE ★

19, rue de la Nécropole ✆ 05 49 48 34 61
Visite libre gratuite. Visite guidée (2h avec l'église et les vestiges du baptistère et du sanctuaire) sur rendez-vous.

Vraiment, cette nécropole mérovingienne est surprenante. Sa clôture est entièrement composée de couvercles de sarcophages. C'est sans doute la notoriété précoce du sanctuaire chrétien et les reliques des saints Gervais et Protais qui ont rendu le site si célèbre que les fidèles venaient s'y faire enterrer. Au XVIIIe siècle, on comptait au moins 7 000 tombes sur plus de trois hectares, c'est dire l'importance du site. Il semblerait même que les soldats Francs tués lors de la bataille de Vouillé qui opposa en 507 Clovis aux Wisigoths furent enterrés là.

VIENNE

TERRE DE DRAGONS

Route du Fond-d'Orveau
✆ 05 49 91 80 00
www.terre-de-dragons.com
Haute saison ouvert tous les jours de 10h à 19h. Adulte : 16 €. Enfant de 5 à 12 ans : 12 €.

En pleine quête de l'existence des dragons, le Professeur Sheppard a disparu ! Partez sur ses traces sous l'incroyable dôme tropical de Civaux. Du courage et de la curiosité, il vous en faudra pour explorer cet éden botanique riche de 300 animaux jusqu'au laboratoire du Professeur. Récoltez de précieux indices en parcourant les salles du parc pour retrouver Sheppard. De nombreuses rencontres vous y attendent ! Tortues Matamata, piranhas, anaconda et autres reptiles. Etes-vous prêts à marcher au-dessus des alligators ? Avis aux petits et aux grands aventuriers !

VISITE DE LA CENTRALE NUCLÉAIRE

Route de la centrale nucléaire
✆ 05 49 83 50 50
Visite du lundi au vendredi 9h30-12h30, 13h30-17h et animations lors des vacances scolaires. Plus sur edf.fr/visiteredf.

La centrale nucléaire de Civaux est la plus jeune du parc nucléaire français. C'est aussi le premier employeur privé du département avec plus de 1 300 emplois. Sa production annuelle équivaut à 50 % de la consommation d'électricité de la Nouvelle-Aquitaine. Pour en apprendre plus encore sur le nucléaire, la vie d'une centrale, venez la visiter en démarrant par l'espace découverte. Puis une visite du simulateur de pilotage des réacteurs vous plongera au cœur du système. Impressionnant !

LA BISQUINE €

2, impasse Peline
✆ 05 49 48 06 03
Du lundi au vendredi midi. Le soir : du jeudi au samedi. Formule midi : 17,50 €. Terrasse. Vente à emporter.

Cuisiné à la minute ! Voici l'éthique de ce restaurant familial, clamée haut et fort sur la carte. Certes, cette exigence implique un peu d'attente, mais elle garantit des plats d'une très grande fraîcheur, conformes au respect que le chef porte à son métier. Les produits bruts proviennent au maximum de fermes locales, le blé des galettes est bio. Le plaisir dure longtemps tant les galettes et pizzas sont garnies. Une pause s'imposera pour sceller définitivement le sort de la galette du potager... et faire une place pour la crêpe au caramel.

LE COMME CHEZ SOI €€

9, place de Coume
VERRIÈRES
✆ 05 49 03 43 52
Ouvert du mercredi au samedi de 12h à 14h et de 19h à 21h. Menus de 20 € à 55 €. Formule du midi. Cave à vins.

Originale et savoureuse ! La cuisine du chef, Jean-Philippe, est préparée uniquement à base de produits frais. Les légumes de saison accompagnent viandes et poissons, les sauces comme le pain sont également faits maison. Les plats sont travaillés, goûteux. Menu des Forges ou de la Garenne vous aurez le choix. Le plateau de fromages affinés régalera vos papilles, accompagné d'un bon verre de vin rouge. D'ailleurs, le restaurateur aussi sommelier propose une belle sélection de 150 vins à emporter ou à déguster sur place avec ses plats.

ABYSSEA

Route du Fond d'Orveau
✆ 05 49 48 09 09
www.vert-marine.com/abyssea/
Ouvert tous les jours. Horaires variables : voir site internet. Entrée adulte : 5,20 €. Enfant : 3,90 €. Gratuit -3 ans.

Un centre qui offre des activités pour toute la famille : piscine, bowling, remise en forme, balnéo, aquagym... Tout pour vous remettre sur pied ou vous réconcilier avec le sport ! L'endroit est chaleureux et chacun y va à son rythme. Cet espace multi-activités vous accueille tous les jours, même fériés. Un petit coin de restauration est à votre disposition au bowling. Et la ville de Civaux propose même dans ce centre une fosse de plongée de 20 mètres et un bassin d'approche de 5 mètres ! C'est l'occasion de faire votre baptême de l'eau...Chiche ?

VALDIVIENNE

Dans un paysage verdoyant, traversée par la Vienne, avec également la Dive du côté de Morthemer, Valdivienne est occupée dès l'Age de Pierre. Réunion de plusieurs paroisses et communes (la fusion en 1969 de Morthemer, Salles-en-Toulon et Saint-Martin-la-Rivière), le territoire abrite quatre églises (Notre-Dame de Morthemer, Notre-Dame de la Chapelle-Morthemer, Saint-Hilaire de Salles-en-Toulon, Saint-Martin de Saint-Martin-la-Rivière) et deux chapelles. Plusieurs châteaux (dont celui de Morthemer), manoirs et maisons anciennes sont également présents. Pas moins de 15 moulins ont aussi été recensés, celui de Salles, le Moulin Neuf est encore visible.

CHATEAU DE MORTHEMER

16, rue Chandos

Le château est privé, seule l'église se visite. Parcours Terra Aventura.

De loin, dès votre arrivée, vous verrez cet imposant édifice s'élever au-dessus de Morthemer. Le château date du Xe siècle, le donjon aurait été construit au XIVe siècle. Il y a donc deux parties : le donjon, massif, avec ses quatre tours d'angle et son petit château à ses pieds accolé à l'église Notre-Dame. L'ensemble fut ensuite restauré vers 1865 par Emile Boeswillwald, collaborateur de Viollet-le-Duc, à la demande du baron de Soubeyran. Il donna notamment son aspect défensif au donjon en aménageant le chemin de ronde à son sommet et en reprenant les fenêtres.

EGLISE NOTRE-DAME DE MORTHEMER

rue du château

Visite libre. Parcours Terra Aventura.

Accolée au château et dominant le charmant village de Morthemer, l'église Notre-Dame a été édifiée à la fin du XIe et au début du XIIe siècle. Elle devient ensuite collégiale. Cet édifice roman a été modifié à l'époque gothique. Admirez le clocher-porche lorsque vous entrez. C'est une église à nef unique, avec cinq travées. La crypte abrite des peintures murales de style gothique datant du XIIIe siècle. Elle était destinée à recevoir les tombes seigneuriales.

RESTAURANT DE LA PLAGE €

2, promenade de la plage

✆ 05 49 56 30 28

www.lerestaurantdelaplage.metro.rest

Le midi du mardi au dimanche, le samedi soir sur résa. Formule midi 13 €. Menus 21,50 à 35 €. 5 chambres (44 à 52 €).

C'est un vrai petit nid douillet sur les bords de la Vienne avec ses cinq chambres. Cet établissement bénéficie d'un cadre naturel et reposant pour profiter à la fois des chambres confortablement aménagées ou d'une table dans l'une des deux salles de restauration avec vue panoramique sur la rivière. L'accueil est sympathique. Le chef vous propose une cuisine traditionnelle maison bien réalisée, de qualité et généreuse. Installés sur la terrasse, vous profiterez du spectacle de la vallée. Le lieu dispose aussi d'un bar et d'un billard.

THE FOOTBRIDGE TAVERN €

2, rue Baron de Soubeyran

✆ 09 72 63 66 85

Mardi au dimanche midi. Midi 12h-14h. Soir 18h-21h. Réservation recommandée. Plat du jour : 9,50 €. Formule : 17,50 €.

The Footbridge Tavern est pub anglais dans la campagne poitevine ! Les locaux, appartenant à la commune de Valdivienne, ont été rénovés et repris par Julia et Stuart. Ce couple d'Anglais est tombé sous le charme de la région. Ils proposent une cuisine mêlant plats anglais et français : fish and chips, rôti de bœuf... Les pizzas sont au menu tous les jeudis et les samedis soir. Côté animation, le deuxième vendredi de chaque mois, le micro est ouvert à tous avec une scène ouverte. Et des chanteurs ou groupes se produisent régulièrement.

BISONS DU POITOU

La Roussalière

✆ 05 49 56 34 07

Ouvert tous les jours. Vente à la ferme de 10h à 19h. Promenade autour des parcs. Accueil de camping-cars.

Un élevage de bisons dans le Poitou... il est unique ! Depuis 1993, Germain et aujourd'hui Francelys Redin élèvent plus de 300 bêtes sur 180 hectares, ce qui en fait un des plus importants d'Europe. Nourris à l'herbe et au foin, les bisons paissent tranquillement dans les bois et les plaines. De cet élevage sont tirées des pièces de boucher (rôti, pavé...). La viande est également transformée dans l'atelier de la ferme, sur place, en saucissons, terrines (aux noisettes, aux morilles...), saucisses... N'hésitez pas à venir les voir et à goûter ensuite !

L'ISLE-JOURDAIN

L'Isle-Jourdain s'est construite autour de sa rivière et les traces d'habitation sur le site remontent au IVe siècle. Elle doit son nom à un seigneur de Jourdain qui est à l'origine de la forteresse du XIIe siècle nichée sur une petite île. Notre-Dame-de-Saint-Paixent, église romane des XIe et XIIe siècles, présente la particularité d'avoir été affublée du donjon de l'ancien château en guise de clocher. Depuis le viaduc, surplombant la Vienne, le panorama est saisissant. A 40 mètres du sol, cette ancienne ligne de chemin de fer (construite en 1882) qui reliait Saint-Saviol au Blanc, donne une vue dégagée sur les paysages, la vallée, les barrages.

AUBERGE DE LA BLOURDE €€

Le Bourg - **MOUTERRE-SUR-BLOURDE**
✆ 05 49 84 96 08
www.auberge-de-la-blourde.fr
Du lundi au vendredi midi. Week-end sur réservation uniquement. Formule midi : 13 €. Menus de 25 € à 30 €.

© AUBERGE DE LA BLOURDE

Bienvenue au restaurant du village avec sa terrasse abritée et sa magnifique vue sur la vallée de la Blourde. Vous serez accueillis avec grand sourire dans la salle de restaurant. L'ambiance y est conviviale et chaleureuse. Nappes à carreaux rouges et blancs, cheminée, poutres apparentes, une véritable auberge à la cuisine gourmande, de saison et confectionnée à partir de produits locaux. Les assiettes sont copieuses, vous vous régalerez. L'auberge assure un service traiteur. Elle n'est donc pas ouverte tous les week-ends. Réservez avant votre venue.

BARRAGE DE CHARDES

Rue de Chardes
Visite libre.

Cette centrale hydroélectrique est construite en 1926 par la Société des forces motrices de la Vienne puis, intégrée à EDF en 1946. Elle fait partie du groupement d'usines de La Roche, qui exploite les barrages hydroélectriques établis sur la Vienne (dont ceux de La Roche et Jousseau sur Millac). Les 4 turbines verticales installées en 1947 permettent d'avoir un débit de 94 m^3/s. Le barrage mesure 270 m de long avec une chute de 8,10 m et une retenue couvrant 35 ha. Le lac de Chardes accueille des activités nautiques (canoë, paddle, bateau à pédales...).

LA VALLÉE DES CERFS

Chez Mairine - **LUCHAPT** ✆ 06 85 55 31 06
www.cerfcheval.com
Haute saison visite mercredi et samedi. Basse saison visite samedi. Adulte : 7,50 €. Enfants de 6 à 12 ans 5 €.

C'est au cœur des paysages vallonnés du sud Vienne que Anne et Patrick van Aubel ont lancé, en 1994, leur élevage de cerfs bio. Partez à leur découverte lors d'une journée ou d'un séjour en chambre d'hôtes ou en camping. On découvre les vaches Aubrac, brebis charmoise, lamas, volailles, et bien entendu le troupeau d'une quarantaine de cerfs, biches et faons. Faites escale dans le petit musée du cheval de trait. Des promenades à cheval ou en carriole sont possibles. Dégustation des produits de la ferme. De la mi-septembre à la fin octobre, c'est la saison du brame.

LA MAISON RIBOTTEAU €€

1, avenue du Pré Dorat
✆ 05 49 48 94 21
fr.lamaisonribotteau.fr
Cinq chambres et un appartement indépendant (2 chambres). De 98 à 137 €. Petit déjeuner inclus. Piscine. Table d'hôtes.

Dans le centre-ville de L'Isle-Jourdain, cette maison de maître de la fin du XIXe siècle, tenue par Keith et Ann, offre de belles prestations. La bâtisse dispose de cinq chambres spacieuses et confortables. L'Appartement de la Maison de Carosse est un logement indépendant au rez-de-chaussée disposant d'un accès pour les fauteuils roulants. Avec deux chambres, il peut accueillir 4 personnes. Vous pourrez profiter du jardin qui s'étend sur 2,7 hectares et aux beaux jours de la piscine et de ses abords. Ne manquez pas la vue sur la vallée de la Vienne et le viaduc.

ESPRIT €

1, place du Poitou
✆ 05 16 80 03 11
Ouvert tous les midis sauf le vendredi. Formule midi 13 €. Plat + entrée ou dessert : 10,30 €. Réservation recommandée.

Au cœur du village de L'Isle-Jourdain, donnant sur une place et des parkings, le bar-restaurant l'Esprit est tenu depuis 2011 par Christophe en cuisine et Edith en salle. Chaque jour de la semaine, à midi, le chef concocte un menu différent, en s'inspirant des arrivages, des produits frais, de saison et locaux. Le week-end, une carte de plats faits maison, plus travaillés, est proposée. Le plat phare du chef à ne pas louper : sa tatin de ris d'agneau aux pleurotes. L'agneau venant bien sûr du local, du Poitou-Charentes ! Aux beaux jours, profitez de la terrasse.

LA BOUTIQUE D'À CÔTÉ

4, Avenue Marcel Giraud
✆ 06 63 55 19 67
www.laboutiquedacote.fr
Ouvert le samedi de 8h30 à 13h.

Cette épicerie associative travaille avec une quarantaine de producteurs de la Vienne, des Deux-Sèvres et de Charente. Encourager le développement local, paysan, artisanal et culturel, voici l'objectif de l'association « Des idées à La boutique d'à côté » qui ainsi souhaitait créer un lieu de vie où échanger et se rencontrer, mais également proposer des produits de qualité. Dans cette ancienne boutique de tapissier, il y a des légumes et fruits de saison, pain, miel, confitures, fromages, bière, vin, viande, œufs, quelques produits cosmétiques...

LE VIGEANT

Le territoire est sans doute habité dès les temps préhistoriques, comme l'indique un dolmen, très abîmé, à la ferme du Grand Fâ. De l'époque gallo-romaine, il reste un tumulus à La Brousse. L'église Saint-Georges date du XIe siècle. À l'intérieur, on peut voir une pierre tombale du XVIe s. et un très beau gisant du XVe s. Le massacre du 4 août 1944 marquera la commune. Les traces des impacts sont encore visibles sur le mur qui vit mourir 40 personnes. Un monument est élevé en leur mémoire. Evoquant les nombreux étangs de la commune, un sentier d'interprétation autour de l'eau (6 km) a été conçu. A voir aussi : le viaduc, le circuit du Val de Vienne.

MOUSSAC CANOE KAYAK

2, rue Moulin Chauvet - **MOUSSAC**
✆ 05 49 84 50 60
www.moussac-canoekayak.fr
Mardi à dim : avril à juin 10h-18h, juillet-août 9h-19h. Weekend sep-oct. Descente : 12 à 40 €. Location lac : 5 à 10 €.

Pour s'amuser sur l'eau, n'hésitez pas à vous rendre à la base de canoë-kayak de Moussac. Débutants ou confirmés, vous pourrez descendre la Vienne en canoë. Il y a plusieurs parcours entre L'Isle-Jourdain et Queaux, voire Lussac-les-Châteaux (18,5 km !) pour les plus sportifs, de 1 h à la journée. Prenez le temps, appréciez la faune et la flore, n'hésitez pas à pique-niquer, vous baigner... Sur le lac de Chardes, il est aussi possible de louer un canoë, un paddle, un bateau à pédales pour juste profiter de l'eau avec une jolie vue sur le viaduc !

OXYGÈNE 40 SAUT À L'ÉLASTIQUE

Route du Viaduc ✆ 06 03 61 58 19
www.oxygene40.com
Ouvert les week-ends de mai à septembre. Les samedis en mars, avril, octobre, novembre. 60 € (prix dégressif en groupe).

Vous souhaitez offrir un cadeau original ou vivre une expérience extraordinaire ? Un saut à l'élastique depuis le viaduc de L'Isle-Jourdain, c'est l'assurance d'une montée d'adrénaline dans une aventure unique, encadrée par une équipe professionnelle sur un site exceptionnel qui surplombe la Vienne. Le cadre est magnifique, l'équipe très sympa vous met en confiance. Attaché par les pieds, vous n'aurez plus qu'à compter 1 - 2 - 3 et sautez ! Frissons et souvenirs garantis !

HÔTEL VAL DE VIENNE*** €€

lieu dit Port de Salles
✆ 05 49 48 27 27
www.hotel-valdevienne.com
20 chambres (double, twin, triple, suite familiale) de 89 à 182 €. Pour les clients, restaurant les soirs. Piscine.

Cet hôtel trois étoiles est situé sur les bords de la Vienne, au milieu d'un parc de deux hectares. Les chambres en rez-de-chaussée, au calme, sont climatisées et offrent une jolie vue sur la rivière et la terrasse. Le site dispose notamment d'une suite familiale de 40 m², pouvant accueillir jusqu'à 4-5 personnes. Uniquement réservé aux clients de l'hôtel, le restaurant est ouvert les soirs (sauf le dimanche). Avec ses larges baies vitrées, la salle claire et lumineuse offre une vue imprenable. Ce cadre apaisant est aussi pourvu d'une piscine chauffée.

RESIDENCE DES PILOTES €€

Technopole ZA
✆ 05 49 91 79 17
www.residencepilotes.com
30 chambres. A partir de 79 € la nuit. Accès direct au circuit du Val de Vienne.

A proximité immédiate du circuit du Val de Vienne, la résidence des Pilotes propose 30 chambres insonorisées et climatisées, claires et fonctionnelles. L'hôtel propose 10 chambres standards pouvant accueillir jusqu'à 6 personnes. Les 10 chambres Club sont dotées d'une terrasse avec vue sur la piste. Les 10 chambres Exécutive offrent aussi une vue sur le circuit depuis leur balcon. La salle des petits déjeuners est spacieuse. L'ensemble est moderne. Un accès piéton permet un accès direct au circuit. Pour être au plus proche de l'action, foncez !

VIENNE

ARBRÉSO

22, route du Viaduc
07 85 09 48 94
www.arbreso.com

Samedi en mars, avril, octobre, novembre. Les week-ends en mai, juin, septembre 13h-18h. Vacances d'été tlj 13h-19h.

Situé autour du viaduc de L'Isle-Jourdain, sur les deux berges de la Vienne, le parc aventure ArbréSo rassemble des parcours d'accrobranche, deux tyroliennes géantes et une catapulte humaine ! Avec les parcours familial et sportif, évoluez dans les arbres grâce à plus de 75 ateliers : passerelles, filets, lianes, échelles... Volez au-dessus de la Vienne grâce aux deux tyroliennes de 202 et 505 mètres (les deux plus longues du département !). Et pour s'envoyer en l'air (au sens propre), testez la catapulte. Sensations garanties à plus de 100 km/h !

CIRCUIT DU VAL DE VIENNE

05 49 91 79 17
www.circuitvaldevienne.com

Journées touristiques (29/07 et 01/11, 18 € les 15 min). Baptêmes et stages de pilotage auto et moto. Restauration.

Niché dans la campagne poitevine, ce circuit rapide de 3 768 m de longueur et de 11,4 m de largeur propose plusieurs tracés. Créé en 1990 par René Monory, il accueille des compétitions auto et moto de haut niveau, des associations, des particuliers, mais aussi des séminaires. Tous les ans, l'événement Sport & Collection - 500 Ferrari contre le cancer s'y tient le premier week-end de juin. Pour moto et auto, des stages de pilotage à la demi-journée ou journée sont proposés, ainsi que des baptêmes de piste. Pendant les journées touristiques, venez tester le circuit.

USSON-DU-POITOU

Pour découvrir cette petite commune, n'hésitez pas à emprunter le parcours tracé au cœur du bourg. De l'église médiévale au quartier ancien, en passant par le lavoir et jusqu'aux jardins de la Clouère, vous découvrirez les différents aspects de ce village. Entre Usson-du-Poitou et Saint-Martin-l'Ars, n'hésitez pas à faire un pas de côté pour découvrir les dolmens d'Artron (vers les lieux-dits Bars ou Vilaigre). Du côté de Saint-Martin-l'Ars, le village offre un joli plan d'eau, mais aussi un patrimoine varié avec l'église romane de Saint-Martin, un château du XVe siècle ou encore un peu plus loin, l'abbaye royale de la Réau à ne pas manquer.

ABBAYE ROYALE DE LA RÉAU

SAINT-MARTIN-L'ARS
05 49 87 93 08
www.abbayeroyaledelareau.fr

D'avril à novembre. Horaires variables : voir site internet. Adulte : 10 €. Enfant : 6 €. Monument game : 10 €.

C'est un petit bijou sur le territoire, un lieu surprenant en devenir. Construite à la fin du XIIe siècle sous la protection d'Aliénor d'Aquitaine, l'abbaye royale de la Réau a été fondée par une communauté de moines répondant à la règle de Saint Augustin. Son essor fut tel, qu'elle rayonna jusqu'en Bretagne. Fortifiée à la fin du XIVe siècle, lors de la guerre de Cent Ans, elle amorça son déclin avant d'être réformée plusieurs fois par le prieur Louis de la Rochefoucault, puis par François Henin, au XVIIIe siècle. A la Révolution, lors de la dissolution des Ordres, elle verra le départ de ses derniers moines. Aujourd'hui entre les mains de propriétaires privés, classée aux Monuments historiques, l'abbaye royale de la Réau s'ouvre au public pour faire découvrir son riche patrimoine. Lors de la visite, que nous vous conseillons guidée, vous plongerez dans l'histoire du monument dont il ne reste aujourd'hui qu'une partie des bâtiments monastiques et la charmante église à ciel ouvert, vous déambulerez dans les nombreuses pièces remeublées de l'édifice, découvrirez les cellules monastiques, la magnifique salle capitulaire du XIIe siècle et la clé de voûte qui s'élevait dans l'église, tandis que l'on vous expliquera les différentes étapes du chantier de restauration en cours. Pour susciter l'intérêt des plus jeunes, une chasse au trésor est proposée aux enfants dès 7 ans. Notre coup de cœur reste le monument game : « Sauver la Réau ». Une enquête à réaliser entre amis ou en famille (à partir de 11 ans) dont vous êtes le héros.

JARDINS DE LA CLOUÈRE

Route de Civray
05 49 59 50 17

Accès libre.

Ces jardins et sentiers s'étendent sur une superficie de 11 hectares. Le premier espace est une prairie avec jeux pour enfants, parcours de santé, ainsi que des bancs et des tables pour pique-niquer. Dans son prolongement, se trouve une zone humide entre deux bras de la Clouère. Le public peut découvrir cet espace naturel grâce à l'aménagement de pontons en bois. Sur ce chemin ombragé, des panneaux d'interprétations sont à la disposition des promeneurs. Enfin, au bout du parcours, un observatoire est installé pour s'abriter et observer la faune et la flore.

VIENNE

ELEVAGE DE LA CLOUERE €€

Lieu-dit Pardines

✆ 06 81 83 63 27

Trois chambres (2 personnes par chambre). 50 € / la nuit. Visite gratuite de l'élevage à la demande.

Dans l'ancienne ferme familiale, rénovée avec goût, l'Elevage de la Clouère propose trois chambres pouvant accueillir six personnes. Depuis plus de trente ans, François-Xavier et Annette sont des éleveurs de baudets du Poitou, de traits poitevins et de mules poitevines. Ils participent à la conservation de cette race emblématique du territoire, au maintien d'un patrimoine vivant du Poitou. Ainsi, il est possible de visiter l'exploitation et en grand passionné, l'éleveur vous parlera de l'histoire de ces animaux intelligents et affectueux.

AUBERGE DE L'ÉCURIE €€

La Font

✆ 05 49 59 53 84

aubergedelecurie.business.site

Du mardi au samedi, midi et soir, le dimanche midi. Réservation impérative. Menu du jour en semaine à 14 €. 5 chambres.

Dans la petite bourgade d'Usson-du-Poitou, se trouve l'Auberge de l'Ecurie dans une bâtisse aux murs anciens. Dans une ambiance familiale et conviviale, Christelle et Marc vous accueillent avec le sourire dans leur restaurant (sur place ou à emporter). Dans la jolie salle, à côté de la cheminée ou sur la terrasse, venez déguster une cuisine traditionnelle, bien exécutée, colorée et joliment dressée. Le menu change chaque week-end en fonction des produits régionaux et de saison. Le plat du jour est également concocté suivant les arrivages.

AIRE DE LOISIRS

Le Pont Creusé

SAINT-MARTIN-L'ARS

✆ 05 49 87 81 56

Accès libre. La baignade est surveillée en juillet et août, les après-midi du mardi au dimanche.

Situés dans le centre du village, dans les bras du Clain, le plan d'eau et l'aire de loisirs du Pont Creusé offrent une halte rafraîchissante. Sur 6 hectares, c'est un lieu de baignade, de pêche, de balade, pour pratiquer la pétanque, le ping-pong, le volley... La baignade est surveillée tous les après-midi en juillet et août, sauf le lundi. Des jeux pour enfants et quelques tipis permettent aux petits et aux grands de s'amuser. Une aire de pique-nique et le restaurant Le Martin Pêcheur (avec sa terrasse donnant directement sur l'eau) surplombent la retenue.

AVAILLES-LIMOUZINE ...

Le nom d'Availles est cité pour la première fois dans des chartes du XIe siècle. Il existe plusieurs thèses à l'origine du nom. D'aucuns affirment qu'il vient du mot gaulois *aballo*, qui signifie « pommier » : Avallia aurait donc été « la propriété où il y a des pommes ». D'autres défendent l'idée que le nom vient d'un roi wisigoth d'Aquitaine qui régnait en 418, Walia. Cependant, l'occupation du site dès l'Antiquité a été attestée par la présence de ruines romaines. On commence ici à quitter le Poitou. Limousin et Angoumois ne sont plus loin. D'ailleurs, Availles se veut limousine tandis que Civray est traversé par la Charente, et non par la Vienne.

VILLAGE FLOTTANT DE PRESSAC €€

Etang de Ponteil

PRESSAC

✆ 05 86 16 02 25

www.village-flottant-pressac.com

De fév à décembre. Cabanes flottantes, lodges africains, tentes safari. Basse saison dès 99 €. Haute saison dès 139 €.

© VILLAGE FLOTTANT DE PRESSAC

Voguez Capitaine, votre cabane vous attend sur l'eau. Bercé par l'étang, vous apprécierez ce logement insolite. Lavabo et toilettes sèches, l'essentiel pour un brin de toilette. Vos voisins ? Libellules et oiseaux aquatiques. Vos petits déjeuners vous sont livrés. Ce village est flottant et propice au repos ! Lodges et tentes safari attendent sur la terre ferme ceux qui n'ont pas le pied marin. Pour tous, pêche, piscine, vélo, bain nordique et... dîner dans une cabane-grill privatisée.

VIENNE

ÉGLISE SAINT-JUST

2, rue de Cha Thomassou
PRESSAC
Accessible toute l'année. Entrée gratuite.

Lors de guerre de Cent Ans, le toit de l'église Saint-Just a été surélevé pour abriter un espace défensif. Mais c'est bien du XIIe ou du XIIIe siècle que date cette église, composée d'une simple nef. A l'intérieur comme à l'extérieur, de nombreuses sculptures sont présentes, principalement consacrées au bestiaire et aux végétaux : griffon, chimère, basilic et autres femmes-serpents ornent les chapiteaux. Le tabernacle en bois doré, daté du XVIIIe siècle est l'un des plus beaux exemples du département. Elle fut connue pour le miracle de l'hostie du 2 avril 1643.

ÉGLISE SAINT-MARTIN

37, Rue de l'Église
Visite libre.

De facture romane, cette église plutôt massive, dédiée à Saint Martin, fut construite au XIe siècle. De cette époque il reste quatre piliers qui soutiennent le clocher, alors que la nef et les transepts ont été reconstruits au XVe siècle. Mise à sac par les Ligueurs, l'église doit ces rajouts au seigneur d'Availles, Jacques d'Archiac, dont on peut encore voir sur les clefs de voûte le blason. Parmi ses usages, c'était aussi là que se faisait l'école et qu'avaient lieu les ventes publiques. La crypte et la croix de mission, sur la place, sont aussi à voir.

LE PARADIS DES FLEURS ET DES OISEAUX

8, rue du Paradis
✆ 05 49 48 53 99
Mai-juin : mardi au dimanche 14h-19h. Juillet-août : jeudi au dimanche 14h-19h. Ouvert les jours fériés. Entrée : 6 €.

Des bassins avec jets d'eau, une basse-cour avec des paons et une volière d'oiseaux exotiques... Tenu par Monique, c'est un petit coin de paradis pour un joli parc de 3 000 m^{2} avec plus de 1 400 variétés de vivaces aromatiques, médicinales, potagères, arbustes et rosiers. Dans ce tableau végétal exubérant, haut en couleur et en senteurs, profitez du chant des oiseaux (refuge LPO) et du ruissellement de l'eau. A voir aussi : la belle collection de plus de 400 cafetières en porcelaine.

CAMPING LE PARC** €

Les Places ✆ 05 49 48 51 22
www.camping-le-parc-availles.fr
Du 1er avril au 30 septembre. Emplacement avec véhicule pour deux pers. une nuit : 19 €. Mobil-home à partir de 73 €.

Voici un petit camping attachant qui dispose d'une centaine d'emplacements, mais également de trois chalets, de 11 mobil-homes et de six logements insolites (2 pods, 2 barrels, 1 kota et 1 logis). Le cadre vert est très agréable au bord de la Vienne. Vous serez accueillis par André et Pascale. Détente, randonnée ou sports, à vous de choisir : une partie de pétanque, un mini-golf, un tennis... Sinon les activités d'eau ne manquent pas (pêche, piscine, location de canoës, bateaux à pédales...). Et le coin est réputé pour ses sentiers de promenade à pied ou à vélo.

HÔTEL-RESTAURANT LA CHATELLENIE €€

1, rue du Commerce ✆ 05 49 84 31 31
www.lachatellenie.fr
Neuf chambres à partir de 85 € la nuit. Petit déjeuner buffet : 9,50 €. Restauration du mardi au samedi, midi et soir.

Ce charmant hôtel trois étoiles est en fait un ancien relais de poste rénové, mais qui a conservé son attrait si particulier. Tenu par Emilie et Thomas Fournier, le logis propose neuf confortables chambres décorées avec soin. Côté cuisine, monsieur est aux commandes et travaille les produits locaux qu'il sélectionne avec soin, en fonction des saisons pour des assiettes coloriées. En hiver, profitez de la salle lumineuse et de sa cheminée, en été, l'agréable patio vous tend les bras.

LA SOURCE €€

3, rue Principale
✆ 06 43 71 46 81
Deux chambres de 25 m^{2}. Petit déjeuner inclus. A partir de 74 €.

Dans une jolie maison familiale, l'établissement la Source comprend deux chambres spacieuses de 25 m^{2} disposant chacune de leur propre salle de douche. L'ensemble est confortable, au calme. Chaleureuse et aimable, Barbara vous y accueille. Le matin, un petit-déjeuner complet est proposé dans une salle dédiée. Aux beaux jours, vous pourrez profiter du joli jardin et de sa terrasse. N'hésitez pas à prendre quelques instants et appréciez l'extérieur, assis sur une des chaises à disposition sous les arbres. Le site dispose d'un parking privé et fermé.

LE CHALET DU BOUCHER €

Lieu-dit le Ribourgeon
PRESSAC
✆ 07 83 76 76 09

Ouvert toute l'année. En été 7j/7. Le midi tous les jours et le soir du mardi au samedi. Carte de 9 € à 18 €.

Le chalet présente une expérience connue et reconnue dans la région depuis cinq ans. Derrière les fourneaux, le chef Patrice Saulnier, qui jouit déjà d'une expérience de plus de 35 ans, vous accueille avec sa compagne, Stéphanie, en toute convivialité. Dans un cadre chaleureux et cosy, en hiver à côté du poêle à bois comme en été sur la terrasse ombragée, vous vous offrirez un instant de détente pour déjeuner ou dîner. Vous apprécierez une cuisine de l'instant, de saison et à base de produits de terroir. Foie gras, salade périgourdine, daurade grillée...

LATHUS-SAINT-REMY

Lathus-Saint-Rémy est une petite commune de plus de 1 000 habitants, située dans le sud-est de la Vienne. Elle regorge de curiosités à découvrir lors d'une escapade : le Roc d'Enfer et sa légende, le barrage du Chatelard, appelé le barrage inachevé ou bien encore le dolmen de Marchain. Elles vous plongeront au cœur de son histoire à part. Sans oublier ses singularités d'ordre naturel cette fois comme le chêne parasol, le pin maritime et les incontournables balades le long de la Gartempe. L'église Saint-Maurice possède quelques caractéristiques architecturales d'intérêt comme sa nef gothique ainsi que son chevet et son transept roman.

LA MARINA DU PONTEIL €€

Étang du Ponteil - **PRESSAC**
✆ 07 86 06 12 50
www.village-flottant-pressac.com

Horaires variables : voir site internet. Formule midi 14,50 €. Cabanes-grill 34 € jusqu'à 3 pers, 29 € de 3 à 8 pers.

Une curiosité ! Au cœur du village flottant de Pressac, sur l'étang du Ponteil, offrez-vous un repas sur l'eau. Sur la terrasse de la Marina, profitez d'une vue imprenable sur les cabanes du village. Les plats sont bons et tous faits maison. La formule midi, un excellent rapport qualité-prix. Le soir, les cabanes-grill sont une expérience à ne pas manquer. Leur réservation se fait à l'avance. Entièrement privatisés, ces restaurants flottants vous proposent de vous installer autour d'un feu de bois pour y faire cuire vos grillades. Une pause nature à ne pas rater !

FERME PÉDAGOGIQUE

Le Peux Pintureau
✆ 05 49 91 83 30
www.cpa-lathus.asso.fr

Visite libre et gratuite. Possibilité de pique-niquer.

Située au cœur du village du Peux Pintureau, la ferme pédagogique fait partie des activités proposées par le CPA Lathus. Lors des séjours, elle voit défiler les jeunes pour nourrir les animaux, réaliser un atelier, s'occuper du potager... Accessible librement à tous, en parcourant le Chemin des Pintureaux vous pouvez découvrir les différents animaux de la ferme : chevaux, brebis, chèvres, baudets, lapins, cochons, poules, vaches... et en apprendre plus sur leurs habitudes. Vous pouvez les caresser, les observer, un vrai bonheur pour les plus petits.

AU PRÉ DES CHEVAUX

Le petit villars - **PRESSAC** ✆ 06 89 81 43 82
www.le-cheval-exprime.com

Ouvert tous les jours. Réservation recommandée. Découverte poney 3-6 ans : 19 €. Balade accompagnée 1h : 35 €.

Deux amoureux des chevaux et dans la vie, Lénora et Merlin, après des expériences personnelles, ont décidé d'unir leurs compétences dans cette pension pour équidés, dévouée à l'optimisation du bien-être des animaux. Cette éthique leur permet de chouchouter vos chevaux en proposant une pension au pré, des installations fonctionnelles et des abris confortables. Des cours d'équitations tous niveaux sont proposés, ainsi que des stages d'une ou deux journées sur le bien-être du cheval. Les adorables poneys raviront les enfants pour une découverte ou une balade.

LE ROC D'ENFER

Non loin de la D10

Gratuit.

Chaussez vos baskets pour arpenter le chemin du Roc d'Enfer. Une magnifique et sportive balade de 1h30 vous attend dans ce site naturel classé Natura 2000. Ici, les eaux de la Gartempe s'écoulent dans un lit étroit entouré par deux collines parsemées de rochers. Empruntez le chemin balisé pour atteindre les blocs granitiques du Roc d'Enfer surplombant la gorge et son torrent, avant d'atteindre un barrage inachevé. La faune et la flore avec ses 338 espèces végétales y sont remarquables mêlant petite forêt, paysages montagnards et méditerranéens.

CHATEAU MAREUIL €€

Mareuil - **BRIGUEIL-LE-CHANTRE**
✆ 05 49 48 02 93
www.chateaumareuil.com

Trois suites (3 à 4 pers.) et un studio indépendant (2 pers.). De 100 à 160 €/nuit. Location à la semaine (12 pers.).

Surplombant la rivière Asse, cette ancienne forteresse médiévale appartenait à la baronnie de Montmorillon. En 1494, Jean 1er de Mareuil en devient le premier seigneur habitant. Comprenant un jardin, une chapelle, un donjon, une grange, des étables... depuis 2015, Lee et Belinda Prince s'attellent à restaurer ce château. Trois suites ont été aménagées, ainsi qu'un studio indépendant. Une salle de jeu et un bar ont été installés dans l'ancienne chapelle. Vous pouvez aussi profiter de la très belle piscine, du jardin et des berges.

LA FERMOTHÈQUE €€

La Cantinière
✆ 06 88 32 33 12
www.lafermotheque.fr

Yourte avril à oct : 1 000 €/sem, 400 €/week-end. Nuit 23 €/pers hors week-end. Journée à thème : 10 €/pers dès 4 ans.

C'est la promesse d'un moment de détente en pleine nature ! Bienvenue dans la ferme de la famille Bardet. Ici, on élève des vaches limousines et on aime transmettre son savoir-faire. Bien plus qu'un hébergement insolite proposant deux yourtes de 6 personnes, la Fermothèque organise, pour les familles, des journées à thèmes d'avril à octobre pour découvrir la vie à la ferme et le métier d'agriculteur en s'amusant. Jeu d'énigmes, safari-photo en tracteur, activité cuisine de produits locaux, retrouvez le programme sur le site internet.

LA VOULZIE €€

La Voulzie
✆ 05 49 91 72 71
la.voulzie.free.fr

Ouvert du mercredi au dimanche midi (sauf jours fériés). Sur réservation le soir et le week-end. A la carte.

Au bord de la Gartempe, le lieu est agréable, calme. La salle offre une vue panoramique et la terrasse donne directement sur la rivière. Depuis 1993, Céline et Sylvain vous accueillent et proposent une cuisine faite maison, traditionnelle. A la carte, il y a des propositions de type petite brasserie : du foie gras, des salades, des burgers, des viandes (faux-filet, pavé de veau et sa crème aux morilles)... L'accueil est sympathique, les plats sont bons. N'hésitez pas à passer et prenez le temps de vous poser, de profiter de ce cadre charmant.

FOIRE DES HÉROLLES

Les Hérolles
COULONGES
✆ 05 49 91 77 08

Le 29 de chaque mois.

L'une des communes les plus à l'est du département est surtout connue pour sa foire. Chaque 29 du mois, c'est le rendez-vous à ne pas rater ! La commune de 300 habitants accueille ces jours-là pas moins de... 450 vendeurs et exposants ! Et ce sont 10 000 à 20 000 visiteurs qui arpentent les allées des différents secteurs d'activités, sur une surface de 7 hectares. A ne pas manquer : la célèbre tête de veau ! Et dans le marché au cadran, éleveurs (bovins et ovins) et acheteurs se rencontrent. Cette vente aux enchères anonyme ne manque pas de rythme. A voir.

CENTRE DE PLEIN AIR DE LATHUS

La Voulzie
✆ 05 49 91 83 30
www.cpa-lathus.asso.fr

Dès 3 ans lors des vacances scolaires. Une activité de 3h/7-15 ans/15 € ; 16 ans et + : 20 €. Résa obligatoire.

Le centre de plein air de Lathus propose de très nombreuses activités : kayak, stand-up paddle, rafting, tir à l'arc, VTT, spéléologie, escalade, Accro'Lathus, grimpe d'arbres, cirque, équitation, Disc'Lathus, randonnée, Défi en famille, Terra Aventura... Plusieurs événements se tiennent tout au long de l'année. Le site dispose d'une capacité d'hébergement de 210 lits répartis sur trois bâtiments et de terrains de camping avec 19 emplacements classiques ou des marabouts.

CENTRE ÉQUESTRE DE LATHUS

lieu-dit La Trie
✆ 05 49 91 80 81
www.cpa-lathus.asso.fr

Ouvert toute l'année.

Labellisé centre de tourisme équestre, à la fois école d'équitation, écurie de compétition, centre d'élevage et centre de formation, cette structure est archi complète et très bien équipée. Pour découvrir la région, sachez que le centre se trouve à proximité de 200 km de chemins balisés. Promenades et randonnées sont possibles à la demi-journée ou à la journée. Des forfaits de cours particuliers ou de découverte du poney/cheval (sur 3 heures) sont accessibles à tous.

YAKANOË RAFTING

Les Bordes
✆ 06 21 93 25 22
www.yakanoe.com
Sur réservation. Week-ends et vacances scolaires : adulte : 30 €, enfant (6-17 ans), étudiants : 25 €.

Avis aux amateurs de sensations fortes ! Yakanoë vous propose des descentes en eaux vives sur la Gartempe et dans les célèbres rapides des gorges du Roc d'Enfer. En duo, en famille ou entre amis, en rafting, en miniraft, en cano-raft, en hydrospeed, ou en canoë, c'est parti pour une aventure en pleine nature, toujours encadrée par un moniteur diplômé. Pour ceux qui n'ont pas le pied marin, préférez la randonnée aquatique avec au programme de la marche à pied, de la nage, et des sauts dans l'eau ! Promis vous aurez le temps d'admirer le paysage.

SAINT-SAVIN ★★

Inscrite sur la liste des édifices classés au Patrimoine mondial de l'Unesco, l'église de Saint-Savin possède un joyau : ses peintures murales qu'on ne se lasse pas de voir et de revoir à l'occasion d'une visite, d'un atelier de méditation, d'œnologie ou même d'une initiation à la fresque. Saint-Savin est aussi le point de départ de la Vallée des fresques, une balade époustouflante de couleurs et de savoir-faire. Sur une vingtaine de kilomètres le long de la Gartempe, en passant par Antigny, Jouhet, Montmorillon et jusqu'à Saulgé, on retrouve dix monuments qui ont su, malgré les années, conserver des peintures murales exceptionnelles.

CHAPELLE SAINTE-CATHERINE

2, place du souvenir
JOUHET
✆ 05 49 91 05 32
La clé de la chapelle est disponible au restaurant Le Val de Gartempe et à la mairie de Jouhet (payant).

Cette petite chapelle conserve des peintures murales exceptionnelles de la fin du XVe siècle. A vocation funéraire, elle est située dans l'emprise de l'ancien cimetière qui entourait l'église. Elle a été fondée le 10 juillet 1476 par Pierre du Boschage, curé de la paroisse de Jouhet, pour Jean de Moussy, seigneur de La Contour et de Bois-Morand à Antigny. Sont représentés : deux scènes de la Genèse, la « Rencontre des trois morts et des trois vifs » ou encore l'enfance du Christ.

ABBAYE DE SAINT-SAVIN ★★★

22, place de la Libération
✆ 05 49 84 30 00
www.abbaye-saint-savin.fr
Tlj en juillet-août 10h-19h. Gratuit jusqu'à 8 ans. Adulte : 10 €. Réduit : 8 €. Visite guidée : 13 €.

Les peintures murales de l'église romane (le plus grand ensemble d'Europe) sont un véritable trésor du XIe siècle, classées au Patrimoine mondial de l'UNESCO en 1983. Pour apprécier tous les détails, il faut lever la tête ! Le porche d'entrée est consacré au cycle de l'Apocalypse. Les parois et la voûte de la tribune haute sont ornées d'un programme dédié à la Passion et à la Résurrection du Christ. Sur le berceau de la nef sont représentés une cinquantaine d'épisodes de l'Ancien Testament, dont les thèmes ont été empruntés aux livres de la Genèse et de l'Exode. Il y a notamment la célèbre Arche de Noé. L'ensemble de cette fresque magnifique s'étale sur 460 m², à 17 mètres de haut ! Avec la visite libre, une tablette tactile est disponible pour vous accompagner dans la découverte du site. Vous pourrez ainsi voir la vie au Moyen Age, et notamment la vie des moines, mais aussi les conditions de construction de l'abbaye et dans quel environnement politique et religieux elle a été fondée. Vous pourrez donc déambuler à votre convenance sur l'ensemble du site. Trois parcours sont proposés (30 min, 1h, pas de temps), l'idée étant de faire à votre rythme et là où cela vous intéresse. Ainsi, à l'aide des numéros, positionnez-vous et écoutez les différentes anecdotes et autres informations. La tablette propose aussi des photos animées, des vues 3D, des reconstitutions, des textes, des sons, des témoignages d'archéologues, d'historiens de l'art... pour mieux appréhender les différents aspects de ce lieu. Par exemple, une reconstitution a été réalisée au moment où les fresques ont été peintes, vous plongeant dans cette atmosphère particulière, aux côtés des artisans, sur leurs échafaudages. Il est également possible d'accéder ainsi aux peintures de la crypte, fermée par souci de conservation. Des visites guidées sont proposées pour avoir accès au parcours de lecture complexe des peintures imaginées par les moines. Dans le bâtiment monastique, un parcours scénographique est accessible pour découvrir la vie dans une abbaye avec les cellules des moines, le réfectoire, la salle capitulaire, le jardin, le logis de l'abbé... Lors des visites théâtralisées (à 15h, les mardis et jeudis des vacances scolaires), le visiteur pourra ainsi suivre l'inventeur de l'ascenseur hydraulique Félix Léon Edoux ou sa femme Amélie pour découvrir l'abbaye et ses secrets. Laissez-vous porter, c'est un véritable voyage à travers le temps qui est proposé. Des visites nocturnes (Larcin à Saint-Savin) et des animations sont à l'agenda pendant les vacances.

EGLISE NOTRE-DAME

10, rue du 8 mai
ANTIGNY
Accès libre.

L'intérêt de cette église construite au XIe siècle réside dans les peintures remarquables qu'elle abrite. Trois ensembles se dévoilent. Dans la chapelle Sainte-Catherine, les scènes datent de la fin du XIVe siècle. Dans la nef de l'église, les peintures médiévales se sont superposées de génération en génération. Sur le mur nord, les peintures du XIIe siècle abordent des thèmes liturgiques tels que la Résurrection, l'Ascension, la Descente du Christ aux limbes, la Pentecôte... d'autres scènes illustrent le combat de saint Georges contre le dragon. A voir absolument.

EGLISE SAINT GERMAIN

1, re de l'église
SAINT-GERMAIN
La clé de cette église est disponible au Bureau d'Information Touristique de Saint-Savin situé Place de la libération.

Sur la rive droite de la Gartempe, l'église romane dédiée à saint Germain l'Auxerrois est une dépendance de l'abbaye de Saint-Savin jusqu'à la Révolution. Au XIXe siècle, l'église reçoit un nouveau décor peint. Des peintures polychromes, classiques pour l'époque, représentent notamment un Christ en majesté. Plus exceptionnelles, des peintures en « grisailles » réalisées par Octave Pichaut ornent le chœur. Elles retracent différents épisodes de la vie de saint Germain, évêque d'Auxerre, de saint Loup, évêque de Troyes et sainte Geneviève, protectrice de Paris.

MUSÉE ARCHÉOLOGIQUE D'ANTIGNY

Rue du Vieux Chêne
ANTIGNY
✆ 05 49 48 04 49
Ouvert du 14 juillet au 15 août de 14h30 à 18h, les vendredis, samedis et dimanches. Entrée : 2 €. Gratuit - 14 ans.

Dans ce petit musée, une reconstitution grandeur nature du tympan d'un temple du IIe siècle vous attend. Il abrite aussi le mobilier trouvé lors des fouilles du site du Gué-de-Sciaux : bornes militaires, sarcophages mérovingiens, sculptures, reconstitution d'une tombe à incinération maçonnée et présentation de coffres funéraires venant de la commune. Ce site gallo-romain de 25 hectares, arrosé par la Gartempe, vous dévoilera ainsi quelques-uns de ses secrets.

LE MOULIN DE LA GASSOTTE**

10, rue du 8-Mai-1945
✆ 05 49 48 18 02
www.moulindelagassotte.fr
D'avril à fin octobre pour les tentes, 3 lodges et 2 mobil'tentes et toute l'année pour les camping-cars et les 4 gîtes.

Aménagé sur le site d'un ancien moulin à eau, sur les bords de la Gartempe, tenu par Angélique et Anthony, ce camping dispose de 43 emplacements, à l'ombre des arbres séculaires avec quelques hébergements de loisirs (3 lodges et 2 mobil'tentes), ainsi que trois gîtes (4 personnes) et un gîte d'étape de 10 lits. Une salle de 100 m² située à l'étage du moulin est à disposition des campeurs et des usagers des gîtes (TV, bibliothèque, tables et chaises).

GÎTE EN LO €€

La grange Blanche Prémilly - **SAINT-GERMAIN**
✆ 05 49 48 98 69
gites-enlo.fr/
Ouvert à l'année. De 34 à 38 € /ch. pour 1 à 2 pers. Supplément par personne de 17 à 19 €. Attenant au centre équestre.

Situé à 3 km de Saint-Savin, cet établissement accueille les visiteurs depuis 1992. Il s'agit d'une ancienne ferme, qui peut accueillir jusqu'à 27 personnes dans 2 bâtiments donnant sur une même cour : un gîte de 4 chambres (18 places) et des chambres d'hôtes divisées en 3 chambres (9 places). Vous pourrez y trouver une grande salle de cuisine équipée et commune. Vos hôtes proposent aux amateurs de randonnées, des promenades à cheval et à poney. Plus de 300 km de chemins sont à votre disposition, praticables à pied, à VTT. L'accueil des chevaux est assuré.

HÔTEL DE FRANCE €€

38, place de la République
✆ 05 49 48 13 67
www.hotel-saint-savin.fr
14 chambres à partir de 49 €/nuit. Chambre familiale jusqu'à 3 enfants. Bar, terrasse, vente de produits locaux.

Tout proche de la célèbre abbaye de Saint-Savin, cet ancien relais de poste est aujourd'hui l'Hôtel de France. Depuis la reprise de l'établissement par m. Bacquet en juillet 2016, le cadre est rendu particulièrement agréable et la salle des petits déjeuners ainsi que la cage d'escalier ont été refaites à neuf. Les chambres sont harmonieuses. Certaines sont dédiées aux séjours en famille. On ne résiste pas à vous confier que quelquefois l'équipe de l'Hôtel de France (fana de la *british touch*) propose des après-midi où les thés et scones sont à l'honneur.

VIENNE

FA SI LA MANGER €

32, place de la Libération
✆ 06 14 45 02 65
fa-si-la-manger.business.site
Mai à fin août : lun au ven : 9h à 23h, fermé mar et mer midi. Week-end : en continu. Plats à partir de 10,50 €.

Sur la place de Saint-Savin, Stéphane a installé un snack de grande qualité. Les croques et les burgers sont copieusement servis à l'assiette. Réalisés devant vos yeux, ils sont moelleux et bien assaisonnés. Viande du boucher, bières artisanales et frites maison : tout pour ravir vos papilles. Le clou du spectacle, c'est le dessert : la glace thaïe. Sur une plancha à -30 °C, choisissez un fruit (de saison), un gâteau, ou les deux. Le geste est rapide, la technique surprenante ! Attendez pour que le dessus soit juste un peu fondu et apprécierez toutes les saveurs.

Ô DOMEN €

1, allée des étangs
LEIGNES-SUR-FONTAINE
✆ 05 49 56 70 46
Lundi, mardi, jeudi 9h-16h, vendredi 9h-16h/19h-0h, samedi 9h-0h, dimanche (sur résa) 9h-15h. Midi 14 €. Weekend 22 €.

Bienvenue chez Ô DoMen ! L'établissement a déménagé, mais ce sont les mêmes gérants que ceux du restaurant du village d'Archigny. Dans ces nouveaux locaux, ils ont gardé le même ADN à savoir une cuisine et des plats traditionnels variés, faits maison et à base de produits frais et de saison, le tout dans la convivialité. Pour un déjeuner simple, économique et goûteux, vous êtes au bon endroit ! Pour un dîner plus élaboré et en musique, c'est aussi la bonne adresse. Le lieu fait également bar et traiteur. En été, vous pourrez profiter de la terrasse.

LE CERASUS €€

52 bis, place de la Libération
✆ 05 49 91 90 96
www.cerasus.fr
Basse saison : du ven au dim le midi. Haute saison : tlj midi et soir. Menus de 45 € à 90 €. Formule du midi : 29 €.

C'est vers l'an 800 que Charlemagne fonda l'Abbaye de Saint-Savin dans un lieu nommé Cérafus. Rendez-vous au logis de l'abbé, magnifiquement restauré, pour un agréable moment de gastronomie. Le chef Thibaud Piroux, formé chez Philippe Etchebest, Eric Guérin et Richard Toix, régalera vos papilles avec à sa cuisine inventive, gastronomique et responsable. Fumage, foie gras et pain sont réalisés sur place. Dans ses jolies assiettes, le chef privilégie la saisonnalité et les circuits courts. Aux beaux jours, la terrasse permet de profiter d'une vue sur la Gartempe.

LE PÂTISSON €€

52, place de la République
✆ 05 49 84 14 73
www.restaurant-le-patisson.fr
Le midi sauf le mercredi. Ouvert le jeudi, vendredi et samedi soir dès 19h. Menus dès 22 €. Formule midi : 13 €.

Ici, on épluche, on râpe, on fait mijoter... Le chef, Gérard Roffet (plus de 25 ans d'expérience) concocte de A à Z des plats simples et authentiques, secondé par Madame qui sert en salle. Dans ce restaurant traditionnel de trois salles, l'accueil est bienveillant. Dans l'assiette, foie gras mi-cuit au piment d'Espelette, brochettes de noix de Saint-Jacques à la plancha avec son velouté de safran ou croustillant au brie de Meaux avec ses fruits secs. La formule du midi présente un très bon rapport qualité-prix avec des plats simples et joliment présentés.

AUBADE OUTLET SAINT-SAVIN

9, avenue de l'Europe
SAINT-GERMAIN
✆ 05 49 48 92 77
Ouvert du lundi au jeudi de 10h à 12h30 et de 14h à 18h45 ; le vendredi et le samedi de 10h à 18h45.

© MARKUS JANS. AUBADE.COM. COLLECTION JOYAU ETERNEL AUTOMNE-HIVER 2021 / FALL WINTER 2021

A 300 mètres de l'abbaye, le magasin d'usine Aubade offre de bonnes affaires. Si aujourd'hui la lingerie est dessinée et conçue à Paris, le centre logistique est à St-Savin. Joëlle Robert, chez Aubade depuis 38 ans, est la responsable de la boutique depuis 16 ans. Elle connaît les articles sur le bout des doigts et sera, avec son équipe, d'un excellent conseil. Retrouver donc la qualité Aubade à -35 % du 85A au 100G. La boutique pratique soldes et ventes privées.

SAINT-PIERRE-DE-MAILLÉ

Les hommes ont foulé Saint-Pierre-de-Maillé depuis de nombreux siècles, en atteste la présence de trésors tels que le dolmen des Mazaires et la grotte des Cottets. De leur côté, les Gaulois ont laissé des pièces de monnaie aujourd'hui exposées au musée Sainte-Croix à Poitiers. Du patrimoine, on retient la présence des châteaux qui dominent la vallée de la Gartempe : La Roche à Gué, Jutreau ou la Guittière. L'église Saint-Pierre, la petit chapelle votive ou le château Anand à Puygirault sont aussi des trésors architecturaux à voir. Dernière anecdote : la grotte de la Guittière abrite pour sa part des espèces protégées de chauves-souris.

AIRE DE LOISIRS DE LA BERTHOLIÈRE

La Bertholière - **LA BUSSIÈRE**
✆ 09 50 32 99 33

Accès libre. Baignade surveillée juillet-août tous les après-midi 13h30-18h30. Bar-restauration juin à début septembre.

Situé sur les rives de la Gartempe, cet espace de loisirs plaira à toute la famille. C'est un coin super pour une baignade en rivière. De nombreux aménagements sont mis à disposition : volley, pétanque, ping-pong, jeux pour enfants, possibilité de louer des canoës, parcours de pêche, aire de pique-nique… Le bar-restaurant (moules, grillades, pizzas, glaces…) propose des animations et des soirées à thème. C'est le départ de randonnées, notamment pour l'arboretum (850 arbres) non loin.

LE GRAND PRÉ €

16, route de Vicq
✆ 06 04 46 57 48
www.campinglegrandpre.com

De début avril à mi-septembre. 84 emplacements. Tipis (30 €/nuit), caravanes (38 ou 45 €). Location vélos et canoës.

Tenu par Linda et Patrick, le camping du Grand Pré est le point de départ parfait pour tous les amoureux de la nature. Situé au pied d'une falaise, les orteils presque dans l'eau de la Gartempe, le camping propose 84 emplacements, place à l'ombre, au soleil, au choix. Pour les randonneurs, les cyclistes ou simplement les vacanciers, le camping loue des tipis, ainsi que des petites et grandes caravanes. Côté activités, il y a bien sûr la baignade, mais il est aussi possible de louer sur place vélos et canoës. Et non loin de là, se situe un joli site d'escalade.

LA FOURMY CANOË

Camping Le grand pré
✆ 06 15 77 71 97
www.lafourmycanoekayak.com

Mars à mai, septembre-octobre : sur réservation. Juin-juillet-août : tlj 9h30-18h. 17 € (demi-journée), 22 € (journée).

Embarquez et venez naviguer sur la Gartempe. Pour une heure, une demi-journée ou une journée, prenez le temps de vous laisser porter par la rivière et admirez les paysages alentour. Vous pourrez notamment passer à proximité de l'abbaye de Saint-Savin, un point de vue superbe ! Vous apercevrez également le château de la Roche. Plusieurs tailles d'embarcations sont disponibles, le transport est assuré, il n'y a qu'à pagayer et découvrir les trésors de la nature. Plusieurs parcours sont proposés. La location de stand-up paddles est aussi possible.

LA FERME EN TERRE €€

La Bodétrie - **LA BUSSIÈRE** ✆ 05 49 48 07 16
www.la-ferme-en-terre.com

Gîte de 270 à 410 €/semaine selon la saison pour 4 personnes (chambre à 18 € la nuit), salle de réception de 45 m².

Votre hôte vous accueille sur un parc de 5 ha avec un verger de pommiers en agriculture biologique (vente de jus de pomme et autres produits sur place) et à proximité de la rivière pour faire des balades en kayak. Séduit par les maisons acadiennes en terre, Alain Bozier a construit 5 gîtes (4 gîtes de 35 m² et un gîte de groupe de 250 m²) en terre pouvant accueillir jusqu'à 35 personnes dans 13 chambres ! Le site tranquille et original est idéal, vu sa situation et ses équipements complets, pour des rassemblements familiaux, cousinades et autres réunions.

SITE D'ESCALADE DE LA GUIGNOTERIE

Lieu-dit La Guignoterie

Accès libre. Chemin d'accès. Topoguide en vente (mairie, camping, Proxi à St-Pierre-de-Maillé, café Bellevue à Angles.

Passionnés de nature, la « Guigno » est faite pour vous. Là où serpente la Gartempe et s'élèvent de jolies parois calcaires, vous pourrez vous adonner à l'escalade, VTT, pêche, mais aussi profiter d'une balade en famille. L'ouverture des premières voies date des années 1960. Avec ses 35 mètres de hauteur et ses 141 voies équipées, il y en a pour tous : grimpeurs expérimentés (jusqu'au 8b) à débutants. Le soleil donne sur les falaises le matin, mais elles sont à l'ombre l'après-midi.

CIVRAY ★

La paisible ville de Civray, construite sur les bords de la Charente, doit son nom antique Sivriacum à celui qui administrait la ville en ce temps. L'art roman poitevin, présent ici et dans tout le canton, s'illustre par la façade superbement sculptée de l'église Saint-Nicolas. Civray s'attache à développer une activité culturelle, notamment grâce à la salle de spectacles La Margelle et au festival Au fil du Son qui s'y tient chaque année et déplace les foules. Entre abbayes, églises, châteaux, vestiges, musées et autres sites archéologiques, vous aurez l'embarras du choix dans le civraisien.

MAISON DU TOURISME DU CIVRAISIEN

3, rue Pierre Pestureau
✆ 05 49 87 47 73
Juin, juillet et août : lundi à vendredi 9h-12h30 et 14h-17h30 et samedi de 9h30-12h30. Autres mois : voir site.

Dans cet accueil touristique, vous trouverez le calendrier des manifestations et la carte touristique du Civraisien-en-Poitou, ainsi que tous les renseignements nécessaires à un séjour de qualité sur le territoire. Un circuit historique gratuit et libre d'accès prend son départ à l'accueil. Il permet de découvrir l'histoire, les monuments au travers de panneaux explicatifs. Un parcours Terra Aventura (Les z'animaux fantastiques) permet aussi de se balader en ville.

ÉGLISE SAINT-NICOLAS ✞ ★

2, rue Pierre Pestureau
✆ 05 49 87 47 73
Ouvert toute l'année. Visite libre de 8h30 à 19h, en dehors des offices. Gratuit. Visite guidée sur rdv.

C'est un bijou d'architecture romane. Edifiée pendant la seconde moitié du XIIe siècle, l'église surprend par sa façade rectangulaire sur laquelle une multitude de personnages sculptés prennent place. Calendrier zodiacal associé aux travaux des champs, vierges sages et vierges folles, anges musiciens, évangélistes... sont à observer. À l'intérieur, on est charmé par les couleurs des colonnes peintes au XIXe siècle et dans le transept droit, par la fresque du XIIIe siècle qui conte la légende de Saint-Gilles. Faites le tour du monument et observez sa tour-lanterne.

PLAN D'EAU DE SAINT-MACOUX

SAINT-MACOUX
Accès libre. Baignade surveillée en juillet et août tous les jours l'après-midi.

En bord de Charente, Saint-Macoux offre une base de loisirs très agréable pour un rafraîchissement familial. Les petits seront ravis de faire des glissades sur le toboggan aquatique et les parents rassurés de les savoir en sécurité puisqu'en juillet et août, les maîtres nageurs veillent au grain. Pêche (hors été), jeux pour enfants, tyrolienne, aire de pétanque, la base de loisirs du Marais promet de bons moments de détente. Restauration possible au restaurant du Marais.

L'HÔTEL DU COMMERCE €

5, rue du Pont des Barres
✆ 05 49 97 03 97
www.hotelducommerce86.fr
Mardi au vendredi : 12h-13h30 et 19h30-21h30. Samedi : 19h30-21h30. Dimanche : 12h-13h30. Formule du midi : 15,50 €.

© HÔTEL DU COMMERCE

En bordure de la Charente, l'hôtel de commerce a de beaux atouts. Depuis fin 2019, Lucie et Flavien sont aux commandes. Après plusieurs expériences dans divers restaurants en France, ils ont jeté leur dévolu sur ce charmant établissement. Joliment rénovée, dans une ambiance cosy, prenez place dans la salle principale. Les assiettes sont savoureuses et goûteuses, le service chaleureux. Tout est fait maison, avec des produits frais, de saison, issus des producteurs du coin. L'établissement dispose également de sept chambres et d'une belle terrasse.

VIENNE

Église Saint-Nicolas.

CAMPING LE RIVAGE CIVRAISIEN* €€

Route de la roche - **SAVIGNÉ** ✆ 05 17 34 50 02
www.camping-lerivagecivraisien.fr

Ouvert d'avril à octobre. 60 emplacements pour tentes, caravanes, camping-cars. Mobil-homes, lodges. Location de canoë.

Proche du centre de Civray, le camping Le Rivage Civraisien profite d'un cadre bucolique. Installé au bord de la Charente, il est idéal pour ceux qui souhaitent se mettre au vert et est une destination idéale pour les familles. En tente, camping-car, mobil-home ou dans les sympathiques lodges, vous serez accueillis par Manuella et Cyrille. Ouvert à tous, le snack O'fil de l'O offre un cadre agréable pour un repas. Vous pouvez aussi louer un canoë pour une balade sur la Charente.

AUTOUR DU TOUR

17, avenue Jean Jaurès
✆ 06 16 84 89 02
www.autourdutour.fr

Visite de l'atelier sur rendez-vous. Présence lors de marchés artisanaux, foires, salons : programme en ligne.

Laurent Fournier est d'abord tombé amoureux des gestes du tourneur sur bois. A la retraite, il se forme alors à Chauvigny auprès d'un artisan professionnel. Il ne lâchera plus ses outils et se lance en 2019. Il choisit le bois avec soin, travaille du bois local ou des essences exotiques dont il s'assure la provenance. Chaque pièce qu'il conçoit est tournée à la main. Il crée un objet sur mesure, unique : essence du bois, forme, couleurs... les possibilités sont nombreuses. Stylo, stylo-plume, rasoir, tire-bouchon, saladier, bol, bijoux... à vous de choisir.

LE CAFE

24, rue du commerce
✆ 05 49 87 68 97
www.lecafecivray.com

Ouvert le jeudi et le vendredi de 9h à 16h. Sur place ou à emporter.

Coffee or tea ? Dans ce café anglo-américain tenu par Laura et Keith, vous trouverez des douceurs salées et sucrées faites maison pour ravir vos papilles. Côté salé, il y a des tourtes et des chaussons : steak & bière, curry & bœuf, poulet & champignons, aux légumes, fromages & oignons... Côté sucré, laissez vous tenter par de délicieuses pâtisseries anglaises : brioches, cupcakes, beignets, roulés à la cannelle, scones... Le tout accompagné d'un thé, café, smoothie ou chocolat chaud. Yum ! Des discussions en français sont aussi programmées. *See you soon !*

LA C'LAIT DES CHAMPS

Chez Chauveau
SAVIGNÉ
✆ 07 71 00 32 89
www.laclaitdeschamps.com

Ouvert le vendredi 16h30-18h30 et le samedi 10h-12h. Visite de la ferme sur rendez-vous.

Sur 180 hectares, Nathalie et David élèvent plus de 500 chèvres alpines. Nathalie s'occupe de la transformation fromagère et vous accueillera à la boutique. David est plutôt dans les champs, avec les chèvres. Avec le lait, ils fabriquent de façon artisanale de très bons fromages : mothais-sur-feuille, carré du Poitou, chabichou, pyramide, bûche... Mais aussi des savons ! Les deux agriculteurs ne s'arrêtent pas là, avec la viande, ils confectionnent des pâtés, terrines, rillettes et autres plats cuisinés en conserve (chili, tajine...). De quoi se régaler !

FERME DES OUCHES

3, route de Chez Boisson - **SAINT-SAVIOL**
✆ 06 08 73 48 32
www.fermedesouches.com
100 % Bio. Ouvert le samedi de 14h à 18h30. La semaine sur rendez-vous. Sur les marchés de Couhé-Vérac et Vivonne.

C'est dans leur ferme située à quelques kilomètres de Civray que Sylvie et Laurent transforment leurs grains de blé en pâtes semi-complètes bio pour le plus grand bonheur des gourmands. Leur moulin déroule le grain avant de le passer dans le tamis, de mélanger la farine avec l'eau et de transformer la pâte en torti, pipe rigate, lasagnes et tagliatelles. Avec grand sourire, ils vous accueillent à la ferme pour vous expliquer la fabrication en détail. Vous pourrez également vous approvisionner en farine de blé tendre T80 et en farine de sarrasin.

CENTRE AQUATIQUE ODA

Place du 14 juillet ✆ 05 49 87 03 62
www.oda-centreaquatique.fr/
Ouvert 7j/7 avec des horaires variables suivant la saison et les vacances scolaires. Entrée : 5 €. 3 à 18 ans : 3 €.

Pataugez ou prenez-vous pour un champion olympique dans cette superbe piscine. Profitez des aménagements intérieurs : une rivière à contre-courant, des jets d'eau et même une cascade. Et, pour les moins frileux, nagez d'avril à octobre, dans le bassin nordique à l'extérieur, mais dans une eau toujours à 27 °C ! Le centre aquatique saura aussi vous séduire grâce à sa salle de fitness, son sauna et son hammam. Il dispense également des cours d'aquabike, d'aquagym… ainsi qu'un créneau pour les bébés nageurs. Un vrai plaisir pour les petits comme pour les grands !

PONEY CLUB DES RETROUVAILLES

1, impasse des retrouvailles - **VOULÊME**
✆ 06 43 92 51 81
www.poneyclubdesretrouvailles.fr
Ouvert tous les jours. Réservation obligatoire. Balade 30 min : 8 €, 1 h : 11 €, en famille : 22 €.

En grande passionnée, Elizabeth Naffrechoux souhaite partager son amour des chevaux avec tous, et notamment avec les familles. Elle propose des balades pour les enfants comme pour les adultes, débutants ou confirmés. Durant l'été, de nombreuses activités sont possibles : journée poney, balade en famille dans la campagne ou les bois, balade au coucher du soleil, dimanche en famille (parcours équi-fun, course d'orientation), rando-gourmande, balade d'orientation, cours d'équitation…

O CITY'VEN €€

2, place Gambetta
✆ 05 49 87 14 22
A midi, du lundi au samedi 12h-14h et le soir, vendredi et samedi 19h-20h45. Formule midi : 15,90 €.

© O CITY'VEN

Rien ne manque dans cet établissement : le charme du bâtiment, la terrasse, l'accueil, le service, les menus, la qualité des produits, l'harmonie des assiettes présentées… et le rapport qualité-prix ! Trois entrées, trois plats, trois desserts, la carte est resserrée, mais change régulièrement. Les plats sont raffinés et savoureux. Depuis 2011, derrière les fourneaux, Steven Maupioux officie et s'appuie sur des producteurs locaux comme le Domaine Coiffard pour la viande ou l'Escargouille pour les escargots. Son associée, Justine, gère le service avec le sourire.

VIENNE

BLANZAY

Le territoire connaît très tôt une présence humaine : Blanzacius à l'époque gallo-romaine. Le village actuel est la réunion de deux anciennes paroisses, en 1820, Blanzay et Villaret. L'église de Blanzay, dédiée à Saint-Hilaire, a été reconstruite au XVe s. Le pupitre extérieur et la bannière intérieure sont à remarquer. Témoignage de la vie en campagne, une huilerie réhabilitée, au lieu-dit La Garde, est ouverte pour les Journées du patrimoine. Propriété privée, il est possible d'apercevoir le château de la Maillollière, datant du XVIe s., classé pour la tour, la cheminée et le bâtiment. La commune comprend de nombreux puits, fours et pigeonniers.

LE CORMENIER ★

Chez Bernardeau - **CHAMPNIERS**

05 49 87 32 33

www.lecormenier.com

Fermé de début nov à début fév. Basse saison : tlj 10h-18h. Juillet, août : tlj 10h-19h. Adulte : 11 €. Enfant : 8 €

C'est quoi un « cormenier » ? C'est le nom donné, dans le dialecte local, à un arbre nommé cormier ou sorbier. Il y en a un, vieux de 300 ans, en face du musée. Ici on remonte au temps que les moins de 20 ans ne peuvent pas connaître… Dans cet espace ludique et interactif, à travers des objets anciens, des odeurs oubliées, des vidéos, on plonge à l'époque de nos arrière-grands-parents en découvrant la vie de Pierre, son école, la veillée, sa ferme, les anciens métiers du village. On poursuit ensuite la visite par les 30 Glorieuses via des scènes interactives.

ÉGLISE SAINT-MARTIN

Place des Tilleuls

CHAMPNIERS

05 49 87 07 36

Visite libre. Possibilité de visite guidée au 05 49 87 19 00.

Cette église a été édifiée au cours des XIIe et XVe siècles. D'architecture romane (notamment son abside et son chœur), elle abrite plusieurs peintures et des fresques remarquables du XVIe siècle, aux dessins bien conservés malgré les dégradations du temps. Il faut voir en particulier la fresque de Saint Eloi ou Saint Michel, aux couleurs ocre et rouge, ou encore la Cavalcade des péchés capitaux... Plusieurs peintures du chœur et de l'abside ont été restaurées en 1874. A l'extérieur, notez le portail de style gothique flamboyant.

JARDIN DE FORTRAN

2, chemin du Bois Tellier

LINAZAY

07 82 34 90 12

De mai à septembre, ouvert tous les jours de 10h à 19h. Toute l'année sur demande. Adulte 5 €. Gratuit jusqu'à 13 ans.

Pour une parenthèse au vert, venez flâner au jardin de Fortran. Classé jardin remarquable depuis 2017, ce jardin régulier d'art topiaire créé en 1980 s'étend sur 1,2 hectare. Les jardiniers et propriétaires, Alain et Michel, vous accueillent dans ce parc verdoyant. Ils vous raconteront l'histoire de coin de verdure reposant et vous décriront ses caractéristiques. Ils vous guideront pour la visite du labyrinthe, du théâtre de verdure avec une collection de cactées (près de 300 pots) et de dahlias, ainsi que le potager travaillé en permaculture.

LES DROLES €€

12, rue du Cèdre

05 49 97 48 26

restaurantlesdroles.business.site

Du mercredi au ven : 10h-15h ; du jeudi au sam : 18h-0h ; dim : 10h-16h. Formule midi 15 €. Menu à 33 € dès 4 personnes.

Derrière la porte de cet ancien pub anglais à l'allure sans prétention, on découvre la cheminée réconfortante, l'accueil charmant et professionnel de notre hôte, alors notre curiosité est vite attisée. Même s'il souhaite jouer la carte de la simplicité, loin des palaces, il conserve son talent. Aux fourneaux, il est un homme qui s'amuse avec les produits pour créer de drôles de surprises avec sa cuisine buissonnière qui se joue des contraintes. Chef reconnu en Suisse, Eric Gauvin propose un retour à l'essentiel, des formules efficaces où le produit est roi !

FROMAGERIE DE BLANZAY

Villaret

06 77 54 86 01

www.fromagerie-blanzay.fr

Samedi : 10h-12h ou sur rdv. Marché Notre-Dame à Poitiers le samedi : 8h-13h (côté restaurants).

C'est dans la ferme familiale, à Blanzay, que Grégoire Masse a débuté sa production de fromage... de vache et il faut dire que dans le département, elles sont rares. Avec le lait de ses vingt vaches normandes, il imagine d'étonnants produits bio. Son secret ? Une alimentation naturelle pour un lait de qualité, additionné à une dose de folie. A la bière, au vin, au poivre, aux herbes, à la carotte, au marc de café, à pâte molle, en tome, bleu, plus ou moins affinés, les fromages du sympathique Grégoire nous ravissent. À tester absolument !

BRUX

Localité ancienne, Brux tirerait son nom d'un cri de ralliement celte. Au cœur du village, l'église Saint-Martin du XIIe siècle est un fleuron roman du Sud Vienne. Elle possède l'une des rares couvertures en lauzes du département. A deux pas, le Musée Expo accueille de nombreux artistes, mais aussi des expositions permanentes (patrimoine, vêtements de 1900, papillons du monde…). Le château d'Epanvilliers mérite lui aussi le coup d'œil. Demeure remarquable des XVIIe et XVIIIe s., la chambre dite de Mme de Maintenon est à voir, comme le musée du jeu ancien qui s'y tient. Illustre soldat, Olivier Rivaud de La Raffinière vécut au château de La Raffinière.

VIENNE

CHÂTEAU D'ÉPANVILLIERS - MUSÉE DU JEU ANCIEN

✆ 05 49 87 18 43
www.epanvilliers.com
En juillet et août. Ouvert du mardi au dimanche de 14h à 20h. Visite guidée : 10 €. Enfant : 5 €.
Cet ancien logis du XVIe s., transformé en château le siècle suivant, abrite le Musée du jeu ancien, un des deux seuls musées du jeu en France ! Son propriétaire, Berthold Rordorf est un passionné. La visite guidée propose un retour aux origines du jeu avec l'ulama aztèque ou ephedrismos, un jeu de Grèce antique. Une centaine de pièces sont visibles : un magnifique tric-trac, des dés, des cartes, un jeu de l'oie du XVIIIe s., mais aussi des raretés, tels ces pions d'un jeu égyptien.

ÉGLISE SAINT-LÉGER

Le Bourg
CHAMPAGNE-LE-SEC
Visite libre.
Des sarcophages du Haut Moyen Age, découverts à proximité de l'église, permettent de supposer l'existence d'un lieu de culte dès cette période. L'actuelle église Saint-Léger aurait été construite à la fin du XIIe siècle, puis embellie au XIIIe de peintures murales, dont un Christ en majesté. Au XVe siècle, viennent s'ajouter la Nativité, la Piéta, le martyr de Saint Sébastien... Au XVIIIe siècle, un retable monumental est installé et un nouveau clocher construit. Une litre funéraire aux armes de la famille Saint-Georges est peinte sur les parties hautes des murs.

ÉGLISE SAINT-MARTIN

2, rue de la Garenne
✆ 05 49 59 23 02
www.brux.fr
Ouvert toute l'année. Tous les jours de 9h30 à 18h.
Edifiée au XIIe siècle à la demande d'Hugues de Lusignan, l'église est restée depuis intacte. Une des particularités est sa couverture en lauzes (pierres plates), cas rare dans le département. Autre originalité : ses dalles de pierre. En effet, le sol de l'église recèle de nombreuses dalles funéraires gravées, étant un lieu de sépulture privilégié réservé aux ecclésiastiques et aux seigneurs. Au XVIIIe siècle, une litre funéraire décorée de dix-huit écussons a été peinte pour rendre hommage aux membres de la famille de Saint-Georges de Vérac, seigneurs de Brux.

MUSÉE EXPO

Place de l'église
✆ 05 49 59 02 92
www.musee-brux.fr
Ouvert le week-end 14h30-18h. Sur rendez-vous en semaine. Entrée libre et gratuite. Don apprécié pour aider le musée.
Dans l'ancienne maison du maréchal-ferrant, un musée a été aménagé en 1995. Au rez-de-chaussée, des expositions temporaires d'artistes ont lieu : sculptures, peintures, photographies, artisanat d'art... Dans les autres salles, vous découvrirez des photos et des objets retraçant l'histoire de Brux. Il y a aussi la présentation de vêtements de la Belle Epoque. Une salle est réservée à l'histoire du général d'Empire Rivaud de La Raffinière, illustre soldat du Poitou. Les combles hébergent une collection exceptionnelle de 15 000 papillons du monde entier.

ROMAGNE

Romagne est le plus important cantonnement romain de Poitou-Charentes. Cette charmante commune est aujourd'hui connue pour abriter l'incontournable Vallée des Singes, un lieu unique en France où gorilles, bonobos et autres chimpanzés sont élevés dans un environnement naturel et arboré. Le patrimoine de Romagne reflète également les différentes périodes de l'histoire : le manoir ancien de Champrond, le logis de la Millière et le pont du même nom franchissant le Clain ainsi que ses moulins (moulin vieux et moulin de la Cueille). A ne pas manquer non plus en été lors de vacances en famille, le Labyrinthe végétal et ses multiples activités ludiques.

CHÂTEAU DE LA ROCHE ★

Musée de l'Ordre de Malte - **MAGNÉ**
✆ 05 49 59 31 07
www.chateaudelaroche.eu
Du mardi au dimanche : 3 au 31 juillet (dont 14/07), 6 au 28 août (dont 15/08), les 3 et 4 septembre. Adulte : 10 €.
C'est une des plus belles demeures seigneuriales de la Vienne, par l'harmonie de son ensemble. Dominant la vallée de la Belle, construit à la fin du XVe s. jusqu'au XVIIIe s., sa façade mêle sculptures gothiques et Renaissance qu'encadrent quatre tours rondes. Le tout s'ouvre sur un magnifique jardin à la française dessiné par Le Nôtre et une chapelle gothique bâtie vers 1530 garnie de magnifiques vitraux. Dans les dépendances du château, le seul musée de France dédié à l'Ordre de Malte retrace l'histoire des chevaliers à l'aide d'objets, cartes, armures...

LABYRINTHE VÉGÉTAL

Bréhus ✆ 05 49 87 45 27

www.labyrinthe-vegetal.com

D'avril à nov. Horaires variables : voir site web. Adulte 11 €. Enfant 8 €. Gratuit jusqu'à 5 ans. CB non acceptée.

Voilà une belle sortie nature pour toute la famille ! Bienvenue sur le sentier des pas perdus de Romagne. Ici, ce n'est pas un, mais quatre labyrinthes qui s'offrent à vous. Plongez dans leurs dédales, égarez-vous tout en résolvant les énigmes et surtout amusez-vous ! Laby'bois, Laby Gazon, Laby'arbustes, notre coup de cœur est assurément le fameux Laby' Maïs, ce labyrinthe infernal dont le parcours imaginé au milieu des épis change chaque année. Essayez le parcours sensoriel et ne repartez pas sans avoir testé les circuits de karts à pédales. Rigolade garantie !

PARC DE LA BELLE €€

Rue Anatole de Briey - **MAGNÉ**

✆ 05 49 87 80 86

www.parcdelabelle.com

De février à novembre. 15 cabanes dans les arbres, jusqu'à 6 personnes, à partir de 99 €/nuit en basse saison. 5 lodges.

Le Parc de la Belle dispose de 15 cabanes dans les arbres et de 5 lodges tout confort sur pilotis, réparties sur 12 hectares de bois. Autant vous dire que vous serez tranquille dans votre hébergement insolite ! Au cœur de la nature, dans un cadre magnifique, savourez une nuit de détente et de déconnexion. Perchées en hauteur, vous avez le choix entre des cabanes duo, pour un instant romantique (champagne et bouquet de fleurs livrés en option) et des cabanes familiales pour un séjour insolite. Et pour un repas atypique, un kota grill finlandais vous attend !

LE FARCI POITEVIN

1, Route de Romagne

SOMMIÈRES-DU-CLAIN

✆ 05 49 87 70 28

www.lefarci-poitevin.fr

Ouvert du lundi au vendredi de 8h à 13h.

Le farci poitevin est une spécialité locale incontournable en Poitou. Jadis, chacun en confectionnait avec les légumes du jardin. Pour déguster ce pâté de légumes cuit entouré de feuilles de chou, n'hésitez pas à vous rendre à Sommières-du-Clain. Depuis une trentaine d'années, l'entreprise le fabrique de manière artisanale. Il a été récompensé à plusieurs reprises aux concours des saveurs de Nouvelle-Aquitaine. Une valeur sûre ! Et vous trouverez également d'autres spécialités locales : roulade de sommières, pâté marmite, boudins noirs, grillons charentais...

LA VALLÉE DES SINGES ★★★

Le Gureau

✆ 05 49 87 20 20

www.la-Vallée-des-singes.fr

Jusqu'au 13 novembre. Haute saison ouvert tous les jours de 10h à 19h. Adulte : 20,50 €. Enfant de 3 à 12 ans : 14 €.

C'est assurément une visite qui plaira à toute la famille ! Ce n'est pas un parc animalier comme les autres. Ici, les primates sont rois. Créée en 1998, la Vallée des Singes est à la fois un lieu de divertissement, de connaissance du monde sauvage et de prise de conscience écologique. Depuis sa création, l'objectif principal du parc animalier est de contribuer à la protection de la nature, de l'environnement et des primates. Ici, on déambule à leurs côtés, si près qu'il faut bien penser à ranger ses petites affaires. Ils adoreraient croquer dans notre sandwich ou chiper nos lunettes de soleil ! Dans les sentiers ombragés, prenez le temps. Ils sont là, tout près de vous, dans les arbres. Saïmiris et capucins virevoltent de branche en branche. La journée est rythmée par les temps de nourrissage où les animateurs nous apprennent à mieux connaître chaque espèce comme le maki catta que l'on aurait presque envie de caresser. Plus de 450 primates d'une trentaine d'espèces venues du monde entier évoluent sur les 22 hectares du parc. On admire la force de Yaoundé, le mâle gorille, ainsi que la trépidante vie des bonobos ou encore le plus grand territoire d'Europe de chimpanzés. Prenez votre temps et n'hésitez pas à passer la journée sur place en leur compagnie. Avec plus de 800 naissances depuis sa création, la Vallée des Singes est un parc hors du commun. Elle a même créé le Conservatoire pour la Protection des Primates. Parrainez un singe et participez à la conservation des primates. Une visite extraordinaire !

LA FERME DE LA REVERSAIE

La Reversaie

✆ 07 70 48 79 02

Marché à la ferme tous les mardis de 17h à 19h. Du 28 juin au 30 août, marché de producteurs les mardis de 17h30-19h30.

Dans la campagne, Nathalie et Christophe Favard élèvent 200 chèvres à la ferme de la Reversaie, sur plus de 60 hectares conduits en agriculture biologique. Depuis 2013, ils transforment le lait en délicieux fromages (mothais-sur-feuille, p'tit chabis, bûche, palet...), fromage blanc ou encore yaourts. Ils proposent leurs produits, mais aussi ceux de la ferme de Balandière (légumes, pain bio) tous les mardis soir sur place. L'été, en juillet et en août, d'autres producteurs des environs les rejoignent pour déguster encore plus de produits locaux !

LA GRANGE OUVERTE

7, route de Sommières-du-Clain
drive.lagrangeouverte.fr
Ouvert le vendredi de 16h à 19h ; le samedi de 10h à 12h. Drive.

Ce magasin de produits locaux est l'aboutissement d'une idée lancée lors du premier confinement en avril 2020. Tout a commencé avec quelques commandes et des paniers confectionnés avec les produits des producteurs du coin. Aujourd'hui, la Grange Ouverte propose des fruits, légumes, viandes, épicerie, cosmétique... issus du Civraisien-en-Poitou ou d'un peu plus loin. Le magasin a ouvert ses portes en mars, mais il est aussi possible de passer commande en ligne et de venir récupérer son panier sur place ou dans l'un des lieux de dépôts du territoire. Un bon plan !

L'ESCARGOTERIE DU SORCIN

Le Sorcin - **CHAMPAGNÉ-SAINT-HILAIRE**
✆ 06 13 46 75 59
www.escargoterie-du-sorcin.fr
Ouvert du lundi au vendredi de 9h à 19h. Présent sur plusieurs marchés. Visite de l'exploitation sur rendez-vous.

De l'élevage à la transformation, jusqu'à la vente, cette ferme hélicicole réalise toutes les étapes pour que vous dégustiez de délicieux escargots cuisinés. A sa tête, Younic Demezil a décidé de se reconvertir dans la production de gros gris. Les escargots grandissent dans un parc extérieur de 1 000 m². Une fois triés et ramassés, ils sont transformés sur la ferme, en laboratoire. Aimant la cuisine, il invente sans cesse de nouvelles recettes : escargots à la bourguignonne, chorizo-tomate, à la charentaise, en marinade... les possibilités sont nombreuses !

VALENCE-EN-POITOU

Valence-en-Poitou est née au 1er janvier 2019 de la fusion de Couhé, Ceaux-en-Couhé, Châtillon, Payré et Vaux. Elle tire son nom de l'abbaye de Valence, à Couhé. Grâce à ses activités (pêcheries, moulins, forêts...), au XVIIe siècle, ces communes connaissent un fort développement économique et culturel. Les grottes préhistoriques de la Groie, à Châtillon, attestent d'une présence humaine dès le paléolithique supérieur. La Dive est un atout, notamment pour Payré, qui s'étend de l'autre côté sur les Minières. Site gallo-romain, Couhé se développe grâce au château et à l'abbaye. Les halles sont à voir, tout comme l'église Notre-Dame à Vaux-en-Couhé.

ABBAYE DE VALENCE

Chemin de l'abbaye de Valence
✆ 05 49 59 21 55
Visite libre des extérieurs et du jardin médiéval toute l'année. Visite guidée (sur rendez-vous).

Construite dans un méandre de la Dive, l'Abbaye de Valence se situe sur un domaine de 13 hectares. Elle fut fondée en 1230 par Hugues X de Lusignan. Comportant une abbatiale de 70 m de long sur 30 m de large, l'église cistercienne était l'un des plus importants monuments du Sud Vienne. Dégradée par les guerres de Religion, incendiée, elle fut vendue comme bien national à la Révolution. Seuls l'hôtellerie et le réfectoire des moines témoignent de la construction primitive du XIIIe siècle. La porterie, une borne en pierre, le pont sur la Dive sont classés.

FERME DES PETITES BOISNES

4, place Pierre et Marie Curie
✆ 06 79 66 92 95
www.lafermedespetitesboisnes.fr
Du mardi au vendredi de 9h à 12h30 et de 15h à 19h ; le samedi de 9h à 12h30. Fermeture à 18h d'octobre à fin avril.

© LA FERME DES PETITES BOISNES

Producteurs de porcs depuis plusieurs générations, Delphine et Jérôme Barrouillet se sont lancés dans la transformation de leur produit. C'est à Couhé, tout près de leur ferme, qu'ils ont installé leur atelier-boutique. Amateurs de cochonnailles, courez-y ! Les salaisons y sont délicieuses. Il faut dire que le couple s'est formé à Aurillac. Plats préparés, charcuterie sans additifs, rillons, farci poitevin, saucisses, tout est fait maison. D'autres productions du coin sont proposées.

HALLES DE COUHÉ

5, rue du commerce

Visite libre.

En plein cœur de Couhé, les halles ont été construites au XVIe siècle à la demande du Marquis Saint Georges de Verac. Elles sont acquises par la municipalité en 1955 après avoir connu 36 propriétaires différents. Théâtre de procès, elles ont abrité une maison-prison. Marché, champs de foire, elles ont aussi accueilli les chars allemands pendant l'occupation. Aujourd'hui, en été, ce sont les tables du restaurant qui s'y trouvent. L'édifice et sa charpente imposante reposent sur 56 piliers octogonaux. Les dallages de pierres et les allées latérales sont d'origine.

MODA'LINE

66, Grand Rue

✆ 05 49 03 50 11

Ouvert du mardi au vendredi de 9h à 12h et de 14h à 18h30 ; de 9h à 12h et de 14h à 17h30.

Aline s'est lancé un défi : ouvrir une boutique de prêt-à-porter dans le centre-bourg de Couhé. Face aux halles, elle propose une gamme de vêtements pour femmes (beaucoup), hommes (un peu), et enfants. Aline sélectionne des pièces italiennes et propose même quelques vêtements fabriqués dans les Deux-Sèvres. Soucieuse de la provenance de ses articles, souhaitant tendre vers le made in France et le local, elle expose en boutique de très beaux bijoux de créatrices du coin et même quelques produits souvenirs de la marque de territoire DD du Pwatoo !

CAMPING LA RIVIERE**** €€

1, La Garnison

✆ 05 49 59 21 16

www.capfun.com

Fermé du 1er oct au 15 mai. Emplacement de 14 € à 30 €. 120 mobil-homes de 189 € à 1 150 € la semaine. Animations.

Appartenant au groupe Cap Fun, le camping La Rivière offre un cadre verdoyant idéal pour les familles. Gigantesques toboggans colorés débouchant sur six bassins, activités pour enfants, étang de pêche, le camping plaira aux amoureux de la nature. Les mobil-homes et les emplacements suivent le cours de la Dive, menant au quartier des lodges, six hébergements insolites pour passer une semaine au calme. Animations et activités rythment la vie du camping pour de joyeuses vacances en famille à une trentaine de kilomètres de Poitiers.

ILES DE PAYRÉ

Payré

✆ 05 49 59 10 55

Accessible toute l'année. En juillet et en août, des activités sont proposées.

Ce plan d'eau est entouré par la Dive et par le ruisseau de Fontou, avec sa jolie source. Le domaine s'étend sur 22 hectares, dont 8 hectares d'étang et accueille de nombreuses activités de plein air. Le site est accessible librement toute l'année, vous pouvez pique-niquer, pêcher (muni d'une carte de pêche en rivière), faire du sport avec le parcours de fitness extérieur, résoudre l'énigme L'Odyssée de la Grand'Goule de Tèrra Aventura, profiter de l'aire de jeux ou tout simplement vous poser au bord de l'eau et apprécier le calme et la beauté de cet endroit.

MOULIN DE LA DIVE €€

10, lieu-dit Guron

✆ 05 49 03 10 69

moulindeguron.com

Pour 8 personnes. 4 chambres. A partir de 360 € pour le week-end et 550 € la semaine. Label Tourisme & Handicap.

Le gîte prend place dans un ancien bâtiment d'un moulin à farine datant du XVIIe siècle. Spacieux et agréable, il se déploie sur plusieurs niveaux. Au rez-de-chaussée, la cuisine et le séjour donnent sur le jardin. A l'étage se trouvent les chambres et les salles de bain. Tenue par Sophie, vous apprécierez le calme et la sérénité qui émanent de cette belle propriété, avec ses arbres séculaires. Le parc est traversé par la rivière la Dive. Sur le même site, un deuxième gîte pouvant accueillir 10 personnes a été aménagé dans d'anciennes granges.

RELAI ÉQUESTRE DE VILLENON

Villenon - **ANCHÉ**

✆ 06 60 44 56 69

www.gite-equestre-poitou.com

Sur réservation. Poney : 15 €. Cheval : 1h/22 € (19 € -16 ans), 2h/30 € (38 € -16 ans). Camping : 9 €, 4 € enfant.

Dans sa magnifique propriété du XVIe siècle, Sophie propose des promenades à cheval accompagnées dans la campagne environnante. Plusieurs formules sont possibles, de l'heure à la journée (pensez à prendre votre pique-nique). Les enfants de moins de 7 ans découvriront le poney tenu en longe. Le grand plus : un camping à la ferme est disponible sur place avec sanitaires et petite cuisine. Sachez qu'un gîte de 14 places est installé dans les dépendances de la propriété.

GENÇAY ★

Les deux rivières de La Clouère et la Belle, ainsi que le plateau rocheux, où trône le château-fort, furent des éléments déterminants pour une installation humaine. Le blason de la ville évoque deux composantes importantes de la ville : une forteresse qui symbolise la châtellenie et une vache qui évoque les foires aux bœufs. Attestées depuis le Moyen Age, aujourd'hui encore, elles ont lieu deux fois par mois. A voir aussi : la maison Renaissance nommée l'Hôtel des Trois Marchands, la maison Audin, œuvre d'art naïve, le logis de La Briauderie, l'église Notre-Dame, les Halles, le lavoir de l'Agrément... A l'extérieur, profitez du plan d'eau de Verneuil.

ACCUEIL TOURISTIQUE

Place du Marché
✆ 05 49 45 23 31
Ouvert le lundi de 14h à 16h30 ; du mardi au vendredi de 9h à 12h30 et de 14h à 17h45 ; le samedi de 9h à 12h30.

Ici, l'accueil est chaleureux. Vous trouverez toutes les informations sur des plaquettes qui regroupent les sites importants du Civraisien en Poitou ou de la Vienne. Pour votre séjour en famille, sur le patrimoine, la nature, sportif ou gourmand, vous y trouverez tous les bons contacts. Pour vos balades, des cartes de randonnée sur Gençay et ses environs sont disponibles. A pied, à VTT ou à cheval, il y a plus de 750 km de chemins balisés pour découvrir les paysages. Vous repartirez informé, satisfait et prêt à être incollable sur les pépites régionales !

CHÂTEAU MÉDIÉVAL ★

15, rue de la Fontaine
✆ 05 49 45 23 31
Visite des extérieurs.

De son promontoire, il expose ses belles ruines. Si un premier château est érigé à la fin du Xe siècle, il est démantelé en 1179. En choisissant le parti du roi de France lors de la révolte des seigneurs aquitains et poitevins, Geoffroy IV de Rancon put reconstruire le château que nous connaissons aujourd'hui vers 1250. Il fut fortifié après 1356. Pour preuve, observez les hautes courtines, les tours d'angle, les archères ou encore le châtelet d'entrée. C'est Mérimée qui sauva le château de la destruction en 1840 en l'inventoriant aux Monuments historiques.

ÉGLISE SAINT-MAURICE

Place de la Liberté
SAINT-MAURICE-LA-CLOUÈRE
✆ 05 49 45 23 31
Visite libre.

Cette élégante église du XIIe siècle se caractérise par son plan tréflé, unique en Poitou. Elle arbore également un clocher fortifié (aveugle, massif et de plan carré) datant du XVIe siècle et un portail à voussures sculptées du XIIIe siècle (griffons, fleurons, palmettes). A l'intérieur, des fresques du XIVe et du XVIe siècle sont encore visibles : un Christ en majesté sur la voûte de l'abside, des prophètes et des apôtres sur le berceau du chœur et des bateaux (un peu effacés) dans le bas-côté droit. Elle est classée Monument historique en 1890.

LA SOURCE BLEUE - CAVE, BAR A VINS, FROMAGERIE

1, rue de la paix
✆ 06 24 79 01 45
www.lasourcebleuecave.fr
Du mardi au jeudi : 10h-12h30 et 16h-19h30. Vendredi : jusqu'à 23h30. Samedi jusqu'à 22h. Dimanche : 10h-12h30.

© LA SOURCE BLEUE

C'est à la source que l'on vient chercher ses bons breuvages ! Arthur et Sarah, issus tous les deux du milieu vinicole, ont ouvert cette belle cave à vins au cœur de Gençay. Ils vous y partagent leur amour du produit et leurs bonnes découvertes. La Source est également *the place to be* pour les amateurs de bons fromages à la coupe. En soirée, on se retrouve autour d'une planche pour déguster un canon. Patrons sympathiques, produits de qualité et cadre agréable, que demander de plus ?

VIENNE

CAFÉ-CANTINE €€

24, place du Marché
✆ 09 73 69 03 78
www.cafecantine.fr
Mardi : 11h-20h ; mercredi, jeudi : 11h-15h ; vendredi : 11h-22h ; samedi : 11h-0h. Plat du jour : 11 €.

Sur la place, le Café-Cantine a pris vie dans l'ancien bar du Commerce. Les événements culturels s'y bousculent : théâtre, expositions, apéros-contés, soirées jeux... sans oublier les concerts du samedi soir. On peut le dire : les huit associés de ce café peu ordinaire ont réussi à créer un lieu hors du commun. On aime s'y poser et y manger. Mieux vaut réserver pour déguster leur cuisine traditionnelle « fait-maison » à base de produits frais, locaux, bio. Et si la place manque, on pourra toujours prendre le vendredi et le samedi soir une pizza à emporter !

LA CHINCHÉE

Le Bourg
LA FERRIÈRE-AIROUX
✆ 06 88 96 50 76
Bières en vente à la brasserie, le vendredi de 15h à 19h.

Un sacré personnage et des bières de tempérament ! Nathanaël a des valeurs et y est fidèle au quotidien. Pour créer ses bières, il préférera toujours du malt bio. Au gré des saisons et de ses envies, vous trouverez dans ses breuvages du sureau ou du houblon sauvage qu'il aura cueillis. Ses bières sont équilibrées et pleines de saveurs. Elles sont d'autant plus précieuses qu'elles sont réduites à l'échelle de sa production artisanale. Rendez visite à Nathanaël dans sa brasserie et découvrez les coulisses de la fabrication. Un conseil : prévoyez du temps !

CHRISTIE'S

17, place du Marché
✆ 05 49 50 61 94
www.chezchristies.com
Du mardi au samedi de 10h à 12h et de 14h à 18h. Wifi gratuit. Hiver : du mardi au samedi de 10h à 12h et de 15h à 18h

Deux scones, un cupcake et « a cup of tea please » ! Envie de vous dépayser outre-Manche ? Vous êtes à la bonne adresse. T- Anne, la chef pâtissière, et Andrew, le goûteur officiel, tous deux sujets de la reine, vous reçoivent dans leur boutique-salon de thé avec une classe toute britannique. Autour d'une tasse de thé et d'un gâteau maison, on feuillette des livres anglais que l'on peine à choisir parmi les 3 000 références en boutique. De très jolies cartes ainsi que des objets de décoration et plein d'idées cadeaux complètent la sélection. *Welcome* !

L'ÉPICERIE ST MARTIN

19, Place du marché
✆ 06 59 40 70 70
Ouvert du mardi au vendredi de 9h à 12h30 et de 16h à 19h ; le week-end de 9h30 à 12h30.

Dans son épicerie, Stéphanie privilégie les circuits courts et les produits bio. Elle vous accueillera avec un grand sourire et prendra le temps de vous présenter ses produits et les producteurs qu'elle a choisi de mettre en valeur dans sa boutique. Miel, tisanes, pâtes, terrines, sirops... sont proposés à côté des fruits et des légumes de saison ainsi que de bons fromages. Quelques cosmétiques complètent l'offre. Préparez vos paniers et allez vite découvrir cette belle épicerie. De nouveaux produits locaux continuent de venir garnir les étagères !

LA BELLE ADRESSE - BOUTIQUE DE CREATEURS

5 bis, rue du Palateau
✆ 06 13 09 53 45
Ouvert du mardi au samedi de 10h à 19h.

Les futés trouveront à cette adresse de beaux objets, des pièces de créateurs du coin pour se faire plaisir et rapporter en souvenir, des bijoux pour se parer, des illustrations à encadrer, des objets en bois à exposer, des vêtements à porter pour les petits et pour les grands, des bougies pour parfumer, des petites choses à grignoter... Les créateurs vous y reçoivent et vous parlent de leurs œuvres, de leur méthode de travail. Une bien belle adresse à découvrir à Gençay.

KOLYMA

Les Pommeraies - **BRION**
✆ 06 80 65 18 90
www.kolyma-association.com
Activités accessibles dès trois ans, pour deux personnes minimum. Cani-rando : 20 €, 15 € -10 ans. VTT attelé : 48 €.

Vous rêvez de courses de chiens de traîneaux, d'aventures, de vie dans le Grand Nord... avec Kolyma, faites ressortir le trappeur qui est en vous. Sur la base d'environnement nordique de Brion, Frédéric Auzanneau et les bénévoles de l'association Kolyma vous feront découvrir, avec passion, le quotidien de ces hommes et de leurs chiens. Du printemps à l'automne, venez essayer les différents types d'attelages canins : la cani-rando, le VTT attelé, le kart multi-chiens. A travers différents ateliers, partagez aussi un peu la vie, les us et coutumes des trappeurs.

LE SAINT MÔ €€

12, route de Gizay - **SAINT-MAURICE-LA-CLOUÈRE** ✆ 05 49 18 90 14
www.le-saint-mo.fr

Du lun au jeu midi. Ven midi + soir. Sam soir. Dim midi. Été : ouvert le jeu soir. Menu : 27 €. Formule midi : 13,50 €.

C'est le p'tit bistrot de Saint Mô, un p'tit bistrot, très bon resto, où vous serez bien agréablement accueillis par Virginie. Derrière les fourneaux, c'est Laurent qui cuisine. La formule midi change chaque jour, efficace et copieuse. Le soir, on prend le temps de la dégustation. La carte est alléchante et renouvelée chaque mois. Le chef travaille les produits frais, invente des recettes au gré des saisons. L'été, deux grandes terrasses vous accueillent, l'une en contrebas, devant un ancien four à pain, l'autre sous tivoli. Bon appétit !

FOIRE DE GENÇAY

Champ de foire

Tous les deuxièmes et derniers jeudis du mois.

Depuis le Moyen Age, le rituel n'a pas changé. La foire aux bœufs qui a fait la réputation de la ville est devenue un rendez-vous à ne pas manquer. Si aujourd'hui, les veaux, vaches, cochons et autres animaux ont disparu, la foire de Gençay attire plus loin que son nom. Place du champ de foire, rue de Civray et autour des Halles, les commerçants s'installent. Sur leurs stands, il y a de tout et de rien : mobilier, vêtements, literie, alimentation, accessoires... En tout cas, s'il y a bien une chose qui est restée, c'est la bonne ambiance qui s'en dégage !

CHARROUX

Depuis 2017, Charroux a le label « Petite cité de caractère ». Il y a bien sûr l'abbaye Saint-Sauveur. Située sur les chemins de Saint-Jacques-de-Compostelle, cette abbaye bénédictine fut un haut lieu de la chrétienté médiévale de l'Europe carolingienne. Riche mais aussi célèbre grâce à ses saintes reliques, l'abbaye accueillait chaque année entre 20 et 30 000 pèlerins. Aujourd'hui, vous pourrez admirer l'impressionnante Tour lanterne, ainsi que le musée lapidaire. Le village possède un exceptionnel bâti médiéval : maisons à pans de bois, halles, porte de l'Aumônerie, châteaux et nombreuses caves aux alentours. Des visites guidées sont organisées.

ABBAYE SAINT-SAUVEUR

4, place Saint-Pierre

✆ 05 49 87 62 43

www.abbaye-charroux.fr

Du 1er avril au 30 octobre, mercredi au dimanche 10h-12h30 et 13h30-17h. Juillet-août : 18h le soir, mardi aussi. 4 €.

© MARI59283 - STOCK.ADOBE.COM

L'abbaye est fondée à la fin du VIIIe s. par Roger, comte de Limoges, sous la protection de Charlemagne. Une relique de la Sainte-Croix attire les pèlerins en route vers Saint-Jacques-de-Compostelle. Saccagée pendant les guerres de Religion, elle servit de carrière de pierres à la Révolution. Aujourd'hui, vous admirez l'impressionnante Tour lanterne, dite Tour Charlemagne du XIe s., vestige de l'abbaye, ainsi que le musée lapidaire (avec de remarquables sculptures gothiques et son trésor), témoins de la grandeur passée de ce haut lieu de pèlerinage médiéval.

CHATEAU DE CIBIOUX

Cibioux

SURIN

✆ 05 49 87 04 89

Mai, juin et septembre : samedi et dimanche. Juillet-août : jeudi à lundi. De 12h à 18h. Adulte : 5 €. -13 ans gratuit.

Si le site est occupé dès le VIIIe s., le château est construit au XVe s. Ce sont les aspects défensifs qui subsistent de cette période : tours de défense, mâchicoulis et enceintes. Partiellement détruit par les guerres de Religion, il est restauré au XVIIe s. par Jean du Reclus, maître d'hôtel de Louis XIV. Il lui donne un aspect plus agréable à vivre. Une chapelle à porte ogivale et une élégante loggia sont visibles. Il est possible de s'offrir une nuit sur place grâce aux chambres d'hôtes. Le propriétaire, Jean-Claude Corbin, s'occupe de la visite guidée.

CHATEAU DE JOUSSÉ

7, place des Tilleuls

JOUSSÉ

✆ 05 49 87 85 89

Juillet-août, du samedi au mercredi, 13h-19h. Visite libre des jardins. Visite guidée (3 €) du rez-de-chaussée sur rdv.

Situé au centre du bourg, cet édifice ne manque pas d'allure. C'est en 1489 que Ithier du Theil obtient de Charles VIII l'autorisation de fortifier le manoir familial. Le château du XVe s. fut endommagé par la Seconde Guerre mondiale et détruit peu après. Aujourd'hui, le site conserve ses tourelles du XVe siècle qui encadrent un logis du XVIe siècle. Il ne faut pas manquer d'admirer le bas-relief sculpté avec les armoiries. Il surmontait la double porte d'entrée et orne désormais la façade. Observez aussi sa magnifique charpente en forme de bateau retourné.

HALLES DE CHARROUX

Rue des Halles
www.tourisme.civraisiencharlois.com
Visite libre.

Construites au XVIe siècle à l'emplacement d'un ancien cimetière, les halles de Charroux sont parmi les plus grandes halles de l'ouest de la France. Le site conserve son pavage et des piliers d'époque. Il suffit de s'y balader quelques instants pour s'imaginer la prospérité de la commune dans l'histoire ! Centre religieux avec l'abbaye Saint-Sauveur et véritable carrefour commercial d'envergure depuis le Moyen Age et jusqu'au XVIIIe siècle, Charroux accueille de nombreuses foires. Elles furent classées aux Monuments historiques en 1948.

ACCUEIL TOURISTIQUE

2, route de Chatain
✆ 05 49 87 60 12
www.tourisme.civraisiencharlois.com
Juin-juillet-août : lun 14h-17h30, mar à ven 9h-12h30/14h-17h30, sam 9h30-12h30/14h-17h, dim. Autres mois en ligne.

Sur place, vous trouverez le calendrier des manifestations et la carte touristique du Civraisien-en-Poitou avec les lieux à visiter, les sorties à faire pour un séjour de découvertes. Une maquette de la reconstitution de l'abbaye est à voir. Un plan pour le circuit de l'aventurier et écrivain Robert Charroux est disponible. Avec Drago, le Dragon de l'abbaye, parcourez les vitrines des anciennes échoppes pour découvrir l'histoire de la cité. Pour intéresser les plus jeunes et découvrir la ville, le jeu Le Mystère de la source de Charroux est à réserver à l'accueil.

LA GARGOUIL €€

Vergers de Chantegrolle
✆ 05 49 87 50 23
www.gite-la-gargouil.fr
Pour 14 personnes (194 m², 5 chambres) : 1 300 € la semaine, 500 € la nuitée. Pour 4 pers : 80 € (2 adultes, 2 enfants)

Sur les bords de la Charente, au pied des vergers de Chantegrolle, ce charmant gîte peut accueillir jusqu'à 14 personnes. Cette ancienne ferme rénovée et réaménagée comprend cinq chambres confortables. La salle à manger et le salon (disposant d'un poêle à bois) sont des espaces clairs et conviviaux. Une belle terrasse permet de prendre ses repas dehors aux beaux jours. Pour se détendre, le gîte bénéficie d'un grand terrain arboré et d'un jardin en bord de rivière. Et à deux pas du gîte, retrouvez les pommes et jus de fruits issus des vergers alentour.

O'CHAT ROUX €

1, route de Civray
✆ 05 49 87 55 47
Ouvert du lundi au vendredi de 8h à 16h. Horaire du service : 11h30 à 14h. Formule du midi : 13,50 €. Terrasse.

Pour les Teixeira, la restauration c'est une histoire de famille depuis de longues années. Ils ont d'abord tenu le Café de la Poste à Couhé pendant 12 ans. Après une pause, ils se sont installés en février 2018 à Charroux. C'est avec un grand sourire que vous serez accueilli dans une salle claire et moderne ou en terrasse. Proposée chaque midi, la formule à l'ardoise varie tous les jours. Le chef concocte une cuisine familiale, simple, mais faite maison. Attention, certains midis les plats feront voyager vos papilles jusqu'au Portugal !

GARGOUIL

Chantegrolle ✆ 05 49 87 50 23
www.gargouil-pommes.fr
Du mardi au samedi : 9h30-12h30 et 14h30-18h30. Visite des vergers sur rdv. Vente en ligne : www.boutique-gargouil.fr

Sur les rives de la Charente, sur les coteaux de Chantegrolle sont implantés les vergers de l'entreprise Gargouil. Depuis 1948 et trois générations, l'entreprise familiale n'a eu de cesse de travailler de manière raisonnée. Les six hectares de vergers sont labellisés éco-responsables. Une partie des dix variétés de pommes, les poires, les coings sont transformés en jus plats ou pétillants, en confitures, en purées ou en gelées dans le laboratoire de production implanté sur place, à Charroux. Les produits sont régulièrement médaillés au Concours général agricole.

LA MÉMÈRE

Chez Belot
✆ 06 84 33 26 65
www.lamemere.fr
Le vendredi de 16h30 à 20h30.

Eleveurs laitiers, Mathilde et David Billet ont décidé de rejoindre l'aventure des glaces paysannes artisanales La Mémère. Après une formation, ils fabriquent désormais leurs propres glaces 100 % bio directement sur leur exploitation et transforment ainsi le lait de leurs 80 vaches en glaces. Les recettes sont élaborées avec David Wesmael, Meilleur ouvrier de France glacier. Plusieurs parfums sont disponibles : vanille, chocolat, café, coulis de framboise ou de fraise, caramel au beurre salé... Alors, n'hésitez plus à plonger votre cuillère dans leur pot !

CHÂTELLERAULT ★

Châtellerault a une histoire de plus de dix siècles. Son fondateur, un certain Airaud, bâtit un premier château vers le milieu du Xe siècle. La sous-préfecture de la Vienne fut longtemps liée à sa manufacture d'armes, fondée en 1820 et fermée en 1968. Mais la ville possède bien d'autres attraits, dont de nombreux éléments d'architecture comme le théâtre Blossac du XIXe siècle le pont Renaissance Henri IV du début XVIIe siècle. C'est aussi ici que fut rédigé l'édit de Nantes au XVIe siècle. La campagne environnante et ses vallons regorgent d'endroits à découvrir : le val d'Envigne, le nord du Châtelleraudais jusqu'à Saint-Gervais-les-Trois-Clochers et au-delà.

ÉGLISE SAINT-JACQUES ★

2, rue Saint-Jacques
✆ 05 49 21 05 47

Nantie de deux clochers et consacrée en 1066 par Isembert II, évêque de Poitiers, l'église est située sur le chemin de Saint-Jacques de Compostelle. Vous pourrez d'ailleurs y voir une statue de Saint-Jacques en habit de pèlerin et en bois polychrome, datée du XVIIe siècle. L'église a été entièrement restaurée au XIXe siècle et sa façade néo-romane date de cette époque. Elle est le seul édifice religieux en Poitou-Charentes à posséder un carillon de 50 cloches, classé Monument historique, qu'un clavier permet de faire sonner. Un instrument hors du commun !

LE GRAND ATELIER, MUSÉE D'ART ET D'INDUSTRIE ★

3, rue Clément Krebs
✆ 05 49 20 30 99
www.grand-chatellerault.fr

Horaires variables selon les périodes, voir site. Gratuit jusqu'à 25 ans. Adulte : 5 €.

Il s'agit ici de la création d'un véritable pôle muséal dans l'un des grands ateliers de la Manufacture d'armes. Trois briques inclinées le représentent. Trois briques pour trois lieux aussi divers que passionnants installés dans ce très beau bâtiment de type Eiffel. Sur plus de 3 000 m², le musée Auto-moto-vélo recèle un patrimoine industriel exceptionnel en France. Au travers d'automobiles, mais aussi de nombreux cycles, est montrée l'évolution, non seulement technique, mais aussi historique et sociétale des véhicules, durant deux siècles. Des affiches nous font voyager d'époque en époque et revivre les grandes étapes de l'automobile. La scénographie est ludique, parfaite pour une visite en famille, et l'endroit est splendide.

Le second espace présente l'histoire de la manufacture d'armes qui a fermé ses portes en 1968. On y découvre les armes fabriquées, les outils et toute l'histoire sociale de ce lieu qui a tant marqué la vie châtelleraudaise.

Enfin, et c'est le plus surprenant, vous découvrirez le cabaret du Chat noir. Saviez-vous que Rodolphe Salis, son créateur (en 1881), était un enfant du pays et que le musée possède la plus grande collection de zinc du cabaret avant même celle de Montmartre et du musée d'Orsay ? C'est dans une ambiance feutrée que l'on découvre ces silhouettes et que l'on peut même manipuler un castelet et ainsi recréer des saynètes où défilent ombres chinoises et personnages découpés dans des plaques de zinc qui amuseront toute la famille.

EGLISE SAINT-SULPICE

1, route de Leugny
OYRÉ

Ouvert toute l'année. De 9h à 18h.

L'église Saint-Sulpice d'Oyré est considérée comme l'une des plus belles églises romanes du département. Edifiée au XIIe siècle, elle illustre la transition entre Poitou et Touraine par l'utilisation de la pierre de tuffeau et des tuiles plates. Malgré son plan classique, elle possède une particularité : au-devant de sa façade ouest se trouve une belle galerie en pierre qui forme une sorte d'auvent, un ballet. A l'intérieur, l'église renferme des sculptures et des peintures médiévales remarquables avec scènes religieuses et chimères monstrueuses.

JARDIN DU DIRECTEUR

Allée du Jardin du Directeur

Ouvert toute l'année.

Offrez-vous un petit luxe de citadins en allant pique-niquer l'été, là où la Vienne rejoint le canal de l'Envigne, sur le site de l'ancienne Manufacture d'armes. Au XIXe siècle, ce jardin potager et d'agrément était réservé au directeur de la Manufacture qui logeait sur place, à sa famille et à ses amis. Il possédait son propre débarcadère ainsi que deux serres dont l'une était chauffée. Le site a été réhabilité ces dernières années pour devenir un jardin botanique où vous vous plairez à dénicher moult espèces de végétaux ou à rêvasser sur un banc.

PONT HENRI-IV

Actuellement en cours de restauration et fermé à la circulation jusqu'en février 2023.

Ce pont routier de style Renaissance est un emblème de la ville. Il a été construit en partie par les architectes Charles Androuet du Cerceau et Philibert Delorme à la fin du XVIe siècle. Il enjambe la Vienne, reliant Châtellerault à Châteauneuf. Il est construit en pierre du Pinail et en tuffeau et compte neuf arches, toutes munies d'amples cornes de vache. Sur la rive gauche se dressent deux imposantes tours couvertes d'ardoises qui évoquent peut-être la fonction défensive de l'ouvrage, mais plus probablement celle de simple contrôle à l'entrée de la cité.

OFFICE DE TOURISME DU GRAND CHÂTELLERAULT

1, place Sainte-Catherine
✆ 05 49 21 05 47
www.tourisme-chatellerault.fr

Ouvert le lundi et du mercredi au samedi de 10h à 12h30 et de 14h à 18h ; le mardi de 14h à 18h. Produits régionaux.

Après avoir été successivement hôtel, couvent, prison, hôpital, l'hôtel Alaman abrite aujourd'hui l'office de tourisme. Construit vers 1520 par Nicolas Alamant, cet hôtel particulier est l'un des premiers à adopter le style Renaissance en Poitou. A l'intérieur, pour une information, un plan, un dépliant, un guide, des billets à prix réduit, on vous renseignera sur les activités à voir, à faire, où dormir, où manger sur le Châtelleraudais. Des produits régionaux sont en vente sur place.

THÉÂTRE BLOSSAC

80, boulevard Blossac
✆ 05 49 21 05 47

Ouvert aux visites les samedis en mai, juin et pendant les vacances scolaires. Sur réservation. Adulte : 5 €.

Installé dans une ancienne chapelle, ce petit théâtre à l'italienne a été restauré en rouge et or, à l'identique de ce qu'il était au XIXe s., et a rouvert ses portes en 2013 aux spectacles et aux visites. Il a une capacité de 340 places. Sa découverte vous donnera l'impression d'évoluer dans une charmante maison de poupées, compliquée de moult recoins, portes, niveaux, espaces réduits. Observez la petite scène, les balcons décorés de masques, les chaises pyrogravées, les portes cintrées (attention à la tête !) et aussi le plafond peint en 1889 par Emile Vernon.

BALADE EN BATEAU

✆ 06 46 13 03 97

Avril, mai : sur demande. Juin, sept : week-end. Juil, août : mardi au dim. Adulte 12 €. Enfant 8 €. Sur réservation.

Atypique ! Pour une balade toute en douceur sur la Vienne, embarquez à bord du Jehan Martin, cette toue cabanée, traditionnel bateau de pêche à fond plat des eaux de Loire. Les capitaines, Carole et Bruno, promettent une promenade en pleine nature et vous emmènent à la découverte de la rivière, du canal de la Manu au pont de Cenon-sur-Vienne (conçu selon un plan des ets Eiffel) ou au Moulin de Chitré. 10 km de navigation pour nous conter la vie de ces eaux, l'histoire de la batellerie. Des sorties à thèmes sont aussi proposées, dont pour les enfants (mardi matin).

COCOTTES & COLIBRI €€

23, route de la Bonalière ✆ 06 77 81 45 46
www.cocottes-colibri.fr

Pour 6 personnes (120 m², 3 chambres). A partir de 100 €/jour. Salle de jeux, jardin, piscine, buanderie...

Après avoir acheté la maison de leur voisine, Kenza et Stéphane l'ont transformée en gîte. Au cœur de la campagne, mais à deux pas de la ville, rénové avec goût, ce gîte pour six personnes dispose de trois chambres, ainsi que d'une salle de jeux. Les pièces sont agréables. A l'extérieur, n'hésitez pas à profiter du jardin et en traversant la rue, de la piscine. Il y a également un mini-potager et un poulailler pour des œufs frais tous les jours ! Le couple essaye d'avoir une démarche écoresponsable avec par exemple un composteur à disposition des locataires.

LA DULCINIÈRE €€

34, avenue Georges Clemenceau
✆ 06 63 52 42 31
www.ladulciniere.fr

Chambre double de 75 € à 105 €. Petit déjeuner inclus. Lit supplémentaire : 40 € (30 € pour les - de 15 ans). Wifi.

C'est en plein cœur du centre-ville, à deux pas de la gare, que Godeleine et Dominique vous accueillent dans leur maison. Nichée derrière un grand porche, la bâtisse XIXe offre, en plus de ses trois chambres d'hôtes, un grand jardin fleuri et arboré. C'est en famille que vous pourrez séjourner dans les deux chambres familiales de la maison avec salle de bains et w.c. privatifs : Champagne et Céladon (de 2 à 5 personnes). Glycine, la dernière chambre est installée dans le petit pavillon indépendant offrant une vue sur le jardin (jusqu'à 3 personnes).

GITES MONTGOLFIÈRE €€

53, chemin du portail rouge
✆ 06 82 28 68 29
www.gitesmontgolfiere.fr

Gîte 6 pers : 649 à 749 €/semaine. Gîte 4 pers : de 549 à 649 €/semaine. Chambre 2 pers : 59 €/nuit.

Jean-Daniel Ouvrard et son fils Rémi sont des aérostiers chevronnés. Avec Montgolfière Centre Atlantique, pour vous reposez après un vol, en attendant celui du lendemain, ou si vous êtes de passage, ils proposent de l'hébergement dans leurs trois gîtes sur Châtellerault, au calme. Pour six, quatre ou deux personnes, chaque location est meublée de façon moderne et bien équipée, disposant de trois, deux ou une chambres claires et confortables. Les locations disposent toutes d'une terrasse avec salon de jardin et d'un accès à la piscine avec vue pour se rafraîchir.

HÉBERGEMENTS INSOLITES AU PETIT TRIANON €€

1, rue du Moulin de Saint-Ustre - **INGRANDES**
✆ 05 49 02 61 47

Ouvert de fin avril à mi-septembre. Tipi à partir 65 € la nuit. Tente bulle à partir de 70 €. Petit déjeuner compris.

Le Petit Trianon, camping situé entre le Futuroscope et le Zoo de Beauval, est un camping 4 étoiles. Aux emplacements et mobil-homes classiques, s'ajoute tout un choix d'hébergements insolites avec la cabane dans les arbres, la bulle perchée, les tipis, les deux maisonnettes de charme… Il y en a pour tous les goûts ! Egalement, version *glamping*, une tente Safari spacieuse avec une terrasse aménagée. Tout vous invite à profiter d'un environnement calme et naturel !

HÔTEL L'UNIVERS** €€

4, avenue Georges-Clemenceau
✆ 05 49 21 23 53
www.hotelunivers.fr

Ouvert toute l'année. 22 chambres à partir de 69 €/nuit. Chambre doublée pour 5 personnes.

Cet hôtel, à la vaste façade de pierre, est un ancien relais de poste. Pour l'anecdote, l'actuel hall d'accueil se traversait à l'époque en calèche. L'établissement, idéalement placé dans le centre-ville, sur les contreforts de la mairie et tout près de la gare, dispose de 22 chambres rénovées et calmes, sur trois étages, dont une grande chambre familiale pour cinq personnes. Le grand escalier en colimaçon qui dessert les chambres a 200 ans. Chacun pourra se reposer au salon ou au bar. Les sportifs pourront user à leur gré de la salle de fitness.

HÔTEL LA GOURMANDINE*** €€

22, avenue du Président Wilson
✆ 05 49 21 05 85
www.la-gourmandine.com

19 chambres. Chambre double de 108 € à 128 € ; suite de 148 € à 158 €. Restauration. Salon, bar, terrasse, parc.

La Gourmandine est un hôtel de charme situé dans une maison bourgeoise du XIXe siècle au cachet certain, entouré d'un beau parc. Ici, les propriétaires croient fermement qu'on peut allier confort moderne, luxe et respect de l'environnement. Réhabilité en suivant les recommandations européennes en vigueur, le bâtiment est constitué de matériaux nobles et naturels, et l'équipe est engagée dans une démarche écoresponsable pour faire tourner l'établissement. Les suites et chambres sont aménagées avec un goût classique, intemporel et un luxe discret à l'ancienne.

HÉMON €

7, boulevard Blossac ✆ 05 49 23 39 02
www.hemon-restaurant.fr

Ouvert du lundi au vendredi : 7h30-20h. Formule Express : 7,90 € ; Formule Sur le pouce : 6,60 € ; Menu Hémon : 11,20 €.

M. et Mme Hémon offrent une alternative originale à la restauration traditionnelle avec leurs petits bocaux façon grand-mère en libre-service, leurs soupes et tartes diverses faites maison. La cuisine est simple, éphémère et équilibrée pour se renouveler chaque jour. On y mange sur les tables ou au comptoir perché sur des tabourets, à moins d'opter pour la terrasse, près du fameux jet d'eau. Sinon, on commande en trois clics pour se faire livrer au bureau. Pratique, rapide et convivial. Avec le zéro déchet en prime grâce aux bocaux en verre qui sont récupérés.

VIENNE

LE KERLOUET €

147, rue Bourbon
✆ 05 49 85 39 59

Du mardi au samedi : 12h-14h30 et 19h-22h30. Dimanche : 19h-22h30. Galette entre 9,50 et 12,50 €. Terrasse.

Cette petite crêperie familiale anime la rue piétonne avec sa terrasse. En cuisine et au service : les très accueillants Mme et m. Guillet ! On vient ici pour déguster des galettes bretonnes, des crêpes sucrées, accompagnées d'une bonne bolée de cidre. Les préparations sont de saison, bien réalisées, mijotées à l'ancienne, et les galettes, pliées en portefeuille. C'est succulent ! Le service est rapide et efficace. Côté décoration, le Kerlouët offre une salle aux allures rustiques avec ses poutres apparentes et ses vieilles pierres. Régal assuré !

LA FERME SAINT JACQUES €€

15, avenue Kennedy ✆ 05 49 21 01 77
www.lafermesaintjacques.com

Ouvert du mardi au samedi de 12h à 14h et de 19h à 21h30. Terrasse.

Dans la très vaste salle à décoration rustique, vous serez accueillis par l'emblème de la ferme, un énorme coq en métal ! Environnés de tables en bois et de petits murs de fagots, vous vous amuserez à détailler joug à bœufs, varlope, balance romaine… qui confortent dans une ambiance rurale d'antan. Une visite au musée avant l'assiette ! Et l'assiette sera riche en architecture culinaire savante et en goûts. Le restaurant possédant une rôtisserie, ouverte sur la salle, vous y apprécierez les viandes du Limousin comme la côte de bœuf maturée cuite à la broche.

LA PETITE AUBERGE €€

14, rue du Cognet
✆ 05 49 21 72 85

Ouvert du mardi au samedi de 12h à 14h et de 19h30 à 22h. Menu : à partir de 27,90 €. Formule du midi : 20 €. Terrasse

© LA PETITE AUBERGE

C'est l'une des très bonnes adresses de la ville, une table fine et accueillante dans une petite rue tranquille, proposant une trentaine de couverts en salle et autant dans le joli patio fleuri en saison. Dans cette vieille maison du XVIIIe siècle au cachet de pierres et de bois, le service se fait dans les règles de l'art. Les chefs se ravitaillent au marché ou chez les paysans du coin pour confectionner en cuisine, des recettes inventives et soignées qui frisent le gastronomique tout en restant à des tarifs très abordables.

LE LOCAL €€

1, route de Châtellerault - **OYRÉ**
✆ 05 49 85 61 13

Ouvert du mardi au dimanche midi et soir. Réservation impérative. Menus de 21,50 € à 33,50 €. Formule du midi : 15,50 €.

Poussés par l'envie d'entreprendre, marqués par la pandémie, Laëtitia et Lucas cherchent un village où s'implanter. Ils ouvrent en août 2011 à Oyré. Meilleur apprenti de l'Orne et de la Basse-Normandie, Lucas passe ensuite par *Objectif Top Chef* en 2016 et poursuit ses expériences dans des restaurants gastronomiques. En salle, à ses côtés, Laëtitia, pour un service de qualité. Les producteurs sont des partenaires et dans l'assiette, c'est du local ! Le chef propose une cuisine bistronomique, créative et savoureuse. La carte change chaque mois. Pensez à réserver !

CITRON ET CERISE

51, rue Bourbon
✆ 05 16 17 11 79

Ouvert du mercredi au dimanche de 10h à 18h. Restauration végétarienne le midi. Brunch samedi et dimanche : 25 €.

Découvrez ici un adorable salon de thé aux couleurs acidulées. Dans une ambiance cocooning où la douceur est reine, la carte des délices sucrés nous fait voyager à travers les goûts et les cultures. Irakienne, la charmante Lana nous emmène à la découverte des recettes de sa grand-mère, entre cake, cheesecake et petits gâteaux orientaux. Dans les théières, les thés locaux de la Compagnie coloniale sont infusés à moins que vous ne succombiez au café turc à la cardamome. Le midi, il est possible de déjeuner d'une assiette végétarienne et le week-end de bruncher.

VIENNE

VIENNE

AIGLE INTERNATIONAL

ZI, Saint Ustre - **INGRANDES**

05 49 02 38 20

www.aigle.com

Magasin d'usine : lundi à samedi de 9h à 19h. Visite guidée de l'entreprise sur rendez-vous à : visite@aigle.com

Les gestes précis des maîtres caoutchoutiers assemblant les bottes Aigle sont les mêmes depuis 1853. Découpe de la matière, pose de la semelle, du caoutchouc, cuisson dans les grands fours, test d'étanchéité... tout est fait sur place. Ils perpétuent ainsi un savoir-faire qui allie exigence, qualité et souci du détail. C'est à la fin des années 60 qu'Aigle s'installe à Ingrandes dans une ancienne base militaire de l'armée américaine. Dans son magasin de 600 m² attenant aux ateliers, vous trouverez chaussures, vêtements et accessoires pour toute la famille.

CHOCOLATERIE MELUSINE

97, rue Bourbon

05 49 23 08 24

www.chocolaterie-la-melusine.fr

Ouvert du mardi au vendredi de 9h à 12h15 et de 14h à 19h ; le samedi de 9h à 19h ; le dimanche de 9h à 12h15.

Dans la chocolaterie de la rue Bourbon, la fée Mélusine fait le bonheur des gourmands. Si les meubles sont les mêmes depuis 40 ans, dans le laboratoire, c'est Alexandre et Sandrine Burgault qui sont aux commandes. On déguste les nougatines du Poitou, chocolats garnis de liqueur maison ou les fameuses crottes de bique, des noisettes enrobées de chocolat noir ou encore des macarons et glaces artisanales. Pour profiter de tous ces délices sucrés, il existe une boutique en ligne où l'on peut commander notamment sa choco box personnalisée.

COUTELLERIE LE MANUCHARD

29, rue Bourbon

05 16 17 76 10

www.lemanuchard.com

Ouvert du mardi au samedi de 9h30 à 12h et de 14h15 à 19h.

Au XIIIᵉ s., les « Châtellerault » étaient reconnus pour leur silhouette et la qualité de leur facture. Ces couteaux raffinés étaient souvent vendus dans de très belles boutiques parisiennes. Au début du XXᵉ siècle, la production s'arrêta, mais c'était sans compter sur le coutelier Christian Baudinière. Aujourd'hui, on trouve toujours Le Châtellerault, mais également le Manuchard, une création. Manche en bois d'olivier, de noyer, de Genévrier, en corne de buffle, de bélier... le choix ne manque pas, que ce soit pour la chasse, la cuisine ou les deux !

MAISON BOURBON

41, rue Bourbon

05 49 23 01 42

www.lacafetiere-maisonbourbon.fr

Ouvert du mardi au samedi de 9h à 19h.

Une douce odeur de café vous attire, c'est la grosse machine de La Maison Bourbon, qui torréfie le café vert venu d'Ethiopie, du Rwanda, du Brésil ou d'ailleurs. Les grains s'exposent. On vous parle de leurs arômes, de leur finesse ou de leur robustesse, avant de les moudre pour vous. Dans cette belle boutique où 320 thés en vrac ou en sachets se partagent les étagères, vous trouverez également un bon rayon épicerie fine, et puis des mugs jolis, des théières, des cafetières et même des bières locales ! Pour parfaire ce décor, un excellent accueil vous y attend !

O PLAISIRS GOURMANDS

89, avenue Louis Ripault

05 17 33 44 79

www.oplaisirsgourmands.fr

Ouvert du mardi au samedi de 9h30 à 13h30 et de 14h30 à 19h. Click & collect.

Ce magasin de producteurs est sur une des avenues passantes de Châtellerault, non loin du centre-ville. Les producteurs viennent livrer directement en boutique. En un même endroit, de nombreux produits sont proposés : fruits et légumes de saison, viandes, volailles, œufs, poissons, pains, produits laitiers, huile, farine, miel, confiture, biscuits, plats cuisinés, jus de fruits, bières, vins, mais aussi une large gamme de pâtes. Régulièrement des animations sont organisées pour faciliter les échanges entre producteurs et consommateurs.

LAC DE LA FORÊT

Lac de la Forêt

Accès libre toute l'année.

Situé aux abords de la forêt domaniale de Châtellerault, le lac de la forêt offre un espace agréable pour les promeneurs. En été, la baignade est autorisée et sa plage est alors prisée. Des chemins sont aménagés et des infrastructures sont installées pour pique-niquer. D'une superficie de 532 hectares, la forêt offre un patrimoine naturel propice à la balade, au sport avec plusieurs parcours de santé balisés en forêt (4, 6 et 12 km), un boulodrome, des jeux pour enfants, mais aussi un arboretum avec 62 essences différentes sur sentier de 1 500 mètres.

ESCAPE HEROES

38, rue Bourbon
© 09 86 53 23 14
www.escape-heroes.com
Horaires variables. Réservation obligatoire sur internet ou par téléphone.

Voilà un concept assez rare. Escape Heroes est à la fois une salle d'escape game (« Mystère au musée »), et trois missions d'extérieur : le Portail Magique qui se joue à partir de 7 ans et jusqu'à 10 personnes et deux Opérations Mindfall (à partir de 12 ans). Muni d'une tablette, d'une lampe à UV, d'une fiole d'antidote et de documents ultra-confidentiels, vous parcourrez les rues de Châtellerault pour répondre aux énigmes, contrer les plans de Spider Tech et stopper à temps le virus répandu. Durée de l'aventure : environ 1h30. Prêt à tenter l'aventure ?

LE MERLE MOQUEUR

16, boulevard Blossac
© 09 51 32 45 24
www.lemerlemoqueur.bar
Lundi : 11h-15h ; du mardi au vendredi : 11h-2h. Formule midi Restauration, planches charcuterie-fromages Concerts.

C'est un oiseau rare dans les rues châtelleraudaises. Chez ce merle-là, on se sent tout de suite à l'aise. On aime manger (le midi), boire un verre, un café, discuter, jouer aux cartes et surtout célébrer ! Sébastien a su rassembler une communauté, des copains qui se retrouvent autour d'une bonne bière artisanale ou d'un rhum, sa spécialité. Ici, tous les styles se côtoient lors du bœuf musical le premier jeudi du mois. Rockeur, jazzman, oiseau de nuit venez avec votre guitare, votre voix ou votre clavier et devenez le merle de la scène.

AVAILLES-EN-CHÂTELLERAULT

Fondée au XIe siècle, la commune compte deux églises : Sainte-Madeleine et Notre-Dame-d'Availles. En 1180, c'est la construction du château de la Tour d'Oyré qui débuta à l'initiative de Raoul de Faye, oncle d'Aliénor d'Aquitaine. Trois autres châteaux sont sur le territoire : la Cataudière, le Bouchet et la Doubtière. À voir aussi : le pigeonnier du Perron est une ancienne métairie de René Descartes transformée en hôtel-restaurant haut de gamme. En 1818, la commune fut formée de la réunion des deux anciennes communes d'Availles et de Prinçay. De nombreux artisans exercent à Availles : l'huilerie Lépine (depuis 1810), la chocolaterie Berton…

MONTGOLFIÈRE CENTRE ATLANTIQUE

53, chemin du Portail Rouge
© 06 82 28 68 29
www.montgolfiere-centreatlantique.fr
Toute l'année en fonction des conditions météorologiques. Enfant (moins de 12 ans) : dès 139 €. Adulte : dès 195 €.

© MONTGOLFIÈRE CENTRE ATLANTIQUE

Les avez-vous déjà vus monter dans le soleil levant, fendre nonchalamment les airs, ces mystérieux ballons ? Jean-Daniel Ouvrard et son fils Rémi, aérostiers chevronnés, vous emmènent en toute saison surfer sur les nuages. Ils proposent des vols en nacelle privée (pas plus de 5 passagers en plus du pilote) pour passer une à deux heures avec une vision à 360°, en accompagnant le vent sans le sentir. En route pour un voyage poétique entre des mains fiables et la tête dans les nuages.

CHÂTEAU DE MONTHOIRON

1, chemin du château - **MONTHOIRON**
© 06 09 76 79 37
www.chateau-monthoiron.com
Horaires variables. Voir site internet. Tarif enfant : entre 4 € et 8 € selon parcours. Adulte : entre 7 € et 9,50 €.

Elle a été oubliée pendant 500 ans et se trouvait là, à quelques mètres du château. La Tour Forteresse de Monthoiron est l'unique témoignage architectural de Léonard de Vinci ! Visitez ce lieu hors du commun en famille grâce au parcours d'énigmes « Le trésor de Léonard », accessible dès 5 ans. Costumés, les enfants partent à la découverte de l'édifice et de son architecte, trésor à la clé. À partir de 3 ans, un autre parcours 100 % BRIQUES LEGO® intitulé « Le secret de Karmanor » a été pensé dans le parc ombragé du château où vous pourrez aussi pique-niquer.

VIENNE

DOMAINE DES PETITES MINAUDIÈRES €€

Les Petites Minaudières

SENILLÉ-SAINT-SAUVEUR ✆ 06 58 35 17 10

www.domainedespetitesminaudieres.com

Gîte pour 7 personnes (3 chambres). De 800 € à 1 550 € la semaine selon saison. 2 jours : 575 €. Piscine. Pêche.

Dans un environnement verdoyant, cette grange de caractère, entièrement refaite à neuf par Christian et Chantal, offre tout le confort nécessaire, avec notamment le salon et sa cheminée. A l'étage, il y a trois chambres pouvant accueillir sept personnes. A l'extérieur, profitez, du jardin et de sa piscine, de la terrasse mais aussi du parc de 25 hectares avec son potager, le verger, l'étang de pêche. Vous pourrez aussi faire de longues balades dans la forêt environnante.

LE PIGEONNIER DU PERRON*** €€

22, lieu-dit Le Perron

✆ 05 49 19 76 08

www.lepigeonnierduperron.com

16 chambres dont deux apparts hôtel de 91 à 142 €. Terrasse. Piscine extérieure chauffée.

Il est une métairie, ancien fief seigneurial de René Descartes dont il prit le nom, sieur du Perron, selon l'usage dans la noblesse de robe. De nos jours, Emilie Thiollet vous accueille dans cet hôtel de charme de 16 chambres joliment décorées. Vous découvrirez le fameux pigeonnier aux 600 boulins, les vieilles pierres de cette bâtisse du XVe siècle, le jardin potager, le parc, sa piscine. Le soir, un menu vous sera proposé au restaurant. Un cadre bucolique propice au repos.

L'OUVRIÈRE €€

6, place René Descartes

✆ 09 77 37 61 38

Ouvert du vendredi au mardi de 11h30 à 14h30 et de 19h30 à 22h30. Menus de 23 € à 45 € (entrée - plat - dessert : 28 €).

A leur image, sur la place du bourg d'Availles-en-Châtellerault, Ludovic et Kelly Dumont œuvrent pour la défense du bien manger. Avec une créativité foisonnante, Ludovic sort de ses cuisines des assiettes grandement travaillées, d'étonnantes associations aux goûts corsés. Le menu change chaque semaine, en fonction des trouvailles locales. L'Ouvrière s'applique à respecter le produit, à nous rapprocher de ce que la nature nous offre pour le plus grand plaisir de nos estomacs. Un accueil familial, un service souriant, cet établissement est une pépite.

CHOCOLATERIE BERTON

18, rue des Varennes

✆ 05 49 02 33 30

www.boutique-chocolat-patissier.com

Ouvert du mardi au samedi de 9h30 à 12h30 et de 14h30 à 18h30.

Jean-Claude Berton est un passionné et un spécialiste du chocolat. Il est intarissable sur ses produits, ses spécialités, son métier, les bienfaits du chocolat... A cette adresse, vous trouverez une belle collection de chocolats bio artisanaux : la Boule du Futuroscope, le Châtelleraudais ou encore le Descartes, mais aussi des innovations avec les tablettes Omégachoco. Ici, on ne se contente pas de vous régaler de douceurs, le chocolatier vous ouvre ses portes pour vous faire connaître son savoir-faire et les secrets du chocolat. Avis aux gourmands !

LA FABRIC' D'ALICE

9, rue de la Voûte - **SENILLÉ-SAINT-SAUVEUR**

✆ 06 83 49 06 24

www.lafabricdalice.fr

Le vendredi : 16h à 19h. Présents aux marchés de Sénillé et de Saint-Sauveur. Points de vente : voir site internet.

La Fabric' c'est avant tout l'histoire d'un couple. Après 10 ans passés dans le secteur bancaire, Nicolas a décidé de reprendre une exploitation céréalière de 160 ha. Quelque temps plus tard, Alice l'a rejoint et l'atelier de fabrication de pâtes est né. Constituées à 100 % de blé dur, les variétés de pâtes artisanales aux couleurs et formes appétissantes sont un véritable faire-valoir de la production agricole raisonnée d'Alice et Nicolas. Dentelles au curry, clochettes aux cèpes ou encore tracteurs (natures) pour les enfants, les arômes et épices sont naturels.

HUILERIE LÉPINE

24, rue de l'Huilerie

✆ 05 49 93 60 24

www.huilerie-lepine.fr

Visite gratuite toute l'année. Boutique : du mardi au sam : 9h-12h et 14h-18h. De déc. à fin mars : du lundi au samedi.

L'huilerie Lépine est l'une des dernières huileries traditionnelles du Poitou. Depuis 1810, l'hiver, on y apporte ses noix pour y faire son huile. Voilà 8 générations que l'énorme meule de la famille Lépine écrase cerneaux de noix et noisettes qui sont ensuite chauffés pour obtenir une huile savoureuse. Dans la boutique, Les Gourmandises d'Availles, on vend les huiles de la production de la ferme, de la farine issue du tourteau pour vos gâteaux, de la pâte à tartiner, ainsi que des produits du terroir. Une visite gourmande pour toute la famille !

LES POTS GOURMANDS

Le Grand Pommier - **SENILLÉ-SAINT-SAUVEUR**
✆ 05 49 20 11 56
lespotsgourmands.com
Le lundi de 14h30 à 18h30 et le vendredi de 14h à 18h. Autres jours sur réservation au 06 47 13 70 98.

On s'en lèche encore les babines rien que d'y repenser. Abricot safran ? Gelée pomme-raisin ? Fraise mara des bois ? Cerise gingembre ? Melon au broyé du Poitou ? Vous êtes dans l'atelier de la championne de France des Confituriades 2016, Orianne Lauer. Dans ses chaudrons en cuivre, respectant des méthodes traditionnelles et manuelles, elle fait mijoter sucre et fruits pour obtenir des gourmandises plus savoureuses les unes que les autres. Devant vos yeux, elle concocte des recettes à partir de fruits sélectionnés principalement auprès de producteurs régionaux.

VOUNEUIL-SUR-VIENNE

Dans la vallée de la Vienne, entre forêt et rivière, et à seulement quelques kilomètres de Châtellerault, il est une petite ville pleine de curiosités. Vouneuil-sur-Vienne, c'est aussi le souvenir d'une bataille, celle de Poitiers, le 25 octobre 732, lors de laquelle les Francs, commandés par Charles Martel, ont repoussé une razzia menée par Abd al-Rahman. Après quelques emplettes aux Vergers des Savoies, direction la forêt de Moulière toute proche, les bords de Vienne ou la réserve naturelle du Pinail pour découvrir une nature surprenante grâce aux visites organisées. L'occasion d'en apprendre plus sur la faune et la flore locales.

ÉCHIQUIER DE MOUSSAIS LA BATAILLE

✆ 05 49 21 05 47
www.tourisme-chatellerault.fr
Site en accès libre. Audio-guide disponible à l'office de tourisme du Grand Châtelleraut.

Au lieu-dit Le Chemin de la Baudette, près de Vouneuil-sur-Vienne, sur l'ancienne voie romaine qui reliait Poitiers et Tours, est symbolisée la bataille de Poitiers, guerre-éclair où Charles Martel mit fin à la conquête des Arabes emmenés par Abd al-Rahman, en 732. Un audioguide, associé à des tables pédagogiques, vous racontera les événements. La campagne ainsi que le point de vue magistral de la vallée de Moussais-la-Bataille vous donneront des frissons...

MOULIN DE CHITRÉ

Lieu-dit Chitré
✆ 05 49 21 05 47
www.tourisme-chatellerault.fr
Juillet-août : jeudi 14h30-18h30, avec une visite commentée à 16h. Gratuit -13 ans. Adulte : 5 €. Visite guidée : 6 €.

Situé sur la Vienne, avec vue sur le barrage et la « porte marinière », perdure un ancien moulin à farine du Moyen Age modernisé au XIXe siècle avec l'installation d'une machinerie. Son histoire est étroitement liée aux « gens de Chitré » occupant le château voisin qu'il fournissait en « glaçons ». Il faut ainsi y visiter sa glacière et le musée, dans les combles, qui présente deux documentaires, sur l'eau en général et sur son lien avec l'extraction des pierres meulières du Pinail. Le logis du meunier est également ouvert à la visite.

RÉSERVE NATURELLE NATIONALE DU PINAIL

✆ 05 49 02 33 47
www.reserve-pinail.org
Accès libre et gratuit. Visite guidée (sur inscription, gratuite). Sentier interactif : www.sentier.reserve-pinail.org.

Cette réserve naturelle de 142 hectares compte de nombreux sentiers qui se faufilent entre les mares, nées de l'ancienne exploitation de pierres meulières. Il y grouille une faune extrêmement riche et il y croît une lande mystérieuse et fertile. Sortez vos jumelles pour scruter les cinquante espèces de libellules ou l'emblématique fauvette pitchou. La réserve est reconnue comme zone humide internationale et protégée par le label Ramsar depuis octobre 2021.

LA BELLE ÉTOILE €€

79, route de Chauvigny
✆ 05 49 85 10 44
Du mercredi au lundi 12h-14h, vendredi et samedi 19h-21h. Mercredi, jeudi soir et week-end sur réservation. Menu : 29 €.

Les propriétaires de la Belle Etoile, Aurélie et Bertrand Biraud, vous réservent un accueil chaleureux. Dans l'assiette, des légumes du jardin et des produits issus en grande partie de productions locales. L'ardoise change toutes les semaines en fonction des dernières trouvailles ou des envies des chefs. Ici, c'est l'esprit familial qui prime. Les assiettes sont copieuses, savoureuses et toujours bien présentées. Lors de votre repas, dégustez la barber's beer, bière brassée à Vouneuil-sur-Vienne, imaginée par le coiffeur du village..

LES VERGERS DES SAVOIES

Les Savoies
✆ 05 49 85 10 33
www.vergers-savoie.fr
De sept à mai : du mardi au samedi : 9h-12h et 14h30-18h. A partir du 1er mai : Mêmes horaires sauf le samedi 9h-12h.

Depuis 4 générations, la famille Fournier cultive, sur une exploitation de 10 hectares, des pommiers sur les terres des Coteaux des Savoies. Rubiette, golden, topaz, opale, choupette et toutes les autres commencent leur gala annuel en septembre et c'est d'ailleurs à ce moment-là que vous pouvez venir les cueillir en « self-cueillette ». Le reste de l'année, ces magnifiques fruits goûteux et désormais bio sont dans la boutique, avec les jus de pommes et les produits des voisins. L'été, on y trouve également de gros abricots et de belles pêches et nectarines.

CHATEAU MARIEVILLE €€€

1, Marieville
✆ 05 49 85 31 02
http://www.chateau-marieville.com
Trois chambres (à partir de 125 €/nuit pour une pers.) et deux suites (à partir de 200 €/nuit pour deux pers.).

Classé monument historique en 1990, le château Marieville offre une vue splendide sur la forêt de Moulière. Dans un parc arboré de six hectares à proximité de la Vienne, ce bâtiment en tuffeau, représentatif du Second Empire, évoque le style de la Renaissance avec une importante sculpture de décors sur les élévations. Les extérieurs sont magnifiques, calmes et très agréables. De Pâques au 15 septembre, profitez de la piscine. Les chambres et suites bénéficient d'une décoration où l'ancien côtoie le moderne. Le cadre invite à la détente.

BONNEUIL-MATOURS

Bonneuil-Matours se distingue tout d'abord par son patrimoine : le pont suspendu sur la Vienne, l'un des derniers de l'Hexagone, ainsi que l'église Saint-Pierre, dont le chœur de pur style roman date du XIIe siècle. Elle dispose aussi d'un musée consacré à l'écrivain et poète Maurice Fombeure, qui y a vécu lorsqu'il était enfant. Aux beaux jours, les habitants et les visiteurs apprécient de passer du temps au parc de loisirs de Crémault, avec baignade surveillée dans la rivière pendant l'été. A quelques kilomètres, parcourez les landes du Pinail avec ses 6 000 mares et 2 500 espèces recensées et préservées. Un paradis pour les naturalistes !

BON'OEIL GOURMAND €

23, place du Commerce
✆ 05 49 02 60 14
Lundi à samedi 9h-15h. Ouvert de mai à septembre : mercredi 9h-18h30 et vendredi 9h-15h/18h-22h. Plat du jour : 12,50 €.

C'est chaque jour différent et chaque jour, bon et copieux. Ce petit restaurant traditionnel où convivialité rime avec qualité, affiche une carte courte qui met en valeur la fraîcheur des produits avec des recettes simples mais efficaces ! La tête de veau sauce gribiche, le burger fait maison, le curry de sot-l'y-laisse (le morceau le plus fin du poulet très apprécié par Louis XIV...), la brandade de morue ou le curry de crevettes, la cuisse de canard braisée et sa sauce au miel ou encore paëlla... Les formules proposées offrent un excellent rapport qualité-prix.

PONT SUSPENDU

D3
Fermé à la circulation jusqu'au 31 décembre 2022.

Jusqu'au XIXe siècle, on traversait la Vienne en bac depuis le port. Le premier pont suspendu date de 1845 et le second (l'actuel) a été inauguré en 1932. Il fut l'un des premiers ponts construits sur la Vienne, dans cette portion sud de Châtellerault. Ses deux câbles porteurs sont chacun constitués de 889 fils d'acier hélicoïdaux. Le pont relie la route départementale au centre-bourg. En acier, il est l'un des derniers ponts suspendus de France. Son jumeau de Vicq-sur-Gartempe a disparu en 1989. Dans son genre, il est même unique au monde.

O SOFA

8, allée du stade
✆ 07 68 40 42 74
www.osofa.fr
De mi-avril à fin septembre. Lundi à vendredi 12h-22h ; le week-end 12h-23h. Camping (55 emplacements et 3 bungalows).

Au cœur du parc de Crémault, à proximité de la baignade surveillée, le bar lounge O'Sofa ouvre ses portes en été, avec à sa tête, le couple Magalie Roinard et Aurélien Fourmy. Il fait bon se retrouver ici midi et soir pour un apéro dînatoire ou une soirée entre amis ou en famille. Sofas en palettes et épais coussins installés autour de tables basses, l'endroit appelle à la détente et au farniente. Vous pourrez picorer avec les doigts une planche de charcuteries ou de fromages, onions rings, calamars, accras, fish & chips, filets de poulet pané, gaufres...

VIENNE

LA FERME DU VIEUX BELLEFONDS

Le vieux Logis - **BELLEFONDS** ✆ 05 49 85 23 13
www.levieuxbellefonds.fr

Ouvert le vendredi de 10h à 13h et de 14h à 19h. Le samedi de 8h30 à 14h. Possibilité de réserver par mail ou téléphone.

Dans leur ferme Monique Baraton et Raymond Demiot élèvent toutes sortes de volailles en plein air. Ils vendent leur production, mais aussi celles des voisins, au magasin du Vieux Bellefonds. Ce point de vente de produits fermiers regroupe une trentaine de producteurs. Légumes bio et fruits de saison, fromages, lait et yaourts, volailles, viande de porc bio et charcuterie, agneau, bœuf, œufs, miel, vins, huiles, savons... que des produits de qualité et en prime un excellent accueil !

LA FOURMY CANOË

Parc de Crémault
✆ 06 15 77 71 97
www.lafourmycanoekayak.com

Mars à mai, septembre-octobre : sur réservation. Juin-juillet-août : tlj 9h30-18h. 17 € (demi-journée), 22 € (journée).

Embarquez et venez naviguer sur la Vienne. Pour une heure, une demi-journée ou une journée, accompagné ou non, prenez le temps de vous laisser porter par la rivière et admirez les paysages alentour. Plusieurs tailles d'embarcations sont disponibles, le transport est assuré, il n'y a qu'à pagayer et découvrir les trésors de la nature. Plusieurs parcours sont proposés : découvrez Chauvigny, passez devant le joli château de Toufou ou allez jusqu'au pont Henri IV à Châtellerault. La location de stand-up paddles est aussi possible.

PARC DE LOISIRS DE CREMAULT

Allée du Stade
✆ 07 68 40 42 74

Ouvert toute l'année. Accès libre et gratuit toute l'année. Baignade surveillée 7j/7 en juillet et août de 14h à 18h.

Lorsque les beaux jours reviennent, le parc de loisirs de Crémault est un lieu agréable pour se détendre entre amis ou en famille. Sur la rive de la Vienne, une plage a été aménagée, avec deux zones de baignade surveillée en été et un ponton. Si le parc est propice aux activités nautiques telles que le canoë, le kayak et le vélo d'eau, d'autres options s'offrent à vous : pêche, beach-volley, pétanque, minigolf, tennis, football, etc. Il y en a pour tous les goûts !

ARCHIGNY

Venant de Poitiers ou de Châtellerault, le visiteur sera saisi par le changement de paysage qui devient bocager. Entre ses prairies verdoyantes, ses haies et ses nombreux hameaux disséminés, il y a ici un petit air de France d'antan. Cette commune de plus de 1 100 habitants dispose d'infrastructures pour s'aérer : aires de loisirs, étang de pêche, sentiers de randonnées pédestres et VTT, équipements sportifs... Côté hébergement, rien ne manque entre le camping, les gîtes, maisons d'hôtes et l'aire de camping-cars. Au XVIIIe siècle, un événement marqua la vie rurale de la commune avec la tentative d'installation d'une colonie acadienne.

ABBAYE DE L'ÉTOILE ★

✆ 09 88 77 33 49
www.abbaye-etoile.fr

Visite libre ou guidée sur résa. au 06 04 19 80 52. De 14h à 18h les dim. en juin et ven. à dim. en juillet-août. 3 €.

Fondée en 1124 par Isembaud de l'Etoile, l'abbaye cistercienne de l'Etoile rallie l'ordre de Cîteaux en 1149. Elle est prospère au XIIIe siècle, mais la guerre de Cent Ans et celles de Religion la mettent en ruines. Elle est vendue comme bien d'Etat et devient une exploitation agricole en 1792. Vous pourrez admirer ses voûtes, ses sculptures, sa nef et son impressionnante salle capitulaire... Profitez aussi d'un moment de détente et de découverte tout autour des dépendances et de la petite chapelle. Il y a une exposition dans le moulin.

NAINTRÉ ★

La commune est connue pour abriter les ruines de l'ancienne ville gallo-romaine Vetus Pistais, construite il y a près de 2 000 ans. La ville s'étendait alors sur 70 hectares avec un théâtre pouvant accueillir jusqu'à 10 000 personnes ! Un voyage à travers le temps ! Il faut aussi passer voir l'église Saint-Vincent et son tabernacle en bois doré, le moulin des Coindres (visite l'été sur demande), le mégalithe du polissoir de Souhé, le lavoir... Pour profiter de la nature, il y a plusieurs étangs (de Bracon et de Laumont), la coulée verte qui longe le Riveau ou trois circuits de randonnée autour de Naintré (circuit des moulins, des forêts ou Beaudiment).

THÉÂTRE GALLO-ROMAIN DU VIEUX-POITIERS ★

✆ 06 81 06 24 02

Avril, mai, septembre : dimanche 15h-18h. Juin à août : dimanche 14h-18h. Adulte : 3,50 €. -12 ans : gratuit.

Imaginez un village gaulois, des hommes moustachus vêtus de braies se nourrissant essentiellement de sangliers cueillis en forêt de Moulière. Imaginez un druide qui aurait trouvé la recette d'une potion magique. Eh bien, oubliez tout cela. A la confluence de la Vienne et du Clain, sur le site du Vieux-Poitiers s'élevait il y a bien longtemps une cité gallo-romaine dont l'importance, à en juger par les trouvailles mises au jour par les archéologues, n'est plus à démontrer. Un seul coup d'œil au théâtre, ou à ce qu'il en reste, et vous vous représentez les 10 000 spectateurs debout dans l'un des plus grands de Gaule (116 mètres de diamètre !). Datant a priori du Ier siècle de l'ère chrétienne, cette cité s'étendait sur 70 hectares et a pu compter jusqu'à 4 000 habitants. Tout cet ensemble se situe le long de la voie romaine Poitiers-Tours, situation primordiale pour les échanges et le commerce avec le reste de l'Empire romain. On estime qu'elle commença à décliner dès le IIe siècle. Le site est cependant réoccupé ponctuellement jusqu'au début du Moyen Age. En 742, les fils de Charles Martel concluent ici un traité pour le partage de la province d'Aquitaine. Le coup fatal est, semble-t-il, porté au IXe ou au Xe siècle, pendant les invasions vikings. La destruction du Vieux-Poitiers par les Normands reste cependant une hypothèse, même si celle-ci concorderait, assez bien avec la fondation, un peu plus au nord, du château défensif d'Airaud – IXe siècle –, futur Châtellerault.

MINI-PORT BATEAUX ÉLECTRIQUES

Rue de Champagne - **CENON-SUR-VIENNE**

✆ 05 49 21 05 47

www.tourisme-chatellerault.fr

Juin et septembre : samedi, dimanche, jours fériés 14h-18h. Juillet-août : tlj 14h-18h. Bateau 3-4 places 15 €/1h.

Faire du bateau sur la Vienne, voilà une idée qui plaît aussi bien aux petits qu'aux grands ! A bord de bateaux électriques peu bruyants, vous pourrez naviguer à 7 km/h à votre gré sur la rivière. C'est très facile, ludique et les enfants en redemandent. Le principe est très amusant. C'est une sortie en famille idéale pour profiter d'une jolie balade. Un bateau peut contenir de 2 à 7 personnes. En devenant capitaine, découvrez la vallée entre Châtellerault et Vouneuil-sur-Vienne.

SCORBÉ-CLAIRVAUX

Si Scorbé-Clairvaux dispose du titre de « Village fleuri », la commune propose aussi à ses visiteurs la découverte d'un riche passé historique. Scorbé remonte à l'époque de la domination romaine. Clairvaux dépendait d'une importante seigneurie dès le XIe siècle. C'est au XVIIIe siècle que les deux noms ont été réunis. Les anciennes halles aux grains (XIe), le château des Robinières (XVIIIe), le donjon féodal datant du XIe siècle et la chapelle sont autant de lieux qui comblent de joie les amoureux des vieilles pierres. Après un passage dans ses musées, n'hésitez pas à revenir manger un bout au restaurant ou à profiter du marché le mardi matin.

LE CHANT DES ÉTOILES €€

23, route de la Croix - **CENON-SUR-VIENNE**

✆ 06 09 93 02 76

lechantdesetoiles.com/

Ouvert de fin mai à octobre. Pour 3 personnes. 90 €/nuit petit déjeuner inclus. Tarif dégressif à partir de 3 nuits.

Envie de calme et de nature, de dépaysement dans un gîte insolite ? A 3 km de la commune de Cenon-sur-Vienne, profitez d'un petit air de campagne, au milieu du jardin avec entrée indépendante, terrasse privative, en séjournant dans une roulotte où, pour votre confort, rien n'a été oublié, même la piscine extérieure ! Vous apprécierez d'autant au milieu du jardin, le salon pour prendre votre petit déjeuner fait de produits locaux. Idéalement située pour partir à la découverte d'une région riche de son patrimoine culturel et gastronomique.

CHÂTEAU DE CLAIRVAUX

7, place Etienne Chérade de Montbron

✆ 06 80 92 38 48

chateau-de-clairvaux.webnode.fr

Ouvert du 1er juillet au 31 août. Entrée : 7 €. 8 à 19 ans : 3,50 €. Visite guidée toutes les heures les après-midi.

Le château de Clairvaux est un bel exemple de mélange des styles gothique et Renaissance. Il a été édifié en 1480 par Renaud Chabot et ses descendants. Les douves d'eau vive qui l'entourent sont propices à la promenade, ainsi que l'enceinte réalisée à la fin du XVIe siècle. L'avant-cour et le châtelet d'entrée viennent compléter ce bel ensemble. Classé aux Monuments historiques en 1929, il a été restauré à partir de 1964. Installé au sein du château depuis 1990, le musée international du jeu d'échecs est l'un des plus importants de son genre en France.

ÉGLISE SAINT-HILAIRE

10, place de l'Eglise

Accessible toute l'année. Visite libre.

L'église Saint-Hilaire fut construite à l'emplacement d'une église plus ancienne. L'édifice actuel date du XIIe siècle et a subi des modifications au XVe siècle. Elle a été restaurée et a bénéficié d'améliorations. Elle possède des arcs en ogive, un chœur carré, une voûte en pans, un porche d'entrée et une Vierge à l'enfant en bois sculpté. La crypte est à nouveau ouverte. Une des chapelles est dédiée à la sainte locale, Néomaye. C'est un lieu de pèlerinage. Le 14 janvier, tous les ans, des pèlerins invoquent la sainte contre les chagrins et les maux physiques.

MUSEE INTERNATIONAL DU JEU D'ECHECS ★

7, Place Etienne Chérade de Montbron

✆ 06 80 92 38 48

chateau-de-clairvaux.webnode.fr

Ouvert du 1er juillet au 31 août 7j/7 de 13h30 à 18h30. Pour les groupes, le château est ouvert de mai à octobre. 7 €.

Depuis 1990, le musée est installé au château de Clairvaux. Au total, plus de 100 jeux et 3 000 pièces de 50 pays de tous les continents sont exposés dans 5 salles. Les jeux des XVIIIe, XIXe et XXe siècles sont fabriqués avec des pierres semi-précieuses, du métal argenté et doré, des os d'éléphant, du bois d'ébène, d'olivier, de poirier, écume de mer, malachite… Il y a celui sur lequel Napoléon Ier jouait en campagne avec des pièces en ivoire de Dieppe sur un plateau en cuir de Russie.

HALLES AUX GRAINS

Place Etienne Chérade de Monbron

✆ 05 49 21 05 47

Accessible toute l'année. Entrée gratuite. Marché mardi matin.

Les halles se trouvent sur le champ de foire de Scorbé-Clairvaux. Construites au XVIIIe siècle, pendant le règne de Louis XV, les halles ont pris place sur un site qui avait déjà une vocation commerçante. Dès le XVIe siècle, un marché animait le lieu chaque semaine, et chaque 14 janvier s'y déroulait une grande foire dédiée à sainte Néomaye. Désormais restaurées (en 1995), les halles accueillent des producteurs locaux et des artisans toute l'année. Un plan guide est à disposition à l'office de tourisme avec des itinéraires à suivre à pied, à vélo…

SITE CASTRAL DU HAUT CLAIRVAUX

Le Haut-Clairvaux

✆ 05 49 93 06 66

https://www.tourisme-chatellerault.fr

Sur rendez-vous au 05 49 93 06 66 d'avril à fin octobre. 2 €, gratuit scolaires jusqu'à 16 ans.

Ancien fief du comté d'Anjou, l'origine du nom Scorbé (le bourg actuel) remonte à l'époque gallo-romaine tandis que Clairvaux était une importante seigneurie. C'est au XIIIe siècle que les deux communes se trouvèrent réunies pour ne former plus qu'un seul toponyme. Du château, qui avait été fortifié par Richard Cœur de Lion, il ne reste plus que le donjon et la chapelle castrale entourés de douves sèches. Le site est classé aux Monuments historiques depuis 1929.

MUSÉE CHARLES DE GAULLE

12, place de l'Eglise

✆ 05 49 93 81 60

www.scorbe-clairvaux.fr/

Visite libre uniquement sur rdv. Adulte : 4 €. Visite guidée.

Le musée Charles de Gaulle a l'une des plus importantes collections dédiées à l'illustre général. Ses expositions permanentes s'appuient sur une collection rassemblée depuis 40 ans avec de rares documents et objets pour une mémoire partagée. Ce lieu propose un véritable rendez-vous avec l'histoire du XXe siècle. A travers ses quatre salles d'expositions thématiques, il permet la découverte d'ouvrages originaux sur et de Charles de Gaulle, de journaux d'époque, de documents, d'objets authentiques et plus intimes qui ont fait l'histoire du grand homme.

GÎTE RURAL DE L'ABBESSE €€

Lieu-dit L'Abbesse

✆ 05 49 93 83 55

giterural-abbesse.com

Ouvert toute l'année. Pour 9 personnes (80 m², 2 chambres). A partir de 110 € (2 nuits minimum) selon saison.

Dans un environnement calme et tranquille, le gîte est idéalement situé en pleine campagne à 3 km de Scorbé-Clairvaux et 11 km de Châtellerault. Tenue par Jacques et son épouse, cette maison de vacances propose salon, cuisine équipée et deux chambres. Elle dispose d'un grand terrain avec une terrasse, le nécessaire pour un barbecue, des jeux pour les enfants, dont une cabane en bois. Il n'est pas rare de voir passer des animaux à proximité. A vélo ou à pied, les randonneurs peuvent se balader sur l'ancienne voie ferrée Châtellerault-Loudun, située à 1 km du gîte.

RESTAURANT AUTOUR DES HALLES €

13, place Etienne Chérade de Montbron
✆ 05 49 90 11 03

Ouvert lundi/jeudi : 8h-20h. Vendredi : 8h-23h, samedi : 10h-18h. dimanche : 17h-23h. Formule du midi : 13,50 €.

Un bistrot-restaurant de campagne avec toute son authenticité, une cuisine de terroir et gourmande qui privilégie les produits frais et locaux. Côté ambiance, vous serez servi avec les retransmissions de match de football certains soirs. La carte est sobre au fil des saisons : les entrées variées sous forme de buffet, les plats sont gourmands et joliment présentés avec des saveurs au rendez-vous. Des offres spéciales toute l'année sont à découvrir sur leur réseau (Facebook)...

CHÂTEAU DE LA MOTTE €€€

2, la Motte - **USSEAU**
✆ 05 49 85 88 25

5 chambres d'hôtes et 5 gîtes (25 personnes au total) à partir de 110 €/nuit. Petit déjeuner inclus. Table d'hôtes.

Vivez un séjour exceptionnel au cœur du Poitou, dans un cadre enchanteur ! Venez passer une nuit (ou plusieurs) dans ce château du XVe siècle. Vous pourrez loger dans des maisons aménagées avec le plus grand soin ou profiter des cinq chambres décorées avec goût dans un style purement châtelain. Un lieu magique qui fait voyager grâce à l'architecture et l'atmosphère du lieu en pleine époque féodale : escalier à vis, donjon, salle des gardes, chemin de ronde ou encore un jardin d'inspiration médiévale. Un potager permet de fournir la table d'hôtes en légumes frais.

THURÉ

La commune de Thuré mérite qu'on s'y arrête, ne serait-ce que pour se balader dans ses rues et se rendre à l'église Saint-Pierre, classée aux Monuments historiques. Elle abrite entre autres un chevet du XIIe siècle et la porte des morts du XVe siècle. Les nombreuses carrières souterraines de tuffeau ont permis de construire cette église, mais aussi les nombreux châteaux de pierres blanches qui sont ouverts à la visite (le château de la Massardière, de la Merveillère…). Aux ruines de la Tour cartulaire de Pouillé, il y a un circuit agréable et enrichissant. Le parc Aven'Thuré offre un beau moment de loisirs et de détente en famille ou entre amis.

LES LOGIS DE LA RIMBERTIÈRE**** €€

51, route de la Pinotière ✆ 07 49 35 51 22
www.larimbertiere.fr

Ouvert toute l'année, tous les jours. 6 gîtes (4 à 8 personnes) de 270 € à 1 000 € la semaine selon saison.

Au calme de la campagne, autour d'une maison du XVe siècle, les gîtes de la Rimbertière sont conçus pour accueillir 4, 6 ou 8 personnes. Aux doux noms de fleurs (chèvrefeuille, tournesol, tilleul, lavande, capucine et coquelicot) au total six gîtes sont proposés. A la Rimbertière, tout est fait pour que vous vous sentiez chez vous avec tous les équipements à votre disposition. Pour vous détendre, chaque gîte dispose de sa terrasse, il y a aussi la piscine et un grand parc.

CHÂTEAU DE LA MASSARDIÈRE

✆ 05 49 93 86 19
www.thure.fr

Ouvert toute l'année. Visite libre et guidée sur rdv. Visite des extérieurs seulement (parc et jardin). Site protégé.

Situé proche du centre-bourg, le château de la Massardière est classé aux Monuments historiques. Il a été construit au XVe siècle sur la base d'une ancienne motte castrale. Ayant longtemps appartenu à une famille de la noblesse du Châtelleraudais, la demeure a connu de nombreux remaniements au fil des siècles notamment au XVIIIe. Le château se compose d'un corps de logis principal, de deux ailes et d'une cour d'honneur. L'ensemble est complété par des dépendances et un pigeonnier.

LE JAME'S KFE €

4, place de la Liberté
✆ 05 49 90 55 32

Du lundi au dimanche (fermé le mercredi), de 6h15 à 19h, les samedis et dimanches, de 7h15 à 13h30. Vente à emporter.

A la fois bar-tabac, bureau de poste, restaurant et supérette, le Jame's Kfé est un centre de vie et de convivialité au milieu du village. Ambiance bistrot où l'on vient prendre un café le matin, faire des emplettes avec des produits locaux et de terroir, déjeuner à midi d'une salade foie gras-gésiers, jambon cru..., d'un suprême de canard aux champignons, d'une tête de veau ou d'un tajine de veau à la marocaine. De belles assiettes de charcuterie ou de fromages à partager entre amis au comptoir ou en terrasse. Un établissement comme on en voudrait plus souvent !

LES HERBES FOLLES

1, chemin des Fougères
✆ 06 78 62 24 79
Vente à la ferme mardi et vendredi de 17h à 18h30 (retrait des commandes). Visite de la ferme (dates sur Facebook).

Rodolphe Cornuau a créé la ferme des Herbes Folles en 2010. Il est rejoint par sa femme Hélène et son frère Mathieu. Sur l'exploitation certifiée en agriculture biologique, poussent des céréales anciennes sur une quarantaine d'hectares. Une partie de la récolte est utilisée pour produire de la farine. Elle est écrasée sous la meule de pierre du moulin de la ferme. Du pain au levain (semi-complet, petit-épeautre, seigle-sarrasin...) est cuit au feu de bois. L'autre partie sert à nourrir les porcs. Ils sont transformés en viandes, charcuteries et salaisons.

GAEC ROUX DE L'ÂNE VERT

L'Ane Vert - **SOSSAY**
✆ 05 49 90 73 85
ferme-ane-vert.fr
Ouvert du lundi au samedi de 8h à 12h ; le vendredi de 8h à 12h et de 15h à 19h. Vente à la ferme.

Depuis trois décennies, la famille Roux exploite la ferme de l'Ane Vert avec aujourd'hui 700 chèvres, 120 vaches laitières et 120 truies. Au fil du temps, elle s'est spécialisée dans la fabrication de fromages de chèvre au lait cru, de façon artisanale. Les déclinaisons sont nombreuses : chabichou, chabis, faisselle, bûchette, pyramide... mais le savoir-faire et le goût sont toujours bien présents. Ils sont vendus en direct sur l'exploitation familiale ou en circuits courts via les magasins de producteurs et les supermarchés.

AVEN'THURE

50, chemin de Fontpourry
✆ 06 25 71 44 74
www.aventhure.fr
Du 2 avril au 5 novembre, voir site pour dates précises, de 14h à 18h sauf juillet-août 14h-19h. 20 €, enfant : 13/16 €.

« Venez vous aventurer et tutoyer la cime des arbres », telle pourrait être la devise de ce parc de loisirs. Implanté sur plus de 4 hectares, en plein milieu de la nature, le parcours Aven'Thuré vous invite à découvrir de nouvelles sensations. Les parcours, adaptés à votre niveau, se déclinent sur plus de 130 ateliers : liane de Bornéo, trapèze volant, tyroliennes, pont de singe, poutre égyptienne... De quoi passer un chouette moment en famille ou entre amis. Tentez aussi la version nocturne, à la lampe frontale. Il y a aussi du paintball et un jeu d'orientation.

LA CAVALERIE DU MOULIN

Le Moulin - **USSEAU**
✆ 06 87 43 58 66
www.cavalerie-du-moulin.com
Ouvert toute l'année, 9h-12h20 et 14h-18h sur réservation uniquement.

Valérie Winzen vous invite à découvrir le Poitou, son histoire, ses paysages vallonnés et verdoyants et ses spécialités culinaires lors de randonnées et week-ends à la carte. Ici, quels que soient votre niveau et votre âge, on organisera pour vous une rando ou une balade adaptée, alliant toujours bonne humeur et impératifs de sécurité. Les cavaliers de passage pourront également suivre une balade de 1 ou 2 heures, d'une demi-journée et même une journée pique-nique. Enfin circuits et visites guidées, animations, mariages en attelage peuvent être programmés.

LENCLOÎTRE

Le nom de la ville révèle son passé religieux : Les-Cloîtres-en-Gironde devenue Lencloître. Grâce à la fondation d'un prieuré de l'Ordre fontevriste au XIIe siècle, le village attirait prédicateurs, moniales et pèlerins comme en témoigne le patrimoine conventuel. L'architecture civile n'est pas en reste avec les châteaux de Picol, de Cursay, de la Grand'Cour, de la Boutière ! Le village est traversé par la Ligne verte dotée de panneaux d'explications, mais aussi de bornes botaniques. Si vous ne visitez pas le prieuré, dont la réhabilitation complète a valu un prix du patrimoine en 2002, c'est peut-être le label de village fleuri qui vous séduira.

CHÂTEAU DE PUYGARREAU

SAINT-GENEST-D'AMBIÈRE
✆ 05 49 90 73 51
Visites sur rendez-vous. Parc et alentours accessibles toute l'année. Chambres d'hôtes.

Datant du XIIe siècle, l'édifice a été fortifié à partir de 1434. C'est l'une des dernières demeures féodales édifiées dans la région. Au centre d'une propriété viticole, les parties intactes des vestiges du château sont une salle de garde avec croisées d'ogives, un donjon contenant un puit, un escalier à vis, des douves sèches, de vastes caves voûtées pour l'extraction du tufeau et un pigeonnier du XVIIe siècle. Ce château est isolé de la basse-cour par deux lignes de fossés creusés dans le tufeau. Le parc et les alentours sont accessibles toute l'année.

ENSEMBLE CONVENTUEL

Place du Doyen Petit

Visite libre. Visite guidée par l'office de tourisme.

Robert d'Arbrissel, fondateur de l'abbaye de Fontevraud, créa également un cloître près de l'Envigne vers 1106-1109. Ce cloître de style roman allait donner par la suite le nom de Lencloître. Ce nouveau prieuré, comme tous les prieurés de l'ordre fontevriste, était riche et opulent. Il renfermait de nombreuses œuvres d'art. L'ensemble comprenait l'église Notre-Dame, un prieuré pour les femmes et un pour les hommes, un jardin. A ne pas rater : le pigeonnier qui séparait le cloître des hommes de celui des femmes. Profitez aussi de la cour carrée et des jardins.

BISCUITERIE DE LENCLOITRE

7 bis, rue des maraîchers

✆ 05 49 93 03 81

Boutique ouverte du lundi au vendredi 9h-12h et 14h-17h. Visite des ateliers le matin sur rdv à partir de 6 personnes.

La biscuiterie de Lencloître a été créée en 1974. Depuis, les recettes traditionnelles des broyés et autres douceurs n'ont pas changé. Fabriqués artisanalement avec des farines locales et du bon beurre frais, il y a bien sûr les traditionnels broyés du Poitou, mais aussi des biscuits fourrés au caramel, au chocolat... ainsi que des galettes à la fleur de sel d'Oléron. Les broyés et autres gâteaux se déclinent en version bio. Ils se retrouvent dans les grandes surfaces ou les épiceries.

CHÂTEAU DE PICOL €€€

✆ 06 84 75 23 52

www.chateau-de-picol.fr

Pour 12 personnes (5 chambres). A partir de 2 200 € / semaine, selon la saison. Possibilité de louer pour un week-end.

Ce château construit en 1890, situé dans la campagne, à proximité de Lencloître offre calme et tranquillité et mixe ancien et moderne. Admirez ses fenêtres à croisées et ses échauguettes, ainsi que les bas-reliefs de la façade représentant un lion ailé. Il est entouré d'un terrain de 3 hectares avec un jardin de roses, une grande terrasse avec une piscine chauffée, ainsi qu'un étang un peu plus loin. Les cinq chambres sont spacieuses et à la décoration soignée. Le salon présente un décor des années 1930 avec une cheminée et des vitraux de couleur.

DOMAINE DES RENARDIÈRES

13, les Vallées - **OUZILLY**

✆ 06 47 04 71 38

www.domaine-des-renardieres-86.fr

Sur rendez-vous au domaine. Dimanche matin : marché de Neuville-de-Poitou.

Œnologue de la cave du Haut-Poitou pendant 15 ans, Isabelle Bureau a choisi de vivre pleinement sa passion et est devenue viticultrice. Si ses deux hectares de vignes se trouvent sur la commune de Beaumont, son chai est bien à Ouzilly, dans sa grange. Son petit vignoble lui permet de chouchouter au maximum son raisin et d'en faire ressortir, lors de la vinification, les arômes qui reflètent au mieux le terroir. Grâce aux nombreux cépages présents sur sa parcelle, elle produit à la fois de l'AOC Haut-Poitou et de l'IGP Val de Loire comme son élégant Sauvignon gris.

LE CHAMP DE FOIRE €€

18, place du Champ de Foire

✆ 05 49 90 01 79

www.lechampdefoire-lencloitre.fr

Lundi à vendredi 7h30-15h, mercredi à vendredi 18h-23h, samedi 8h-15 et 18h-23h, dimanche 11h-15h. Midi : 13,50 €.

Donnant directement sur la place où se tient la foire, ce restaurant propose des plats variés, faits maison, de qualité. Freddy Roncière est en cuisine où il travaille des produits frais. En salle, c'est Vanessa et son équipe qui assurent un service rapide et sans faute. Vous pourrez patienter avec un verre au bar, puis vous installer en salle ou en terrasse. La carte et les menus changent chaque semaine. Viande, poisson, crudités, desserts... il y en a pour tous les goûts. Le week-end, prenez le temps et profitez de plats plus élaborés.

FOIRE DE LENCLOITRE

Place du Champ de foire

✆ 05 49 90 75 54

Tous les premiers lundis de chaque mois de 8h à 13h.

Le premier lundi de chaque mois, c'est le rendez-vous de Lencloître et des environs : la foire. A mi-chemin entre le Poitou et la Touraine et à proximité des grands axes routiers, grâce à son prieuré et aux terres agricoles fertiles de la vallée de l'Envigne, la cité obtient le droit de faire foire à partir de 1612. Au XIVe siècle, la foire deviendra mensuelle. Aujourd'hui, il y a de tout sur la place : volaille, mercerie, charcuterie, fruits et légumes, vêtements, chaussures, gâteaux, plantes... Et à midi : tête de veau sauce gribiche ou anguilles grillées !

SAINT-GERVAIS-LES-TROIS-CLOCHERS

La commune tient son nom de la réunion de trois paroisses au XIXe siècle. Des armes du Paléolithique y ont été retrouvées ainsi qu'un atelier de taille de pierre et des traces d'une cité lacustre qui témoignent d'une présence de l'homme plus ancienne. Le tuffeau et les toits de tuiles plates des maisons se distinguent des matériaux de construction du Poitou. Plusieurs circuits permettent d'explorer ce petit coin de nature et ses environs. Il y a aussi le joli plan d'eau entouré d'une jachère fleurie, d'une petite cascade et d'un parc arboré avec une aire de jeux. Au loin, on entend des rires d'enfants qui s'éclaboussent dans la piscine intercommunale.

PLAN D'EAU DE BATTREAU

www.saintgervais86.notremairie.fr

Accès libre.

Bordant les rives du Battreau, petit cours d'eau local, le plan d'eau communal rassemble de nombreuses activités. Autour, certains vont pratiquer le badminton, le volley-ball ou simplement se promener. Il y a aussi des parcours sportifs, des jeux pour les enfants, dont une grande tyrolienne. Pour une petite pause, des tables de pique-nique sont mises à disposition. Il est aussi possible de visiter le lavoir communal. L'association Les Pêcheurs de Battreau assure la gestion de l'étang et son empoissonnement avec l'organisation de concours.

L'ASSIETTE GOURMANDE €€

22, place du 28 août 1944

✆ 05 49 23 30 94

Ouvert du lundi au dimanche, sauf mercredi soir, de 12h à 14h30 et de 19h à 22h. Formule du midi : 14 €.

Cet établissement situé au centre du village propose une cuisine traditionnelle, de terroir, à base de produits frais. L'Assiette Gourmande ne galvaude aucunement son nom car les plats y sont généreux et… gourmands. L'aumônière de Saint-Jacques, des viandes et volailles de juste cuisson et côté sucré, des tartes « maison » et autres desserts. N'oublions pas que ce restaurant propose aussi une belle variété de pizzas comme la margherita, la cannibale, la trois fromages ou encore la savoyarde… Orientez votre choix sur une belle sélection de vins de la région.

LE PRÉ JOLY

La Robichonnière

✆ 06 04 49 58 47

www.leprejoly.fr

100% Bio. Ouvert le mercredi et le vendredi de 16h à 19h. A retrouver aussi dans de nombreux magasins de producteurs.

Les 85 vaches des Joly sont chouchoutées au quotidien dans cette ferme familiale. 446 000 litres de lait sont transformés en délicieux produits bio. Il y a bien entendu le lait, la crème fraîche, le beurre, mais ce qui fait surtout la renommée de la ferme ce sont ses bons fromages au lait cru et par-dessus tout, ses riz au lait et ses yaourts au chocolat. Les produits sont à découvrir dans les magasins de producteurs, à la boutique de la ferme et lors de leur grande journée portes ouvertes, le premier dimanche du mois de juin.

CENTRE AQUALUDIQUE

La Lande

✆ 05 49 93 10 29

Juin et septembre : les après-midi mercredi et week-end. Juillet-août tous les jours mêmes fériés. 3 €, 2 € enfant.

Le grand bassin de cette piscine de plein air a une forme en T et s'étire sur 25 mètres. Il dispose d'un grand toboggan et de jets d'eau. Une pataugeoire pour les plus petits complète l'installation. De nombreuses animations sont proposées tout au fil de l'été avec des soirées, des cours de natation, d'aquagym… Un grand terrain en herbe permet de se reposer et de sécher tranquillement au soleil. Il y a également de nombreux jeux : trampoline, terrain de volley, mini-foot, badminton, ping-pong, balançoire, jeux pour enfant… Un vrai bonheur pour tous !

VELLÈCHES

Situé aux confins du département, à la frontière avec l'Indre-et-Loire, le paysage s'apparente déjà plus à la Touraine qu'au Poitou. Vellèches tire son nom d'un petit ruisseau homonyme, aujourd'hui ruisseau des Trois Moulins, qui se jette dans la Vienne, auparavant la Vielèche. L'église Notre-Dame du XIIe siècle possède un beau clocher-porche et abrite un retable de pierre du XVIIe siècle. En haut d'un éperon rocheux, il y a surtout le château de Marmande (dont les souterrains datent du IXe siècle) et sa tour de 37 m (construite vers 1300). Admirez son enceinte fortifiée, un sentier de randonnée permet de le faire, et de voir aussi la gentilhommière de la Rie.

MUSÉE RURAL ET MUSÉE DU FEU DE LA VIEILLARDIÈRE

2, La Vieillardière - **LEIGNÉ-SUR-USSEAU**
✆ 05 49 86 06 83
Ouvert d'avril à octobre les mardis et jeudis de 9h à 12h. Sur rendez-vous les jours ouvrés et week-ends.

Situé au lieu-dit La Vieilllardière, le musée rural était une ancienne ferme du prieuré de Fontmaure (1235).

Acquise en 1990 par la commune, elle fut aménagée en musée. Animé par des bénévoles de l'association Espérance, vous pourrez y découvrir divers espaces consacrés à l'agriculture tels qu'un musée animé de machines agricoles. Le grenier quant à lui abrite le musée du Feu consacré à l'histoire des sapeurs-pompiers et son impressionnante collection d'objets.

MANOIR DE LA BLONNERIE €€

✆ 05 49 86 41 72
www.manoir-blonnerie.com
5 chambres de 2 à 4 personnes, dont une chambre dans un pigeonnier. Un gîte jusqu'à 10 pers. A partir de 79 €/nuit.

Venez profiter de ce superbe manoir du XVIIIe siècle dans un cadre relaxant et dépaysant. Soyez hébergé dans le vaste gîte si vous êtes une famille nombreuse, ou bien dormez dans le magnifique pigeonnier si vous êtes à deux. Les chambres d'hôtes rappellent les fruits du verger : passe-crassane, elton, golden, conférence... De quoi vous donner envie de voir de plus près le parc botanique que possède l'exploitation. Les enfants pourront voir les animaux. Et la maîtresse de maison, Marie-France Pasquinet, vous accueille pour manger à sa ferme auberge.

LES ORMES

Au seuil du Poitou et de la Touraine, la commune des Ormes a beaucoup de charme. Si son histoire est liée à celle de son château, monument d'exception, elle abrite aussi d'autres sympathiques endroits. La mairie est une belle maison bourgeoise de 1871, construite en tuffeau et calcaire de Chauvigny. À ses pieds, un parc de 1,5 ha permet de se promener, avec de nombreuses essences rares. L'église Saint-Martin-et-Sainte-Marguerite mérite le détour. N'hésitez pas à vous promener sur les rives de la Vienne et passez voir le lavoir. Il faut aller admirer la poste aux chevaux. Ce relais de poste a été créé par le comte d'Argenson en 1764.

CHÂTEAU DES ORMES

28, rue Pierre d'Argenson
✆ 01 42 27 55 61
www.chateaudesormes.fr
Ouvert du 1er juin au 30 sept, du mer au lun de 14h à 18h. Gratuit jusqu'à 13 ans. Adulte : 7 € (visite guidée : 10 €).

Aux portes de la Touraine, le château des Ormes fut l'un des fiefs du Comte d'Argenson, aristocrate éclairé, secrétaire d'État de la Guerre de Louis XV. Tombé en disgrâce à Versailles, c'est aux Ormes qu'il s'exila en 1757, transformant le château en un bijou d'architecture du XVIIIe siècle. Plongez dans la vie quotidienne de l'époque en visitant la ferme et les belles cuisines du château et partez sur les traces des Lumières en admirant les grands salons et ce qui fut l'une des plus grandes bibliothèques de France. Un vrai bijou à visiter !

EGLISE SAINT-MARTIN ET SAINTE-MARGUERITE

21, Le bourg
Visite libre.

La première église des Ormes fut commandée par Martin Pussort, bâtisseur du château des Ormes et oncle de Colbert, en 1655. Son cœur repose dans le caveau sous le maître-autel de l'église actuelle. Vers 1890, la solidité du monument n'est plus satisfaisante (le bedeau tombe du clocher et se tue). Voilà pourquoi, en 1896, naît l'église actuelle. De style néo-byzantin, l'église comprend un clocher rond, reposant sur une base octogonale appuyée sur une tour carrée.

LA POSTE AUX CHEVAUX

25 - 27, départementale 910 ✆ 06 88 55 33 64
www.laposteauxchevaux.com
Tous les jours du 18 juillet au 18 août et du 12 au 19 septembre, 10h30-12h30 et 13h-17h. 3 €, gratuit -18 ans.

Ce relais de poste est l'un des plus remarquables de France de par son architecture, ses proportions et son excellent état. Il est créé par le comte d'Argenson en 1764. Respectant le plan type de l'époque, la Poste se compose d'une magnifique entrée cochère, des écuries, un abreuvoir, une sellerie, la salle des postillons (conducteurs des attelages) et des constructions pour l'habitation et l'hôtellerie. Sa visite permet de lever le voile sur les transports et coutumes de l'époque. L'ancien manège est propice aux concerts, dont le festival Aux Ormes Mozartiens !

GITE DU CHATEAU €€

4a, rue des Pêcheurs
© 06 80 95 61 93
Pour 6 personnes (3 chambres). 110 €/nuit/2 pers, 130 €/3 pers, 180 €/6 pers. Wifi. Salon de jardin, lave-linge.

A deux pas du splendide Château des Ormes, entre Touraine et Poitou, le gîte du Château, propriété de l'intendant du Château qui se fera une joie de vous le faire découvrir, est idéal pour un séjour reposant. Installé dans l'ancienne école des Ormes, il offre sur trois niveaux, un étage sous combles doté de trois chambres, un agréable salon et une grande cuisine ouvrant sur le jardin au bord de l'eau. Avec ses beaux volumes joliment décorés, il propose tout l'équipement nécessaire pour un séjour bucolique et même des canoës pour voguer sur la Vienne.

ÉGLISE NOTRE-DAME ★

Rue Notre-Dame
Visite libre.

Citée pour la première fois dans une bulle du Pape Urbain II en 1099, construite entre le XIIe et le XIVe siècle, cette église est située sur un éperon rocheux qui domine la Creuse. Sous une rare (pour la région) toiture de tuiles, son architecture est originale et concentre bon nombre de styles différents : un clocher-donjon roman, un porche gothique... L'intérieur n'est pas moins remarquable avec son chœur carré à verrière flamboyante, ses peintures et sculptures, ses vitraux modernes. Un bel endroit pour flâner en silence.

LA ROCHE-POSAY ★

Capitale européenne de la dermatologie thermale, la Roche-Posay accueille la moitié des cures dermatologiques en France. Nichée entre Poitou, Berry et Touraine, elle concentre un Spa, un centre thermal et un laboratoire de fabrication des produits de beauté et soins dermatologiques. 7500 curistes viennent s'y ressourcer chaque année. Le secret de cette eau reconnue pour ses vertus par l'académie des Sciences dès le XVIe siècle : un pH neutre, la présence de sélénium, silice, bicarbonate, calcium et une grande pureté. Avec la carte touristique disponible à l'Office de Tourisme, vous saurez tout sur la ville médiévale et thermale.

JARDINS DU PAVILLON ROSE

Avenue des Fontaines
www.larocheposay-tourisme.com
Ouvert toute l'année. Visite libre.

Pour se ressourcer, se détendre, arpentez les allées du parc thermal qui s'étend sur 20 hectares. Autour du pavillon rose, premier établissement thermal construit en 1905, des jardins à la française ont été aménagés. Entre les jolies perspectives et les îlots bordés de buis et d'ifs, les visiteurs et les curistes déambulent, s'arrêtent pour contempler les arbustes, rosiers et autres vivaces. Appréciez la tranquillité du ruisseau, du pré aux lavandes, le jeu d'échecs... Pour une pause, allez prendre un thé au Pavillon Rose sur sa terrasse ou sous sa belle verrière.

VIENNE

DONJON

Rue Duguesclin
© 05 49 19 13 00
www.larocheposay-tourisme.com
Ouvert du 2 avril au 6 novembre, tous les jours de 14h30 à 18h30. Entrée gratuite. Visite extérieure toute l'année.

Quasiment 25 m : la distance paraît courte, mais quand il s'agit d'une tour en pierre de tuffeau de 16 mètres de côté, le mot « massif » prend tout son sens. Construite au XIIe siècle, cette tour de guet dont on peut encore admirer son chemin de ronde et ses mâchicoulis permit d'anticiper bien des attaques. Au 1er étage, c'est dans la « salle des échos » que, dos à dos, venaient se confesser les lépreux. Depuis, une animation numérique de vidéo mapping est projetée sur la voûte de la salle. Plongez dans les entrailles de la Terre jusqu'à l'eau de La Roche-Posay !

PARC DES CONFLUENCES

Rue Pierre-Denis Rousseau
www.larocheposay-tourisme.com
Ouvert toute l'année. Gratuit.

C'est l'un des jolis poumons verts de la ville. On y accède par la rue Pierre-Denis Rousseau. Dans ce havre de verdure, le plus précieux patrimoine naturel de La Roche-Posay a été mis en scène : l'eau. Partez à sa découverte à travers un parcours didactique pour petits et grands. Sept fontaines jalonnent le chemin, de la source au ruisseau, en passant par les fontaines miroir, goutte, puits, cascade, et même brume qui se permettra de vous éclabousser. Tendez l'oreille au-dessus des bambous, dans ce parc la rivière souterraine chante et vous enchantera.

LA PORTE BOURBON

Rue Bourbon

Visite libre. Visite guidée sur la cité médiévale par l'Office de tourisme.

© GUILLAUME HAREUX - OFFICE DE TOURISME ET DU THERMALISME DE LA ROCHE POSAY

La Porte Bourbon est le vestige le plus visible des anciens remparts. Elle est appelée ainsi à partir des années 1830, lorsque la municipalité baptise la voie qui traverse la vieille ville d'est en ouest « rue Bourbon ». La porte était autrefois nommée porte des Aubues, terme qui désigne une terre humide difficile à cultiver, comme celle qui devait constituer le terrain autour du champ de foire au Moyen Age. Datant du XIIIe siècle, la porte, avec ses deux tours, a conservé des éléments défensifs tels que des mâchicoulis, des canonnières et des archères.

OFFICE DU TOURISME ET DU THERMALISME

14, boulevard Victor Hugo ✆ 05 49 19 13 00

www.larocheposay-tourisme.com

Juillet-août tlj : lun à sam 9h-12h30/14h-18h30, 11h jeudi, dim 10h-12h30/14h-16h30. 6j/7 le reste de l'année.

A l'office de tourisme, il y a bien sûr toute la documentation nécessaire pour votre séjour. Des conseillères sont là pour vous guider sur des idées loisirs et de visites. Il y a aussi une billetterie à tarif réduit pour une vingtaine de sites. Un chéquier loisirs est en vente (6 €) pour plus de 100 € d'avantages, de réductions sur place et aux alentours. C'est aussi une boutique de souvenirs (casquette, cabas, affiches, jouets en bois...) et de produits locaux à déguster ou à offrir.

BALADE EN TROTTINETTE ÉLECTRIQUE

14, boulevard Victor Hugo ✆ 05 49 19 13 00

www.larocheposay-tourisme.com

Réservation à l'OT ou www.larocheposay-tourisme.com. Le vendredi (dates en ligne). Adulte : 39 €. A partir de 12 ans.

C'est fun, c'est écolo et surtout c'est une façon inédite de découvrir la nature autour de La Roche-Posay. Montez sur ces trottinettes 100 % électriques et facilement maniables, et promenez-vous à votre guise. Elles sont équipées de grosses roues tout terrain, type VTT, avec une batterie et un moteur performant qui va vous propulser tout le long de votre périple. Venez tester cette nouvelle expérience sportive. A pratiquer seul, à 2 ou en famille et sensations garanties !

CAMPING LA ROCHE POSAY VACANCES**** €€

Route de Lésigny ✆ 05 49 86 21 23

www.larocheposay-vacances.com

Avril à mi-septembre, 104 emplacements et 98 locations (mobil-homes de 2 ou 3 chambres et tente). Espace aquatique.

Ce camping 4 étoiles se situe dans un cadre naturel et paysager de 8 ha, bordé par la Creuse (avec un accès direct). Vous pouvez opter pour un emplacement classique, mais spacieux pour votre tente ou louer un cottage confortable et récent ou une tente Coco sweet. Sur place, il y a un espace aquatique comprenant une piscine chauffée et couverte, ainsi qu'une piscine aqualudique avec des jeux d'eau et un toboggan. Le camping propose de nombreuses activités et animations pour les enfants.

LE JARDIN DES LYS €€

9, rue du quatriéme zouave

✆ 05 49 86 70 47

Du 5 mars au 15 octobre. 5 chambres. De 65 € (1 pers.) à 85 € (2 pers.) la nuit. Réservation par téléphone.

En plein centre de La Roche-Posay, tout près du donjon, ce meublé de charme dispose de cinq chambres aménagées dans une ancienne maison de maître. Certaines chambres disposent d'une cuisine équipée. Les lieux sont calmes et confortables pour une pause détente bienvenue. A l'extérieur, se trouve un grand et magnifique jardin, toujours fleuri. La terrasse est le lieu idéal pour prendre son petit déjeuner ou son dîner en été et profiter de la jolie vue. L'hôtesse, Anne, toujours le sourire aux lèvres, cuisine de délicieux petits plats si vous le souhaitez.

L'AUBERGE DE LA ROCHE €€

2, place de l'éperon
✆ 05 49 86 18 81
Ouvert de mi-mars au 3e week-end de novembre. Fermé dimanche soir, lundi, mardi. Menus dès 35 €. Formule midi : 17 €.

En plein cœur de La Roche-Posay, L'Auberge de La Roche propose une cuisine soignée et originale élaborée à base de produits frais. La décoration de la salle mixe savamment intimité et modernité tandis qu'aux beaux jours, une agréable terrasse invite au calme et à la détente. Le service y est très souriant, professionnel, et les assiettes sont appétissantes et soignées. Le midi, la formule vous régalera de l'entrée au café. Un excellent rapport qualité-prix pour cette table qui attire curistes, touristes et habitants et où il faudra penser à réserver.

AU CLOS PAILLÉ €€

4, rue du Clos Paille
✆ 05 49 86 20 66
www.clospaille.fr
Du mardi au samedi : 12h-13h30 et 19h-21h. Réservation impérative. Menu du soir : de 27 € à 33 €. Formule midi : 19 €.

C'est dans cet hôtel de charme, sélectionné par les labels Logis, Hôtel Cosy et Restaurant savoureux, que Nathou et Olivier vous accueillent chaleureusement et sur réservation, pour un déjeuner ou un dîner à La table du Clos. Vous vous installerez dans une salle à la décoration bohème et élégante. En cuisine, la cheffe travaille des produits issus de l'agriculture raisonnée, des produits de saison et locaux. Chaque jour, de nouveaux menus sont proposés et de belles assiettes sortent des cuisines. De quoi vous ravir les papilles en profitant d'un agréable service.

AU CLOS PAILLÉ••• €€

4, rue du Clos Paille ✆ 05 49 86 20 66
www.clospaille.fr
Chambre double : 68-110 €. Studio : 68-119 €. 1/2 pension : 30 €. Petit déjeuner : 12 €. Piscine, barbecue. Restaurant.

© AU CLOS PAILLÉ

C'est dans cet hôtel de charme que Nathou et Olivier vous accueillent. L'établissement vous séduira par sa décoration choisie. Son espace lounge, son piano-bar, son grand parc, ses deux piscines, ses barbecues, ses agrès sportifs, son restaurant... passez un moment de détente absolue et posez vos valises pour une nuit ou plus dans l'une des huit chambres aux noms épicés. A moins d'opter pour la Junior Suite de 35 m² ou encore l'un des appartements appréciés des familles et des curistes. Vous y trouverez aussi une borne électrique pour recharger vos voitures.

LE MARSALA €€

1, chemin de la baignade
✆ 05 49 19 53 57
www.lemarsala.fr
Du lundi au samedi : 18h45-21h15. Sur place et à emporter. Réservation conseillée.

Ici, les producteurs locaux sont à l'honneur ! Adeline aime les rencontrer et fonctionne aux coups de cœur. Elle aime donner du sens à sa cuisine. Outre la fraîcheur permise par les circuits courts, la proximité humaine est essentielle pour elle et son équipe et ça se ressent dans la cuisine. Tout est évidemment cuisiné maison et la qualité des salades, pizzas, burgers, viandes et desserts est au rendez-vous. Le bar octroie une place de choix aux bières artisanales locales. La terrasse juchée au-dessus de la Creuse offre un superbe panorama sur la rivière.

LE 17.30

3, rue de Falck
✆ 05 49 86 45 78
www.le1730.fr
Lundi 10h30-12h, mardi et jeudi à samedi 10h30-12h et 17h30-19h. Restauration à midi. A emporter le soir (sauf lundi).

Dans cette jolie maison en pierre, le 17.30 s'est aménagé un cocon. Cette « cave à boire et à manger » conjugue deux activités. Pour la partie épicerie fine, Adeline a sélectionné de bons produits régionaux. Ainsi, vous trouverez des vins, des rillettes, des soupes, une cave à fromages, des coffrets cadeaux... Tout pour faire un bon apéro ! Pour la partie restauration, c'est plat du jour à midi et tapas ou burgers le soir sur place ou à emporter. En hiver, il y a la cheminée où vous pouvez sortir un jeu de société. Aux beaux jours, profitez de la terrasse.

VIENNE

MARCHÉS DE PAYS

Place de la République
✆ 05 49 19 13 00
www.larocheposay-tourisme.com
De mi-juin à mi-septembre, tous les jeudis à partir de 16h.

Du 23 juin au 8 septembre 2022, la place de la République accueille tous les jeudis à partir de 16h, les marchés de pays. Devant les étals, chacun salive. Les spécialités du Poitou sont là : vins du Haut-Poitou, farci poitevin, tourteau fromager, fromages de chèvre, melon du Haut-Poitou, bière artisanale, broyés du Poitou... Vous pouvez les déguster sur place ou les emporter dans vos valises. N'hésitez pas à échanger avec les producteurs qui seront ravis de vous parler de leurs produits. Les artisans locaux sont aussi de la partie : bijoux, vêtements, poteries...

PAVILLON DES SOURCES

58, avenue des fontaines
✆ 05 49 19 48 00
centrethermal.laroche-posay.fr
Ouvert tous les jours de 9h30 à 19h.

Entièrement vitré, le très élégant Pavillon des sources se situe à deux pas du spa. Votre visite sera l'occasion de faire quelques emplettes pour compléter votre gamme de produits dermo-cosmétiques et renouveler votre routine quotidienne. À l'intérieur, en bleu et blanc, s'expose l'ensemble de la gamme La Roche Posay - L'Oréal et ses dernières innovations. L'équipe de dermo-conseillères va vous aider à trouver les formules dermatologiques adaptées à votre peau. Profitez de cette visite pour découvrir l'histoire de la société thermale et de sa célèbre eau.

AIRE DE LOISIRS LA BAIGNADE

Chemin des Grands Jardins
✆ 05 49 19 13 00
www.larocheposay-tourisme.com
Baignade surveillée en juillet-août.

Aux beaux jours, quoi de plus agréable que de profiter de la fraîcheur des bords de la Creuse. Le cadre invite à la détente et au pique-nique sur la rive : des arbres majestueux projettent l'ombre propice au farniente. L'aire de loisirs offre des jeux pour les plus jeunes, mais aussi les plus grands (pétanque, location canoës...). Les amateurs de pêche pourront s'en donner à cœur joie et profiter de la richesse naturelle de la rivière. De bons moments pour tous en perspective !

BALADE EN GYROPODE

14, boulevard Victor Hugo
✆ 05 49 19 13 00
www.larocheposay-tourisme.com
Réservation à l'OT ou www.larocheposay-tourisme.com. Le vendredi (dates en ligne). Adulte : 39 €. A partir de 12 ans.

Après avoir pris en main ce drôle de véhicule électrique tout-terrain à 2 roues (initiation de 15 minutes environ), suivez le guide pour une balade à travers la ville et les chemins de La Roche-Posay. C'est le poids du corps vers l'avant ou vers l'arrière qui fera avancer ou s'arrêter le gyropode. Depuis la place principale de la ville, vous emprunterez l'avenue des fontaines, pour faire un bon du côté du grand hôtel et des villas. Vous traverserez ensuite le Parc Thermal. Puis, place au tout-terrain où de nouvelles sensations vous attendront en pleine nature.

FERME ÉQUESTRE NATURELLE DES GRILLAULTS

Route de Crémille
✆ 06 19 17 35 73
www.fermeequestre-larocheposay.com
Tous les jours. Ateliers pour les enfants en été avec la ferme équestre pédagogique.

A la Roche-Posay, cet établissement est à la fois ferme pédagogique, centre d'équithérapie et de tourisme équestre. Pour les enfants, ils proposent des ateliers ludique et pédagogique en pleine nature, en forêt, au milieu des chevaux et poneys. Pour les adolescents ou les adultes, des balades sur les chemins de randonnée des alentours sont possibles. Et tout le monde peut profiter de la nature grâce aux balades en calèche (également accessible aux fauteuils roulants).

GOLF DE LA ROCHE-POSAY

La Tuilerie de Renoir
✆ 05 49 86 13 39
www.golf-laroche-posay.fr
Novembre à mars : 9h-17h. Avril à octobre : 9h-19h. 9 trous : de 26 € à 32 €. 18 trous : de 36 € à 54 €. Restauration.

Il a été conçu par l'un des plus grands joueurs de golf : Jean Garaialde. Sur ses 300 ha légèrement vallonnés, le golf de La Roche-Posay offre un cadre apaisant et s'inscrit dans une démarche écoresponsable. Tous les niveaux sont permis, que l'on soit bon pratiquant ou néophyte en la matière. Des initiations et des cours sont d'ailleurs possibles. Vous lancerez-vous sur un 9 ou un 18-trous ? Sachez qu'au 3e, vous entrerez dans les bois. De belles balades sportives en perspective ! Après l'effort, une pause s'impose au club house qui propose un snack de qualité.

SPA SOURCE

Parc thermal

✆ 05 49 19 48 00

https://centrethermal.laroche-posay.fr

Tlj de 9h30 à 19h. Fermé dernière semaine de juin. Carré des sources : 35 € pour 2h. Carte des soins : voir site web.

Il y a peu d'endroits où l'on ne culpabilise pas de passer la journée en peignoir. Le Spa source en fait partie. Dans cet espace entièrement rénové, vous trouverez une multitude de raisons de succomber à la tentation. Journée anti-âge, détoxication, anti-stress, anti-fatigue, vitalité, on vous fait la promesse d'une peau revitalisée grâce aux soins et à la célèbre eau de « Velours » devenue référence en matière de cure dédiée aux soins de la peau. Le bassin en eau thermale (32 °C), le sauna et le hammam n'attendent également que vous dans le Carré des sources.

CASINO PARTOUCHE

Avenue Georges Deloffre

✆ 05 49 86 20 10

casino-larocheposay.partouche.com

Du lundi au jeudi ainsi que dimanche et les jours fériés de 10h à 2h, vendredi et samedi de 11h à 4h.

C'est LE casino de la Vienne ! Entièrement rénové, le casino Partouche de la Roche-Posay propose, en plus de ses 150 machines à sous, des tables de poker, de roulette anglaise, une table de black-jack traditionnelle et électronique... Néophytes, n'ayez crainte, il y a un début à tout et le personnel sera ravi de vous faire découvrir les différents jeux. Sachez qu'un week-end par mois, des événements culturels sont proposés dans la salle de spectacles du casino (notre petit Lido à nous). Côté restauration, Le Bistrot Gourmand ouvre sa table à partir du jeudi midi.

HIPPODROME DE LA GÂTINIERE

La Gâtinière

✆ 05 49 86 20 74

Dates de courses : voir site internet. Ouvert le dimanche : 12h-20h. Entrée : 6 €. Gratuit jusqu'à 18 ans.

Inauguré en 1980, c'est l'un des plus beaux hippodromes d'été de la région, connu pour la qualité de son terrain. Les néophytes se laisseront entraîner par la folie douce du turfiste, au milieu de la tribune rassemblant 2 000 places assises. Les pelouses peuvent accueillir autant de spectateurs, et c'est de là que vous sentirez le sol trembler au passage des chevaux lancés au triple galop. Piste de trot en herbe, de plat, d'obstacles et d'entraînement, pas de repos pour les équidés !

LES VACANCES DE MONSIEUR HAYDN

6, cours Pasteur ✆ 09 70 95 80 56

www.lesvacancesdemonsieurhaydn.com

15-18 septembre. 22 € maximum pour les concerts payants. Tarif réduit : 17 € et offert pour les -18 ans.

Ici, il s'agit d'un festival de musique de chambre qui sort des sentiers battus et casse les codes, souvent raides, de la musique classique pour proposer un moment détendu et accessible à tous. On y accueille des solistes d'un excellent niveau. Le festival « off » n' offre pas moins 60 concerts gratuits d'une vingtaine de minutes et le « in », 8 concerts dont quatre concerts ComVoulVoul' où vous payez ce que vous voulez ! Ce festival s'emballe de merveilles en audaces.

PLEUMARTIN

Au IVe sicèle, Saint-Martin évêque de Tours participe à l'évangélisation de la région. Le nom de la commune évoquerait ce personnage, ainsi que plain pour plaine. Pleumartin compte parmi ces édifices remarquables une halle, la pompe monumentale du Potet (1851), l'église de la Trinité (1898), l'hôtel de ville, le château de Pleumartin de style Trianon (ne se visite pas), l'église Saint Pierre-ès-Liens du XIIe siècle à Crémille, l'étang de Saint Sennery (étang de pêche, aire de pique-nique) et son sentier découverte. D'autres éléments (four à pain, à chaux...) font partie de son histoire. Sa forêt permet de randonner agréablement et d'observer les oiseaux.

L'ATELIER DES SAVEURS €€

43, place de l'hôtel de ville

✆ 05 49 19 54 89

Du mercredi au dimanche : 12h à 14h ; vendredi et samedi : 19h à 21h. Menus de 22 € à 35 €. Formule du midi : 12,50 €.

Casseroles, lustres à pampilles, vitrine regorgeant de carafes, services à vaisselle empilés, tables en bois d'époques variées, nul doute, vous êtes dans une brocante. Pourtant, si vous observez bien, vous verrez que les tables sont dressées. Alors, installez-vous pour déguster la cuisine colorée et épicée, tantôt *frenchy*, tantôt marocaine du chef Zouheir Bouchane. Le concept est séduisant, les assiettes sont bonnes, l'accueil aux petits soins. Ici, le temps s'arrête et l'argenterie est de sortie. Et si elle vous plaît, vous pourrez repartir avec !

VIENNE

L'ESCARGOT DU POITOU

1, Le Carroir Robin
LEIGNÉ-LES-BOIS
✆ 06 45 87 88 90

Visite sur rendez-vous de mai à septembre. Vente à la ferme sur rendez-vous.

C'est l'histoire de Corinne et de ses petites bêtes à cornes. L'histoire d'une hélicicultrice et de ses escargots. Dans sa ferme tout se passe au sol, entre les filets où petits et gros gris sont élevés pour le bonheur des gourmands. Corinne vous donnera les moindres détails sur ses 900 000 mollusques gastéropodes. Certains préféreront les déguster en assiette de 12, d'autres au court-bouillon ou en tartinables. A retrouver sur les marchés de la Vienne pour les goûter sur place, et dans les boutiques de producteurs. Bienvenue au pays des cagouilles !

VICQ-SUR-GARTEMPE

A la limite avec les départements de l'Indre et de l'Indre-et-Loire et arrosé par la Gartempe, Vicq était un lieu stratégique de passage avec des droits de gué, de péages. Dominant la rivière et de style roman, l'église Saint-Léger, construite à la fin du XIIe siècle, possède une nef à croisée d'ogives, deux beaux bénitiers et un retable en bois doré. Le château de la Brosse comprend une tour circulaire du XVe siècle et un logis remanié et agrandi aux XVIIe et XVIIIe siècles. Il est possible de visiter son jardin. A la sortie du bourg, en bord de Gartempe, la Viilla des Iles, a été construite en 1906, dans le style Art Nouveau et vaut le coup d'œil.

JARDIN DE LA BROSSE

La Brosse
✆ 05 49 48 68 06
www.chateaudelabrosse.net

Horaires variant selon les saisons, à consulter en ligne. Boutique. Salon de thé. Animations et ateliers.

Construit en 1532, le Château de la Brosse est situé au cœur de la vallée de la Gartempe. Depuis 2011, le visiteur découvre un jardin potager en constante évolution. En permaculture, avec 47 carrés, de nombreuses variétés de tomates, melons et autres légumes poussent ici et là. Potager, verger et aromates sont cultivés en agriculture biologique. Des poules et des lapins sont également de la partie. Il est aussi possible de prendre un café ou un thé sur la terrasse et passez par la boutique de produits bio (alimentation, plants...). Des ateliers sont organisés.

ADRIEN BOULMER COUTELLERIE

22, La Balière
✆ 06 74 58 63 69
www.adrienboulmercoutellerie.fr

Visite sur rendez-vous.

Passionné par le travail manuel et la création, Adrien Boulmer exerce d'abord sur les chantiers de restauration du patrimoine. Puis, il rencontre Michel Delanghe, coutelier d'art installé à Vicq-sur-Gartempe. Il passe alors un CAP et se forme auprès du coutelier. Ayant pris sa succession, il réalise aujourd'hui des couteaux fixes ou pliants selon ses inspirations ou sur commande. Forger le métal, aiguiser la lame, sculpter le manche, il réalise tout, et notamment le modèle le Pictave.

SERENITY BISCUITS

1, place du bourg ✆ 06 61 57 57 61
www.serenitybiscuits.com

Jeudi, vendredi : 10h-12h30 et 14h30-17h30, samedi : 10h-12h30. Boutiques de producteurs, épiceries. Livraison possible.

Catherine Pigeonnat façonne ses biscuits sucrés et salés. Dans sa biscuithèque, on retrouve lamelles, crackers, sablés, broyés, galettes croustillantes... ou encore de savoureux carrés au bon goût des noix d'Availles et du miel de Dissay. Délicieux ! Son secret ? Fabriquer artisanalement, s'approvisionner chez les producteurs locaux et s'inspirer d'eux pour créer de nouvelles recettes. Ainsi, même la Bière des Pirates du Clain est de la partie. Une gamme sans gluten est proposée. Alors, rendez-vous dans le laboratoire à Vicq-sur-Gartempe pour croquer et craquer !

ANGLES-SUR-L'ANGLIN ★★

Classé depuis 2005 parmi les plus beaux villages de France, Angles-sur-l'Anglin mérite le coup d'œil. Occupé depuis très longtemps, le centre d'interprétation du Roc aux Sorciers offre à voir des traces d'art pariétal préhistorique qui auraient 14 000 ans. Un témoignage unique de l'art magdalénien. Mais c'est aussi à son passé moyenâgeux que le village doit sa réputation. Petite cité aux ruelles pentues, elle est surmontée d'un château fort du XIIe siècle. Angles-sur-l'Anglin est aussi renommé pour ses broderies, la fameuse technique « des jours d'Angles », véritable patrimoine local né au XIXe siècle, connaît à l'heure actuelle une seconde naissance.

CHAPELLE SAINT-PIERRE

Rue du Château
✆ 05 49 21 05 47
www.tourisme-chatellerault.fr

Cette chapelle fut construite en bordure de falaise, probablement au XIe siècle, entre l'ancienne motte castrale et le château. Hélas, au Moyen Age, l'effondrement d'une partie du rocher entraîna son chœur. Ceci explique des reconstructions surprenantes : nouveau chœur en quart de cercle pour suivre le rebord de la falaise et légère asymétrie de l'édifice. Elle culmine sur un promontoire qui offre un superbe panorama sur la Ville-Basse. La chapelle Saint-Pierre accueille aujourd'hui des expositions et est ouverte lors des journées du patrimoine.

ÉGLISE SAINT-MARTIN

rue de l'Église
Visite libre.

Edifiée fin XIe siècle, l'église Saint-Martin est l'église paroissiale de la ville-haute. Elle affiche un style roman épuré : nef simple, clocher carré (d'origine) percé de baies, chapiteaux ornés de feuillages, voûte en berceau… Le mur droit est d'époque plus récente, comme le prouvent la porte et les fenêtres en ogive. Foudroyé en 1657, le clocher dut être consolidé et la flèche rabaissée de 2 mètres. Les deux chapelles datent du XIIIe siècle et l'autel est d'époque Louis XIII. Cette jolie église propose parfois des expositions d'œuvres des artisans voisins.

FORTERESSE D'ANGLES ★

Rue du Château
✆ 05 49 83 37 27
www.forteresse-angles.com
Juillet-août : tlj 10h-19h. Avril-mai-juin : mardi à dimanche 10h-12h30/13h30-18h. 6 €, enfant : 4 €. Visite guidée.

L'endroit, pour y construire une forteresse, était providentiel : juché sur son promontoire, le château surplombe le village de près de 40 mètres au-dessus de l'Anglin. Le site est aussi exceptionnel pour le panorama offert. Un vrai régal pour les yeux ! Le premier donjon de la forteresse date du XIe siècle. Une origine incertaine : sa construction aurait été demandée par Hugues VI de Lusignan, ou bien par Isembert 1er, évêque de Poitiers. Il a connu diverses transformations jusqu'au XVe siècle et a été au centre des guerres jusqu'au début du XVIIIe siècle.

LA HUCHE CORNE

Au bout de la place du Champ de foire, au croisement avec la rue de l'église. Belle vue panoramique.

L'expression « hucher dans une corne » signifiait « souffler dans une corne » et par élargissement « appeler ». Le lieu était un poste de garde d'où les soldats pouvaient surveiller l'entrée d'ennemis par la ville basse et prévenir la population en huchant dans la corne. Cette jolie locution s'applique aussi pour le bien joli four, où les habitants venaient jadis faire cuire leur pain : lorsque le four était chaud, la corne retentissait rappelant aux ventres les satisfactions d'une bonne miche. Cet endroit offre une des plus belles vues panoramiques sur Angles.

VIENNE

© OFFICE DE TOURISME DE GRAND CHATELLERAULT

Angles-sur-l'Anglin.

ROC AUX SORCIERS ★★

2, route des Certeaux
✆ 05 49 83 37 27
www.roc-aux-sorciers.fr
Avril à juin : mar à dim 10h-12h30/13h30-18h. Juillet-août : tlj 10h-19h. Sept : mer à dim 10h-12h30/13h30-18h. 7 €.

Il s'agit du « Lascaux de la sculpture » ! Nos ancêtres les Magdaléniens ont choisi Angles-sur-l'Anglin comme site majeur de leur témoignage. Au pied des falaises de Douce, une frise sculptée pariétale unique au monde de 20 m de long a été mise à jour en 1950. Voilà 15 000 ans que bisons, chevaux, félins parent la roche aux côtés de trois femmes et d'une tête d'homme. Pour plonger au temps des Magdaléniens, le Centre d'Interprétation propose un film projeté sur une réplique 3D de l'abri ainsi qu'une frise « à toucher ». Des animations ont lieu régulièrement.

MAISON DES JOURS D'ANGLES ET DU TOURISME

2, rue du Four Banal
✆ 05 49 21 05 47
www.tourisme-chatellerault.fr
Du mercredi au dimanche de 10h à 12h30 et de 14h à 18h.

Les jours d'Angles sont intimement associés à la vie d'Angles-sur-Anglin. Cet artisanat d'art remarquable marque le patrimoine culturel de la commune depuis plus d'un siècle. La technique de broderie à fils tirés a autrefois mobilisé de nombreuses « ajoureuses ». Venez découvrir ce savoir-faire grâce à l'exposition visible à la Maison des jours d'Angles. Vous trouverez ici toutes les informations utiles pour profiter des richesses de ce village ou faire une visite commentée.

LA FORGE, CHAMBRES D'HÔTES €€

4, rue de Tournon
✆ 06 79 63 19 06
Ouvert toute l'année. 3 chambres (6 personnes maximum). Chambre de 95 € à 100 €. Petit déjeuner gourmand inclus.

Dans un des plus beaux villages de France, Valérie, styliste, a installé son atelier de créatrice de mode et a ouvert sa maison d'hôtes proposant trois chambres à l'ambiance cosy et à la décoration raffinée. Amoureux de la tradition et du contemporain, Valérie et son époux ont restauré cette ancienne bâtisse située au cœur de ce village d'Art et d'Histoire, à proximité de la forteresse et du Roc aux Sorciers. Petits plats dans les grands et de terroir, c'est la recette de Valérie.

LA LIGNE €€

✆ 06 18 34 17 96
www.giteslaligne.fr
2 chambres. Chambre simple à partir de 65 € ; chambre double à partir de 75 €. Petit déjeuner inclus.

La Ligne est un ancien corps de ferme restauré en pleine campagne, situé à Angles-sur-l'Anglin aux portes du Parc de la Brenne, à proximité de la Roche-Posay. Les propriétaires sont tombés amoureux de ce site de Poitou-Charentes en 2008 et proposent aujourd'hui 4 gîtes et 2 chambres d'hôtes pouvant vous accueillir toute l'année. La décoration est au goût du jour et il est certain que cette oasis de verdure au milieu des champs de blé vous séduira. Des vélos, un terrain de boules, une piscine, un espace jeux (baby-foot, ping-pong...) sont à votre disposition.

LE RELAIS DU LYON D'OR*** €€

4, rue d'Enfer ✆ 05 49 48 32 53
www.lyondor.com
10 chambres de 89 € (simple) à 149 € (suite familiale). Restaurant. Marchand de vins. Terrasse.

Cet hôtel de charme se trouve dans un cadre somptueux avec de vieilles pierres, des poutres apparentes et de grandes cheminées. Sans prétention mais d'un accueil chaleureux, cet hôtel de campagne propose 8 chambres et 2 suites familiales. On s'y sent bien, au calme. Le petit déjeuner composé de produits locaux se déguste dans la cour dès qu'un rayon de soleil point. Si vous êtes à la recherche d'authenticité, de convivialité et de simplicité c'est ici qu'il faut vous arrêter !

SALON DE THÉ N°15 €

15, rue du Pont
✆ 05 49 91 01 25
Ouvert le lundi et mardi de 11-18h30 et de jeudi au dimanche de 11h à 19h. So British !

Une douce odeur sucrée, un accent qui chante l'Angleterre, un décor *so british*, des portraits de famille, bienvenue au numéro 15 ! À la fois restaurant, bar et salon de thé (entrecôte, burgers, salades, club sandwichs…), l'accueil est bienveillant et la cuisine à ascendant britannique. D'imposants gâteaux typiques se font désirer sous des cloches de verre. Tous faits maison. Une grande terrasse ombragée permet de profiter de l'extérieur, tout comme la petite terrasse plus intime avec vue sur la rivière et le château. Une parenthèse de verdure très agréable !

ATELIER DE L'OCULUS

1, place Aimé Octobre

✆ 06 45 76 84 23

Ouvert du mercredi au lundi de 10h30 à 12h30 et de 14h30 à 19h. 18h de septembre à avril. Fermeture en janvier.

L'Atelier de l'Oculus est à la fois la boutique d'Eliane Roulet-Rochette et la vitrine d'artisans d'art locaux. La créatrice de vêtements et de chapeaux aime jouer avec les couleurs et les matières qu'elle détourne. Adepte des coupes en biais, elle imagine des vestes réversibles d'un grand confort. Ses pièces uniques associent régulièrement les créations d'autres artisans : des boutons de céramique, des jours d'Angles... Dans sa boutique, elle accueille d'autres créateurs de bijoux, carterie, coutellerie, céramique, savons... Un lieu propice aux échanges !

BOUTIQUE ARTIS'ANGLES

Rue de l'Arceau

✆ 06 45 76 84 23

Haute saison : ouvert tous les jours et les jours fériés de 10h à 19h. Ouvert le dimanche.

C'est une vitrine commune à 17 artisans des environs, un concentré de créations originales ! Dans la boutique et le jardin, on ne sait où donner de la tête. Il y a des idées cadeaux pour tous les goûts et les budgets. A l'intérieur, poteries, articles en cuir, bijoux, savonnerie, chapeaux, sacs, peinture, stylos, jouets en bois, céramiques, fleurs en verre... Couleurs, matières, formes ravissent les yeux. Dehors des sculptures sur fer et d'osier, des compositions originales. Chacun des créateurs tient la boutique à tour de rôle. L'occasion d'échanger sur son métier.

MADRIGAL B

11, rue du four banal

www.madrigalb.com

Juillet et août : tous les jours de 10h à 19h. En-dehors, du mercredi au dimanche de 10h à 19h.

Sabine est une passionnée. Elle vous contera l'histoire du métier de dentellière, répertorié à l'institut national des métiers d'art. Elle est fière de perpétuer un patrimoine immatériel en utilisant les outils originels. Elle enseigne d'ailleurs ces techniques dans 3 écoles. La dentellière et mosaïste de perles casse les codes pour proposer des bijoux modernes et des ennoblissements de textiles qui font le bonheur de grands couturiers. Sabine aime laisser parler ses mains et son cœur. Son arrière-arrière-grand-mère était déjà dentellière et s'appelait Sabine !

MARIE BOUTIQUE

17, rue du Four Banal

✆ 05 49 48 63 64

Basse saison : tlj : 10h-12h et 14h30-18h30. Haute saison : tlj : 9h30-12h30 et de 14h30-19h30.

A l'abri des murs épais, Régis Breysse propose dans la boutique familiale, créée en 1978 par sa sœur, des idées cadeaux qu'il a rigoureusement sélectionnées au salon Maison et Objet de Paris. Des coups de cœur personnels dont il sait qu'ils seront appréciés de sa clientèle. Papeterie, carterie, carnets de coton, mugs, pochettes, étuis à lunettes... les objets de décoration sont de plus en plus nombreux à côtoyer les créations de Marie, la mère de Régis. Seuls quelques articles de sa création (coussins ornés de broderies anciennes, abat-jour) sont encore proposés.

VALÉRIE BACQUET CRÉATIONS

4, rue de Tournon

✆ 06 79 63 19 06

Ouvert le week-end de 10h à 18h. Sur rdv en semaine pour un moment privilégié.

L'atelier de Valérie est un espace intime, à la décoration précise et précieuse et toujours un accueil souriant. Cette Normande d'origine « ne peut pas se passer de couture ». Depuis 30 ans, la styliste découpe et assemble les belles matières pour mettre en valeur toutes les femmes dans des créations originales. Ses pièces sont terminées sur la cliente pour un ajustement parfait. Elle aime participer à la vie du village avec son défilé d'automne et sa splendide maison d'hôtes.

CANOÉCOLO

26, rue du pont

✆ 06 32 72 74 35

www.canoecolo.com

D'avril à fin septembre. Tous les jours de 10h à 18h. 1h : 5 €, 2h : 8 €, 1 demi-journée (4h) : 12 €, journée : 16 €.

Au niveau du pont, il n'est pas rare d'apercevoir quelques canoës en contrebas, sur l'Anglin. Depuis 2010, Canoécolo fournit bateau, gilets, pagaies et bidons étanches pour vous permettre de naviguer. Partez à la découverte de ce petit coin de paradis et profitez de sa vallée enchantée. Se balader à son rythme, se baigner... quel plaisir ! Le tout étant de revenir au point de départ, mais la rivière est calme, navigable dans les deux sens. La petite entreprise propose aussi ses services à La Roche-Posay pour découvrir la confluence entre Gartempe et Creuse.

VIENNE

NEUVILLE-DE-POITOU

Ici, on voit loin : au centre d'une vaste plaine, Neuville-de-Poitou distille son charme discret de capitale viticole. Le vignoble du Haut-Poitou remontant au moins à l'an 276 était très réputé au XIIe siècle. Malgré leur saccage dû aux diverses guerres et aux maladies provoquées par les insectes, les vignes ont aujourd'hui reconquis l'espace et la production s'est développée. La ville, située au cœur de la zone d'appellation du Haut-Poitou, se montre accueillante et sans esbroufe aucune. L'Huilerie de Neuville-de-Poitou, l'incontournable rendez-vous annuel du festival de jazz ainsi que l'équipe de motoball contribuent à sa renommée.

CAMPING DU FUTUR***

9, rue des Bois - **AVANTON** ✆ 05 49 54 09 67
www.camping-du-futur.com

Début avril à fin octobre. 50 emplacements de 17 à 23 €/nuit, 12 mobil-homes (4 à 8 pers.) 525 à 1 085 €/sem. Piscine.

Du 1er avril à la fin des vacances de la Toussaint, le camping du Futur, tenu par Medhy et Mélinda, vous accueille dans un environnement calme et verdoyant. Celui-ci dispose de 50 emplacements pour tentes ou camping-cars, mais aussi de tentes Coco Futuros ! Il y a également une roulotte, deux bungalows, 12 mobil-homes de 2,3 ou 4 chambres (pour 4-5, 6 ou 8 personnes). Un camping idéal pour passer du temps en famille ou entre amis. Piscine extérieure chauffée, trampolines, mini-golf, ping-pong, salle de jeux sont disponibles pour vous amuser... Alors, vous venez ?

OFFICE DE TOURISME DU HAUT POITOU

2, rue Victor-Hugo ✆ 09 88 33 92 08
tourisme-hautpoitou.fr

Mi-juin à mi-septembre : mardi à samedi 9h-12h30 et 13h30-18h. Juillet-août : aussi dim 10h-12h. Basse saison voir site.

Lors de votre passage dans les environs de Neuville, n'hésitez pas à passer par la case office de tourisme du Haut Poitou. Vous y trouverez des informations sur toutes les activités et les visites à ne rater sous aucun prétexte durant votre séjour. Patrimoine, balades, hébergement, restaurants, mais aussi gourmandises (les huileries, la brasserie...), vous aurez toutes les bonnes adresses en main. Des billets à prix réduits sont également en vente, ainsi que des produits régionaux.

CHÂTEAU D'AVANTON €€

5, place de l'Église - **AVANTON** ✆ 05 49 60 23 13
www.chateaudavanton.com

Deux chambres (85 à 110 €/nuit), deux suites et un appartement pour 15 personnes au total. Piscine, billard, ping-pong.

Voilà un superbe château de la Renaissance tenu par Viviane Youx (parle anglais et espagnol). Vous avez cinq possibilités : la chambre Marie-Antoinette, la chambre Mazarin, la suite le Donjon, l'appartement la Pinède ou la chambre familiale le Cône d'Or, chacune dotée d'une cuisine. Vous pourrez ainsi dormir dans une ambiance romantique qui se décline en meubles anciens, tommettes et pierres apparentes. Le matin au petit déjeuner, le grand salon de la Licorne vous plongera aux XVIe et XVIIe siècles. Pour le ping-pong, c'est à la cave, mais du Moyen Age !

EN VOITURE SIMONE

✆ 06 31 31 59 68
www.envoituresimone86.fr

En semaine l'après-midi. Week-end : départ 10h, 14h et 17h. Enfant (jusqu'à 12 ans) 12 €. Tarif adulte : de 25 € à 39 €.

Montez à bord du mythique combi Volkswagen de Marie et partez sur les routes du Poitou à la découverte du patrimoine bâti, œnologique et gustatif. Une touche de vintage, une pilote sympathique à la casquette d'historienne de l'art pour vous guider et vous conter nombre d'anecdotes, une pause gourmande pour ravir vos papilles de produits locaux, les balades de Marie ont tout pour plaire. Au départ de Neuville, vous choisirez entre cinq circuits : gastronomie, œnologie, châteaux, Poitou ou Poitiers. Une expérience touristique à partager à huit (chauffeur inclus) !

LA ROSERAIE €€

78, rue Armand-Caillard
✆ 05 49 59 57 19
www.laroseraiefrance.fr

Chambre double à partir de 80 € ; gîte à partir de 105 €. Demi-pension : 24 € (plat - dessert).

En plein cœur de Neuville-de-Poitou, dans la belle demeure de Julie Lembeye, cinq chambres d'hôtes et deux gîtes à la décoration moderne et colorée vous tendent leurs oreillers pour un séjour propice à la détente. Insolite ! Dans l'une de ces chambres, une escape room pour deux personnes a été imaginée. L'occasion de s'immerger dans l'histoire de la demeure. Arriverez-vous à libérer le « parfum de la Rose Éternelle » avant de tomber dans les bras de Morphée ? Un cadre bucolique avec parc et piscine à quelques kilomètres de Poitiers et du Futuroscope. Original !

PICTAVINO €€

1, boulevard Gambetta ✆ 05 16 83 24 20
www.pictavino.fr
Lun : 10h-15h. Mar, mer : 10h-20h (été : 22h) ; jeu, ven, sam : 10h-22h (été : 0h). Formule du midi : 14,90 €. Terrasse.

Passionné d'œnologie, Bruno Berruet est un épicurien. En créant le Pictavino, il voulait créer un établissement convivial, un repère pour les gourmands, les amateurs de bons vins. C'est réussi ! À tel point qu'il vaut mieux penser à réserver. La signature de la maison ? Les planches apéritives, à partager entre amis, charcut', fromage et foie gras maison... Sur la carte, à découvrir sur le site internet, des plats du jour, des assiettes bien faites que l'on peut accompagner d'un vin de la cave, parmi les 500 références de vins de copains et de vins gourmands.

LA TABLE DE BELLEFOIS €€

51, route de Clan
✆ 05 49 59 40 32
www.latabledebellefois.com
Midi : du mardi au samedi. Soir : du jeudi au samedi. Juillet et août : ouvert mardi et mercredi soir.

Au lieu-dit de Bellefois, il est une table à ne pas manquer. Niché dans une ancienne bâtisse aux poutres et pierres apparentes, ce restaurant aux airs rustiques offre une cuisine traditionnelle savoureuse. Ses propriétaires, Manuela et Ludovic Salmon, y pratiquent une cuisine de saison. La carte renouvelée tous les deux mois regorge de plats alléchants et savoureux. Le chef aime les produits locaux, les respecte, les met en valeur dans des assiettes joliment présentées. L'été, il est très agréable de s'installer en terrasse dans le patio ombragé.

AMPELIDAE

32, rue Alphonse Plault
✆ 05 49 88 18 18
www.ampelidae.com/fr/
Du mardi au samedi de 10h30 à 12h30 et de 14h à 19h. Dégustation et visite du château des Roches sur réservation.

Ampelidae est le plus grand producteur de vins bio du Val de Loire. Les vignobles s'étendent sur les collines poitevines, sur une trentaine de kilomètres autour de Marigny-Brizay. La qualité de ces breuvages contemporains est la démonstration que l'alliage de la bio, de la science et des nouvelles technologies est possible… et fait des merveilles. Découvrez le PN 1328, le K, le S (pour Sauvignon), le C (pour Chardonnay), le Fié gris (la spécialité locale), la gamme Alias ou le Blanc d'hiver et rendez-vous à la cave de Neuville pour une dégustation ou une visite.

BREW PUB

1, rue Robert Schuman
✆ 05 49 58 33 50
Du lundi au samedi : 11h-21h. Visite de la brasserie : +16 ans : 6,50 €, dégustation : 9,50 €. Terrasse. Animations.

La brasserie de Bellefois, brasserie historique de la Vienne continue à émoustiller les papilles et à marquer de son empreinte son territoire avec son Brew Pub. Idéalement situé, ce bar joliment décoré de bois et de métal, est le lieu idéal pour un afterwork, une retransmission de match, un concert, et bien sûr une dégustation de bière de Neuville. Bières de saison, IPA, bières bio, Bellefois ne cesse d'étendre ses gammes à retrouver en boutique. Pour les curieux, des visites de la brasserie sont possibles sur rendez-vous et par groupe de 10 personnes minimum.

LE MONDE D'APRES

15, place Joffre
✆ 06 18 34 71 06
Ouvert du mardi au samedi de 10h à 13h et de 13h30 à 19h ; le dimanche de 9h45 à 12h30.

© LE MONDE D'APRÈS

Le monde d'après... un monde où l'on resserre les liens, où l'on consomme local, où l'on protège sa planète. C'est un peu tout cela que l'on retrouve dans cette petite boutique de créateurs. Des producteurs locaux y exposent auprès de créateurs de bijoux, de savons, de lampes en papier, de kits zéro déchet... des pièces uniques qui feront des cadeaux originaux. Une quinzaine de créateurs présentent leur travail, leur passion, et vous en parle lors de leurs permanences. Un service de retouche et de mercerie est aussi proposé par La bobine des titous.

DD DU PWATOO

32, rue Robert Schuman
✆ 05 49 01 42 63
www.dddupwatoo.fr
Ouvert du lundi au vendredi de 9h à 12h et de 14h à 18h30 ; le samedi de 10h à 12h et de 15h à 18h.

DD du Pwatoo est un gentil *baudet* échevelé, né sous la patte du graphiste Jean-Philippe Vriet et de son acolyte Frédéric Trouvat. Le baudet à la langue verte se montre à l'envi sur des tee-shirts, chapeaux tressés, charentaises... ainsi que sur une gamme de recettes originales créées avec des partenaires locaux (bière de Bellefois, rillettes de la maison Mitteault). Dans la boutique, on trouve tous les produits de la marque, des goodies de l'effigie fun et décalée, que l'on aime à la fois pour la symbolique du concept et l'esprit de dérision qu'il y a derrière.

DOMAINE DE LA ROUSSILLE

Chemin du Bois de la Roussille
✆ 05 49 51 13 93
Présent au marché de Neuville le jeudi et à Vivonne le samedi. Vente à la cave et visite sur rendez-vous.

Le domaine produit des vins du Haut-Poitou et du Val de Loire. Ce vignoble s'étend sur une vingtaine d'hectares choyés et cultivés en agriculture raisonnée. Anne et Laurent Girault vous accueillent pour une visite des lieux et une dégustation de leurs vins et autres produits : les gamay, cabernet, sauvignon certes, mais aussi le jus et pétillant de raisin ou encore le confit de vin. Si vous venez en septembre, n'hésitez pas à goûter à la bernache, ce jus issu des premiers jours de fermentation. A noter, un espace dédié aux camping-cars est prévu sur le site.

HUILERIE DE NEUVILLE

2, rue Robert Schuman
✆ 05 49 51 20 16
www.huilerie-de-neuville.com
Du mardi au vendredi : 9h à 18h30 et samedi 10h à 18h30. Visite gratuite de février à novembre sur rdv. Vente en ligne.

C'est une huilerie ancestrale, née en 1850, équipée d'une grosse meule en pierre qui broie noix, noisettes, amandes, cacahuètes et colza bio, et forte de trois presses hydrauliques en fonte d'où sort un nectar qu'on laisse décanter de quinze jours à un mois. La fabrication a lieu toute l'année car les matières premières peuvent être stockées au froid. N'hésitez donc pas à aller voir l'intéressant procédé de production des huiles, et tout jus donne lieu à une dégustation. L'atelier fabrique aussi des vinaigres de fruits et de légumes et vend des produits locaux.

LE JARDIN DES SAVEURS

75, rue Armand Caillard
✆ 05 49 56 95 92
www.jardindessaveurs.com
Mi-mai à mi-sept : lundi 15h-19h30, du mardi au samedi 9h-12h, 15h-19h30. Horaires variables de mi-sept à fin octobre.

De plein champ et de pleine saison ! Au Jardin des Saveurs, vous trouverez des fruits et des légumes à foison. La cueillette se fait en libre-service de la mi-mai jusqu'à fin octobre. Chez soi, l'espace manque parfois pour faire son potager, et l'on a souvent beau essayer de récolter ce que l'on sème, il faut bien se rendre à l'évidence : être maraîcher, c'est un métier. Muni d'un panier, c'est à vous de faire votre choix, tout est vendu au poids. Chaque jour, Patrick Pierre et son frère mettent en ligne sur leur site Internet la production prête à cueillir.

MARCHE DE NEUVILLE-DE-POITOU

20, place Joffre
Tous les jeudis et dimanches matin.

Les jeudis ou dimanches matin, le marché de Neuville est l'un des plus célèbres et appréciés de la Vienne. Sur la place de la mairie et dans les halles (inaugurées en 2015), les commerçants installent dès l'aube leurs étals, puis vers huit heures le petit bourg s'anime. Agrestes et traditionnels, certains bancs sont devenus de véritables institutions : il vous faut absolument découvrir le stand d'anguilles grillées de m. Vitet ou encore goûter les rillettes médaillées de m. Dupont !

MIREBEAU ★

Son nom est à lui seul une incitation à la visite : « mire beau », l'endroit d'où l'on mire loin. Mirebeau se dresse effectivement sur une colline de tuffeau, dominant des plaines, de vastes étendues. Forteresse légendaire depuis le Moyen Age – le trésor d'Aliénor d'Aquitaine y serait enfoui –, elle conserve les traces du donjon, dit « la cuve d'Anjou », que le comte Foulques Nerra construisit. Territoire acquis par le cardinal de Richelieu en 1628, les pierres du château-fort servirent à construire la ville de Richelieu. Aujourd'hui, il reste des remparts, des maisons du XVe et XVIe siècles, la collégiale Notre-Dame, l'église Saint-André...

CALVAIRE DE GATINE

Route de Champigny
✆ 05 49 01 48 61
Ouvert et accessible gratuitement toute l'année.

Ce calvaire a été construit en 1910 par l'abbé Vachère. Il représente un tableau du Chemin de Croix. Sur un rocher reconstitué, vous verrez des statues monumentales ainsi que trois croix avec un Christ auréolé et deux autres personnages crucifiés. Au pied du rocher se trouvent une Vierge et des statues plus petites. La légende dit qu'en 1912 des soldats auraient vu du sang couler de la Vierge et du Christ. A Mirebeau, prendre la direction de Champigny en Rochereau. Seul un petit panneau blanc vous indiquera l'emplacement du monument situé au milieu d'un champ.

MUSÉE DU HAUT-POITOU

Chemin du Buisson Trinquant
✆ 05 49 50 18 79
Ouvert de juin à septembre, du vendredi au dimanche de 14h à 18h. Adulte : 3,50 €. Gratuit jusqu'à 7 ans.

Ce musée est entièrement consacré aux traditions artisanales et agricoles du Haut-Poitou. En plus des 7 000 objets usuels de la vie quotidienne d'autrefois exposés, découvrez une scie circulaire de 1860 et plus de 500 poupées en porcelaine. Huit siècles sont balayés au fil des salles d'exposition. Vous pourrez aussi y voir une grande maquette animée de 100 m² de la ville de Mirebeau dans ses remparts, fabriquée par un passionné, Pierre Rhéau, le créateur du musée. Des animations autour des vieux métiers ont lieu en période estivale.

CHÂTEAU DE COUSSAY

Allée du Cardinal - **COUSSAY**
✆ 05 49 50 43 48
www.tourisme-vienne.com/
Le château est ouvert pendant les Journées du patrimoine.

La construction du château de Coussay remonte au XVIe siècle. Denis Briçonnet, prieur de Coussay et évêque de Saint-Malo, inspiré par la Renaissance italienne, a construit cette demeure sur un château-tour comme au XVe siècle et entourée de douves. Il devient ainsi l'un des premiers châteaux de la Renaissance française. Richelieu y apportera des modifications durant son exil en 1617. Marie de Médicis y passera même quelques jours. Après la Révolution, le château va changer de nombreuses fois de propriétaire. De gros travaux ont été effectués depuis 1986.

CHÂTEAU DE ROCHEFORT €€

3, rue de Rochefort
✆ 06 53 25 08 34
www.chateauderochefort.eu/
Ouvert 15 juin au 15 septembre. 2 chambres (2-3 ou 4-5 personnes) de 120 à 140 €. Table d'hôtes sur réservation.

Ne cherchez ni ascenseur ni déco high-tech ! Vous êtes ici dans un château du XVe siècle qui a conservé son état d'origine, mais avec tout le confort moderne. Au milieu d'un parc ombragé et à proximité du verger de la propriété, vous apprécierez une étape ou un séjour plus long dans l'une des chambres. Vous pourrez utiliser le grand salon et sa cheminée pour prendre le petit déjeuner (sinon en terrasse) et apprécier le dîner. Les grandes chambres (32 et 46 m²) avec lits à baldaquin ont conservé leurs caractéristiques d'origine, alors remontez le temps !

VIENNE

© DÉPARTEMENT DE LA VIENNE

Château de Coussay.

DOMAINE DE VILLEMONT

6, rue de l'Ancienne Commune
✆ 05 49 50 51 31
www.domainedevillemont.com
Du lun au ven : 9h30-12h30 et 14h-18h30 ; sam : 9h30-12h30 + Boutique 4 rue Monplaisir - Buxerolles : mardi 18h-20h.

Voilà quatre générations que la famille Bourdier produit du vin en AOP Haut-Poitou et IGP Val de Loire. Vignerons indépendants, ils œuvrent en petits artisans pour proposer un vin à leur image, travaillant de manière raisonnée. Sur leurs 33 hectares de vignes, ils élaborent trois gammes de vin : l'authentique, élevé en cuves inox ; les cuvées spéciales aux noms de pierres précieuses élevées en barriques ; et les méthodes traditionnelles. Entouré par les vignes, vous profiterez d'une dégustation ou même, sur réservation, d'une visite et d'un repas sur place.

FROMAGERIE TURPEAU

6, route du Bois le Roy
THURAGEAU
✆ 05 49 50 61 73
Vente à la ferme, visite de l'élevage caprin à 17h. Vente sur les marchés de Neuville le jeudi et dimanche.

Eliane et Gilles Turpeau et leurs deux fils élèvent 700 chèvres du Haut-Poitou et transforment leur lait en fromages. Tous les jours, les chèvres vont en salle de traite, entièrement automatisée puis le lait est transformé sur place. Les fromages sont ensuite vendus sur les marchés (mercredi-samedi à Mirebeau, jeudi à Neuville, samedi à Lencloître, dimanche à Naintré et Neuville), à des restaurateurs et directement à la ferme. Vous pourrez ainsi déguster des chabis, des bûches, des bouchées pour l'apéritif... Il y a même un emplacement pour camping-car.

SAINT-MARTIN-LA-PALLU

Saint-Martin-la-Pallu est une commune nouvelle qui regroupe Blaslay, Charrais, Chéneché, Varennes et Vendeuvre-du-Poitou. Elle tire son nom de la rivière la Pallu. Vendeuvre est d'ailleurs connue pour ses terres fertiles, faisant de la commune un village maraîcher important. Le territoire compte plusieurs châteaux : des sept tours, des Roches, de Bonnivet, d'Etables, de Chézeaux... et plusieurs églises dont l'église Saint-Aventin. Le site des Tours Mirandes abrite les vestiges d'une cité romaine construite aux IIe et IIIe siècles. Les sites troglodytiques sont à voir. Le philosophe Michel Foucault était originaire du village et y repose au cimetière.

ETANGS DE SAINT MARTIN

Varennes
✆ 05 49 50 44 64
www.saintmartinlapallu.fr
Accès libre. Pêche le mercredi, vendredi, week-end et jours fériés. Espace festif de Rimbault (salle de 40 personnes).

Les étangs de Saint-Martin sont parfaits pour une pause bucolique. Pour une balade, vous pouvez en faire le tour et profitez en même temps du parcours ludique « Le petit monde d'Isis et Hétaïre, baudets du Poitou ». D'ailleurs, à proximité, deux baudets, Vénus et Olivia, seront ravis si vous leur offrez quelques caresses (mais surtout pas de nourriture). Disposant de tables ou à l'ombre des arbres, le site est idéal pour un pique-nique. De mars à septembre, l'étang est également prisé des pêcheurs (plusieurs lâchers de truites de mars à mai).

LES TOURS MIRANDES

Lieu-dit les Tours Mirandes
✆ 05 49 51 85 73
www.saintmartinlapallu.fr
Ouvert toute l'année. Visite guidée gratuite sur rdv. Juillet-août : permanence du mardi au samedi 10h-12h et 14h-17h.

Du Ier au IIIe siècle apr. J.-C., le site des Tours Mirandes est un site gallo-romain situé entre Vendeuvre-du-Poitou et Chéneché. On peut encore y admirer les restes d'habitats et les vestiges d'édifices sur une centaine d'hectares, qui font de ce site le plus vaste du Poitou. Découvert au XIXe siècle, il a fait l'objet de plusieurs campagnes de fouilles. Il s'agissait d'une agglomération secondaire composée d'un quartier résidentiel, d'un quartier artisanal, d'un sanctuaire (vestiges visibles), d'un théâtre et d'un forum. Des animations ont lieu en été.

TROGLODYTES DE LA TOURETTE

4, route de Luché
✆ 06 33 71 88 72
www.saintmartinlapallu.fr
Visite guidée sur rendez-vous ou par l'Office de tourisme. 3 € par personne. Gratuit -12 ans.

Véritable patrimoine caché du Haut-Poitou, les troglodytes de la Tourette sont un réseau de souterrains de l'époque médiévale. Ils sont utilisés entre le IXe et le XVIIe siècle, principalement pour le stockage. Le site compte une vingtaine de salles reliées par un réseau de galeries étendues sur plus de 180 mètres de long, avec différentes structures : silos, banquettes, mangeoire, ainsi que d'un curieux pigeonnier souterrain contenant près de 500 boulins. Attention à la tête !

VIENNE

LES GLYCINES €€

35, rue des écoles

✆ 05 49 54 50 31

De février au 1er novembre. Une chambre pour 3 personnes et un ensemble pour 4 personnes. A partir de 60 € la nuit.

Dans une charmante maison ancienne tenue par Claudine, à l'étage, deux chambres d'hôtes sont décorées de manière simple, mais avec soin. La première comprend deux lits (un double et un simple), idéal pour une famille de trois. Le deuxième ensemble est composé d'une grande chambre avec un lit double et d'une petite chambre mansardée accueillant deux lits simples. Vous pourrez profiter du séjour et de sa cheminée, mais surtout de la jolie cour close et fleurie, assis sur la terrasse, sous la glycine. Il y a également deux gîtes pour 2 ou 4 personnes.

LA GRANDE SERRE €€

La sous chevalerie

✆ 06 42 00 34 73

www.maisonlagrandeserre.fr

5 chambres de 2 à 4 personnes à partir de 86 €/nuit. Table d'hôtes (18 €). Piscine et salle de sport. Séjours sportifs.

Océane et Eric ont changé de région pour ouvrir des chambres d'hôtes. Tombés amoureux de ce domaine, ils l'ont entièrement rénové. La maison indépendante se situe dans un grand parc de 12 000 m² et comprend cinq chambres confortables et modernes pour 2 à 4 personnes. Passionné de cuisine, le couple propose également une table d'hôtes. Le site dispose d'une piscine et d'une salle de sport, mais aussi d'un terrain de pétanque. Et si vous avez envie d'aller plus loin, Eric, coach sportif et conseiller en nutrition, peut vous proposer des séances sportives.

AUBERGE DE VINDOBRIGA €€

20, place Raoul Perret

✆ 05 49 42 89 98

Ouvert le midi du mardi au dimanche : 9h-15h. Ouvert le soir à partir de 18h les jeudis, vendredis et samedis. Concert.

Dans cette auberge du centre-bourg de Vendeuvre, on vous servira le midi au plat, sur tables nappées, des recettes copieuses, simples et savoureuses. Le soir, le service se fait à l'assiette, toujours joliment dressée. En cuisine, Julien Maurice travaille les produits locaux sur une carte courte. Souris d'agneau, cochon confit, desserts gourmands... le premier lundi de chaque mois, le menu Foire promet un moment de convivialité avec sa tête de veau sauce gribiche. L'établissement organise des soirées thématiques (jeux, piano-bar). Service bien agréable.

FROMAGES DE CHÈVRE COUDRET

11, Lieu-dit Petit Couture

✆ 05 49 51 31 26

Ouvert de février à décembre. Vente du jeudi au samedi, 10h-13h et 16h-20h. Visite de l'exploitation sur rendez-vous.

Dans cet élevage, 25 chèvres profitent des pâturages en toute liberté. Elles sont nourries grâce aux cultures de la ferme. C'est une affaire de famille et les fromages sont préparés par Claudine et Raymond d'après une recette transmise de génération en génération. Après avoir été séchés à l'air libre, les chabis (Le Petit Coudret) et autres fromages sont mis au frais dans la cave naturelle de la ferme pour un affinage prolongé. Dans le magasin se trouve un petit musée du chabichou.

LES CAVALIERS DU CENTRE DE LOISIRS PETITE RIVIÈRE

8, rue des deux rivières

✆ 06 12 83 58 62

www.petiteriviere.fr

En juillet, du lundi au vendredi à partir de 16h. Balade 1h : 7 à 18 ans 17,50 €, adulte 20,50 €. Sur réservation.

L'association gère le centre de loisirs et le centre équestre. Agathe, monitrice diplômée, s'occupe des cavaliers. Pour profiter d'un temps en famille, au contact des animaux, elle vous accueillera pour une balade guidée à poney ou à cheval, de 30 minutes à une heure, suivant le nombre et l'âge des enfants. Pour les adultes, elle propose des randonnées à cheval sur une heure, dans les alentours du centre, entre Chabournay, Cheneché, en passant par la forêt.

VOUILLÉ ★

Vouillé doit sa réputation à la bataille du même nom au cours de laquelle, au printemps 507, les Francs vainquirent les Wisigoths. Ces derniers, menés par le roi Alaric II, durent abandonner leurs terres aux vainqueurs, les troupes du roi Clovis. Si le lieu précis de la bataille fait l'objet de questionnement, il n'en reste pas moins que c'est ce qui a fait et fait toujours la notoriété de la commune. Elle fut une étape primordiale dans la réunification de la Gaule par Clovis. Aujourd'hui, grâce à une application mobile, le centre bourg médiéval et le patrimoine bâti se découvrent : église Sainte-Radegonde, porte de la ville, pigeonnier, fours à chaux…

CHÂTEAU DE CHIRÉ

2 bis, rue Moulin Rochefort
CHIRÉ-EN-MONTREUIL
✆ 05 49 51 84 50

Visite des extérieurs. Visite guidée sur rendez-vous. Salle de spectacles Le Pressoir.

Au confluent de l'Auxance et de la Vendelogne, à la cime du village sur un éperon rocheux dominant les deux vallées, ce château massif fut érigé au XVe siècle. A l'origine, sa construction consiste en un château féodal à but défensif. Mais la bataille de Moncontour en 1574 le mit à mal : la régente Catherine de Médicis fit raser ses tours pour y débusquer des protestants réfugiés. Au XVIIe siècle, les seigneurs de Chiré restaurent la forteresse pour en faire une demeure confortable. A partir de 1974, le château est abandonné et racheté par la commune en 1992.

FÔRET DOMANIALE DE VOUILLÉ

✆ 05 49 58 96 00
www.onf.fr

Ouvert toute l'année, accès libre et gratuit. Jeux pour enfants. La forêt est gérée durablement.

Cette forêt domaniale est principalement composée de chênes et de hêtres. Gérée par l'Office national des forêts, elle propose des sentiers balisés, pédestres et cyclistes, qui révèlent ses richesses. On y découvre notamment quatre arbres remarquables, dont deux chênes âgés de 200 ans. En famille, empruntez le sentier ludique et téléchargez l'application « Sur la piste de Merveille » pour profiter d'une promenade connectée. Des agrès ludiques complètent la balade.

LE CHEVAL BLANC ET CLOVIS €€

3 rue de la barre ✆ 05 49 51 81 46
www.cheval-blanc-clovis.fr

Fermé pendant les vacances de février. 42 chambres. Chambre double à partir de 69 €. Restaurant et brasserie.

Le nom de cet hôtel-restaurant a beau être chargé d'histoire – Clovis, roi des Francs, mit en déroute Alaric II, chef des Wisigoths, dans cette plaine vouglaisienne en 507 –, il n'en concède pas moins à la modernité. Ici on mise sur la tranquillité et l'art de vivre. Installé près de l'immense cheminée, vous pourrez savourer en toute quiétude les délices du chef. Terrasse ouverte à la belle saison. De la chambre double à la quintuple ou la familiale, profitez du calme et du confort.

HÔTEL RESTAURANT CHÂTEAU DE PÉRIGNY*** €€€

40, rue des Coteaux ✆ 05 49 51 80 43
www.chateau-perigny.com

44 chambres de 90 € à 170 €. Petit déjeuner : 14 €. Restaurant gastronomique de 28 à 64 €. Menu du marché (midi) : 19 €.

Ce magnifique hôtel plaira particulièrement aux passionnés d'histoire. Campé dans un superbe parc de 35 hectares, les voyageurs pourront choisir parmi les 44 chambres et appartements qu'offre cet hôtel de charme. Chacune a son caractère, elles sont spacieuses et meublées avec goût. L'hôtel dispose d'un bar, piscine, court de tennis... Un havre de paix au « beau » milieu de nulle part. Le restaurant gastronomique propose une cuisine raffinée et goûteuse, à midi comme le soir.

CARNET DE VOYAGE €€

18, rue du Lac
✆ 05 49 50 25 22

Ouvert toute l'année. Du lundi au vendredi de 12h à 14h (et vendredi soir de 19h à 21h30). Formule le midi à 12,50 €.

Il n'est pas surprenant de voir des clients faire le détour pour venir apprécier l'accueil, le service et la cuisine de ce restaurant. La recette est simple : qualité, fraîcheur, créativité... Ce sont les ingrédients pour fidéliser une clientèle toujours plus exigeante. Revers de la médaille, la réservation est fortement conseillée. Quelques plats pour mettre « l'eau à la bouche » : colombo moelleux de porc, tartare de bœuf gratiné au chèvre, filet de bar rôti et sa crème de girolles et des plats d'inspiration italienne et asiatique, carnet de voyage oblige !

AYRON

Ayron prend place au cœur d'une nature importante, avec un quart de son territoire sur la plaine de Vouzailles et les plaines du Mirebalais et du Neuvillois. Le château d'Ayron des XVe et XVIe siècles est situé au cœur d'un agréable parc avec vue sur la rivière Vendelogne. Dans le parc, ne manquez pas d'admirer le robinier faux acacia, le plus imposant et le plus haut de son espèce dans le département. Au pied du château, passez voir le lavoir, datant de 1850, témoin de la vie rurale. Le plus vieux monument d'Ayron est son dolmen. Le passage de la voie romaine entre Poitiers et Nantes est attesté, mais c'est au Moyen-Age que le site est occupé.

LES BERGES D'AYRON

✆ 05 49 03 01 53

Ouvert et accessible toute l'année. Gratuit.

Situées à 30 min du Futuroscope, les berges d'Ayron s'étendent sur 28 ha avec un étang de 16 ha dédié à la pêche en 1re catégorie. Pour les amoureux de la nature et autres randonneurs, c'est un havre de paix et un joli terrain de jeux, accessible et sans difficulté. Sur place, vous trouverez un point de restauration au bord de l'étang, un minigolf, une aire de pique-nique avec des jeux pour enfants et le vaste parking qui permet d'accueillir les camping-cars avec aire de vidange à disposition. De plus, le site est accessible aux personnes à mobilité réduite.

CHÂTEAU D'AYRON €€

1, route de Poitiers

✆ 05 49 60 11 72

Trois gîtes communaux. Gîte pour 2 personnes : 170 €/semaine. Deux gîtes pour 4 personnes, 2 chambres : 210 €/semaine.

A l'étage du château d'Ayron, trois gîtes ont été aménagés. Ce château de la fin du XVe siècle est implanté sur un site dominant la vallée de la Vendelogne et offre une jolie vue. Deux tours rondes encadrent une belle façade. L'entrée s'effectue par une belle porte au tympan surmonté d'un réseau de moulures et d'une archivolte en accolade. A l'intérieur, les gîtes sont simples, mais fonctionnels. Ils disposent d'un séjour avec coin cuisine. A l'extérieur, le grand parc est très agréable pour se promener, ainsi que les bords de la rivière.

MOULIN ET FERME CULTURELLE DE CHERVES

7, rue de la Mairie - **CHERVES** ✆ 05 49 51 06 87

gensdecherves.free.fr

Visite les dimanches de juin à septembre, de 15h à 18h30. Entrée : 5 € à partir de 18 ans. Visite de groupe sur rdv.

Construit à la fin du XVIIe siècle, le moulin est le dernier survivant des 8 moulins que comptait la commune de Cherves. Equipé d'une paire de meules, sa seule fonction était de broyer le blé, témoignant des petits moulins très simples et peu mécanisés que connut la Vienne jusqu'au XXe siècle. Le site comprend également un four à pain, une forge, le tout réuni dans une ferme du XVe siècle qui abrite un musée. Il aborde le territoire, le vent, la vie dans la campagne mirebalaise...

MAISON MITTEAULT

Domaine de Rouilly - **CHALANDRAY**

✆ 05 49 60 14 09

www.maisonmitteault.com

Ouvert du lundi au vendredi de 10h à 12h30 et de 14h30 à 18h. Samedi de 10h à 12h30. Vente à emporter à la ferme.

Une affaire de famille qui, depuis plusieurs générations, cultive et transmet le savoir-faire et les recettes ancestrales dans la production de foie gras français avec une maîtrise totale de la chaîne de fabrication. Les magrets, confits, pâtés et autres plats cuisinés sont tous préparés selon des recettes artisanales. Toutes ces denrées sont disponibles à la commande directement à la ferme ou sur le site internet. Pour les gourmands : la Maison Mitteault propose également des coffrets cadeaux tout en saveurs et en authenticité.

CAMPING LILIPIN €€

20, route de Poitiers ✆ 06 35 27 73 00

www.campinglilipin.fr/

Ouvert de début mars à fin novembre. Camping en bord de lac. Mobil-homes et des tentes Coco Sweet tout confort.

Un camping au bord du lac où détente et nature, convivialité et famille en sont la signature ! Idéalement situé, proche de la base nautique, les hébergements proposés, mobil-homes et Coco Sweet ou emplacements nus sont d'un confort optimal. Emplacements également pour les caravanes et camping-cars. Les tentes Coco Sweet sont composées de deux chambres pouvant accueillir quatre personnes. Elles sont entièrement équipées. Et pour profiter du plein air, louer un vélo avec assistance électrique sur place et lancez-vous sur un des nombreux sentiers des environs.

BOIVRE-LA-VALLÉE

Boivre-la-Vallée est une commune nouvelle née en 2019. La légende voudrait que le château de Montreuil-Bonnin, qui surplombe le village, fût bâti par la célèbre fée Mélusine. Le grand Richard Cœur de Lion s'y installa à la fin du XIIe siècle et la reine Aliénor d'Aquitaine y passa aussi quelque temps. Une visite à ne rater sous aucun prétexte ! La Cité des Tanneurs propose quant à elle une balade du patrimoine comprenant la découverte du bourg, d'anciennes fosses de tannage végétal et des différentes étapes de transformation de la peau de décoration. Un voyage dans le temps à travers un territoire, sa renommée et ses savoir-faire industriels.

CHÂTEAU DE MONTREUIL-BONNIN ★

Rue du Château ✆ 06 45 10 65 04
www.chateaumontreuilbonnin.fr

Visite tous les jours du 20 août au 30 septembre 2022 : 12h-18h. Tarif : 6,50 €. Gratuit -10 ans. Nuit insolite. Gîte.

Sur les hauteurs de la commune, entre les murs du château, la légende est tenace. La fée Mélusine y aurait caché un de ses fils : monstre en œil, qui donna son nom à la ville. Témoin de l'architecture militaire de la fin du XIIIe siècle, le château fort a joué un rôle militaire et économique de premier plan, des Plantagenêt aux guerres de Religion. Si le donjon est en cours de restauration, le châtelet d'entrée se visite. Vous pouvez même y passer une nuit dans une chambre médiévale.

LA CITÉ DES TANNEURS

7, Grand'Rue - LAVASSEAU
✆ 05 49 43 77 67
www.citedestanneurs-lavausseau.fr

De Pâques à La Toussaint. Horaires variables : voir site. Adulte : 7 €. Enfant : 5 €. Ateliers. Escape game.

Peut-être avez-vous remarqué les cornes accrochées à une des façades du village. On y faisait sécher les peaux. Il y a de la tannerie dans l'air... et cela a duré plus de 1 000 ans à Lavausseau. Réputée pour la fabrication de son cuir robuste, la tannerie a longtemps produit semelles de chaussures et peaux de décoration. Le dernier tanneur a quitté les lieux en 2015, mais les machines sont en place et l'association qui gère le lieu vous accueille pour vous raconter toutes les étapes de fabrication du cuir, initier petits et grands et proposer un escape game.

AUBERGE DE LA TANNERIE €

1, Grand Rue
✆ 05 49 42 94 54
www.aubergedelatannerie.fr

Lun : 9h30-15h. Mar : 9h30-19h. Mer : 9h30-22h. Jeu : 9h30-17h. Ven : 9h30-15h/18h-2h. Sam : 18h-2h. Dim : 9h-15h.

Avec la Boivre à ses pieds, l'Auberge de la Tannerie dispose d'une belle terrasse. L'établissement propose de la cuisine traditionnelle française faite maison, avec une carte qui évolue selon les saisons. Mais il y a toujours des burgers (avec des frites maison !), des pizzas (sur place ou à emporter) et le week-end (sur réservation) des plateaux de fruits de mer. Miam ! Et tous les deuxièmes jeudis de chaque mois, il ne faut pas manquer la tête de veau ! Pour un copieux apéro, la planche de charcuterie et fromages, ainsi que les tapas sont idéales.

BADINE MAROQUINIER

1-3, rue de l'église
✆ 05 49 57 92 29
www.badine-maroquinier.com

Du lundi au jeudi de 9h à 18h, le vendredi de 9h à 17h.

Lydie Gallet travaille le cuir français et confectionne des sacs à main pour femmes, des sacoches pour hommes, des ceintures pour tous, de la bagagerie, en réalité tous types d'articles de maroquinerie. Elle réalise aussi des laisses, des étuis pour la chasse, des housses d'ordinateur... elle s'adapte à vos besoins. Elle élabore le prototype, découpe les peaux, réalise l'assemblage, la couture pour obtenir de belles pièces raffinées, modernes et solides. Vous pourrez également discuter et déguster un thé au Café-Cuir, un espace cosy et chaleureux.

LE MOHAIR DU POITOU SECRET

Le Bois de Praille ✆ 06 38 52 35 75
www.mohairdupoitousecret.fr

De sept à fin juin : mercredi : 10h-13h. Juillet et août : sur rdv. Visites : adultes 4,50 € ; enfants +6 ans : 2,50 €.

Il est fin et lustré le poil des chèvres Angora de Madame Venier. De leur douce toison blanche, du mohair est filé. Distribué à des artisans tricoteurs français hautement qualifiés, le fil devient plaids, pulls et écharpes... Doux, chaud et léger, le mohair des fermes de France est d'une qualité incomparable. Emplie d'amour pour ses bêtes, l'éleveuse vous parle de son activité et vous emmène à la rencontre de son espiègle troupeau. La boutique propose prêt-à-porter et douces pelotes.

SOUFFLEUSE DE VERRE

7, rue de l'église
✆ 06 64 15 91 54
www.florianetourrilhes.com

Avril à juin, sept. à déc : mercredi au samedi 10h-12h30/14h-18h. Juillet-août : mardi au dimanche 10h-12h30/14h-18h.

Seule souffleuse de verre en Poitou-Charentes, Floriane Tourrihles s'est installée dans son atelier-boutique à Lavausseau en 2019. Elle dessine puis fabrique des verres, des coupes, des vases, des carafes... Elle réalise aussi des bijoux colorés à base de perles de verre : boucles d'oreilles, pendentifs, bracelets, bagues... Elle montre volontiers le travail de soufflage du verre à la canne (quand les fours sont allumés) ou la deuxième technique de verre filé au chalumeau. Elle aime faire découvrir son métier-passion et échanger sur ce savoir-faire artisanal.

VIENNE

LOUDUN ★★

La ville tient son nom de l'époque celtique. La colline était alors vouée au dieu Lug – Lugdunum – Loudun. Plus tard, durant le haut Moyen-Age, les comtes de Poitiers et d'Anjou se disputent le pays. En 981, Geoffroy Martel d'Anjou s'en empare et l'annexe à l'Anjou. En 1206, le Loudunais est relié à la couronne par le roi Philippe Auguste qui fait édifier à l'emplacement du castrum romain une forteresse exceptionnelle. On peut toujours voir et visiter la fameuse Tour Carrée, l'emblème de Loudun. Grâce aux visites historico-décalées de l'office, découvrez les édifices autrement. Et ne manquez pas le musée Renaudot, le célèbre fondateur de la presse.

MAISON DE L'ART ROMAN

3, rue Vouguet
✆ 05 49 98 81 59
www.ville-loudun.fr

Musée ouvert uniquement sur rendez-vous.

La maison de l'Art Roman est le fruit de l'acquisition par la ville en 1998 d'une collection de pièces issues du patrimoine historique local, celle d'un passionné : le notaire Henri Aymard (1878-1956). La majorité des pièces présentées est d'époque romane, et toutes les périodes de l'art sculptural et religieux s'y partagent les mètres carrés : un jardin aménagé de deux voussures romanes du XIIIe siècle et cinq salles présentent 35 chapiteaux romans du XIIe siècle issus des monuments religieux de la région, ainsi que d'une dizaine de tailloirs.

COLLÉGIALE SAINTE-CROIX ★

Place Sainte-Croix
✆ 05 49 98 62 00
www.ville-loudun.fr

Entrée libre. Haute saison : mi-mai à fin septembre : mar, mer, ven, sam 10h30-12h30/14h-18h30 ; jeu, dim 14h-18h30.

Superbe édifice roman bâti au XIe siècle, la collégiale est un édifice typiquement poitevin dans lequel les six grosses piles rondes du chœur révèlent l'influence bourguignonne, venue des moines bénédictins de l'abbaye de Tournus. En 1634, elle est le lieu de séances d'exorcisme lors du procès d'Urbain Grandier. Une charpente métallique provenant de l'Exposition universelle de 1889 remplace la voûte, après la démolition des dix piliers de la nef. Marché couvert, c'est aujourd'hui un espace culturel rythmé par des animations, expositions temporaires et concerts.

MOULIN DU PUY D'ARDANNE

Rue du moulin à vent
CHALAIS
✆ 05 49 98 51 14

Visite toute l'année sur rendez-vous (s'adresser à la mairie de Chalais). Entrée : 2 €, gratuit -10 ans.

Ce joli moulin cavier est visible depuis la Maison de Pays du Loudunais, sur la N147, en direction de Poitiers. Son origine remonte au XVIIIe siècle, sans doute vers 1730, il est l'un des six de ce type conservés dans la Vienne. C'est un moulin à vent caractéristique en Anjou. Construit sur une butte, à 124 m d'altitude, son exploitation a cessé en 1890. Aujourd'hui, il propose des expositions permettant de comprendre son fonctionnement et les différentes étapes de sa restauration. La cave comprend toujours les meules et une bluterie.

ÉGLISE SAINT PIERRE DU MARCHE ✝

Rue Saint-Pierre
✆ 05 49 98 15 38

Eglise paroissiale ouverte toute l'année.

Cet édifice classé aux Monuments historiques depuis 1921 a été fondé sous le règne de Philippe-Auguste en 1214. C'est un bel exemple de mélange de styles. On peut y voir un remarquable vitrail qui représente *Le Miracle des avoines*. Urbain Grandier, un prêtre accusé de sorcellerie, officiait ici. Il fut brûlé sur la place publique en 1634. Son portail Renaissance, récemment rénové, invite à découvrir l'intérieur. Celui-ci fut pillé par les Hugenots durant les guerres de Religion.

MUSÉE CHARBONNEAU-LASSAY ★

24, rue du Martray ✆ 05 49 98 81 59
www.alienor.org/musees

Mai à octobre. Basse saison : mer, sam, dim 14h30-18h30. Juillet-août : tlj sauf mardi de 14h30-18h30. 2 €, guidée 4 €.

Tout au long de sa vie, Louis Charbonneau-Lassay, érudit et historien local aux multiples centres d'intérêt, a rassemblé différentes collections qui donnent à ce musée un air de cabinet de curiosités. Féru de recherche et passionné d'emblématique, il publia en 1940 le célèbre *Bestiaire du Christ*, un ouvrage consacré à la symbolique de l'Occident chrétien. Dans le centre historique du quartier du Martray, à l'intérieur d'un très bel hôtel particulier du XVIIIe siècle, de belles salles rustiques dévoilent des objets et documents relatifs à l'histoire de Loudun.

Moulin du Puy d'Ardanne.

MUSÉE RENAUDOT ★

2, petite rue du Jeu de Paume
✆ 05 49 98 27 33
www.museerenaudot.com

Visite guidée (1h). Adulte : 3,50 €. Enfant : gratuit. Groupe adultes : 2,50 €. Groupe enfants : 1 €.

C'est dans cette belle demeure de famille que naquit, dans le Loudun protestant d'alors, en 1586, Théophraste Renaudot et qui y vécut pendant une vingtaine d'années avec sa femme. Transformé en musée de cire en 1981, le lieu retrace la vie et l'œuvre de ce médecin et journaliste illustre qui fonda *la Gazette*, premier journal français, en 1631. C'est ici qu'il mit au point un remède à base de plantes : le Polychreston. La visite vous le montrera assis à sa table et des vitrines avec ses diplômes. Renaudot a laissé son nom à un prix littéraire décerné chaque année.

SAINT-HILAIRE DU MARTRAY ✝ ★

30, rue du Martray ✆ 06 26 78 24 40

Visite libre de mi-mai à début octobre et jours fériés. Ouvert du mardi au dimanche et les jours fériés de 15h à 19h.

L'ancienne chapelle du couvent des Carmes installé dans ce quartier de Loudun au XIVe siècle est devenue église paroissiale en 1803. La porte du Martray, construite au XIIIe siècle est la seule survivante des quatre portes bâties à l'époque. Au XIXe siècle, la nef a été couverte par une voûte en pierre et le chevet illuminé par l'un des plus grands vitraux du Poitou : *La transfiguration du Christ sur la montagne*. Restaurée en 2013, l'église révèle un autel de style baroque offert par Richelieu et un magnifique tableau du XVe siècle, *La Vierge à l'Enfant*.

PORTE DU MARTRAY

Rue du Martray
✆ 06 26 78 24 40

Accès libre. Visite de l'intérieur, du mardi au dimanche et jours fériés de 15h à 19h, du 14 mai au 2 octobre.

Au XIIIe siècle furent bâties quatre portes qui formaient l'enceinte fortifiée de Loudun conçue par Philippe Auguste. Seule demeure la porte du Martray. La place forte disposait alors d'autres ouvertures : au nord la porte Saint-Nicolas, à l'est Saint-Jean et Notre-Dame. Elles ont été détruites par la volonté de Richelieu entre 1623 et 1634. Cette porte est impressionnante. Jadis dotée d'un pont-levis à flèche, la porte est une illustration de l'art de la fortification au Moyen Age. Ayant subi plusieurs modifications, elle a aujourd'hui retrouvé son éclat.

LA TOUR CARRÉE ★

Carrefour des Sorciers
✆ 05 49 98 81 59
www.tourisme-loudunais.com

Juin et septembre : mercredi et dimanche de 14h30 à 18h. Juillet et août : tlj de 14h30 à 18h30.

Construite en bois en 1040 par Foulques Nerra, comte d'Anjou, pour se protéger d'incursions des comtes de Poitou, la Tour Carrée fut rasée et rebâtie en pierre au XIIe siècle sur les mêmes fondations, par son petit-fils Foulques le Rechin. Culminant à 28 m de hauteur, cette tour de guet de quatre niveaux possède des murs d'une épaisseur de 1,80 m. Après une visite du jardin d'inspiration médiévale à ses pieds, découvrez le Loudunais en empruntant l'escalier en bois de la tour récemment restaurée, pour atteindre son sommet et profiter de la vue.

OFFICE DE TOURISME DU PAYS LOUDUNAIS

2, rue des Marchands
✆ 05 49 22 22 22
www.tourisme-loudunais.com
Mardi : 9h30-12h30/14h30-17h. Mercredi, jeudi, vendredi : 10h-12h30/14h30-17h. Samedi : 9h30-12h30/14h30-16h.

L'office de tourisme vous renseignera sur tous les monuments du Loudunais à visiter (et les visites guidées), les activités à faire et les animations à partager entre amis ou en famille. L'équipe est à votre écoute pour concevoir avec vous un carnet de séjour. Une billetterie pour les grands sites touristiques de la Vienne est disponible sur place. Il y a aussi quelques produits locaux et l'exposition du moment. Il est aussi possible de louer des vélos pour petits et grands.

DOMAINE LESABAILLE €€

21, avenue de Touraine
✆ 05 17 35 60 00
www.lesabaille.com
Ouvert toute l'année. Accueil jusqu'à 19h. 5 chambres. à partir de 60 €.

Au cœur de Loudun, dans un parc de 9 000 m², cette propriété du XIXe siècle, avec ses beaux volumes, saura vous séduire. Cette propriété de caractère, totalement close, ne vous laissera pas indifférent et offre un cadre agréable. Elle offre cinq chambres confortables. Les trois chambres peuvent accueillir, chacune, un couple. L'ensemble parental constitué de deux chambres séparées et d'une salle d'eau commune peut convenir à quatre personnes. Confort et sérénité sont les maîtres-mots. Aux beaux jours, vous pourrez profiter de la terrasse et du parc.

CAMPING MUNICIPAL €

32, Chemin de l'Étang
✆ 01 83 64 69 21
www.campingcarpark.com
Du 1er octobre au 31 mai, pour camping-cars (9,81 €). Du 1er juin au 30 septembre, caravanes, vans et tentes (12,51 €).

Le camping municipal Mon village de Loudun - les Hirondelles est situé au bord de l'étang Beausoleil et propose 20 emplacements spacieux et ombragés. Il est géré par la société CampingCar Park. Toute l'année, les camping-cars peuvent s'y arrêter. Une aire de vidange a été mise en place. De juin à septembre, les sanitaires sont ouverts, les caravanes, les vans et les tentes peuvent aussi s'y installer. L'endroit est paisible. Il y a une aire de jeux pour les enfants (toboggan, balançoire...) Pêche, randonnées pédestres et piscine sont à proximité.

LA TAVERNE D'EPICURE €€

20, place Sainte-Croix
✆ 05 49 98 21 15
www.taverne-depicure.fr
Été : du mardi au samedi midi et soir, le dimanche midi. Hiver : le midi du mardi au samedi, le soir du jeudi au samedi.

Tous les épicuriens de passage à Loudun pourront s'offrir un voyage de découvertes culinaires dans ce pub-restaurant-bar à tapas ! C'est dans un décor vintage et rockabilly que vous partagerez entre amis ou en famille, les tapas du jour et du monde avant d'entamer quelques plats dignes de la restauration traditionnelle d'ici et d'ailleurs. Le tout en dégustant un bon vin de leur sélection ou un délicieux cocktail. Gage de qualité : la carte varie au gré des saisons ! En été, vous pourrez profiter de la terrasse et des animations musicales.

VIENNE

LA CHABOTTERIE €€

Lieu-dit La Chabotterie
✆ 05 49 22 80 56
Ouvert toute l'année. Accueil jusqu'à 21h. 2 chambres. A partir de 79 €. Petit déjeuner inclus.

Située sur un terrain de 8 000 m², à 2,6 km de Loudun, cette ancienne ferme du XVIe siècle a été entièrement rénovée. Suzanne, d'origine anglaise, réserve un accueil chaleureux à ses hôtes. Les deux chambres de ce Bed & Breakfast sont d'un grand confort. Joliment décorées, elles sont spacieuses et agréables. Cheminée, salon commun, l'intérieur est cosy. La maison d'hôtes dispose aussi d'un bain à remous, pour se relaxer et propose des vélos pour découvrir les sentiers alentour. Sinon, détendez-vous sur la terrasse et profitez des magnifiques fleurs du jardin.

LES CAFÉS DE THÉOPHRASTE

51, rue Porte de Chinon
✆ 05 49 98 58 68
www.cafesdetheophraste.fr
Ouvert du mardi au samedi de 9h à 12h30 et de 14h30 à 19h. Boutique.

Déguster un café est ici un art. Sur la carte, une douzaine de variétés sont mises en valeur. Producteur, provenance, terroir, période de récolte, saveur, le café a été sélectionné avec soin par Anne et Frédéric, nos torréfacteurs. On le boit serré ou préparé avec douceur et précision. Pour les amateurs de thé, une centaine de variétés sont proposées, mais peut-être opterez-vous pour une boisson lactée colorée et aromatisée. Accompagnez le tout d'une pâtisserie maison avec ou sans gluten. L'espace est cosy, les tables rares, l'accueil chaleureux. Un privilège !

HUILERIE DES ROCHES

6, Grande Rue
MOUTERRE-SILLY
✆ 05 49 98 04 03
huileriedesroches.fr
Visite, vente et fabrication pour les particuliers sur rendez-vous. Vente en ligne.

Depuis 1994, Christian Mauberger fabrique une merveilleuse huile de noix de façon artisanale. Pour produire une bonne huile, il faut commencer par avoir de bonnes noix. Les cerneaux sont passés à la meule pour être transformés en pâte. Puis cette dernière est cuite dans une grande poêle, et enfin dernière étape, mais non des moindres : le pressage. Outre la fameuse huile vierge de noix première pression à froid, vous pourrez aussi repartir avec de l'huile de noisettes, la moutarde aux noix, la farine, le vin de noix le Loudunois...

MAISON DE PAYS DU LOUDUNAIS

Aire de repos de la Briande
CHALAIS
✆ 05 49 98 84 10
Ouvert tous les jours (de 9h à 18h30, mais horaires variables selon les saisons).

Dans une belle bâtisse, cette maison de pays est une véritable vitrine économique et touristique du Loudunais. Les étagères et présentoirs regorgent de produits artisanaux issus du savoir-faire local : une large gamme de vins AOC, des conserves, des confitures, du safran… Composez donc votre panier garni de toutes ces bonnes choses ! Il y a aussi des bijoux, de l'artisanat, des cosmétiques. Vous pourrez profiter de la terrasse, des jardins ludiques et d'une aire pour camping-cars.

BERRIE

Tout au nord du département, Berrie est à la frontière avec les Deux-Sèvres et le Maine-et-Loire, la région est clairement sous l'influence de la Touraine et de l'Anjou. Le canal de la Dive traverse son territoire. La vigne est cultivée à Berrie depuis le Moyen Age. Aujourd'hui, de nombreux domaines appartiennent à l'appellation d'origine contrôlée Saumur. Le château, ou forteresse, est construit au XIIe siècle, siège de la famille Berrye. En 1468, le château entre dans les possessions de la famille de la Trémoille puis en 1695 dans celles des Dreux-Brézé. L'église Notre-Dame Immaculée vaut le coup d'œil. Le prieuré Saint-Jean au Bas-Nueil est à voir.

CHÂTEAU DE LA ROUVRAYE

18, rue de la Rouvraye
SAINT-LÉGER-DE-MONTBRILLAIS
✆ 06 19 59 82 35
tourisme-loudunais.com
Visite toute l'année uniquement sur rdv.

Ce château datant du Moyen Age est ordonné en forme de U autour de sa cour, dans laquelle se trouve une chapelle dédiée à Urbain II, pape qui lança l'appel à la première croisade. Originellement château de défense, le château de la Rouvraye avait été construit sur des caves troglodytiques. A la Renaissance, il a été profondément modifié pour devenir un château de plaisance. Aujourd'hui, la tour carrée, la tour ronde (le pigeonnier), la façade Renaissance ainsi que les galeries intérieures témoignent de ces remaniements architecturaux.

COLLECTION DE VIGNES TREILLES DE LA REINE BLANCHE

3, route de Ranton
CURÇAY-SUR-DIVE
✆ 05 49 22 22 22
www.tourisme-loudunais.com
Accès libre toute l'année.

Au cœur du village, au pied du donjon, 500 plants de vigne de 50 variétés de raisins rouges, blancs ou rosés ont été plantés. Un cheminement pédagogique avec des panneaux explicatifs permet au visiteur de retrouver le nom de chaque cépage, son histoire, sa provenance, ses caractéristiques, mais aussi des recettes et des anecdotes. La loge de vigne propose une exposition sur les vignes familiales. Joli et instructif ! Un circuit des vignobles peut se faire à vélo ou en auto.

MUSÉE DU JARDINAGE

1, rue La Ville - **TERNAY**
✆ 05 49 22 95 33
jardindutilleul.com
Ouvert du 1er mai au 10 septembre. Deux heures de visite guidée sur rdv, à 15h. Adulte : 9 €. 10-16 ans : 5 €.

Pour visiter le Musée du Jardinage, il faut s'aventurer dans le Jardin du Tilleul, dont le propriétaire et jardinier assure la visite. Autour d'une ancienne ferme du XVIIe siècle, ce jardin propose de déambuler dans trois secteurs : le potager familial biologique, le petit bois avec ses sculptures et le poulailler avec les machines anciennes. Le jardin comprend de nombreuses essences régionales poussant en terre calcaire (amandiers, chênes truffiers...). Le musée abrite de l'outillage rare, ancien, insolite, accompagné d'une riche documentation.

PRIEURÉ SAINT-JEAN

15, rue du prieuré
06 13 98 41 71
Réservation obligatoire. Vendredi, samedi, dimanche : 10h30-11h45 et 15h-16h15. Adulte : 10 €, 6-18 ans : 6 €.

Erigé au XIe siècle, le prieuré est alors une vaste abbaye richement dotée. Un tiers de l'édifice est encore visible aujourd'hui. Les moines bâtisseurs de l'époque innovent et créent une construction unique à la croisée de la fin de l'art roman et du début du gothique. Les voûtes romanes entrecroisées sans arc ne se trouvent nulle part ailleurs, car ce sont des premiers essais sur les procédés de construction. C'est aussi la naissance du terroir des vins d'Anjou. Les moines bénédictins venus de l'abbaye de Bourgueil plantèrent le premier plant de vigne en 1076.

CHÂTEAU DE TERNAY €€

9, rue du Château - **TERNAY**
05 49 22 97 54
www.chateau-de-ternay.com
Du 01/04/2022 au 06/11/2022. Chambre double dès 150 €. Petit déjeuner inclus. Panier repas : 15 € (sur réservation).

Plongez dans l'histoire de cette demeure historique privée, habitée par la famille d'Aviau de Ternay depuis 1606 ! Menez la vie de château dans l'une des cinq chambres d'hôtes de charme et des deux gîtes du domaine. Meubles d'époques, tentures, les chambres sont sublimes et les hôtes exceptionnels. Dans le parc avec piscine, on prend le temps de la détente avant, pourquoi pas, de profiter d'un jeu d'énigme et de l'histoire du lieu truffée d'anecdotes savoureuses, contée par un châtelain en personne. Un véritable conte de fées !

LE TRÉSOR BELGE €€

1, allée du Jardin Secret - **POUANÇAY**
05 49 98 72 25
www.tresorbelge.com
Du mercredi au samedi : 11h-22h30, dimanche : 11h-16h. Réservation impérative. Menus de 36 € à 75 €. Terrasse.

Imaginez-vous au cœur de la campagne et sans prévenir, vous voici au Trésor belge. Vous y découvrez une carte entièrement tournée vers la cuisine du Plat Pays. Les meilleures saveurs belges sont là, à portée de papilles et c'est André Willemsen qui va vous les présenter : croquettes aux crevettes grises, gambas à la Gueuze aux framboises, waterzooï, carbonade à la flamande... Un conseil, ne zappez pas le fromage, avec le Grevenbroecker, le bleu belge par excellence. Et pour terminer, une crêpe Suzette. A moins que vous ne craquiez pour le menu au Homard...

CHATEAU DE TERNAY

9, rue du château
TERNAY
05 49 22 97 54
www.chateau-de-ternay.com
D'avril à fin sept. Vacances sco : tlj sauf jeudi. Hors vacances : week-end. Sur résa. Adulte : 10 €. Enfant : 6 €.

© CHÂTEAU DE TERNAY

Il y a des lieux et des rencontres dont on se souviendra longtemps. Dans la campagne loudunaise, cet élégant château des XVe et XVIe siècles, construit par le chevalier Bertrand de Beauvau pour les beaux yeux de la princesse Françoise de Brézé, est une merveille. Depuis plus de trois cents ans, il appartient à la famille de Ternay. Lors de votre visite, vous aurez accès à tous les endroits « insolites » et aux secrets du château grâce à l'histoire truffée d'anecdotes savoureuses, contée par un guide exceptionnel : le châtelain en personne. Un régal !

CHATEAU DE BERRYE

2, rue du Château
06 08 74 16 70
www.avenuedesvins.fr
Visite de la forteresse, des vignes, des caves sur réservation, avec séance de dégustation.

La forteresse médiévale de Berrye a été construite au XIIe siècle et remaniée au XIXe siècle. Située sur un socle rocheux entouré de douves, le site est impressionnant. Sur 12 hectares, la forteresse est entourée de vignes. Le domaine viticole est réputé. D'ailleurs, le château bénéficie de caves monumentales creusées dans le tuffeau, ce qui en fait un excellent chai troglodytique. Sandra et Gilles Colinet produisent Saumur Rouge, Saumur Blanc, Crémant de Loire et Coteaux de Saumur et ont commencé une conversion en agriculture biologique.

DOMAINE DU GRAND CLOS

12, rue des Vignes
SAINT-LÉGER-DE-MONTBRILLAIS ✆ 06 43 63 34 94
https://domainedugrandclos.fr/

Visite des caves et dégustation des vins sur rendez-vous. Vis ma vie de vigneron : 15 € / famille, dates et résa OT.

Vigneron depuis six générations, Damien Robert perpétue la tradition familiale et prend soin du Domaine du Grand Clos. Après des études, en 2003, il prend la suite de son père et la tête du domaine familial. Sabrina, son épouse, le rejoint en 2007. Le Domaine est situé en AOP Saumur. Labellisées Haute valeur environnementale, les vignes s'étendent sur 30 hectares avec majoritairement du cabernet franc et du chenin. Le domaine bénéficie de caves troglodytiques sur près de 5 000 m², un lieu idéal pour le stockage et la conservation.

ISABELLE SUIRE

12, rue des Perrières
✆ 05 49 22 92 61
www.isabellesuire.fr

Du lundi au samedi : 9h-17h30. Portes ouvertes : 1er week-end de décembre. En vente à la Maison du Tourisme à Poitiers.

La cave de cette vigneronne est une véritable curiosité. C'est dans une cavité sous Berrie, que la famille d'Isabelle Suire vinifie son vin depuis des années. Aujourd'hui, c'est elle qui est aux commandes, pratiquant une agriculture raisonnée. Elle nous invite à découvrir son vin AOC Saumur qu'elle a fait grandir au cœur de sa cave naturelle de tuffeau, déjà habitée au VIIe siècle. Très chaleureuse, Isabelle Suire vous fera déguster ses bons vins blancs, rouges et pétillants issus des cépages de chenin et de cabernet franc. Attention ! Réservation obligatoire.

LES TROIS-MOUTIERS

Trois anciennes paroisses ont donné son nom au bourg des Trois-Moutiers : Saint-Hilaire, Saint-Pierre et Notre-Dame. Construits au Moyen-Age, il ne reste aujourd'hui de ces prieurés que quelques éléments. La commune compte par ailleurs pas moins de quatre dolmens et un menhir, tous classés à l'inventaire des Monuments historiques. N'hésitez pas à arpenter le sentier des dolmens pour admirer ces vestiges de la période néolithique. Autre particularité des Trois-Moutiers : dans cette commune, on trouve l'un des derniers moulins à vent de la Vienne, à toit pivotant, qui date du XIXe siècle. On y compte également plusieurs grands châteaux.

CENTER PARCS DOMAINE DU BOIS AUX DAIMS

26, route des Trois Moutiers - **MORTON**
✆ 08 91 70 16 00
www.centerparcs.fr

Cottages Comfort, Premium ou VIP. Maisons dans les arbres. Aqua Mundo. Spa Deep Nature.

Ce week-end : pause nature et bulle de bien-être ! Il faudra choisir entre dormir dans un cottage moderne ou profiter d'un hébergement insolite dans les arbres. Le parc abrite un cœur animalier de 10 ha. Ne soyez pas étonné de vous retrouver nez à nez avec un daim, ils se promènent en liberté. A vélo ou à pied, rendez-vous aux nombreuses activités proposées pour les enfants et pour les grands comme les espaces *Aqua Mundo*, le spa, l'accrobranche, le tir à l'arc... et tant d'autres.

ETHNO-MUSÉE ANAKO

1, château de Verrrière - **BOURNAND**
✆ 06 80 64 05 30
www.fondation-anako.org

Ouvert de juin à fin sept. Samedi et dimanche : 14h-18h. Visite guidée : 15h15. Gratuit jusqu'à 10 ans. Tarif : 10 €.

C'est un petit Quai Branly qui se cache derrière les murs médiévaux du château de Verrière. C'est ici que, sur plus de 600 m², la fondation Anako offre un espace d'exposition, un voyage extraordinaire à la rencontre des dernières tribus et des peuples racines. Chasseurs-cueilleurs, derniers grands nomades, sociétés tribales et ethnies du monde entier se dévoilent. La visite est passionnante, entre photos, objets, films et témoignages collectés par l'ethnologue Patrick Bernard. A ne pas rater : le festival du film Anako qui propose des projections et des débats.

LA MOTHE CHANDENIERS

4, route de Roiffé
✆ 07 62 37 24 35
www.mothe-chandeniers.com

Du 6/04 au 6/11. Juin-juillet-août : tlj 10h-19h. Autres mois : mer à dim 10h-18h. Adulte 7,50 €. Visite guidée 11,50 €.

Il était une fois, un magnifique château qui admirait son reflet dans l'eau. Une folie architecturale où pierres et nature fusionnent pour ne faire qu'un, une ruine vivante et vibrante. Exemple de romantisme, la Mothe-Chandeniers est ravagée par les flammes en 1932. 85 ans plus tard, un miracle se produit dans ce lieu singulier. La start-up Dartagnans lance l'idée folle d'acheter collectivement le château pour le sauver et le valoriser. Près de 28 000 femmes et hommes de 115 pays achètent l'édifice. Un fantastique projet pour une visite féerique.

VIENNE

MOULIN À VENT DU GUÉ SAINTE MARIE

Route de Motson
✆ 05 49 22 22 22
Visite sur rendez-vous. Adulte : 3 €. Gratuit -12 ans.

Découvrez le moulin à vent du Gué Sainte-Marie, moulin à toit pivotant construit au XIXe siècle. C'est l'un des derniers moulins du département à avoir su préserver son fonctionnement orignal : meules, trémies, bluterie, engrenages, dont certains en bois de cormier... Suite à la Seconde Guerre mondiale, il fallut rénover la toiture et les ailes. Aujourd'hui, la maison du meunier en pierre de tuffeau traditionnelle, située non loin du moulin, se visite également.

CHÂTEAU DE BOURNAND €€€

5, rue du Bois de Craon - **BOURNAND**
✆ 05 49 98 65 51
www.chateaubournand.com
Deux suites (114 €/jour), deux chambres (99 €/jour) et un cottage indépendant (à partir de 1 300 €/semaine).

Situé au cœur de la vallée de la Loire, ce gîte de grand confort propose des prestations de qualité dans le lieu riche en patrimoine qu'est le château de Bournand. Datant du XVIIe siècle, il a gardé ses fondations du Moyen Age. Marie sera aux petits soins pour vous. Il est possible de louer l'intégralité du gîte ou bien les suites, les chambres ou le cottage séparément. Le tout est décoré avec goût, avec des meubles chinés. Les hôtes peuvent profiter de la piscine, mais également du parc arboré de 4 hectares. La maîtresse des lieux propose aussi une table d'hôtes.

LE DOMAINE DE ROIFFÉ €€

Route de Fontevraud - **ROIFFÉ**
✆ 05 49 22 48 17
www.domainederoiffe.fr
Hôtel trois étoiles avec 62 chambres de 2 à 4 pers. 11 appartements (2 à 6 pers.). Une villa. Trois gîtes. Restaurant.

Laissez-vous charmer par ce magnifique domaine. Vous aurez le choix entre différents types d'hébergements : les chambres confortables d'un hôtel trois étoiles, des appartements de 25 à 45 m² ou trois gîtes. Ce lieu était au XIXe siècle une colonie pénitentiaire. Elle ouvre en 1842 pour accueillir les enfants enfermés jusqu'alors à la maison centrale de Fontevraud et leur apprendre les métiers de l'agriculture au sein de la ferme. Restauré, le lieu offre aujourd'hui d'autres activités : golf, piscine, spa, salle de jeux, minigolf, tennis, atelier bière ou vin...

DOMAINE DU HAUT VERNAY €€€

Haut Vernay - **BOURNAND** ✆ 06 11 30 52 73
A partir de 1 000 € la semaine. Jeux pour enfants. Wifi. Salon de jardin, lave-linge, lave-vaisselle.

Elisabeth et Philippe ont imaginé, dans l'une des dépendances de leur propriété, un très beau logement complètement indépendant, devant lequel une piscine se déploie. De la cuisine d'été avec barbecue et mobilier de jardin qui la jouxte, vous profiterez de la vue sur les champs environnants. C'est à l'étage de la dépendance que vous découvrirez l'agréable pièce de vie, son poêle, ses murs en pierres apparentes, la cuisine entièrement équipée. Les deux chambres proposent une excellente literie et la salle de bain une douche à l'italienne et une baignoire balnéo.

L'ALCOVE €€

Route de Fontevraud - **ROIFFÉ** ✆ 05 49 22 48 17
www.domainederoiffe.fr
Avril à juin, septembre à octobre : mardi midi à dimanche midi. Juillet-août : tlj midi et soir. Formule midi : 17 €.

Au bout de la grande allée du Domaine de Roiffé, L'Alcôve vous attend. L'ancien dortoir pénitentiaire de la colonie de Saint-Hilaire, créé pour occuper les mineurs détenus à la maison centrale de Fontevraud, est aujourd'hui devenu un splendide espace de réception. Préférerez-vous la grande salle, sa verrière et sa vue sur les bâtisses en pierre de tuffeau ou, pour plus d'intimité, un dîner dans une ancienne cellule du dortoir rénovée avec goût. Vous y dégusterez une cuisine du marché aux saveurs régionales, accompagnée d'une belle sélection de vins locaux.

LA CUISINE DU CHATEAU DE VERRIERE €€€

5, Verrière - **BOURNAND** ✆ 05 49 98 96 69
www.lacuisineduchateaudeverriere.com
Ouvert du mardi au dimanche de 11h à 14h et de 19h à 22h. Réservation impérative. Menus de 38 € à 75 €.

C'est une table pas comme les autres, un restaurant atypique où vous découvrez la cuisine traditionnelle et gastronomique du chef Michel Belcour. Du haut de ses 80 printemps, il vous accueillera, toque sur la tête, avec un large sourire. A l'intérieur, une quinzaine de places au milieu d'une foule de tableaux et autres souvenirs. Dans ce théâtre, entre raffinement et simplicité, on se délecte, entre autres, de sa célèbre galimafrée. Un moment de gaieté, de douceur et de délices.

LA CHAMPIGNONNIERE DE BERNAZAY

rue de la Cour Branle
✆ 06 80 62 46 85
Vente directe à la cave du lundi au vendredi de 8h à 17h. Visite sur rendez-vous.

Depuis plus de 25 ans, Marie-Lise et Bruno Guitton font pousser des champignons dans leurs caves troglodytiques, la dernière champignonnière de Poitou-Charentes. Cette ancienne carrière de calcaire du Poitou est le lieu idéal pour cultiver artisanalement le Blond de Paris, le lentin de chêne (ou shiitaké) ou encore le pleurote. A cinq mètres sous terre, dans trois kilomètres de galerie, à 16 °C, les champignons s'épanouissent, jusqu'à deux tonnes par semaine.

HARAS DES OUCHES

Lieu-dit Saint-Hilaire - **ROIFFÉ** ✆ 06 71 46 63 57
www.harasdesouches.fr
Ouvert toute l'année, du lundi au dimanche, de 9h à 19h. Balade adulte 1h : 30 €. Enfant : 22 €. Randonnée attelage.

Au cœur du Domaine de Roiffé, le centre équestre le Haras des Ouches propose du tourisme équestre, des balades, mais aussi des cours et des stages. Sur le domaine ou en pleine nature, il est ainsi possible de se balader à dos de poney ou de cheval pour 30 minutes en autonomie ou une à deux heures avec un accompagnateur. A partir de 18 mois, même les plus petits pourront découvrir le poney. Une balade en attelage, jusqu'à 8 personnes, est aussi possible. Plus insolite, vous pourrez monter à dos de dromadaire ou chameau pour un baptême, une expérience unique.

DOMAINE DU BOIS-MIGNON

SAIX
✆ 05 49 22 94 59
Visite et dégustation sur rendez-vous.

Sur un domaine viticole de 25 hectares qui côtoie le golf Saint-Hilaire et l'abbaye de Fontevrault, empiétant les communes d'Epieds et de Montsoreau, ce terroir d'un sol argilo-calcaire sur craie tuffau produit de succulents vins d'AOC Saumur (Saumur Champigny – Saumur rouge et blanc – cabernet de Saumur – coteaux de Saumur et crémant de Loire) élevés par Pascal Barillot. Dans une ancienne champignonnière, une grande salle troglodytique reçoit les réceptions, les mariages, et autres groupes pour la dégustation (avec modération !).

MONCONTOUR

Le village de Moncontour, à laquelle se sont associées les communes avoisinantes de Saint-Chartres, Messais et Ouzilly-Vignolles depuis les années 70, aurait compté jusqu'à 80 lavoirs ! 18 d'entre eux ont été restaurés, dont la plupart sont visibles le long du Sentier des Lavoirs. Le village est dominé par son donjon, chef-d'œuvre du Moyen Age, datant des XIe et XIVe siècles dont le sommet vous offre un superbe panorama sur la vallée de la Dive. On peut également visiter le musée Logis Terra Villa à Ouzilly-Vignolles. Mais Moncontour, c'est aussi son plan d'eau de 10 hectares et sa base de loisirs avec de nombreuses activités dont le téléski nautique !

GOLF DE LOUDUN-FONTEVRAUD

Route de Fontevraud
ROIFFÉ
✆ 05 49 22 48 17
www.domainederoiffe.fr
18 trous : 40 € de novembre à mars, 50 € d'avril à octobre. Professeur de golf.

Le golf s'étend au cœur des 120 hectares du Domaine de Roiffé. Créé en 1985 par l'architecte français Hubert Chesneau, ce golf 18 trous offre un parcours simple et diversifié sur plus de 60 hectares en partie boisés et vallonnés. C'est un parcours agréable qui chemine entre la forêt de Fontevraud, l'étang du domaine et les demeures du XIXe siècle en tuffeau. Il y a également un putting green, un green d'approche et 40 postes de practice dont une dizaine couverts.

BASE DE LOISIRS MONCONTOUR

✆ 05 49 22 38 50
www.moncontour-active-park.com
Tlj du 1er juillet au 31 août. Week-ends d'avril à fin sept. Adulte : 4 €. - de 12 ans : 3 €. Restauration.

La base de loisirs de Moncontour est un formidable lieu pour faire trempette, du sport, bronzer et se mettre au vert. Avec sa plage aménagée et surveillée, son aire de jeux pour enfants, son téléski nautique, son circuit de pumptrack, son toboggan aquatique, ses terrains de pétanque, son restaurant, son minigolf,... le lac de 10 ha propose de nombreuses activités de loisirs. L'accueil du camping vous prête même des canoës-kayaks et des paddles. Sport ou plage, à vous de choisir !

DONJON DE MONCONTOUR

Rue du Donjon
✆ 05 49 22 22 22
www.tourisme-loudunais.com
Visite du 8 juillet au 28 août, lundi, vendredi et dimanche à 18h sur réservation. Entrée : 3 €, gratuit -12 ans.

Haut de 25 m et 12 de largeur, avec des murs de 2,80 m d'épaisseur (un mètre au sommet), le donjon est impressionnant. Ce donjon carré est en excellent état. Il a sans doute été édifié en 1040 par Foulques Nerra, le lieu surplombait alors des marécages, rendant son accès difficile. Construit pour défendre le territoire, il était l'avant-poste de Mirebeau et servait à protéger la citadelle de Loudun. Il fut le lieu de la bataille de Moncontour opposant protestants et catholiques royalistes en 1569, mais aussi de la résistance contre les Allemands le 22 juin 1940.

ÉGLISE SAINT-NICOLAS

1, rue Maxime Ridouard
✆ 05 49 98 91 29
www.moncontour-de-poitou.fr/
Accessible toute l'année. Entrée gratuite.

Proche du donjon, cette église datant de la première moitié du XIIe siècle est un lieu chargé d'histoire qui mérite qu'on s'y attarde. Classée aux Monuments historiques en 1985, elle possède des vitraux remarquables, comme celui où figure saint Nicolas et qui date de 1889 ou encore des statues représentant saint Pierre et saint Nicolas. Des travaux récents ont permis de rénover la toiture et les vitraux, mais aussi de faire quelques découvertes, des bénitiers dans les murs et des restes de peintures murales qui ont traversé les âges...

LOGIS TERRA VILLA

2, rue des Tiveaux - **OUZILLY-VIGNOLLES**
✆ 06 27 43 21 39
www.maison-en-terre-du-marais.fr
Toute l'année sur réservation. Juillet et août : vendredi au lundi de 16h30-19h. Ateliers. Adulte : 5 €. +10 ans : 2 €.

Réparties entre les villages d'Ouzilly-Vignolles et Sauzeau, une centaine de maisons en terre crue ont résisté au temps. Elles ont été construites à l'aide d'un système ancestral d'entassement de levées de terre, provenant principalement des marais, appelé technique de la « bauge ». Le logis Terra Villa est une ancienne ferme en terre réhabilitée en musée qui vous présentera d'une manière simple et pédagogique tous les secrets de ce mode de construction, des expositions... Des ateliers de fabrication de pièces en terre sont proposés ainsi que des conférences.

LA SENTE DIVINE

✆ 05 49 22 22 22
www.tourisme-loudunais.com
Accessible toute l'année. Cartes à l'office de tourisme et dans les mairies.

Entre Sauzeau et La Grimaudière, en passant par Moncontour et Saint-Chartres, le réseau de La Sente Divine propose 50 km de sentiers de randonnée et permet de découvrir la vallée de la Dive. Cette petite zone humide constituée de marais et entourée de champs possède une faune et une flore riches. Un lieu clé pour l'écosystème local. Plusieurs boucles et des sentiers de découverte permettent de se promener tout en intéressant les plus jeunes. Des espaces d'interprétation ont été installés avec des jeux, des tables de découverte, ainsi que des sculptures géantes.

VIENNE

© CCPL

Le lavoir de Moncontour.

LE SENTIER DES LAVOIRS

www.tourisme-loudunais.com

Plan du circuit disponible à l'office de tourisme ou en ligne. Balisage brun.

Le départ de ce sentier de découverte se fait au pied de l'église Saint-Nicolas, le site disposant d'un parking et d'une aire de pique-nique. Une partie du parcours suit la rivière la Dive. Au fil de l'eau et du sentier, vous allez découvrir l'histoire des lavoirs de Moncontour. Cette promenade de 2 km est ponctuée de panneaux, de bornes ludiques et d'ateliers à destination des enfants. La boucle continue dans la ville et passe au pied du donjon avant de rejoindre à nouveau la Dive. Cette promenade alliant nature, fraîcheur et vielles pierres, a tout pour plaire !

LA FERME DU MIEL

6, voie Girault

SAINT-JEAN-DE-SAUVES

✆ 05 49 60 18 00

Visite sur rendez-vous les après-midi.

Dans une ferme traditionnelle du Poitou, une belle bâtisse en pierre de galuche, l'apiculteur Hervé Girard vous accueille dans sa miellerie. Ce passionné possède une centaine de ruches. Il vous fera visiter son laboratoire d'extraction du miel ou son atelier où il confectionne des bougies classiques ou en forme d'animaux avec la cire d'abeille. Il vous expliquera la vie fascinante des abeilles, les propriétés fabuleuses du pollen, les secrets de son métier et vous proposera de déguster ses miels : tournesol, acacia, printemps, toutes fleurs...

CAMPING MONCONTOUR ACTIVE PARK*** €

✆ 05 49 55 84 34 48

www.moncontour-active-park.com

Fermé du 1er oct au 31 mars. 96 emplacements. 2 personnes de 12 € à 20 €. 9 chalets et 13 gîtes (tarifs voir site). Lac.

Entre Futuroscope et Puy du Fou, Active Park est un camping parfait pour les amoureux de la nature. Au cœur de la base de loisirs de Moncontour, c'est un endroit calme, niché sous les arbres, de 96 grands emplacements. Dix confortables chalets et treize gîtes complètent l'offre. C'est avec le sourire que l'on vous conseillera les multiples activités à faire autour du lac (accès gratuit). Baignade, téléski nautique, pêche, tennis... il y a de quoi faire. Déconnexion assurée !

JARDIN PEDAGOGIQUE ET BIOLOGIQUE DES TROIS NOYERS

rue de la Cafinerie

SAINT-JEAN-DE-SAUVES

✆ 06 32 14 42 80

De mai à octobre.

Le jardin des Trois Noyers propose des légumes oubliés, cultivés en agriculture biologique, très prisés des grands chefs étoilés. Mais, ce qui a fait la réputation de Jacky Mercier, ce sont surtout ses belles et délicieuses tomates. Il en plante 5 000 pieds chaque année, pour une quarantaine de variétés. Il y a toutes les formes et toutes les couleurs : noire de Crimée, green zebra, homaocteck de Grèce... A ne pas louper : la fête de la tomate, le 4 août.

LA DIVINE - MAISON D'HÔTES €€€

1, chemin du Val de Lauray ✆ 05 49 22 81 27

https://fr.ladivinefrance.com

Ouvert toute l'année. Accueil jusqu'à 19h. 1 chambre. Studio / appartement à partir de 82 €, dès 144 € le we.

Une maison bourgeoise du XIXe siècle construite à partir de tuffeau au milieu d'une végétation luxuriante, bordée par le moulin de la Seigneurie, sur un hectare. La Divine porte bien son nom, tellement le lieu incite au calme et à la sérénité. Un potager fournit de nombreux ingrédients pour vos déjeuners et dîners. Le studio/chambre d'hôtes, situé face à la maison principale conserve son esprit campagnard contemporain avec meubles et éclairages vintage. Terrasse privative.

TÉLÉSKI NAUTIQUE MONCONTOUR

Lac du Magne

✆ 05 49 22 77 98

Fermé de novembre à mai. 1h : 17 € / 15 € (réduit), journée : 40 € / 37 € (réduit).

Les sports nautiques ce n'est pas qu'à la mer ! Nous vous avons dégotté une adresse de rêve ! Sur le lac de Moncontour, le téléski nautique se pratique grâce à un système écologique utilisant l'énergie électrique pour vous envoyer dans les airs ! Et pas que, puisque vous pourrez faire du ski, du wakeboard, du kneeboard. Tracté le long d'un câble, le skieur peut même faire des figures pour impressionner la galerie. Des sensations démentes à tester de toute urgence ! Débutants bienvenus.

MONTS-SUR-GUESNES

La Petite Cité de caractère de Monts-sur-Guesnes a une histoire mouvementée. Sa position en hauteur (146 m au-dessus du niveau de la mer) en a fait un lieu stratégique : au Moyen Âge, un château fort y a été construit et le bourg se développa autour. L'histoire du village est très liée à ce château. Au XIXe siècle, il a été aménagé en hôtel. Puis, la mairie s'y est installée en 1990 et en juin 2022 a été inauguré le 6e Historial de France dédié au Poitou. À emprunter : la ligne Verte, cette ancienne ligne ferroviaire est un paradis pour les randonneurs. Côté loisirs, d'octobre à avril, le théâtre de la Montjoie a un programme varié.

BARONNIE DE SAINT-CASSIEN

6, rue de la Tour
ANGLIERS
✆ 07 81 34 02 84

Visite guidée des extérieurs. Début juillet au 15 septembre : mardi au vendredi 14h-20h (fermé jours fériés). Gratuit.

C'est un bel exemple d'architecture médiévale militaire. La baronnie de Saint-Cassien et son magnifique donjon dominent la vallée de la Briande. La première tour carrée a été construite par Foulques Nerra, comte d'Anjou, en même temps que le donjon de Moncontour au XIe siècle. Briand de Saint-Cassien le fait fortifier au XIIIe siècle pendant la guerre de Cent Ans, pour résister aux Anglais. Richelieu fit démanteler la forteresse au XVIIe siècle (une tour d'angle et un escalier).

CHÂTEAU DE MONTS SUR GUESNES

1, allée des Marronniers
✆ 05 49 22 89 81
www.chateau-monts-sur-guesnes.com

Ouvert tlj : 10h-18h. Adulte : 11 €. Enfant (de 4 à 16 ans) : 8 €. Forfait famille : 32 €. Tarif réduit : 9 €.

© CHÂTEAU DE MONTS SUR GUESNES

C'est dans le château du XVe siècle de Monts-sur-Guesnes, qu'Aliénor d'Aquitaine et son fils, Richard Cœur de Lion, vous attendent pour un saut dans l'histoire du Poitou, aux sources du Royaume de France. C'est une surprenante expérience qui vous attend là, grâce à une scénographie dynamique et dernier cri qui dépoussière l'idée que l'on peut se faire d'une visite de musée ou d'un château. Le contenu est riche et immersif, croisant histoire de France et du Poitou.

CHÂTEAU DE LA CHAPELLE-BELLOUIN

1, rue du château - **LA ROCHE-RIGAULT**
✆ 06 59 08 59 90
www.chapelle-bellouin.com

Visite en juillet et septembre, lundi au vendredi à 10h, 11h, 14h, 15h, 16h, et 17h. Entrée : 6 €.

Le château est construit sur un rocher. C'est le premier exemple en France de construction Renaissance à partir d'un château médiéval. Il comporte un donjon médiéval, des ponts-levis, des fortifications, mais le corps de logis est Renaissance. Il y a également une chapelle. Demeure royale, il a appartenu à Henri Boyer, François Ier, Jean Escoubleau de Sourdis et Richelieu. Le site est en cours de rénovation. Lors de la visite, vous en apprendrez plus sur son histoire et son évolution.

MAISON DE L'ACADIE

1, rue des Acadiens
LA CHAUSSEE
✆ 05 49 22 22 22
www.maisondelacadie.com

Ouvert en juillet et août, du mercredi au dimanche de 14h30 à 18h30. Visite guidée.

C'est un lieu de mémoire, un petit musée, un lieu d'histoire où l'on vous contera avec passion les liens qui unissent le Poitou et les Acadiens, l'histoire de ces familles loudunaises parties peupler la Nouvelle-France dès 1604 dans l'espoir d'un monde meilleur, de l'autre côté de l'Atlantique. On vous parlera de leur vie quotidienne, jusqu'à ce drame que fut le Grand Dérangement en 1755, et de cette âme acadienne toujours vibrante, qui conduit chaque année de nombreux visiteurs à La Chaussée pour renouer avec leurs racines. Une visite guidée passionnante !

VIENNE

PARC DE LOISIRS DE GUESNES

1, route de Monts-sur-Guesnes
GUESNES
✆ 05 49 22 84 91
www.tourisme-vienne.com/
Accessible toute l'année, entrée gratuite, espace pêche accessible aux personnes handicapées.

Pêcheurs du dimanche et randonneurs viendront prendre un grand bol d'air frais dans le parc de loisirs de Guesnes, en plein cœur de la forêt de Scévolles. L'étang de pêche fait quatre hectares et dispose d'un petit ponton, et plusieurs sentiers balisés pédestres ou pour VTT s'enfoncent dans la forêt qui renferme de nombreuses surprises : cabanes forestières, marais, aire de jeux, comme la hutte aux quilles, pavillon de chasse. On trouve aussi une buvette en saison et un petit camping.

DOMAINE DE BOURGVILLE €€

14, allée de Bourgville
✆ 05 49 98 37 83
www.domainedebourgville.com/
Ouvert toute l'année. Accueil jusqu'à 19h. 6 chambres. Avec un gîte comprenant 2 chambres. 95 à 110 €/nuit selon saison.

C'est dans le parc privé d'une gentilhommière du XVIIe siècle que l'on vous propose un séjour paisible et de charme. Cinq chambres doubles élégamment décorées et aménagées où rien ne manque : l'If, le Mûrier, le Tilleul, le Noisetier, le Mimosa. Et profitez d'un grand salon partagé avec des livres à disposition ainsi que des jeux de société. Les portes-fenêtres ouvrent sur la terrasse fleurie surplombant le parc et la piscine... Le gîte Olivier pour quatre personnes, est entièrement équipé. N'oublions pas l'espace bien-être avec spa et sauna.

LE RELAIS DE LA ROCHE €€

6, rue des Charmilles
LA ROCHE-RIGAULT
✆ 05 49 22 40 04
Mardi à dimanche midi 11h-15h. Vendredi, samedi soir 19h-22h30. Formule midi (semaine) 15 €. Réservation recommandée.

Au Relais de la Roche, le chef Mathieu Devolder est aux manettes. Il cuisine des produits frais, de saison, locaux pour créer des plats pour tous les goûts, pour tous. En semaine, une formule du midi est proposée. Le week-end, des plats plus travaillés sont à la carte comme : carpaccio de saumon fumé et fraises, charlotte d'asperges au canard fumé, filets de rouget au beurre blanc, tartare de bavette de veau... Et en dessert, toujours une version fruit et une version chocolat. Le vendredi soir, c'est burgers et pizzas ! Et aux beaux jours, profitez de la terrasse.

LE SAVIGNOIS €€

2, rue du Lavoir - **SAVIGNY-SOUS-FAYE**
✆ 09 82 57 71 84
lesavignois-savignysousfaye.eatbu.com
Ouvert du jeudi au dimanche le midi et le soir. Réservation impérative. Menu découverte 37 € ; Menu dégustation 48 €.

Quelle belle surprise ! Vous y serez accueillis par l'accent chantant de Cyrielle et David. Le couple a redonné vie au lieu en proposant une cuisine 100 % maison où influences méridionales se mêlent aux produits locaux. La dégustation vous ravira. Sur la carte des vins, vous découvrirez de petits producteurs (pour la plupart du Sud) en agriculture raisonnée ou bio. A table, vous serez gâtés par de sympathiques attentions et aurez certainement le plaisir de rencontrer le chef en fin de repas. Excellent et charmant ! Pensez à réserver, car le lieu est prisé.

LES CRINS DE DERCÉ

2, La Guerche - **DERCÉ**
✆ 06 18 06 21 98
www.les-crins-de-derce.com
Mardi au dimanche 8h30-19h. Sur réservation. Balade à poney 1h : 10 €. Avec monitrice : 15 €.

Le centre met à disposition un poney pour que vous partiez pour une heure de balade en autonomie. Cela peut se faire également avec une monitrice pour arpenter les chemins de Dercé et ce, dès le plus jeune âge. Des randonnées à cheval sur la journée sont proposées. Des cours particuliers sont dispensés. Pour allier loisirs et amusement, des animations, des chasses au trésor à cheval, des défis avec des énigmes à résoudre sont organisés. Le centre accueille des stages pendant toute l'année, des nuits sous la tente, ainsi que des colonies pour les vacances d'été.

LE GRAND SENTIER DE SCÉVOLLES

Au départ de l'étang de Guesnes
GUESNES
randonnees-vienne.com
Accessible toute l'année. Aire de pique-nique, aire de loisirs.

Ce sentier qui part de l'étang de Guesnes invite à parcourir le massif forestier de Scévolles. Vous découvrirez, entre autres, le pavillon de chasse de Fondoire, témoin des chasses à courre du XIXe siècle. Ainsi, les Sentes de Fondoire proposent de nombreux parcours à travers la verdure, avec d'insolites cabanes forestières, des jeux en bois, la source sacrée du mystérieux Fondor, des marais... A voir également, les cavités des anciennes perrières de Chanteloup ou la ligne verte.

ORGANISER SON SÉJOUR

L'idée de tribulations poitevines vous titille depuis longtemps. Finalement ça y est, ce matin vous vous êtes décidé : vive les vacances au grand air ! Poitiers, particulièrement bien desservie, se trouve à moins d'1h30 en TGV de Paris. Elle vous ouvrira les portes d'un bocage situé à quelques encablures des plages. Sans parler des gares (Châtellerault, Futuroscope) ou de la constellation d'autoroutes et d'itinéraires bis qui gravitent autour d'elle. Quantité d'hébergeurs, de restaurateurs, d'opérateurs touristiques vous accueillent, avec assez d'offres pour combler toutes les envies, à tous les prix. En famille, en amoureux, en groupe, vous aurez de quoi vous ébrouer, pléthore de souvenirs à partager à votre retour : rando, vélo, pêche miraculeuse, farniente, patrimoine, art contemporain, concerts classiques à soirées électro transcendantes… La totale peut-être ? Lisez ces pages, qui vous aideront à planifier votre voyage !

S'Y RENDRE

Poitiers à 1h20 de Paris, Niort à 45 min de La Rochelle : non, le Poitou n'a rien des Antipodes, si c'est n'est un brin d'exotisme ! Et il n'y a pas que le train. Des lignes de bus, du BlaBlaCar régulier et tout un réseau routier. Autoroute ? Nationale 10 ? Itinéraires bis à travers champs pour en voir plus encore ? Une fois débarqué dans l'une ou l'autre capitale poitevine, les distances vous sembleront on ne peut plus modestes. Sachez aussi que les gares ferroviaires sont légion et que les routes sont belles. Entre Poitiers et Thouars, lorsque vous apercevrez à l'approche cette gigantesque nef déchirant la plaine qu'est l'abbaye de Saint-Jouin-de-Marnes, vous comprendrez... Avis aux cyclotouristes, le Poitou se pratique largement à coups de pédales : sachez par exemple que la Vélo Francette arpente les Deux-Sèvres, reliée à quantité de véloroutes secondaires. Et ils sont nombreux à les emprunter !

AÉROPORT POITIERS-BIARD

5, rue du Sous-Lieutenant Collart - **BIARD**
✆ 05 49 30 04 40
www.poitiers.aeroport.fr
Horaires guichet : du lun au mer : 11h-18h. Jeu, ven : 13h-18h. Parking payant (gratuit 15 min). Wifi gratuit.

L'aéroport de Poitiers-Biard se situe à 2,5 km du centre-ville, le long de la rocade ouest, à mi-chemin des sorties d'autoroute Poitiers-Nord et Poitiers-Sud. Des liaisons régulières sont assurées vers Londres (Stansted) avec la compagnie Ryanair et vers Lyon, une fois par jour du lundi au vendredi, avec Chalair Aviation. Depuis peu, des voyages vers Barcelone et Edimbourg sont proposés. Le wifi est disponible dans l'aéroport ainsi que des distributeurs de boissons et snacks. Cinq compagnies de location de voiture sont sur place ainsi que des taxis. Bon voyage !

GARE SNCF

2, boulevard Pont Achard
POITIERS
✆ 05 49 53 11 14
www.sncf-connect.com
Espace de vente du lundi au vendredi de 10h30 à 18h, le dimanche et les jours fériés de 12h à 19h.

Située au cœur de la ville, la gare permet d'accéder au reste de la France de manière efficace. Avec le TGV, la tour Eiffel est à 1h15 et les quais de Bordeaux à 1h de trajet. Le trafic TER permet de relier le reste de la Région Nouvelle-Aquitaine facilement. Le hall est équipé d'un tabac-presse, d'une boulangerie, d'une supérette et d'un restaurant, et même d'un piano ! Pour vos transports gare-domicile, des bus sont accessibles et des taxis à la file indienne vous attendent sur le parvis. Un parc pour les vélos et un parking sont disponibles à proximité.

GARE SNCF DE NIORT

Place Pierre-Sémard
NIORT
✆ 3635
www.garesetconnexions.sncf
Lundi-jeudi et samedi 5h40-21h50. Vendredi 5h40-23h. Dimanche et jours fériés 7h50-22h50.

La gare SNCF de Niort est positionnée sur la ligne TGV reliant Paris-Montparnasse à La Rochelle, à minimum 2h13 de la capitale et 45 min de la préfecture de Charente-Maritime. Pour rejoindre Poitiers, comptez une quarantaine de minutes en TER. La gare se situe dans le centre-ville de Niort et est très bien desservie (transports en commun, taxis et parking). Parmi les services aux voyageurs : toilettes 7j/7 et 24h/24, wifi, recharge batteries Power & Station, Photomaton et photocopies. Vous effectuez vos achats dans les boutiques Monop'Station et Relay.

FLIXBUS

POITIERS
https://shop.flixbus.fr
Réservation on-line.

Flixbus constitue le plus grand réseau européen de bus longue distance, desservant près de 2 500 villes. Dont évidemment Poitiers et Niort au départ de Paris, moyennant tarif on ne peut plus compétitif mais des durées démultipliées. Vous naviguez entre les deux préfectures (1h15 de trajet, à partir de 4,99 euros) ; de là, les possibilités de rayonner en Poitou demeurent limitées. Il sera tout de même possible de rallier Bordeaux, La Rochelle, Arcachon et Angoulême. Outre de tarifs ultra compétitifs, vous bénéficiez de divers services : wifi, prises, accès aux PMR.

SE DÉPLACER

Terre de passage depuis la Préhistoire, particulièrement central, le Poitou a su tirer parti de cet héritage en s'équipant d'innombrables autoroutes et autres voies routières. Par ailleurs, les distances et les reliefs ne sont pas insurmontables... Pour tous ceux qui empruntent le train, sachez qu'à votre arrivée, où que vous stationniez, les possibilités de se déplacer sont nombreuses. Le chemin de fer se faufile un peu partout par ici, de même que les autocars. Le département des Deux-Sèvres a tout mis en œuvre pour permettre aux cyclistes de pédaler d'une ville à l'autre : les véloroutes et itinéraires secondaires sont généreux, par ailleurs reliés entre eux. Avis à tous ceux qui auraient laissé leur bécane à la cave : vous louez sans complications, et pour toute la famille, vélos classiques, VAE et VTT. Enfin, le Marais poitevin vous offre du choix : croisière-déjeuner ou location d'embarcations ?

TRANSPORTS EN VIENNE

✆ 09 70 87 08 70

Du lun au ven : 8h-19h. De juin à sept : du lun au sam : 8h-19h. Ticket : 2,30 €. Aller-retour : 4,10 € (le même jour).

Voilà un bon plan pour voyager dans tout le département à faible coût, en protégeant la planète tout en gagnant un temps précieux pour lire, écouter de la musique, travailler ou se reposer. La Région Nouvelle-Aquitaine propose, en s'appuyant sur les transporteurs locaux (Transdev, Transports Martin, Les Rapides du Poitou), 18 lignes régulières pour se rendre à Loudun, Montmorillon, Civray ou Châtellerault. Ticket ponctuel, carte de 10 voyages ou abonnement, tout est possible. L'été des dessertes spéciales sont mises en place pour plusieurs sites touristiques.

EUROPCAR

48, boulevard du Grand-Cerf - **POITIERS**

✆ 05 49 58 25 34

www.europcar-atlantique.fr

Ouvert du lundi au vendredi de 8h à 12h et de 14h à 19h ; le samedi de 9h à 12h et de 14h à 18h.

Idéalement située, cette société de location de véhicules est à 400 mètres de la gare et tout près d'une station-essence ! Pratique, car son nombre de points de vente vous permet de laisser le véhicule dans une autre ville. Outre les voitures berlines, vous pourrez louer des monospaces, des ludospaces, des minibus pour partir en vacances. C'est vrai, acheter un monospace seulement pour quelques semaines par an n'est peut-être pas la meilleure option. Alors, choisissez le modèle qui vous convient en fonction de vos besoins et faites de sacrées économies. Et circulez futé !

BLACK SHEEP

34, avenue de la Libération - **POITIERS**

✆ 09 51 38 88 15

www.blacksheep-van.com

A partir de 79 € / jour pour un Campervan mini, 119€ / jour pour un California Confort ou un Explorer.

Liberté ! C'est à bord des vans Volkswagen aménagés de Black Sheep que vous y goûterez. Réservez un fourgon et partez à l'aventure en amoureux, entre amis ou en famille, de manière spontanée et en autonomie. Du Campervan pour 2 personnes, au mythique California et à l'Explorer pour 4 personnes, choisissez votre véhicule parmi la flotte dernier cri. En van, « l'important, ce n'est pas la destination, c'est le voyage » et si vous avez besoin de quelques bons plans, Black Sheep propose des idées de road trip sur son site internet. Déconnexion assurée !

TANLIB, LE TRANSPORT DE L'AGGLO NIORTAISE

Place de la Brèche

NIORT

✆ 05 49 09 09 00

www.tanlib.com

Avis à tous ceux qui voyagent sans leur véhicule : Tanlib vous propose quantité de solutions pour naviguer d'un point à l'autre de l'agglo de Niort. L'offre est conçue pour répondre à tous les besoins et à toutes les envies : vélo électrique en libre-service 24h/24, location longue durée, vélo cargo, trottinette, covoiturage, transport de personnes à mobilité réduite et bien sûr transports en commun. Lignes, horaires, tarifs, conditions d'accès : tout est en ligne !

S'INFORMER

Non, vous n'êtes pas complètement perdu en rase campagne, mais bien en Vienne ou Deux-Sèvres, territoires ultra connectés. Parthenay, par exemple, fut la première ville de France à recevoir, en 2001, la note maximale du label Ville Internet. En termes d'information touristique, en marge des innombrables offices de tourisme jalonnant le territoire, vous tirez parti de l'Agence touristique de la Vienne et du département des Deux-Sèvres, initiateurs des très complètes plateformes www.tourisme-vienne.com et de www.tourisme-deux-sevres.com. Naviguez sinon à travers les sites de chaque pays poitevins. A propos d'actualités, tournez-vous vers la presse quotidienne locale, en l'occurrence *La Nouvelle République* dans les deux départements, *Centre presse* dans la Vienne et *Le Courrier de l'Ouest* dans les Deux-Sèvres. Pour la culture et les sorties, voici deux incontournables : *L'Affiche hebdo* (Poitiers) et *Niort dedans dehors*.

LE COURRIER DE L'OUEST

11, rue de l'Hôtel-de-Ville
NIORT

Le *Courrier de l'Ouest*, quotidien régional édité en Maine-et-Loire et en Deux-Sèvres (son siège se situe à Angers), fait désormais partie du groupe Ouest-France, n° 1 de la presse locale lui aussi bien implanté en Deux-Sèvres. Pour parcourir toutes les actus et se rencarder sur d'éventuels bons plans/sorties dans le département. Consultable on-line ou en version imprimée. C'est le second grand quotidien du département après *La Nouvelle République*. Un excellent moyen de retrouver un site à visiter, une boutique, un chemin de randonnée mal référencés...

MAGAZINE NIORT DEDANS/DEHORS

www.niortdedansdehors.fr

L'agenda culturel de Niort et alentour. Vous découvrez les grandes institutions de la ville, et notamment ses scènes et autres plateformes artistiques : Acclameur, Moulin du Roc, CAMJI, pavillon Grapelli, Pilori. Vous parcourez l'agenda des musées, prenez le pouls de cette cité dynamique. Sorties pour les grands et les petits, pépites à ne pas manquer, événements sportifs qui peut-être vous donneront envie de rester, de profiter du charme bucolique mais underground des abords de la Sèvre.

LE 7

10, boulevard Pierre et Marie Curie
CHASSENEUIL-DU-POITOU
✆ 05 49 49 47 31
www.le7.info
Parution chaque mardi.

Le 7, c'est ce petit hebdo départemental gratuit (28 pages en moyenne) que l'on trouve dans 650 points de dépôt. Diffusé à 60 000 exemplaires, jusqu'à Châtellerault, *Le 7* aborde sans tabous des sujets d'actualité locale. Vous y trouverez le sport, la culture, l'environnement, le handicap ou l'emploi (la liste n'est pas exhaustive). Chaque semaine, il fait le portrait d'une personnalité poitevine ; la parole est aussi donnée aux influenceurs locaux. Hebdo sur le papier, mais aussi quotidien sur le web, un magazine à lire absolument pour se tenir informé !

RADIO FG

51, rue de Rivoli - **PARIS** (1er)
✆ 01 40 13 88 00
www.radiofg.com
Fréquence : 98.2 FM.

Radio FG est la radio musicale de référence électro. Elle propose un programme axé sur la deep et la house-music. Acteur unique du paysage radiophonique français, Radio FG est la radio « Feel Good ». FG diffuse son programme dans 28 villes françaises. Radio FG est à l'origine du mouvement French Touch. C'est le découvreur et l'incubateur des nouveaux talents, pionnier dans la diffusion et le rayonnement de l'électro en France et dans le monde depuis 1992. Ecoutez FG en FM, DAB+, sur radioFG.com, Applis, Boxes, Satellite et 4G.

FG.
radioFG.com
FeelGood.

RMC INFO [103.1]

PARIS (15e)

www.rmcinfo.fr

Talk-shows et interactivité permanente, *RMC Info* fait reposer une bonne partie de sa grille sur ces deux piliers. Outre l'actualité, la station propose une grille de programme variée allant de la vie pratique (maison, auto, internet...) au monde du poker en passant par les rendez-vous bien connus comme la matinale de Jean-Jacques Bourdin, qui passe chaque jour une personnalité politique sous le feu de questions. *RMC Info*, c'est aussi la radio n° 1 sur le sport avec des dizaines d'heures d'antenne chaque semaine, avec créneaux animés par d'anciens sportifs.

FRANCE BLEU POITOU

27, boulevard Solferino

POITIERS

✆ 05 49 60 50 00

www.bleupoitou.com

Fréquences : 106.4 à Parthenay – 87.6 à Poitiers – 103.3 à Châtellerault – 101.0 à Niort

On retrouve toujours avec plaisir son programme de proximité, infos régionales toutes les heures, nombreuses chroniques et magazines sur les loisirs, les sorties, etc. *France Bleu Poitou*, c'est aussi l'actualité sportive avec le basket, le volley, les nouvelles des Chamois Niortais (foot). Les podcasts de l'émission En balade dans le Poitou (samedi et dimanche à 9h, consacrée au patrimoine et au tourisme) vous aideront à préparer vos escapades entre Vienne et Deux-Sèvres. En fin d'après-midi, ne ratez pas les Fêlés du Poitou.

AFFICHE HEBDO

2 Ter, rue des Transporteurs

POITIERS

✆ 05 49 60 33 16

www.affichehebdo.fr

Gratuit.

En début de mois, il montre le bout de son nez un peu partout en ville sur des présentoirs dédiés. A l'origine, comme son nom l'indique, il était hebdomadaire, mais le support est vite devenu mensuel. Aujourd'hui, il s'agit d'une précieuse bible qui recense toutes les manifestations du mois dans le département, le tout en rubriques : sports et loisirs, sorties, expo et jeune public. Et puis, si la version papier vous passe sous le nez, tout son contenu est disponible en ligne, avec aussi la possibilité de déposer son annonce gratuitement.

LA NOUVELLE RÉPUBLIQUE

1 ter, rue du Moulin-à-Vent

POITIERS

✆ 05 49 60 36 36

www.lanouvellerepublique.fr

Quotidien.

C'est un rituel. Chaque matin, chacun va chercher son journal dans sa boîte aux lettres et l'ouvre avec son bol de café. Certains filent aux faits divers ou vers les pages nationales. Nous, ce qui nous plaît, c'est de découvrir ce qui fait l'actualité de notre département. Politique, social, culture, urbanisme, commerces, vie associative... il y en a pour tous ! En 2010, la rédaction de la Vienne a fusionné avec *Centre Presse*, alors ne vous étonnez pas d'y trouver des articles similaires. Pour avoir les infos en temps réel, pensez au site internet.

COLLINES FM

rue Saint-Michel

CERIZAY

✆ 05 49 80 12 01

www.collines-laradio.fr

Fréquences : 101.2 / 92.4/ 96/ 107.5/ 104.2

Tubes des années 80/90 principalement et bien sûr les nouveautés de la variété française émettent sur ces ondes. Là-haut sur la colline de Cerizay, des passionnés tiennent leur antenne qu'ils font vivre avec dévouement, car leur station est emblématique, incontournable du paysage médiatique Nord deux-sévrien. Vous verrez, tout au long de votre road trip, vous y reviendrez pour chanter à tue-tête ! *Collines FM* émet au-delà de sa ville, Cerizay, pour toucher tout le Bocage bressuirais et pousser jusqu'en Vendée. C'est une radio locale incontournable.

RADIO PULSAR

1, rue Neuma Fechine Borges

POITIERS

✆ 05 49 88 33 04

www.radio-pulsar.org

Fréquence : 95.9 FM.

« Pulsar, les étoiles en plus ». La radio associative est née en 1983 de l'action du père René Cateau et d'un groupe d'élèves de l'ancien lycée des Feuillants (le bâtiment abrite aujourd'hui le palais de justice de Poitiers). Depuis près de 40 ans, Pulsar s'est taillé une place de choix dans le paysage médiatique poitevin, particulièrement pour son indépendance, ses magazines bien édités et sa programmation musicale racée, ultra variée (heavy métal, culture dub, jazz, punk...). On vous conseille de vous connecter, même si vous n'êtes pas d'ici.

INDEX

36 QUAI DES ARTS ... 64
3D POITIERS EVOLUTION ... 150
79 TOURS VINYL SHOP ... 64

A

A CASA ... 155
A FLEUR D'EAU ... 100
A TABLE ... 86
A VOS PAPILLES ... 67
ABBATIALE SAINT-MAIXENT ... 95
ABBAYE DE FONTAINE-LE-COMTE ... 184
ABBAYE DE L'ÉTOILE ... 239
ABBAYE DE SAINT-SAVIN ... 14, 213
ABBAYE DE VALENCE ... 223
ABBAYE ROYALE DE LA RÉAU ... 208
ABBAYE ROYALE ... 91
ABBAYE SAINT-JUNIEN ... 192
ABBAYE SAINT-MARTIN DE LIGUGÉ ... 182
ABBAYE SAINT-SAUVEUR ... 228
ABYSSEA ... 204
ACCUEIL TOURISTIQUE ... 225, 229
ADRIEN BOULMER COUTELLERIE ... 252
AÉROPORT POITIERS-BIARD ... 278
AFFICHE HEBDO ... 282
AIGLE INTERNATIONAL ... 234
AIRE DE LOISIRS DE LA BERTHOLIÈRE ... 216
AIRE DE LOISIRS LA BAIGNADE ... 250
AIRE DE LOISIRS ... 203, 209
AIRVAULT ... 117
ALLO PIZZ' ... 170
AMPELIDAE ... 257
ANCIENNE ABBAYE DE SAINT-BENOÎT ... 180
ANGLES-SUR-L'ANGLIN ★★ ... 252
ARBORETUM DU CHEMIN DE LA DÉCOUVERTE ... 83
ARBRÉSO ... 208
ARÇAIS ★ ... 77
ARCHIGNY ... 239
ARGENTONAY ... 138
ASSOCIATION ÉTOILES DE COMPOSTELLE ... 84
ATELIER CYCLO PARTH' RÉPARATION ... 104
ATELIER DE L'OCULUS ... 255
ATELIER FLEUR DE SOULIERS ... 107
AU CLOS PAILLÉ*** ... 249
AU CLOS PAILLÉ ... 249
AU FIL DU SON ... 4, 48
AU MARAIS GIVRÉ ... 74
AU MI-SAGABOU ... 162
AU PETIT BONHEUR LA YOURTE ... 191
AU PETIT BRASSEUR ... 132
AU PETIT THOUARS ... 13, 126
AU PLAISIR DES METS ... 127
AU PRÉ DES CHEVAUX ... 211
AU WC ... 159
AUBADE OUTLET SAINT-SAVIN ... 215
AUBERGE CHEZ CUL DE PAILLE ... 156
AUBERGE DE JEUNESSE ... 150
AUBERGE DE L'ÉCURIE ... 209
AUBERGE DE LA BLOURDE ... 206
AUBERGE DE LA BOUCHOLIÈRE ... 105
AUBERGE DE LA CLOUÈRE ... 189
AUBERGE DE LA TANNERIE ... 264
AUBERGE DE VINDOBRIGA ... 261
AUBERGE DU CENTRE-POITOU ... 186
AUBERGE DU CHEVAL BLANC ... 86
AUTOUR DES PLANTES ... 159
AUTOUR DU TOUR ... 218
AUX GRANDES Z'OREILLES ... 200
AUX PETITS BONHEURS ... 107
AUX SAVEURS MELUSINES ... 186
AVAILLES-EN-CHÂTELLERAULT ... 235
AVAILLES-LIMOUZINE ... 209
AVEN'THURE ... 243
AYRON ... 262
AZAY-LE-BRÛLÉ ... 98

B

BADINE MAROQUINIER ... 264
BAIN DE FORET ... 162
BALADE EN BATEAU ... 231
BALADE EN GYROPODE ... 250
BALADE EN TROTTINETTE ÉLECTRIQUE ... 248
BAPTISTÈRE SAINT-JEAN ... 144
BAR-AUBERGE DES VOYAGEURS ... 68
BAR-BRASSERIE LE COUPE GORGE ... 101
BAR-RESTAURANT L'ENTRE POTES ... 126
BAR-RESTAURANT LE ZINC ... 109
BAR-RESTAURANT NULLE PART AILLEURS ... 69
BAR ASSOCIATIF LE ROUGE-GORGE ... 106, 107
BARONNIE DE SAINT-CASSIEN ... 275
BARRAGE DE CHARDES ... 206
BASE AQUATIQUE ... 193
BASE DE LOISIRS DE VAUCHIRON ... 186
BASE DE LOISIRS MONCONTOUR ... 272
BASE NAUTIQUE DU LINDON - CANOË-KAYAK ... 81
BASILIQUE - MUSÉE DU LIVRE ... 191
BEAUMONT SAINT-CYR ... 170
BEAUVOIR-SUR-NIORT ... 68
BEL'ART - BOUTIQUE DE CRÉATEURS ... 96
BERRIE ... 268
BEST WESTERN HÔTEL DE LA BRÈCHE**** ... 60
BEST WESTERN LE BOIS DE LA MARCHE*** ... 184
BEYROUTH ... 154
BIBLIOTHÈQUE POPULAIRE ERNEST PÉROCHON ... 70
BIÈRES DE MONTMORILLON ... 199
BISCUITERIE AUGEREAU ... 181
BISCUITERIE DE LENCLOITRE ... 244
BISCUITERIE LA CHENNETTE ... 119
BISONS DU POITOU ... 205
BISTRO DES SAVEURS ... 183
BLACK SHEEP ... 279
BLANZAY ... 219
BOIVRE-LA-VALLÉE ... 263
BON'OEIL GOURMAND ... 238
BONNES ... 173
BONNEUIL-MATOURS ... 238
BOUCLE DU PLESSIS ... 136
BOUGON ... 97
BOUTIQUE ARTIS'ANGLES ... 255
BOUTIQUE SAVEURS RÉGIONALES ... 75
BRASSERIE DE LA REPENTIE ... 77
BRASSERIE LES DEUX PALAIS ... 190
BRESSUIRE ★ ... 131
BREW PUB ... 257
BRIN DE PIERRE ... 194
BRIOUX-SUR-BOUTONNE ... 86
BRUX ... 220
BUREAU D'INFORMATION TOURISTIQUE ... 180, 185, 188, 201
BUREAU D'INFORMATION TOUTISTIQUE DE CHAUVIGNY ... 176
BUREAU MUNICIPAL DU TOURISME ... 182
BUSHCRAFT - MÉTHODES DE SURVIE EN PLEINE NATURE ... 82

C

CABANES MIRA ... 88
CAFÉ-CANTINE ... 226
CAFÉ DES ARTS ... 157
CALVAIRE DE GATINE ... 259
CAMPING-EMBARCADÈRE LE LIDON*** ... 80
CAMPING CHEZ L'HABITANT - CHEZ ISA ... 81
CAMPING DE COURTE VALLÉE*** ... 118
CAMPING DE L'ALLOCHON*** ... 198
CAMPING DE LA TAILLÉE ... 78
CAMPING DES TROIS RIVIÈRES ... 194
CAMPING DU FUTUR*** ... 256
CAMPING DU LAC DE SAINT-CYR**** ... 170
CAMPING DU MOULIN DE FUMAILLES ... 108
CAMPING DU RENARD** ... 202
CAMPING LA FONTAINE ... 177
CAMPING LA RIVIERE**** ... 224
CAMPING LA ROCHE POSAY VACANCES**** ... 248
CAMPING LA VENISE VERTE**** ... 73
CAMPING LE FUTURISTE**** ... 165
CAMPING LE MARTIN PÊCHEUR*** ... 77
CAMPING LE MOULIN DES EFFRES**** ... 111
CAMPING LE PARC** ... 210
CAMPING LE RIVAGE CIVRAISIEN* ... 218
CAMPING LILIPIN ... 263
CAMPING MONCONTOUR ACTIVE PARK*** ... 274
CAMPING MUNICIPAL DE VAUCHIRON ... 185
CAMPING MUNICIPAL LE GUÉ DE LA RIVIÈRE** ... 67
CAMPING MUNICIPAL ... 267
CAMPING VAL DE CLAIN** ... 181
CANOÉCOLO ... 255
CARNET DE VOYAGE ... 262
CARRIÈRE DE RICOU ... 98
CARTEL ... 154
CASINO PARTOUCHE ... 251
CATHÉDRALE SAINT-PIERRE ... 144
CELLES-SUR-BELLE ... 90
CENTER PARCS DOMAINE DU BOIS AUX DAIMS ... 270
CENTRE AQUALUDIQUE ... 245
CENTRE AQUATIQUE DE LA PÉPINIÈRE ... 162
CENTRE AQUATIQUE ODA ... 219
CENTRE COMMERCIAL PASSAGE CORDELIERS ... 160
CENTRE D'ART LA CHAPELLE JEANNE-D'ARC ... 122
CENTRE DE PLEIN AIR DE LATHUS ... 212
CENTRE ÉQUESTRE DE LATHUS ... 212
CENTRE RÉGIONAL RÉSISTANCE & LIBERTÉ ... 123
CERIZAY ... 136
CHAMBRE D'HÔTES L'AUDITOIRE ... 121
CHAMBRE D'HÔTES LES FUYES ... 73
CHAMBRES D'HÔTES DU VIEUX CHÂTEAU ... 118
CHAMBRES D'HÔTES ET GÎTES DU CANAL ... 78
CHAMBRES D'HÔTES L'ANGELY ... 13, 60
CHAMPDENIERS ... 114
CHAPELLE SAINT-PIERRE ... 253
CHAPELLE SAINTE-CATHERINE ... 213
CHARROUX ... 228
CHASSE AU TRÉSOR TÈRRA AVENTURA ... 91
CHASSENEUIL-DU-POITOU ... 165
CHÂTEAU-LARCHER ... 188
CHÂTEAU D'AVANTON ... 256
CHÂTEAU D'AYRON ... 263
CHÂTEAU D'ÉPANVILLIERS - MUSÉE DU JEU ANCIEN ... 221
CHÂTEAU D'OIRON ... 14
CHÂTEAU D'OIRON ★★ ... 129
CHATEAU DE BERRYE ... 269
CHÂTEAU DE BOURNAND ... 271
CHÂTEAU DE BRESSUIRE ... 131
CHÂTEAU DE CHERVEUX ... 100
CHÂTEAU DE CHIRÉ ... 262
CHATEAU DE CIBIOUX ... 228
CHÂTEAU DE CLAIRVAUX ... 240
CHÂTEAU DE COUSSAY ... 259
CHÂTEAU DE DISSAY***** ... 172
CHÂTEAU DE FOUGERET ... 202
CHÂTEAU DE JAVARZAY ... 88
CHATEAU DE JOUSSÉ ... 228

CHÂTEAU DE LA CHAPELLE-BELLOUIN 275
CHATEAU DE LA LIVRAIE 185
CHÂTEAU DE LA MASSARDIÈRE 242
CHÂTEAU DE LA MOTTE 242
CHÂTEAU DE LA ROCHE 221
CHÂTEAU DE LA ROUVRAYE 268
CHÂTEAU DE MONTHOIRON 235
CHÂTEAU DE MONTREUIL-BONNIN 264
CHÂTEAU DE MONTS SUR GUESNES 275
CHÂTEAU DE MORTHEMER 205
CHÂTEAU DE MURSAY 70
CHÂTEAU DE PICOL 244
CHÂTEAU DE PUYGARREAU 243
CHÂTEAU DE ROCHEFORT 259
CHÂTEAU DE SAINT-LOUP-SUR-THOUET 121
CHÂTEAU DE SAINT-MESMIN 136
CHÂTEAU DE TENNESSUS 105
CHÂTEAU DE TERNAY 269, 269
CHÂTEAU DE TOUFFOU 173
CHÂTEAU DES DUCS DE LA TRÉMOÏLLE 123
CHÂTEAU DES ORMES 246
CHATEAU DES ROCHES - AMPELIDAE 169
CHÂTEAU DU CLOS DE LA RIBAUDIÈRE**** 166
CHÂTEAU FORT DE L'EBAUPINAY 138
CHÂTEAU FORT DU COUDRAY-SALBART 71
CHATEAU MAREUIL 212
CHATEAU MARIEVILLE 238
CHÂTEAU MÉDIÉVAL 225
CHÂTEAU RENAISSANCE 112
CHÂTELLERAULT ★ 230
CHAUVIGNY VALDIVIENNE CANOË KAYAK 180
CHAUVIGNY ★★ 175
CHEF-BOUTONNE 88
CHERVEUX 100
CHEZ ALPHONSE 157
CHEZ MOE'S 168
CHEZ PACO 93
CHEZ STEFF 98
CHIZÉ 87
CHOCOLATERIE BERTON 236
CHOCOLATERIE MELUSINE 234
CHRISTIE'S 226
CIAP PARTHENAY-GÂTINE 104
CINÉMA LE MÉLIÈS 85
CIRCUIT DES BOIS DES HAUTS DE GÂTINE 135
CIRCUIT DU VAL DE VIENNE 208
CIRCUIT VTT ET RANDONNÉE PÉDESTRE 110
CIRCUITS DE RANDONNÉE À SAINT-HILAIRE-LA-PALUD 79
CIT'HÔTEL SAINT-JACQUES*** 105
CITRON ET CERISE 233
CIVAUX ★ 203
CIVRAY ★ 217
CLAVÉ - PLAN D'EAU DU SOLEIL LEVANT 115
CLUB HIPPIQUE FORÊT DE MOULIÈRE 174
CLURICAUME 158
COCOTTE AND CO 199
COCOTTES & COLIBRI 231
COLIBRI 159
COLLECTION DE MOTOCYCLETTES MONET & GOYON 83
COLLECTION DE VIGNES TREILLES DE LA REINE BLANCHE 268
COLLÉGIALE SAINT-PIERRE 175
COLLÉGIALE SAINTE-CROIX 265
COLLINES FM 282
COMMANDERIE DES ANTONINS 115
COMPAGNIE COLONIALE 173
COMPLEXE CLUB L'HACIENDA 97
COOPÉRATIVE AGRICOLE D'ÉCHIRÉ 71
COULONGES-SUR-L'AUTIZE 112
COULON ★★ 72
COURLAY 133
COUTELLERIE LE MANUCHARD 234
CRYSTAL-GOURMET 169
CUISINE COMPTOIR ET COMPAGNIE 63
CYNDIE LA FÉE BULLEUSE 87

D

DD DU PWATOO 258
DÉFIPLANET' - LE PARC 189
DÉFIPLANET' 189
DÉTECTIVE GAME 120
DIENNÉ 189
DISSAY 172
DOMAINE DE BOURGVILLE 276
DOMAINE DE GIVRAY 182
DOMAINE DE LA CADOUE 191
DOMAINE DE LA RÔTISSERIE 169
DOMAINE DE LA ROUSSILLE 258
DOMAINE DE VILLEMONT 260
DOMAINE DES PETITES MINAUDIÈRES 236
DOMAINE DES RENARDIÈRES 244
DOMAINE DU BOIS-MIGNON 272
DOMAINE DU CANAL - CHAMBRES D'HÔTES ET GÎTE*** 78
DOMAINE DU GRAND CLOS 270
DOMAINE DU GRIFFIER / TABLE DE SÉBASTIEN 68
DOMAINE DU HAUT VERNAY 271
DOMAINE LA TOUR BEAUMONT 171
DOMAINE LE CASTEL 202
DOMAINE LESABAILLE 267
DONJON DE MONCONTOUR 273
DONJON 247
DU COQ À L'ÂNE 79

E

ÉCHIQUIER DE MOUSSAIS LA BATAILLE 237
ECHIRÉ 70
ECOLE DE MATHUNA 169
ECOMUSÉE DU MONTMORILLONNAIS 196
ECURIE DE LA FRISSONNIÈRE 200
ÉGLISE ABBATIALE DE SAINT-JOUIN-DE-MARNES 129
ÉGLISE ABBATIALE NOTRE-DAME 135
ÉGLISE DE LA SAINTE-TRINITÉ 72
ÉGLISE DE SAINT-SYMPHORIEN 66
ÉGLISE NOTRE-DAME-LA-GRANDE 145
EGLISE NOTRE-DAME DE MORTHEMER 205
ÉGLISE NOTRE-DAME ET SAINT-CYPRIEN 188
ÉGLISE NOTRE-DAME ET SAINT-JUNIEN 184
EGLISE NOTRE-DAME 58, 114, 196, 214, 247
ÉGLISE SAINT-GÉNÉROUX 128
ÉGLISE SAINT-GEORGES 193
ÉGLISE SAINT-GERVAIS-ET-SAINT-PROTAIS 203
ÉGLISE SAINT-HILAIRE-LE-GRAND 144
ÉGLISE SAINT-HILAIRE 83, 241
ÉGLISE SAINT-JACQUES 230
ÉGLISE SAINT-JEAN-BAPTISTE 185
ÉGLISE SAINT-JEAN-DE-MONTIERNEUF 145
ÉGLISE SAINT-JUST 210
ÉGLISE SAINT-LÉGER 221
ÉGLISE SAINT-MAIXENT 69
EGLISE SAINT-MARTIN-LES-BAILLARGEAUX 129
ÉGLISE SAINT-MARTIN ET SAINTE-MARGUERITE 246
ÉGLISE SAINT-MARTIN 210, 220, 221, 253
ÉGLISE SAINT-MAURICE 225
ÉGLISE SAINT-MÉDARD 122
ÉGLISE SAINT-NICOLAS 217, 273
ÉGLISE SAINT-PIERRE DE PARTHENAY-LE-VIEUX 102
ÉGLISE SAINT-PIERRE 66
ÉGLISE SAINT-PORCHAIRE 145
EGLISE SAINT-SULPICE 230
EGLISE SAINT GERMAIN 214
ÉGLISE SAINT PIERRE DU MARCHE 265
ÉGLISE SAINTE-CROIX 103
ÉGLISE SAINTE-RADEGONDE 146
ELEVAGE DE LA CLOUERE 209
EMBARCADÈRE BARDET-HUTTIERS 77
EMBARCADÈRE CARDINAUD 76
EMBARCADÈRE DU PORT DE MONTFAUCON 80
EMBARCADÈRE LA TRIGALE 72
EMBARCADÈRE PRADA 75
EMBARCADÈRE VENISE VERTE ÉVASION 82
EN PLEIN VIRAGE 203
EN VOITURE SIMONE 256
ENSEMBLE CONVENTUEL 244
ESCAPE HEROES 235
ESCAPE LEAGUE 163
ESPACE CULTUREL DU FOUR-PONTET 76
ESPACE D'ARCHÉOLOGIE INDUSTRIELLE 176
ESPACE MENDÈS FRANCE 146
ESPRIT 206
ETANG DU BOIS POUVREAU 110
ETANGS DE SAINT MARTIN 260
ETHNO-MUSÉE ANAKO 270
EUROPCAR 279

F

FA SI LA MANGER 215
FABRIQUE DE PARAPLUIES 160
FANNY LAUGIER 160
FERME-BRASSERIE LOUIS ET MARGUERITE 112
FERME DE LA FAYAUDRIE 202
FERME DES OUCHES 219
FERME DES PETITES BOISNES 223
FERME DU CHANT DU BOIS 191
FERME ÉQUESTRE NATURELLE DES GRILLAULTS 250
FERME PÉDAGOGIQUE 211
FESTIVAL À CORPS 5, 46
FESTIVAL AU VILLAGE 86
FESTIVAL DE BOUCHE A OREILLE 102
FESTIVAL DU POLAR REGARDS NOIRS 4, 46, 58
FESTIVAL INTERNATIONAL DE PEINTURE DE MAGNÉ 76
FESTIVAL INTERNATIONAL DU FILM ORNITHOLOGIQUE 5, 48, 110
FESTIVAL JEUNESSE LE PETIT GIVRÉ 5
FESTIVAL LE RÊVE DE L'ABORIGÈNE 117
FESTIVAL LUMIÈRES DU BAROQUE 4, 91
FESTIVAL NOUVELLE (S) SCÈNE (S) 4, 58
FESTIVAL RENÉ-CAILLÉ DE L'AVENTURE 5
FESTIVAL « AH » DANS LA RUE 101
FINK 160
FLIP (FESTIVAL LUDIQUE INTERNATIONAL DE PARTHENAY) 4, 46, 102
FLIXBUS 278
FOIE GRAS GAILLARD 110
FOIRE DE GENÇAY 228
FOIRE DE LENCLOITRE 244
FOIRE DES HÉROLLES 212
FOIRE MÉDIÉVALE 189
FONTAINE-LE-COMTE 183
FÔRET DE MOULIÈRE 173
FORÊT DOMANIALE DE CHIZÉ 88
FÔRET DOMANIALE DE VOUILLÉ 262
FORTERESSE D'ANGLES 253
FRANCE BLEU POITOU 282
FRANCE HÔTEL** 60
FRESSIMOUSS 65
FROMAGERIE DE BLANZAY 220
FROMAGERIE JÉRÉMIE CHOSSON 161
FROMAGERIE TAILLEFER 171
FROMAGERIE TURPEAU 260
FROMAGES DE CHÈVRE COUDRET 261
FRONTENAY-ROHAN-ROHAN 66
FUN FOREST 184
FUTUR'ÉCO 169
FUTUROSCOPE 14, 166

G

GAEC ROUX DE L'ÂNE VERT 243
GAME PARC 164
GAMERS ASSEMBLY 46

GARE AUX PAPILLES 153
GARE SNCF DE NIORT 278
GARE SNCF 278
GARGOUIL 229
GARRIGAE MANOIR DE BEAUVOIR*** 174
GENÇAY ★ 225
GIROUETTES À TOUS VENTS - ESTELLE BONNAUD .. 100
GÎTE DE L'ATELIER CÉRAMIQUE LE GARAGE RICHET. 192
GÎTE DE LA FONTAINE D'AILLÉ 172
GITE DU CHATEAU 247
GÎTE EN LO 214
GÎTE RURAL DE L'ABBESSE 241
GÎTES DE LA PRAIRIE DE LA BOURGEOISIE 190
GÎTES DU CHÂTEAU DE JAVARZAY 88
GITES MONTGOLFIÈRE 232
GLAMPING LA PETITE FERME D'ALPAGAS 138
GLISS UP 195
GOLF BLUEGREEN MAZIÈRES-EN-GÂTINE 116
GOLF DE LA ROCHE-POSAY 250
GOLF DE LOUDUN-FONTEVRAUD 272
GOLF DU HAUT-POITOU 171
GOULIBEUR 161
GOURGÉ 108
GRAND OURS 153
GRANZAY-GRIPT 68
GROTTES PRÉHISTORIQUES 201

H

HALLES AUX GRAINS 241
HALLES DE CHARROUX 229
HALLES DE COUHÉ 224
HARAS DES OUCHES 272
HARLEY DAVIDSON - LOCATION 151
HÉBERGEMENTS INSOLITES AU PETIT TRIANON 232
HÉMON 232
HIPPODROME DE LA GÂTINIERE 251
HORTENCIA - HÔTEL DU CHEVAL BLANC** 96
HOSTELLERIE DE L'ABBAYE 92
HÔTEL-BAR-RESTAURANT AU BON ACCUEIL 128
HÔTEL-RESTAURANT DU COQ À L'ÂNE 135
HÔTEL-RESTAURANT LA CHATELLENIE 210
HÔTEL-RESTAURANT LA TERRASSE 137
HÔTEL-RESTAURANT LE CENTRAL 74
HÔTEL-RESTAURANT LE CHEVAL BLANC** 136
HÔTEL-RESTAURANT LE SAINT-PIERRE 134
HÔTEL-RESTAURANT LES GLYCINES** 85
HÔTEL-RESTAURANT LES ORANGERIES*** 202
HÔTEL ALTÉORA*** 165
HÔTEL AU MARAIS*** 74
HÔTEL BERTHELOT 147
HÔTEL CENTRAL*** 152
HÔTEL DE FRANCE 214
HÔTEL DE L'EUROPE*** 152
HÔTEL DE VILLE 147
HÔTEL DU MOULIN*** 61
HÔTEL DU PARC PIRATES* 166
HÔTEL FUMÉ 147
HÔTEL L'UNIVERS** 232
HÔTEL LA GOURMANDINE*** 232
HÔTEL MERCURE**** 13, 153
HÔTEL PLAZA - SITE DU FUTUROSCOPE**** 166
HÔTEL RESTAURANT CHATEAU DE PÉRIGNY*** 262
HÔTEL RESTAURANT LE CYGNE** 119
HÔTEL STATION COSMOS 166
HÔTEL VAL DE VIENNE*** 207
HUILERIE DE NEUVILLE 258
HUILERIE DES ROCHES 268
HUILERIE LÉPINE 236
HUILERIE LIDON 179
HYOGO 168

I

ÎLE ET PLAN D'EAU DE LA FILATURE 182
ILES DE PAYRÉ 224
ÎLOT TISON 147
INDISCRÈTE 179
INE 161
INTER-HÔTEL CONTINENTAL** 152
ISABELLE SUIRE 270
ITEUIL 190
ITINÉRAIRE VÉLO - CIRCUIT DES POMMIERS 114

J

JARDIN DE FORTRAN 220
JARDIN DE LA BROSSE 252
JARDIN DE LA SÉNÉCHAUSSÉE 196
JARDIN DES PLANTES 147
JARDIN DU CHÂTEAU DE LA GUYONNIÈRE 116
JARDIN DU DIRECTEUR 230
JARDIN PEDAGOGIQUE ET BIOLOGIQUE DES TROIS NOYERS 274
JARDIN PUBLIC 176
JARDINS DE LA CLOUÈRE 208
JARDINS DU CHÂTEAU 120
JARDINS DU PAVILLON ROSE 247
JASMIN CITRONNELLE 158
JAUNAY-MARIGNY 169
JAZZELLERAULT 5

K

KOLYMA 226
KYOTEL**** 150

L

L'ABSIE 135
L'ADRESS 62
L'ALCOVE 271
L'ANGÉLIQUE DE PIERRE THONNARD 63
L'ARROSOIR 61
L'ART'TISANE 127
L'ART ROMAN EN AIRVAUDAIS 119
L'ARTELIER DE LA GARTEMPE 199
L'ARTICERIE 159
L'ASSIETTE GOURMANDE 245
L'ATELIER DES SAVEURS 251
L'ATELIER DU POTIER 200
L'ATELIER GOURMAND 73
L'ATELIER VERRE ET FEU 136
L'ATELIER 67, 96
L'AUBERGE DE CRESPÉ 66
L'AUBERGE DE L'ABBAYE 192
L'AUBERGE DE LA PETITE MARMITE 108
L'AUBERGE DE LA ROCHE 249
L'AUBERGE DE LA ROUSSILLE 62
L'EAU À LA BOUCHE 161
L'EFFET BOCAL 160
L'ÉGLISE ABBATIALE SAINT-PIERRE D'AIRVAULT 117
L'EMPOTHÉ 63
L'ÉNOTÉKA 105
L'ENVERS DU BOCAL 158
L'EPHÉMÈRE PERPÉTUEL 200
L'ÉPICERIE ST MARTIN 226
L'ÉPICERIE 64
L'ESCARGOT DU POITOU 252
L'ESCARGOTERIE DU SORCIN 223
L'ESTAMINET 106
L'HÔTEL DU COMMERCE 217
L'ÎLE JOUTEAU 155
L'ILÔT SAUVAGE 64
L'IMAGINARIUM 87
L'INCONTOURNABLE BROCANTERIE 195
L'ISLE-JOURDAIN 205
L'Ô DISSAY 172
L'ORANGERIE 94
L'ORIENTAL HAMMAM 162
L'OUVRIÈRE 12, 236
LA « NOUVELLE » CÔTE DE BOEUF 85
LA BAIE DES CHAMPS 174
LA BALADE DES AUTRUCHES 108
LA BALADE DES FAUBOURGS 102
LA BAUDO 193
LA BELLE ADRESSE - BOUTIQUE DE CREATEURS 226
LA BELLE ÂNÉE 187
LA BELLE ÉTOILE 12, 62, 237
LA BERGERIE 193
LA BICYCLETTE VERTE 77
LA BIGORNE 178
LA BISQUINE 204
LA BOULE D'OR 132
LA BOUTIQUE D'À CÔTÉ 207
LA BRARDIÈRE*** 134
LA C'LAIT DES CHAMPS 218
LA CABANE DU VALLON D'ÉOLE 116
LA CAVALERIE DU MOULIN 243
LA CHABOTTERIE 267
LA CHAMPIGNONNIERE DE BERNAZAY 272
LA CHINCHÉE 226
LA CITADELLE 106
LA CITÉ DES TANNEURS 264
LA COLLÉGIALE SAINT-MAURICE 129
LA COULÉE VERTE 57
LA CUISINE DE COMPTOIR 12, 155
LA CUISINE DU CHATEAU DE VERRIERE 271
LA DIVINE - MAISON D'HÔTES 274
LA DULCINIÈRE 232
LA FABRIC' D'ALICE 236
LA FABRIK 115
LA FANZINOTHÈQUE 160
LA FERME D'EMMA 81
LA FERME DE LA REVERSAIE 222
LA FERME DU LÉCHÉ 200
LA FERME DU MARAS 178
LA FERME DU MIEL 274
LA FERME DU VIEUX BELLEFONDS 239
LA FERME EN TERRE 216
LA FERME SAINT JACQUES 233
LA FERMOTHÈQUE 212
LA FÊTE DES ROSIÈRES 4, 48, 94
LA FLEUR DE CELLES 92
LA FOLIE BERGÈRE 192
LA FONTAINE SOUTERRAINE 117
LA FORGE, CHAMBRES D'HÔTES 254
LA FOURMY CANOË 216, 239
LA FOYE-MONJAULT 69
LA FRAPPADINGUE GÂTINE X'TREM 5
LA GARGANTE 106
LA GARGOUIL 229
LA GRAND'RUE 146
LA GRANDE SERRE 261
LA GRANGE AUX LOUPS 180
LA GRANGE DE CAMILLE 75
LA GRANGE OUVERTE 223
LA GUINGUETTE PICTAVE 158
LA HUCHE CORNE 253
LA JAVETTE 168
LA KANÖPÉE 13, 135
LA LANTERNE DES MORTS 188
LA LIGNE 254
LA MAISON 19 61
LA MAISON AROUET**** 121
LA MAISON D'AUTREFOIS 165
LA MAISON D'EVA 132
LA MAISON DE LA LIBERTÉ 153
LA MAISON DE MARC 153
LA MAISON DES ARTS 86
LA MAISON DES FROMAGES DE CHÈVRE 91
LA MAISON DO GRELHADO 62
LA MAISON DU CHEVAL 82
LA MAISON DU THOUARSAIS 125
LA MAISON RIBOTTEAU 206
LA MAISON ROUGE 177
LA MANGEOIRE 156
LA MANUFACTURE DE BIÈRES 161

LA MARINA DU PONTEIL........ 211
LA MÉMÈRE........ 229
LA MÉTAIRIE DES DAMES........ 112
LA MINOTERIE........ 67
LA MOTHE-SAINT-HÉRAY........ 94
LA MOTHE CHANDENIERS........ 270
LA MOUSTACHE........ 178
LA NOUVELLE RÉPUBLIQUE........ 282
LA P'TITE BOUTIK........ 109
LA PETITE AUBERGE........ 233
LA PETITE GRAINE........ 106
LA PETITE NOISETTE........ 135
LA PETITE ROQUETTE........ 154
LA PEYRATTE........ 107
LA PLACE SAINT-PIERRE........ 118
LA POPOTTE........ 132
LA PORTE BOURBON........ 248
LA POSTE AUX CHEVAUX........ 246
LA POTÉE OSE........ 96
LA PRÉFACE........ 197
LA ROCHE-POSAY ★........ 247
LA ROSERAIE........ 256
LA RUE DE LA CHAÎNE........ 149
LA SENTE DIVINE........ 273
LA SERRURERIE........ 157
LA SICILIA........ 195
LA SOURCE BLEUE - CAVE, BAR A VINS, FROMAGERIE........ 225
LA SOURCE........ 210
LA TABLE DE BELLEFOIS........ 257
LA TABLE DE JÉRÉMY........ 130
LA TABLE DU BOIS........ 184
LA TABLE DU CLOS........ 168
LA TABLE DU GOLF........ 170
LA TAVERNE D'EPICURE........ 267
LA TERRASSE SUR L'AUTIZE........ 114
LA TERRASSE........ 199
LA TOMATE BLANCHE........ 165
LA TOUR CARRÉE........ 266
LA VALLÉE DES CERFS........ 206
LA VALLÉE DES LEGENDES........ 180
LA VALLÉE DES SINGES........ 14, 222
LA VIEILLE AUBERGE**........ 82
LA VOULZIE........ 212
LABYRINTHE VÉGÉTAL........ 222
LAC DE LA FORÊT........ 234
LÂNAROSÉ - VOTRE RESTO D'ÉTÉ........ 79
LATHUS-SAINT-REMY........ 211
LAVOIR DE LOUBEAU........ 84
LE 17.30........ 249
LE 7........ 280
LE BAFFALOU........ 157
LE BEAUSÉJOUR**........ 177
LE BELVÉDÈRE DES ROCHES........ 108
LE BFOR........ 97
LE BINJAMIN........ 172
LE BIS........ 154
LE BISTRÔ DE SAINT-BENOÎT........ 181
LE BISTROQUET........ 61, 186
LE BISTROT DU VIEUX RELAIS........ 119
LE BOEUF COURONNÉ........ 114
LE BOEUF EN ÉCAILLES........ 12, 77
LE BOIS DE RÉ........ 70
LE BON COIN PAYSAN........ 178
LE BULC........ 132
LE CAFÉ DES ARTS........ 127
LE CAFÉ DU BOULEVARD........ 85
LE CAFE........ 218
LE CAMJI........ 65
LE CERASUS........ 12, 215
LE CHALET DU BOUCHER........ 211
LE CHAMP DE FOIRE........ 244
LE CHANT DES ÉTOILES........ 240
LE CHAPEAU ROUGE........ 186
LE CHÂTEAU D'HARCOURT........ 175
LE CHEVAL BLANC ET CLOVIS........ 262
LE CIRCUIT DES LAVOIRS........ 79
LE COMME CHEZ SOI........ 204
LE COMPTOIR DES SAVEURS........ 174
LE COMPTOIR DU SIAM........ 62
LE CONFORT MODERNE........ 164
LE CORMENIER........ 220
LE COURRIER DE L'OUEST........ 280
LE DANIELS........ 116
LE DÉPANNEUR........ 92
LE DÎNER MYSTÈRE........ 134
LE DOMAINE DE FLORE........ 78
LE DOMAINE DE LA TUILERIE........ 63
LE DOMAINE DE ROIFFÉ........ 271
LE DOMAINE DU GRIFFIER***........ 68
LE DOMANIAL........ 186
LE DONJON DE BOIS POUVREAU........ 110
LE DONJON........ 58
LE FARCI POITEVIN........ 222
LE FUSIONNEL........ 67
LE GASTON........ 177
LE GITE 50'S***........ 152
LE GRAND ATELIER, MUSÉE D'ART ET D'INDUSTRIE........ 230
LE GRAND PRÉ........ 216
LE GRAND SENTIER DE SCÉVOLLES........ 276
LE HAMEAU DE SAINTE-MÉGRINE***........ 74
LE HANGAR........ 65
LE JAME'S KFE........ 242
LE JARDIN DES LYS........ 248
LE JARDIN DES SAVEURS........ 258
LE KERLOUET........ 233
LE LAC DU CÉBRON........ 120
LE LAVOIR........ 116
LE LION D'OR........ 177, 178
LE LOCAL........ 233
LE LOGIS DE FAUGERIT........ 66
LE LOGIS DE LA VENISE VERTE........ 81
LE LOGIS DE POMPOIS........ 126
LE LUCULLUS**........ 198
LE LUCULLUS........ 199
LE MARCHÉ AUX BESTIAUX........ 102
LE MARSALA........ 249
LE MERLE MOQUEUR........ 235
LE MIROIR........ 148
LE MOHAIR DU POITOU SECRET........ 264
LE MONDE D'APRES........ 257
LE MOULIN DE LA GASSOTTE**........ 214
LE MOULIN DE LA SORINIÈRE***........ 138
LE MOULIN DU ROC, SCÈNE NATIONALE À NIORT........ 59
LE NOMBRIL DU MONDE........ 48, 111
LE P'TIT ROUQUIN........ 63
LE PARADIS DES FLEURS ET DES OISEAUX........ 210
LE PARC AVENTURE DE LA VALLÉE DES LÉGENDES........ 183
LE PARC DE LA VALLÉE........ 124
LE PARC IMBERT........ 124
LE PASSAGE DU COMMERCE........ 59
LE PATIO D'ARÇAIS........ 78
LE PÂTISSON........ 215
LE PETIT BOCAL........ 65
LE PETIT CAMPING DE LA CHAGNÉE***........ 104
LE PETIT RESTOLOGIQUE........ 81
LE PIGEONNIER DU PERRON***........ 236
LE PILORI - ESPACES D'ARTS VISUELS........ 59
LE PRÉ JOLY........ 245
LE PUITS D'ENFER........ 95
LE ØG........ 62
LE RALLYE DU MARAIS........ 5, 76
LE RANCH DU PIOT........ 70
LE REFUGE........ 192
LE RELAIS DE LA ROCHE........ 276
LE RELAIS DU CHAPEAU ROUGE - HÔTEL-RESTAURANT........ 121
LE RELAIS DU CHÂTEAU........ 130
LE RELAIS DU LYON D'OR***........ 254
LE ROC D'ENFER........ 211
LE ROMAN DES SAVEURS........ 199
LE ROY D'YS........ 157
LE SAINT-GEORGES........ 194
LE SAINT-MÉDARD........ 126
LE SAINT MÔ........ 227
LE SAVIGNOIS........ 276
LE SCOFA........ 183
LE SENTIER DES LAVOIRS........ 274
LE SENTIER DES SAVEURS........ 106
LE TEMPS DES CERISES........ 202
LE TRAIT D'UNION........ 126, 157
LE TRÈS GRAND CONSEIL MONDIAL DES CLOWNS........ 60
LE TRÉSOR BELGE........ 269
LE VANNEAU-IRLEAU........ 81
LE VIEUX-PALAIS........ 198
LE VIGEANT........ 207
LE VILLAGGIO........ 168
LE VINTAGE........ 64
LENCLOÎTRE........ 243
LEPICERIE........ 119
LES 5 ESCALES........ 104
LES ARCHIVES........ 154
LES BERGES D'AYRON........ 263
LES BONS ENFANTS........ 154
LES BUCOLIQUES........ 170
LES BULLES D'O........ 136
LES CAFÉS DE THÉOPHRASTE........ 267
LES CAVALIERS DU CENTRE DE LOISIRS PETITE RIVIÈRE........ 261
LES CHALETS DE LA HÉRONNIÈRE........ 90
LES CHAMBRES DE LA LOGE........ 198
LES CHEMINS DE LA BOIVRE........ 144
LES COURS DU CLAIN........ 152
LES CRINS DE DERCÉ........ 276
LES DEMEURES DE VALETTE***........ 98
LES DROLES........ 220
LES EXPRESSIFS........ 5, 48
LES FINES GUEULES........ 155
LES GÉANTS DU CIEL........ 176
LES GLYCINES........ 261
LES GROTTES DE LA NORÉE........ 146
LES HALLES DE NIORT........ 59
LES HALLES........ 185
LES HERBES FOLLES........ 243
LES JARDINS DE LA FROLLE........ 173
LES JARDINS DU GUÉ........ 108
LES JARDINS DU PRIEURÉ DE LAVERRÉ........ 190
LES LAVANDIÈRES........ 80
LES LÉGENDES OUBLIÉES DU VAL DE SÈVRE........ 98
LES LODGES DU VERGER INSOLITE........ 182
LES LOGIS DE CHERVEUX........ 100
LES LOGIS DE LA RIMBERTIÈRE****........ 242
LES MINES D'ARGENT DES ROIS FRANCS........ 84
LES OISEAUX DU MARAIS POITEVIN........ 80
LES ORMES........ 246
LES P'TITS PAPIERS........ 179
LES PAGAYOUS........ 195
LES PLANCHES........ 164
LES POTS GOURMANDS........ 237
LES ROCHERS GRAVÉS DES VAULX........ 137
LES SAVONS DE JOHANN ET VIRGINIE........ 183
LES TERRASSES DU LAC........ 111
LES TERRES BLANCHES........ 130
LES TOURS MIRANDES........ 260
LES TROIS-MOUTIERS........ 270
LES VACANCES DE MONSIEUR HAYDN........ 4, 251
LES VERGERS DE CHEZEAU........ 190
LES VERGERS DES SAVOIES........ 238
LES VOIES VERTES........ 133
LES VOLAILLES DU RENARD ROUGE........ 109
LEZAY........ 92
LIBRAIRIE-CAFÉ L'OMBRE DU VENT........ 64
LIGUGÉ ★........ 181
LOCATION PÉDALOS CANOËS ROSALIES........ 121
LOGIS TERRA VILLA........ 273
LOUDUN ★★........ 265